비교경찰제도론

[제 7 판]

임준태 · 강소영 · 김학경
김형만 · 신현기 · 양문승
유주성 · 이진권 · 전돈수

法 文 社

Comparative Police System

7th Edition

by

Prof. Dr. Joon Tae Lim
Prof. Dr. So Young Kang
Prof. Dr. Hak Kyong Kim
Prof. Dr. Hyong Man Kim
Prof. Dr. Hyun Ki Shin
Prof. Dr. Mun Seung Yang
Prof. Dr. Joo Sung Ru
Prof. Dr. Jin Kwon Lee
Prof. Dr. Don Soo Chon

2025
Bobmun Sa
Paju Bookcity, Korea

제7판에 즈음하여

『비교경찰제도론』은 2003년 초판 출간 이후 지속적인 연구와 개정을 거듭하며 어느덧 제7차 개정판을 맞이하게 되었다. 본서는 경찰(행정)학 분야에서 비교경찰제도에 관한 체계적 연구서로 자리 매김해 왔으며, 지난 20여 년간 독자들의 신뢰를 바탕으로 세계 주요 국가들의 경찰제도를 다양한 각도에서 분석하고, 최신 통계와 자료 등을 꾸준하게 반영하면서, 시의적절한 내용을 제공해 왔다.

최근까지 한국 경찰은 급격한 변화와 개편을 경험하고 있다. 2021년 1월 1일 검·경 수사권 조정으로 경찰이 1차적 수사종결권을 행사할 수 있게 되었으며, 국가수사본부가 신설되어 경찰의 수사 독립성과 전문성이 강화되었다. 또한, 2021년 7월 1일 자치경찰제 시행으로 17개 광역자치단체 내에서 경찰 조직이 국가경찰·수사경찰·자치경찰로 나뉘고, 각 경찰 사무가 배분되는 방식으로 개편되었다. 2022년에는 행정안전부 경찰국이 신설되었다. 이러한 조직 개편과 제도 개선의 성과들이 시민들을 위해 기여할 수 있기를 기대하고 있다.

한편, 국가간 개방과 이동성 그리고 사이버공간의 확대로 다양한 치안 이슈를 경험하고 있다. 국제사회 역시 치안환경의 변화, 기술 발전, 인권 문제, 그리고 법·제도의 변동으로 인해 각국 경찰 조직과 운영방식에 큰 영향을 받고 있다. 이에 따라 저자들은 제7판 개정을 통해 최신 경찰제도의 흐름을 반영하고자 노력하였다. 이번 개정판에서는 북한, 영국, 미국, 독일, 스페인의 최근 경찰제도의 주요 변화를 반영하고, 내용을 대폭 보완하였다.

우선, 북한 경찰제도에서는 기존의 인민보안성이 사회안전성으로 명칭을 변경한 점을 비롯하여, 최근 조직 개편과 변화된 경찰 운영 체계를 보완하였다. 영국경찰제도의 경우, 2024년 7월 4일 노동당 정부가 출범하면서 보수당에서 노동당으로의 정권 교체가 이루어졌으며, 이에 따라 경찰행정에도 상당한 변화가 예상된다. 특히 기존 보수당 정부가 도입한 4원(四元)체제 - 지역치안위원장을 지역주민이 선출하는 시스템 - 가 앞으로 어떤 방향으로 조정될 것인지에 대한 논의가 주목할 만하다. 미국 경찰제도에서는 새롭게 사형제도와 관련된 법체계 분석을 추가하였으며, 경찰의 총기 사용 문제, 인종차별, 경찰관의 가혹행위, 그리고 경찰의 군대화 현상과 같은 논쟁적인 이슈들을 심층적으로 다루었다. 독일 경찰제도에서는 최근 바덴-뷔르템베르크주 등 일부 주에서 경찰조직을 개편하여 '주경찰청-소규모지방경찰청-지구대-파출소' 형태로 개편한 사례를 반영하였다. 또한, 교통경찰서·수사경찰서·순찰경찰서를 통합하여 지방경찰청으로 재편하는 변화, 그리고 일부 연방주에서 순경급 입직 과정을 폐지하고 모든 신임 경찰관을 경위급으로 임용하는 방식 등 중요한 변화를 포함하였다. 마지막으로, 스페인 경찰제도에서는 국가경찰과 군인경찰(군사경찰)의 예산 운영방식과 국가경찰 및 지방경찰 간 관할권 조정에 관한 새로운 내용을 추가하였다.

이번 개정7판은 경찰(행정)학을 연구하는 대학생과 대학원생, 정부 및 학계 연구자, 그리고 경찰 실무자들에게 각국 경찰제도의 변화와 흐름을 보다 쉽게 이해할 수 있도록 구성하였다. 독자들이 이 책을 통해 비교경찰제도의 주요 이슈와 최신 변화를 파악하고, 나아가 우리나라 경찰제도의 발전 방향에 대한 유용한 시사점을 얻을 수 있기를 기대한다.

그동안 북한 경찰제도를 연구한 권위자로서 개정6판까지 함께 해 주신 이영남 교수님께서 퇴임하시면서, 해당 분야를 건국대 강소영 교수님이 이어받게 되었다. 북한경찰제도는 자료 수집이 쉽지 않은 분야임에도 불구하고, 지난 개정판까지 심도있는 연구와 분석을 통해 내용을 집약해 주신 이영남 교수님께 깊은 감사의 뜻을 전한다. 또한, 제7판부터 새롭게 참여하게 된 강소영 교수님에게도 진심으로 환영의 인사를 전하며, 앞으로의 연구와 기여를 기대한다.

끝으로, 이번 개정 작업이 이루어지기까지 헌신적인 노력을 기울여 주신 공동저자들께 깊은 감사를 표하며, 방대한 자료 편집에 수고가 많으셨던 법문사 김용석 차장님과 교정작업을 도와준 건국대 경찰학과 김미래, 엄시연 학생에게도 심심한 감사를 전한다. 마지막으로 출판 과정에서 물심양면으로 지원을 아끼지 않으신 김성주 과장님과 법문사에 진심으로 감사의 인사를 드린다.

2025년 새봄을 맞이하면서 집필진을 대신하여,
동국대 서재에서

임 준 태 드림

제6판에 즈음하여

저자들이 2018년 2월에 본 저서의 개정5판을 세상에 내놓았던 지도 벌써 만 3년이 되었다. 코로나-19 바이러스의 세계적 대유행을 통해 국내외 모든 나라는 정치, 경제, 사회, 문화 등 모든 영역에서 한번도 경험해보지 못했던 엄청난 변화를 겪고 있다. 이제 우리는 코로나 바이러스 이전으로 다시는 되돌아갈수 없을 것이라는 게 모든 사람들의 일관된 의견이다. 이러한 격변 속에서 경찰도 예외는 아니며 수많은 과제들과 함께 새로운 도전과 난제들을 해결하기위해 많은 수고를 거듭하고 있다. 현재 문재인 정부에서 우리나라 경찰은 국가행정경찰, 국가수사경찰, 국가-자치경찰이라는 경찰제도의 개편을 진행하고 있다. 코로나-19로 국가예산도 부족한 나머지 자치경찰 사무도 그대로 국가경찰이 맡게 되는 법 개정이 이루어졌다. 아무튼 우리나라 경찰사에 좋은 제도가 창설되어 기록되길 기대한다.

저자들은 이번 개정6판에서 각 국가별 경찰제도가 지난 3년간 어떻게 변화되었는지 그 내용들을 하나하나 추적하여 새롭게 보완하는 수고를 아끼지 않았다. 그리고 대학생과 대학원생, 전문가 및 일반인들도 세계 주요 국가들의 경찰제도의 전문적인 내용들을 쉽게 이해할 수 있게끔 최대한 쉬운 말로 정리했다. 2003년 3월 공동저자들은 경찰행정학과들이 무수히 생겨나는 상황에서 보다 체계적으로 정리된 비교경찰제도론의 필요성을 함께 느끼고 어려운 저술을 시작했었다. 그것이 벌써 14년의 세월이 흘렀고 이번에 개정6판을 세상에 내놓게되었다. 이제 본 비교경찰제도론은 제6판의 개정작업을 거치면서 기본토대를완벽하게 구축했다는 평가가 나오고 있다. 지금 생각해 보면 지난 14년간 우리에게 공동저술작업은 기나긴 터널을 지나는 대장정이었다. 이 책의 큰 장점은전 세계를 이끌고 있는 주요 국가들의 경찰제도를 여러 각도에서 분석하고 기술한 데다 가장 최신 자료들을 수집해 수록하는 개정작업을 지속하고 있기 때문에 경찰행정학을 연구하는 대학생은 물론 정부와 학계 그리고 경찰관련단체등 각 분야에서 경찰행정학을 연구할 때 이 책이 좋은 참고자료가 될 것이라고믿는다. 주요 국가들의 경찰제도의 실체를 조명하고 객관적인 근거자료들을 제시했다는 점에서 전체적인 가치를 평가해주길 바란다. 특히 이 개정6판이 주요 국가 경찰제도와 우리나라 경찰제도 간의 비교연구 차원에서 폭넓은 토론과 관심을 불러일으키는 계기가 됨과 동시에 우리나라 경찰제도의 발전에도 작은 기여를 하길 기대한다.

　　그동안 프랑스경찰제도를 연구한 권위자로 개정5판까지 함께 연구해 주신 이종화 교수님께서 또다른 더 큰 연구에 매진하시기 위해 후임 유주성 교수님을 추천하고 떠나시게 되었다. 프랑스 경찰제도의 기틀을 잡아 주신 이종화 교수에게 이 자리를 빌려 감사의 뜻을 표한다. 새 프랑스 전문가로 참여하게 되신 창원대의 유주성 공동저자에게도 진심으로 환영의 인사를 전한다. 그동안 개정6판이 나오기까지 많은 어려움을 마다하고 애써주신 법문사의 정해찬 대리와 복잡한 자료들을 정리하며 교정작업에 수고가 많으셨던 편집부의 김용석 과장에게도 심심한 감사를 드린다. 마지막으로 현실적인 어려움에도 불구하고 흔쾌히 개정6판이 세상의 빛을 볼 수 있도록 출판을 결정해 준 법문사에 대해 진심으로 고마움을 전한다.

　　　　　　　　　　　　2021년 새봄을 기다리면서
　　　　　　　　　　　　집필진을 대신하여

　　　　　　　　　　　　　　　　신　현　기

제5판에 즈음하여

2018년 10월 21일은 우리나라 국가경찰이 창경 73주년을 맞는 해이다. 이미 720만명의 한국인이 외국으로 진출하여 살아가고 있으며 210만여명에 가까운 외국인들이 우리나라에 들어와서 자리잡고 있다. 이는 전 세계가 세계화와 국제화라는 화두를 넘어 이미 한울타리 안에서 함께 호흡하고 있음을 의미하는 것이다. 이러한 급격한 변화들로 인해 각 국가들은 이전보다 테러와 인질 등에 더 폭넓게 노출됨으로써 그 위험의 수위가 날로 확대되고 있다. 우리나라 경찰도 예외는 아니며 국내외적으로 치안질서 유지를 위한 새로운 도전에 직면하고 있다. 이러한 변화들과 함께 각 국가 간의 경찰제도를 심층적으로 살펴보고 이해하는 일은 점차 중요시되고 있다.

본서의 집필진들은 2003년 3월 『비교경찰제도론』이라는 이름으로 본서를 세상에 내놓았고, 지난 15년간 본서를 아낌 없이 사랑해주신 독자들을 다시 찾아뵙게 된 것을 기쁘게 생각한다. 집필진은 금번 제5판에서 그동안 경찰제도에서 많은 변화들을 보여준 영국, 미국, 독일, 일본, 중국경찰의 새로운 내용들을 심층 분석하여 추가하였다.

무엇보다 본 저서에서는 국제무대를 주도하며 중요한 역할을 수행하는 주요 국가들의 경찰제도들을 선정해 다루어 왔다. 본서의 장점은 주요 국가 경찰제도를 여러 각도에서 분석하고 기술하였으며 가장 최신의 통계를 수록하였다는 점이다. 일반인과 경찰행정학을 연구하는 대학생, 대학원생뿐만 아니라 각 경찰기관의 관계자와 학계의 전문가들이 경찰제도를 심층 연구할 때, 본서는 훌륭한 참고자료가 될 것을 확신한다. 특히 본 저서는 주요 국가의 비교경찰제도 영역을 확정해 조명함은 물론 객관적인 근거를 제시했다는 점에서 독자들로부터 그 가치를 크게 인정받을 수 있다. 또한 본서의 출간이 비교경찰제도의 정확한 영역에 대한 평가작업과 무엇이 그리고 어디까지가 비교경찰제도의 영역인가에 대한 폭넓은 토론과 관심을 불러일으키는 계기가 됨과 동시에 경찰제도 연구의 길라잡이로서도 작은 기여를 하길 기대한다.

한편 2017년 5월 10일 출범한 문재인 정부는 우리나라 17개 광역시도에서 자치경찰제를 전격 도입하겠다는 국정과제를 제시했다. 이는 국가경찰 창경 73주년과 함께 그동안 국가경찰제도로만 운영되어 온 우리나라 경찰제도에 있어 적지 않은 변화를 동시에 예고하고 있다. 본서의 집필진은 이 점에 주목하면서 경찰제도에 관한 심층연구를 향후에도 끊임 없이 지속해 나갈 것이다.

본서가 이번에 제5판을 출간하기까지 바쁜 와중에도 불구하고 마지막 교정까지 수고를 아끼지 않은 법문사 편집부의 김용석 과장님과 영업부의 정해찬 선생님께도 이 자리를 빌려 심심한 감사를 표한다. 그리고 여러 가지 어려움에도 마다하지 않고 본서 제5판이 세상의 빛을 볼 수 있도록 출판을 결정해 주신 법문사에 감사한다.

2018년 새봄을 기다리면서

집필진을 대신하여

신 현 기

제4판에 즈음하여

저자들이 2012년 2월에 본 저서의 개정3판을 세상에 내놓았던 지도 어느덧 만 3년의 시간이 흘렀다. 그동안 국내뿐만 아니라 서양의 국가들에서도 경찰 관련 제도들을 개혁하는 데 많은 노력을 보여주었다. 이처럼 서양 국가들이 급변하는 치안환경에 신속하게 적응하고 대처하기 위해 많은 변화를 거듭하는 가운데, 역시 국내의 경우도 예외는 아니었다. 2013년 2월 박근혜 정부가 출범하였고 동시에 정부조직법의 개정에 따른 많은 경찰제도의 개선 노력들을 보여주었다. 박근혜 정부는 치안의 불안이 날로 증가하는 데 따른 대안으로 4대악(가정폭력, 학교폭력, 성폭력, 불량식품)을 척결하여 국민이 안전하고 행복한 생활을 영위할 수 있도록 한다는 치안정책을 내놓았고, 이를 달성하기 위한 중요한 수단으로 그동안 부족했던 경찰인력 2만명을 증원하기로 하고 그 목표를 차근차근 달성해 나가고 있다. 또한 4대악 문제를 해결해 나가는 데 있어서 매우 적합하다고 평가되는 자치경찰제도의 도입을 대통령 소속 지방자치발전위원회를 중심으로 적극 검토해 나가고 있다.

최근 외국의 경찰제도에서 가장 관심거리는 영국의 경찰개혁이다. 영국은 기존에 시행중이던 3원체제의 문제점을 심층 분석하고 경찰법을 개정하여 마침내 2013년부터 이른바 4원체제(지역치안평의회, 지역치안위원장, 내무부 장관, 지방경찰청장)로 전격 개편하여 시행에 들어갔다. 이러한 영국 경찰제도의 개혁은 지난 69년 동안 국가경찰제만을 고집해 온 우리나라 경찰제도에도 시사하는 바가 크다고 본다. 특히 광역차원의 자치경찰제를 시행하고 있는 영국경찰의 4원체제는 민주성에 바탕을 두고 상호 견제와 균형을 통해 치안질서를 유지해 나간다는 차원에서 관심을 받고 있다. 노무현 정부와 이명박 정부에 이어서 자치경찰제도를 도입하려는 검토를 계속하고 있는 박근혜 정부에게도 영국의 4원체제는 시사하는 바가 적지 않다고 보인다.

한편 이번에 개정한 제4판에서는 제1장 비교경찰제도의 이론적 배경, 제2장 북한의 경찰제도, 제3장 일본의 경찰제도, 그리고 제6장 영국의 경찰제도 부분을 새로이 대폭적으로 개정하였다. 저자들은 향후에도 새로이 변화된 동서양 국가들의 경찰제도들을 지속적으로 연구하여 신속하게 독자들에게 전달할 것을 약속한다.

끝으로 여러 가지 어려움에도 불구하고 본 저서의 제4판이 세상의 빛을 볼 수 있도록 결정해준 법문사에 감사한다. 또한 바쁜 일정 가운데 노고가 많았던 편집부의 김용석 과장님과 영업부의 권혁기 대리님에게도 이 자리를 빌려 심심한 감사를 표한다.

2015년 새봄을 기다리면서

집필진을 대신하여

신　현　기

제3판에 즈음하여

저자들이 2003년에 우리나라 대학교재의 선구자격인 법문사를 통해 비교경찰제도론을 출판하고, 2007년에 제2판을 통해 새롭게 독자들을 만나 뵈었던 지도 어언 4년이 지났다. 그동안 본 저서에 대한 독자들의 호응은 상당히 높은편이었다. 저자들은 독자들의 호응에 부응하기 위해 이번에 바쁜 시간임에도 불구하고 제3판이라는 개정작업을 시도했고, 그 결과 새로운 모습으로 2012년 3월 신학기에 발맞추어 새 자료들과 함께 독자들을 만나게 되었음을 기쁘게 생각한다.

그동안 우리나라에서는 여러 권의 비교경찰제도론 분야의 저서가 세상의 빛을 보았고 우리 비교경찰학 분야에 지대한 학술적 공헌을 해왔다. 그 중에서도 본 저서는 제2판과 제3판을 거치면서 비교경찰 분야의 바이블이라는 호칭을 얻을 만큼 우리나라 경찰행정학계의 학술적 발전에 적지 않은 기여를 하였음을 또한 기쁘게 생각한다. 저자들은 이에 만족하지 않고 더욱 학술적 노력을 다할 것을 약속드리며 특히 이번 제3판에서는 기존의 목차를 그대로 유지하되 그동안 내용적으로 많은 변화가 있었던 비교경찰제도의 이론적 배경(양문승)과 영국편(김학경) 및 북한편(이영남)에서 많은 개정작업이 이루어졌고, 그 밖에 일본편(김형만), 중국편(이진권), 독일편(임준태), 프랑스편(이종화), 스페인편(신현기) 등에서도 대폭적인 개정작업이 이루어졌다.

특히 저자들은 이번에 그동안 바뀐 내용들을 심층 분석해 가장 최신자료들을 소개하고 있다는 점에서 높은 가치를 인정해 주기 바란다. 무엇보다 시간적으로 매우 바쁜 시간임에도 불구하고 묵묵히 개정작업에 혼신의 노력을 다해준 저자들의 노고에 대해 진심으로 감사한다.

아무쪼록 이 저서가 대학생, 대학원생 그리고 경찰 관련 실무자들이 각 국가들의 비교경찰제도를 이해하는 데 있어 작게나마 기여할 수 있게 되길 기대해 본다.

끝으로 출판계의 어려운 여건에도 불구하고 비교경찰제도론 제3판이 세상의 빛을 볼 수 있도록 출간을 흔쾌히 결정해 주신 법문사 사장님과 물심양면으로

많은 도움을 주고 노고가 많았던 법문사 편집부의 김용석 과장님, 영업부의 권
혁기 선생님에게도 심심한 감사를 표한다.

2012년 초봄

집필진을 대신하여

신　현　기

개정판에 즈음하여

본 저서의 저자들이 2003년 3월에 뜻을 한데 모아 비교경찰제도론을 출판한 지도 어언 4년의 세월이 흘렀다. 저자들은 그동안 국가별로 변화된 경찰제도의 부분들을 하나씩 다듬고 보태어 제2판을 세상에 내놓게 되었다. 저자들이 본서를 출판하던 당시만 해도 비교경찰론이라는 이름으로 출판된 저서가 겨우 두 권 정도에 그쳤으나 현재는 상당히 여러 권의 비교경찰제도 관련 서적이 출판되어 경찰행정학을 연구하는 학생과 학자들에게 적지 않은 기여를 하고 있다. 저자들은 이번에 한국의 경찰제도 부분을 삭제하고 스페인 경찰제도를 새로이 추가하였다.

본서의 구성을 살펴보면 다음과 같다. 우선 제1장에서 비교경찰제도의 이론적 배경을, 제2장에서는 북한의 경찰제도를 다루었다. 북한의 경찰제도는 그동안 상당히 비밀에 쌓여 있는 영역이므로 부분적으로만 발견된 자료를 다루는 데 그치는 한계점을 안고 있다. 통일한국을 그리며 남·북한의 경찰통합을 대비해 미리 연구해 나가야 할 중요한 과제 중의 하나라고 본다. 제3장에서는 국가경찰과 자치경찰을 잘 조화시켜 치안안전정책을 자랑하는 일본의 경찰제도를, 제4장에서는 눈부신 경제성장 속에 나날이 세계의 시선이 집중되는 중국의 경찰제도를 다루었다. 이어서 제5장에서는 영·미법계의 종주국으로 대변되는 영국의 경찰제도를 그리고 제6장에서는 영국경찰제도의 영향을 깊이 받고 성장한 미국의 경찰제도를 다루었다. 그리고 제7장에서는 대륙법계의 종주국인 독일의 경찰제도를, 제8장에서는 프랑스의 경찰제도를 다루었다. 그리고 마지막으로 제9장에서는 2007년부터 남·여순경 및 101경비단 경찰시험문제에 처음으로 출제되기 시작한 스페인 경찰제도 부분을 새로이 추가했다. 지난 2003년 초판에서 저자들은 개정판을 낼 경우 다수의 기타 국가들의 경찰제도를 연구하여 소개하기로 했으나 여러 가지 사정으로 인해 이번에는 스페인의 경찰제도만 새로이 추가하는 데 그치고 말았다. 이 점에서 독자들의 양해를 바라며 기타 국가들의 경찰제도는 또다시 후속과제로 남겨 제3판에서 소개할 것을 약속한다. 짧은 시간에 제2판이 출판되어야 하는 과제를 완수하느라 쫓기는 시간이었음에도 불구하고 불평 없이 자기가 맡은 영역에 책임을 다해 주신 저자들에게 심심한 감사를 전한다. 그리고 언제나처럼 흔쾌히 제2판이 세상의 빛을 볼 수 있도록 출판을 결정해 주신 법문사의 배효선 사장님께 진심으로 감사를 드린다. 그리고 항상 저서들이 출판되고 개정되는 데 앞장서서 어려움이 없도록 노고가 많은 고영훈 과장님께 고마움을 전한다. 또한 본서의 원고 교정을 위해 첫 장에서 마지막 장까지 혼신의 노력을 담아주신 편집부의 김용석 선생님에게 진심으로 감사한다.

2007년 여름
집필진을 대신하여

신 현 기

머 리 말

　우리가 비교경찰제도론을 연구하는 궁극적인 목적은 앞서간 선진국가들의 경찰제도를 다방면에서 폭넓게 연구하고 이해해 보자는 데 있다. 결국에는 이것을 토대로 우리나라 경찰제도가 지향하고 발전시켜 나가야 할 바람직한 패러다임도 동시에 찾아보고 우리의 실정에 보다 적합한 경찰제도를 발전시켜 나가자는 것으로 귀결된다. 본 저서에서 애초 저자들은 동서양 국가들의 경찰제도를 소개하는 데 있어서 경찰의 발전과정, 경찰의 문화적 배경, 경찰조직, 경찰인사제도, 경찰의 행태적인 측면, 그리고 검찰과의 관계 등을 중심으로 일률적인 비교연구를 시도하려고 했었다. 하지만 그러한 방식에는 제각기 다른 각 나라의 문화적이고 환경적인 차이들로 인해 다소 무리가 따른다는 점을 깨닫고, 가급적이면 그렇게 다루도록 노력하되 집필진 자유의사에 맡겨 접근 가능한 부분들을 중심으로 기술하는 방식을 따르게 되었다. 이런 점이 바로 본 저서의 맹점이자 동시에 장점이기도 하다.

　그 동안 비교경찰에 대한 저서로는 1980년대에 서기영 교수의 비교경찰론 강좌, 정진환 교수의 비교경찰제도(1990), 이윤근 교수의 비교경찰제도론(2001), 경찰대학(김성수)의 비교경찰론(2001) 등이 출판되어 우리나라 비교경찰제도 연구에 지대한 공헌을 해왔다. 위의 저서들은 동양과 서양의 여러 나라 경찰제도를 저자 1인이 모두 기술함으로써 문맥상 통일성을 기한 점에서 큰 장점을 지니고 있다. 그러나 이러한 공헌에도 불구하고 여러 나라 경찰제도를 접근·분석하는 데 있어서 그 나라의 언어를 정복하고 1차 자료를 다수 활용하는 데에 한계점을 노출시켰다고 아니할 수 없을 것이다. 이런 문제점을 해소해야 한다는 것이 경찰학계의 연구과제 중 하나였던 데에 착안해 이번에 법문사에서 내놓게 된 9인 공저의 비교경찰제도론은 다수가 참여함으로써 그런 문제를 해소해 보고자 했다. 물론 이러한 방식이 문맥상의 통일성이라는 점에서는 다소 약할 수 있다. 하지만 일본, 중국, 영국, 미국, 독일, 프랑스 경찰제도를 집필한 저자들은 관련 국가에서 다년간 유학을 통해 그 나라의 언어와 경찰제도를 심층 연구하고 귀국해 정확한 내용을 독자들에게 생생하게 전달해 주고 있다는 점에서 본 저서는 큰 장점을 지니고 있다. 본 저서는 크게 세 부분으로 나누어 편제되어 있다.

　서장은 동양과 서양 국가들의 경찰제도에 대한 이론적 배경을 포괄적으로 아우르는 데 중점이 두어졌다.

　제1편은 동양편으로 제1장은 한국의 경찰제도이다. 그 동안 다수의 경찰학 저서에서 연구·소개되어 있는 부분들을 중심으로 중요하다고 생각되는 영역만 골라 다루었다. 제2장에서는 특히 우리에게 베일에 가리워져 50여년 이상 별로 알려지지 않은 북한의 경찰제도를 소개하고 있다. 제3장은 영미법계와 대륙법계의 경찰제도를 절충해 성공적으로 활용하고 있는 일본의 절충형 경찰제도를, 제4장은 중국의 경찰제도를 다루었다.

　제2편은 서양편으로, 제1장에서는 영국의 경찰제도를 다루었으며, 제2장은 미국의 경찰제도를, 제3장은 독일의 경찰제도를 소개하였으며, 마지막으로 제4장에서는 프랑스의 경찰제도를 다루었다.

　하지만 이번 저서에서 동양의 싱가포르, 대만 및 러시아의 경찰제도들을 다루지 못했고, 서양편에서는 스페인, 이탈리아, 스위스, 북유럽 국가들의 경찰제도를 다루지 못한 점이 아쉽다. 향후 독자들의 비판을 통해 계속 연구하고 보태 나갈 생각이다.

　이 자리를 빌려 감사를 표해야 할 분들이 많다. 특히 넉넉하지 못한 시간 내에 집필진 서로가 서로에게 원고의 완성을 위해 독촉하고 질책하며 위로했던 긴 시간들이 한편으로는 감사하고 뿌듯하다. 이 책이 세상의 빛을 보는 그 날 까지 노심초사 발로 뛰어 다니며 수고를 아끼지 않으신 영업부의 고영훈 선생 에게 고마움을 전한다. 그리고 9개 분야의 방대한 원고를 시종일관 다듬고 깎고 정리하는 데 노고가 많았던 편집부의 김용석 선생께 진심으로 감사한다. 또한 본 저서의 출판을 흔쾌히 결정해 주신 법문사의 배효선 사장님께도 심심한 사의를 표하는 바이다.

2003년 3월 초순

봄학기를 맞이 하면서

집필진 일동

차   례

제 1 장
비교경찰제도의 이론적 배경

제2장 북한의 경찰제도

제3장 일본의 경찰제도

제 4 장 중국의 경찰제도

제 5 장
영국의 경찰제도

제 6 장　미국의 경찰제도

제 7 장 독일의 경찰제도

제 8 장 프랑스의 경찰제도

제 9 장 스페인의 경찰제도

비교경찰제도론

제 1 장
비교경찰제도의 이론적 배경

제 1 절 개   설

경찰은 기본적으로 지역사회 및 국가의 범죄예방과 진압에 있어 통제자, 보호자, 관리자의 역할을 하게 되므로[1] 사회의 환경변화에 민감하며, 대응의 접근에 있어서도 신속성과 탄력성, 그리고 효율성이 가일층 요구되는 조직이다. 현재 우리 경찰은 그 어느 때보다도 '국제화와 세계화', '과학화와 정보화,' '지

---

[1] Kenneth J. Peak & Ronald W. Glensor, Community Policing and Problem Solving: Strategies and Practices(Pearson Prentice-Hall, 2008), pp.77~78.

방화 및 자치화'라는 국내외적 변화가 겹쳐 있는 현 상황에서 이를 극복하기 위한 양적·질적인 치안행정의 변화를 도모해야 하는 전환점에 서 있다. 더욱이 오늘날 사회적 활동의 모든 영역에서 지구적 상호연결성은 빠른 속도로 늘어나고 있다. 이제 각국의 경찰제도, 경찰활동들, 이를 둘러싸고 있는 치안환경 및 전반적 치안행정시스템 등도 현재진행형의 현실인 지구화(세계화) 시각에서 이해되어야 한다. 각각 이질적인 복선이 무수하게 깔려 있는 다양한 영역과 체제들을 한 묶음으로 비교하고, 이를 용이하게 이해시킨다는 것 자체가 쉬운 일은 아닐 것이나, 우리는 이 곤혹스러운 질문에 설득력 있는 답변을 제공할 수 있어야 한다. 최근 지구화 또는 세계화는 다음과 같이 통상적으로 정의되고 있다. 즉 그것은 "초대륙적·지역간 활동, 상호작용 및 권력행사의 흐름과 네트워크를 만들어 내는 사회적 관계 및 사회적 거래의 공간적 조직방식에 큰 변화가 발생했음을 구체적으로 보여주는 과정 또는 일련의 과정들"을 뜻한다.[2] 이러한 현상은 오늘날 우리 사회적 삶의 대부분의 영역, 즉 정치·경제·군사·문화·환경 등에 스며들어 있기 때문에 경찰을 둘러싼 지구화(세계화) 해석 역시 다면적이고, 다차원적이자 차등화된 현상으로 이해할 것이 요구된다. 아울러 일관된 분석틀에 의한 변환적용론, 절충적 이론화, 핵심 철학의 쟁점화(지역사회 중심, 다문화주의 등) 등 변화 추동력에도 가일층 관심을 높이고 논증할 수 있는 역량과 시각을 제고해 나가야 한다. 이 책은 독자들이 이러한 역량과 시각을 제고할 수 있도록 하는 노력의 일환으로서 저술되었다.

■ I 경찰개념의 역사

역사를 통하여 개인들은 다수의 규범을 준수하도록 기대되어 왔다. 개인의 행동을 통제하기 위한 요구는 고대로 거슬러 올라간다. 당시는 부족과 씨족과 가족이 개인의 행동을 통제했고, 집단사회의 비공식적인 규범이나 관습들을 집행하는 책임을 가지고 있었는데, 이것이 경찰활동들의 시원적 형태이다. 즉, 초기 공동사회의 형태로서 부족, 씨족, 또는 가족은 경찰활동 자체에 대한 책임을 지고 있었던 것이다. 궁극적으로 규범은 법이 되었고, 규범을 깨는 것은 국가에 대항해 저질러진 행동으로 공식화되었다.[3]

---

2) 조효제 역, 『전지구적 변환』(서울: 창작과 비평사, 2002), pp.35~38.

따라서 경찰police, polizei은 그의 어원을 멀리 그리스 어인 politeia, 또는 라틴어인 politia에 두고 있는데, 그것은 헌법 또는 질서 있는 공동사회를 의미하는 것이었다.4) 예를 들어 로마제국은 오늘날 우리가 알고 있는 것과 같은 경찰조직은 가지지 못하였고, 국내의 평화와 질서를 유지하는 것은 로마군대의 책임이었다. 로마 인들은 황제를 보호하기 위해 로마 군인들로 구성된 친위대를 구성했고, 로마 시의 질서를 유지하고 당시 빈번한 위험이었던 화재를 감시하기 위해 대략 500~600명의 로마 군인들로 이루어진 도시자경단(都市自警團, praefectusurbi)을 만들었다. 로마의 경찰 모델은 사전 예방적이기보다는 사후 대응적이었다는 점에서 전통적인 경찰 활동과 일치한다.

이후 로마제국은 영국에까지 세력을 확장하여 군대를 통해 질서를 유지했다. 그러나 로마제국의 몰락으로 앵글로색슨이라고 알려진 게르만 민족이 영국을 침입했다. 성문법과 입법기관을 가진 로마와는 달리, 이들은 부족의 관습에 기초를 둔 불문법을 가지고 있었다. 앵글로색슨 문화는 로마문화와 융합하였고, 앵글로색슨은 영국을 위한 치안 유지 체제를 발전시키게 되었다. 국왕의 평화에 대한 개념이 바뀌었고, 그로 인해 국왕은 자신에게 충성을 하겠다고 의탁하는 사람들에게 안전과 평화의 상태를 확신시켜 주었다. 치안유지 체제는 영주(領主)에게 전가되었다. 영주는 그의 영토 내에서 국왕의 평화를 위반하는 모든 자들에 대한 책임이 있었다. 10개의 자작 농가는 하나의 10인 조합(tything: 영국의 옛 행정구역, 10호 담당제)을 형성하게 되고, 열 개의 10인 조합은 100인 조합(hundred: 영국의 옛 행정구역, 100호 담당제)을 형성하여 이들이 질서를 유지하였다.

범죄가 발생하면 10인 조합과 100인 조합에 알려야만 했고, 범죄자를 추적하고 체포해서 치안판사에게 데리고 오는 것도 그들의 책임이었다. 죄를 저지른 사람이 법정에 출석하지 않을 경우 범죄자의 법률 위반에 대한 책임을 졌으며, 징역이나 벌금을 부과하는 것이 그 당시 교정 수단으로서 병행하여 사용되었다.

이와 같은 사회적 배경은 자연스럽게 중세 영국이나 독일 등 유럽에서 봉건

---

3) Michael J. Palmiotto, *Community Policing: A Policing Strategy for the 21st Century*(Maryland: Aspen Publishers, Inc., 2000), p.2.

4) 김남진·김연태, 『행정법Ⅱ』 제24판(서울: 법문사, 2020), p.253; 홍정선, 『행정법원론(하)』 제28판(서울: 박영사, 2020), p.225; 김동희, 『행정법Ⅱ』 제25판(서울: 박영사, 2020), p.171.

영주의 통치권과 결부되어 공공의 질서와 복리를 위한 특별한 통치권으로서의 경찰권이 인정되기에 이르렀다.

앵글로색슨 시대의 경찰기능에 대해 저명한 경찰이론가인 멜빌L. Melville은 다음과 같이 기술하고 있다.

> "국가의 내부 평화를 유지하는 것이 그들의 가장 중요한 임무로서, 모든 자유민들은 국가의 평화를 유지하는 데 자신의 소임을 다해야 했다. 이론적으로 모든 사람들이 경찰이었던 것이다. 더 일반적으로 10인 조합장으로 불리게 된 자치 도시장이 이웃들의 치안을 책임지는 것은 편의성을 도모하기 위한 것이었고, 이 자치 도시장은 필요한 경우 그의 이웃들에게 의존해야 했다. 평화라는 용어는 가능한 한 넓은 의미로 사용되어 왔는데, 평화를 침해하는 것은 범죄, 무질서, 공공해악을 모두 포함하는 것으로 이해되어 왔다. 경찰 체계가 근간을 두고 있는 일차적 본질은 예방적 활동이었다."

상호보증제도frankpledge라 불리는 이 제도는 알프레드Alfred 대왕 시대(A.D 870~901)로 거슬러 올라간다. 상호보증제도하에서는 사회적 신분 덕으로 면제받지 못하는 한 12세 이상의 모든 남자가 치안 유지에 책임을 져야 했고, 이웃의 행동에 책임져야 했다. 12세 이상인 남자가 범죄 현장을 목격했을 때에는 추적의 고함을 소리 높여 외치는 것이 그 임무였고, 그리고 범인의 뒤를 쫓아 다른 남자들, 즉 군중 속으로 몰아넣어야 했다.

100인 조합 위에 오늘날 보안관Sheriff의 선조인 셔리브shire reeve가 있었다. 셔리브는 왕의 밑에서 주(州: shire)의 평화 유지에 대한 책임을 가지고 있었다. 셔리브에게는 공공 질서를 유지하기 위하여 자유시민권자posse comitatus로 알려진 주(州)의 모든 남자들을 소집할 권한이 부여되었다. 그래서 법과 질서는 오늘날의 경찰 활동에서처럼 질서 있는 공동사회, 즉 지역사회의 책임으로 여겨지게 되었다.[5)]

16세기에 들어와서 경찰이라는 말은 교회행정의 권한을 제외한 일체의 국가행정을 의미하게 되어, 결국 세속적인 사회생활의 질서를 공권력에 의해 유지하는 작용을 의미하였다. 이후 국가작용이 확대되면서 사법·군정·재정 등이 분리됨에 따라 근대국가에 있어서 경찰은 공공의 안녕과 복지를 직접 다루는 내무행정을 의미하게 되었다.

내무행정에 관한 국가의 임무는 그 후 더욱 확대되어, 한때는 당시로서의

---

5) 양문승 역, 『지역사회경찰활동론』(서울: 대영문화사, 2001), pp.21~22.

복지국가를 의미하는 경찰국가의 시대를 이루기도 하였다.[6] 그 후 본격적으로 경찰이란 용어가 사용된 것은 법치국가사상의 영향을 받은 18세기부터였고, 경찰에 관한 실정법으로는 1794년 프로이센 일반란트법을 필두로, 1795년의 프랑스 경죄처벌법,[7] 1829년 영국 수도경찰법,[8] 1931년의 프로이센 경찰행정법 등이 연이어 제정되었으며, 이 각각의 법률에 규정된 경찰개념이 서구의 경찰개념으로 정착되기에 이르렀다.

한편 미국은 영국의 유산인 경찰문화와 법제도를 따르고 있다. 미국을 건국한 조상은 미국인이 되기 전에 영국인이었기 때문이다. 비록 미국이 독립전쟁으로 영국에서 분리되었지만, 영국 선조들의 영향에서 자기 자신들을 완전히 분리해 낼 수는 없었다. 즉, 법제도뿐만 아니라 범죄자 사법 처리에 이르기까지 미국의 경찰제도는 전반적으로 영국에서 물려받았던 것이다. 초기 이주자는 그들이 알고 있던 절차를 가지고 왔고, 그중 많은 것들이 미국문화 속으로 깊

---

6) 김남진·김연태, 전게서, p.253. 경찰개념과 관련된 또 하나의 중요한 사실은 오늘날 경찰개념을 확대 내지 확장하려는 경향이 있다는 것이다. 근대 행정작용법이 소극목적을 위한 경찰을 중심으로 구성되었는 데 반하여, 현대 행정작용법은 적극목적을 위한 급부작용 내지 규제작용에 그 바탕을 두게 되어 경찰영역 비중의 변화를 가져옴과 동시에, 다른 한편에서는 종래의 경찰영역의 확대 내지는 다른 분야와의 유기적인 교섭관계를 도모한다고 한다. 정진환, 『비교경찰제도』(서울: 백산출판사, 2006), pp.14~15.

7) 김동희, 전게서, p.171. 프로이센 일반란트법은 "공적 평온, 안전 및 질서를 유지하고 공공단체 또는 그 구성원에 발생하는 위험을 제거하기 위하여 필요한 조치를 하는 것이 경찰의 직무이다"라고 규정하였으며, 프랑스 경죄처벌법에서는 "경찰은 공적 질서·자유·재산 및 개인의 안전을 유지하기 위하여 설치된다"고 규정하였다.

8) 양문승 역, 전게서, pp.27~28. 근대경찰활동의 출현을 예고하는 영국의 윈체스터 법령은 다음과 같이 요약되는 경찰활동 기본원리들을 마련하였으며, 이러한 원리와 철학 등은 1829년 영국의 수도경찰법(Metropolitan Police Act)으로 무르익게 되었다. 수도경찰법 입안자들의 의도는 동질적이고 민주적인 경찰기구를 설립하는 것으로서 경찰관 채용은 학식있고, 좋은 성품, 35세 이하, 건강한 신체조건, 최소한 5피트 7인치 이상의 신장을 갖춘 사람을 대상으로 한다고 규정함으로써 근대경찰 개념을 충족시키기 위한 구체화단계에 그 기틀을 마련하였다.

윈체스터 법령의 기본 원리들
1. 국가의 치안을 유지하는 것은 모든 국민의 의무이며 어떤 시민이라도 범법자를 체포할 수 있다.
2. 무보수와 시간제 콘스터블(constable: 치안관)은 평온 유지를 위한 특별한 임무를 가지며, 그 관할 구역에서 직무를 수행할 때 자경단원(watchman)이라는 하급관리의 도움을 받는다.
3. 만약 범법자가 현행범으로 체포되지 않으면 추적의 고함소리를 소리 높여 외쳐야 한다.
4. 모든 사람은 추적의 고함소리가 발해진 때에는 이를 추적하기 위해 무기를 소지해야 할 의무가 있다.
5. 콘스터블은 범법자를 법정의 판사(leet) 앞에 출석시킬 의무가 있다.

이 스며들었다. 독립전쟁 이후로 많은 변화들이 있었다 할지라도 미국의 경찰 활동과 법제도는 대부분 영국 개념을 반영시킨 것이었다.

우리나라에서 경찰이라는 용어가 처음 등장한 것은 1894년 갑오경장 이후이다. 갑오경장을 통하여 경찰에 관한 조직법적·작용법적 근거가 마련되었다는 점에서, 비록 서구에서와 같은 법치주의적 사고의 발전에 따른 것은 아닐지라도, 적어도 외형상으로는 근대국가적 경찰체제가 갖추어졌다는 측면에서 우리나라 경찰사의 한 획을 긋는 분기점이 된다.

그러나 이러한 사실은 이미 독일, 프랑스 등 대륙법계의 경찰체제를 갖춘 일본이 우리에게 그러한 체제를 이식시키는 데에 그치지 아니하고, 궁극적으로 우리의 경찰, 나아가 우리나라 전체를 지배하기 위한 장기적인 계략의 일환이었다는 점에서 출발과 왜곡의 경찰역사가 동시에 시작되는 의미를 지니고 있기도 하다.

일본군의 왕궁점령하에 세워진 친일 김홍집 내각은 1894년 6월 28일(음력) 「각아문관제(各衙門官制)」에서 「법무아문관리사법행정경찰(法務衙門管理司法行政警察)」이라고 정하면서 처음으로 경찰이라는 용어를 사용하였으며, 경찰을 법무아문하에 창설할 것을 결정하였다.

그러나 동년 7월 1일(음력)의 「경찰관제직장(職掌)을 의정한 후 내무아문에 소속시키는 건」에서는 경찰을 내무아문으로 소속을 변경시켰고, 동년 7월 14일(음력)에는 「경무청관제직장(警務廳官制職掌)」과 「행정경찰장정(行政警察章程)」을 제정하여,[9] 이에 의거 경무청을 설치한 것이 우리나라에서 근대적 의미의 경찰이 도입·실시된 시초라 할 수 있다.

▣ 형식적 의미의 경찰과 실질적 의미의 경찰

경찰개념은 앞에서 살펴보았듯이 본래 논리적인 개념이 아니라 역사적으로 발전·형성된 개념이기 때문에 근대국가에서의 일반적인 경찰개념, 즉 '사회의 안녕과 질서유지를 위한 권력작용'은 반드시 각국의 실정법상 경찰개념과 일치되는 것은 아니다.

세계 각국의 경찰제도는 대부분 형식적 의미의 경찰과 실질적 의미의 경찰

---

9) 김성수 외, 『한국경찰사』(용인: 경찰대학, 2007), pp.137~142.

이, 그리고 각종 경찰의 종류가 혼재되어 형성되고 있으므로 그 개념을 사전에 명확히 파악할 필요가 있다.

형식적 의미의 경찰은 실질적 의미의 경찰과 그 내용이 반드시 일치하지는 않으며, 이 의미에서의 경찰은 실정법상 제도적 의미의 경찰이 수행하는 모든 사무 즉, 실정법상 보통경찰행정기관이 관장하는 모든 행정작용을 의미한다.[10]

우리나라에 있어서도 경찰의 실제개념(실질적 의미의 경찰, 학문적 의미의 경찰)과 국가경찰과 자치경찰의 조직 및 운영에 관한 법률(이하, 경찰법),[11] 경찰공무원법, 경찰관직무집행법 등 실정법상의 경찰개념은 일치되지 않는다.

우리 경찰에 관련된 제반 법규 중 가장 기본법인 경찰법에서는 경찰의 임무를 "국민의 생명·신체 및 재산의 보호, 범죄의 예방·진압 및 수사, 범죄피해자 보호, 경비·요인경호 및 대간첩·대테러 작전 수행, 치안정보의 수집·작성 및 배포, 교통의 단속과 위해의 방지, 외국 정부기관 및 국제기구와의 국제협력, 그 밖의 공공의 안녕과 질서유지"로 규정하고 있고(경찰법 제3조), 경찰관직무집행법 역시 경찰관의 직무로 "국민의 생명·신체 및 재산의 보호, 범죄의 예방·진압 및 수사, 범죄피해자 보호, 경비·주요 인사 경호 및 대간첩·대테러 작전 수행, 치안정보의 수집·작성 및 배포, 교통의 단속과 위해의 방지, 외국 정부기관 및 국제기구와의 국제협력, 그 밖의 공공의. 안녕과 질서유지"를 규정하고 있다(경찰관직무집행법 제2조).

이와 같은 실정법상 규정에 따라 실질적 의미의 경찰개념에는 해당하지 않는 범죄의 수사·범인 체포 등의 사법경찰 작용과 비권력적 작용인 치안정보의 수집 등도 경찰기관의 소관사무로 되어 있는 반면, 위생·산업·건축·노동 분야 등에 있어서의 질서유지작용은 타행정기관의 권한으로 두게 된다(일명, 특별사법경찰).

반면 실질적 의미의 경찰은 실제 경찰기관의 소관사무와는 무관하게 「공공의 안녕·질서를 유지하기 위해 일반통치권에 근거하여 국민에 대해 명령·강제함으로써 그의 자연적 자유를 제한하는 작용」을 의미한다고 함이 보통이다.

---

10) 김남진·김연태, 전게서, p.254; 김동희, 전게서, pp.173~174; 홍정선, 전게서, p.236.

11) 문재인 정부는 자치경찰제를 도입하였고 이를 위해 국회는 기존의 경찰법과 경찰공무원법 등을 전부개정하여 국가경찰과 자치경찰의 조직 및 운영에 관한 법률(이하, 경찰법)을 2020년 12월 제정하여 2021년 1월 시행에 들어갔고 7월 1일부터 17개 광역시도에 18개의 자치경찰위원회(경기 2개)가 독립 합의제 행정기관으로 시도지사 산하에 출범하여 전국단위의 자치경찰제가 시행되었다.

그러므로 경찰은 소극적 작용, 사회목적적 작용, 권력적 작용이라는 법적 근거를 확보할 수 있게 되며, 일정한 행정작용의 성질에 착안하여 학문적으로 정립된 개념이 곧 실질적 의미의 경찰개념이다.[12]

독일·일본 등 과거 경찰의 권력이 강대했던 나라들에서는 제2차 대전 후에 경찰 기능이 축소되어 '실질적 의미의 경찰임무'가 대폭 일반행정기관에 이양되었다(특별사법경찰로서 위생·건축·산업·경제 경찰 등). 이와 같은 현상을 두고 독일에서는 종래의 실질적 의미의 경찰을 감시행정이라고 부르고, 그중 조직법상의 경찰이 장악하고 있는 것만을 경찰이라고 하는 동시에, 기타의 행정기관에서 관장하고 있는 실질적 의미의 경찰을 질서유지행정이라고 부르기도 한다.

Ⅲ 경찰의 종류

경찰개념은 관점의 상이에 따라 여러 가지로 분류할 수 있는데, 여기에서는 일반적이고 주요한 몇 가지 분류체계에 대하여 간략히 살펴보기로 한다.

1. 사법경찰과 행정경찰

이 분류는 전통적으로 가장 많이 다루어지는 방식이다.

사법경찰은 범죄의 수사, 피의자의 체포 등을 목적으로 하는 형사사법작용을 일컬으며, 이에 대하여 행정경찰은 본래적 의미의 경찰로서 사회공공의 안전과 질서의 유지를 위한 행정작용을 말한다.

전자는 형법 및 형사소송법 등 형사법계에 부수되고 있으며, 후자는 많은 부분이 행정법계에 속해 있다. 우리나라에서는 사법경찰과 행정경찰을 특별히 구분하지 아니하고 일반경찰기관이 양자를 모두 관장하도록 하고 있다.

---

12) 실질적 또는 학문적 의미의 경찰개념은 몇몇 관점에서 타행정작용과 구별되고 또한 그 특징이 인정되고 있다. 김남진 교수는 목적, 수단, 내용, 권력의 기초라는 네 가지 측면에서 구별점을 찾고 있으며(김남진·김연태, 전게서, pp.255~257 참조), 김동희 교수는 목적, 수단 및 권력의 기초 등 세 가지로 타행정작용과 구별하고 있다(김동희, 전게서, pp.175~171 참조). 한편 홍정선 교수는 실질적 의미의 경찰개념의 근거 및 특징을 공적 안정(개인의 법익, 공동체의 법익), 공적 질서, 위험의 존재성(잠재적 위험, 외관상 위험, 위험에 대한 의심, 위험의 실현 등)의 관점에서 파악하고 있다(홍정선, 전게서, pp.228~235 참조).

행정경찰은 다시 보안경찰과 협의의 행정경찰로 구분될 수 있는데, 보안경찰은 공공의 안녕·질서를 유지하기 위하여 다른 종류의 행정작용에 수반됨이 없이 그것 자체가 독립하여 행하여지는 경찰작용으로서 이에는 보안, 정보, 교통, 방범 등의 경과(警科)를 들 수 있다. 협의의 행정경찰은 위생경찰, 관세경찰, 산업경찰 등 경찰기관 이외 당해 업무의 소관행정기관에 의하여 행해지는 경찰을 말한다.

이러한 내용을 나타내면 아래의 [도표 1-1]과 같다.[13]

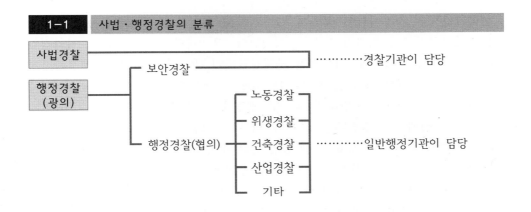

1-1	사법·행정경찰의 분류

2. 예방경찰과 진압경찰

이는 경찰권 발동의 시점에 의한 분류로서, 위해의 발생을 예방하기 위하여 하는 권력작용을 예방경찰이라고 하고, 위해가 이미 발생한 후에 그것을 제거하는 권력작용을 진압경찰이라고 한다. 「사람의 생명·신체·재산에 대하여 위해가 절박한 경우에 그 위해를 예방하기 위하여 타인의 토지·건물 등에 출입하는 것」은 예방경찰에 해당하며, 위해가 발생한 연후에 사건을 수사하기 위하여 타인의 주거 등에 출입하는 것 등은 진압경찰에 해당한다.

행정경찰은 예방경찰의 성격을 많이 가지며, 사법경찰은 진압경찰의 성격을 많이 가지는 셈인데, 행정경찰 안에서도 예방경찰과 진압경찰의 구분이 행해질 수 있다.[14]

---

13) 김동희, 전게서, p.173.
14) 김남진·김연태, 전게서, pp.257~258.

전술한 바와 같이 우리나라에서는 경찰법 제3조 및 경찰관직무집행법 제2조에 경찰의 기본임무 및 직무범위 중 가장 우선순위로서 범죄의 예방·진압 및 수사를 규정함으로써 이러한 논의의 근거를 마련하고 있다.

3. 국가경찰(중앙경찰)과 자치경찰(지방경찰)

이 분류는 경찰행정의 직권(조직, 인사, 경비부담 등)이 국가에 있는가 지방자치단체에 있는가를 표준으로 하는 방식이다.

국가경찰은 경찰기관이 국가기관인 경찰을 의미하며, 자치경찰은 경찰기관이 지방자치단체의 기관인 경우를 의미한다. 우리나라는 기본적으로 국가경찰제도를 채택하고 있으나, 지속적인 자치경찰제에 대한 논의를 통해 제정된 「지방분권 촉진에 관한 특별법」(2004년 1월 16일 「지방분권특별법」으로 제정, 2008년 2월 29일 전부 개정)과 「지방분권 및 지방행정체제개편에 관한 특별법」(2013년 5월 28일 제정)에 자치경찰제를 국가의 의무사항으로 규정하여 자치경찰제도와 국가경찰제도의 병행이 오랜 기간 동안 논의되어 왔다. 마침내 2020년 12월 국회에서 "국가경찰과 자치경찰의 조직 및 운영에 관한 법률(경찰법)이 통과되었으며 2021년 1월 시행에 들어갔다. 이처럼 문재인 정부에서 역시 2020년 일원화 모델도 만들어져 전국 17개 광역시도에서 18개의 자치경찰위원회가 시도지사 산하에 독립 합의제행정기관으로 출범해 2021년 7월 1일 시행에 들어 갔고 2024년 중반에 벌써 4년차에 접어들었다. 본 자치경찰위원회는 경찰법에서 자치경찰사무로 분류된 생활안전, 여청, 교통 분야에 대해 각 시도경찰청장을 지휘 감독하고 있다.

현재 제주특별자치도의 경우 지방자치의 시범도로서 국제경쟁력을 갖춘 국제자유도시로 성장할 수 있도록 정부 차원의 강력한 지원이 있었으며, 교육자치제와 자치경찰제를 주요 과제로 선정하여 그 일환으로 자치경찰제를 실시하고 있다.

2006년 7월 1일부터 특별자치도로 출범한 제주특별자치도 자치경찰은 자치경찰과 관련한 자치 법규를 제정·시행하면서 우리나라에서 본격적인 자치경찰시대를 열게 되었다. 2012년 통합 자치경찰단을 출범(1단, 4과, 1지역대, 1센터, 11담당)하였으며, 주민의 생활안전활동(생활안전을 위한 순찰 및 시설 운영, 주민참여 방범활동의 지원 및 지도, 안전사고 및 재해재난 등으로부터의 주민보호, 아동·청소년·노인·여성 등 사회적 보호가 필요한 자에 대한 보호 및 가정·학교 폭력 등의 예방, 주민의 일상생활과 관련된 사회질서의 유지 및 그 위반행위의 지도·단속)·지역교통활동(교통안전 및 교통소통, 교통법규위반 지도·단속, 주민참여 지역교통활동의 지원 및 지도)·공공시설 및 지역행사장 등의 지역경비,「사법경찰관리의 직무를 행할 자와 그 직무범위에 관한 법률」에서 자치경찰공무원의 직무로 규정하고 있는 사법경찰관리의 직무를 수행하고 있다.[15]

제주자치경찰은 2006년 출범 당시 38명에서 2025년 초 현재 현재 160여명으로 대폭 확대되었다.

1-2 제주자치경찰단의 조직도

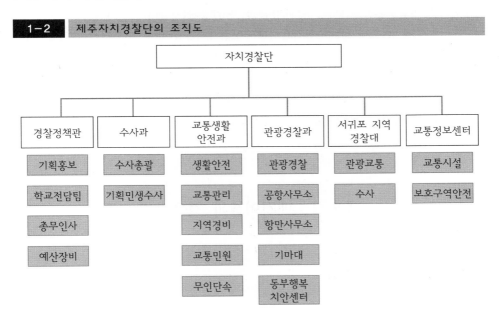

출처: https://www.jeju.go.kr/jmp/index.htm

자치경찰공무원의 직무권한은「경찰관직무집행법」에 의거하여 그 직무를 수행할 수 있으며, 일반범죄에 대한 수사권은 없고 범죄 발견시 국가경찰에 인계하는 등 국가경찰과의 대등 협력관계에 있으며, 자치경찰공무원의 신분은 시·군·구 소속 특정직 지방공무원으로서 자치단체의 장이 임용한다. 자치단체장의 자의적인 운영을 방지하기 위해서 매년 자치경찰활동의 목표와 성과를 '자

---

15) 제주특별자치도 자치경찰단 홈페이지(http://jmp.jeju.go.kr/).

치경찰위원회'를 통하여 공표하도록 하고, 자치경찰공무원의 보직·승진·전보·징계 등에 관한 사항을 별도의 인사위원회를 설치하여 심의·의결하도록 하고 있다.

4. 기   타

이 밖에 ① 평시경찰과 비상경찰(평상시의 경찰작용인가?, 천재지변 또는 전쟁 등 국가의 비상시에 특별한 경찰법규에 근거하여 특별한 경찰기관(계엄시 군대)에 의해 이루어지는 경찰작용인가?), ② 일반경찰과 청원경찰(경찰법에 근거하여 제도적 의미의 경찰에 의해 이루어지는 경찰작용인가? 청원경찰법에 의해 이루어지는 경찰작용인가?), ③ 고등경찰(정치경찰의 의미로서 경찰조직의 정보경과(情報警科), 국가정보원 등)과 보통경찰의 분류 등이 있다.

상술한 바와 같은 경찰분류 방식은 세계 각국의 경찰제도를 비교·고찰함에 있어 기본적 패러다임 역할을 하고 있으며 상세한 내용은 제3절에서 언급하기로 한다.

제 2 절 배경이론과 접근방법

I 비교행정의 개념

비교경찰제도와 같은 비교행정 영역은 광범위하고 다양한 대상에 걸쳐 수행될 수 있다. 비교행정연구는 여러 국가의 행정현상을 비교·분석함으로써, 행정 일반이론을 정립하는 동시에 행정개선에 필요한 지식기반을 구축함을 궁극적 목적으로 한다. 그러나 그동안 비교행정의 연구대상과 범위 및 연구방법에 대해서는 극히 다양한 시각과 접근방법이 혼재되어 있으며, 이러한 상황은 아직까지도 크게 바뀌지 않아 비교행정의 학문적 경계선과 기능·패러다임·실효성·기본적 가치 등의 문제는 여전히 쟁점으로 남아 있다.[16]

---

16) 박천오 외, 『비교행정론(제2판)』(서울: 법문사, 2002), p.1.

그러나 단순히 여러 나라 행정제도의 실태를 나열해 놓는 데 그쳐서는 안 된다는 점만은 분명하다. 리그스Fred W. Riggs는 연구방법의 경향에 관한 그의 논문에서 '비교'라는 개념은 엄밀한 의미에서 경험적empirical 내지는 일반법칙적nomothetic 연구에만 국한시켜 사용되어야 한다고 주장한다.17)

또한 '미국행정학회'American Society for Public Administration의 한 분과로 설치되었던 '비교행정연구회'에서는 비교행정이란 '다양한 문화와 여러 국가의 제도에 응용될 수 있는 행정이론과 그와 같은 이론이 검증될 수 있고 발전시켜 나갈 수 있는 사실적인 자료의 집합체'라고 규정하였다.

결국 비교행정은 여러 국가의 행정체제와 행태를 연구함으로써 일반성 있는 이론정립과 행정개선을 위한 전략을 추출해 내려는 학문적인 노력이라고 할 수 있겠다. 라파엘리Nimrod Raphaeli가 지적하고 있는 비교행정연구의 목적은 이를 잘 설명해 주고 있다.18)

1) 각 행정체제의 특성을 설명한다.
2) 행정특징이 국가에 따라서 다르게 작용하는 요인을 탐색한다.
3) 행정체제의 성패에 관련되는 문화적 · 정치적 · 사회적 요인을 검증한다.
4) 국가별 · 문화별로 관료제 행태의 차이를 설명한다.
5) 관료제의 능력을 개선하는 데 있어 어떤 변동을 유도해야 하고 어떻게 유도할 수 있는가를 밝힌다.
6) 자세한 사실에 관한 지식보다 개념적 지식을 정립한다.

ⅠⅠ 비교행정 연구의 변화와 접근방법

1950년대에 출발한 비교행정연구는 1962년부터 1972년까지의 약 10년간 각종 재단의 원조와 조직적인 연구활동, 연구물의 산출, 학계 관심의 고조 등에 힘입어 미국에서 그 전성기를 맞게 되었다. 그러다가 1970년대 초반부터 여러

---

17) 1960년대 초 리그스의 접근경향 제시는 매우 중요한 의미를 지니고 있는데, 그는 첫째 규범적 접근방법(normative approach)에서 경험적 접근방법(empirical approach)으로, 둘째, 개별기술적 접근방법(ideographic approach)에서 일반법칙적 접근방법(nomothetic approach) 으로, 셋째 비생태론적 접근방법(nonecological approach)에서 생태론적 접근방법(ecological approach)으로 연구경향이 바뀌어야 한다고 주장하였다.

18) 박동서 · 김광웅 · 김신복, 『비교행정론』(서울: 박영사, 1998), pp.5~6.

재단의 지원 중단과 제3세계 국가들의 새로운 관심 고양으로 인하여 '발전행정'
이 등장하여 활발한 연구가 있게 된다. 제3세계 여러 나라들이 새로운 국가발
전의 방향을 모색하고 탈서구화의 발전전략을 주장하기 시작하였으며, 미국행
정학계 역시 '발전'이 절대적 조건이 아닌 상대적인 개념과 조건임을 인식하기
시작하여 발전문제와 그 전략수립에 새로운 관심을 갖게 된 때문이다. 발전행
정은 '비교' 대신에 '발전'이라는 용어를 사용하고 있지만 그 개념과 연구의 대
상이 명확하지 않고 비교행정의 연구와 구별하기도 쉽지 않다. 그러나 비교행
정이 일반적으로 정태적 시각에서 행정현상의 특징을 역사적·문화적·구조기
능주의적 분석으로 비교함에 비하여, 발전행정은 동태적이며 사회변동을 유도
함으로써 미래지향적, 가치지향적이라는 점에서 차이점을 찾을 수 있다. 따라서
비교행정은 행정의 역할과 기능이 발전에 대한 종속변수로서의 의미를 가지며,
발전행정은 비교행정과 비교해 볼 때 행정의 독립변수적 기능과 역할이 강조되
므로 이러한 맥락에서 발전행정은 광의의 비교행정연구의 첨단을 의미한다고
해석할 수 있다.[19)]

　이와 같은 연구동향추세에 따른다면 '비교경찰제도'의 연구 역시 '발전경찰
제도' 연구단계로 진전되어야 할 것이다.

　비교행정연구의 접근입장은 다른 현상을 이해하는 접근입장과 큰 차이가 없
다. 흔히 크게 나누어 i) 생태론적 접근 입장, ii) 구조기능론적 접근 입장, iii)
일반체제론적 접근 입장, iv) 역사론적 접근 입장, v) 상황적응론적 접근 입장
등이 있다. 최근의 연구동향까지 아우르면 법률·제도적 접근방법, 생태적 접근
방법, 행태론적 접근방법, 현상학적 접근방법, 공공선택 접근방법, 체제적 접근
방법, 후기행태주의적 접근방법, 신제도론적 접근방법 등으로 분류할 수도 있
다.[20)]

　이러한 분류는 학자마다 달리 인지하는 실정이다. 예를 들어 전술한 바와
같은 리그스의 지적이 있었고, 히디Ferrel Heady는 비교행정연구의 접근입장을 수정
전통적 접근방법·발전지향적 접근방법·일반체제 접근방법 및 중범위이론 접
근방법 등으로 나누어 설명하고 있다. 헨더슨Henderson은 비교행정의 접근방법을
관료체제적 접근방법, 투입-산출체제 접근방법, 구성요소 접근방법, 발전적 접
근방법, 조직의 비교연구 접근방법의 5가지로 나누어 설명하고 있다. 최근에는

---

　19) 김영종, 『신발전행정론』(서울: 법문사, 1999), pp.9~13.
　20) 이종수·윤영진·곽채기·이재원, 『새행정학』(서울: 대영문화사, 2014), pp.154~171.

상황적응적 접근방법이 상당한 호응을 불러 일으키고 있다. 그러나 이러한 관찰과 노력에도 불구하고 비교행정 연구의 접근방법은 일정한 경향을 찾기 어려울 정도로 더욱 산만하고 다양해지고 있다. 이러한 연유로 비교행정분야에는 아직도 지배적인 패러다임이 없다는 비판을 받기도 한다.[21]

이하에서는 이처럼 합의된 일단의 이론적 토대가 결여된 가운데에서도 비교적 자주 언급되는 접근방법들[22]에 대하여 간단히 설명해 보기로 한다.

1. 경험적 접근방법

이 접근방법은 기술적·분배적 지식에 대한 관심에 따라 있는 그대로의 사실, 경험한 바대로의 그 대상을 인식하려는 것이다. 이러한 입장은 자본주의의 발달 및 대중사회의 출현과 더불어 복잡한 사회문제가 발생한 것을 배경으로 사회과학자들이 현실의 파악과 실제행동의 규명에 관심을 가진 데서 출발하게 되었다. 그리고 사건의 본질과 인식의 방법에서 반형이상학적·반논리적 입장을 취하는 논리실증주의의 입장에 의해 개화되었다.

2. 생태론적 접근방법

생태론적 접근방법은 행정현상과 환경적 요인의 상관관계에 초점을 두는 연구방법이다. 행정현상은 이를 둘러싼 환경과의 관계에서 파악해야 하므로, 이에 관련되는 여러 연계분야의 지식이 필요하다. 따라서 학문간 연구(학제적 또는 총합적 연구)는 이런 경우에 필요하게 된다.

3. 역사적 접근방법

역사적 접근방법은 과거의 특정시점에서 행정체제 또는 제도의 발달을 이해하려고 노력하는 입장이다.

역사적 접근법이 다루고 있는 국면은 다양하고 흥미롭다. 대부분의 역사연구는 특정한 문명이나 특수한 계기를 집중적으로 분석한다. 어떤 연구는 정치

---

21) 박천오 외, 전게서. p.14.
22) 박동서·김광웅·김신복, 전게서, pp.28~34; 박천오 외, 전게서, pp.15~22.

지도자나 정권의 행정적 업적에 관해 논하기도 하고, 정당의 행정철학을 규명하는가 하면, 최근의 연구들은 과학적 관리와 기술지향사회의 산업조직에 관한 배경과 그 원동력에 대해 관심을 기울인다.

역사적 접근법의 저변에 깔려 있는 기본전제는 과거와 현재의 사건이 여러 양태로 상호 연관되어 있다는 것이다. 그래서 과거를 이해하는 것이 현재의 문제를 능률적으로 해결하는 첩경이라고 해석한다. 이것은 인간존재의 순환론에 입각한 견해로서 과거의 경험을 현재 생활의 교훈으로 삼고자 하는 노력의 일환이다.

4. 문화적 접근방법

비교행정의 연구에 있어서 가장 중요한 요인 중의 하나는 문화요인에 관한 이해라고 할 수 있다. 왜냐하면 연구대상이 되는 나라의 문화에 관한 이해 없이 비교한다는 것은 피상적인 탐구에 그칠 염려가 많기 때문이다.

문화적 접근법은 이처럼 연구대상이 되는 나라나 지역의 문화요인을 파악하면서 그 자체 또는 이와 관련된 내용을 연구하는 입장이다.

우리가 문화적 접근방법을 비교행정 연구에 있어서 많이 사용하는 방법 중의 하나로 인식하는 것은 문화의 자체 생명력과 속성 때문이라고 할 수 있다.

문화란 사회구성원에 의해 공유되는 지식·신념·행위의 총체, 도구의 사용과 더불어 인류의 고유한 특성으로 간주된다. 문화를 구성하는 요소에는 언어·관념·신앙·관습·규범·제도·기술·의례 등이 있다. 문화의 존재와 활용은 인간 고유의 능력, 즉 상징적 사고(언어의 상징화)의 능력에서 기인한다. 문화의 정의는 시대가 변천함에 따라 더욱 다양해져, 클로버Clover 같은 학자는 습득된 행동을 비롯하여 마음 속의 관념, 논리적인 구성, 통계적으로 만들어진 것, 심리적인 방어기제 등 문화를 구성하는 요소로서 164가지를 적시하여 정의하기도 한다.

문화는 일단 확립되면 자체의 생명을 지니게 된다. 문화는 한 세대에서 다음 세대로 전달되며, 그 기능은 인간이 사회 속에서 안전하게 생활하도록 하는 것이다. 이와 같이 문화는 단순한 반사적 반응에서 생활의 안정과 지속성을 보장하는 고도로 진전된 수단으로 발전하게 되는 것이다.

또한 문화에는 가치라는 면이 있으며, 이것이 유기적 통합에 커다란 역할을 한다. 그러한 의미에서 문화를 통합형태라고 부르며, 개별문화에는 패턴(유형, 범주)이라든지 주제가 있다고 한다.

이와 같이 이질성, 독자성을 전제로 하는 복수의 패턴은 저마다 장기간에 걸쳐 그 통합성을 유지하며 좀처럼 변화하지 않으나, 문화의 상관적 관련에 어떤 모순이 생기고 확대되면 그 통합성이 무너져 변화하게 되며 다른 통합 형태가 형성된다.[23]

문화의 정의를 정리해 보면 문화에는 일정한 속성이 있음을 엿보게 된다. 즉 ① 문화는 유기적 통합체이다. ② 문화에는 공감대가 있다. ③ 문화에는 고유한 가치(특성)가 있다. ④ 문화에는 패턴이 있다(동질성과 이질성). ⑤ 문화는 계승된다. ⑥ 문화는 학습된다. ⑦ 문화는 좀처럼 변화하지 않으나 가변적이다. ⑧ 사회는 문화에 선행한다는 것 등인데, 이 여덟 가지가 문화와 행정체제 또는 제도와의 상관관계를 규명하는 공준(公準)이 될 수 있다.

한 예로 미국과 한국의 형사사법체계Criminal Justice System를 비교하기 위해서는 다문화주의에 대한 이해가 필수적이라는 것을 들 수 있다.

형사사법체계란 영미법계에서 그 근간이 이루어진 범죄대응체계(경찰, 검찰, 법원, 교정기관 등)이다. 현대사회에 있어서 범죄문제란 시대의 흐름에 따라 점차 다원화되고 통합적인 체제로 형성되기 때문에 범죄현상에 대한 대응체제 역시 개별적 범죄 및 범죄자 개인들의 속성, 개별적 형사사법기관의 고유영역 및 역할의 규명보다는 일탈과 사회적 반응 등 사회 전체에 대한 범죄의 의미 파악이나 형사사법체계의 전반적 운용 형태를 반영해 나가려는 경향으로 그 무게 중심을 옮기게 된다. 다문화주의는 다른 문화와의 문화적 차이에 대해 이해하고 존중하며 적응하는 것을 강조하는 문화의 다양성에 대한 접근방법이다. 오늘날 전 세계에서 문화들은 더 자주, 그리고 더 신속하게 접촉하고 있다. 그러한 접촉을 둘러싸고 있는 문제들은 범죄의 발생에 대한 중요한 의미를 가지며, 형사사법체계 역시 차등적인 변화를 야기하게 한다. 따라서 다문화주의적 경향을 많이 가지고 있는 국가와 비교적 단일한 문화를 지니고 있는 국가를 문화횡단적 측면에서 비교함으로써 이러한 차이가 어떻게 범죄의 생산 - 분배 - 억제에 영향을 미치며, 범죄대응에 대한 형사사법체계의 전반적 운용형태는 어떻게 차

---

23) Yang, Mun Seung, "Cultural Environments and Juvenile Delinquency", The 12th International Congress on Cirminology, 「Abstracts and Participent's Directory, 1998」, p.191.

등적으로 전개되는지를 규명해 보는 것도 의미 있는 접근이 될 수 있을 것이다.

5. 수정전통적 접근방법

이 접근방법은 연구의 중점을 단일한 행정체제로부터 여러 행정체제 상호간의 비교·분석으로 진전시켜 논의의 범주를 확장하는 방법이다.

6. 일반체제적 접근방법

이 방법은 수정된 전통적 접근방법보다 비교·분석의 목적을 위한 모델 형성에 더 많은 관심을 갖고 문화횡단적·포괄적 이론구성을 시도하는 접근방법이다. 일반체제적 접근general - systems approach은 파슨스Talcott Parsons 등의 구조기능주의적structural functionalism 접근에 의해 대표된다. 구조기능론은 분석단위로서 전체적인 체제를 강조하고, 전체체제의 유지를 위한 요건으로서 특정한 기능을 가정하며, 전체체제 내의 여러 구조가 기능적으로 상호의존적임을 그 전제로 한다.

파슨스는 그의 구조기능론적 입장에서 어느 사회든지 유형유지pattern maintenance, 목적달성goal attainment, 적응adaptation, 통합integration이라는 네 가지 기능적 요건을 충족시켜야 생존이 가능하다고 설명하고 있다. 파슨스에 덧붙여 알몬드Gabriel A. Almond의 구조기능론과 리그스Fred W. Riggs의 생태론적 접근방법은 일반체제적 접근방법의 기술적 진보에 많은 영향을 미쳤다.

7. 중범위이론적 접근방법

전술한 일반체제적 접근방법은 지나치게 포괄적이어서 모형과 실증적 자료간에 간격이 있게 되어 때로는 이 간격gap의 해소에 고민스러울 경우가 있다. 그래서 연구대상의 범위를 줄여서 집중적으로 연구하는 것이 보다 효과적이라고 믿어 중범위 수준의 이론을 정립하고자 하는 방법이 고안되었다.

따라서 중범위이론적 접근방법middle - range theory은 방법론의 엄격성과 소재의 중요성 간에 적절한 균형을 모색하는 접근방법이다. 이 방법은 한편으로는 연관된 모든 변수를 한꺼번에 다루는 포괄적인 거시이론을 수립하려는 시도를 지양하며, 다른 한편으로는 방법론의 엄격성을 지나치게 고집하지 않는다. 그래서 각 상황의 유사한 요인을 묶어 같이 설명하는 범위 내에서 타당한 이론을 구하고자 하는 것이다. 보다 세부적인 내용으로는 머튼Robert K. Merton의 중범위이론과 프레터스Robert V. Prethus · 히디Ferrel Heady의 관료제 모형연구가 있다.

8. 상황적응적 접근방법

이 접근방법으로는 조직론자들의 연구에 근거한 주장이 두드러진다. 즉 조직환경의 복잡성을 유형화해서 조직과의 관계를 보는 가운데 상황적응을 주장한 경우, 조직의 기술체계 · 조직구조 · 관리체계 간의 관계를 보는 경우, 분화와 통합의 개념에 기초를 두고 조건이 다르면 적합한 조직 설계의 방법도 달라지리라는 관점에서 효과적인 조직화의 방식에 관해 다양한 원칙이 성립할 수 있다는 것을 주장한 경우 등을 대표적 예로 들 수 있다.

이 접근방법의 특징을 요약하면, 첫째는 조직과 환경 간의 관련성, 즉 조직을 구성하는 하위체계와 환경변수 간의 관련성을 중시하며, 둘째는 실증적 분석에 의한 자료에 근거하여 조직현상의 객관적 법칙을 추구하고, 셋째는 조직 간의 체계적 비교 · 분석을 통해 조직특성과 환경 또는 기술과의 적합적 관계에 관한 가설의 발전 또는 검증을 행함으로써 보편성과 특수성의 중용을 지향하며, 넷째는 종래의 조직심리 내지는 행태주의 입장과 달리 인간동기의 중립성을 전제로 구성원의 욕구와 동기보다는 조직 그 자체의 요구를 중시한다는 것이다. 한편 전술한 바 있는 발전행정의 시각에서는 사회변화이론을 순환이론, 진화이론, 갈등이론, 균형이론(구조기능이론), 사회심리이론 등으로 나누어 설명하기도 하고,24) 개념적 이론모형으로서 체제모형, 행정문화모형, 구조기능주의모형, 관료제 발전모형, 현상학적 발전모형, 균형발전이론모형, 불균형발전이론모형, 상황적응이론모형, 비교역사적 이론모형, 통합적 이론모형 등으로 분류하기도 한다.25)

이상에서 비교행정연구 내지 발전행정연구를 수행하기 위해 사용되는 제반 접근방법들을 살펴보았는데, 여기에서 쉽게 알 수 있듯이 접근방법들이 상호간 중복성 또는 유사성을 띠는 경우가 간혹 있다. 접근하는 방법이나 시각에 따라 완전히 차별화되는 직각성을 가지지 않는 한 유사하거나 중복되는 부분적 이론

---

24) 김광웅 외, 『발전행정론』(서울: 한국방송통신대학교출판문화원, 2010), pp.40~57.
25) 김영종, 전게서, pp.14~23.

들이 있게 마련이라는 것을 인식하여야 한다.

이러한 다양한 접근방법 중에서 가장 많이 사용되고 있으며, 비교적 호응을 얻고 있는 방법론은 일반체제적 접근방법과 중범위이론적 접근방법이며, 이에 병행하여 근래 들어서는 비교정책연구가 새롭게 관심을 끌고 있다.

이 책에서 세계 주요 각국의 경찰제도를 비교·분석하기 위한 접근방법 역시 일반체제적 접근방법과 중범위이론적 접근방법을 근간으로 하고 있으나, 후술하는 제3절에서는 이러한 접근방법에 국한하지 아니하고, 관점의 다양화를 제고하기 위한 실제적 접근방법 내지 적용모델들을 소개함으로써 보다 폭넓고도 심층적인 이해를 도모하고자 하였다.

이 밖에 새로이 대두된 행정연구의 방법으로 신공공관리론, 뉴 거버넌스론, 포스트모더니즘 이론 등이 있다. 이 중에서 최근 사회과학 분야의 새로운 대안으로 대두된 거버넌스 이론은 전 세계적으로 추진되어 온 행정개혁의 물결 속에서 일어난 자성론의 결과이며, 급변하고 있는 사회 환경변화를 반영하기 위한 새로운 가치이념의 추구로 자연스럽게 형성된 국가 관리의 추동력이라고 할수 있다. 우리나라도 행정개혁의 물결 속에서 활로를 모색하고 있는데, 행정개혁의 방향은 영미권 국가들의 그것과 유사한 것으로 파악된다. 그러나 이러한 개혁이 우리 토양에 맞는 적절한 효과를 내도록 하기 위해서는 외국의 발전과정을 검토하여 우리나라에 적합한 모형을 창출할 수 있도록 하여야 한다.26)

Ⅲ 비교경찰제도 연구의 학문적 위상

쿤Thomas S. Kuhn은 하나 또는 둘 이상의 과학적 업적에 확고한 기반을 둔 연구를 '정상과학'Normal Science이라고 정의하고 있다.27) 이들 업적은 일정 기간 동안 어떤 특정한 과학적 집단이 그 분야의 보다 나은 진보적 연구를 위한 기초를 제공하는 것이라고 인정한 것을 말한다.

쿤은 또 정상과학과 밀접한 관련을 맺는 개념으로서 패러다임Paradigm의 필요성을 역설하고, 패러다임의 특성으로 우선 하나의 명제를 신봉하는 연구집단이

---

26) 양문승, "지역사회 경찰활동과 시민사회 중심적 거버넌스", 『행정논집』, 동국대학교 행정대학원, 제32집, 2005, p.115.
27) Thomas S. Kuhn, *The Structure of Scientific Revolution*(Chicago: The University of Chicago Press, 1973), p.10.

대립되는 자신들의 과학활동을 버리고 전례 없이 그것에 매혹될 수 있을 만큼 탁월한 업적이 있어야 하고, 또 하나는 그 업적이 새로이 구성된 (새로이 관심을 갖게 되는 더 많은) 연구 집단에게 여러 가지 문제들을 제시하는 개방적인 것이어야 한다고 주장한다.[28]

패러다임의 이러한 역동적이고 진보적인 성격으로 말미암아 우리는 과학혁명Scientific Revolution을 달성할 수 있으며, 혁명에 의해 하나의 패러다임이 다른 하나로 단계적인 전환을 이룬 것은 성숙한 과학발전의 전형적인 유형이 된다.[29]

그는 또 자연과학에서 보편적인 패러다임의 출현은 당연한 것이지만 사회과학 분야에서도 이러한 패러다임의 출현이 가능한지에 대하여 스스로 의문을 제기하고 여기에 답하고 있다. 그래서 패러다임이나 또는 후보 패러다임도 없는 경우에는 어떠한 과학이라도 그 발전에 관련되는 한 모든 사실들이 똑같이 적용된다고 한다. 그 결과 학문의 발전 초기의 사실 수집은 그 후의 과학발전에서 흔히 보는 활동들에 비해 훨씬 두서가 없다고 지적하고 있으며, 이것이 바로 하나의 과학발전 초기 단계에 많은 학파가 나오게 되는 상황을 초래한다고 한다.[30]

개별 과학자가 하나의 패러다임을 인정할 수 있을 때에는 그는 그의 주요 연구에서 더 이상 자기 분야를 새로 설정하기 위해 기초 원칙으로부터 시작하여 그가 사용하는 개념을 정당화하는 등의 노력은 다시 할 필요가 없다.

그러나 이러한 정체성이 상당기간 지속된다면 정상과학은 사실이나 이론에 있어 새로운 것을 발견하기가 어렵게 되어 변칙성Anomaly을 인지하기도 어렵게 된다. 변칙성은 패러다임에 의해 제공된 배경에서만 일어난다. 그 패러다임이 좀 더 정확하고 영향력 있는 것일수록 변칙성도 더욱 예민하게 나타나며, 따라서 패러다임 변화의 가능성도 커진다. 정상적인 발전 형태에서는 패러다임 변화에 대한 저항까지도 이로운 경우가 있는 것이다.[31]

이상과 같은 정상과학의 성격과 조건을 거친 과학의 발전 또는 과학혁명이라는 잣대를 현재 우리나라에서의 '비교경찰제도연구'에 대입해 본다면, 그동안

28) *Op. cit.*, p.11.
29) *Ibid.*, p.12. 역사의 흐름에 대한 Kuhn의 이와 같은 시각에 대비하여 Boorstin은 과학이나 문화의 진보 원천을 패러다임 대신에 필요성(necessity)이라는 존재성으로 파악하고 있다. 그는 발전을 저해하는 장애물로서 지식에 대한 환상(the illusions of knowledge)을 경계한다. Daniel J. Boorstin, *the Discovers*(New York: Random House, 1983).
30) *Ibid.*, pp.15~20.
31) *Ibid.*, p.65.

비교경찰제도를 연구하기 위한 적절한 접근방법 내지 패러다임의 정립은 관련 학계에서 지속적이고 두드러진 관심사 중 하나였지만, 아직 지배적인 패러다임이 없이 여러 개의 이론적 접근방법들이 공존하고 있어 정상과학으로의 진입을 시도하는 전(前) 패러다임단계의 수준에 놓여 있다고 평가할 수 있다. 그리고 좀 더 이론 정비를 함으로써 세부적으로 이해될 수 있는 새로운 패러다임의 출현도 요구될 필요가 있다. 아울러 기존 패러다임에 흡수되지 않는 특징을 가진다고 인정된 변칙성 형태의 출현 역시 요구되는 시점이다.

이제 우리는 패러다임의 인식적 기능으로부터 규범적 기능으로 초점을 옮겨 패러다임이 변하면 문제와 해답이 그 정당성을 결정하는 기준에 있어 커다란 변화를 주어 과학발전이 이루어질 수 있다는 정상과학의 성격과 본질을 '비교경찰제도연구'에서 새로이 입증할 필요가 있다. 아울러 비교행정의 첨단적 연구를 발전행정이라고 설정할 경우, 이에 발맞추어 기존의 '비교경찰제도연구'를 '발전경찰제도연구'의 시각으로 전환·확보할 필요도 절실한 시점이라고 하겠다.

제 3 절   비교경찰제도의 가치 기준

우리 경찰의 경찰관직무집행법 제2조 경찰관의 직무범위에 관한 규정에 의하면 첫째, 국민의 생명·신체 및 재산의 보호, 둘째, 범죄의 예방·진압 및 수사, 범죄피해자의 보호, 셋째, 경비·요인경호 및 대간첩·대테러 작전 수행, 넷째, 치안정보의 수집·작성 및 배포, 다섯째, 교통의 단속과 위해의 방지, 여섯째, 외국 정부기관 및 국제기구와의 국제협력, 일곱째, 그 밖의 공공의 안녕과 질서유지를 하는 것이 그 기본적 임무로 되어 있다는 것은 전술한 바와 같다.

이러한 업무수행 특성상 비롯된 것이겠지만, 과거 우리 경찰은 국민에 대한 규제도가 높았던 반면, 국민은 사회가 발달하고 시민의식이 성숙해질수록 경찰의 역할에 대한 기대가 점차 커지고 있음에도 불구하고, 경찰과의 접촉관계에 있어서는 불가근 불가원의 의식구조를 지니고 있어 만족할 만한 민경체제(民警體制)와는 아직도 먼 거리감을 가지고 있다. 더욱이 그동안 급변하는 시대흐름 속에서 우리 경찰이 민생치안보다는 시국치안에 더 중점을 두고 있다고 평가하는 것이 우리 국민들의 피부 체감적 인식이었던 것도 부인할 수 없다.

특히 이러한 상황 하에서 경찰의 행정서비스는 일방적이며 형식적인 수준에 머무를 수밖에 없고, 치안서비스라는 어휘조차 순수하게 받아들일 수 없는 것이 우리 국민의 입장이었다.

경찰의 서비스는 공공재적 특성을 지닌다. 정부가 공급하는 공공재 중에서도 경찰서비스는 순수공공재의 대표적 예로 꼽힌다. 따라서 경찰서비스는 비경합성을 띠게 되는 것이다J. C. Weicher, R. A. Musgrave & P. A. Musgrave.

경찰의 행정서비스는 누가 대신해 줄 수도 없고 누가 대신해 줄 것을 기대해서도 안 되는 부분이다. 오로지 경찰과 국민이 시대의 변천에 따른 새로운 역할과 기대에 터전하여, 쌍방간 성숙하고 바람직한 합의점을 찾는 부단한 노력만이 필요할 뿐이다.

국립경찰이 창설된 지도 2025년 10월이면 어언 80년이 된다. 반세기가 훨씬 지난 이 시점에서 우리는 경찰을 바라보는 시각에 대한 조정과 우리의 국민정서 및 토양에 맞는 경찰활동의 역할 모델을 강구해 나갈 필요성이 절실하다.

그러기 위해서는 선진 각국 경찰제도의 현상, 경험 및 교훈들을 적극 검토하여 보편성과 특수성을 아우를 필요가 상존한다.

I 경찰제도의 비교 패러다임

세계 각국의 경찰제도를 비교·검토하기 위한 구별점, 더 나아가서 비교패러다임으로는 여러 가지를 생각해 볼 수 있다. 즉 지리적 위치에 따라 크게는 동·서양, 좁게는 유럽, 아시아, 북미, 남미, 아프리카, 오세아니아 등의 각국에서 운영되는 경찰제도로 나누어질 수 있고, 시간의 흐름에 따라서는 고대경찰, 중세경찰, 근대경찰, 현대경찰, 미래경찰의 제도로 나누어 볼 수도 있다.

또한 법률체계에 의해서는 대륙법계 경찰제도와 영미법계 경찰제도로, 정치적 체제에 따라서는 민주주의 경찰제도, 사회주의 또는 공산주의 경찰제도 등의 분류체계도 사용될 수 있다. 그러나 각국 경찰제도의 비교패러다임으로서 지배적인 것은 아니지만, 자치화의 정도에 따라 지방분권화체제, 중앙집권화체제, 통합형체제의 세 가지로 분류·고찰하는 방식이 가장 일반화되어 있는 추세이다. 이러한 자치화의 정도는 경찰제도를 둘러싸고 중앙정부와 지방정부가 어떠한 관계를 형성하고 있는가의 관계유형론 및 협력이론이 그 논의의 골간을 이루고 있다. 중앙정부와 지방정부의 관계유형에 있어서는 주민자치가 잘 발달되어 있는 미국의 협력관계이론이 많이 언급되는데 이 이론은 세 가지 유형으로 나누어진다. 즉 분리형(分離型), 내포형(內包型), 중복형(重複型)의 세 가지가 그것인데,32) 우선 분리형은 중앙정부와 지방정부가 경계를 이루어 각각 독자적으로 자치권을 행사하고, 양자의 권한은 분명히 분리된 것으로 해석해 왔으나 급변하는 정치, 경제, 사회, 문화에 적응하는 데 있어 그 타당성이 상실되고 있다는 지적이 있다.

다음 내포형은 지방정부가 모두 중앙정부의 시녀에 불과하고 완전히 의존적이며 중앙정부는 강력한 계층적 통제를 받는다는 것이며, 이러한 내포형에 있어서의 각 정부형태 또는 전략은 게임이론Game theory에 의하여 설명될 수 있다고 한다.

중복형은 중앙정부와 지방정부가 병립적 상호협력관계를 가지고 있는 개념으로서 첫째, 정부기능의 많은 부분이 중앙정부 및 지방정부에 의하여 동시에 작용하고 있고, 둘째, 자치권이 어느 정도 제한된 상태에서 분산되어 있으며, 셋째, 정부상호간에 상호의존 내지 상호협력관계를 이루고 있고, 넷째, 정부간에는 협상·교환관계이면서도 동시에 선의의 경쟁과 상호협력체제가 이루어진다는 것이다.33)

자치경찰의 운영형태도 위의 세 가지 유형에 기본적인 시각을 두고 범주화할 수 있다. 세계의 모든 국가들은 통치형태나 방법, 민족성, 역사, 국민정서 및 토양에 따라 상당한 차이가 있기 때문에 경찰의 역할과 구조도 커다란 차이가 있으며, 이에 따라 자치경찰의 운영형태도 각각 상이하지만 지방분권화된 체제, 중앙집권화된 체제, 통합형 체제의 세 가지로 유형화하는 것이 통상적이다.34)

그리고 이에 따라 지방분권화 체제의 대표적 경찰조직으로는 미국경찰, 중앙집권화 체제의 대표적 경찰조직은 프랑스 경찰, 통합형 체제의 경찰조직으로는 일본, 호주, 브라질, 영국, 독일경찰을 들 수 있다.

논의의 접근방법이나 시각에 따라 「분리형·내포형·중복형」, 「지방분권화

---

32) 이은재·김종식, "지방자치단체의 전국적인 협력방식에 관한 연구," 연구보고서 제70권(서울: 한국지방행정연구원, 1990), pp.26∼31.

33) 김재훈, "중앙과 지방간 기능재분배에 관한 연구," KIPA 연구보고 93-06(서울: 한국행정연구원, 1993), pp.115∼120의 내용도 참고지침으로서 적용 가능하다.

34) 이황우·한상암, 『경찰행정학』(서울: 법문사, 2019), p.49.

체제, 중앙집권화 체제, 통합형 체제」, 「영미법계 체제, 대륙법계 체제, 절충체제」 등으로 그 명칭은 각각 상이하지만 그 구별기준과 내용은 대부분 일치하고 있으며, 현재 세계 각국의 자치경찰 운영형태는 단일한 체제를 고수하는 것에서 탈피하여 이들 체제를 적절히 조화시켜 통합(절충)된 체제를 지향해 나가는 경향이 많아지고 있다.

Ⅱ 왜 비교하는가?

외국 경찰제도와의 비교가 왜 필요한가?라는 문제는 각국의 문화적 성격 자체가 고유한 구조를 지니고 제반 사회환경에 반영되어 온 것이기 때문에 그만큼 구조갈등론적 입장에서의 범죄해결 및 범죄통제 연구가 다양하게 행하여져 왔으며, 이러한 수많은 시도와 시행착오적 경험들이 축적되어 경찰 관련학계 및 실무계에 프리즘적 역할을 수행하고 있다는 데에서 비롯된다.

우리나라에서는 근대적 정치·경제·사회 발전의 역사도 짧지만, 문화적 성격이 비교적 응축적이고 단층구조를 가지고 있어 범죄현상이나 특성, 그리고 경찰활동 관련 논의 측면에서 대체적으로 정적인 발전을 유지한 셈이었다. 특히 해방 이후 지금까지 약 80여년간 우리 사회의 변동과정은 단계적·순차적이라기보다는 단축적이고, 중첩적이었던바, 많은 무리와 시행착오를 수반하였고, 경찰활동 또한 심각한 범죄현실에 시의적절하게 반응하지 못하였던 점도 없지 않았다. 그러나 이제는 일반적인 추세로 되어 있는 지구화 및 세계화 경향에 따라 우리나라에도 물밀듯이 밀려오고 있는 범세계적 파장 속에서 이제는 이를 이해하고 시금석으로 삼아 대비하는 변환적 사고와 이론들을 정비할 시점이다.

국가간 차등적 사회 및 문화 구조와 경찰제도를 교차비교해야 하는 몇 가지 이유는 다음과 같다.[35]

1) 해당 분야에서 앞서 나가는 다른 국가의 풍부한 경험으로부터 교훈을 얻을 수 있다.

타국의 경험을 연구하는 것은 범죄현상 및 경찰제도 영역의 문제해결에 대

---

35) Erika S. Fairchild, *Comparative Criminal Justice Systems*(California: Wadsworth Publishing Company, 1993), pp.3~4; philip L. Reichel, Comparative Criminal Justice Systems: A Topical Approcah(New Jersey: Prentice-Hall Career & Technology, 1994), pp.3~6.

한 유용한 기초가 된다. 그러한 연구의 결실 사례로 세계 각국에서 일본 경찰 운용방식을 채용하는 경우가 증가하는 것을 들 수 있다. 사람들은 왜 일본의 범죄율이 미국, 또는 대부분의 서방국가들 범죄율보다 훨씬 낮은지를 궁금해했고, 일본은 자국의 낮은 범죄율을 경찰운용방식의 덕택으로 돌렸기 때문이다. 개혁론자들은 지역의 문화적 가치와 강하게 연관된 제도를 새로운 환경에 적용하기 위해서는 제도 자체를 수정 없이 그냥 받아들이는 것이 결코 바람직하지 못하다는 것을 인식해야만 했다. 따라서 디트로이트와 휴스턴 같은 일부 미국 도시들은 일본식 구조를 수정하여 그들의 지방경찰 운영에 활용하였으며, 작고 인구밀집적 도시 국가인 싱가포르에서도 1980년대 초반 경찰개혁을 할 당시 일본식 방식을 유사하게 도입한 바 있다.

경찰제도에 관한 것뿐만 아니라 많은 국가들은 타국에서 개척된 형사절차 규정 역시 선택적으로 채택한다. 실제로 형사절차의 초기단계에 변호사를 의뢰할 권리 같은 일부 형사절차 규정은 서구 사법제도에서는 보편적인 것이 되었다.

교정전략 역시 국경을 초월하고 있다. 예를 들면, 19세기 유럽의 국가들, 특히 프랑스는 미국의 어번제도와 펜실베니아제도 같은 교도소 관련 실험을 모방하였다. 미국 교정제도에 대한 분석으로 유명하게 된 토크빌Alexis de Tocqueville이 실제로 미국의 교도소 제도를 연구하기 위해 미국에 갔고, 프랑스로 돌아가 미국에서 연구했던 교도소 제도를 주창하여 명성을 얻게 된 사례 등은 한두 개가 아니다.

이와 같은 부분적 도입에 그치지 아니하고 다른 나라의 법전을 송두리째 받아들이는 사례도 있다. 19세기 초 프랑스에서 제정된 프랑스 형법전이나 19세기말의 독일 민법전은 전 세계의 법제도와 형사사법제도의 발전에 지대한 영향을 미쳤다.

그러나 아무리 우리보다 앞선 선진국이라 할지라도 서구 과학의 외형만을 도입·적용하여 막상 우리의 정서나 토양에 걸맞지 않는 기형적 변질을 초래하는 경우도 적지 않아, 이제는 그 사회를 이루고 있는 제반 측면에서의 가치 파악이 피부체감적 요소로 승화되지 않으면 안 되는 합리성을 논리적으로 재구성하는 것이 현대적 연구의 요체가 되고 있다. 이러한 비교연구의 결과는 궁극적으로 우리 현실에 적합한 새로운 패러다임 형성에 그 단서를 제공할 수 있게 된다.

  2) 이질적(차등적) 문화에 대한 이해와 문제점들에 대한 관점의 폭을 확대,

심화시킬 수 있다.

다른 나라들의 실태와 경험을 연구해야 하는 두 번째 이유는 항상 더욱 좁아지는 것처럼 보이는 다문화적 세계 속에서 다른 문화에 대한 폭을 넓히기 위해서이다.[36) 한 국가의 형사사법을 집행하는 방식은 역사적 현실뿐만 아니라 깊게 뿌리박힌 문화적, 종교적, 정치적 현실을 반영한다. 이러한 다른 나라 실상들의 원인을 연구하는 것은 타제도의 가치관, 전통, 문화에 관한 이해를 도모하고 관점을 확장시켜 우리의 제도를 더욱 객관적인 형태로 바라볼 수 있게 함과 동시에 보편성과 특수성을 융화하는 통합적 사고를 배양하는 데 기여한다.

3) 테러, 마약밀수, 조직범죄, 성매매 등과 같은 국제적 형사사법문제들을 처리하는 데 기여할 수 있다.

국가간 형사사법제도 또는 경찰제도를 비교연구하는 또 하나의 중요한 이유는 국경을 초월하는 테러, 마약 밀수, 조직범죄, 성매매 등 국제적 범죄 문제를 처리하는 데 대해 증가하는 수요를 감당하기 위해서이다.

더욱이 강력사건을 중심으로 범죄규모 및 지역적 비경계성이 더욱 커지고 있어 이제 범죄사건 발생지 중심의 사건해결은 그 의미가 점차 퇴색되어가고 있다.[37)

이를 근거화할 수 있는 사례들 역시 적지 아니하고, 앞으로는 더욱 다양하고도 심각한 사례들이 더 많이 발생할 것이다.

이러한 현상들은 급속한 의사소통이 이루어지고, 국가간의 이동이 쉬워진 현대 세계의 형사사법당국들이 직면하고 있는 매우 보편적인 상황이다. 이러한 유형의 범죄가 발생할 경우 법역, 사법권, 소송계획에 관한 민감한 협상이 수행되어야만 한다. 따라서 이 때에 다른 나라 형사사법기관의 조직체계와 운영 전통에 관한 기본적 지식은 매우 중요하다. 다른 나라 형사사법기관들이 직면한 가치와 문제점들에 대한 이해는 국가간의 갈등 해소와 협력에 대한 장애를 극복하는 데 기여할 수 있다.

4) 경찰조직의 변화를 촉진하고 유지하기 위해서이다.

---

36) Linda S. Miller, Karen Matison Hess & Christine Hess Orthmann, Community Policing: Partnerships for Problem Solving(Delmar Cengage Learning), 2009, pp.150~151.

37) Ethan A. Nadelmann, *Cops Across Borders*(Pennsylvania: The Pennsylvania State University Press, 1993), pp.60~76. 일본에서는 일찍부터 이러한 지역적 비경계성을 'Borderless화'라고 흔히 표현하며 국제 공조수사의 이론적 근거로 삼고 있다. 特別搜査幹部研修所, "廣域搜査における搜査本部の運營"(東京: 警察廳, 昭和60年) 참조.

경찰은 그들만의 생활과 문화를 지니고 있다. 변화를 기꺼이 받아들여야 하는 것은 지역사회 경찰활동이 현대 경찰활동의 중심축으로 자리매김하고 있는 작금의 상황에서는 더욱 절실하다. 그러나 변화는 결코 쉽지 않다. 왜냐하면 그것에 수반되는 불확실성이 적지 않기 때문이다.

조직이 새로운 아이디어나 행동양식을 받아들일 때 조직적인 변화가 일어난다. 조직변화의 지지력과 변화에 대한 저항 감소 등 변화의 장벽을 극복하기 위하여 외국경찰제도와의 비교는 불가피한 과정이다. 우리는 이러한 비교과정을 통하여 리더십스타일, 동기부여의 기술, 비공식적 관계의 개선방법, 경찰조직과 새로운 직업디자인 등을 획득할 수 있고,[38] 아울러 변화에 대한 지지력과 설득력을 담보하기도 한다.

Ⅲ 무엇을 비교할 것인가?

1. 경찰조직 내부 요인

어느 조직을 막론하고 조직을 구성하는 구성원들의 사기가 높은 곳에서는 실적이나 업적이 올라간다. 활력 있는 조직에서는 더욱 더 구성원들의 사기가 높아진다. 따라서 조직의 활성화와 이렇게 지속적으로 강화된 조직능력의 극대화는 어느 조직이건 궁극적으로 추구해야 할 가치가 되고 있다.

경찰조직이 항상 생각하고 수행해 나가야 할 활성화 기본 축은 ① 높은 사기의 유지, ② 사명감 고취, ③ 높은 목표의 설정, ④ 긴장감과 위기의식, ⑤ 효과적 교육의 시행, ⑥ 적절한 권한의 위임과 책임감 부여, ⑦ 공정한 평가시스템, ⑧ 일선활동의 중시, ⑨ 계획에 의한 적정한 인사, ⑩ 공조·협동정신의 10가지 항목으로 정리해 볼 수 있다.

따라서 이러한 기본 축을 추진해 나가기 위해서는 항상 현재의 내부역량 수준 판단과 목표치와 갭을 분석하고, 그 갭을 줄여나가는 기본적인 문제해결 자세가 확립되어야 한다.

그동안 조직관리기법은 테일러Taylor, 베버Weber 등의 인간관계론적 조직관리를 거쳐, 사이몬Simon, 아지리스Argyris, 리커트Likert 등의 행동과학적 조직관리 이론으로

---

38) Kenneth J. Peak & Ronald W. Glensor, *op. cit.*, pp.143~144.

이어져 오면서 발전을 거듭해 왔고, 각각의 관점에서 관련 연구에 많은 영향을 미치고 있다.[39]

　이러한 제반이론과 기법 중에서도 최근 피터스Peters의 7S 모델은 환경변화에 부응한 조직의 적응행동을 분석하는 데 있어서 매우 유용한 것이라고 생각되므로, 여기에서는 이를 비교대상으로서의 우리 경찰조직 내부역량 평가와 갭의 소재판단을 위한 분석틀로 적용하여 비교 요소를 발췌해 보기로 한다. 7S 모델은 전술한 바와 같이 비교행정연구를 위한 제반접근방법 중 상황적응적 접근방법의 수정모형이라고 볼 수 있겠다.

　7S 모델에 의하면 조직이라는 것은 ① Strategy, ② Structure, ③ System, ④ Staff, ⑤ Skill, ⑥ Style, ⑦ Shared Value의 7가지 요소가 서로 상호 작용하여 환경적응행동을 취하며 궁극적으로 Shared Value의 가치확립을 도모하는 것이라고 설명된다.

　Shared Value가 부동의 위치로 확립되고 나면 조직의 기능과 발전은 상호 상승작용으로 무한해질 수 있다는 것이다.

　이러한 관계를 그림으로 그려보면 다음과 같다.

　7S의 평가개념을 간략히 요약해 보면 첫째, Strategy는 '전략'으로서 지속적인 우위를 달성하기 위한 장기적인 관점에서의 일관된 행동을 의미하는데, 실현가능하고 구체적이며, 평가가 가능한 비전의 설정도 포함한다.

　둘째, Structure는 '조직 구조'를 말하며, 조직도의 모양과 이에 따른 보고경로 및 업무가 어떻게 나누어지고 통합되는가? 그리고 환경변화를 가장 이상적

---

39) 과학이 발달하고 조직이 방대해질수록 조직행정관리의 중요성은 날로 높아져 간다. 관리라는 용어는 공공적 행정이나 사기업의 경영을 막론하고 사용하고 있지만, 고정적·확정적 개념을 부여하기란 쉽지 않다. 조직행정 관리의 개념에 대한 대표적인 몇 가지 정의를 들어 보면, "관리는 낭비를 배제하고, 人과 物의 보호와 효과적 사용 및 구성원의 복지와 이익의 보호를 추구하는 것"(L. White), "관리는 특정의 목적을 달성코자 하는 노력으로서 인적 자원과 물질을 효과적으로 사용하는 것"(H. Seckler), "인간이 개인의 힘으로 달성하기 어려운 것을 타인과의 협력으로 달성해 나가는 것이 조직이고, 조직과 관리는 표리일체의 관계에 있다. 특히 공공의 행정관리는 행정의 실시과정에 있어 특정의 활동영역으로서, 공적 업무에 종사하는 구성원의 노력을 통하여 행정의 목표를 효과적으로 달성하려는 조직내부의 통일적·촉진적 역할을 낳게 하는 것"(C. Barnard) 등이 있다. Gulick은 조직관리의 원리를 POSDCoRB로서 설명하고 있는데, 그에 의하면 POSDCoRB는 내부통제로서의 역할을 잘 수행할 수 있는 기반이 되나, 이것이 너무 활성화되면 행정조직 기구의 증식현상, 행정기능의 전문분화현상, 행정 각 부문의 분산력현상이 발생한다고 경계하고 있다. 本田弘 編, 『行政管理のシステム』(東京: 勁草書房, 1993), pp.1~15; V. A. Leonard & Charles C. Thomas, *The New Police Technology*(Illinois: Springfield Publishers, 1980), Chap. 1.

으로 수용하는 조직 모델은 어떠한 것인가? 등의 문제를 규명한다.

셋째, System은 '운영 체제'로서 일상적으로 업무가 이루어지는 과정과 절차를 중심으로 과학화·Network화를 통한 효율적 성과지향체제를 극대화함에 있다.

넷째, Staff는 '인재' 또는 '인력'으로서 조직 구성원 개인은 물론이려니와 조직의 구성원에 대한 특징으로 간주되는 즉, 조직에 용해되는 조직 속의 사람을 형성해 가는 것을 말한다.

다섯째, Skill은 '조직 능력'을 의미하며 '개인능력'의 단순함이 아닌 조직 전체가 가지고 있는 능력으로서 결집력 있고 탁월한 문제해결 능력을 보유한 총합적 조직 능력을 뜻한다.

여섯째, Style은 '조직 풍토'를 말하며 조직 구성원들이 공통적으로 가지고 있는 관심의 배분과 상징적인 행동을 하는 행태라고 한다.

마지막으로 Shared Value는 '공유가치' 또는 '공감대'로서 조직과 개인행동에 있어 무엇이 바람직한가에 대하여 조직과 구성원에게 공유되어 있는 가치를 말한다.

이 일곱 가지 요소는 해당되는 단위 조직이 어디에 중점을 두고 있는가, 어느 요소가 가장 취약한가에 따라 비교우위가 달라진다.

1-3 7S Model

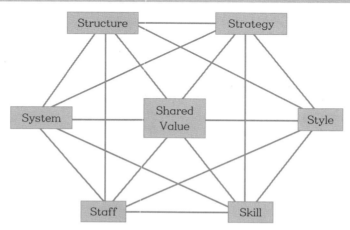

이와 같은 경찰조직 및 제도의 비교요소에 따라 이에 직·간접적으로 영향을 미칠 수 있는 내용 기준(적용 포인트)을 제기해 보면 다음과 같다.

첫째, 전략에 있어서는, 명확하고 구체적인 컨셉을 가진 장기전략이 있는가? 있다면 이러한 전략을 정성적, 정량적으로 평가하고 보정할 지표는 수립되어 있는가? 경찰의 고객인 국민들의 Needs(욕구·희구)는 제대로 파악하고 있으며, 이러한 Needs를 생생하게 즉시 수렴할 수 있는 쌍방향 커뮤니케이션 채널은 시스템화되어 있는가? 대국민 접점확대전략은 단계별로 수립되어 있는가? 세계화에 대비한 경찰행정서비스나 범죄대응체제는 미래지향적으로 유형화되고 프로그램화되어 있는가? 지방화에의 대응전략은 어떠한가? 매스컴의 활용(적극적 홍보)전략은 더 개선할 수 없는가?

둘째, 조직구조에 있어서는 조직은 유연하고 신축성 있게 운영될 수 있도록 짜여져 있는가? 과학수사와 신종범죄 및 첨단범죄에의 대응체제는 조직에 잘 반영되어 있는가? 조직의 분화에 따라 경찰활동의 공백이나 사각지대는 존재하지 않는가? 공조·협조체제는 어떠한가? 조직간의 업무량은 균형을 이루고 있는가?

셋째, 운영체제로 현장중심의 경찰활동체제는 잘 이루어지고 있는가? 사건·사고에 강한 경찰인가? 지역에 밀착하고 국민에 정착하는 운영체제는 어느 정도의 수준인가? 실무와 교육은 잘 연계되고 있는가? 평정제도는 만족할 만한가? 진실한 보고는 잘 이루어지고 있는가? 국민이 먼저 찾는 경찰이 되고 있는가? 지방 Networking 시스템은 잘 운영되고 있는가?

넷째, 인재 또는 인력에 관한 채용과 임용제도는 어떠한가? 인권의식과 청렴성은 충분히 확보되어 있는가? 부패통제시스템은 정착되고, 새롭게 강구되고 있는가? 사명감은 어떠한가? 후계자 육성은 잘 이루어지고 있는가? 장기적 관점에서의 개인육성책과 퇴직 후 관리제도는 충분한가? 공정한 평가와 적절한 보상은 잘 이루어지고 있는가? 능력중시풍토는 조성되었는가?

다섯째, 조직능력면에서는 모든 단위조직이 기동력 있게 운용되고 있는가? 선진기술의 습득경로와 조직능력에의 반영은 원활한가? 사고현장에서의 응급해결 능력은 잘 조직화되어 있는가? 과학장비의 구비와 운용은 조직별로 잘 연계되어 있는가? 정보의 체계화와 활용화에는 문제점이 없는가? 개인 Skill의 조직 Skill로의 레벨 업 과정은 차별적으로 수립되어 있는가?

여섯째, 조직풍토에 있어서 고유한 경찰문화는 어떠한가? 상하인식의 차이는 어떻게 해결하고 있는가? 의사소통은 원활한가? 국민을 바라보는 경찰의 시각은 어떠한가? 의사결정의 권한은 어떻게 이루어지고 있는가?

일곱째, 공유가치 또는 공감대 차원에서는 경찰의 사기는 어떠한가? 대국민 봉사관은 확고한가? 조직의 위기감은 없는가? 사명감이나 자부심은 어떠한가? 프로의식의 제고는 어떻게 해결하고 있는가? 등을 들 수 있는데, 이러한 항목들에 관심을 기울여 타국의 경찰제도를 비교・분석해 나가야 할 것이다.

2. 경찰조직 외부 요인

경찰업무는 본질적으로 국민에 대한 명령과 제한을 주로 하는 권력작용이므로 일반적으로 국민이 우호적인 감정을 느끼기 어려운 성질을 가지고 있다.

더욱이 우리나라 같은 경우 그동안 경찰이 정치적 중립을 지키지 못했던 사례가 적지 않고, 경찰의 대국민자세가 위압적이며, 권위적이었던 까닭에 체질적으로 경찰을 두려워하면서도 경원시하는 저변의 심리를 우리 국민 대다수가 가지고 있다고 해도 과언이 아닐 것이다.

경찰과 국민과의 사이에서 상호간 인식되는 심리상태의 저변에는 과거 역사의 영향으로 잔재해 있는 경우가 대부분이다. 따라서 경찰과 국민상호간에 이러한 알레르기 현상을 극복하지 못한다면 경찰의 고립화는 심해질 것이고, 경찰활동전반에서 소정의 목표달성이나 국민의 협력을 기대하기란 매우 어렵게 되고 만다.

따라서 경찰의 행정서비스 측면과 지역사회 경찰활동 프로그램 등은 각 국가간 비교에서 핵심 부분이 된다.

다음으로 도시화진전에 의한 인구의 집중에 따라 거래관계의 대량화 및 복잡화, 인구의 이동에 따른 광역성 및 기동성, 공동체 구성원의 가치관 불일치, 핵가족화, 노령화 사회로의 진입, 개인주의의 발달, 빈부격차 및 빈민지역의 형성, 제3의 생활공간이라고 일컬어지는 지하철, 자동차 등에서의 범죄유발 요인 등도 경찰활동 및 이를 수행하는 경찰제도의 차등적 비교 요소가 된다.

Ⅳ 어떻게 비교할 것인가?

이론과 실제 사이에 항상 괴리가 있듯이 이론과 방법론 사이에도 간극이 있게 마련이며, 같은 방법론이라고 하더라도 사회학이 포함되어 있는 사회과학과 자연과학의 방법론에는 현격한 차이가 있다. 사회과학 방법론과 자연과학 방법론은 다음과 같은 본질적인 차이로 요약할 수 있다.

우선 자연과학은 사고의 가능성이 무한하다. 수학의 공식과 같은 분석기법에 의한 사고의 도식화를 강조한다. 누적적 성격을 가진 학문이다. 사회·문화적인 성격에 영향을 받지 아니한다. 연구자의 개성이나 사회적 지위에 의해 영향을 받지 아니한다. 명확한 결론을 내릴 수 있다. 기존의 이론과는 전혀 다른 새로운 이론이 빈번히 출현한다는 특성을 지니고 있다.

반면, 사회과학은 사고의 가능성이 제한되어 있다. 사고의 도식화 타당성에 대한 의문을 제기한다(분석기법은 단순한 하나의 겉치레에 불과할 뿐 중요성이 없다). 누적적이 아닌 독창적이고 유일한 성격의 학문이다. 사회·문화적인 특성에 의해 영향을 받는다. 연구자 일 개인의 심경이나 개성, 또는 세계관 등에 의해 영향을 받는다. 명확한 결론을 내리기 어렵다. 새로운 이론이라도 기존의 이론과는 단절되지 않은 성격을 가진다는 것 등을 그 특성으로 지적할 수 있다.

특히 이러한 비교 방법론을 논함에 있어서 가장 염두에 두어야 할 것은 사회과학이란 자연과학과는 달리 피란델로 효과$_{Pirandello\ effect}$로부터 벗어나기 어렵다는 점이다.[40]

즉 사회과학에서는 관찰의 대상이 관찰자 자신이 되기도 하므로 사회현상을 분석하는 과정에서 객관성이 결여될 가능성이 그만큼 짙어지게 된다는 것이다. 따라서 국가 중요 제도 중의 하나인 경찰제도를 비교한다는 것 역시 그만큼 위험성도 따를 뿐더러 난이도가 높은 과제이다.

이 책의 구성 및 내용에 대한 접근방법으로는 일단 동·서양편으로 크게 양분하고, 각각의 영역에서 대표적인 국가를 선정한 후 각국의 경찰제도에 대해 일반체제적 접근방법과 중범위이론적 접근방법을 그 근간으로 하고 있으나, 우

---

[40] Ernest Gellner, *Relativism and the Social Science*(Cambridge: Cambridge University Press, 1985), p.12, Chap. 4.

리는 여기에서 한걸음 더 나아가 발전경찰제도의 연구를 염두에 두고 학습해 나가는 것이 학습력을 극대화할 수 있는 방법이 된다. 스스로의 비교척도를 자기학습을 통한 형성적 사고로서 구체화하고 세부화하는 등 개발에 노력해야 한다.

발전적 경찰제도를 구상하기 위한 기본적인 분석사고와 전향적 패러다임 모델은 [도표 1-4]와 같이 구상해 볼 수 있다.

그림에서와 같이 경찰조직내부, 경쟁자, 고객의 3각구도를 기본적인 분석틀로 설정하고, 조직내부 역량평가에는 전술한 바와 같은 7S를 분석틀로, 경쟁자 분석에는 4가지 방법 중 단일하거나 복합적인 최적의 표준문제 비교평가benchmarking 기법을, 고객인 국민의 니즈needs 파악에는 대상고객을 차별화segment하고, 진정한 니즈 파악 시스템의 수립 및 향후 국민이 원하는 니즈 변화를 예측하여 전향적으로 대비해야 한다. 이러한 작업은 상시적으로 현 수준 평가 → 갭의 해소 → 목표달성의 피드백(환류)과정을 거듭하여 성과의 단계를 높여 나가야 할 것이다.

이 지구상의 거의 모든 조직은 우리가 현재 지식근로자의 시대에 살고 있으며, '사람'이 진정한 경쟁적 우위를 갖게 하는 요소라는 것을 이해하고 있다고

1-4 발전적 경찰제도의 분석틀과 패러다임 모형

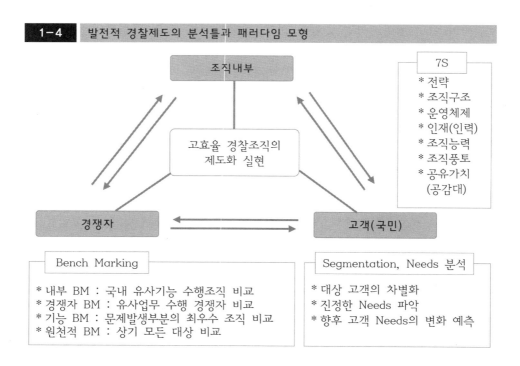

공언한다. 그러나 말로만 주장하고 있는 것은 적절히 시행하는 것과는 많은 차이를 보이고 있다. 비록 약간의 변화가 있을지라도, 전 세계적으로 대부분의 경찰조직들은 여전히 피라미드 형태의 조직으로 가장 잘 묘사될 수 있다. 피라미드의 꼭대기에 있는 사람들은 아직도 권력을 보유하고 있으며, 비전을 제시하고, 그리고 단계를 거쳐 아래로 내려가서 하부 남녀직원들이 수행해야 하는 명령을 내리고 있다. 명령과 통제의 계층구조가 명시적이지 않을 때에는 암시적으로 작용하고 있다. 두 가지 모두가 모르는 사이에 작용하고 있으며, 하부에 있는 대부분의 사람들의 자존심을 해치거나, 공격하는 경향이 있는 것이다. 고통받는 것은 자존심뿐만 아니라 성과, 창조성, 혁신성 또한 고통 받는다.

자존심을 지지하고 양육하는 조직문화를 창조하는 것과 높은 성과를 지지하고 양육하는 문화를 창조하는 것은 전혀 다르지 않다. 독립적인 개인들이 적절하게 기능하기 위해 필요한 것이 무엇인가 하는 문제가 공통분모다. 만일 어떤 특정 조직이 높은 성과와 높은 자존심의 문화를 달성하려 한다면 최소한 일곱 개의 기본정책을 시행해야 한다는 주장을 하게 되기에 이르고, 이것은 일곱 개의 R_{7R} 모델이라고 부를 수 있다. (1) 존경respect, (2) 책임감과 자원responsibility and resources, (3) 위험 감수risk taking, (4) 보상과 인정rewards and recognition, (5) 상호관계 형성relationship, (6) 역할 모델화role modeling, 그리고 (7) 새롭게 거듭나기renewal의 7가지가 곧 그것이다. 일곱 개의 R 사이에는 공동상승효과가 존재하고 있으며, 구성요소들이 연결되어 실현되었을 경우에 한해 이 모델은 효과를 발휘한다.[41] 이러한 7R은 전술한 바 있는 7S와도 유사한 맥락으로서 검토될 수 있고 각국의 경찰제도를 비교하는 접근 시각으로 참조할 수 있을 것이다.

Ⅴ 비교 효과 활성화 방향

세계 각국의 경찰제도를 비교한 연구결과를 극대화 수준에 이르게 하기까지는 많은 시간과 노력이 필요하다. 이를 둘러싼 수많은 문제점과 장애요인을 일시적으로 동시에 해소하기는 거의 불가능할 것이다. 따라서, 현시점에서 우리 경찰제도와의 비교 효과 극대화 과정에서 가장 시급하고 절실하며 그 기반을

---

41) Frances Hesselbein, Marshall Goldsmith & Richard Beckhard(ed.), *The Organization of the Future*(San Francisco: Jossey - Bass Publishers, 1997), pp.231~238.

조성할 수 있는 기본방향 몇 가지를 예시적으로 강구해 보기로 한다. 이 내용은 각국의 경찰제도를 본격적으로 학습하기 위한 사전적 문제의식 제고 부분으로서 우리나라 발전적 경찰제도의 주요 주제가 될 수 있다.

1. 국민과의 접점(接點) 확대 조직 전략화

경찰활동 및 치안행정서비스를 활성화하기 위해서 제1차적으로 강구해야 할 과제는 우리 경찰이 국민과의 접점을 확대해 나감으로써, 국민의 의식을 전환시키고 국민의 니즈$_{needs}$를 선도해 나갈 수 있도록 하는 것이다. 따라서 관할지역에 뿌리를 내린 경찰활동을 해야 되며, 그러기 위해서는 지역주민과 깊은 융화를 이루어야만 지역 주민의 자발적이고 적극적인 협력을 유도해 낼 수 있다. 아울러 지역경찰관이 지역사회활동에 적극 참여할 수 있는 계기부여와 지원을 아끼지 말아야 하며, 지역주민들과 비공식적으로 교류할 수 있는 지역사회활동도 적극적으로 실시하여야 한다.

이러한 활동을 전개하기 위해서는 지역경찰관서의 관할이 치안서비스 부담의 다각적 검토 결과를 감안하여 재조정 및 신설되어야 하는 작업이 병행 추진되어야 할 것이다. 후속적으로 각 지역 경찰관서별 서비스 프로그램이 강구되어야 하고, 전국적으로 매스컴과 지역자치단체를 통한 적극적 경찰홍보가 이루어져야 한다. 그럼으로써 '경찰과 국민이 하나'라는 폭넓은 인식이 사회전반에 자리매김하게 된다.

이에 따라 경찰에서는 2003년에 파출소 2~5개소를 묶어 운영하는 지구대 체제를 도입하였고, 2008~2010년에는 관할면적이 넓은 농·어촌 지역의 지구대를 다시 파출소로 환원하였으며, 최근에는 경찰서별로 지역실정에 최적화된 지구대·파출소 체제를 선택하여 운영토록 하는 지역경찰 운영체계 자율화를 추진하는 등 지역경찰 운영체계의 다양한 변화를 모색하고 있다. 또한, 국민중심 지역경찰활동을 위한 지역경찰 성과평가 개선, 모바일 신고처리 시스템, ARS콜백시스템 구축 등 112시스템 고도화를 지속적으로 추진함과 동시에 112시스템 전국 표준화 및 통합구축 완료, 범죄예방진단팀 운영, 공동체 치안활동, 특별치안활동 추진, 여름경찰관서 운영 등 다양한 범죄예방활동을 전개하고 있다.[42]

---

42) 경찰청, 『경찰백서』(서울: 경찰청, 2020), pp.82~86.

2. 치안 환경의 개선

경찰관서의 시설물에 대하여 시민화로의 과감한 개선이 필요하다. 경찰관서의 내부 인테리어나 사무집기 등을 밝고 쾌적하며, 시민적 특성을 띨 수 있도록 개선, 교체함으로써 시민들이 경찰에 대하여 친근감을 느끼고 경찰과의 두터운 벽이 허물어지게 될 것이다. 더 나아가서 경찰관서에 장애인을 위한 배려(예를 들면 수화(手話)상담소의 설치·운영), 노약자를 위한 휴게공간 설치, 청소년 독서공간 제공 등도 고효율 경찰활동 전개를 위한 필요사항이 된다.

기존의 시도경찰청·경찰서 112신고센터와 치안상황실을 112 종합상황실로 통합 운영함으로써 전문성·책임감을 제고하고 종합적 지휘가 가능한 여건을 마련, 세종청사경비대 신설, 182 경찰민원콜센터 설치, 여성청소년 기능 조직 개편, 여성·학교폭력 피해자 ONE-STOP 지원센터, 아동안전 지킴이집 운영 및 활동 등이 그 예라고 하겠다.43)

3. 경찰의 전문화와 과학화

전문화라는 것은 소위 직무능력 향상을 통한 Specialization과 이를 기반으로 통합적으로 조성된 전문직업 개념의 Professionalization을 포괄하는 개념이다. 따라서 우리 경찰의 전문화를 위해서는 '윤리'와 '교육'이라는 두 가지 요소를 잘 소화하고 충족시킬 수 있는 적합한 사람을 인선하고, 다음으로는 현대 경찰활동에 적합하며, 철저한 교육을 통해 자질향상을 도모할 수 있도록 장기적인 관점에서 상시적으로 인재를 육성하는 경로가 명확히 수립되어야 한다.

따라서 인력계획은 인력공급과 치안수요에 대한 분석과 예측에 따라 합리적 정원산출기준을 표준화하여 현대경찰업무의 요청에 부합되는 인력을 적시성 있게, 그리고 정례적으로 획득하여야 한다. 선발 이전에 충분한 기간을 두고 적극적인 홍보활동을 전개하며 모집결과에 대한 사후평가도 실시해야 한다.

신규채용자에 대한 시보임용제도가 유효하게 활용되어야 하는데, 이는 채용 예정직의 업무를 상당 기간 실제로 수행할 기회를 주고, 이를 관찰해서 그 적격성을 판정하는 것이므로 시보제도의 선택기능을 강화하고 초임보직에서의 선

43) 상게 백서, pp.81~92; pp.312~341.

택기능 등도 강화할 필요가 있다.

한편 경찰의 교육훈련체제에 있어서는 교육훈련의 수요와 공급을 잘 부합시켜 교육훈련의 실질적 효용을 높이도록 훈련수요조사의 철저를 기해야 한다.

그리고 교육훈련 프로그램에 대한 진단평가를 주기적으로 실시하고 직무와 연계되어야 하며, 각 과정별 단계성이 유지되도록 해야 한다. 또한 교육 프로그램의 개발과 공급에서는 사회 환경과 과학기술의 급속한 발전과 변화에 대응할 수 있도록 하고, 국내외 위탁교육을 확대 운영하여야 하며, 특히 특수전문기능인 마약, 컴퓨터, 환경 부문은 더욱 그 필요성이 절실하다.

여경의 전문화도 동반 시행되어야 하는바, 여경의 직무범위 확장과 직업의식을 강화시키고 여경 별도의 인력수급 및 육성체계가 수립되어야 할 것이다.

경찰의 전문화가 곧바로 고효율 경찰조직 제도화의 첩경임을 인식하고 전문화 및 과학화에 모든 노력을 경주하여야 한다. 이러한 예로 치안서비스 고도화를 위한 치안종합성과평가BSC 운영, 경찰교육역량 강화, 영상증거물 분석시스템, 전자 수사자료표 시스템E-CRIS, 형사사법종합시스템KICS 활성화, 과학수사발전 CSI (첨단화, 전문화, 세계화)정책 추진, 첨단과학수사시스템의 구축 등을 꼽을 수 있다.44)

4. 경찰의 사기진작과 자기쇄신

우리 경찰의 사기는 여러 관련 조사에서 나타나듯이 최저 수준에서 아직도 벗어나지 못하고 있다. 경찰의 사기를 앙양하지 못하고서는 경찰의 청렴성, 인권의식, 대국민 봉사자세를 제고해 나갈 수 없다. 획기적인 사기진작대책이 없이 무한한 봉사자세와 희생정신만을 강요할 수는 없지 않겠는가? 모든 경찰관은 법집행자이기 이전에 도덕집행자임을 자각하는 전인격자가 되어야 한다. 의식개혁과 민주경찰로 거듭나야 하는 자기쇄신에의 노력을 담보로 사기진작대책이 획기적으로 강구되어야 한다.

이에 맞추어 경찰은 2009년도에는 경찰정복과 드레스셔츠의 원단 고급화 등 피복과 장구류를 개선하였고, 2012년도에는 착화감 및 쿠션감을 향상시킨 여경 단화와 통풍성·신축성을 향상시키고 기능을 개선한 외근 하근무복 하의를 보급하였으며, 현장대응능력 및 안전성을 강화하기 위해 호신용경봉의 재질

---

44) 전게 백서, pp.161~181; pp.102~109; 경찰청, 『경찰백서』(서울: 경찰청, 2020), p.336.

을 개선하고 길이를 연장하고, 전문 라이더 복장 재질을 도입하여 보온성을 강화하고 업무 특성을 반영한 모터사이클 보호복을 보급하였다. 2013년도에는 외근형사활동복 개발, 순찰용 단화 개발 등을 통해 안전보호 장비를 개선하고 확대 보급하는 등 현장경찰관들의 사기를 진작시키고 활동성을 향상시키는 데 주력하고 있다. 또한, 경찰공무원 보건안전 및 복지기본법 제정·시행을 통해 복지인프라 확충에 따른 예산 확보 및 다양한 복지제도를 추진, 창의적 경찰 육성을 위한 폴리스 열정 아카데미 활성화, 치안정책 발굴을 위한 CS 컨설팅 및 모니터링 도입, 경찰문화대전, 치안산업 진흥의 기반 마련, 현장법률 365 센터 운영, 현장 중심 경찰장비 개선 및 개발 보급 등 경찰 지원 기반과 자기 쇄신을 강화하기 위한 다각적 접근과 노력을 하고 있다.[45]

5. 효율적인 범죄대응을 위한 기법연구 강화와 발전적 전략 수립

첫째, 경찰의 대민협력 시책을 지속 발굴해내야 한다. 현재 수준을 충족시키는 것도 중요하지만 미래예측적인 사고와 분석능력을 강화해 나가야 할 것이다.

둘째, 국제협력의 추진을 강화해 나가야 한다. 경찰의 세계화 추세에 발맞추어 해외정보와 선진기술의 습득을 게을리 해서는 범죄 대응체제의 질적 향상과 순조를 도모할 수 없다.

셋째, 우리의 정서와 토양에 맞는 경찰제도 및 조직 모델을 창조해내야 한다. 현행 경찰조직 운영에 있어서 문제가 되는 현안들에 대하여 가장 효율적인 기법을 선택하여 비교 우위적으로 우리의 현실을 충분히 감안한 경쟁 모델을 도출해나가야 한다.

넷째, 장기적 관점에서 일관성 있고, 실현가능하며, 평가가능한 전략과 비전이 수립되고 지속적으로 개선되어야 한다. 이것이 바로 범조직적 공감대를 형성시키는 큰 기둥이 된다.

이에 발맞추어 경찰은 시민경찰학교 개설 운영, 자율방범대 활동 내실화, 방범간담회, 지역치안협의회 운영 등을 통하여 민·경 협력치안을 활성화하고, 환경설계를 통한 범죄예방CPTED, 범죄취약지 CCTV 설치 확대, CPTED 등 관련부처 협의 아래 협력치안 인프라 구축 등을 통해 물리적 환경개선에 주력하고 있다. 또한 컴퓨터 몽타주 시스템, 주민 원지관리 전산시스템, 현장증거 분석실

---

45) 전게 백서, pp.346~358; 경찰청, 『경찰백서』(서울: 경찰청, 2020), pp.337~351.

구축 및 운영, 범죄첩보 분석 시스템CIAS, 지리적 프로파일링 시스템GeoPros, 강력 범죄 대응 강화를 위한 범죄자 DNA 은행 구축 등의 도입 및 운영을 통해 국제사회의 디지털 포렌식 역량 강화, 미래지향적 사이버치안의 새로운 기법들을 개발하여 효율적인 범죄대응능력을 갖추는 데 힘쓰고 있다.46)

---

46) 전게 백서, pp.102~109; pp.167~181; 9; 경찰청, 『경찰백서』(서울: 경찰청, 2020), pp. 194~250.

제 1 절 북한의 형사사법제도

Ⅰ 북한의 사법기관

1. 재판기관

(1) 재판기관의 본질

우리나라를 포함한 자유민주국가는 국민의 기본권을 보장하기 위하여 국가
권력을 입법, 사법, 행정으로 나누고, 사법권을 독립된 법원에 귀속시켜 재판관
이 양심에 따라 독립적으로 재판하도록 되어 있다. 그러나 북한의 권력체계는
처음부터 국가를 유지하는 3권이 견제와 균형의 원리에 따라 조직되는 것이 아

니라, 당을 핵심으로 한 원동력이고 모든 정치적·경제적·사상적 활동의 중추이기 때문에 "당이 입법, 행정, 사법기관을 포함한 모든 국가기관들은 민주주의 중앙집권제 원칙에 의해서 조직되며 운영된다"고 규정하고 있다. 이를 간단하게는 '민주집중제'라고 부른다.

북한 헌법 제159조에는 "재판소는 재판에서 독자적이며 재판활동을 법에 의거하여 수행한다"라는 규정을 두고 있기 때문에 북한의 재판소가 다른 국가기관들로부터 독립되어 있는 것으로 오해될 소지가 있으나, 북한의 재판기관은 조선노동당의 사법정책을 집행하는 역할을 담당하며, 전적으로 당에 예속되어 있어서 독자적이고 자율적이며 중립적인 사법적 판단을 기대하기는 어렵다고 하겠다.

(2) 재판기관의 구성과 임무

북한 재판기관의 구성은 최고재판소를 정점으로 그 밑에 도재판소와 지방인민재판소를 두며, 이외에 특별재판소를 설치하고 있다. 재판은 3급심제를 원칙으로 판사 1명, 인민참심원 2명이 수행한다.[1]

최고재판소는 최고인민회의에서 선출된 소장과 최고인민회의의 상임위원회에서 선출된 판사와 인민참심원으로 구성되며, 북한의 최고재판기관으로서 하부기관의 재판사업을 감독하고 사법행정사업을 지도·감독한다. 중앙재판소는 확정된 판결·판정에 대한 비상상소사건의 심리와 도재판소, 군사재판소 및 철도재판소의 상소·항의사건의 심리를 수행한다. 중앙재판소는 최고인민회의에 책임을 진다.

도재판소는 도인민회의에서 선출된 판사와 인민참심원으로 구성되는데, 이들의 임기는 4년이다. 도재판소는 관할지역 내 인민재판소의 재판을 감독하며, 제1심 판결·판정에 대한 상소·항의사건을 재판한다. 인민재판소는 최하급 재판기관으로 시·군인민회의에서 선거로 선출된 판사와 인민참심원으로 구성되며, 수 개의 시·군을 모은 단위지역별로 설치되어 있다. 인민재판소는 일반범죄사건 및 민사사건을 취급하며, 중재·법령해설·자료폭로·법률상담 등 군중정치사업을 수행한다.

북한의 특별재판소로서는 군사재판소와 철도재판소가 있다. 특별재판소의 소장과 판사는 최고재판소에서 임명·해임되며, 특별재판소의 인민참심원은 해

---

1) 통일부, 「2007 북한이해」, pp.48~49.

당 군무자회의나 종업원회의에서 선임한다. 군사재판소는 군 및 사회안전기관 소속 인사의 범죄를 관장하고, 철도재판소는 철도운수부문의 종업원 및 철도운수사업 관련 범죄를 취급한다. 특별재판소는 최고재판소로부터 재판사업상의 감독과 사업행정상의 지도를 받는다([도표 2-1, 2 참조]).

2-1 입법기관 기구도

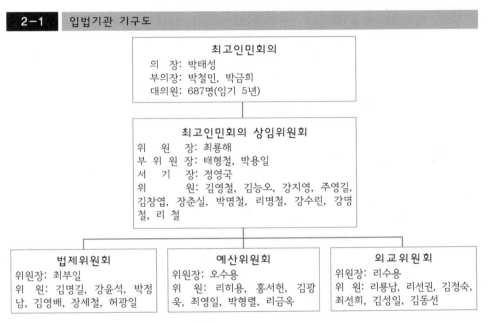

출처: 연합뉴스, 「2020 북한연감」, 2020, p.1133.

2-2 검찰 및 재판소 기구도

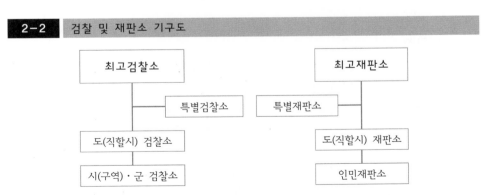

출처: 연합뉴스, 「2014 북한연감」, 2014, p.1070.

2. 검찰기관

(1) 검찰소의 조직

북한헌법은 헌법에 검찰기관의 구성, 임무 및 내부관계 등에 관한 자세한 규정을 두고 있다. 북한헌법이 검찰에 관하여 이와 같이 명문화된 규정을 두는 것은 사회주의 국가에서 검찰기관이 갖는 특수한 기능 때문이다. 북한의 검찰은 사회주의적 준법성 확립을 위한 사법감시와 더불어 체제수호를 담당하는 통치기구의 중요한 축이라고 할 수 있다.

북한의 검찰 조직은 최고검찰소, 도(직할시) 검찰소, 시(구역) 검찰소, 군 검찰소와 특별검찰소로 구성되어 있으며(사회주의 헌법 제162조), 재판소의 판사나 인민참심원(人民參審員)이 최고인민회의나 지방 주권기관에서 선출되는 것과는 달리, 검사는 임명에 의해서 직무를 수행한다.

따라서 검찰소의 경우에는 최고검찰소만이 최고주권기관 앞에 책임지고, 도 검찰소나 시·군 검찰소는 그 상급 검찰소와 최고검찰소만에 복종할 뿐 지방주권기관에 대해서는 책임지지 않는다. 즉 최고검찰소는 검찰사법을 통일적으로 지도하며, 하급 검찰소가 상급검찰소에 절대복종하는 '검사동일체적 체제'를 강조하고 있다.

최고검찰소장의 임명과 해임은 최고인민회의가 담당하고, 각급 검찰소 검사의 임명과 해임은 최고검찰소가 담당한다. 최고검찰소는 최고인민회의에 책임을 진다.

(2) 검찰소의 임무

사회주의 헌법 제145조는 검찰소의 임무에 관하여 첫째, 기관, 기업소, 단체와 공민들이 국가의 법을 정확히 지키는가를 감시하고, 둘째, 국가기관의 결정이나 지시가 헌법이나 최고인민회의 법령 또는 공화국 주석의 명령 등에 어긋나지 않는가를 감시하며, 셋째, 법위반자를 적발하고 법적 책임을 추궁한다고 규정하고 있다.

위의 검찰 임무 중 첫 번째와 두 번째의 경우를 검찰의 감시기능이라고 하며, 이러한 형태는 우리나라 검찰의 임무와 본질적으로 다른 형태를 띠고 있다. 즉 북한의 검찰기관 역시 앞서 언급한 재판기관과 동일하게 당의 사법정책을 수행하는 도구로서 사회주의적 준법성의 감시를 위한 프롤레타리아 독재체제의 일부를 구성하고 있다.

검찰의 이러한 감시기능에 대해 북한은 "공화국의 법은 당의 노선과 정책을 법률형식으로 표현한 것이며, 공민의 행동규칙이 규범화되어 있기 때문에 검찰기관에서 국가기관·공민 등이 법을 준수하고 올바로 집행하도록 감시하는 기능을 한다. 따라서 당의 정책을 전국적 범위로 일률적으로 실현하는 법적 보장이 된다"고 설명하고 있다.

그러나 검찰이 실제로 감시기능을 행사하는 이유는 사회주의 준법성의 유일성을 확립하기 위함이라는 설명과는 다르며, 지방주권기관의 견제를 전혀 받지 않으면서 수직·복종의 검찰조직을 통하여 프롤레타리아 독재의 완성을 위한 당의 전위대로서 인민의 활동을 통제·감시하는 역할을 수행하고 있다고 할 수 있다.

이처럼 북한의 검찰기관이 당의 역할을 수행하는 전위대 역할을 담당함에도, 형법상의 「반혁명 범죄」에 대해서는 검찰소 예심원이나 검사가 아닌 정치보위기관 심사원이 예심을 하도록 하여 반혁명범죄에 대해서만은 별도의 특별취급을 하고 있다(북한 형사소송법 제86조). 즉 우리나라의 경우에서 보면 「국가보안법」 위반자의 심사를 여타 범죄와 동일하게 검찰에서 검사가 하고 있으나 북한에서는 유사한 성격의 반혁명범죄에 대하여 검사의 수사권이 전혀 미치지 못하고 있다.

결과적으로 북한의 검찰기관은 북한 공산당의 지시에 따라 프롤레타리아 독재의 완벽한 실현을 위한 당의 전위대로서 역할을 수행하고 있으며, 본질적인 사회정의 실현을 위한 검찰로서의 역할을 거의 수행치 못하고 있다.

3. 변호사 제도

북한에도 변호사 제도는 명목상 존재한다. 사회주의 헌법 제157조는 "재판은 공개하며 피소자의 변호권을 보장한다"고 규정하고 있으며, 실제로 1948년 11월 1일 내각 결정 제56조 「변호사에 관한 규정」을 제정·시행하고 있다.

그러나 재판기관과 검찰기관의 성격에서도 나타난 것처럼 북한의 변호사 제도 역시 우리나라 변호사 제도와는 조직과 활동 등이 현저하게 다르다. 북한에서는 변호사가 단독으로 사건을 맡아서 독자적으로 변호사의 소신에 따라 사건을 처리(변호)하는 것이 허용되지 않으며 각 도(직할시) 단위로 조직되어 있는 변호사위원회를 주체로 하여 모든 활동이 이루어진다. 따라서 변호사에게는 월급형식의 보수가 지급된다.[2]

변호사는 조선변호사회에 의해 통제된다. 조선변호사회 중앙위원회가 변호사에 대한 자격심사, 자격박탈, 변호사 보수기준 결정 등 주요 업무를 총괄한다. 그러나 북한에서는 변호사의 법률사무분야에 관한 독점적 지위를 인정하지 않아 원칙적으로는 누구나 민사재판의 대리인, 형사재판의 변호인이 될 수 있다. 현재 북한의 변호사는 500여 명으로 추산되며 이들 중 200여 명은 변호사 업무만 수행하는 전업변호사이고 나머지는 교수와 연구원 등을 겸하는 겸직 변호사이다.

북한에서는 국민들이 기본적 인권을 옹호하고 사회정의의 실현을 사명으로 하는 변호사들의 개별행동을 일체 불허하며, 당의 프롤레타리아 독재를 원활히 수행할 수 있도록 조정과 통제하에서의 역할을 수행할 뿐이다. 변호사 제도의 원래 목적인, 순수한 의미의 국민기본권을 보장하는 취지의 변호사 제도로서 기능은 존재하지 않는다.

Ⅱ 수사제도

북한은 형사소송법에 대하여 '재판, 검사, 예심기관들의 활동과 이 활동과정에서 생기는 국가기관 상호간, 국가기관과 공민들간의 관계를 규제하는 법부문'이라고 정의하고 있다.

북한의 형사소송법은 김정일의 교시와 그 구현인 당의 사법정책을 구현한 것으로 북한의 정치제도를 보위하기 위한 프롤레타리아 독재의 강력한 수단의 하나이다. 이 형사소송법은 발생된 범죄사건을 조사확정하고 죄를 진 사람에게 형법을 적용하거나 기타 필요한 대책을 세우는 등 수사, 예심, 검찰, 재판기관들과 기타 형사소송에 참가하는 사람들의 행위를 규정하며 형사사건제기, 증거, 수사, 예심, 보전처분, 압수, 검증 및 검진, 공판, 판결의 집행 등의 제도를 포함하고 있다.[3]

---

2) 연합뉴스, 「2006 북한연감」, p.151.
3) 『정치사전』(평양: 사회과학출판사, 1973), p.1250.

1. 수   사

(1) 수사기관

북한에서 형사사건의 취급은 수사시작 결정을 한 때로부터 시작한다. 수사할 필요가 없는 형사사건은 그 사건을 예심에 넘기는 결정을 하거나 예심시작 결정을 한 때로부터 시작한다(북한 형사소송법 제50조). 수사시작 결정은 수사일꾼이 하는데 형사소송법상으로 수사의 권한이 있는 수사기관은 인민보안부와 국가안전보위부의 수사일꾼, 검사 등이다.

(2) 수사기관의 권한과 의무

수사기관은 사건의 기초가 되는 범죄사실의 자료수집을 위하여 문서의 제출을 요구하거나 관계자로부터 진술을 들을 수 있다(동법 제60조). 그리고 수사기관은 범죄자를 적발하기 위하여 검증, 검진, 수색, 압수를 할 수 있으며 감정을 맡길 수도 있다.

수사기관은 예심행위에 해당하지 않는 것에 한하여 수사활동을 할 수 있고, 범죄자가 적발·확인되면 바로 그 사건을 예심에 넘겨야 하고 범죄혐의자를 신문하거나 그에 대하여 구류의 보전처분을 할 수 없다.

수사기관이 범죄혐의자를 체포한 경우에는 48시간 안으로 구금결정서를 작성하여 검사의 승인을 받아야 하며, 승인을 받은 경우에는 체포한 날로부터 10일 안으로 조사를 마친 후 예심에 넘겨야 한다. 검사의 승인을 받지 못하거나 체포한 날로부터 10일이 경과하여도 범죄자라는 것이 확인되지 않으면 범죄혐의자를 즉시 석방하여야 한다(동법 제66조).

북한의 수사기관의 업무는 수사의 핵심에 해당하는 예심행위에 해당하는 것을 포함하지 않기 때문에 남한 수사기관의 내사단계와 유사하다고 하겠다.[4]

(3) 수사에 대한 감시

수사에 대한 감시는 검사가 한다. 검사는 수사행위에 참가하거나 사건기록을 검토할 수 있으며 위법적인 수사활동을 바로잡고 필요한 수사활동을 수사기관에 서면으로 지시할 수 있다.

---

4) 법무연수원 편, 『북한법연구(Ⅲ)』, p.109.

검사는 수사기관의 수사시작결정을 취소할 수 있고(동법 제58조), 수사기관의 범죄혐의자에 대한 구금결정의 승인에 관한 권한을 가짐으로써 수사기관의 수사활동에 대하여 통제할 수도 있다.

2. 예　심

(1) 예심의 개념과 예심기관

예심은 공소제기 후에 피고사건을 공판에서 심리할 것인가의 여부를 결정하고 공판에서 조사하기 어렵다고 생각되는 증거를 수집・확보하는 공판 전의 절차를 말한다. 통상적으로 예심절차에서는 비공개로 피고인신문도 행하고 변호인의 참여권도 인정되지 않아 예심은 규문주의 절차의 잔재라고 할 수 있다.[5]

그러나 북한에서의 예심제도는 과학적인 증거를 찾아내고 검토하는 과정을 통하여 피심자를[6] 확정하고 그의 범죄사실을 남김없이 밝히며 연루자를 적발하는 것을 비롯하여 사건의 전모를 완전하고 정확하게 밝혀내는 것을 임무로 하는 활동이라는 점에서 남한의 구형사소송법의 예심과는 다르다고 하겠다.

예심의 권한이 있는 예심기관으로는 인민보안부와 국가안전보위부, 검찰기관의 예심원 등이 있다(동법 제9조). 이외에 특별한 예심기관으로는 군사검찰기관의 예심원과 철도안전부, 철도검찰소의 예심원이 있다.

(2) 예심의 임무와 기간

북한에서 예심행위는 기소 전 절차의 핵심부분에 해당하는 것이다. 예심의 임무는 범죄사건의 증거를 수집하고 검토하여 피심자를 확정하고 그의 범죄사실을 남김없이 밝히며 관련자를 적발하는 등 사건의 전모를 완전하고 정확하게 밝히는 것이다.

예심원은 예심을 시작한 날로부터 2개월 내에 끝마쳐야 하며 예심을 더 하

---

5) 이것은 일제하의 구형사소송에서 인정되었던 제도였으나 남한에서는 해방 후 미군정 법령 제176호 형사소송법 개정에 의하여 폐지되었고 현행 형사소송법에도 인정하지 않고 있다. 최종일, "남・북한 형사소송법의 비교," 『법학논총』 제7집, 한양대학교 법학연구소, 1990, p.263.

6) 북한 형사소송법으로 기소 전 단계에서는 피심자라고 하고 기소 후에는 피소자라 한다. 피심자는 예심의 객체이며 남한 형사소송법상의 피의자에 해당하고 피소자는 남한 형사소송법상의 피고인에 해당한다.

기 위하여는 재판소가 돌려보낸 사건에 대한 예심은 1개월 내에 마쳐야 한다. 그러나 특별히 복잡한 사건에 대한 예심은 상급기관의 승인을 얻어 예심을 시작한 날로부터 6개월까지 연장할 수 있다(동법 제73조).

(3) 예심원의 권한

예심원은 사건의 전모와 사건해결에 중요한 모든 사정을 완전하고 정확하게 밝히기 위하여 피심자, 증인, 감정인을 심문하며 감정을 맡기거나 검증, 검진, 수색, 압수, 구속처분, 재산담보처분을 할 수 있는 권한을 가진다(동법 제72조).

(4) 예심에 대한 감시

예심에 대한 감시는 검사가 한다(동법 제79조). 검사는 예심행위에 참가하거나 예심기록을 검토할 수 있고, 서면으로 예심원에게 위법적으로 예심행위의 시정이나 필요한 예심행위에 대한 지시를 할 수 있다.

또한 검사는 예심원의 피심자 구속처분결정의 집행을 승인하고 이 경우에 예심원에게 구속처분결정, 취소, 변경에 대하여 서면으로 지시할 수 있다. 검사는 예심원의 압수·수색결정에 대하여 승인권을 가지고 이 경우에 예심원은 반드시 검사의 승인을 받아야 한다. 또한 예심원의 예심종결처분도 검사의 승인을 받아야 한다.

3. 검사의 사건처리

예심원으로부터 기소장과 사건기록을 송부받은 검사는 10일 안으로 그것을 검토하여 피심자의 기소, 사건의 예심환송, 기소중지, 사건의 기각, 피심자에 대한 사회적 교양처분의 결정을 할 수 있다.

검사가 송부받은 사건의 기소장과 기록에서 다음의 사항을 중심으로 검토하여야 한다. 즉 사건의 전모와 사건해결에 중요한 모든 사정들이 완전하고 정확하게 밝혀졌으며 그것을 증명하는 증거들은 있는가, 예심과정에서 형사소송법이 요구하는 것이 준수되었나, 인정된 사실에 대하여는 형법조항이 옳게 적용되었는가, 기소장의 작성은 정확한가 등이 그것이다(동법 제164조).

Ⅲ 북한의 경찰제도

북한 경찰에서 사건이 발생했을 때 그 사건 해결의 주체는 분명 경찰이 된다. 다만 북한 검찰은 북한 경찰을 지휘하고 통제하는 역할을 수행한다. 즉 북한에서 수사문제가 발생했을 때 이 부분의 핵심사항이라고 할 수 있는 예심에 검사가 물론 직접 참여할 수 있다. 그러나 북한에서 검사는 예심원이 작성한 기소장에 대해 승인여부만 결정하는 일에 집중하고 있다. 직접수사는 경찰의 주요 업무로 하고 다만 검사는 수사참여적 역할보다는 경찰의 수사를 지휘하고 통제하는 데 역점을 두고 있는 특징을 보여주고 있다.7) 하지만 이 과정에서 흔히 경찰과 검찰 간의 갈등도 발생하고 있다.8)

제 2 절 북한의 경찰제도

Ⅰ 북한경찰의 일반적 특성

북한은 공산 유일독재체제를 유지해 나오면서 그 폐쇄성으로 말미암아 경찰분야는 철저히 베일에 가려져 있다. 따라서 지금까지 한국에서 북한경찰에 관한 연구는 이미 발표된 오래된 자료들을 이용하거나 귀순자들의 증언에 의존할 수밖에 없는 것이 현실이다.

그러나 이러한 제약조건에도 불구하고 기존의 자료를 중심으로 하고 최근 귀순자를 통해서 알려진 보충자료를 활용해 북한경찰제도의 구조와 기능을 새롭게 조명하여 종합한 결과 몇 가지 특성을 보이고 있다.9)

북한경찰조직은 통상적으로 자유주의 국가들에서 찾아볼 수 있는 경찰조직

---

7) 통일부 통일교육원, 『2001 북한이해』(서울: 통일부 통일교육원 연구개발과, 2001), p.56.
8) 신현기, "북한경찰(인민보안성)에 관한 연구,"『한·독사회과학논총』, 제12권 제2호(2002년 겨울), p.12.
9) 이황우, "북한 경찰조직의 기능적 특성,"『한국공안행정학회보』, 제6호, 1997, pp.185~188.

의 특성과는 전혀 거리가 멀다는 점이다. 북한의 경찰은 북한만의 특이하고 엄격한 중앙집권적 통치체제와 북한 공산정권의 유지를 위해 강력한 주민 사찰기관의 역할을 수행하고 있다. 그리고 북한경찰은 군대조직체제를 활용해 강력한 군대식의 계급구조를 유지하는 특성을 지닌다. 실제로 북한경찰은 군대계급을 사용하고 있으며, 비밀유지를 위해 국가기간 산업에서 건설까지도 직접 담당하는 특징을 보여주고 있다.

북한의 치안기구들의 가장 큰 존재이유는 공산체제의 유지와 최고권력자의 권력지속을 위한 봉사에 있다고 할 수 있다. 조직의 구성 역시 이를 위한 권위주의적이면서도 강력한 비밀조직체로서 다음과 같은 특성을 갖고 있다.[10]

첫째, 경찰조직 외에 다양한 치안기관을 운영하고 있다. 즉, 인민보안부 외에 정보의 수집과 감시업무를 수행하는 국가안전보위부, 그리고 사회주의 법무생활지도위원회, 5호담당제, 사로청 등 각종 사회단체가 치안관련 기능을 분담하고 있다. 또한 각 치안기구의 조직이 지방에까지도 설치되어 있다는 특징이 있다.

치안기구의 관료체제적 성격을 보면 공안행정기능에 관한 통제가 강력한 중앙집권적 관료체제를 유지하고 있다. 인민보안부를 중심으로 보면 중앙의 인민보안부가 절대적인 지휘명령체계를 유지하고 있으며, 인력선발에 있어서도 출신성분과 정치사상을 중심으로 특권화된 계층을 형성하고 있다. 그러나 한편으로는 인민보안부가 당의 결정을 수행하는 기관으로서의 당통제 체제하에 속하는 특징을 갖고 있으며, 현재는 국방위원회의 강화와 군의 역할 증대로 인하여 국방위원회의 통제를 받는 것으로 분석된다.

둘째, 공산체제 및 정권유지를 위한 강력한 주민통제·사찰기관의 성격을 갖는다. 자유민주체제하에서의 치안행정은 소극적으로는 모든 국민이 자신의 권리와 자유를 침해받지 않으며, 적극적으로는 자아의 실현을 위한 대내외적 조건의 확충에 그 목적이 있다. 그러나 북한에서의 치안행정은 체제에 복종하는 획일적 인간형만이 양산될 뿐이며, 이로부터 일탈되는 행위에 대해서는 치안행정의 명목으로 이를 강력하게 제재한다.[11] 특히 그 목적이 권력자의 지배체제 유지와 이를 위한 탄압이라는 측면에서 북한의 공안기구는 Friedrich와

---

10) 조영진, "북한의 치안행정기관에 관한 연구," 『한국공안행정학회보』 제8호, 1999, pp. 287~288.

11) 김기옥, "비판적 시각에서 본 북한지방행정의 해부," 『지방행정』, 지방행정공제회, 통권40호, 1991. 12, p.179.

Brzezninski가 지적한 전체주의 체제의 특징에서도 지적된 바와 같이 폭력적 경찰통제제도라는 특징을 나타내고 있다.[12)]

강력한 중앙집권적 형태와 말소단위까지 통제하는 철저한 주민관리체제가 결국 이와 같은 특징을 대변해 준다. 이와 같은 체제적 특성은 인민보안부를 포함한 치안기구의 임무에서도 살필 수 있다. 북한의 치안기구는 외형적으로는 국가와 인민의 재산과 생명을 보호하는 데 있다고 선전하고 있으나, 실질적으로는 노동당의 독재를 강화하고 1인독재체제의 영속을 위한 주민탄압기능을 가장 주된 임무로 하고 있다.

셋째, 조직구성 및 기능의 다양성이다. 북한 치안조직을 보면 남한의 경찰업무와 같은 기본적인 국가의 안녕과 질서유지의 업무 이외에 국방, 건설, 외교, 법무 등의 기능을 수행하고 있다. 인민보안부 소속의 공병담당부는 건설업무에 속하는 비밀공사, 국가주요산업시설과 군사시설, 원자력 및 핵시설, 탄광개발 등의 업무를 수행하고 있다. 그 이유는 군조직은 명령계통이 일사불란하고 비밀유지가 용이하며, 현역군인들을 건설에 동원함으로써 인건비를 절약할 수 있다는 점, 대규모 건설에서의 위험부담, 집단조직의 저력을 주민에게 과시하기 위한 이유 등으로 분석된다.[13)]

넷째, 군대식 구조와 전시 군편성체제를 갖추고 있다. 인민보안부 같은 경우 준군사조직 체계를 갖추고 있으며, 인민경비대 역시 정규군과 대동소이한 정규군의 편성체제를 유지하고 있다. 이것은 언제든지 군의 역할을 수행할 수 있다는 것을 의미한다. 인민보안부의 경우 인사관리에 있어서의 계급구조 역시 군대식으로 주어지고 있으며, 계급간의 명령복종관계를 군대식과 같이 엄격하게 적용하고 있다.

---

12) Friedrich와 Brzezninskisms는 전체주의독재체제의 특징으로서, 첫째, 관제적(官製的) 이데올로기 독점, 둘째, 독재자에 의해 영도되는 단일정당, 셋째, 폭력적 경찰통제제도, 넷째, 매스컴의 독점, 다섯째, 일체의 유동무기의 독점, 여섯째, 경제의 중앙집권적 통제를 지적하고 있다. 김운태 외, 『한국정치론』(서울: 박영사, 1976), p.673에서 재인용.

13) 박기륜, "통일에 따른 한국경찰기구 통합모형에 관한 연구," 동국대학교 대학원, 1997, p.41.

Ⅱ 북한의 경찰제도의 변천

북한경찰제도는 북한의 행정체제의 변천과정 속에서 그 양상의 변화를 살펴 보면, 북한정권의 통치전략 속에서 행정의 역할이 어떻게 정립되어 왔으며, 또 한 치안행정기관이 어떠한 위상을 정립해 왔는가를 파악할 수 있을 것이다.

북한행정체제의 변천을 보는 시각은 다양한데,[14] 공산지배체제 구축기(1945. 8~1956. 4), 김일성지배체제 확립기(1956~1972. 5), 권력세습체제 구축기(1972~ 1994. 7), 김일성 유훈통치 및 김정일 지배체제 구축기(1994. 7~현재) 등으로 구 분하여 살펴보고자 한다.[15]

1. 공산지배체제 구축기

이 시기는 공산집단 지배체제의 기초적인 바탕을 확립하기 위하여 공산주의 자의 단결과 조직형성에 주력한 시기이다. 이러한 기조는 노동당 및 행정기관 조직에 정책적 배려의 우선 순위가 주어지고 당의 이념, 외교정책, 국방 및 치 안유지에 전력하는 현상으로 나타났다.[16]

이 시기 북한의 치안기구는 8.15 광복 이후에는 치안대 등 여러 명칭을 달 고 자연발생적으로 발생하여 주민생활안정, 경제시책보호, 치안유지 등의 보안 활동을 하였다.[17] 우선 조만식 선생의 평남건국준비위원회가 자위대를, 현준 혁·오기섭·이주하·김용범·장시우 등은 치안대를, 김일성 등은 소련군의 협

---

14) 이에 대해 심익섭은 해방 이후 소련 군정정책에 의하여 인민정권이 수립되는 기반조 성단계(1945~1948. 9), 혁명발전단계에 상응하는 국가기구의 조직개선시기라 할 수 있는 국 가기관 개선단계(1948. 9~1972. 12), 사회주의적 공산주의를 건설하여 인민에게 자주적이고 창조적인 생활을 마련·보조하기 위하여 사회주의 헌법을 제정하게 되는 국가기구의 강화단 계(1972. 12~현재)로 구분하고 있다. 한편 이황우는 경찰기구의 형성과정에 초점을 두고 광 복 이후 1960년대까지를 북한체제 구축기로 구분하고 있다. 심익섭, "북한의 국가기관체제와 지방행정,"『행정논집』, 동국대 행정대학원, 제21집, 1993, p.270; 이황우, 전게 논문, pp.168~ 171.

15) 조영진, 전게 논문, pp.266~272; 신현기, 전게 논문, pp.2~5.

16) 박완신, "북한의 행정체제와 지방조직 체계,"『통일문제연구』, 통일원, 제1권 2호, 1989, pp.110~111.

17) 이재현, "북한의 치안행정실태와 강약점 분석," 국토통일원, 1986, p.21.

력하에 적위대를 설치하고 치안활동을 하였다.

이들 세 부류의 세력이 치열한 패권다툼을 벌이는 동안 1945년 10월 12일 북한 지역에 주둔하던 소련의 제25군 사령관이던 이반 피스챠코프Ivan M. Chstialsov 대장이 위의 모든 무장세력을 해산시키고 보안부대를 새로 설치하도록 명령하였다. 이 명령에 따라 1945년 10월 21일 노동자, 농민출신 중 2,000명을 선발해 북한 진남포에 이른바 보안대의 본부를 두고 6개의 도(道)에 보안대 지부를 설치하였다.

이어 공산체제를 구축하기 위한 구체적인 조치들을 취하는 가운데 1945년 11월 29일 북조선 5도 행정국을 설치하면서 행정 10국의 하나로 8개 부서로 구성된 북한 최초의 경찰기구라고 할 수 있는 보안국을 창설하여 막강한 정치권력을 부여함과 동시에 통일적인 치안활동을 수행하기 시작하였다.

1946년 1월 11일 김일성 정권은 철도경비를 위해 이른바 철도보안대를 창설하였고, 1946년 7월 이 조직을 북조선철도경비대로 개명했으며 13개의 철도경비대중대를 새로이 편성하고 철도경비사령부는 평양에 본부를 두었다.

1946년 2월 8일에는 북조선 임시인민위원회가 창설되었고, 이에 소속된 보안국 내에 감찰, 경비, 호안(護安: 재해·사고예방과 처리), 소방 등의 부서를 조직하였다. 동년 5월 11일에는 보안국 산하에 무력부대인 보안독립여단을 창설하였고 이것이 오늘날 북한의 권력을 유지시키는 인민보안부, 국가안전보위부, 인민무력부, 호위총국의 기본지침이 되고 있다.[18] 즉 보안국은 감찰·경비·호안·소방 등의 부서와 대남공작을 담당하는 독립부서로서 이른바 정치보위부를 발족시키고 보안독립여단을 창설함으로써 무장경찰조직이 발족되게 되었다.

1947년 2월 20일, 김일성은 북조선 임시인민위원회를 북조선인민위원회로 개칭하면서 보안국을 내무국으로 개칭하였다. 그리고 다음해인 1948년 2월에는 정치보위부를 형식적으로 내무국 소속으로 창설하였으나, 실제로는 독립기구로 활동하게 하였다. 이어서 1947년 9월 9일, 북한정권 수립과 더불어 내무국은 내무성으로, 정치보위부는 정치보위국으로 승격시켰으며, 초대 내무상에 박일우가 임명되었다.

또한 1949년 5월에는 38선 경비 제1여단으로 편제를 강화시키고 동해안 지구의 경비를 담당하게 했다. 1950년 한국전쟁시에는 내무성원과 보조무장요원

---

18) 지춘경, "북한경찰(사회안전성)의 조직과 운용에 관한 연구," 연세대 행정대학원 석사논문, 1999, pp.45~48.

들로 인민자위대를 조직해 후방안전사업을 담당시키기도 했다.

　1951년 3월 전쟁중에는 내무성 편제 중 정치보위국과 기타 일부가 국 또는 처로 통합되거나 분리되어 사회안전성을 별도로 창설하였다. 1952년 10월에는 내무성 안에 사회안전국을 설치하는 형태로 통합하여 사회안전국, 보안국, 정치국, 후방국, 대외정보국 및 그외에 6개 처로 편제를 조정하였다. 내무성 사회안전국은 구(舊)내무성 정치보위국 내 핵심조직으로 주요 임무는 북한주민에 대한 감시, 인민국에 대한 정치사찰, 정부기관 주요인사·반체제 인사에 대한 감시 및 예심, 정당·사회단체·언론·출판·종교계에 대한 사찰, 대외정보 수집, 한국정부에 참여한 인사에 대한 수사 및 감시, 방첩사업, 각 시·도 내무부에 대한 지도사업 등이다.[19]

2. 김일성지배체제 확립기

　이 시기에는 김일성 1인지배체제의 구축을 위하여 남로당 계열의 제거와 연안파, 소련파에 대한 숙청 및 제거작업이 이루어졌다. 결국 김일성의 절대권력자로서의 위치를 공고히 함으로써 1인 지배체제를 확고히 하기 위한 작업들이 나타난다.

　이 시기의 치안기구는 1961년 제4차 당대회 이후 그 기능이 더욱 강화되는 변화가 나타나기 시작하여, 1962년 10월 23일 구성된 제3차 내각을 보면 내무성의 업무를 대폭 이관하여 사회안전성으로 개칭하고, 내무성은 별도로 신설하여 국토관리, 산림보호 등의 임무를 담당하도록 하였다. 이 때 조선인민경비대가 사회안전성으로부터 분리되어 발족하게 된다.

　1966년에 1월 조선인민경비대는 일부 개편을 단행해 각 도(道) 안전국경비를 도경비처로 확대했고 나아가서 국경경비처를 창설하였다. 국경경비처의 창설과 함께 시(군)에 1개 소대규모의 병력을 배치하였으며, 1969년에는 철도경비처를 창설하여 기구를 확장하였다. 그리고 1968년에는 치안기구의 지방기구 정비가 이루어져, 4~5개 리의 중심지역에 분주소를 신설하여 분주소장, 보안원, 주민등록원, 경비원 등을 배치하여 주민사찰활동을 강화하였다.

　확고한 김일성 지배체제를 구축하고 행정체제 또한 이를 뒷받침하기 위하여

　19) 전현준, 북한의 사회통제 기구 고찰-인민보안성를 중심으로-, 통일연구원 연구총서 03-14, 2003, p.20.

기능하였던 이 시기의 치안기구는 실로 막강한 권력행사와 폭압적인 탄압의 기구로 이용되었다. 사회안전부의 악명이 부각된 것도 바로 이 시기인바, 61년 이후의 정치사찰과 60년대 중반 대숙청 작업도 사회안전부를 중심으로 진행되었다. 결국 사회안전부가 김일성의 존재와 유일체제 구축에 있어서 핵심적인 역할을 담당하게 된다.

3. 권력세습체제 구축기

북한정권 및 행정체제에 있어서 1972년 12월 최고인민회의 제5기 1차 회의에서 사회주의 헌법을 채택했으며 그 의미는 매우 크다. 즉 북한이 사회주의 체제를 공고히 확립하였음은 물론 김일성의 1인 지배체제 완성과 김정일로의 권력세습체제로 가는 시발점으로서의 의미를 갖기 때문이다.

1972년 12월 사회주의 헌법의 채택과 함께 이루어진 제5차 내각 개편시 사회안전성을 사회안전부로 개칭하고 국경경비처를 흡수하여 사회안전부 조선인민경비대로 개칭하여 경비부부장 명령하의 업무수행체제로 변경하였다. 이때의 사회안전부가 현재의 경찰조직으로 발전하여 왔다.

1973년 2월에는 정보사업을 강화할 목적으로 김일성이 사회안전부 내 간부를 골간으로 한 국가정치보위부 창설을 지시하여 1973년 5월 사회안전부 가운데 국가보위 관련 부서인 제1국, 제9과 제3국 및 제7국의 일부를 독립 및 확대시켜 소위 국가정치보위부를 창설하였다. 그리고 1970년대 중반에는 1964년부터 실시해 오던 공민등록국의 기구와 주민등록국의 기구를 확장하여 주민등록국으로 개칭하였다.

1982년 4월 5일, 제7차 내각에서는 사회안전부, 인민무력부, 국가검열위원회가 정무원에서 분리되어 당 비서국 직속기관이 되어[20] 노동당 소속으로 이관되었다. 이는 정무원이 갖고 있던 권한을 박탈시켜버리고 군·검찰기관 등을 당에서 직접 관장함으로써 정치사상과 감독통제기능을 강화함은 물론 단순한 복종만을 위한 행정조직체로 전환한 것으로 분석된다.[21]

1986년 12월 29일 개최된 제8기 최고인민회의에서는 사회안전부를 노동당 소속에서 정무원 소속으로 환원시켰다. 또한 1987년 3월에는 인민무력부 소속

---

20) 이계만, 『북한국가기관론』(서울: 대영문화사, 1992), p.93.
21) 한국지방행정연구원, 『북한의 지방행정』, 한국지방행정연구원, 1990, pp.32~33.

공병요원 5만명을 인수받아 4개 공병국을 편성하였다. 또한 1987년 6월 4일 김일성의 명령으로 시와 군 단위별로 안전원과 보위부원으로 이루어진 '6 · 4구르빠'를 편성해 운영하면서 과거 전과자들을 강제노동 집결소에 수감하기도 하였다.

이후 1992년 4월 최고인민회의 제9기 제3차 회의에서 수정된 헌법을 보면 정무원의 임무와 권한으로 '사회질서의 유지, 국가 및 협동단체의 소유와 이익의 보호, 공민의 권리보장을 위한 대책을 세운다'[22]고 하여 치안업무를 정무원의 기능에 포함시키고 있다. 그러나 이 시기 국방위원회가 강화되어 형식적으로는 치안업무가 정무원의 기능에 포함되기는 하였으나 실질적으로는 사회안전부가 국방위원회 산하기관으로서 통제를 받는 것으로 추정된다.[23] 이는 사회안전부의 위상과 실질적인 운영이 외형상으로 나타난 사항만을 가지고 파악하기에는 한계가 있는 조직으로서 북한에서 사회안전부가 차지하는 중요성을 보여주는 것이라 할 수 있다.

1992년 12월을 기해 소련의 패망이 주민통제에 헛점이 있었다고 판단해 북한은 안전원 수를 50% 이상 증원하기도 하였다. 따라서 수도 평양의 경우 15,000여 명에서 23,000여 명으로 증가시켜 주민을 통제하였다.

4. 김일성 유훈통치 및 김정일 지배체제 구축기

1994년 7월 김일성의 사망은 북한체제에 있어서 커다란 변혁의 시발점이었다. 그간 국방위원장을 승계하는 등 김정일에게 권력을 세습하기 위한 조치들이 취하여지기는 하였으나, 확고한 권력승계를 통한 자연스러운 권력이양이 완성되지 못한 상태에서 돌발적인 상황으로 권력의 최고권좌에 오르게 됨으로써 김정일에 대한 지도자로서의 역할에 대한 의문이 제기됨에 따라 정권유지에 대한 커다란 장애가 되었다.[24]

김일성 사후 김정일이 거대한 수령의 공백을 메우기 위해 도입한 것이 이른바 유훈통치이다. 김일성 사후 1998년까지 4년여 동안 지속된 유훈통치는 경제, 통일뿐만 아니라 통치이데올로기에 있어서 김일성의 원칙을 거의 그대로 견지하였다. 이는 북한사회에서 김일성이 차지하는 비중은 실로 막대하다는 것

---

22) 사회주의 헌법 제126조.

23) 이황우, 전게 논문, p.171.

24) 모종린, "북한의 정권위기 관리행태에 관한 이론적 · 경험적 분석," 『국제문제』, 국제문제연구소, 제30권 1호, 1999. 1, p.86.

을 보여주는 사례이다. 김정일이 김일성 사후 3년상을 치루었고, 김일성을 영원한 주석으로 추대한 것 역시 김일성이라는 거대한 존재를 반영하는 것이다. 물론 김정일을 중심으로 한 북한 지도부가 이러한 점을 나름대로 적절하게 활용한 것도 사실이다.[25] 즉, 외형적으로는 유훈통치를 표방하면서 실질적으로는 정상국가체제로의 환원을 미루면서 권력구조 개편을 추진한 것이다.[26]

유훈통치 과정을 거치면서 김정일의 지배체제 구축에 가장 큰 토대가 된 것은 군의 장악이었다. 김일성 사후 김정일은 군부대 시찰을 중심으로 군관련 행사에만 참석함으로써 군사지도자로서의 이미지를 전면에 부각시키는 동시에 권력승계 및 지배체제 구축은 1998년 9월 5일 최고인민회의 제10기 제1차 회의에서 김정일을 국방위원회 위원장으로 재추대하고 실질적인 국가수반으로 등극함으로써 마무리된다.

동회의에서는 헌법을 수정·보충하는 조치도 이루어졌는데, 북한의 사회변화와 정책방향의 전환을 보여주는 내용을 포함하여 대대적인 권력구조의 개편이 이루어졌다. 신헌법 제6장 국가기구를 보면 주석과 중앙인민위원회의 두 기관이 없어지고,[27] 행정부에 해당하는 기존의 정무원을 내각으로 개편하였다. 이는 기존의 정무원이 '국가주석과 중앙인민위원회의 지도하에' 사업을 집행하는 '행정적 집행기관'에서 '행정적 집행기관이자 전반적 국가관리기관으로' 격상되었다는 것을 의미한다.[28]

이 때의 권력구조 개편의 가장 중요한 특징은 국가통치권력의 기능적 업무

---

25) 서동만, "북한 정치체제 변화에 관한 시론," 『정치비평』 제5호, 1998, p.129.

26) 고유환, "북한의 헌법 개정과 권력구조 개편분석," 『통일경제』, 현대경제사회연구원, 1998. 9, p.6.

27) 1992년의 북한헌법과 1998년의 북한헌법을 비교해 보면 다음과 같다. 1992년 헌법의 제6장은 국가기구로 되어 있어 제1절 최고인민회의, 제2절 조선민주주의 인민공화국 주석, 제3절 조선민주주의 인민공화국 국방위원회, 제4절 중앙인민위원회, 제5절 정무원, 제6절 지방인민회의와 인민위원회, 제7절 지방행정 경제위원회, 제8절 재판소와 검찰소로 되어 있다. 그러나 1998년 헌법에서는 제6장 국가기구가 제1절 최고인민회의, 제2절 국방위원회, 제3절 최고인민회의 상임위원회, 제4절 내각, 제5절 지방인민회의, 제6절 지방인민위원회, 제7절 재판소와 검찰소로 구성되어 있다. 이를 보면 주석과 중앙인민위원회가 없어졌으며, 정무원이 내각으로 전환되었음을 알 수 있다. 특히 이러한 변화내용 속에는 국방위원회가 더욱 강화되었음을 보여주는 조항들도 포함되어 있다. 1998년 수정헌법의 변화내용과 특징에 대해서는 제성호, "북한의 헌법개정과 정치·경제적 의미," 『북한』, 북한연구소, 통권322호, 1998년 10월호; 김명기, "북한의 개정헌법에 관한 일반적 고찰," 『국제문제』, 국제문제연구소, 제29권 11호, 1998년 11월호 참조.

28) 조선민주주의 인민공화국 사회주의 헌법 제117조는 '내각은 최고주권의 행정적 집행기관이며 전반적 국가관리기관이다'라고 되어 있다.

분담이라고 할 수 있다. 사상·군대사업은 국방위원회 위원장이, 대외·외교사업은 최고인민회의 위원장이, 그리고 대내 행정·경제사업은 내각 총리가 각각 책임을 지는 업무분담형태를 취하였다. 이에 따라 과거 국가주석과 중앙인민위원회가 가지고 있던 임무가 국방위원회, 최고인민회의 상임위원회, 내각총리 등으로 기능적 분산이 되었다. 그러나 내면을 보면 권력분산을 위한 것이라기보다는 김정일의 필요와 통치스타일을 반영한 역할분담의 성격이 강하다.[29]

권력구조 개편에 따른 국가기구 변화내용을 보면 내각은 1위 26성, 1원, 1은행, 2국의 총 31개 기관으로 구성되었으며, 사회안전부는 사회안전성으로 명칭이 변경되어 내각 소속으로 되어 있다. 한편 국가안전보위부는 국방위원회 소속으로 되어 있어 치안기관의 소속은 외형적으로는 1992년 헌법에서와 같은 체제를 유지하고 있다. 그러나 내면적으로는 많은 변화가 있었음을 알 수 있다.

첫째, 내각의 임무와 권한 중 '국가관리 및 질서를 세우기 위한 검열·통제사업을 한다'(사회주의 헌법 제119조 제9항)는 조항이 추가되었다. 이는 내각의 기능 강화에 치안기능의 강화도 포함됨을 의미하는 것으로 볼 수 있다.

둘째, 국방위원회의 강화 및 군부 요인이 국가요직 서열에서 부각되었다는 점이다. 1997년 4월 인민군 창건 65주년에 맞춰 군의 대폭적인 인사조치가 있었는데, 이 단계에서 김정일은 군을 장악하는 체제를 굳혔다고 볼 수 있다. 결국 김정일 지도체제의 구축은 국방위원회를 중심으로 한 것으로서, 군사뿐만 아니라 경제, 외교 등 모든 분야의 권한을 국방위원회에 집중시키고 위원장에 취임함으로써 국방위원회를 핵심으로 한 지도체제의 특징을 보여준다.

셋째, 노동당의 지위변화이다. 90년대의 북한 노동당은 당 조직이 표면화되어 국가통치기관들을 좌지우지하던 방식이 아니라 국가 입법·정권·사법·행정·경제기관들과 사회단체들에는 반드시 당 조직기구들을 병행하여 구성하였는데, 이와 같은 기구들은 국가안전보위부, 사회안전성, 중앙재판소, 중앙검찰소는 물론 내각의 본부와 각 성·위원회들에도 있다.[30] 결국 노동당이 외부로 나타나지는 않으면서 실제적 역할과 기능이 강화되는 형태이다.

국가기구의 변화는 모든 권한을 국방위원회가 잡고, 국정 전반에 대한 사령탑의 역할을 짊어져 내각이 그것을 실행한다는 구도가 된다. 군의 비중이 더욱

---

29) 고유환, 전게 논문, pp.4~5.
30) 김정민, "지금 북한노동당은 무엇을 하고 있는가," 『북한』, 북한연구소, 통권 329호, 1999. 5, pp.142~146.

증대되는 반면 조선노동당의 지위는 크게 저하된 것으로 분석된다. 노동당 청년조직인 사회주의 청년동맹에서의 부정부패가 적발되고, 전반적인 당조직의 동요가 나타났다는 징후가 있었는데, 이를 기점으로 김정일은 모든 조직에서 불순분자를 적발·배제하면서 군을 중심으로 체제 굳히기를 꾀하였다. 당의 역할저하에 따라 국방위원회가 지금까지 노동당 정치국이 담당해 왔던 역할의 대부분을 담당하게 될 것으로 보인다. 그것은 군사중시정책으로 특징되는 김정일의 군부장악으로서 체제위협 요소에 대한 항체형성의 목적에서 표출되는 형태로 볼 수 있다.

그 이후 2000년 4월 6일에 열린 최고인민회의 제10기 3차회의 3일차 회의에서 사회안전성을 인민보안성으로 변경했는데, 명칭을 변경한 이유로 이 회의에서 "최고인민회의는 수령의 참다운 인민의 보안기관을 창립하고 이끌어온 불멸의 업적을 빛내이며 사회주의 강성대국 건설의 요구에 맞게 사회안전기관의 기능과 역할을 더욱 높여 나가도록 하기 위하여 공화국 사회안전성의 이름을 없애고 새로이 인민보안성으로 한다"고 결정하였다. 2012년 현재는 2010년 4월부터 인민보안부로 개칭하여 오늘에 이르고 있다.[31]

Ⅲ 현대 북한경찰의 조직

1. 사회안전성의 조직

북한은 1945년 10월 조선노동당을 창당하고 곧이어 정치보안국을 창설하여 치안을 전담시켰다. 정치보안국은 1948년 북한 정권 수립과 함께 내무성의 1개 국(局)으로 존재하다가 1951년 3월 사회안전성으로 독립되었다. 사회안전성은 1952년 10월 내무성에 흡수되었다가 1962년 10월 다시 분리되었으며, 1972년 사회안전부(社會安全部)로 명칭이 변경되었다. 이후 1998년 9월 다시 내각 산하의 사회안전성으로 개칭되었다가 2000년 4월 정무원 산하의 인민보안성으로 명

---

31) 우리나라 경찰청장 격인 리명수(대장) 인민보안부장은 총참모부 작전국장 출신으로 2007년 공안 기관을 관할하는 국방위 행정국장으로 자리를 옮긴 뒤 2009년 초 김정은의 후계 수업을 맡았던 것으로 관측된다. 2011년 4월 현재 인민보안부 보안원(경찰)은 23만여 명으로 추정된다. 조선일보 2011.12.27.

칭이 바뀌었고, 2010년 4월에는 국방위원장 산하의 인민보안부로 격상되었다가, 2016년 6월 국무위원회 소속으로 변경되었다. 그리고 같은 해 8월 인민보안성으로, 그리고 2020년 6월 사회안전성으로 명칭을 변경하였다. 이러한 권력세습 과정에서 잦은 명칭·소속 변화는 당 중앙군사위원회 확대회의에서 "안전기관의 사명과 임무에 맞게 군사지휘체계를 개편할 데 대한 명령서"를 통해 이루어졌다.32) 회의는 관례적으로 시간과 장소를 공개하지 않았으며, 김정은은 순천인 비료공장 완공식(2020년 5월 2일) 이후 22일 만에 언론에 등장하였다. 이후 평양종합병원 관련 보도에서 "사회안전성에서 지원사업을 통크게 진행"했다고 언급되며 명칭 변경이 확인되었다.33) 이는 2000년 인민 보안기관 창립과 안전기관의 기능역할 강화를 목적으로 사회안전성이 '인민보안성'으로 개칭된 후, 20년 만에 다시 회귀한 것이다.

현재 사회안전상의 책임자 직책을 맡고 있는 리태섭(60대 초반, 남성)은 2021년 12월부터 2022년 6월까지 사회안전상으로 재직하였으며, 이후 2022년 6월부터 2022년 12월까지 조선인민군 총참모장으로 근무하였다. 또한, 2022년 12월부터 다시 사회안전상 직책을 맡고 있다.

표면적으로는 국가와 인민의 재산과 생명을 보호하는 것이 주요 임무이지만, 실제로는 김일성·김정일·김정은의 권력을 유지하고 강화하기 위한 주민 감시에 치중해왔다. 특히, 사회안전성은 내부 통제를 강화하기 위해 주민 감시에 치중해 왔으며, 2023년 7월 27일 전승기념일 열병식에서 소총과 방패로 무장한 '무장기동부대종대(기동대 格)'를 등장시킨 것은 소요사태 및 집단행동에 대한 북한 정권의 불안을 드러낸 사례로 볼 수 있다. 구체적 임무로는 반국가행위와 반혁명행위에 대한 감시와 적발 및 처벌, 회색분자·불평분자·종파분자·지방주의자 등의 적발 및 제거, 주민 개개인에 대한 신원조사, 외국 방문객에 대한 감시, 비밀문서 보관 및 관리 등이다. 이 밖에 범죄예방 등의 일상적 사법경찰 역할도 수행하며, 간부들은 정규군과 동일한 군사 칭호(계급)를 받는다. 조직은 중앙에 본부가 있고, 행정구역 단위별로 도와 직할시에는 국(局), 시·군에는 부(部)를 두고 있다.34)

결국 사회안전성의 주요 임무는 표면적으로는 국가와 인민의 재산과 생명을

32) 로동신문, 2020. 5. 24.
33) 조선중앙통신, 2020. 6. 2
34) 연합뉴스, 2011 북한연감, pp.166~167.

보호하는 것이지만, 실제로는 주민 통제와 체제 결속을 강화하는 데 초점이 맞춰져 있다. 앞으로도 치안 유지와 시설물 관리 등 본연의 임무를 강화하여 내부 안정화와 정권 유지에 더욱 주력할 것으로 보인다.

2-3 북한사회안전성(경찰) 명칭·소속 변화

	'48	'51	'52	'62	'72	'82	'86	'98	'00	'10	'16.6	'16.8	'20
명칭	내무성	사회안전성	내무성	사회안전성	사회안전부			사회안전성	인민보안성	인민보안부		인민보안성	사회안전성
소속	내각	내각	내각	내각	정무원(내각)	노동당	정무원	내각	내각	국방위원회	국무위원회		
비고	–	분리신설	흡수통합	치안기능분리	명칭변경	소속변경	소속변경	명칭변경	명칭변경	소속·명칭변경	소속변경	명칭변경	명칭변경

(1) 중앙조직

[도표 2-4]에서 보는 바와 같이 사회안전성[35]의 구조는 매우 복잡하다. 사회안전성은 사회안전상(경찰청장 格)을 수장으로, 제1부상(차장 格) 및 수 명의 부상, 참모장, 참사(국·관 格) 등의 부서장과 정치국(감사관실 格)으로 구성되어 있다. 본부의 세부 부서로 경비총국, 경비훈련국, 공민등록국, 공병총국, 교화국, 도로총국, 외사국, 제4공병국, 김정일인민보안대학 등이 있다.

사회안전성의 참모부서로 참모장 밑에 감찰국과 수사국, 작전국, 예심국, 교화국, 호안국, 경비훈련국, 주민등록국, 통신국, 병기국, 재정국, 후방국, 건설국, 자재관리국, 금광관리국, 종합지휘실(상황실), 경제감찰국, 총무국 등이 있다. 그리고 인민보안부의 독립처로 외사처, 교육처, 운수처, 군의처, 반항공처, 경리처, 상표인쇄처, 기술감정처 등 독립처(處)가 자리잡고 있고 그 밖에 독립처(7~10처)는 미파악되고 있다.

사회안전성 직속기관으로 독립부서인 동·서 철도보안국, 7총국(공병총국), 8총국(도로총국), 국토총국, 지하철도관리국 등이 있다. 또한 직할 보안부로서 중앙기관보안부, 창광보안부, 제2경제위원회 보안부 등이 있다.

사회안전성 본부 산하 직할부서로는 정치대학, 공병대학, 압록강 체육단, 사

---
35) 사회안전성 소속 인원(경찰관 格)을 공식적으로 '안전원'이라고 칭하나, 과거 사용하던 '보안원' 또는 '인민보안원' 등도 병용한다.

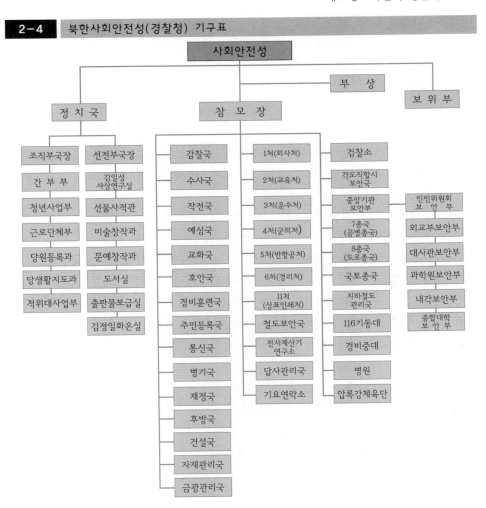

2-4　북한사회안전성(경찰청) 기구표

출처: 전현준, 전게 연구보고서, p.32.

격단, 화폐공장, 권총공장, 심사소, 검차대, 자동차수리소, 인민보안부 제1 및 제
2병원, 기동순찰대, 답사관리소, 기요연락소, 전자계산기연구소, 지진연구소, 경
비대, 간염병원, 기술연구소 등이 있다.

　　기타 기관으로서 선물공장, 출판사, 창작사, 봉화협주단, 선물관, 군견훈련소,
메아리음향사, 73병기관리소 등이 있다. 조직의 부서를 기능별로 살펴보면 다음
과 같다.

1) 인민보안부장 　　　　인민보안부장은 인민보안부의 총수로서 북한경찰의 업무 전반을 총괄하고 지휘한다. 인민보안부 참모장제는 1994년 10월경 신설된 보직으로 김정일이 사회안전부를 전시체제로 전환하라는 지시에 따라 이의 일환으로 인민무력부와 같이 참모장제를 도입하였다. 참모장은 인민보안상을 보좌하여 인민보안부의 모든 업무를 실질적으로 주관처리한다.

2) 부부장 　　　　부부장은 약 10여명으로 인민보안부 업무를 부문별로 조정·통합하여 인민보안상을 보좌하는 직책이다. 현재 보안담당, 후방담당, 주민등록담당, 공병담당, 의무담당 등 분야별로 나누어져 인민보안부 업무를 수행해 나가고 있다.

3) 정치국 　　　　정치국은 인민보안부 내 당사업을 주관하는 정치사업조직으로 독립부서이다. 정치국은 편의상 인민보안부 소속으로 되어 있지만 조직부(국장)와 선전부(국장)의 국장은 인민보안부의 지시를 받지 않고 노동당중앙위원회의 명령을 받고 있다. 본부인원은 약 300명이며 노동당 정치사업을 수행해 나가고 있다.[36] 주요임무는 보안원에 대한 당조직, 사상, 생활지도, 감독, 인민보안부 내의 직무수행 감시와 감독, 인민보안부의 간부사업, 즉 예를 들어 선발, 해임, 승진, 표창 등 인사업무 등을 비롯해 인민보안부 지방조직의 정치부 사업 지도 등을 맡고 있다.

4) 보위부 　　　　보위부는 보안원들의 직무동향 감시를 목적으로 국가안전보위부에서 파견되어 인민보안부 내에서 주재·활동하고 있다.

5) 감찰국 　　　　국장은 중장급이며 부국장 2명이 소장급으로 있고, 정치부장과 보위부장이 1명씩 있고 최소 1개에서 8개의 과(課)가 설치·운영되고 있다. 주요업무는 각종 범죄정보 수집, 적발 및 범죄예방, 각종 범죄사건 조사 후 예심국에 인계, 각종 포고령 지시내용 전파 및 이행상태 감독, 보안원 비리적발 및 조사, 각종 '그루빠' 지도·감독, 산하 도 보안국에 감찰담당 지도원 파견하여 감찰업무를 지도·감독하는 업무수행을 한다.

한편 특수기동순찰대는 감찰국의 독립부대로 1995년 경 전국적으로 발생하는 집단사건의 진압 및 치안유지를 위해 창설되었다.

6) 수사국 　　　　수사국은 범죄자 체포, 현장검증·지문대조·혈액감정·필적감정, 산하 도보안국 과학수사활동 지도·감독업무를 수행한다.

7) 작전국 　　　　작전국은 산하 도보안국 작전업무를 통제·조정하고 반항

---

36) 이황우, 전계 논문, p.173.

공업무를 주관하고 이를 지도·감독한다.

  8) **예심국**   살인, 강간을 비롯해 중범죄자에 대한 심문, 체포자에 대한
보강수사, 범죄확정, 사건조서를 검찰소에 인계하는 등의 예심업무를 관장한다.

  9) **교화국**   범죄자 수용·관리, 북한 전역의 교화소(8개소), 노동교양
소·인민보안부 담당 관리소에 대한 업무지도·통제·감독, 사면·감형·기한
전 출소 등 행형 등의 업무를 수행한다.

  10) **호안국**   화재, 화약, 폭발, 전기, 가스, 익사, 교통 등 각종의 안전
과 관련된 업무처리, 교통초소 운영감독, 운전면허 심사·차량번호부여, 소방업
무, 산하 도 보안국 호안업무를 지도·감독한다. 호안국에는 기술호안처, 교통
처, 일반호안처, 소방처 등의 부서가 있다.

  11) **경비훈련국**   국가의 주요 기관과 시설 그리고 인민보안부 산하 기
업체의 제반 경비업무를 관리하고 보안부 본부에 대한 훈련조직의 지도·감독
업무도 관장한다.

  12) **주민등록국**   일체의 주민등록에 관한 업무를 담당한다. 즉 주민의
이동, 출생, 결혼, 사망 등 주민신상의 변동사항을 파악·관리하는 업무를 수행
한다.

  13) **통신국**   인민보안부 내에서 유·무선통신 업무를 관리한다.

  14) **병기국**   무기와 탄약 및 장구류 그리고 예비물자에 대한 보관·관
리를 주요 업무로 하고 있다. 또한 산하 도 보안국 병기업무의 지도·감독을
수행한다.

  15) **재정국**   인민보안부 내의 예산의 수립과 집행 등의 업무를 담당한다.

  16) **후방국**   인민보안부의 요원들에 대한 식량, 피복 등 일체의 후생
사업을 관장한다. 후방국에는 양식과, 피복과, 부업과 등이 있으며, 산하에 피복
공장, 신발공장, 부업농장, 수산사업소, 후방창고 등이 있다.

  17) **건설국**   인민보안부의 주요시설(청사, 직원아파트 등)의 시공·수리,
인민보안부 내 내부건물 관리 등의 업무를 수행하며, 국가적 사업인 도로건설
등을 담당한다. 산하에 건물관리처·인민보안부 시멘트 공장, 건설자재공장 등
이 있다.

  18) **자재관리국**   인민보안부이 담당하는 건설 및 후방자재를 총괄 관
리하는 업무를 수행한다.

  19) **총무국**   총무국은 인민보안부 내 행정업무 처리, 요원들에 대한

일체의 신상관리, 비밀문서의 보관, 신분증 발급 등의 업무를 관장한다.

20) **산업감찰국**　　일종의 경제감찰 업무를 수행하는데 협동농장이나 공장기업소 등의 경제정책 업무수행 감독, 경제 현행범 사건 조사 후 예심국에 인계, 산하 보안국의 산업감찰 업무를 지도·감독한다.

21) **철도보안국**　　철도여객이나 화물의 안전에 관한 업무와 여행객의 여행증명서 및 여행증을 검사하는 업무를 한다.

22) **지하철도관리국**　　평양시내의 지하철에 관한 업무를 비롯해 지하철 열차 내의 안전에 관한 업무를 관장한다.

23) **7총국**　　주요임무로는 김정일 특각, 주석궁, 지하철 건설공사, 지상과 지하의 특수시설, 국가의 공공건물의 건설공사를 담당한다.

24) **8총국**　　이는 고속도로나 교량 및 초대소의 건설을 담당하고 있다.

25) **국토총국**　　고속도로의 관리와 나아가서 강이나 하천관리 그리고 산림과 수자원의 보호까지 담당한다.

26) **금강관리국**　　금강관리국은 일명 무역국으로 불리는데 인민보안부 외화벌이사업 주관(재정보충), 인민보안부 필요물품 수입, 산하 시·도 보안국 외화벌이사업의 지도·감독을 한다.

27) **종합지휘실(종합지휘국)**　　인민보안부 산하 기관의 상황보고를 총괄하는 조직으로 일일 사업정형 즉 인원·출장인원·입원인원, 각종 사건사고 발생건수, 구류장 구속인원, 체포건수 등 종합상황을 처리한다.

(2) **지방조직**

다음의 [도표 2-5], [도표 2-6]에 잘 나타나 있는 바와 같이 북한경찰의 지방조직은 특별시·직할시·도(道) 안전국(시·도경찰청 格), 시·군·구역 안전부, 동·리 분주소(지구대·파출소 格)로 구분되어 있다.

1) **도 사회안전국**　　각 도 사회안전국은 북한경찰의 지역별 조정통합 조직으로 우리의 '지방경찰청'에 해당한다. 현재 사회안전성 산하 사회안전국은 총 12개이다([도표 2-5] 참조).

평양직할시 사회안전국은 사회안전성 산하 최대규모의 사회안전국으로 보안국장(중장), 참모장(소장), 정치부장(소장), 부국장 5명(대좌편제, 주민등록담당, 후방담당, 교통담당, 행사안전담당), 참모조직으로 일반 감찰처, 경제감찰처, 수사처, 예심처, 호안처, 경비훈련처, 병기처, 후방처, 주민등록처, 외사처, 교통안전처, 종

2-5　사회안전성(경찰청)의 지방조직

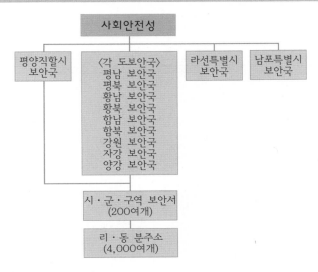

출처: 전현준, 전게보고서, p.35.

합처, 반항공처, 통신처, 국토관리처, 2부, 직속부서로 경비대, 기동순찰대, 소방대, 기요연락대, 병원 및 산하 18개 구역 보안서 등으로 편성되어 있다.

각 도의 사회안전국의 조직편제를 보면 국장(소장-중장), 참모장(대좌), 부국장 3명, 정치부장, 참모조직으로 감찰처, 수사처, 예심처, 호안처, 교통처, 통신처, 후방처, 주민등록처, 총무처, 경비훈련처, 반항공처, 2부, 산하조직으로 경비대, 기동순찰대, 정치학교, 병원, 심사소, 전차감시소, 군견훈련소, 화학대, 병기관리소, 지진연구소 등이 있다. 통상 보안국 인원은 2,000~3,000여명이다([도표 2-6] 참조).

2) **보안서**　　보안서는 북한경찰의 중추 지역조직으로 우리의 '경찰서'에 해당한다. 인민보안부 산하에는 북한의 시·군·구역에 200여개의 보안서가 있다. 보안서의 편제를 보면, 통상 보안서장(대좌), 부서장(중~상좌), 정치부장(상좌~대좌), 참모조직으로 감찰과, 수사과, 예심과, 호안과, 경리과, 종합과, 반항공과, 주민등록과, 통신과, 총무과, 국토과, 소방대 및 산하 보안소가 있다.

그러나 각 시·군·구역에 따라 보안서의 편제가 약간 다른데, 호안과와 교통업무를 통합하여 화안과, 종합과, 반항공과, 경비훈련과의 업무를 통합하여

2-6 도·직할 사회안전국 조직

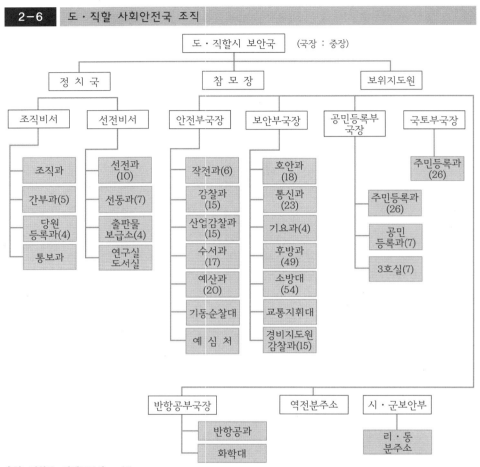

출처: 전현준, 전게보고서, p.36.

작전과, 후방과와 경리과, 총무과 업무를 통합하여 경리과 내지 후방과에서 처리하기도 한다([도표 2-7] 참조).

각 과에는 중좌~소좌급의 과장, 부과장, 담당 지도원 3~5명, 담당직원이 있는데, 통상 보안서의 인원은 200~500여명, 사민 20~50여명이다. 시·군·구역 보안서의 각 부서별 담당업무를 살펴보면 다음과 같다.

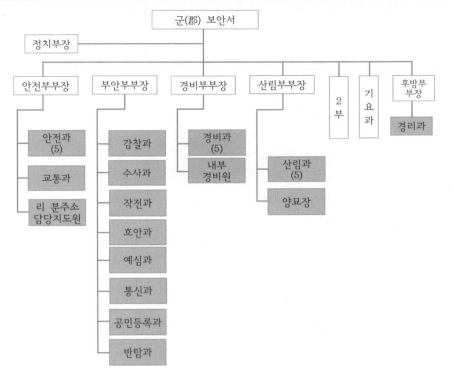

| 2-7 | 시·군 보안서 조직 |

출처: 전현준, 전게보고서, p.37.

① 수사과 : 과장은 중좌나 소좌가 맡고 있고, 담당지도원은 3명에서 많게는 5명까지 구성되어 운영되고 있다. 주로 수사에 관한 일체의 업무를 관장한다.

② 감찰과 : 크게 일반감찰과 경제감찰로 나누어지는데 전자의 경우는 부화(간통)사건이나 폭력사건을 핵심업무로 하고 후자의 경우는 경제사범을 수사하는 것으로 분담되어 있다.

③ 예심과 : 수사과와 감찰과에서 나타난 결과들에 대해 정확한 진상을 조사·확인하는 임무를 띠고 있다.

④ 교통과 : 면허증의 교부와 장거리 운행자에 대한 발급증 교부와 위반자에 대한 벌금부과 등의 임무를 띠고 있다.

⑤ 주민등록과 : 북한주민의 공민증 발급이나 주민등록과 관련된 일체의 업

무를 담당한다.

⑥ 호안과 : 화재를 비롯해 일체의 재난사고와 관련된 업무를 관장한다. 교통과가 없는 보안서는 교통과의 업무까지 관할한다.

⑦ 2부 : 북한 주민들의 제반 여행증명서를 발급해 주는 일을 관장한다.

⑧ 경리과 : 각종 보급품 및 자재 공급, 노임지급 등 재정 업무를 담당한다.

⑨ 통신과 : 유 · 무선 통신시설 관리 및 관련업무를 담당한다.

⑩ 총무과 : 기밀문서(기요문건) 수발 등 행정업무를 담당한다.

3) 분주소　　　분주소는 북한경찰의 최일선 단위조직으로 우리경찰의 '파출소'에 해당한다. 인민보안부에는 전국 리 · 동 · 노동지구 단위에 약 4,000여개의 분주소가 설치 · 운영되고 있다.

소좌나 중좌가 분주소장을 맡고 있고 대좌나 소좌가 부소장을, 그리고 통상적으로 적게는 10명 많게는 20명으로 담당지도원이 구성되어 운영되고 있다. 특히 담당지도원은 구역별로 책임지도제를 실시하고 있다. 업무의 핵심은 주민들에 대한 통상관리인데 사건이 일어나면 수사도 실시하고 순찰활동 등이 주류를 이루고 있다. 역전분주소에는 소장을 정점으로 비서를 두고 감찰지도원, 안전원, 실습생 등으로 구성되어 1일 3교대(08:00~16:00, 16:00~24:00, 24:00~08:00)로 운영되는바, 열차도착 20분 전부터 출발한 다음 20분까지 집중적인 감찰을 한다.[37]

2. 북한경찰의 임무

북한경찰(사회안전성)의 임무[38]는 매우 광범위한 것이 특징이다. 사회안전성의 기본임무는 혁명의 수뇌부로 일컬어지는 수령 옹호보위, 조선노동당과 북한정권의 보안사업 옹호보위, 인민의 생명과 재산보호, 사회질서 유지 등이 기본업무이다.

(1) 수령의 옹호보위사업

수령 옹호보위사업은 사회안전성의 가장 핵심적인 임무이며 절대 과업이다.

---

37) 이황우, 전게 논문, p.184.

38) 이후의 내용은 전현준의 인민보안부 출신 탈북자들과 면담을 통해 획득한 사실을 정리한 내용을 참고하였음. 전현준, 전게 연구보고서, pp.23~29.

이는 바로 국가수반인 김정은을 옹호·보위하여 북한정권을 수호하는 것이다. 사회안전성은 체제 및 정권수호를 위해 반국가·반혁명 행위자뿐만 아니라 종파분자와 불평분자에 대한 감시·적발·처벌하는 업무를 최우선적으로 수행하고 있다.

다음으로 사회안전성은 김정은의 경호업무를 직접 담당하는 호위사령부와 국가안전보위부를 지원하여 수령 호위사업을 수행한다. 북한은 김정은이 참가하는 행사를 '1호 행사'라고 칭하는데 호위업무는 호위사령부, 국가안전보위부, 인민무력부 보위국, 보위사령부, 인민보안부 등 전 무력기관이 동원된다. 사회안전성에서는 행사 참가자 신원조사 및 검토, 김정은 이동시 교통신호 조작, 행사장 주변 도로 경계 등의 업무를 수행한다.

또한 사회안전성은 수령 옹호보위의 일환으로 김일성사상 연구실, 김일성 선물사적관, 김정은 온실 등을 직접 운영관리하며 김일성·김정일·김정은 부자의 업적을 선전하는 업무를 수행하다.39)

(2) 당과 국가의 보안사업 총괄

사회안전성은 조선노동당과 조선민주주의 인민공화국의 노선을 옹호관철하기 위해 국가보안사업을 총괄하고 수행한다. 사회안전성은 국가기관의 기밀문서 보관관리 및 운반(문서수발) 업무를 수행하고 있다. 특히 북한 자강도 만포시 소재 사회안전성 기요문서고(지하갱도에 위치)에는 국가중요기요(비밀)문서가 모두 보관되어 있다.

사회안전성은 경비훈련국에서 도 및 시급 당청사 등 국가 주요시설물에 대한 경비와 당 간부, 내각 간부들의 사택 등 주요 인사들의 호위업무를 수행하고 있고, 반항공처(反航空處) 주관으로 전시 주민 및 공장기업소 소개 및 관리업무와 평시에 전시대비 주민대피 훈련, 반항공·반화학 훈련 등을 수행한다.

또한 사회안전성은 북한 중앙은행권 발행 공용화폐의 제작, 공장기업소 및 협동농장의 감시·감독업무, 해외주재 북한인을 감시하는 안전사업 등의 업무를 하고 있다.

(3) 치안질서 유지

사회안전성은 치안질서의 유지에 관한 업무를 총괄하고 있다. 즉 산하 도·

---

39) 사회안전성은 매년 2월 16일 김정일 생일에 즈음, 김정일 우상화 사업을 개최한 바 있다.

직할시 인민보안국, 시·군 보안부, 리·동 분주소 등 지방조직을 통해 치안질서 유지를 위한 각종 범죄예방, 수사활동 및 비사회주의 요소 적발 업무를 수행한다.

또한 사회안전성은 본부 호안국 및 사회 지방조직을 통해 교통질서 유지·단속, 교통사고 처리, 운전면허자격 심사·면허증 발급, 차량등록, 차량번호판제작·관리업무를 수행하고 있다.

이와 함께 화약, 전기, 기계분야의 폭발사고 등을 예방하기 위한 화약류취급자격증 및 관리 설비 승인 등 폭발물을 검열, 단속, 조사하는 관리업무를 수행한다.

(4) 주민의 사상동향 감시

사회안전성은 체제 및 정권수호를 위해 주민들의 사상동향을 감시하고, 주민 신원 분류와 이동통제에 필요한 신원조사를 담당하는 업무에 주력하고 있다. 북한주민을 효율적으로 통제하기 위해 주민성분 분류, 주민등록사업 관리, 공민증 발급, 주민들의 거주이전, 이동을 직접 통제·관리하는 업무를 하고 있다.

또한 사회안전성은 북한주민의 거주지 변동사항, 퇴거·전출, 여행증 발급 등 주민이동을 통제하는 업무를 한다.

(5) 국가 주요 시설물 건설 및 국토·환경 관리

사회안전성은 소속 부대(7총국, 8총국)와 산하 지방조직을 통해 국가의 주요 시설물을 직접 건설하고, 국토 및 환경 관리를 위한 다양한 업무를 수행하고 있다. 사회안전성은 산하 독립부대인 7총국(공병총국)을 통해 김일성·김정일 특각(별장) 등 국가 주요 시설물이나 비밀기지를 직접 건설하는 특별 공병업무를 한다.

사회안전성의 8총국(도로총국)은 주요 도로를 건설하고 이를 보수하는 도로관리업무를 담당하며, 고속도로 및 국가도로의 관리, 강·하천 관리 및 단속, 산림보호, 수자원 보호 등의 환경 및 국토관리 업무를 지원한다.

(6) 기 타

사회안전성은 위의 임무 외에도 소방 및 재난관리, 철도 및 지하철 운영관리, 여객열차의 안전 및 여행질서 단속 등에 대한 지도·감독을 수행하고 있다. 또한 교화(교정본부 格) 사업, 외화벌이 사업, 주소 안내 등의 업무를 담당하며, 외국인에 대한 감시를 포함한 다양한 부수적 임무를 수행하고 있다.

3. 북한경찰의 계급과 인사문제

(1) 북한경찰의 계급

북한경찰에서 특이한 점은 북한경찰의 계급을 한국에서와 같이 따로 정하고 있지 않고, 북한의 정규인민군과 똑같이 같은 군사칭호(계급)를 사용하고 있다는 점이다. 즉, 군과 동일한 계급체계를 운용하되, 복제·조직 구성은 일부 차이를 보인다. 계급장에 있어 사회안전성은 녹색을 사용한다.[40] 북한의 경찰계급은 21개 계급으로 분류되는바, 아래의 [도표 2-8]을 통해 살펴보면 다음과 같다. 우선 원수급으로 대원수, 원수, 차수가 있고, 대표적으로 리명수 원수[41]가 있다. 장령급(장군급)으로 대장, 상장, 중장, 소장이 자리잡고 있다. 군관급에서는 둘로 나누어지는데 고급군관급으로 대좌, 상좌, 중좌, 소좌가 있고, 하급군관급으로 대위, 상위, 중위, 소위로 구성된다. 하사관급에서는 특무상사, 상사, 중사, 하사, 그리고 초기특무상사, 초기상사, 초기중사, 초기하사가 자리잡고 있다. 끝으로 병사급에서는 상급병사, 중급병사, 초급병사, 전사 등으로 구성된다.[42]

북한의 하전사들은 통상 비간부로 분류되는바, 주로 인민보안부 소속의 경비대(제7총국, 제8총국, 경비훈련국)에 배치되어 운용된다. 초기 복무하사관인 초기하사, 초기중사, 초기상사, 초기특무상사들은 대부분 통신이나 소방, 화학, 기계분야에 근무하는데 계급장이 일반하사와 약간 다른 것으로 알려져 있다.

북한경찰의 경우 말단인 전사부터 특무상사까지는 사회안전원의 신분을 유지하면서도 현역군인처럼 8년 내지는 10년 동안의 의무복무시간을 채워야 하고 복무완료 후 인민보안부 정치대학에 진학하지 못하면 제대를 하게 된다. 한편 신분증의 경우 군관은 노란색을 사용하지만 하전사의 경우는 연청색을 사용하

---

40) 육군은 계급장에 적색을, 공군은 하늘색을 사용한다.

41) 이미 1997년 사회안전상이었던 백학림이 차수에서 원수로 승진되었다. 그래서 북한의 경찰은 차수가 없어지고 최문덕 대장이 승진되어 북한경찰계급 중 대장과 원수의 계급이 유지되고 있다.

42) 유동렬, "북한의 경찰체제 분석," 공안문제연구소, 『공안논총』, 2001, p.59; 지춘경, 전게 논문, p.63; 전현준, 전게 연구보고서, p.31.

고 있다.

2-8		북한사회안전성(경찰) 본부의 계급표				

원수급	장령급	군관급		하전사급		
				하사관급		병·전사급
대원수	대장	대좌	대위	특무상사	초기특무상사	상급병사
원수	상장	상좌	상위	상사	초기상사	중급병사
차수	중장	중좌	중위	중사	초기중사	초급병사
	소장	소좌	소위	하사	초기하사	전사

2-9	북한사회안전부 직책별 계급부여 실태

부 서	직 급	칭 호
지휘부(指揮部)	부장(部長)	대장
	참모장(參謀長)	상장
	부부장(副部長)	중장 또는 상장
정치국(政治局)	정치국장(政治局長)	상장 또는 대장
	정치부국장(政治副局長)	중장 또는 상장
국(局)	국장(局長)	소장 또는 중장
	부국장(副局長)	대좌
과(課)	과장(課長)	상좌
	책임지도원(責任指導員)	중좌
	지도원(指導員)	소좌

2-10	북한사회안전부 소속 도(道) 보안국(保安局)의 계급표

부 서	직 급	칭 호
지휘부(指揮部)	보안국장(保安局長)	소장 또는 중장
	참모장(參謀長)	대좌
	부국장(副局長)	대좌
정치국(政治局)	정치국(부)장	대좌 또는 소장
	정치부국(부)장	상좌
처(處)	처장(處長)	상좌
과(課)	과장(課長)	중좌
	책임지도원(責任指導員)	소좌 또는 중좌
	지도원(指導員)	소좌

(2) 경찰 인력의 선발

북한에서 경찰을 선발하는 방식은 종류별로 특징을 보여주고 있는데 조금씩 다른 방식을 취하고 있다.[43]

1) 사회안전부 요원　　1993년 이후부터는 사회에서 3~4년 정도 생활경험을 가진 사람들을 하사관으로 모집해 복무 후 제대자 중에서 사회안전부 정치대학(경찰대학)이나 군관학교에 들어가 양성되는 과정을 밟고 있다.

2) 하사관급　　시(市)나 군(郡)에 있는 안전성에서 각급의 분주소나 집단농장 관리위원회 등을 돌며 우수자를 물색하고 소속 직장 당 위원회의 추천을 받아 시(군) 안전성의 심사를 통과한 후에 도(道) 안전국에 임용을 상신하고 도 안전국장의 비준을 걸쳐 소정의 교육을 수료한 후에 하사관으로 발령을 받는 것으로 되어 있다.

3) 군관급　　북한의 각 도(道)에 있는 정치대학에서 적격자를 뽑아 군관 양성 교육을 걸쳐 임명한다.[44] 특히 군관은 북한 공산당의 당성, 출신성분, 사회성분, 능력, 전문성에 따라 선발되고 있다.

2-11　북한사회안전부 소속 군(郡) 보안서(保安署)의 계급표

부 서	직 급	칭 호
지휘부(指揮部)	보안서장(保安署長)	상좌 또는 대좌
	참모장(參謀長) 부상(副相)	중좌 또는 상좌
정치부(政治部)	정치부장(政治部長)	상좌 또는 대좌
	정치부부장(政治副部長)	소좌 또는 중좌
과(課)	과장(課長)	소좌 또는 중좌
	지도원(指導員)	대위 또는 중위

4) 여자 안전원　　북한에서 경찰이 되기 위해서는 역시 출신성분이 좋아야 한다. 여자의 경우 키는 158cm 이상이어야 하고 미모가 뛰어나야 한다. 여자는 매년 약 40~50명씩을 특별히 선발하여 인민보안부의 정치대학에서 3년

43) 지춘경, 전게논문, pp.64~65.
44) 제도적인 변경에 따라 1994년부터는 특수병과 출신자와 일반대학 졸업자를 선발해 군사칭호를 부여하기도 한다. 또한 매년 사범대학 출신자 약 20~30명을 선발해 인민보안부 특사로 약 3년간 근무하게 한 후 소위의 군사칭호도 부여하고 있는 것으로 알려져 있다.

간 교육시키고 난 후 중위로 임관시킨다.

　　5) 하사관급　　　하사관의 경우는 안전국에서 약 1개월간 김일성·김정일·김정은 교시, 감찰사업, 호안사업(교통, 사회안녕 및 질서유지), 호위경비, 일반경비, 범죄수사와 방범, 병기학, 격술, 사격술 등의 교육을 받고 하사관에 임명된다.

(3) 북한경찰의 교육과 승진

　　북한에서 경찰의 진급절차는 다음의 [도표 2-12]에 잘 나타나 있다. 우선 진급대상자에 대한 군사칭호 내신서를 작성해 공산당 위원회에 올리고 진급심사를 거쳐 상급부서에 군사칭호 내신자 명단을 상신하게 되면 비준결정 후에 진급 발령이 나게 된다. 하사관급의 경우는 시(군)안전부에서 도(직할시) 안전국에 상신하여 도(직할시) 안전국 당 집행위원회에서 최종결정을 내리게 된다. 하지만 군관급의 경우는 도(직할시) 안전국장의 상신으로 인민보안부 당 집행위원회에서 비준·결정하게 된다. 특히 상좌급 이상은 인민보안부에서 심사하여 당 중앙위원회 군사부에서 비준·결정하는 절차에 따른다.

2-12	북한경찰의 승진소요기간	
구 분	기 간	기 타
상등병~특무상사	6개월	대위 이하는 진급 후 직책변동이 없지만 소좌부터는 시(군) 안전부 간부지도원(과장) 및 분주소장급의 직책이 부여된다.
소위~대위	2년	
소좌	3년	
중좌	4년	
대좌	5년	
대좌 이상	소요기간이 없음	

(4) 북한의 경찰인력

　　북한의 경찰인력에 대해서 원래 비밀에 휩싸여 있는 관계로 현재 남한에는 그 수가 정확히 알려진 자료가 없는 상태다. 그러나 2차원의 자료를 통해서 추정해 볼 수 있는 개략적인 수는 다음과 같이 알려져 있다.

　　즉, 순수한 인민보안원(경찰)은 약 21만명 정도인데 보다 더 구체적으로 나누어 보면 인민보안원 약 8만명, 조선인민경비대 소속의 제7총국에 약 8만명,

제8총국에 약 4만명 그리고 경비훈련국과 기타부서에 소속된 인원이 약 1만명으로 추산되고 있다.[45) 이 밖에 인민보안부에 근무하는 일반 노동자(사민)의 경우도 약 10만명에 달하는 것으로 알려져 있다([도표 2-13] 참조).

2-13 북한경찰의 인원규모			
	일반보안원		8만명
조선인민경비대		7총국	8만명
		8총국	4만명
		경비훈련국 및 기타부서 소속	1만명
	계		21만명
	일반노동자(사민)		10만명
	총 계		31만명

(5) 사회안전성(경찰청) 정치대학(경찰대학)[46)

북한에서 사회안전성(경찰청) 정치대학은 한국의 경찰대학에 비교될 수 있는 경찰기관으로서 북한의 경찰간부와 특수기관의 간부요원을 교육하고 길러내는 일종의 사관학교의 역할을 담당하고 있다. 위의 성격이 잘 말해주듯이 북한의 사회안전성에서 고급간부로 출세가도를 달리기 위해서는 반드시 이곳에서 성공적인 교육을 받고 졸업하지 않으면 안 된다. 이 정치대학(경찰대학)의 전체 학생수는 대략 3,000명 정도다.

다음 [도표 2-14]에서 보는 바와 같이 북한사회안전성의 정치대학은 학제가 비교적 다양하게 짜여져 운영되고 있다. 그러나 사회안전성 정치대학에서 주축을 이루고 있는 과정은 바로 4년제 대학반인데, 입학대상이 특이하다. 이미 북한의 인민군과 사회안전부 및 국가안전보위부 내에서 군복무를 하면서 하사관으로 제대를 해야 한다.

또한 입학연령을 30세 전후로 엄격히 제한하고 있다. 이들이 성공적으로 졸업을 하게 되면 위에서 언급한 사회안전성과 인민무력부 및 국가안전보위부의 현역 군관(한국의 중위에 해당)으로 임관되는 절차를 거친다. 특히 사회안전성 정치대학이 국가안전보위부 정치대학(평양기술대학)에 비해 인기를 끌고 있는 근본

45) 전현준, 전게보고서, p.41.
46) 조선일보, 2002. 1. 23, p.53.

2-14	북한 사회안전성 정치대학(경찰대학)의 학제
구 분	기 간
4년제 대학반	4년
3년제 대학반	3년
2년제 전문반	2년
6개월 재직반	6개월

적인 이유는 사회안전성 정치대학(경찰대학)에 설치되어 있는 다양한 전공과목
들 때문이다. 즉 사회안전성 정치대학에는 일반감찰·경제감찰·호안47)·교통
등의 전공과목들이 개설·운영되고 있다. 이러한 이유로 인해 사회안전성 정치
대학은 보위부 정치대학에 비해 관련자들에게 커다란 관심의 대상이 되고 있
다.48)

　여기서 빼놓을 수 없는 것은 사회안전성 정치대학의 입학이 매우 까다롭다
는 점이다. 고급간부로 진출할 수 있는 기회가 주어지다보니 그 입학의 어려움
이 어느 정도인지 다음과 같은 사실들이 잘 보여주고 있다. 예를 들어서 인민
군의 경우 현역군인 중에서 군관학교에 입학추천을 받아 입학하게 되는데 군대
의 1개 중대에서 단지 한두 명만 추천이 이루어질 정도다. 그러나 사회안전성
정치대학은 위에서 소개한 군관학교 추천입학의 경우보다 훨씬 어렵다는 것이
이 점을 잘 대변해주고 있다. 익히 알려진 바와 같이 공산주의 국가에서 중시
하는 특징 중의 하나는 출신성분의 문제다. 즉 군이나 당의 당원이나 간부가
되기 위해서는 그 사람의 출신성분이 좋아야 하는데 보통 사회안전성 정치대학
의 경우 8촌까지 신원조회를 걸쳐 아무 문제가 없다는 것이 증명되어야만 최종
합격될 수 있다. 한국의 경찰대학과 마찬가지로 북한의 사회안전성 정치대학(경
찰대학)에 설치되어 있는 대학반·전문반·재직반의 전체 재학생들은 의무적으
로 전원 기숙사 생활을 하는 제도를 운용하고 있다.

　다음 [도표 2-15]에서 보는 바와 같이 기본과목으로는 혁명의 역사, 김일
성·김정일 노작(1·2), 인민보안정책 등이 개설되어 있다. 전공과목으로는 감
찰·수사·예심·주민등록·민간반항공·병기·후방·통신·운수·교통·호
안·범죄심리·사건처리·현장검식·법률·태권도·사격·운전 등 다양하게 설

---

47) 여기서 호안(護安)이란 재해·사고예방과 처리를 의미한다.
48) 조선일보, 전게면.

2-15	북한사회안전성(경찰청) 정치대학(경찰대학)의 설치교과목

기본과목	전공과목	4년제 대학반
· 혁명역사 · 김일성/김정일 노작(1 · 2) · 인민보안정책	· 감　찰 · 수　사 · 예　심 · 주민등록 · 민간반항공 · 병　기 · 후　방 · 통　신 · 운　수 · 교　통 · 호　안 · 범죄심리 · 사건처리 · 현장검식 · 법률(민법 · 형사소송법 · 　가족법 등), 태권도 · 사　격 · 운전 등	· 외국어 · 일반과목(물리, 수학, 전기 등) · 행군 등이 추가

치 · 운영되고 있다. 4년제 대학반의 경우는 외국어와 일반과목 중 물리나 수학 및 전기가 추가로 개설 · 운영되고 있다. 특이한 것은 학생들 중에 소수가 치정이나 폭행 및 절도 등으로 인해 도중하차하기도 하는데 이럴 경우 지방으로 추방된다는 것이다.

　한편 여성에 대한 배려로 3년제로 운영되는 여성을 위한 특설반도 운영하고 있다. 전체인원은 약 80여명인데 각 학년이 약 25명 정도로 이루어져 있다. 여성이 사회안전성 정치대학의 3년제 여성특설반에 입학하기 위해서는 이미 현역의 하사관이거나 또는 전문학교 졸업 이상의 학력을 소지하고 있음은 물론이고 최소한 신장이 163cm 이상인 사람을 원칙으로 하고 있다. 이 여성특설반에서는 통상적으로 운전 · 태권도 · 사격 · 교통 분야를 공부하게 되는데 성공적으로 졸업을 하게 되면 주민등록 · 수사 · 검찰 · 교통지휘대 · 호안분야에 발령받아 근무하게 된다. 이들은 결혼 후에도 계속 근무가 가능하다.[49]

　이외에도 사회안전성(경찰청) 정치대학(북한의 경찰대학)은 후방간부학교[50]로

---

49) 상게면.

알려진 3년제 분교와 함께 2년제 강습소[51]도 설치·운영하고 있다.

| 2-16 | 북한사회안전성(경찰) 본부의 계급표 |

계급(견장)	명칭	경찰 대응 계급	계급(견장)	명칭	경찰 대응 계급
	대장	치안총감		특무상사	경사
	상장	치안정감		상사	
	중장	치안감		중사	경장
	소장	경무관		하사	순경
	대좌	총경		상급병사	(舊 전·의경)
	상좌			중급병사	
	중좌	경정		초급병사	
	소좌			하급병사	
	대위	경감			
	상위				
	중위	경위			
	소위				

---

50) 북한 대성구역 청호동에 위치하고 있다.
51) 이는 대양동에 위치하고 있다.

참고문헌

1. 저 서

『김일성저작집』12, 평양: 조선로동당출판사, 1981.

『인민정권 건설 경험』, 평양: 사회과학출판사, 1986.

『조선로동당력사교재』, 평양: 조선로동당출판사, 1964.

『조선중앙년감』, 평양: 조선중앙통신사, 2002.

『평양의 어제와 오늘』, 평양: 사회과학출판사, 1986.

김운태 외, 『한국정치론』, 박영사, 1976.

법원행정처, 『북한사법제도개관』, 서울: 법원행정처, 1996.

연합뉴스, 『2006 북한연감』, 2006. 6.

연합뉴스, 『2011 북한연감』, 2011. 6.

연합뉴스, 『2014 북한연감』, 2014. 4.

연합뉴스, 『2020 북한연감』, 2020. 5.

이계만, 『북한국가기관론』, 서울: 대영문화사, 1992.

정경섭 역, Hans Maretzki, Kim-Ismus in Nord Korea, 『병영국가북한』, 서울: 동아일
    보사, 1991.

정범호 탈북자증언, 강광식 편저, 『북한의 실태: 분야별 경험자료 및 예비적 고찰』, 성남:
    한국정신문화연구원, 1987.

정치사전, 사회과학출판사, 1973.

통계청, 『북한인구추계결과』, 2007. 5월, 통계청 홈페이지.

통일부 통일교육원, 『2001 북한 이해』, 서울: 통일부 통일교육원 연구개발과, 2001.

통일부, 『2004 북한개요』, 2004.

통일부, 『2009 북한개요』, 2009.

통일부, 『2014 북한이해』, 2014.

통일부, 『2020 북한이해』, 2020.

한국지방행정연구원, 『북한의 지방행정』, 한국지방행정연구원, 1990.

2. 논 문

고유환, "북한의 헌법 개정과 권력구조 개편분석," 『통일경제』, 현대경제사회연구원, 1998. 9.

김기옥, "비판적 시각에서 본 북한지방행정의 해부," 『지방행정』, 지방행정공제회, 통권

40호, 1991. 12.

김명기, "북한의 개정헌법에 관한 일반적 고찰," 『국제문제』, 국제문제연구소, 제29권 11
　　호, 1998. 11.

김정민, "지금 북한노동당은 무엇을 하고 있는가," 『북한』, 통권 329호, 북한연구소, 1999. 5.

김정일, "주체사상에 대하여," 「친애하는 지도자 김정일동지의 문헌집」, 평양: 조선로동당
　　출판사, 1992.

도흥렬, "정치문화와 정치사회화," 『북한개론』, 서울: 을유문화사, 1990.

모종린, "북한의 정권위기 관리행태에 관한 이론적·경험적 분석," 『국제문제』, 국제문제연
　　구소, 제30권 1호, 1999. 1.

박기륜, "통일에 따른 한국경찰기구 통합모형에 관한 연구," 동국대학교 대학원, 1997.

박완신, "북한의 행정체제와 지방조직 체계," 『통일문제연구』, 통일원, 제1권 2호, 1989.

서동만, "북한 정치체제 변화에 관한 시론," 『정치비평』, 제5호, 1998.

신현기, "북한경찰(인민보안부)에 관한 연구," 『한·독사회과학논총』, 제12권 제1호, 2002년
　　여름.

심익섭, "북한의 국가기관체제와 지방행정," 『행정논집』, 동국대 행정대학원, 제21집, 1993.

이건종·이경렬, "남북한 사법운용 및 범죄처리에 관한 비교연구," 서울: 한국형사정책연구
　　원, 1993.

이우영, "전환기의 북한 사회통제체제," 연구총서 99-1, 통일연구원, 1999.

이재현, 북한의 치안행정실태와 강약점 분석, 국토통일원, 1986.

이황우, "북한 경찰조직의 기능적 특성," 『한국공안행정학회보』 제6호, 1997.

전현준, "북한의 사회통제기구 고찰," -인민보안부를 중심으로-, 통일연구원 연구총서 03-
　　14, 2004.

제성호, "북한의 헌법개정과 정치·경제적 의미," 『북한』, 북한연구소, 통권 322호, 1998
　　년 10.

조선로동당 당역사연구소, "우리당 사법정책을 관철하기 위하여," 『김일성 선집』 제5권, 1968.

조영진, "북한의 치안행정기관에 관한 연구," 『한국공안행정학회보』 제8호, 1999.

지춘경, "북한경찰(사회안전성)의 조직과 운용에 관한 연구," 연세대 행정대학원 석사논문
　　1999.

최종일, "남·북한 형사소송법의 비교," 『법학논총』 제7집, 한양대학교 법학연구소, 1990.

통일원, "북조선공산당과 조선신민당이 합동하여 북조선로동당을 창립함에 대한 결정서"
　　(1946. 8. 29), 『조선로동당대회 자료집(Ⅰ)』, 1988.

통일원, "조선로동당 제3차 대회 당중앙위원회 사업총화 보고," 『조선로동당대회 자료집
　　(Ⅰ)』, 1988.

통계청 홈페이지 자료실 2007. 5월.

제*3*장
일본의 경찰제도

제1절 서 론

I 일본 개관

　　일본은 와(倭, 和) 또는 야마토(大和)라고 불리다가 중국과 한반도로부터 "해가 떠오르는 곳"에 있다는 의미로 8세기 다이호(大寶) 원년(701년)에 일본이라는 국호를 제정하였다.[1] 국호를 일본으로 바꾸게 된 이 시기는, 백제와 왜의 연합군이 663년 백마강에서 나당연합군에 참패당한 직후로 약 20만명의 백제인이 일본으로 망명하여 일본 건국에 많은 공헌을 하였고, 이때 독립선언문의 성격을 지닌 고서기(古書記)도 발간되었다. 또한 645년에 다이카(大化)라는 원호를 처음으로 사용하기 시작하여 일세일원(一世一元)의 원칙을 정하고, 각 천황은 하나의 원호를 지금까지 사용하고 있다. 즉 천황이 즉위한 해를 원년으로 하여 그 천황이 죽을 때까지 동일 원호를 사용하고 있다. 현재의 원호는 레이와(令和)이고 그 원년은 2019년이며, 공문서나 공식적인 행사에 원호 사용을 의무화하고 있다.

　　또한 일본은 지리적으로 아시아 대륙의 동쪽 끝에 있는 섬나라로 홋카이도(北海道), 혼슈(本州), 시코쿠(四國), 큐슈(九州)의 4대 섬을 포함하여 총 6,800개의 섬이 일본열도를 구성하고 있다. 일본 국토의 총면적은 약 37만 8,000㎢에 총인구 1억 2,409만명(2024년 1월 1일 기준)이 살고 있어 세계에서 인구밀도가 가장 높은 편에 속하는 국가이기도 하다.

　　일본은 헌법 제1조에 의하면 국민주권 국가로 상징적으로 천황(天皇)제도를 두고 있을 뿐 내각이 행정권을 가지며, 행정기관은 2001년 행정 개편에 따라 현재는 1부 14개의 성청으로 개편되었다. 그리고 내각총리대신과 국무대신은 행정권 행사에 대하여 공동책임을 진다. 또한 국회는 국권의 최고기관으로 내각총리대신 지명권, 내각불신임권, 법률안의결권, 예산의결권, 조약승인권, 탄핵재판

---

　　1) www.japanci.org/korean/main.html 참조. 또한 일본을 옛날에는 천년만년 곡식이 풍요롭게 결실을 맺는 나라라는 뜻에서 "도요아시하라노미즈호노쿠니"라고 불렀다고 한다.

권, 헌법개정발의권 등의 권한이 있고, 중의원과 참의원으로 구성되며 4년 임기의 중의원 465명과 6년 임기의 참의원 248명으로 구성되어 있다(공직선거법 제4조). 이러한 일본의 통치구조와 문화적 특수성은 독특한 지리적 조건으로 그 이념과 철학이 비이데올로기적으로 되어 있어, 이로 인한 통치구조의 분권화가 현대 정치구조에도 많은 영향을 가져왔다고 할 수 있다.[2]

Ⅱ 행정체제

1. 관료제의 형성과정

명치 시대 이전의 일본은 약 300년간 도쿠가와(德川)가 지배하던 시기로, 수많은 봉건영주가 분권적으로 통치하여 이념과 사상이 일원화되지 않아 다양한 서구 문명을 수용할 가능성과 융통성이 있었다. 이처럼 일본에서 권력이 한 집단에 의해 독점되지 않고 분권적 체제가 구축된 것은, 여러 가지 이유가 있지만 일본의 지정학적 특수성이 가장 큰 이유라고 할 수 있으며 그 전통은 오늘날 통치구조의 이원성과 집단성과도 무관하지 않다.

또한 일본의 통치구조는 명치 천황을 내세운 봉건영주들의 쿠데타로 입헌군주제를 지향하고, 1887년을 전후하여 헌법을 제정하여 입법부로서 의회를 신설하였다. 다만 이 시기도 도쿠가와 시대처럼 천황의 실질적 권한은 미약하였다. 따라서 통치권은 4대 봉건영주에 의해 분권화되었으나, 이들 사이의 내분으로 다시 두 개의 약소 봉건영주가 제거되었다. 나머지 봉건영주에 의해 일본은 행정·실업·군부로 나뉘어 3대 정치세력을 형성하게 되었고, 이러한 권력으로부터 내몰린 두 영주 출신은 이른바 "민권운동"을 벌이기 시작한다.[3] 이처럼 일본의 관료제는 각 영주들을 중심으로 한 분파주의·할거주의에 의한 산물이다. 그 후 명치유신에 의해 명치 정부의 최고 통치기관으로서 태정관제(太政官制)가 신설되었지만, 주재자가 없던 태정관제의 참의내각(參議內閣)은 그들 스스로의 반목으로 태정관제도가 해체되고, 내각총리대신의 권한 아래 일원적 행정기관을 실현하기 위해 새로운 정부 기관으로서 내각제도가 수립되어 관료제가 성립

---

2) 자세한 것은 김민웅 외, 『현대한국행정론』(박영사, 1992), 212면 이하 참조.
3) 박동서 외, 『비교행정론』(박영사, 1992), 223면 이하 참조.

하였다.4) 그러나 명치 헌법의 「내각관제(內閣官制)」는 내각의 연대책임을 부인하고, 개개 대신에 의한 단독책임제를 채택하는 한편 국무대신이 행정 대신을 겸임하게 하여 통수권이 독립되어 갔다. 따라서 일본의 관료제는 외형적으로는 계서제(階序制)를 취하고 있으나, 그 기능면에서는 분파성이 드러나는 등 통치구조의 취약성을 면치 못하는 특성이 있다.

2. 중앙행정체제

일본은 종전 후 국민주권의 원리, 삼권분립의 원칙, 국회의 최고성, 의원내각제도, 관제대권(천황에게 행정제도와 관리제도의 편성권 귀속)의 폐지, 지방자치의 존중 등을 지도원칙으로 하는 행정 체제에 대한 근본적인 개혁을 단행하였다. 또한 1998년에는 21세기형 행정시스템을 구축하기 위하여 내각에 「중앙성청개혁추진본부」를 설치하고, 10년간 행정 코스트를 30% 삭감하는 행정의 감량·효율화를 추진하기 위하여 2000년 「행정개혁대강」을 각의에서 결정하였다. 이에 따라 독립행정법인 제도의 창설 등 내각 기능을 강화하기 위한 행정 개혁이 단행되었고, 그 주요 부분은 내각법, 국가행정법, 각성의 설치법 등에 규정되어 있다.

(1) 내 각

일본은 행정권을 행사하기 위해 방대한 기구를 편성하고 있다. 행정조직의 정점에 있는 내각은 헌법에 「행정권은 내각에 속한다」(헌법 제65조)고 명백히 규정하고 있다. 또한 「내각은 국회에 대하여 연대하여 책임을 진다」(동법 제66조 제3항)고 하여, 내각이 국가 행정의 전반에 걸쳐 국회를 통해 국민에 대하여 책임을 다하고 있다는 것을 명백히 밝히고 있다. 내각은 합의제 행정기관으로서 수장인 내각총리대신과 그 외의 국무대신으로 조직된다. 내각을 구성하는 내각총리대신 이외 국무대신의 정수는 내각법에 따라 현재 16명 이내로 되어 있으나, 필요가 있는 때에 한하여 3명 정도 그 수를 추가할 수 있다.5) 내각의

---

4) 신기석, "일본관료제의 발전과 역할에 대한 연구," 박사학위논문, 중앙대학교 대학원, 1986, 55면.

5) 1947년 내각법 시행에 의해 내각은 수장인 내각총리대신 및 국무대신의 16인 이내로 조직되었으나, 그 후 7차례에 걸친 내각법의 개정에 따라 현재는 14인 이내로 하고 있다(내각법 제2조 제2항).

중요한 임무는 행정의 통할(統轄)하에 있는 각 행정부처를 감독하고 각 행정 분야의 종합조정에 있으며, 이것은 다시 내각의 역할에 따라 천황의 조언 기관으로서 기능과 행정권 주체의 권한으로 크게 나눌 수 있다.

(2) 내각의 통할하에 있는 행정조직

국가의 행정은 최종적으로 내각에 그 책임이 있지만, 현실적으로 모든 행정을 내각이 처리하는 것은 불가능하다. 따라서 국가행정조직법은 내각 하부조직으로 부(府), 성(省), 그리고 외국(外局)으로 위원회 및 청을 두고, 각각 행정사무를 분담·관리시키고 있다. 그러나 현재의 행정조직은 1989년 6월 제정된 「중앙성청등개혁기본법」에 따라 중앙성·청은 종래 1부 22성 체제에서 [도표 3-1]처럼 1부 11성 3청 체제로 개편하여 행정 전반에 대한 개혁을 시행하였다.

1) 부 및 성　　내각부는 내각총리대신의 보좌·지원 체제를 강화하기 위해 내각에 신설된 조직으로 내각관방의 종합전략의 기능을 돕고 행정 분담을 관리하는 각 성보다 한 단계 높은 입장에서 기획의 입안·종합조정 등의 기능을 담당한다. 따라서 그 장은 내각총리대신이며, 각성의 장은 국무대신이다. 부 및 성의 설치나 소관 사항에 관한 기본사항은 각각 성의 설치법 등의 법률에 따라 규정되어 있지만, 각각 내부부국(관방, 국, 부, 과 등)의 설치 및 소관 사무의 범위는 정령으로 규정되어 있다(국가행정조직법 제7조 제5·6항). 총리대신 및 각 성의 대신은 행정 대신으로서 소관 사무에 관해 부령, 성령을 제정하는 이외에 소관의 모든 기관을 통괄한다. 그러나 회계감사원처럼 내각에 속하지 않는 행정기관도 있다.

2) 외국 ― 청　　부 및 성의 외국으로써 필요에 따라 청과 위원회를 둘 수 있지만, 청과 위원회의 존재 이유는 매우 다르다. 청은 사무의 양이 방대하고 정형적이며, 특수하고 전문적인 분야를 다루기 위해 성의 내부부국에서 다루기에 적당하지 않은 사무를 직무상 독립하여 분담·관리하기 위해 설치한다.[6] 각 청의 장인 장관은 본성 대신의 감독하에 있지만 독자의 이름과 책임으로 소관 사무를 수행한다.

---

6) 原田尙彦, 『行政法要論(全訂第2版)』(學陽書房, 1993), 53頁.

3-1 일본의 행정기구(2024년 8월 1일)

내 각

- 내각관방
- 내각법제국
- ○○본부등

  - 국가안전보장회의
  - 도시재생본부
  - 구조개혁특별구역추진본부
  - 지적재산전략본부
  - 지구온난화대책추진본부
  - 지역재생본부
  - 우정민영화추진본부
  - 중심시가지활성화본부
  - 도주제(道州制)특별구역추진본부
  - 종합해양정책본부
  - 우주개발전략본부
  - 종합특별구역추진본부
  - 원자력방재회의
  - 국토강인(強靭)화추진본부
  - 건강ㆍ의료전략추진본부
  - 물순환정책본부
  - 마을ㆍ사람ㆍ일창생본부
  - 사이버시큐리티전략본부
  - 특정복합관광시설구역조정추진본부
  - 게임등의존증대책추진본부
  - 아이누정책추진본부
  - 국제박람회추진본부
  - 신형인플루엔자등대책추진회의
  - 선박활용의료추진본부
  - 인지증시책추진본부

- 인사원

- 회계감사원

- 내각부
  - 궁내청
  - 공정거래위원회
  - 국가공안위원회
  - 개인정보보호위원회
  - 카지노관리위원회
  - 금융청
  - 소비자청
  - 어린이가정청

- 디지털청
- 부흥청

- 총무성
  - 공해등조정위원회
  - 소방청
- 법무성
  - 출입국재류관리청
  - 공안심사위원회
  - 공안조사청
- 외무성
- 재무성
  - 국세청
- 문부과학성
  - 스포츠청
  - 문화청
- 후생노동성
  - 중앙노동위원회
- 농림수산성
  - 임야청
  - 수산청
- 경제산업성
  - 자원에너지청
  - 특허청
  - 중소기업청
- 국토교통성
  - 관광청
  - 기상청
  - 운수안전위원회
  - 해상보안청
- 환경성
  - 원자력규제위원회
- 방위성
  - 방위장비청

* 경찰청은 국가공안위원회의 특별기관이고, 검찰청은 법무성의 특별기관이다.

3) 위원회   외국 가운데 특색이 있는 것은 위원회이다. 일반적으로 관청은 독임제이지만, 위원회는 위원장과 위원으로 구성되는 합의체로 합의를 통해 의사가 결정된다. 위원회는 정치적으로 중립·공정성이 특히 필요로 하는 행정 분야 또는 전문과학적인 행정을 추진하는 데 필요한 분야에 대해 각계의 권위자로 구성한다. 위원회는 직무상 독립되어 있으며 주임인 대신의 소관에 속하지만, 그 권한 행사에 대해서는 대신의 지휘에 복종할 의무는 없다. 다만 공정거래위원회(公正取引委員會)처럼 법률로 「독립하여 직무를 행한다」(독금법 제28조)고 명시되어 있는 위원회도 있다.

4) 부속기관   각 부성 및 그 외국은 소관 사무의 범위 내에서 법률 또는 정령을 규정하여 심의회, 조사회, 연구회, 시험소, 문교시설, 의료시설 등을 둘 수 있다(국가행정조직법 제8조 이하). 각 성청에 설치되어 있는 심의회도 부속기관의 일종이다. 부속기관인 심의회는 행정위원회와는 달리 스스로 행정처분을 할 수 있는 권한이 없으며, 주임인 대신 또는 외국의 장 등에게 참고 의견을 제공하는 자문기관에 불과하다. 이 점에서 심의회는 행정위원회와 본질적으로 다르다.

3. 지방행정체제

(1) 지방자치의 보장

명치 헌법[7]은 지방자치에 관한 명문의 규정을 두고 있지 않을 뿐만 아니라 그 조직이나 운영도 국가의 입법정책에 위임하고 있다. 따라서 도도부현지사는 중앙정부에 의해 임명되거나 감독권이 유보되어 있으며 또한 일부에 대해 자치가 인정되더라도, 그 범위는 법률에 따라 한정되어 있어 자치적인 요소는 거의 보장되지 않았다. 그러나 현행 헌법에서는 제1장에 지방자치단체의 조직 및 운영에 관해 「지방자치의 취지(本旨)」에 따라 법률로 이것을 정한다고 하여 단체자치·주민자치는 모두 헌법상 권리로 보장되었다.[8]

---

7) 1889년 공포되고 1890년 11월 시행되어 1947년 5월까지 실시된 아시아 최초의 근대헌법으로서 대일본제국헌법 또는 현재의 일본국헌법과 대비하여 구헌법이라고도 한다.

8) 原田, 前揭書, 56頁.

(2) 지방공공단체

헌법은 지방자치의 담당자로서 지방공공단체의 설치를 예정하고 있다(단체자치). 지방자치법은 이것에 따라 도도부현 및 시정촌(市町村)을 보통지방공공단체로 하고, 특별구·지방공공단체의 조합·재산구(財産區)를 특별지방공공단체로 하고 있다(지방자치단체법 제1조의3).

현재 각 지방에는 원칙적으로 도도부현과 시정촌의 이중 자치조직이 있고, 양자는 전자가 상급단체, 후자가 하급단체로 불리는 경우도 있지만 법률적으로는 동급의 단체이다. 다만 도도부현은 시정촌을 포괄하는 단체로서 일정한 경우에 법률에 따라 우월한 지위를 인정할 수 있는 것에 불과하다. 이것에 대해서 특별지방공공단체는 전국 어디에도 존재하는 보편적 자치단체가 아니라, 일정한 사무를 처리하기 위하여 보통지방공공단체로부터 파생적으로 형성된 특수한 단체를 말한다.

(3) 자치공공단체의 행정조직 및 운영

지방공공단체는 의결기관으로서 의회와 집행기관인 장(도도부현지사, 시정촌장)을 두고 있다. 의회의 의원과 장은 주민자치의 원칙에 따라 주민의 직접선거에 의해 선출된다(헌법 제93조). 또한 의회의 의원과 장은 주민에게 직접 책임을 지는 수장주의(首長主義)를 취하고 있는데, 그 이유는 공선(公選)에 의해 선출된 의장과 의회가 대등한 지위에 서서 상호 독립하여 힘의 균형을 유지하면서 일상의 행정을 집행하는 것이 행정의 안정을 유지하는 데 적당하기 때문이다.

지방의회는 지방공공단체가 자주적으로 조례를 제정하는 것과 예산의 의결, 중요한 계약의 체결 및 재산의 취득·처분의 결정 등 많은 행정적 권한을 가지고 있다. 따라서 국가의 관여는 통합적 시책이 필요한 경우에 최소한의 범위에 한정되어 있다. 또한 관여 방법도 권력적인 것보다는 조언, 권고, 기술적 원조 등 비권력적 방법을 활용하고 있다. 그러나 이와 같은 주민자치, 단체자치는 원칙일 뿐, 현실적으로는 국고보조금, 지방재정법의 부담부분 등을 무기로 활용하여 깊이 관여하고 있다.

Ⅲ 일본경찰의 연혁[9]

1. 전전(戰前)의 경찰 이념과 경찰활동

본래 경찰 개념은 국가의 지배와 같은 의미로 사용되었으나, 이것이 「개인의 권리와 안녕을 보호하고 유지(保持)」한다는 근대 법치국가의 부동의 정설이 된 것은 1789년의 프랑스 인권선언 이후이다.[10] 그 결과 1794년 프로이센 보통법에 「공공의 평온, 안녕 및 질서의 유지 그리고 사회 또는 개개 구성원에 대한 위험을 제거하고 필요한 수단을 마련하는 것을 경찰의 임무로 한다」고 규정되었다. 한편 영국에서는 「경찰이라는 것은 본래 시민이 자기의 안전을 도모하기 위하여 스스로 협력하여 범죄를 예방하는 자치체 활동」[11]이라고 생각하여, 범인에게 습격당한 사람이 큰소리로 도움을 요청할 때 그 소리를 들은 사람은 무기를 들고 현장에 달려가지 않으면 안 된다는 이념으로부터 출발하였다.

한편 일본에 경찰제도가 설치된 것은 토요토미(豊臣秀吉)가 전국을 통일하고 1603년에 도쿠가와(德川家康)가 에도(江戶)막부를 성립한 이후이다. 에도에 정봉행소(町奉行所)를 두고 지금의 경찰과 재판 업무, 그리고 그 외에 감옥 및 토목 업무도 담당하게 하였다.[12] 이것이 일본 최초의 경찰제도이며, 경찰권을 무사에게 귀속시키는 등 경찰제도 자체는 상당히 정비되었으나, 경찰행정과 사법행정이 명확하게 구분되지는 않았다. 그 후 명치 원년인 1868년에 도쿄부(東京府)를 설치하고 부 내의 순찰과 단속을 담당하게 하였다. 또한 1869년에는 대보율령(大寶律令)에 따라 병부성·형부성이 설치되어 각각 치안유지와 사법·경찰·재판 등을 관장하였다.[13]

1872년 10월 도쿄부에 단속을 위한 순라(巡邏) 3,000명을 채용하면서 일본의 근대 경찰제도가 시작되었다. 이것은 근대 경찰의 아버지라고 불리는 카와

---

9) 졸고 "일본의 수사구조 및 사법경찰제도," 『주요국가의 수사구조 및 사법경찰제도』(경찰청, 1996), 37~39면을 수정하고 가필한 것이다.

10) 日本辯護士聯合會 編, 『(檢證)日本の警察』(日本評論社, 1995), 2頁.

11) 今野耿介, 『英國警察制度槪說』(原書房, 2000), 9頁.

12) 大日方純天, 『近代日本の警察と地域社會』(筑摩書房, 2000), 8頁.

13) 치안본부, 『일본 경찰』(형설출판사, 1987), 21면.

지(川路利浪)의 건의서에 따라 사법성에 설치되었던 국가경찰조직인 경보료(警保寮)를 1874년 내무성으로 이관시켜 경찰과 재판 기능을 분리하고, 그 다음 해 7월에는 도쿄경시청을 창설하였다. 1876년 3월에는 「행정경찰규칙」을 제정하여 경찰의 책무는 물론 오늘날의 경찰서, 코반(交番), 톤쇼(屯所)의 정원, 설치, 운용에 대한 기본기구가 정비되었다.[14] 다만 이 시기의 경찰 이념은 카와지의 건의서[15]에도 단적으로 표현된 것처럼, 앞에서 서술한 프랑스 또는 영국의 경찰 이념을 수용한 것이 아니었다. 또한 전쟁 전의 일본 경찰권은, 의회가 제정한 법률은 물론 태정관들의 「행정경찰규칙」이나 중앙·지방의 경찰관청이 규정한 「경찰명령」으로부터도 거의 완전히 자유로운 경찰이었다. 즉 경찰의 조직과 작용은 천황의 대권과 독립명령권에 따라 행사될 뿐이었다. 이것이 이른바 「전전의 경찰국가」[16]이며, 이와 같은 경찰력 행사에 대해 후쿠자와(福澤諭吉)도 「단속(取締)의 법」이라는 제언 가운데 상무(常務)의 권력이라고 규정한 바 있다.

이와 같은 전전의 경찰 권력의 행사에 대해 「중앙집권적 관료경찰국가」라고 평가할 정도로 경찰은 본연의 임무를 일탈하여 정치·경제·문화 등 국민의 생활 전반을 간섭하였다. 예컨대 선거간섭, 노동운동 탄압, 공산주의자 탄압, 진보적 자유주의사상의 탄압 등, 더구나 경찰은 헌병조직과 결합하여 신앙이나 생활의 모든 면에서 전제적 권력을 행사하였다. 또한 1888년 「경찰관리배치 및 근무규칙」에 의하면, 지상에서 경찰의 눈에 보이지 않는 곳이 없고 어느 곳도 경찰의 귀에 들리지 않는 곳도 없으며, 경찰의 눈과 귀가 긴장하고 있어, 이들을 받아들인 모든 도시와 시골(町村)은 우리가 한 가족처럼 친절하게 보호를 더 해간다는 취지로 산병경찰제(散兵警察制)인 주재소를 전국에 1만여 개소를 설치하여 경찰에 의한 일상의 감시가 지역 구석까지 미치게 되었다. 이 시대를 바로 경찰국가라고 하는 이유가 여기에 있다.

---

14) 笠井聰夫, "紛爭後國家の治安再生と警察改革 －明治日本の例-", 『警察政策學會第76号』(2014),2頁

15) 건의서의 요지는 "국민에게 자유를 허용해서는 안 된다. 「頑惡의 民」은 정부의 인애(仁愛)를 모른다. 이것은 무엇이라고도 말할 수 없다. 정부는 부모이고, 국민은 자식이다. 부모의 가르침을 싫어해도 자식을 가르치는 것은 부모의 의무이다. 자식인 국민에게 자유를 허용해서는 안 된다. ……정부는 경찰의 예방으로 자식을 보호하지 않으면 안 된다"고 하여 일본의 경찰이념은 프랑스 또는 영국의 경찰 이념과 전혀 거리가 먼 것이었다.

16) 星野安三郎, 『警察制度の改革』前後改革3政治過程(東京大學出版會, 1974), 296頁.

2. 일본국 헌법 하의 경찰이념과 책무

포츠담선언의 수락을 계기로 일본의 전후 개혁은 미국의 점령 정책하에서 시작되었고 경찰제도가 그 주된 대상이었다. 경찰제도에 관해 중요한 것은 포츠담선언(1945. 9. 22. 발표) 제10항의 「미국의 초기 대일방침」 중, 「사법·법률 및 경찰조직은 미국의 모든 정책에 적합하게 하고 가능한 한 빨리 개혁할 것과 앞으로 개인의 자유와 민권을 확보하기 위해 진보적으로 지도할 것」, 그리고 같은 해 10월 14일에 이른바 「자유의 지령(指令)」 중, 모든 「비밀경찰기관」의 폐지를 시작으로 하는 내무 관료 등 관계 직원의 파면과 재등용의 금지 등이 그것이다. 이러한 정책들에 의해 전전의 경찰은 해체되고, 1947년 12월에 구경찰법이 제정되어 경찰제도의 근본적 개혁이 이루어졌다. 전전의 중앙집권적 국가경찰은 해체되어 「국가지방경찰」과 「자치체경찰」로 이원화되고, 또한 중앙과 지방에 경찰행정의 정치적 중립성을 확보하기 위해 그 민주적 관리를 목적으로 하는 「공안위원회」가 설치되었다.

이와 같은 근대 경찰제도의 효시[17]는 1829년 런던 경찰에서 찾을 수 있다. 런던 경찰은 제복을 착용한 경찰관을 약 3,000명으로 조직하며, 그 권한 행사는 시민이 규범으로 합의한 범위 내에서, 그리고 시민의 협력에 근거한 경찰활동을 원칙으로 하였다. 또한 이러한 활동을 보장하기 위해 경찰관 단독행동을 원칙으로 하며 경찰봉만을 휴대하도록 하였다. 그러나 경찰제도는 ……힘의 행사를 그 직무의 일부로 하는 직업집단으로서, 일반 사회구성원으로부터 유리되어 독자적 단체정신에 따라 일정한 질서를 강제하는 위험이 있다고 인식되었다. 따라서 경찰 활동은 법에 근거하여 행해질 것이 요구되고, 「경찰조직에 대한 엄격한 규율은 — 법에 대한 복종의 확보가 그 중점에 있다」[18]는 점에서 영국의 경찰제도는 일본의 그것과 많은 차이가 있다.

한편 일본 경찰은 기존의 사무 중 일부를 다른 행정기관에 이관하고, 경찰 작용을 행정경찰과 사법경찰로 구분하는 사무분장을 하였다. 그리고 전전의 각 법원의 검사국에 속한 검사 사무로 범죄 수사를 인정해 오던 종전의 제도를 부정하고, 「경찰은 국민의 생명·신체 및 재산의 보호에 임하고, 범죄 수사, 피의

---

17) 篠原一, "警察を考える", 篠原一 編, 『警察オンブズマン』(信山社, 2001), 6頁.
18) 村山眞維, 『警邏警察の研究』(成文堂, 1990), 3頁.

자 체포 및 공안 유지를 그 책무로 한다」(구경찰법 제1조)고 규정하여, 범죄 수사를 경찰의 고유사무로 함과 동시에 경찰 본연의 임무로 엄격하게 한정하였다. 이것은 헌법이 국가의 통치권을 입법·사법·행정의 삼권으로 분리하고, 지방에 대해서는 지방자치를 원칙으로 하는 등 권력 분산에 의한 민주주의를 실현하려는 사상에 기초하고 있다. 이와 같이 구경찰법에 의한 개혁은, 전전의 「국가를 위한 경찰」로부터 「국민을 위한 경찰」로 경찰 이념을 전환시켰다. 이에 따라 경찰 활동은 민주적 절차에 의해 정립된 법원의 권위적 해석에 따라, 법에 따라서만 가능하고 행정경찰에서 사법경찰로 그 중심이 전환된 것에서 의미를 찾을 수 있다.[19] 그러나 구경찰법은 점령 정책의 전환 과정 중 제2차에 걸친 부분적 개정을 거쳤지만, 경찰의 중앙집권화와 자치체경찰의 해체가 진행되는 과정에서 신형사소송법이 공포되어 시행 4개월(1954년 6월) 만에 폐지되고 현행 경찰법이 제정되었다.

3. 현행 경찰법 하의 경찰활동

현행 경찰법은 경찰조직에 관한 조직법으로서 그 책무와 권한 행사는 구경찰법과 거의 동일하지만, 국가공안위원회를 두어 치안 행정에 대한 정부의 책임과 경찰의 정치적 중립을 꾀하는 동시에 구경찰법에서 이원화되어 있던 조직을 도도부현경찰로 일원화(현재 일본의 경찰제도는 국가경찰인 경찰청과 경시청 및 도도부현경찰본부로 이원화됨)하여 조직 운영의 능률적·경제적 요청에 부응하고 있다.

또한 경찰조직법도 일신하여 과거 인권억압 법규라고 하던 전전의 「치안유지법」은 폐지되고, 또한 「행정경찰규칙」과 「행정집행법」은 「경찰관직무집행법(1948년)」으로 새롭게 규정되었다. 특히 신형사소송법에 따라 경찰법상 사무분장이 재편되어, 구형사소송법 제246조의 「검사는 범죄가 있다고 사료하는 때는 범인 및 증거를 수사할 수 있다」고 한 것과, 제248조의 경찰관은 「검사를 보좌하여 그 지휘를 받아 사법경찰관으로서 범죄를 수사할 수 있다」고 한 규정을 폐지하였다. 이와 더불어 신형사소송법 제189조 제2항에 「사법경찰직원은 범죄가 있다고 사료하는 때는 범인 및 증거를 수사한다」고 규정함과 동시에, 동법 제191조 제1항에 「검사는 필요로 인정되는 때는 스스로 범죄를 수사할 수 있

19) 村山, 前揭書, 1~2頁.

다」고 규정하여, 경찰이 제1차적 수사기관임을 명백히 하여 일본의 「사법경찰」
이 탄생하였다.[20]

<h1 style="text-align:center">제 2 절   경찰조직[21]</h1>

I 경찰조직의 개요

경찰기관은 국가경찰조직인 국가공안위원회 및 경찰청과 도도부현의 경찰조
직인 도도부현공안위원회 및 도도부현경찰본부 등 4개의 기관으로 구성되어 있
다. 이러한 기관들은 경찰법 제1조에서 규정하고 있는 「개인의 권리와 자유를
보호하고, 공공의 안전과 질서를 유지한다」는 공통의 임무가 있지만, 국가와 도
도부현의 공안위원회는 경찰의 민주적 운영과 정치적 중립성을 확보하기 위해
경찰을 관리하는 역할을 담당하고, 경찰청과 도도부현경찰본부는 개별적이고
구체적 경찰 사무를 담당한다.

국가의 경찰조직으로서 내각총리대신의 소할(所轄)[22]하에 국가공안위원회를
두고, 그 관리하에 경찰청을 두고 있다. 국가공안위원회는 경찰에 관한 모든 제
도의 기획 및 조사에 관한 광범위한 사무를 관리한다. 그리고 경찰청의 장인
경찰청 장관은 광역 조직범죄를 대처하기 위해 경찰 태세, 범죄감식, 범죄통계
등 경찰청의 소관 사무에 대한 도도부현경찰을 지휘·감독한다. 또한 [도표
3-2]와 같이 경찰청에는 장관관방과 5개의 국 및 3개의 부로 이루어진 내부부
국 그리고 3개의 부속기관이 설치되어 있으며, 지방기관으로는 고등법원 및 고
등검찰청의 관할구역에 대응하는 6개의 관구경찰국, 1개의 경찰지국 및 2개의
경찰정보통신부가 있다.

자치체경찰인 도도부현경찰은 지사의 소할하에 도도부현공안위원회를 두어

---

20) 日本辯護士聯合會 編, 前揭書, 5頁; 佐藤英彦, "刑事警察と刑事訴訟法40年,"『ジュリスト
930号』(有斐閣, 1989), 86頁.

21) 경찰조직에 관해 상세한 것은,『일본의 경찰제도-조직을 중심으로-』(경찰청, 발간연도
미상)가 있다.

22) 「所轄(소할)」은 조직상 상하관계이지만, 독립성이 강한 관계 사이의 소속 관계를 표현
하는 것으로 지휘·감독보다 더욱 약한 관계를 의미한다.

도도부현경찰을 관리하고 있다. 도도부현경찰에는 경찰본부(도쿄도는 경시청) 외에 경찰서를 두고 있다. 또한 경찰서의 하부기관으로 코반(交番)과 주재소가 있다.

경시청에는 경시총감이 도부현경찰에는 도부현경찰본부장을 두고, 경시청 및 도부현경찰본부의 사무를 총괄하고 있다. 또한 홋카이도 구역을 5이내의 방면(方面)으로 구분하고, 그 방면본부를 관리하는 기관으로 방면마다 방면공안위원회를 두고 있다. 그리고 지정시(指定市)²³⁾에는 시경찰부(대도시의 독특한 경찰사무를 관할하는 기관으로 당해 지정도시와의 연락·조정이 주된 역할을 한다)가 설치되어 있다(경찰법 제52조).

Ⅱ 국가경찰조직

1. 국가공안위원회

(1) 의의 및 성격

국가공안위원회는 내각부의 외국으로 설치된 합의제의 행정위원회로 1947년 구경찰법에 따라 처음으로 설치되었다. 경찰이 국민과 격리된 독선적 조직이 되는 것을 방지하기 위해 국민의 대표자로 공안 위원을 선출하여 국민에 의한 경찰 관리를 실현하기 위한 제도이다. 따라서 그 목적은 경찰행정의 운영을 민주적으로 관리하고, 그 독선이나 정치적 편향을 방지하여 국민의 기본적 권리를 옹호하기 위한 것이다. 즉 공안위원회의 기능은 경찰의 능률증진이라는 적극적인 면에 있는 것이 아니고, 어디까지나 경찰의 독선을 방지하고 정치적 중립성을 유지하게 하려는 소극적인 면에 있다.

---

23) 지정시(또는 정령지정도시)는 지방자치법 제252조의19 제1항에 규정하는 인구 50만 이상의 시를 말한다. 이러한 시는 도시계획, 아동복지, 모자보건, 식품위생 등에 관하여 도도부현 또는 그 기관의 많은 사무를 처리하고 있으며, 현재 오사카(大阪), 나고야(名古屋), 교토(京都), 요코하마(横浜), 고베(神戸), 키타큐우슈우(北九州), 삿포로(札幌), 가와사키(川崎), 후쿠오카(福岡), 히로시마(廣島), 센다이(仙台), 니카타(新潟), 오카야마(岡山), 치바(千葉), 사카이(堺), 하마마츠(浜松), 사가미하라(相模原), 사이타마(埼玉), 시즈오카(静岡), 구마모토(熊本)의 20개시가 지정되어 있다(2021년 4월 1일 기준).

3-2 **일본의 국가경찰 조직(2024년 7월 1일)**

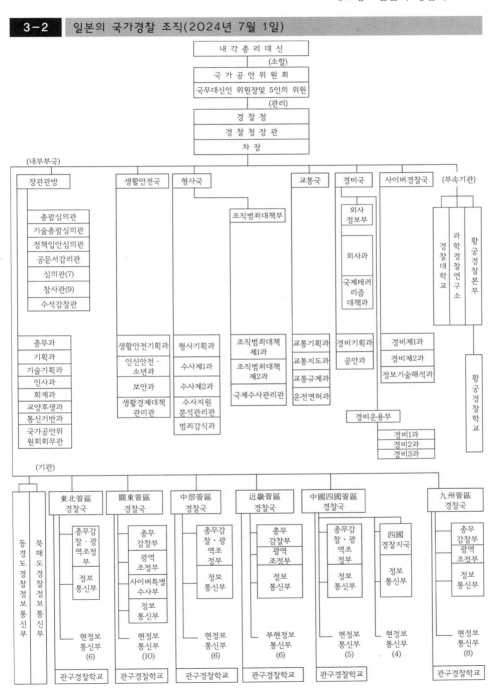

(2) 조직 및 운영

국가공안위원회는 위원장 및 5인의 위원으로 구성하고 그 위원장은 국무대신이 된다. 위원은 내각총리대신이 양원의 동의를 얻어 임명하며 임기는 5년이다.[24] 국가공안위원회 의원은 1회에 한하여 재임이 가능하며 임기 중 결격사유[25]에 해당하지 않는 한 신분이 보장되므로 그 의사에 반하여 파면당하지 아니한다.

국가공안위원회는 회의로 그 의사를 결정하며 위원장은 회의를 소집·주재하고 위원장과 위원 3인 이상이 출석하여 출석의원 과반수로 의결한다. 또한 위원장은 위원회가 결정한 사항에 따라 위원회를 대표하지만, 위원과 달리 위원회의 의사결정에 대해 표결권이 없으며 가부동수일 경우에는 재결권만을 가진다. 다만 법률에 규정된 이외의 운영에 필요한 사항은 국가공안위원회가 정한다. 그러나 국가공안위원회 위원의 임명에 대해서는 양원의 동의가 필요하지만, 국민이나 주민의 직접선거에 의한 것이 아니기 때문에 주민의 의사가 반영되었다고는 볼 수 없다.

(3) 임무와 권한

국가공안위원회는 「국가의 공안에 관련된 경찰 운영을 담당하고 경찰교양, 경찰통신, 정보기술의 해석, 범죄감식, 범죄통계 및 경찰장비에 관한 사항을 통할하며 경찰행정에 관한 조정을 실시함으로써 ……(경찰법 제5조 제1항)」라고 규정하여, 특히 중앙기관에서 통일적으로 운영·통제하는 것이 효율적인 "국가의 공안에 관련된 경찰운영"과 "경찰행정에 관한 조정"에 관한 것을 그 임무로

---

24) 구경찰법상 국가공안위원회 위원의 정원 및 임기는 현행 경찰법과 동일하지만, 위원장을 국무대신이 맡는 것이 아니라 위원 중에서 호선하였다는 점에서 구별된다. 다만 현행 경찰법에서도 위원장의 유고 시를 대비하여 미리 의원의 호선에 따라 위원장을 대리할 자를 정하지 않으면 안 된다(경찰법 제6조 제3항).

25) 경찰법 제9조에 [위원의 실직 및 파면에 관한 규정]을 두고 있으며 다음 사항에 해당하는 위원은 내각총리대신이 양의원의 동의를 얻어서 파면할 수 있다.

    1. 위원이 심신장애로 인하여 직무의 집행이 곤란하다고 인정되는 경우 또는 위원에게 직무상의 의무위반, 그 외에 위원으로서 적합하지 않은 비행이 있다고 인정되는 경우(제9조 제2항).

    2. 위원 가운데 누구도 소속하지 않았던 정당에 새로이 3인 이상의 위원이 소속하게 된 경우에는 이들 가운데 2인을 넘는 위원(제9조 제3항 1호).

    3. 위원 가운데 1인이 이미 소속하고 있는 정당에 새로이 2인 이상의 위원이 소속하게 된 경우는 이들 가운데 1인을 넘는 위원(제9조 제3항 2호).

    4. 위원 가운데 2인이 이미 소속하고 있는 정당에 새로이 소속하게 된 위원(제9조 제4항).

하고 있다. 또한 국가공안위원회의 권한에 대해서는 경찰법 제5조 제4항에 「제
1항의 임무를 달성하기 위해 다음과 같은 사무에 대해 경찰을 관리 한다」고 규
정하고 있다. 여기서 「관리」란, 「국가공안위원회가 경찰행정의 대강(大綱)방침을
정하고, 그 운영에 있어서는 국가공안위원회가 정한 방침에 따라 행하도록 경
찰청에 대해 사전·사후에 감독한다」고 해석하여 그 개념을 명확히 하였다.[26]
이에 따라 경찰청 및 도도부현경찰로부터 적절한 보고를 받음은 물론 이들 기관
에 대해 유효한 통제도 기대할 수 있게 되었다. 국가공안위원회는 그 임무를 수
행하기 위해 특정한 사무[27]에 관하여 경찰청을 관리할 수 있다(경찰법 제5조 제4항).
　　또한 국가공안위원회는 경찰청장관, 경시총감, 도도부현경찰본부장과 도도부
현경찰의 경시정 이상의 경찰관에 대한 임면권(경찰법 제16·49·50조)과 긴급사
태의 발생 시 내각총리대신에게 포고권고권(동법 제71조)과 조언의무(동법 제75
조) 등이 있다. 이외에도 공안위원회의 권한을 규정한 법률로서는 도로교통법,
풍속영업 등의 규제 및 업무의 적정화에 관한 법률, 경비업법, 총포도검류소지
단속법, 형사소송법(제194조, 199조 제2항), 공안 조례 등 다수가 존재한다.

2. 경 찰 청

(1) 성　격

　　경찰청은 국가공안위원회의 관리하에 그 권한을 행사하는 행정청으로서 국
가행정조직법상 특별 기관에 해당된다(앞의 [도표 3-1] 참고). 따라서 경찰청은
국가공안위원회와 동일한 국가의 경찰기관이나 국가공안위원회는 경찰 사무의
관리기관인 데 반해 경찰청은 그 사무의 실행기관이라고 할 수 있다.

(2) 임무와 권한

　　경찰청은 국가의 공안에 관련된 경찰 운영을 관장하고 경찰교육을 총괄하
며 경찰행정을 조정하는 것을 그 임무로 한다. 또한 경찰청은 국가공안위원회
의 관리하에 자신의 이름으로 사무를 처리하는 독립적 권한이 있으며, 국가공
안위원회의를 보좌하기도 한다(경찰법 제5조 제17항).

---

　　26) 國家公安委員會·警察廳, "綜合評價書警察改革の推進," 2010.9月.
　　(http://www.npa.go.jp/seisaku_hyoka/sogo_hyoka/20100902_hyoukasho)
　　27) 국가공안위원회가 경찰청을 관리할 수 있는 특정사무로는 경찰법 제5조 제4항에 제1
호부터 제27호까지 규정되어 있다.

(3) 조 직

경찰청은 앞의 [도표 3-2]와 같이 장관과 차관 그리고 관방장관과 5개의 국 및 3개의 내부부국으로 구성되어 있다. 또한 3개의 부속기관과 지방기관으로 6개의 관구경찰국과 1개의 경찰지국과 2개의 정보통신부가 있다.

1) 경찰청장관　　경찰청의 장인 경찰청 장관은 국가공안위원회가 내각총리대신의 승인을 얻어 임명한다(동법 제16조 제1항). 경찰청 장관은 국가공안위원회의 관리에 따라 경찰청 사무를 총괄하고, 소속 직원의 임면 및 복무에 관하여 감독하며 경찰청의 소관 사무에 대하여 도도부현경찰을 지휘·감독한다(동법 제16조 제2항). 또한 경찰청 장관을 보좌하기 위해 경찰청에 차장 1인을 두어 사무를 정리하고 각 부국과 기관의 사무를 감독하게 한다(동법 제18조).

국가공안위원회는 경찰청 사무에 관하여 대강의 방침만을 제시하고 장관을 통하여 경찰청을 관리함으로써 장관을 내부적으로 지휘·감독할 수 있으나, 도도부현경찰을 직접 지휘·감독하는 것은 경찰청 장관의 고유권한이다. 따라서 국가공안위원회는 도도부현경찰을 지휘·감독할 수 없고, 도도부현경찰에 대한 규칙을 제정하여 그 활동기준 등을 제시하는 권한과 지시권이 법률로 부여되어 있는 때에 한하여 그 권한을 행사할 수 있을 뿐이다. 이처럼 국가공안위원회와 경찰청 장관과의 관계는 통상적 행정기관의 상하관계로 파악하는 것은 적당하지 않으며, 양자가 일체가 될 때 비로소 행정관청의 기능을 완전히 달성할 수 있다고 보는 것이 타당하다.[28]

2) 내부부국(조직)[29]　　경찰청에는 장관관방과 생활안전국, 형사국, 교통국, 경비국, 사이버경찰국의 5국과 형사국에 조직범죄대책부, 경비국에 외사정보부와 경비운용부를 두고(동법 제19조 제1·2항), 장관관방에 관방장과 각국에는 국장을 둔다(동법 제20조). 내부부국은 1관방 5국 3부 체제를 두고 있다.

3) 부속기관　　경찰청의 부속기관으로는 경찰대학교, 과학경찰연구소, 황궁경찰본부가 있다. 경찰대학교는 경찰 직원에 대한 상급 간부로서 필요한 교육훈련을 실시하고, 경찰업무에 관한 연구를 담당하며 교장을 둔다. 과학경찰연구소는 과학수사에 관한 연구 및 실험을 하며, 이것을 응용한 감정 및 검사를 한다. 또한 소년비행의 방지와 기타 범죄 방지에 관한 연구 및 실험, 교통사

---

28) 치안연구소, 『일본의 경찰제도-조직을 중심으로-』(경찰청), 95면.

29) 경찰청의 내부부국에 대한 자세한 설명은 경찰대학, 『비교경찰론』(경찰대학, 1998), 409면 이하 참조.

고의 방지와 기타 교통경찰에 관한 연구와 실험을 담당하며 소장을 둔다. 그리고 황궁경찰본부는 천황 및 황후, 황태자와 기타 황족의 호위 및 황거 및 어소(御所)의 경비 기타 황궁 경찰에 관한 사무를 담당하며 본부장을 둔다. 그리고 각 부속기관에 관한 위치 및 내부조직은 내각부령으로 정한다.

3. 관구경찰국

(1) 성 격

관구경찰국은 국가행정조직법 제9조에 의한 경찰청의 지방기관이며, 관구경찰국장은 지역적으로 한정된 범위 내에서 국민에 대한 관계에서 국가의사를 결정하고 표시한다.

(2) 임무와 권한

관구경찰국장은 관구경찰국의 사무를 총괄하고 소속 경찰 직원을 지휘·감독하며, 장관의 명을 받아 관구경찰국의 소관 사무에 대해 부현경찰을 지휘·감독한다(경찰법 제31조 제2항). 관구경찰국은 복수의 부현에 걸친 광역 치안 사항에 대한 수사 조정은 물론 대규모 재해의 대응, 경찰 통신업무 및 중견간부의 교육훈련 등을 담당한다. 또한 관구경찰국장의 권한은 법령에 특별한 규정이 없는 한, 경찰청 장관의 권한 일부를 분장하는 데 그치나, 중대한 사이버 사안에 대한 범죄 수사와 그 외 중대한 사이버 사안에 대응하기 위한 경찰 활동은 관동지국경찰국장이 전국을 관할구역으로 분장할 수 있도록 그 특례를 인정하고 있다(경찰법 제30조의2).

(3) 조 직

관구경찰국에는 국장을 두고, 그 내부 조직은 정령으로 정한다(동법 제31조 제1·3항). 또한 관구경찰국은 경찰청의 지방기관으로 그 소관 사무의 일부를 분장하기 위하여 전국을 6개의 지역으로 구분하여 6개의 관구경찰국을 두고 있으며(도쿄도와 홋카이도의 경찰본부관할지역은 제외[30]), 관구경찰국의 명칭, 위치 및

---

30) 도쿄도와 홋카이도는 관구경찰국에 소속되어 있지 않다. 우선 도쿄도는 경시청의 장이 경시총감이고, 관동관구의 경찰국장은 경시감으로 도쿄도가 관할에 속하게 되면 관구경찰국장인 부하의 지도·조정을 받게 되는 모순이 생길 뿐만 아니라, 수도 경찰본부라는 특수성으

명 칭	위 치	관구구역
東北管區	센다이(仙台)	아오모리현, 이와테현, 미야기현, 아키타현, 야마가타현, 후쿠시마현
關東管區	사이타마(埼玉)	이바라키현, 토치기현, 군마현, 사이타마현, 치바현, 가나가와현, 니가타현, 야마나시현, 나가노현, 시즈오카현
中部管區	나고야(名古屋)	도야마현, 이시카와현, 후쿠이현, 기후현, 아이치현, 미에현
近畿管區	오사카(大阪)	시가현, 교토부, 오사카부, 효고현, 나라현, 와카야마현
中國四國管區[31]	히로시마(廣島)	돗토리현, 시마네현, 오카야마현, 히로시마현, 야마구치현, 도쿠시마현, 카가와현, 에히메현, 고치현
九州管區	후쿠오카(福岡)	후쿠오카현, 사가현, 나가사키현, 오이타현, 미야자키현, 가고시마현, 구마모토현, 오키나와현

3-3 관구경찰국의 명칭 및 관구구역

관할구역은 [도표 3-3]과 같다.

4. 도쿄도 및 홋카이도 경찰통신부

경찰청의 지방기관으로서 도쿄도와 홋카이도에 경찰통신시설의 유지관리 및 기타 경찰통신에 관한 사무를 담당하기 위한 경찰정보통신부를 두고, 각 정보통신부에는 부장을 둔다. 또한 통신부의 위치 및 내부 조직은 내각부령으로 정한다(동법 제33조 제1 · 2 · 3항).

Ⅲ 도도부현경찰의 경찰조직

1. 도도부현공안위원회

(1) 의의 및 성격
도도부현공안위원회는 지방자치법상 집행기관으로 설치해야 하는 위원회 중

로부터 그 관할에 속하지 않는다. 또한 홋카이도는 도경찰관할구역과 관구경찰국의 지역이 일치하여 관구경찰국에 의한 광역조정 기능이 필요 없기 때문이다. 따라서 경시청(도쿄도)과 홋카이도에 대한 광역조정 · 감찰기능은 경찰청본부가 직접 담당한다.

31) 中國管區와 四國管區가 2019년 4월 1일 中國四國管區로 통합되고, 四國管區는 四國警察支局이 되었다.

의 하나이며(지방자치법 제180조의5 제2항 1호), 도도부현지사의 소할하에 있어 지사의 지휘·감독을 받지 않고 독립하여 직권을 행사한다. 도도부현공안위원회는 경찰의 정치적 중립성을 유지하고 독선적 운영을 방지함에 그 목적이 있다. 또한 홋카이도에는 도공안위원회의 관리하에 방면(方面)본부의 민주적 관리를 위해 방면공안위원회를 두고 있다.

(2) 조직 및 운영

도도부현공안위원회는 도쿄도(東京都), 홋카이도(北海道), 오사카부(大阪府), 교토부(京都府) 및 지정현(指定縣)[32]은 5명, 지정현 이외의 현은 3명의 위원으로 구성한다(경찰법 제38조 제2항). 위원장은 위원의 호선으로 선출하고 그 임기는 1년이며, 위원회의 업무를 총괄하고 위원회를 대표한다(동법 제43조). 그러나 국가공안위원회와 달리 위원장도 표결권을 가지고 있으며, 위원회의 운영에 관하여 필요한 사항은 도도부현공안위원회가 정한다(동법 제45조).

도도부현공안위원(홋카이도 방면공안위원도 포함)은, 지사가 도도부현의회의 동의를 얻어 임명하며 임기는 3년이고 2회에 한하여 재임될 수 있다(동법 제40조). 단 위원은 원칙적으로 지방의회위원 또는 상근직원의 겸직이 금지되고, 정당이나 정치단체의 임원이 되거나 적극적 정치활동을 금지한다. 또한 위원은 임명 전 5년간 경찰 또는 검찰 직무를 행하는 직업적 공무원의 전력이 있으면 임명될 수 없다.

(3) 임무와 권한

도도부현공안위원회는 도도부현경찰을 관리한다(동법 제38조 제3항). 여기서도 「관리」란, 위원회가 사무처리에 대한 대강의 방침만을 정하고 그 운영에 있어서 사전·사후의 감독을 의미하기 때문에 도도부현경찰의 사무집행의 세부에 대한 개별적 지휘·감독은 불가능하다. 따라서 경찰 직원의 직접 지휘·감독은 불가능하며, 경시총감 또는 해당 도부현경찰본부장을 통해서만 가능하다.

그러나 도도부현의 지사는 도도부현공안위원회의 위원의 임명권, 도도부현경찰 관련 조례안제출권 및 예산편성제출권 그리고 제출명령권을 갖는다. 또한 도도부현공안위원회는 그 권한에 속하는 사무에 관하여 도도부현공안위원회의

---

32) 일본 지방자치단체법 제252조의19 제1항에 의하면, 정령으로 지정하는 인구 50만 이상의 시를 지정시(앞의 주 23) 참조)라고 하며, 이를 포괄하는 현을 지정현(指定縣)이라고 한다.

3-4 일본의 도도부현의 경찰조직(2024년 7월 1일)

(부경찰 및 지정현의 현경찰 14부현)　(현경찰 31현)

동경도지사	북해도지사		부현지사	현지사
(소할)	(소할)		(소할)	(소할)

동경도공안위원회 / 위원 5인 (관리)
북해도공안위원회 / 위원 5인 (관리)
부현공안위원회 / 위원 5인 (관리)
현공안위원회 / 위원 3인 (관리)

경시청 / 경시총감
도경찰본부 / 도경찰본부장
방면공안위원회 (函館)(旭川)(釧路)(北見) / 위원 3인 (관리)
부현경찰본부 / 부현경찰본부장
현경찰본부 / 현경찰본부장

경시청:
총무부
경무부
교통부
경비부
지역부
공안부
형사부
생활안전부
조직범죄대책부

도경찰본부:
총무부
경무부
생활안전부
지역부
형사부
교통부
경비부

부현경찰본부:
총무부
경무부
생활안전부 (新潟,岡山,熊本 市제외)
지역부
형사부 (熊本市 제외)
교통부
경비부
폭력단대책부 (福岡)
시경찰부 (14부현 19개시)

현경찰본부:
경무부
생활안전부
형사부
교통부
경비부
지역부 (福島,茨城, 栃木,群馬, 長野,岐阜, 三重,山口, 富山,長岐, 沖繩)

경시청경찰학교
방면본부 / 본부장
시경찰부 (札幌市)
도경찰학교
부현경찰학교
현경찰학교

경찰서

경찰서 / 경찰서협의회

경찰서협의회

交番(파출소) / 주재소

전국 경찰서의 수(2024년 4월 1일 기준)

경찰서	1,149
交番	6,215
주재소	5,923
경찰서협의회	1,170

규칙을 제정할 수 있으며(동법 제38조 제5항), 경찰청 또는 다른 도도부현경찰에 대해서 원조를 요구할 수 있다(동법 제60조 제1항).

2. 도도부현경찰

(1) 성 격

도도부현경찰은 해당 도도부현의 구역 내에서 경찰법 제2조에 규정된 「개인의 생명·신체 및 재산을 보호하고, 범죄의 예방·진압 및 수사, 피의자의 체포, 교통단속, 기타 공공의 안전과 질서 유지를 담당」하며, 국고에서 지불(支弁)하게 되어 있는 경비를 제외하고는, 도도부현경찰이 그 필요로 하는 경비를 해당 도도부현이 지불하는 광역자치체경찰이다(경찰법 제37조).

(2) 조직과 권한

도쿄도의 경찰본부는 도쿄에 경시청을, 도도부현경찰의 본부는 도부현청의 소재지에 도부현경찰본부를 둔다(동법 제47조 제1항). 또한 경시청 및 도부현경찰본부는 경찰 사무의 실행기관으로서 사무를 관리하고, 도도부현공안위원회를 보좌하며 위원회의 서무업무를 처리한다. 이것에 대해 도도부현경찰은 개별사건의 수사 등 집행 사무를 일원적으로 담당하며, 도도부현공안위원회의 관리하에 있는 도도부현의 조직으로 국가공안위원회나 경찰청의 지방기관이 아니다. 더구나 이러한 집행 사무 중 경찰청의 소관 사무에 대해서는 장관의 지휘·감독을 받을 뿐만 아니라 경찰본부의 간부 인사에 있어서도 경찰청의 강한 영향하에 있다.

1) **경시총감과 경찰본부장**　　경시청장인 경시총감은 국가공안위원회가 도쿄도공안위원회의 동의와 내각총리대신의 승인을 얻어 임명한다(동법 제49조). 경시총감은 도쿄도공안위원회의 관리에 따라 경시청의 사무를 총괄하고 도쿄도 소속의 경찰 직원을 지휘·감독한다(동법 제48조 제2항). 또한 각 경찰본부장은 국가공안위원회가 도부현공안위원회의 동의를 얻어 임면하며(동법 제50조 제1항), 경찰본부장은 도부현공안위원회의 관리에 따라 도부현경찰본부의 사무를 총괄하고 도부현소속의 경찰 직원을 지휘·감독한다(동법 제48조 제2항).

2) **내부조직**　　경찰총감과 경찰본부장(방면본부장을 포함)은 각 도도부현공안위원회의 관리에 따라 부설 기관의 사무를 통괄하는 점에서 공통된다. 우

선 도(都)경찰인 경시청에는 경찰총감을 두고 그 내부조직인 총무부, 경무부, 교통부, 경비부, 지역부, 공안부, 형사부, 생활안전부, 조직범죄대책부의 사무를 총괄하며 부설기관으로서 경시청 경찰학교를 두고 있다. 또한 홋카이도에는 도부현경찰의 본부로서 도부현경찰본부를 두고 그 밑에 총무부, 경무부, 생활안전부, 지역부, 형사부, 교통부, 경비부와 시경찰부(삿포로시)가 있으며, 부설기관으로서 도경찰학교가 있다. 또한 홋카이도에는 도를 5개 구역으로 구분하여(函館, 旭川, 釧路, 北見, 도경소재지 札幌 제외[본부직할]) 4개의 방면본부를 두고 있으며 부설기관으로서 도경찰학교를 두고 있다.

14부현(府縣)[33]에는 부현경찰의 본부로서 부현경찰본부를 두고 그 밑에 총무부, 경무부, 생활안전부, 지역부, 형사부, 교통부, 경비부와 시경찰부가 있으며, 부설기관으로서 부현경찰학교가 있다. 그리고 나머지 31개 현에는 현경찰의 본부로서 현경찰본부를 두고 그 아래 경무부, 생활안전부, 형사부, 교통부, 경비부, 지역부를 두고 있으며, 부설기관으로서 현경찰학교가 있다. 또한 위의 모든 도도부현경찰의 하부조직으로는 경찰서, 코반(交番, 파출소), 주재소가 있으며, 특히 경찰서에는 지역주민의 의견을 업무 운영에 반영하기 위해 경찰서협의회를 두고 있다(도표 [3-4] 참고).

3. 도도부현경찰 상호 간의 관계

(1) 지휘 · 감독

도도부현경찰의 상급기관인 경찰청 장관은 일반적 지휘 감독권을 가진다. 그 구체적 내용은 우선 사무집행의 상황을 조사·보고하는 것, 사전 승인을 요하는 것, 사무집행의 내용과 방식에 따라 수행하도록 명하는 것과 이미 행하여진 처분을 취소 또는 정지하는 것 등이 있다. 또한 지휘·감독권의 행사 방법으로는 일반적으로 명령에 의해 직무 운영의 기본사항을 시달하는 훈령(訓令)과 세부 사항과 법령해석 등에 관한 시달 방법으로 통달(通達)이 있다.

---

33) 14부현은 2부(大阪府, 京都府)와 정령지정시가 있는 12개현(미아기현(宮城縣), 치바현(千葉縣), 가나가와현(神奈川縣), 아이치현(愛知縣), 효고현(兵庫縣), 히로시마현(廣島縣), 후쿠오카현(福岡縣), 사이타마현(埼玉縣), 시즈오카현(靜岡縣), 오카야마현(岡山縣), 니이가타현(新潟縣), 쿠마모토현(熊本縣))을 말한다.

(2) 상호협력 및 원조요구

도도부현경찰은 본질적으로 지자체 경찰이다. 이들은 원칙적으로 상호·독립의 대등한 관계에 있으므로 상하·지휘의 명령 관계는 존재하지 않는다. 그러나 경찰 사무의 특성상 도도부현경찰은 서로 협력할 의무를 지며(경찰법 제59조), 경찰 사무와 관련성이 있는 소방(소방조직법 제42조), 해상보안청(해상보안청법 제5조 제19호), 자위대(자위대법 제85조, 제86조)와도 상호 협력하도록 관련법에 규정되어 있다(경찰법 제59조). 도도부현공안위원회는 경찰청 또는 도도부현경찰에 대해 경찰관의 파견 등을 요구할 수 있다(동법 제60조 제1항). 다만 이때 미리 경찰청에 연락하지 않으면 안 된다.

(3) 관할구역 외에서의 권한행사

도도부현경찰은 관할구역이 인접 또는 접근되어 있는 경우에는 상호 협의에 따라 사회경제적 일체성의 정도, 지리적 상황 등을 판단하여 필요가 있다고 인정될 때는 경계의 주변 구역에 있는 사안을 처리하기 위해 그 권한을 행사할 수가 있다. 특히 범죄의 진압 및 수사, 피의자의 체포, 기타 공안 유지에 관해 필요가 인정될 때는 그 관할구역 이외에서도 권한을 행사할 수 있다(동법 제61조). 이 경우 관련 도도부현경찰과 긴밀한 연락을 유지하지 않으면 안 된다.

(4) 광역조직범죄 등에 대처하기 위한 조치

장관은 광역조직범죄를 대처하기 위해 필요하다고 인정될 때는 관계 도도부현경찰 사이의 분담과 경찰 태세에 관해서 필요한 지시를 할 수 있으며, 인원의 파견, 관할구역 외에서의 권한을 행사할 수 있다(동법 제61조의3 제1항, 2항).

Ⅳ 경찰조직의 외연

1. 경찰서 협의회

경찰서협의회는 경찰법 제53조의2에 근거하여 전국의 모든 경찰서에 설치되어 합의체로 운영되는 경찰서장의 자문기구이다. 즉 경찰서장이 경찰서 업무에 대해 주민의 의견을 듣는 동시에 경찰업무의 이해와 협조를 구하기 위하여 2001년 6월에 설치되었다. 경찰은 지역의 범죄나 교통사고를 방지하는 등의 여러 가지 활동을 통해 지역주민의 의견이나 요청 사항 등을 충분히 파악해야 하며, 경찰 활동의 성과를 올리기 위해서도 지역주민의 이해와 협력을 얻는 것이 불가결하다.

경찰서협의회 위원은 도도부현 공안위원회가 경찰서의 관할구역 내의 주민 외에 지방공공단체나 학교의 직원 등, 지역의 안전에 관한 문제에 대해 의견·요청 사항 등을 표명하기에 적당한 사람으로 경찰서마다 5명~10명 내외의 위원을 위촉하고 있으며, 외국인이나 학생을 포함한 폭넓은 분야에서 위촉된 위원이 전국에서 활약하고 있다.

2. 코반(交番), 주재소

일본은 1871년(명치4년) 도쿄에서 3,000명의 나졸(羅卒, 현재의 경찰관)을 채용하여 톤쇼(屯所, 현재의 경찰서)를 중심으로 순찰 활동 등을 시작하였다. 그 후 도쿄 경시청이 설치된 1878년에는 나졸을 순사(한국의 순경에 해당)로 개칭함과 동시에 순사를 도쿄의 각 「코반쇼(交番所)」에 배치하였다. 다만 초기의 코반쇼에는, 현재의 코반과 같은 시설은 없고 순사가 활동하는 교차로 등의 특정한 장소만 지정되어 있을 뿐이었다. 순사는 교대로 톤쇼(屯所)에서 코반쇼로 이동하여 지정된 장소에서 활동(立番)을 하였다. 그 후 도쿄 경시청이 코반쇼에 시설을 설치하고 이곳을 거점으로 주변 지역의 순찰 활동을 하였으며, 코반쇼가 증감함에 따라 명칭도 파출소로 개칭되었다. 1889년에 전국에 파출소가 설치되고, 동시에 주재소도 설치되었다. 파출소와 주재소는 전자가 그 시설을 거점으로 교대제 근무하고, 후자는 그 시설에 거주하면서 근무한다는 차이가 있을 뿐, 경찰관에게 지역사회의 안전을 담당하게 한다는 점에서 코반과 주재소 중심의 경찰활동은 오늘날 일본 지역 경찰의 원형이라고 할 수 있다.[34]

코반이라는 명칭이 시민들 사이에 정착되고, 국제적으로도 통용하게 되자 파출소를 다시 코반으로 변경하고, 외국인들도 알기 쉽게 로마자로 표기된 KOBAN이라는 안내판을 설치하였다. 일본은 2024년 4월 기준으로 전국에 경찰서 1,149개소, 코반 6,215개소, 주재소 5,923개소가 설치되었고[35] 이 수는 전

---

34) http://www.npa.go.jp/hakusyo/h25/hakusho/h25/index.html

국의 시정촌의 약 51배에 해당한다.

제 3 절   경찰의 관리

I 인사관리

1. 인사제도

(1) 인사관리의 특징

경찰법에 따라 설치된 기관에 근무하는 직원을 경찰 직원이라고 하며, 경찰 직원의 인사는 세 가지 제도상 특징이 있다. 첫째 경찰관 신분이 「국가」와 「지방」의 이중구조로 되어 있고, 둘째 공무원조직 중 경찰과 자위대만이 조직의 통일성을 위해 계급 조직화되어 있으며, 셋째 경찰관 승임(승진)의 특수성이 있다는 점이다.

1) 경찰직원의 이중구조   경찰 직원[36]은 경찰직무에 종사하는 「국가공무원」과 「지방공무원」의 이중적 구조로 구성되어 있다. 즉 경찰청에 근무하는 경찰관과 도도부현에 근무하는 경시정 이상의 경찰관(지방경무관)은 국가공무원이고, 도도부현에 근무하는 경시정 이하의 경찰관은 지방공무원이다. 따라서 국가공무원인 국가경찰관은 국가공무원법과 경찰법이 적용되고, 지방공무원인 지방경찰관은 지방공무원법과 경찰법이 적용된다. 그러나 종래 경찰 내부에서 경찰 인사에 대해 경찰관의 직무가 지방적 성격과 함께 국가적 성격도 띠고 있

---

35) https://www.npa.go.jp/hakusyo/r06/index.html

36) 경찰직원의 정원(2011년)은 아래 표와 같다(國家公安委員會·警察廳,前揭書, 186頁 참조).

구분	경찰청				도도부현경찰					합계
	경찰관	황궁호위관	일반직원	계	경찰관			일반직원	계	
					지방경무관	지방경찰관	소계			
정원	2,037	900	4,795	7,732	628	255,363	255,991	28,388	284,379	292,111

어, 통일성을 확보해야 할 필요성이 제기되었다. 이에 따라 경찰청은 1984년 12월 10일 「도도부현경찰승임기준요강(都道府縣警察昇任基準要綱)」을 발표하여 기존의 각 도도부현경찰의 실정에 맞게 운영되어 오던 것을 전국적으로 승임 기준을 통일하였다.[37)]

　　2) 경찰조직의 계급구조　　　일본의 경찰조직은 경찰청장을 정점으로 피라미드형의 계급사회를 형성하고 있지만, 그 계급은 「일정한 직무를 수행할 능력과 책임을 표상하는 것」으로, 상하의 지휘·감독관계를 나타내는 직제와 다르다. 경찰조직을 계급 구조화하는 이유로, 첫째는 경찰은 다른 행정기관과 달리 국민에 대해 강제력을 행사하여 법을 집행하기 때문에 어떤 행정조직보다도 조직의 통일성 확보가 요구되고, 둘째는 특정의 직무를 충족하기 위해 계급을 미리 설정하면, 그 직무에 종사하는 사람의 대체가 쉽고 신속하게 이루어질 수 있기 때문이다. 또한 계급은 그 조직 내의 직원에 대한 평가를 나타내기 때문에 계급을 통한 영예를 부여할 수 있는 장점이 있기 때문이다.

　　경찰계급은　경시총감(警視總監) — 경시감(警視監) — 경시장(警視長) — 경시정(警視正) — 경시(警視) — 경부(警部) — 경부보(警部補) — 순사부장(巡査部長) — 순사(巡査)의 9계급으로 되어 있으며(경찰법 제62조), 경찰청 장관은 경찰관이지만 그 직무의 지위로부터 계급을 갖지 않는 최고위의 경찰관이다.

　　3) 경찰관 승진의 특수성　　　경찰관의 승진은 다른 공무원의 승진과 전혀 다르다. 다른 공무원의 승진은 직계제(계장 - 과장 - 부장)로 되어 있지만, 경찰조직은 계급조직과 직계제가 병존하고 있어 승진에서는 계급제에 따른다. 순사 — 순사부장 — 경부보 등의 순으로 하위 계급에서 상위계급으로 승진하게 된다.

2. 교육제도

(1) 경찰교육의 목적

경찰관에 대한 교육은 경찰교양규칙 제2조에 「경찰법 정신에 따라 민주 경찰의 본질과 경찰의 책무를 자각하고 직무에 관한 윤리에 따라 적정하게 직무를 수행할 능력을 습득할 것을 목적」으로 실시한다고 규정하고 있다. 역사적으로 보면 일본의 학교교양은 1880년 순사교습소 창설 이래 100년 이상의 전통을 가지고 있지만, 현재는 경찰학교에서 행해지는 「학교교양」과 경찰학교 이외

---

37) 日本辯護士聯合會, 前揭書, 250頁.

에서 행해지는 「일반교양」으로 구분할 수 있다.

(2) 경찰교양의 방법

경찰교양은 경찰대학교, 법과학연구소, 황궁경찰학교, 관구경찰학교, 경시청 경찰학교, 도도부현경찰학교외 기타 교육 훈련시설 및 직장에서 실시한다(경찰교양규칙 제4조 제1항). 또한 경찰교양은 채용 시, 승진 시, 기타 일정한 기간 직장을 떠나 있어 집중적으로 교양이 필요하다고 인정될 때 실시되며, 직장에서 교양은 직무를 수행하면서 일상적으로 행해진다는 점에서 다른 경찰교양과 구분된다(동 제4조 제2항). 중요한 교육 훈련은 다음과 같다.

1) **도도부현경찰학교**   새로 채용된 경찰관 가운데 경력이 없는 자는 도도부현경찰학교의 초임과에 입교하여 1년간의 초임교양을 받는다. 이 과정 종료 후 경찰서에 배치되어 파출소 등에서 3개월간 직장실습을 체험하고 다시 경찰학교에 입교하여 초임종합과에 입교하여 6개월간의 초임종합교양을 받는다. 이 과정은 채용 시 교양 최후의 과정이다. 경찰학교에서의 교육은 외근경찰관으로서 갖추어야 할 인간성 함양, 필요한 지식이나 기능의 습득을 위한 교육 훈련을 실시한다.

2) **관구경찰학교**   간부교양은 간부승진자에 대해 그 계급에 따라 교육 훈련을 실시한다. 순사부장의 승진시험에 합격한 자는 관구(도)경찰학교의 초임간부과에 입교하여, 6주간의 일반과정과 4주간의 전문과정의 초임간부에 필요한 교육 훈련을 받는다. 일반과정은 전원을 대상으로 하며, 전문과정은 형사·방범·교통·경비의 전문 분야별로 구분하여 교양을 실시한다.

또한 경부보승진시험에 합격한 자는 관구경찰학교 중급간부과에 입교하여 9주간의 일반과정과 약 30일간의 전문과정의 중견간부에 필요한 교육 훈련을 받는다.

3) **경찰대학교**   경찰대학교에서는 소속장 임용예정자, 경부승진자(승진예정자 포함), 과장보좌 승진자(승진예정자 포함), 국가공무원채용 I 종시험 합격자, 기타 간부경찰관에 대해 각 분야에 필요한 지식, 기능 등의 실무능력 및 지도·관리능력을 습득시키기 위하여 교양을 실시한다.

4) **법과학연수소**   전국 경찰의 감정기술직원(법의, 화학, 공학, 문서, 거짓말탐지기, 지문, 사진, 족적 등)에 대해 감정 업무를 적정히 수행하기에 필요한 감정기술법의 연수 및 연구를 행한다. 연수과정은 양성과, 현임과, 전공과, 연구

과38) 등으로 구분되어 있다.

　　5) 황궁경찰학교　　　황궁호위관으로 채용되면 황궁 순사로 임명되어 대졸자는 6개월, 고졸자는 10개월간 황거 내에 있는 황궁경찰학교에 입교하여 법학을 비롯한 경찰실무에 관한 교양이나 유도, 검도, 교련, 권총조법, 체육 등 황궁호위관으로서 필요한 연수를 받는다.

Ⅱ 경찰예산

1. 신·구경찰법에 의한 예산제도

　　구경찰법 부칙 제8조에 따르면 국가지방경찰과 시정촌경찰에 필요한 비용은 지방재정이 확립될 때까지 국고 및 도도부현이 부담한다고 규정되어 있다. 그러나 당시 국가의 재정 상황은 시정촌과 다를 바 없을 뿐만 아니라, 시정촌까지 일률적으로 경찰권을 이양한 것은 운영 측면에서도 많은 문제가 있어 주민투표에 의해 자치체경찰은 7년 만에 폐지되었다.39) 현행 경찰법에 따라 탄생된 도도부현경찰의 비용은 원칙적으로 도도부현이 지불하지만, 그 가운데 국가적 성격이 강한 사무에 대한 비용은 국고가 지불하게 되어 있다. 그 이외에 경찰직원의 급여비, 피복비 기타 직원의 채용에 동반하는 필요한 경비, 이외의 경비에 대해서는 국가가 그 일부를 보조한다.

2. 경찰예산의 전체와 경찰청예산의 관계

　　경찰의 예산은 국가의 예산에 계상되는 경찰청예산과 각 도도부현의 예산에 계상되는 도도부현경찰 예산으로 구성되는 「이중제(二重制)」가 되어 있다. 경찰청 예산은 경찰청이 스스로 사용하는 경찰청경비와 도도부현경찰에 지원하는 보조금으로 구성되어 있으며, 도도부현경찰의 예산은 경찰청으로부터 받는 국

---

　　38) 우선 양성과는 신규채용자를 대상으로 감정기술직원을 양성하기 위한 연수이며, 현임과는 실무경력에 대하여 자질 및 기술향상을 위한 연수이다. 또한 전공과는 신기술 습득을 위한 전공별 연수이고, 연구과는 고도의 특별테마를 장기간 연구하기 위한 연수를 말한다. 이에 대하여 자세한 것은 www.nrips.go.jp/nrips/jp/training 참조.
　　39) 中村一三, "警察豫算をみる," 篠原一 編, 前揭書, 237~238頁.

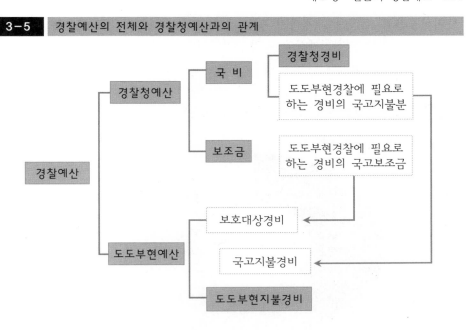

| 3-5 | 경찰예산의 전체와 경찰청예산과의 관계 |

고보조금과 스스로 사용하는 도도부현이 지불하는 경비로 구성되어 있다. 이것을 도표로 나타내면 [도표 3-5]와 같다.

3. 경찰청 예산[40]

경찰청 예산에는 경찰청, 관구경찰국 등의 국가기관에 필요한 경비뿐만 아니라 패트롤카, 헬리콥터의 구입비, 경찰학교의 증개축비, 특정 중요범죄의 수사에 필요한 활동 경비 등 국고가 지불해야 할 도도부현경찰에 필요한 경비나 보조금이 포함되어 있다.

(1) 2023년도 경찰청예산

2023년도의 경찰청 당초 예산은 총액 2,691억 9,400만엔(전년대비 123억4,000엔, 4.8%증가)으로 국가의 기초적 재정수지경비 총액의 0.3%를 점하고 있다. 당초 예산으로는 「테러대책과 대규모 재해 등 긴급사태에 대처하기 위한 경비」,

---

40) 경찰예산에 관한 사항은, 國家公安委員會·警察廳, 『警察白書』, (2024), 208頁.

「사이버공간의 위협에 대처하기 위한 경비」 등이 중점적으로 예산에 반영되었으며, 국민 1인당 경찰청예산액은 약 3만엔이다. 2023년도 경찰청 예산의 내역은 다음 [도표 3-6]과 같다.

3-6 일본 경찰청예산(2023년 최종보정후예산)

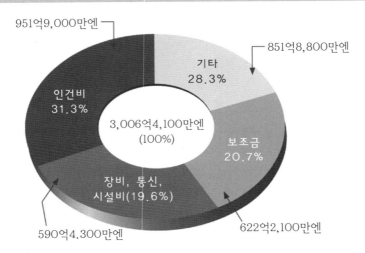

(2) 2023년도 경찰청보정예산

2023년도 경찰청 보정예산은 「방재, 감재(減災), 국토강인화(國土强靭化)를 향한 경찰의 대처능력 강화, 국민 생활의 안전·안심을 위한 각종 대처 추진에 필요경비 등의 조치」로 305억 2,700만엔 등이 위의 예산에 반영되었다.

4. 도도부현경찰예산

도도부현경찰예산은 각 도도부현이 각각 재정 사정이나 범죄정세 등을 감안하여 편성하고 있다. 2023년도 도도부현경찰예산의 규모는 총액 약 3조4,308억 2,700만엔(전년대비 313억5,600만엔, 0.9%증가)으로 모든 도도부현 일반예산총액의 5.6%를 차지하고 있다. 보정예산에 따른 최종 보정 후의 2023년도 도도부현경찰예산의 내역은 [도표 3-7]과 같다.

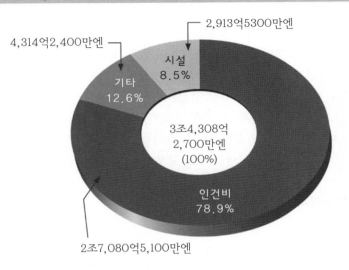

2,913억5300만엔

4,314억2,400만엔

시설 8.5%

기타 12.6%

3조4,308억 2,700만엔 (100%)

인건비 78.9%

2조7,080억5,100만엔

제 4 절 경찰의 통제

Ⅰ 경찰 통제의 의의와 중요성

1. 경찰통제의 의의

경찰은 시민 생활의 안전에 있어서 불가결한 존재이다. 따라서 경찰의 부패와 불완전한 기능은 시민 생활의 중대한 위협이 된다. 또한 성질상 경찰권은 시민적 자유를 침해하기 쉽기 때문에 시민의 관점에서 경찰에 대한 적절한 통제가 필요한 이유가 여기에 있다. 그뿐만 아니라 경찰의 비위행위나 징계처분에 대해서는 정보가 공개되지 않기 때문에 그 전모도 파악하기가 매우 어렵다. 그리고 경찰은 주민의 프라이버시 등을 포함한 다양하고 방대한 양의 정보도 가지고 있고, 도로교통법 등 수많은 법령을 통해 그 담당하는 업무나 권한도 다양하고 광범위하여 경찰의 직무에 관한 비위행위의 영향은 매우 심각하다고 하지 않을 수 없다.

형사경찰 측면에서 보면, 경찰은 별건체포, 자백강요 등의 위법한 수사 활동을 종종 묵인하는 경향이 있어 왔다. 이것은 피의자·피고인의 인권침해뿐만 아니라 형사사법제도의 근간에 관련된 것으로 매우 중대한 문제이다. 따라서 경찰 통제는 피의자의 인권이나 진실 추구라는 형사사법제도 및 시민의 권리 옹호의 관점으로부터도 매우 중요한 의의가 있다. 여기서는 경찰 비위행위에 대한 조치로 어떠한 것이 있으며 또 이것이 충분한가를 검토하기 위하여 경찰의 내부적 조치와 외부적 통제 방법으로 구분하여 검토한다.

2. 경찰통제의 대상행위

(1) 권한확대

행정조직의 일반적 현상 중 하나인 권한 확대 경향은 경찰조직에서도 예외가 아니다. 그러나 범죄 수사라고 하는 강력한 권한을 가진 경찰이 그 권한을 확대·집중하는 것은 시민의 자유와 인권에 대한 위협인 동시에 부패하기도 쉽다. 즉 행정기관의 오직(汚職) 등은 경찰 등이 수사 권한을 가지고 있어 그 의미에서 행정기관에 대한 감시는 가능하지만, 경찰 자신의 오직 등에는 그 기능을 충분히 하고 있다고 할 수 없다. 따라서 경찰의 권한 확대는 국가의 이념과도 관련된 부분으로서 신중히 검토하지 않으면 안 된다.

(2) 경찰조직체의 행동 및 경찰조직체가 인정하는 행위

경비경찰의 정보수집 활동처럼 경찰조직이 결정하고 시행하는 행동이 있다. 즉 도로교통법상의 대중시위행진·도로상의 선전 활동 등에 대한 규제, 풍속영업법상의 영업 허가 등은 공안위원회가 실시하지만, 실질적으로는 경찰이 하고 있다고 할 수 있다. 특히 직무질문, 체포, 피의자신문, 압수·수색 등과 같은 형사경찰 분야에서의 경찰은 그 적법성의 범위를 확대하려는 경향을 보여 왔다. 예컨대 직무질문에서의 소지품 검사, 별건체포, 자백강요에 의한 신문 등에 있어서 수사관 또는 경찰관이 탈법적인 행위를 한 때에도 그것이 수사를 위해 행하여진 이상, 경찰은 자주적으로 이것을 억제·저지하지 않으려고 하는 것은 아닌지 하는 의문이 든다.

(3) 비위행위[41]

최근 문제가 된 경찰의 비위행위로는 직무를 이용한 뇌물수수, 유치담당자의 피수용자에 대한 성폭력 사건 등 다양한 범죄들이 보고되고 있다.[42] 그리고 직무 외의 비위행위로는 비번인 경찰관에 의한 금품 강도나 소매치기, 음주운전, 아동 매춘 등의 사건도 발생하고 있다.

경찰은 이와 같은 경찰의 불상사에 대해 2000년에 경찰쇄신회의를 발족시켜 국가공안위원회에 「경찰쇄신에 관한 긴급제언」을 하고, 같은 해 8월 「경찰개혁강요」를 만들어 당면한 문제에 대해 개혁을 시작하였다. 그 주요한 시책으로는 경찰관 징계 등을 포함한 행정문서의 정보공개, 직무처리 중 발생한 경찰직원의 적정한 고충처리, 경찰에 대한 엄격한 감찰 시행, 공안위원회 관리기능의 충실과 활성화, 경찰업무에 민의를 반영하기 위한 경찰서협의회 설치 등이 있다.

Ⅱ 내부적 통제

1. 위법수사의 억제

(1) 자주적인 위법수사의 억제

일본 경찰은 위법 수사에 대한 내부적 통제를 위해 1957년에 국가공안위원회규칙 제2호에 따른 「범죄수사규범」을 제정하였다. 즉 임의의 가택수색 금지, 여성에 대한 임의적 신체검사 금지, 긴급체포장과 압수·수색영장의 청구는 원칙적으로 지정한 사법경찰원이 하게 하는 등의 내부 규제를 실행하고 있다. 이 외에도 영장 청구검토표에 의한 체크, 과학수사의 추진, 적정수사에 대한 지도교양의 충실, 감찰관제도 등을 두고 있으나, 이와 같은 내용이 구체적으로 규정되어 있지 않아 그 통제에 관한 효과에 대해서는 의문이 제기되고 있다.

---

41) 비위행위의 원인은 경찰이 권한을 확대하여 시민 생활과 접점이 증가하여 오직부패(汚職腐敗)에 연결되었다고 하는 지적이 있다(渡辺治, 1994년 5월 13일, 오사카변호사회 강연).

42) 朝日新聞, 2024년 10월 25일.

(2) 경찰방침에 의한 위법수사 억지책

경찰청은 형사경찰을 강화하는 관점에서 수차례에 걸친 「형사경찰강화대책강요」를 발표하였다. 1963년 5월 23일의 형사국장 통달에 의한 「형사경찰강화대책강요」에 따르면, 위법수사의 억제대책은 포함되어 있지 않았지만, 특별수사연수소의 개설과 형사 경찰관의 대량 증원을 실현하였다. 이어 1970년 10월 24일의 차장 통달인 「형사경찰강화쇄신대책강요」는 피의자의 인권을 배려한 수사의 적정화에 중점을 두고, 수사의 전문화 및 고도화를 추진하였다. 그러나 1980년 10월 24일 「형사경찰강화종합대책강요」에서는 장기간 검거 실적의 저조와 베테랑 수사관의 대량퇴직으로 인해 수사의 적정화는 그 실질적인 효과를 거두지 못하였으나, 우수한 수사관의 육성 방안에 중점을 두었다는 점에서 평가되고 있다. 또한 1986년 10월의 「형사경찰충실강화대책강요」는 사이타가와(財田川)사건 등, 일련의 무죄 사건이 연속되는 가운데 제정되어 자백강요에 대한 반성보다는 오히려 증거수집, 수사자료의 증거화, 증거의 음미 등 「치밀한 수사의 추진 체제」에 그 비중을 두고 있다. 이와 같은 노력에도 불구하고 국가공안위원회와 경찰청은 1999년과 2000년에도 경찰에 의한 불상사가 계속되어 국민의 신뢰가 실추되자 앞에서 서술한 경찰혁신회의를 발족시켜, 감찰제도를 강화하는 등 「경찰개혁강요」를 발표하여 개혁을 이어가고 있다.

(3) 감찰 기능의 강화

경찰의 불상사는 경찰 내부의 자정능력을 높이는 것이 무엇보다도 먼저 해결해야 할 문제이다. 종래 감찰관실 또는 감찰제도의 문제는 경찰조직이 그 특성상 내부 결속력이 강한 자기 완결형으로 되어 있을 뿐 아니라, 감찰실에 대한 최종적 지휘권이 현경찰본부장 1인에게 있어 그 실효성을 기대하기가 어렵다는 점에 있다. 또한 경찰법에 규정된 업무감찰은, 각 현경찰에 대한 일반적 또는 전반적인 업무 운영·관리에 관한 것으로, 구체적 사건의 수사에 대해서는 적절한 규정이 될 수 없다(동법 제5조 제2항 17호).[43] 따라서 경찰의 비위행위를 방지하기 위해서는 경찰본부와 경찰청의 이중 감시 체제의 강화와 도도부현경찰의 수석 감찰관을 국가공안위원회의 위원으로 임명하는 등, 인사 측면에서의 감찰체제를 강화함과 동시에 감찰 규칙에 따른 엄정한 감찰을 시행하지 않으면 안 된다.[44]

---

43) 高井康行, "刑事司法システムと警察不祥事," 篠原一 編, 前揭書, 206頁.

Ⅲ 외부적 통제

1. 일반적 통제

(1) 국회 및 지방의회

경찰의 예산과 결산에 대한 집행의 적정성 여부는 현행법상 회계검사원이 그 역할을 담당하고 있지만, 그 본래의 기능을 충실히 하기 위해서는 미국의 GOA시스템과 같은 체제(인원의 확충, 독립한 사무국, 세무사, 변호사 등 전문적 지식을 갖춘 자의 참여)를 갖추지 않으면 안 된다. 또한 재무적 측면에서도 경찰을 통제하기 위해서는 현재의 국가(경찰청)와 자치체(경시청 및 도도부현경찰)로 이원화된 경찰조직을 하나의 경찰 활동으로서 그 실체를 파악할 필요가 있고, 이것을 위해서는 경찰비에서 지불(支弁)하는 도도부현경찰비 보조의 정보를 연결예산서와 연결결산서를 통해 개시(開示)할 필요가 있다.

(2) 공안위원회의 개선

현재의 공안위원회제도는 그 본래 설립 취지인 「경찰 활동에 대한 시민의 인권침해의 방지」라는 관점에서, 운용을 개선하고 제도를 개혁할 필요가 있다. 우선 공안위원회는 시민의 대표자로서 경찰권의 과도한 행사를 점검하는 한편 적정한 경찰권 행사와 민주화를 실현하도록 그 활동을 충분히 제도적으로 보장하지 않으면 안 된다. 현행법하에서 운용상 개선책으로 다음과 같은 것들이 지적되고 있다.

1) **공안위원회위원 선임의 민주화**　경찰조직을 일반 대신이나, 지사의 직접 관리하에 두지 않고, 국가 또는 도도부현공안위원회의 관리하에 두는 이유는 정치와 경찰행정의 조화 내지는 정치적 중립성을 확보하기 위한 시스템[45]이라고 볼 수 있다. 따라서 현재와 같은 명예직적인 인선[46]을 중지하고, 공안위

---

44) http://www.npsc.go.jp/sasshin/suggestion/02.html

45) 阿部, 前揭書, 46頁.

46) 國家公安委員會·警察廳, 前揭書, 73頁에 따르면, 도도부현공안위원회 위원의 직업별 및 성별 구성비(2024년12월31일 기준)를 살펴보면, 경제(49%), 교육(19%), 의료(11%), 법조(10%), 기타(11%)이며, 성별로는 남성(78%), 여성(22%)이다.

원의 공선제 등을 도입하여, 경찰 활동을 시민의 인권옹호 관점에서 점검할 수 있는 인권 감각을 갖춘 위원이 선임될 수 있도록 개선하지 않으면 안 된다.

　2) 공안위원회의 권한행사 활성화　　　종래 공안위원회의 권한 행사는 사실상 경찰본부 등이 행하고 있으며 그 심의 실태 또한 경찰본부가 작성한 원안을 그대로 승인하는 등 형식화되어 있다. 그러나 2006년 이후 국가 및 도도부현공안위원회는 각각 경찰청, 경시청 및 도도부현경찰본부로부터 연 1회 이상 경찰개혁추진상황 등을 청취하고 그 내용을 검증하거나 제언하는 등 공안위원회의 관리기능을 강화하고 있다. 특히 공안위원회를 활성화하기 위해 2000년 12월에 「공안위원회규칙」 등을 개정하여, 「관리」의 개념을 명확히 하여 공안위원회가 독자적이고 적정한 권한 행사를 할 수 있게 되어 경찰 활동의 실질적 통제가 가능하게 되었다. 또한 현행 경찰법은 도도부현공안위원회가 국가공안위원회에 대해 경시총감이나 도도부현경찰본부장의 징계 또는 파면에 필요한 권고를 할 수 있지만(경찰법 제49조 제2항, 제50조 제2항), 이것과 함께 감찰위원회의 수석감찰관을 22인으로 확대하여 공안위원회의 감찰 점검 기능도 강화하고 있다.

2. 수사에 대한 즉시 통제

(1) 법　원

　체포 및 압수·수색영장의 청구에 대한 각하율이 매우 낮아 법원의 영장에 의한 수사 통제는 그 실효성을 기대하기 어렵다.[47] 따라서 법원은 영장청구 시에 범죄의 혐의가 충분하고, 구속의 요건(형사소송법 제60조, 제207조)과 영장 발부의 필요성이 있는지를 신중하게 검토하여 「영장주의를 활성화」하지 않으면 안 된다. 특히 압수·수색영장의 경우에는 그 대상의 특정성이 매우 불충분하다는 지적이 제기되고 있다.

(2) 검　찰

　수사과정의 위법성 때문에 검사가 스스로 기소를 단념한 사건은 아직 없

---

[47] 피의자의 신병사건에 대한 검사의 구류영장 청구률은 91.8%이으나, 법원이 구류청구를 각하한 사건의 비율은 2019년 4.9%에 불과하였다. 그러나 2003년에 각하 비율이 0.1%이었던 이래 계속 상승하고 있다. <http://hakusyo1.moj.go.jp/jp/66/nfm/n66_2_3_1_2_3.html 참조>

지만, 변호사가 수사의 위법성을 지적한 결과 검사가 장래 공소유지의 관점으로부터 기소를 단념한 경우는 몇 개의 사건에서 보고되고 있다. 따라서 경찰의 위법한 신문 등에 대한 검사의 억지력은 거의 기대할 수 없다고 할 수 있다.

(3) 변호사

수사단계에서 대립 당사자인 변호인은 피의자를 위해 변호를 충실히 해야 한다. 즉 경찰관에 의한 인권침해 사실이 변호사회에 신청된 때에는 변호사회 소속의 인권옹호위원회에서 조사하여 그 사실이 인정되면 변호사회장명으로 경찰서 등에 경고서·권고서 등을 발송할 수 있다. 또한 이 침해 사실이 악질적이어서 직권남용죄에 해당하는 경우에는 변호사회가 스스로 고발하거나, 그 사실을 기소하지 않을 경우에는 부심판청구(付審判請求)[48]할 수 있다. 또한 2004년 형사소송법의 일부개정에 따라 피의자에게 일정한 조건하에서 국선변호인을 선임할 수 있도록 하였다.[49] 이외에도 준항고제도 및 구류장소를 구치소로 변경할 수 있도록 신청하는 것도 통제의 한 수단이 될 수 있으며, 나아가 수사기관의 위법한 직무 활동을 발견한 경우, 공판을 대비하여 이를 증거화하여 통제를 할 수 있을 것이다.

(4) 주 민

주민은 직접 청구권을 행사하여 도도부현(방면)공안위원회 위원의 해직을 청구할 수 있다. 즉 지방공공단체의 임원(役員)과 같이 유권자의 1/3 이상의 서명으로, 위원의 2/3 이상의 출석과 그 3/4 이상이 동의하면 해직할 수 있다. 다만 이것은 경찰관의 위법수사에 대한 간접적인 통제 대상이 될 수 있을지는 모르지만, 그 실효성은 의문이다.

---

48) 白取祐司, 『刑事訴訟法[第5版]』(日本評論社, 2007), 207頁; 福井 厚, 『刑事訴訟法學入門』 (成文堂, 1999), 189頁.

49) 일본 형사소송법 제37조의2 제1항 "사형, 무기 또는 장기 3년을 초과하는 징역이나 금고에 해당하는 사건에서, 피의자에 대해 구류장이 발부된 경우 피의자가 빈곤 그 밖의 사유에 의해 변호인을 선임하는 것이 불가능할 때는 재판관은 그 청구에 의해 피의자를 위한 변호인을 선임하여야 한다. 다만 피의자 이외의 자가 선임한 변호인이 있거나 피의자가 석방된 때에는 그러하지 아니하다."

3. 위법수사에 대한 사후적 대응

(1) 위법수사의 억제 문제

공판단계에서 위법수사의 문제는, 우선 진술증거의 임의성·신빙성의 문제와 비진술증거에 대한 위법수집증거를 이유로 증거배제를 할 수 있는지의 형태로 논의되어 왔다. 그러나 법원이 위법수사를 이유로 증거를 배제하는 것은 매우 소극적이다. 특히 비진술증거의 증거배제에 대해서는 그 규정이 명확하지 않기 때문에 수사가 허용되는 범위도 명확하지 않을 뿐만 아니라, 또 위법수사를 이유로 증거가 배제되었다 하더라도 수사를 담당한 경찰관에 대해 책임을 추궁하지 않아 위법수사가 근절되지 않고 있다. 즉 법원은 위법한 수사절차의 억제보다는「적극적 진실 추구」를 우선하고 있다고 볼 수 있다. 그러나 경찰이 수사과정에서 적법절차를 지키지 않은 1966년 미국의 미란다사건처럼 불법적으로 얻어낸 자백과 증거를 연방법원이 무효로 한 판결은 일본의 수사절차에 대해서도 많은 문제점을 시사하고 있다.

또한 현행 형법에 따르면 경찰관이 수사자료 등을 악용하여 범죄를 범하였을 때, 그 신분이 경찰관이라서 특별히 가중되는 범죄로는「특별공무원직권남용죄(형법 제194조)」,「특별공무원폭행·가혹행위죄(동법 제195조)」,「특별공무원직권남용등치사상죄(동법 제196조)」등으로 이것 이외에는 일반인과 같이 취급되거나, 실제로는 오히려 경찰관이라는 사정이 고려되어 일반인보다 그다지 무겁게 처벌되지 않아 경찰관에 의한 유사 사건이 끊이지 않는다.

(2) 부심판청구(준기소절차) 및 검찰심사회제도에 의한 억제

부심판청구(付審判請求)는 경찰관 등 공무원에 의한 각종의 직권남용죄에 대하여 고소 또는 고발한 자가 검사의 불기소처분에 불복한 때에는 사건을 법원의 심판에 부하도록 관할 지방법원에 청구하는 제도로 준기소절차(準起訴節次)라고도 한다. 이 제도는 검찰심사회제도와 함께 검사의 기소독점주의에 대한 예외 중 하나이다. 그러나 부심청구제도가 도입된 1949년 이래 매년 300~400건이 청구되었으나, 부심판이 확정된 것(2024년 12월 기준)은 총 22건으로 그 가운데 유죄 8건, 무죄 13건, 면소 1건50)에 불과하여 위법수사에 대한 억제책으

---

50) https://ja.wikipedia.org/wiki.

로서 그 실효성에 대해 의문이 있다.[51]

「검찰심사회제도(檢察審查會制度, 우리나라의 검찰수사위원회에 해당)」는 공소권 행사에 민의를 반영(중위원의 선거권자 중에 선정된 11명의 검찰심사원으로 구성)하여 그 적정을 도모하기 위한 목적으로 1949년에 도입된 제도이다. 검사의 불기소처분에 대해 불복한 피해자·고소인 등이 그 당부(當否)를 검찰심사회에 심사의 신청을 인정하고 있다. 검찰심사회는 2023년 12월 31까지 총 18만 7,063건을 심사하여, 그 가운데 기소(1.4%), 불기소부당(8.8%), 불기소상당(60.1%), 그외(29.7%)로 처리하였으나,[52] 기소 의결에 대해 법적 구속력을 인정한 것은 비교적 최근인 2009년 5월 형사소송법의 일부개정에 의해서였다.[53] 따라서 검찰심사회법이 개정되기 전까지는 그 의결에 구속력이 없어 위법수사에 관한 억제책으로 그 효과 역시 기대하기 힘들다.[54]

제 5 절 형사절차와 수사권제도의 변천[55]

I 형사절차의 변천

1. 명치헌법 하의 형사절차

(1) 개혁된 형사절차 — 치죄법(1880년)

명치유신은 종래의 정치기구는 물론 모든 제도를 일신하기 위해 출발하였지만, 형사절차 측면에서 보면 「왕정복고」라는 슬로건에 어울리게 율령제도의 부활로 시작되었다.[56] 다만 이 시기의 율령[57]들은 고문을 인정하였지만, 근대적

---

51) 法務省, 『犯罪白書-非行少年生と育環境-』, (2023), 290頁.

52) https://www.courts.go.jp/vc-files/courts/2020/R1kensintoukei.pdf

53) 池田修, 前田雅英, 『刑事訴訟法講義[第4版]』(東京大學出版會, 2012), 219頁.

54) 福井, 前揭書, 188頁.

55) 제5절은 졸고 「일본의 수사구조 및 사법경찰제도」(치안연구소, 1996), 7~17면을 수정, 가필한 것이다.

56) 高田卓爾, 『刑事訴訟法(二訂版)』(靑林書院, 1990), 14頁.

57) 옥정규칙(獄庭規則, 1870년 제정), 사법직무정제(司法職務定制, 1872년 제정), 단옥

형사절차를 탈피하려고 시도한 점에서 점차 이 율령들이 형사절차의 중심이 되어 갔다.

그 후 검사직제장정사법경찰규칙(檢事職制章程司法警察規則, 1874년 제정) 등[58]에 따라 형사절차가 정비되었다. 1871년(명치4년)에 사법성이 설치되어 재판 사무는 원칙적으로 사법권 독립의 초석이 되었고, 1875년에는 법원제도의 대개혁이 일어나 대심원이 창설되는 등 각 부현에 법원이 설치되었다. 또한 1877년에는 사법성직제장정병검사직제장정(司法省職制章程竝檢事職制章程)이 개정되어, 종래 인정돼 오던 태정관(太政官)에 의한 재판은 폐지되고, 사법권 독립의 취지는 더욱 강화되었다. 다만 1872년에는 사법직무제정(司法職務制定)에 따라 검사제가 인정되었으나, 그 임무는 판사의 심판을 감시하고 사법경찰관을 장악하기 위한 것으로 기소를 독점하는 국가기관의 지위는 부여되지 않았다.[59] 따라서 검사의 기소에 의하지 않고도 법원이 직권으로 재판을 개시하는 규문주의적 절차가 행하여졌다. 그 후 1878년 사법성달(司法省達)에 따라 국가소추주의에 의한 탄핵주의가 확립되었다.

형사절차의 근대화 작업이 본격화된 것은 1877년 치죄법취조괘(治罪法取調掛)가 설치된 이후이다. 이것은 프랑스 본 대학교수인 보아소나드Boissonade가 작성한 초안에, 사법성, 태정관, 원로원 등이 수정을 가한 치죄법(1880년)의 제정에 의한 것이었다. 이 법률은 규문주의적 예심절차를 중심으로 한 프랑스치죄법(1808년)을 모델로 하여, 탄핵주의적 공판절차를 가미한 것으로 반탄핵·반규문주의적인 절충구조를 취하고 있다. 이것에 따르면 공소는 검찰관이 행사하는 것으로 국가소추주의와 기소독점주의가 명시되었으나, 프랑스와 달리 배심제는 채용하지 않았다. 또한 경찰서장은 위경죄즉결례(違警罪卽決例, 1885년 제정)에 따라 제1차적 재판권이 부여되어, 위경죄에 대해서는 30일 미만의 구류를 포함한 과형권(科刑權)을 가지게 되었다.[60]

(2) 수사의 사법화 ─ 구구형사소송법(1890년)

치죄법은 일본의 형사절차를 근대화하는 일대 변혁을 가져왔지만, 그 실시

칙례(斷獄則例), 개정율례(改定律例, 1873년 제정)

58) 사법성검사직제장정(司法省檢事職制章程), 규문판사직무가규칙(糾問判事職務假規則, 1875년제정), 개정사법성직제장정병검사직제장정(改正司法省職制章程竝檢事職制章程, 1877년 제정)

59) 三井 誠, "公訴提起の原則," 『法學敎室』(有斐閣, 1993.11), 95頁 이하 참조.

60) 小田中聰樹, "明治憲法下の刑事手續," 『法學敎室』(有斐閣, 1990.10), 12頁.

직후부터 개정이 논의되었다. 1889년에 일본국헌법이 제정되고 이에 따라 재판
소구성법의 제정과 치죄법도 전면적 개정이 이루어졌다. 이것을 「명치형사소송
법(明治刑事訴訟法)」이라고 하며, 치죄법처럼 규문주의적 예심절차를 중심으로
한 절충적 구조를 취하고 있다. 따라서 강제처분 권한이 원칙적으로 예심판사
에 집중되어, 수사기관은 현행범에 한하여 예외적으로 강제처분권이 인정되는
「수사의 사법화」[61] 경향이 현저하였다. 그러나 이로 인한 검찰 내부의 불만이
팽배하여 위경죄즉결례에 의한 구류나 행정집행법에 따른 행정검속은 물론 임
의처분이라는 명목하에 신체를 강제적으로 구속하는 탈법수사가 일상적으로 행
해졌다. 이러한 인권유린의 수사 실무에 대해 변호사 등, 일반 국민으로부터도
강한 비판이 제기되었음에도 검찰은 강제처분 권한을 획득하기 위한 입법을 요
구하였다. 결국 이것이 결정적 계기가 되어 명치형사소송법에 대한 전면 개정
의 기폭제가 되었다. 이러한 이면에는 명치형사소송법이 프랑스 형사소송법의
영향으로부터 독일 형사소송법의 영향으로 이전하는 과정에 제정되어, 이들 법
률처럼 기소법정주의가 명문화되어 기소유예의 재량권이 인정되지 않았기 때문
이다. 또한 검찰은 1885년경부터 미죄(微罪)불검거의 방침을 정하고, 이것을 마
치 기소편의주의처럼 활용하여 결국 대정형사소송법(大正刑事訴訟法)에 기소편의
주의가 명문화되었다.

(3) 규문주의적 검찰관사법[62] — 구형사소송법(1922년)

대정형사소송법은 프랑스보다는 독일의 영향을 받아 제정되었다. 즉 1877년
독일 형사소송법 및 1920년의 그 초안을 주로 참고하여 형식적 탄핵주의를 취
하였지만, 당시 일본에 불어닥친 자유주의·민주주의 사상의 영향 아래 종래의
형사소송법보다는 자유주의 색채가 농후하였다. 이러한 사상에 의해 명치형사
소송법이 가진 규문주의적 성격의 완화와 그 극복을 시도하였으며, 동시에 인
권보장 기능도 강화되었다. 이러한 제도로는 예심변호제도의 도입, 미결구류기
간의 제한과 그 요건의 엄격화, 피의자·피고인의 묵비권보장, 검찰이 작성한

---

61) 平野龍一, "搜査の構造," 『法學敎室<第2期>』(有斐閣, 1973.6), 84頁.
62) 小田中聰樹, 『刑事訴訟法の史的構造』(有斐閣, 1986), 197頁; "現行刑事訴訟法の制定意
義," 『刑事訴訟法の爭點(新版)』(有斐閣, 1992), 21頁에서 小田中교수는 일본의 현행 형사소송
법은 「규문주의적 검찰관사법」의 극복이 역사적 변혁 과제였으나, 이것을 철저히 하지 못하
였을 뿐만 아니라 이것을 오히려 치안 정책으로 이용·확대하여 「규문주의적 검찰사법」을
재편·강화했다고 주장하고 있다.

조서의 원칙적 증거배제 등을 들 수 있다.

그러나 수사를 지휘하는 검찰관은 본래 현행범과 긴급사건에 한하여 강제권한을 행사할 수 있었지만, 실제로는 필요한 경우에 언제든지 재판상 강제처분권을 행사하였다. 여기에 검찰은 상대방의 형식적 승낙에 의한 사실상 강제처분 행위도 자행하였다. 이와 같은 강력한 수사 권한을 사실상 장악하고 있던 검사에게 대정형사소송법은 「절대적 기소편의주의」를 명문화하여, 공소권의 독점과 기소유예의 처분권한까지도 부여하였다. 더구나 예심배제의 원칙도 적용되지 않아 공소제기와 동시에 모든 수사 기록과 증거물을 법원에 제출하고, 법원은 이것들을 사전에 검토하여 공판심리에 임하여 공판절차는 검사의 수사를 추인하는 성격을 가지게 되었다. 그 결과 형사절차는 예심판사를 대신한 검사가 수사 및 공판절차에 이르기까지 모든 형사절차를 지배한다고 하여, 이를 「규문주의적 검찰관 사법」으로 성격을 규정하였다. 나아가 이러한 규문적이고 인권 억압적 성격을 가진 소송법은, 국민의 정치적·사회적 자유를 억압하고 나아가 전쟁 협력을 위한 거국일치체제를 만들기 위한 치안단속(治安取締)의 정책적 측면에서 강력한 무기가 되었다. 더구나 전시체제의 강화책으로 국방보안법(1941년), 치안유지법개정(1941년), 전시형사특별법제정(1942년) 등의 특별 입법에 따라 이러한 성격은 더욱 강화되었다. 결국 명치 헌법 하의 형사절차의 특징을 「규문주의적 검찰관 사법」이라고 규정하는 것처럼, 그 절차의 중심은 수사절차 및 예심절차이며, 탄핵주의적 구조를 취하고 있던 공판절차는 수사 결과를 추인하는 의식으로 전락하여 형사절차의 중심에는 수사의 주재자이며 기소권을 독점하고 있던 검찰 관료가 지배하게 되었다.

2. 일본국헌법 하의 형사절차

제2차 대전 후 점령군은 일본의 중요한 민주화 정책의 하나로, 전쟁 전 재야 법조계로부터 개혁의 대상이 되어 왔던 「규문주의적 검찰관 사법」을 폐지하기 위하여 대정형사소송법의 개정 작업에 착수하였다.[63] 그러나 정치적 지배층인 검찰세력은 그 세력을 온존할 목적으로 개혁에 저항하였을 뿐만 아니라, 오히려 세력을 강화하기 위해 개혁에 대한 역행마저 시도하였다. 그리하여 현행 소송법은 개혁추진 세력과 개혁저지 세력과의 대립·항쟁에 의한 타협의 소산

---

63) 小田中, 前揭論文, 19頁.

물이라 할 수 있다.

(1) 규문주의적 검찰관사법의 극복(1947~1950년대)

미점령군사령부는 패전 후 일본의 민주화를 위하여 대정형사소송법에 대한 개정 작업을 강력하게 추진하였다. 그 결과 대정형사소송법은 마그나카르타 이래 영국법의 영향을 받아 발전시켜 온 미국 법제에 따라 상세하고도 구체적인 형사절차상의 인권보장 규정을 두었다. 그리하여 새롭게 제정된 형사소송법의 전체적 특색은 헌법화·영미법화 등을 지적할 수 있다.[64] 이러한 형사소송법은 「일본국헌법의 시행에 관한 형사소송법의 응급조치적 법률」을 거쳐 1948년 7월에 공포되었으며, 이에 따라 구경찰법(1957년)도 제정되었다. 구경찰법은 경찰 작용을 「행정경찰」과 「사법경찰」로 분류하고, 범죄 수사를 경찰 사무로 하는 사법경찰을 각 법원에 부속하는 검사국에 두고, 전전의 검사 사무로 규정하였던 법제와 달리 경찰의 고유사무로 범죄 수사를 규정하였다(구경찰법 제1조).

일본국헌법의 제정에 따라 주변 법제의 정비가 이루어졌지만, 신형사소송법이 정착된 것은 50년대 말에 이르러서였다. 이것은 패전 후 사회적 혼란이 계속되자, 치안유지의 필요성으로부터 수사는 여전히 피의자 신문 시에 수인의무(受忍義務)를 인정하는 등, 신형사소송의 이념과 달리 그 본질을 진실발견에 두고 자백 획득을 중심으로 한 구태의연한 운용이 계속되었기 때문이다.[65] 그리하여 50년대 중반부터 후반까지는 수사기관 내부에서조차도 자백 편중 수사에 대한 반성이 제기되었다. 이처럼 규문적 체질을 탈피하지 못한 형사소송의 운용과 실무에 대해, 당시 도쿄대학교의 히라노(平野)교수는 형사소송의 형태와 구조는 사회적 조건에 따라 다르게 해석하여야 한다고 비판하며 탄핵적 수사관을 주장하였다.[66]

(2) 공판중심주의의 형해화(1960~1970년대)

신형사소송법의 시행에 따라 예심제도는 폐지되고 수사기관의 권한이 강화되는 한편 구법 이래 자백 중심의 수사 관행은 신법 시행 이후에도 여전히 계

---

64) 강제처분에 대한 영장주의, 구류이유개시제도 등 인권보장의 취지가 철저히 보장되었으며, 기소독점주의에 대한 억제 조치로 준기소절차, 검찰심사위원회제도(1948년)가 설치되었다.
65) 村井敏邦, 『現代刑事訴訟法』(三省堂, 1991), 27頁이하.
66) 平野龍一, 『刑事訴訟法』(有斐閣, 1958), 83頁; 前揭論文, 87頁.

속되어 구조적으로 「원죄(冤罪)」사건을 초래하여 갔다. 그러나 60년대의 특징은 이러한 문제점 등을 법제도 자체에 대한 개혁에 의존하지 않고, 최고재판소를 비롯한 법원들도 판례에 의해 신법제의 해석과 운용에 기대하려고 하는, 이른바 「사법적 적극주의」의 시대였다고 할 수 있다.[67] 이것은 50·60년대 미국 연방법원이 판시한 수사절차에 대한 판례의 영향이라고 할 수 있다. 예컨대 체포한 자가 피체포자를 경찰청장에게 불필요한 지체 없이 인치without unnecessary delay하여야 한다는 연방소송규칙 제5조를 위반하여 얻은 자백의 증거능력을 부정한 McNabb판결과 Mallory판결 등이 그것이다. 또한 일본의 최고재판소가 미국의 미란다판결 직후에 「약속에 의한 자백」[68]의 배제, 「위계에 의한 자백」[69]의 증거능력을 문제시한 점에서 보여 준, 자백 수사에 대한 법원의 비판적 자세 등도 같은 맥락에서 이해할 수 있다.

한편 1960년 미·일 안전보장조약의 체결을 반대하는 투쟁에 대한 치안 정책적 관점에서, 경찰력 강화를 요청한 배경에는 1963년 도쿄에서 발생한 유괴 사건이 보여 준 경찰의 실태(失態)[70]가 직접적 계기가 되었다. 그러나 자백 수사의 개선이라는 근본 문제를 해결하지 못한 「수사의 적정화」는 결국 구태의연한 자백 편중의 수사를 새롭게 하였을 뿐, 50년대와 같은 오판사건[71]이 속출하였다. 그 중요한 이유 중의 하나가 검찰과 법원이 자백을 요구할 뿐만 아니라,[72] 법원이 그 수사 결과에 안이하게 의존하여 「공판중심주의의 형해화」한 점에 있다고 하지 않을 수 없다.

70년대에 들어와서도 60년대 말의 학생 공안사건과 미·일 신안전보장조약 체결에 반대하는 대규모 국민 운동으로 경찰력을 확충·강화하는 한편 이를 통해 체제 강화에 성공한 경찰은 그 자신감으로 새로운 체제 정비를 하였다. 그러나 경찰체제의 강화가 그 이념인 「국민이 기대하고 납득할 수 있는 수사 활동」

---

67) 田口守一, "刑事手續法制," 『ジュリスト』(有斐閣, 1995.8), 179頁.

68) 最高裁 1966年 7月 1日 決定[最高裁判所刑事判例集20卷6號537頁].

69) 最高裁 1970年 11月 25日 決定[最高裁判所刑事判例集24卷12號1670頁].

70) 1963년 3월 31일 東京都 台東區에 사는 吉展(4세)가 집 앞의 공원에 놀러 갔다가 행방불명된 사건으로, 사건 당일 바로 신고하는 등 목격자의 진술로 유괴범을 검거할 수 있는 사건이었지만, 경찰의 기초적인 검거 작전 등의 실수로 돈만 빼앗긴 것으로 경찰의 대표적인 실태 사건으로 기록되었다.

71) 鹿兒島夫婦殺人(1969년)과 大森勸業銀行(1970년)은, 별건으로 범인을 체포한 사건으로 전자는 경찰의 장기간 신병구속 끝에 범행을 자백받은 사건이고, 후자는 고법에서 범죄 현장의 증거로 제시한 족적의 불일치로 무죄가 된 사건이다.

72) 丸谷定弘, "警察搜査の新しい課題," 『警察學論集(21,11)』(立花書房), 95頁.

에 있는 것이 아니라, 오로지 범죄예방을 포함한 치안유지를 위한 수단이었다는 점에서, 결국 이러한 상황은 공안사건을 중심으로 한 새로운 원죄사건[73]의 온상이 되었다.

한편 1975년 시라토리(白鳥)사건의 최고재판소 결정 이후, 재심에 의한 사실오인의 구제가 획기적으로 발전하여 결국에는 사형 확정수까지도 재심의 개시가 결정되었다. 그러나 이러한 사정은 70년 전후부터 청구인과 변호인 등 사건관계자와 변호사회, 그리고 형사법 연구자의 필사적인 노력에 의한 것이지 오판 원인의 규명이나 제도개혁에 관한 법원의 적극적 자세에 의한 것이 아니었다. 이것은 재심에 의한 구제가 활성화된 이후에도 수사 억제에 대해 영향을 미칠 수 있는 판결이 거의 존재하지 않았던 점으로부터도 쉽게 이해할 수 있다. 이러한 상황에서 경찰은 자백 편중의 수사절차를 여전히 고집하는 한편 법제심의회는 1979년에 원죄의 온상이라고 강한 비판을 받아 오던 대용감옥(代用監獄)도 존치시켰다. 이상과 같이 일본의 형사절차는 이념적으로 추구해 온 규문주의적 수사관과 탄핵적 수사관이라는 두 개 모델과는 분명히 다른 모델로, 이를 「유사(類似)당사자주의」로 이해하려는 견해[74]가 주장되었다.

(3) 조서재판에 의한 경찰사법화(1980~1990년대)

80년대 들어와서도 형사소송법이나 형사소송규칙에는 커다란 개정이 없었다. 다만 국제화 시대를 반영하여 1979년에 「국제인권 B규약(시민 및 정치적 권리에 관한 국제조약)」이 공포되어 일본의 형사법제도도 국제인권법의 기준에 의해 평가받게 되었다. 반면 법률안으로 제안된 「구금 2법안(형사시설법안, 유치시설법안)」은 입안 과정을 전혀 무시하고 제안된 것이 의미하는 것처럼, 형사절차는 자백중심의 「신」규문주의 =「신」직권주의 경향이 경찰 수사의 기조로 여전히 유지되고 있었다. 그러나 사형 확정수에 대한 재심에서의 무죄판결[75]이 속출하여, 자백에 편중한 수사와 재판에 대해 강한 비판이 제기되는 한편 학계에서도 형사재판의 「조서 재판화」 현상을 통렬히 비판하였다.[76]

이와 같이 80년대는 피의자 신문을 초점으로 한 지금까지의 자백 중심의

---

73) 總監公舍事件, 日石事件, 土田邸事件 등
74) 松尾浩也, "當事者主義と辯護," 鴨良弥古稀祝賀論文集, 『刑事裁判の理論』(有斐閣, 1979), 51頁.
75) 免田事件, 財田川事件, 松山事件 등
76) 平野, 前揭書, 205頁.

절차에 대해 존폐의 공방이 본격화되어 현행 형사사법제도 자체에 구조적 원인이 있는 것은 아닌가 하는 근본적인 문제가 제기된 시기였다고 할 수 있다. 이러한 상황에서 경찰 당국자도 속출하는 재심 무죄판결에 대해 정확한 검거와 적법절차에 따른 수사 지휘를 하는 한편, 무죄판결에 대한 수사상의 반성과 교훈도 철저히 인식할 것 등을 주지시켰다. 그러나 이것조차도 자백 채취를 전제로 그 자백을 유효하게 이용할 수 있도록 조건을 정비하기 위한 것일 뿐, 실제로는 적극적으로 신문의 중요성과 불가결성을 더욱 강조하여 자백의 필요성을 이론적으로 근거 지우려는 의도가 내포되어 있었다. 더구나 법 해석상으로는 「형사소송법은 수사단계에서 규문방식을 용인하고 있다」, 「체포·구류는 신문을 예정하고 있다」, 「신문의 주된 목적은 자백을 얻기 위한 것에 있다」 등이 주장되었다.77)

특히 공판과정에서도 경찰은 수사를 정당화하기 위한 대책도 마련하였다. 예컨대 사건을 검찰관에게 송치하면 (사건이) 종결되는 것이 아니라 그 수사 결과에 대해서는 최후까지 책임을 지고, 공판과정을 예의주시하여 공판에서의 쟁점 파악·증인의 준비·보충 수사 등을 정확히 행사할 것 등이 그것이다.78) 이것은 자백에 의한 조서 재판화의 반증인 반면, 경찰이 모든 형사절차를 지배하여 이른바 「경찰사법(警察司法)」을 실현하려는 의도라고 할 수 있다. 법원도 이와 같은 수사 실무를 추인하여 최고재판소는 위법수사에 의한 기소를 유효하다고 판시79)하는 등, 위법한 체포가 선행된 구류질문을 통해 얻은 자백의 증거능력을 인정80)하였다. 이와 같은 최고재판소의 판례 태도는 사실오인만을 문제로 삼는 실체적 진실발견주의에 기인한다고 할 수 있으며, 이러한 사건 대부분이 사실오인의 문제는 절차적 위법과도 관계가 있다는 점을 간과하고 있다고 하지 않을 수 없다.

(4) 신시대의 형사사법의 개혁(2000~현재)

위에서 살펴본 것처럼 일본의 독자적 형사절차는 한편으로는 양호한 치안을 유지하여 국민으로부터 지지를 받고, 다른 한편으로는 수사기관에 의한 인권침

77) 友川淸中, "取調べ," 『警察學論集』 35卷 9號(立花書房), 75頁.
78) 1986년 10월 17일의 「刑事警察充實强化對策要綱」에 의한 「公判對應體制の確立」(警察廳次長의 通達).
79) 最高裁 1981年 6月 26日判決[最高裁判所刑事判例集35卷4號426頁].
80) 最高裁 1983年 7月 12日判決[最高裁判所刑事判例集37卷6號791頁].

해 등 이것에 동반한 왜곡 또한 심각하지 않다고 하지 않을 수 없다. 즉 일본의 형사절차 특색이라고 할 수 있는 피의자 신문 및 진술조서에 과도한 편중은 2000년대 들어와서도 오사카(大阪)지검 특수부의 증거개찬(改竄)사건[81], 리쿠잔카이(陸山會)사건 등과 관련된 검찰심사회의 청구과정에서 발생한 허위보고서작성사건[82] 등으로 계속 이어졌다.

일본 법무성은 이러한 일련의 검찰 불상사의 배경에 극단적 피의자 신문과 진술조서의 편중에 그 원인이 있다고 보고 이것이 형사절차의 본질적 · 근원적 문제라고 진단하여, 2011년 6월에 「신시대의 형사사법제도특별부회」[83]를 발족하였다. 이 특별부회에서는 형사사법의 개혁을 위하여 첫째, 신문의 과도한 의존으로부터 탈피와 증거수집의 수단 적정화 · 다양화 둘째, 진술조서의 과도한 의존으로부터 탈피와 공판심리의 보다 충실화가 제시되었다. 이 가운데 2016년 6월에 형사소송법의 일부개정을 통하여 그 일부가 도입되었다. 그 가운데 새롭게 신설된 제도로는 ① 신문의 녹화 · 녹음제도의 도입, ② 협의 · 합의제도 및 형사면책제도의 도입, ③ 통신감청의 합리화 · 효율화 등이 있고,[84] 기존의 제도를 확대한 제도로는 ① 증거개시의 확충, ② 변호인에 의한 원조의 충실화, ③ 범죄피해자 등 증인의 보호대책의 확충, ⑤ 공판정에 제출되는 증거의 증거담보의 대책, ⑥ 자백 사건에 대한 간이에 의한 신속한 처리 대책 등이 있다.

▌Ⅱ▐ 수사권제도의 변천 배경

검찰제도(1890년 재판소구성법)가 도입된 초기 일본의 검사는 공소만을 전담하고, 현행범이 아닌 사건은 예심판사가 관계자를 신문하여 증거를 수집하였다. 따라서 이 시기는 경찰이 실질적으로 수사 활동을 주도하였다. 그러나 검찰도

---

81) 2011년 4월 12일 大阪地方裁判所判決. 이 사건은 2009년 7월 후생노동성 전 국장이 우편할인제도적용에 관한 허위 증명서발생사건에 관여하였다고 한 특수부의 조사를 짜맞추기 위해 플로피디스크(FD)에 기록된 거짓증명서의 최종 갱신일을 변조한 사건이다.

82) 小澤一郎의 자금관리단체인 「陸山會」에 대하여, 2009년 시민단체가 토지 구입에 관한 정치자금규정법위반으로 고발한 사건으로 형사사건으로 비화하였다. 이 사건으로 2010년 도쿄지검 특수부에 의해 비서 3인이 기소되고, 본인도 검찰심사회의 기소 의결에 따라 기소되었으나, 도쿄 지방법원은 비서와 공모한 것이 입증되지 않았다고 하여 무죄 판결한 사건이다.

83) http://www.moj.go.jp/content/000122717.pdf

84) 椎橋隆幸, "證據收集方法의 多樣化의 意義", 「刑法ジャーナル」 (成文堂, 2015.43号), 4頁.

1900년경부터 敎科書事件(1902년), 日糖事件(1907년)처럼 대규모의 정부 고위층 인사가 관련된 사건을 계기로 수사활동에 적극성을 띠어 갔다. 이 사건들은 기업이 국회의원들에게 수뢰한 사건으로 성질상 검찰의 독자적 수사가 아니면 적발이 쉽지 않았으나 성공하여 검찰은 사회의 신망을 얻기 시작하였다. 더구나 거의 같은 시기에 히비야야기우치(日比谷燒打ち・1905년)[85]사건 등에서처럼 경찰 수사가 인권을 유린한다는 강한 사회적 비난을 받아 검찰은 이를 기회로도 그 지위를 확보하여 갔다.

또한 검찰은 같은 시기에 내부적으로 기소유예 재량권의 활용, 무죄・예심 면소의 감소를 기도하여 점차 형사사건 전반에 대하여 검찰 자신이 피의자 등 관계자를 신문하고, 증거를 수집하는 등 적극적으로 수사 실무를 정착시켜 갔다. 한편 1922년 구형사소송법은 대륙법의 영향을 받아「직권주의적 심판구조」가 형사절차의 중심을 이루고 있었기 때문에 수사는 그 보조수단에 불과하였다. 따라서 준사법기관인 검사가 수사를 담당하고, 경찰은 그 지휘・명령을 받아 수사할 수 있는 보좌・보조기관에 불과하였다.

이와 같이 구법이 수사의 주재자를 검사로 한 목적은, 첫째 범죄 수사의 공정성을 담보하고, 둘째 경찰의 권한 남용 방지와 수사의 책임 소재를 명확히 하며, 셋째 사법경찰관에 대한 철저한 교양 훈련을 시켜 수사의 능률화를 위한 것이었다. 이러한 배경에는 검사의 신분보장이나 법률적 소양이 판사와 거의 동일하다는 것을 들 수 있다.

그러나 일본은 1948년 구경찰법의 제정과 신형사소송법에 따라 경찰이 독립하여 수사의 권한을 가지게 되었다. 이것은 2차대전 후, 미국의 대일점령정책 기저인 민주화 정책의 하나로써 사법권 독립의 일환이었다.[86] 즉 전후 형사소송법 및 경찰청법의 전면 개정 시에 미점령군사령부는, 구형사소송법의 수사 형태는 검찰권 강화를 위한 것으로 국가권력의 중앙집권화를 초래할 뿐만 아니라, 검사를 수사의 중추로 하는 것은 세계 각국의 제도에도 맞지 않는다고 주

---

85) 1905년의 포츠머스조약에 의해 러시아는 북위 50도 이남의 화태도(樺太島)의 할양 및 조차지 요동반도(遼東半島)에 대한 일본으로 이양을 인정하여 실질적으로 러일전쟁은 일본의 승리로 끝났다. 그러나 이 조약에서는 일본에 대한 러시아의 배상금 지불의무를 인정하지 않았다. 그러나 일본으로서는 청일전쟁과 비교가 되지 않을 정도로 많은 희생자나 막대한 전비(戰費)를 지불했음에도 직접적인 배상금을 받을 수가 없었기 때문에 국내 비판 여론이 비등하고 폭도화하여 민중들이 내무대신의 관저와 어용신문으로 지목된 국민신문사, 코반 등에 불을 지른 사건이 발생하였다. 이 사건으로 계엄령도 포고되었다.

86) 內藤賴博譯, 『日本占領と法改革 - GHQ擔當者の回顧 -』(日本評論社, 1990), 73, 87頁.

장하여, 범죄 수사 및 구류는 경찰에게 그리고 기소는 검사에게 맡겨 검사와 경찰의 책임을 명확하게 구분하려고 하였다. 또한 사령부의 법률가들은 구형사소송법 하의 실태를 보더라도 검사의 지휘·명령이 철저하지 않았을 뿐만 아니라 경찰 수사에 대한 책임소재도 불분명하고, 더 나아가 검사의 지휘·명령에 위반했을 때 그 실효성을 담보하는 조치도 명확하지 않다고 하여 구형사소송법의 운용 및 제도를 비판하여 범죄 수사의 제1차적 책임자로 경찰을 주장하였다.[87]

한편 일본 사법성은 사령부의 비판에 직면하면서도 경찰 수사의 독자성을 인정하면 범죄 수사활동의 통일성을 잃어 효과적인 수사가 불가능하며, 책임소재가 불명확하게 되고 또한 여론의 추세에도 반한다는 등의 강력한 반발을 하였다. 그러나 미점령군사령부는 앞에서 기술한 이유 이외에도 경찰을 검사의 지휘·명령하에 두는 것은 결국 경찰의 민주화·지방분권화를 저해하는 것이 되며 또한 수사 책임을 명확히 하려고 한다면 오히려 책임에 상응하는 권한을 경찰에게도 부여하여 인권유린 등을 방지하자는 이유를 들어 현행법과 같은 규정을 하였다. 그 후 검찰과 경찰은 현행 형사소송법에 규정된 「통상체포」와 관련하여 다시 충돌하였다. 형사소송법 제199조 제2항은 통상체포장의 청구에 대해서, 체포장은 「검사 또는 사법경찰원의 청구」에 의하도록 규정하여, 검사와 경찰 모두에게 청구권을 인정하고 있다. 그러나 당시 경찰은 체포장 청구가 처음이고 판사에게 체포의 필요성을 판단하는 권한이 없다고 해석하는 등, 신형사소송법의 이념 등이 경찰 수사에 침투되지 않아 자백 편중의 폐해가 여전하였다. 또한 체포권 운용에 관해서도 경찰은 혐의의 유·무는 물론 체포의 필요성 판단을 자의적으로 행사하여 체포장 청구에 대한 남용이 지적됨은 물론 국민 또는 재야 법조계로부터 불만과 비판이 속출하였다.

그리하여 1953년 7월 형사소송법 제199조 제2항의 「사법경찰원은 제1항의 체포장 청구에 검사의 동의를 얻지 않으면 안 된다. 다만 검사로부터 사전에 일반적 동의를 얻은 때에는 제외한다. 판사는 체포장 청구에 있어서 검사의 동의가 필요한 경우 그 동의를 얻지 못할 것이 확실할 때는 체포장을 발부하지 않을 수 있다」라는 규정을 삽입하여, 검사에 의한 사법경찰원의 청구권 남용을 사전에 억제·규제하려는 법개정안이 국회에 제출되었다. 그러나 이 개정안은 외부로부터 ① 수사의 주재자를 검사로 하려는 구법으로 회귀하는 것이며, ②

---

87) 內藤, 前揭書, 118頁.

남용의 억제는 판사의 역할이라는 비판을 받았다. 그리고 경찰로부터도 ③ 청구권자를 경부 이상의 계급에 해당하는 사법경찰원에 한정하면 신중한 청구가 가능하고, ④ 개정안에 따르면 체포의 책임소재가 불명확하다는 반론이 제기되어 결국 중의원에서 현행법 제199조 제2항은 「판사는 피의자가 죄를 범하였다고 의심할 만한 상당한 이유가 있다고 인정하는 때에는, 검사 또는 사법경찰원(경찰관인 사법경찰원에 대해서는 국가공안위원회 또는 도도부현공안위원회가 지정하는 경부 이상에 한함)의 청구로 전항의 체포장을 발부한다. 다만 명확하게 체포의 필요성이 없다고 인정할 때는 그러하지 아니한다」라는 형식으로 수정되었다. 이 규정에 따라 통상체포의 청구에 관한 검사와 경찰의 충돌이 해결되었다.

Ⅲ 수사의 주체로서 경찰과 검찰의 관계

1. 수사기관

형사소송법 제191조 제2항과 검찰청법 제27조 제3항에 따라 직무로서 수사권한이 부여된 수사기관으로는 검사, 검찰사무관과 사법경찰직원이 있다. 우선 검사, 검찰사무관은 검찰청의 직원이고, 사법경찰직원은 그 이외의 관서의 직원이다. 사법경찰직원은 일반경찰직원과 특별경찰직원으로 분류되고, 경찰관은 전자에 속하며 삼림 등의 특별한 사항에 대해 수사 직무를 행사하는 특별행정청의 직원이 후자에 속한다. 그 이외 사법경찰직원은 아니지만 수사 권한이 있는 것은 국세청 감찰관, 후생노동성의 마약 단속관, 해상보안청의 해상보안관, 그리고 농림수산성과 철도공안직원[88] 등이 있다.

형사소송법 제189조 제2항은, 「사법경찰직원은 범죄가 있다고 사료되는 때는 범인 및 증거를 수사할 수 있다」라고 규정하고 있고, 동법 제191조 제1항도 「검사는 필요가 인정되는 때는 스스로 범죄를 수사할 수 있다」고 규정하고 있다. 즉 사법경찰직원과 검사는 각각 독립의 수사기관임을 명백히 하고 있다. 또한 이들 규정은 사법경찰직원과 검사가 수사사무에 있어서 상하관계에 있지 않

---

88) 일본국유철도의 역직원은 동철도의 열차 또는 역구 내의 현행범에 대해서 특별사법경찰직원으로서 권한을 가지고 있었으나(司法警察職員等指定應急措置法 第4條), 1987년 동철도의 민영화에 의해 특별사법경찰직원으로부터 제외되었다. 松尾浩也, 『條解刑事訴訟法』(弘文堂, 1993), 295頁참조.

다는 것과, 수사는 사법경찰직원이 제1차적이고, 검사는 제2차 기관이라는 것을 분명히 하고 있다. 검사의 수사가 2차적이라는 것은 기소·불기소의 권한을 적정하게 행사하기 위해 사법경찰직원의 수사 내용을 보충하거나, 사건의 성질상 사법경찰직원보다 검사 자신이 직접 수사를 개시하는 것이 적절하다고 판단한 때에는 독자적으로 수사할 수 있다는 의미이다.[89] 이러한 의미에서 사법경찰직원의 수사가 「본래적」이고, 검사의 수사는 「보충적·보정적」인 것이라고 말할 수 있다.[90] 이것을 구형사소송법과 비교하여 보면, 다음과 같은 네 가지 점에서 특색이 있다.

첫째, 구법에서는 수사기관의 중심이 검사이기 때문에 독자적으로 수사하는 것은 검사에 한정되고, 사법경찰관리는 그 신분상 검사와는 다른 내무성에 속한다. 따라서 사법경찰관리는 검사의 지휘하에 수사를 보좌·보조하는 것에 불과하다(구형사소송법 제246조). 그러나 현행소송법에서 검사와 사법경찰직원은 상호 독립·대등한 지위에 있어 이들의 관계는 원칙적으로 협력관계에 있다. 즉 사법경찰직원은 동법 제189조 제2항에 따라 제1차 수사기관이고, 검사는 「필요로 인정하는 때에 한하여 스스로 수사한다」고 하여 제2차적, 즉 보충·보정적 수사기관이다. 따라서 검사는 사법경찰직원에 대해 한정적인 지시·지휘를 할 수 있을 뿐이다(동법 제193조).

둘째, 구법에서는 검찰사무관의 전신인 법원 서기가 검사정(檢事正)으로부터 지휘를 받은 때는 사법경찰관리의 직무를 수행하는 이외 수사권이 없었으나, 현행법의 검찰사무관은 검사의 지휘하에서 일반적으로 수사할 수 있는 수사권이 부여되어 있다(동법 제191조 제2항).

셋째, 구법에서 특별사법경찰직원은 「사법경찰관리의 직무를 수행할 수 있는 자의 지정에 관한 법률」(구형사소송법 제251조에 의한 칙령 제528호)에 규정된 자만이 수사권이 있었으나, 현행법은 칙령 제528호를 그대로 원용하여 「사법경찰직원등지정응급조치법(司法警察職員等指定應急措置法)」에 규정된 자 이외에도 많은 단행법들에 따라 특별사법경찰직원으로 인정되어 폭넓게 수사권이 인정되고

---

89) 경찰과 검찰을 비교하면 인원, 예산, 기자재, 살인·강도 등의 강력범에 관한 과학기술에 있어서는 경찰이 검찰을 압도하고 있다. 한편 검찰은 일반적 법률적 지식, 배임, 증·수뢰죄의 지능범에 관한 수사의 기법에서 경찰을 능가하고 있다고 주장하고 있다. 高井, 前揭書, 198~199頁.

90) 土本武司, 『犯罪搜査』(弘文堂, 1987), 44頁; 司法協會, 『刑事訴訟法講義案[4訂補正版]』(司法協會, 2015), 74頁.

있다.

넷째, 구법에서 수사기관은 검사와 사법경찰관리 외에는 없었으나, 현행법에서는 검사, 일반·특별사법경찰직원 이외에도 국세청 감찰관 등도 수사할 수 있는 수사기관이다(도표 [3-8] 참고).

범죄 수사는 국법상 강제력을 행사하는 것으로서 법령상 수사권이 부여되어 있는 수사기관이 아니면 안 된다. 따라서 앞에 서술한 수사기관 이외의 행위는 수사에 유사한 행위일지라도 그것은 수사가 아니다.

2. 수사기관으로서 사법경찰직원

(1) 사법경찰직원

사법경찰직원은 범죄의 수사권을 가진 수사기관의 형사소송법상 자격을 말하며, 사법경찰원 및 사법순사의 총칭이다. 형사소송법은 수사기관을 검사, 검찰사무관 및 사법경찰직원으로 규정하고, 이들에 대한 수사상 권한에 차등을 두어 규정하고 있다. 그러나 사법경찰직원 가운데 종적 관계인 사법경찰직원과 사법순사를 구분했을 뿐, 횡적 관계인 수사기관의 종류에 관한 구별은 하고 있지 않다. 형사소송법상 검사, 검찰사무관 이외의 수사기관은 경찰관과 그 이외의 특수기관을 불문하고 「사법경찰직원」이라는 이름으로 통칭하고 있다.

사법경찰직, 즉 경찰관 중에서 사법경찰원과 사법순사의 구분은 1954년 국가공안위원회규칙 제5호의 「형사소송법에 의한 사법경찰원지정규칙」에 근거를 두고 있다. 이것에 따르면 원칙적으로 순사부장 이상의 사법경찰원과 순사의 계급에 있는 경찰관을 사법순사로 하고 있으며,[91] 특히 필요가 있는 때에는 경찰청장관과 관구경찰국장은 순사의 계급에 해당하는 경찰관을 사법경찰원으로 지정할 수 있도록 규정하고 있으며 도도부현경찰의 경찰관도 이와 동일하다.

이상과 같이 수사기관으로서의 사법경찰직원은 그 직무 권한상 횡적 관계에 있는 일반사법경찰직원과 특별사법경찰직원으로, 종적 관계에 있는 사법경찰원과 사법순사로 구분할 수 있다.

---

91) 安富潔, 『刑事訴訟法要說』(慶應義塾大學出版會, 2007), 44頁; 石川才顯, 『通說刑事訴訟法』(三省堂, 1992), 69頁.

(2) 사법경찰직원과 수사권

사법경찰원의 수사권에 관해서는, 앞에서 서술한 것처럼 현행법하에서는 구법과 다르게 「범죄가 있다고 사료한 때는 범인 및 증거를 수사할 수 있다」고 규정하여, 사법경찰직원이 제1차적·본래적 수사기관임을 명백히 하고 있다. 따라서 사법경찰직원은 자기의 권한과 책임하에서 검사의 지휘를 받지 않고, 독자적으로 수사를 개시·수행할 수 있다. 그러나 범죄 수사란 수사 자체에 그 목적 내지는 기능이 있음에도 궁극적으로는 국가의 형벌권 실현에 그 목적이 있으므로 재판 과정을 거쳐야만 한다. 이때 재판을 실행하기 위한 공소권은 검사가 독점하고 있어 수사는 검사의 공소 실행을 위한 자료를 수집·보전하는 성질도 부인할 수 없어 그 범위 내에서 수사는 제약받지 않는다고 할 수 없다. 따라서 사법경찰원의 수사 결과는 검사가 지정한 사건을 제외하고는 모두 공소관인 검사에게 송치하여야 하며(형사소송법 제246조), 공소제기 이후, 그 공소유지에 관해서는 검사의 지시·지휘를 따르지 않을 수 없다(동법 제193조). 더구나 형사소송법이 수사상 검사에게만 인정하고 있는 권한으로서 구류청구권과 구류 후의 심사, 그리고 사법경찰직원의 체포에 대한 제한 및 기소 전의 증인신문청구 등은 검사의 직권행사에 의존할 수밖에 없다. 그러나 사법경찰직원에 대해서 구류청구권 및 증인신문청구권을 인정하지 않는 것은, 현행소송법이 수사의 본래적·제1차적 기관으로 명확히 인정한 제191조 제1항과 모순된다고 하지 않을 수 없다.[92]

1) 일반사법경찰직원　　경찰청 및 도도부현경찰에 대한 경찰관의 총칭을 「일반사법경찰직원」이라고 한다. 경찰법은 범죄 수사를 경찰의 제1의 책무로 규정하고 있지만(경찰법 제2조 제1항), 이 규정은 조직체의 추상적인 책무를 규정한 것에 불과하고, 형사소송법 제189조 제2항에 따라 비로소 사법경찰직원은 수사를 그 직무로 한다.

① 경찰작용과 수사 : 경찰법 제2조는 경찰의 책무에 대해 「개인의 생명, 신체 및 재산의 보호를 임무로 하고, 범죄의 예방·진압 및 수사, 피의자의 체포, 교통단속 기타 공공의 안전과 질서의 유지를 담당하는 것을 그 책무로 한다」고 규정하고 있다. 즉 경찰의 목적은 「공공의 안정과 질서유지」에 있고, 구체적으로는 개인의 생명·신체·재산의 보호 및 범죄의 예방·진압·수사, 교통단속 등이 경찰의 책무에 속한다.

---

92) 土本, 前揭書, 45頁.

경찰작용의 본질은 사회공공의 안전과 질서유지를 목적으로 한다는 의미에서 종래에는 「행정경찰」이 실질적 의미의 경찰로써 중요시되었으나, 현대국가에서는 한 국가의 안정과 질서유지는 범죄의 예방과 진압에 의해 담보되기 때문에 현대국가는 행정경찰과 사법경찰을 이분화하여, 각각의 작용을 담당하게 하고 있다.[93] 따라서 사법경찰은 본래 행정기관의 지위에 있는 자의 수사활동이 아니라, 범죄 수사를 그 직무로 하는 기관의 수사 활동으로써 형사소송법도 수사 활동을 본래적·제1차적 기관으로 사법경찰을 규정하고 있다.[94]

② 사법경찰원과 사법순사 : 모든 경찰관은 형사소송법상 사법경찰원과 사법순사로 구분된다(형사소송법 제39조 제3항). 사법경찰원은 경찰 수사에서 수사의 주재자이고, 사법순사는 사법경찰원을 보조하여 개개의 활동에 종사하는 자이다. 형사소송법은 수사의 내용 면에서 이들의 권한에 차등을 두고 있는데, 사법경찰원의 권한으로서 사법순사에게는 없는 권한은 다음과 같은 것이 있다.

㉠ 영장을 청구하는 권한 : 통상체포(동법 제199조 제2항)·압수·수색·검증·신체검사 등(동법 제218조 제3항), 감정유치(동법 제224조), 감정처분(동법 제225조), 다만 통상체포장의 청구는 사법경찰원 가운데 경부 이상의 계급만 가능하다.

㉡ 체포된 피의자를 석방 또는 송치하는 권한(동법 제203조·211조·216조)

㉢ 고소·고발·자수를 수리하는 권한(동법 제241조·245조)

㉣ 검사의 명령에 의한 변사체의 검시권(동법 제229조)

㉤ 사건을 송치하는 권한(동법 제246조)

㉥ 검사의 명령에 의해 수감장을 발하는 권한(동법 제485조)

㉦ 압수물을 처분하는 권한(동법 제222조 제1항 단서)

③ 수사권의 행사 : 경찰관은 형사소송법상 일반사법경찰직원으로서 「범죄가 있다고 사료하는 때에는 범인 및 증거를 수사한다(제189조 제2항)」고 규정하여, 사법경찰직원으로서 범죄의 수사 권한은 물론 그 권한이 본래적·제1차적으로 경찰에 있음을 명백히 규정하고 있다(제191조 제1항). 따라서 경찰관은 범죄가 발생한 때에는 사법경찰직원으로서 범죄를 수사하여야 한다. 다만 이때 사법경찰직원은 「수사를 할 수 있다」가 아니고 「수사를 하는 것으로 한다」고 규정한 것은, 사법경찰직원에 대해 범죄가 있다고 사료하는 때에는 그 범죄가 경미한

93) 이에 대하여 土本檢事는 사법경찰은 「본래 행정기관의 지위에 있는 자가 범죄를 수사하는 직무를 담당할 때, 그 직무로서 행하는 작용이기 때문에 이때의 경찰은 형식적 의미의 경찰」이라고 주장하였다.
94) 土本, 前揭書, 47頁.

범죄라고 하더라도 반드시 수사를 하도록 의무를 부과한 것이 아니고, 사법경찰직원에게 합리적인 판단의 여부에 따라 수사의 재량권을 인정하고 있다고 해석하여야만 한다.[95]

또한 수사권을 행사하는 데 사물적 제한은 없으나, 지역적 제한은 경찰법 제64조가 「도도부현의 경찰관은 이 법률에 특별히 정한 때를 제외하고는 해당 도도부현의 관할구역 내에서 직무를 수행」하도록 규정하고 있어, 범죄 수사도 관할구역 내에 제한하고 있다. 그러나 도도부현경찰은 관할구역 내에서 범죄의 진압 및 수사, 피의자의 체포 외에 공안유지에 필요가 있는 한도 내에서 그 관할구역 외에서도 권한을 행사할 수 있다고(경찰법 제61조) 하여, 동법 제65조·제66조 제1항과 함께 그 지역적인 제한을 완화하고 있다.

2) 특별사법경찰직원　　　특별사법경찰직원은 경찰관은 아니지만, 「특정한 사항」에 대해서 사법경찰직원으로서 수사 활동을 하는 특정의 행정직 직원이다. 특정 직무에 종사하는 공무원은 그 직무상 특정의 범죄에 대해 경찰관보다도 이것을 발견할 기회가 많고, 또 그 직무상의 직업·경험으로부터 수사하기에 효과적이라고 할 수 있다. 이러한 의미에서 특별사법경찰직원은 범죄 수사에 있어서 일반사법경찰직원의 보충적 측면과 동시에 독자성을 갖고 있으나, 그 수사 권한은 특정 사항 또는 장소에 한정되며, 권한 행사의 방법 또한 제한되어 있다.

① 종류 및 직무범위 : 특별사법경찰직원의 종류 및 직무 범위에 관해서는 사법경찰직원등응급조치법 제1조에 의한 「사법경찰관리 및 사법경찰관리의 직무를 수행하기 위한 자의 지정에 관한 건」에 규정되어 있거나, 개별의 근거법에 따르고 있다. 형사소송법 제190조에 따라 개별 법률에 규정된 특별사법경찰직원은 다음의 [도표 3-8]과 같다.

3-8	특별사법경찰직원의 종류 및 직무의 범위[96]	
관　　명	근거 법규	직무의 범위
형무소장, 동지소장 및 지명된 직원	형사시설및수형자 의처우에 관한 법률제290조	형무소의 범죄

---

95) 松尾, 前揭書, 293頁.
96) 松尾浩也, 『條解刑事訴訟法』(東京: 弘文堂, 1993), 294～295頁.

영림국서의 직원	사법경찰관리및직무를수행하기위한자의지정에관한건 제3조4호, 6호,7호,14호	국유임야·부분임·공유임야관행조림·그 임야의 산물 또는 그 임야 혹은 국영엽구(獵區)의 수렵에 관한 죄
공유임야의 사무를 담당하는 북해도관리로 지명된 자	위의 법률제3조 6호,7호, 8호	북해도의 공유임야, 그 임야의 산물 또는 그 임야에서 수렵에 관한 죄
선장 그 외의 선원	위의 법률 제6조 1호·2호	선박 내의 범죄
황궁호위관	경찰법 제69조	皇居·御所·離宮·御用邸·行在所 또는 御泊所의 범죄, 陵墓 또는 황실용 재산에 관한 범죄, 또는 行幸啓시의 천황·황후·황태후 또는 황태자의 생명·신체 또는 재산에 관한 죄
수렵단속사무를 담당하는 도도부현관리로 지명된 자	조수보호 및 수렵에 관한 법률 제76조	조수보호 및 수렵에 관한 법률 또는 동법에 의거하여 발하는 성령 또는 도도부현규칙에 위반하는 죄
노동기준감독관	노동기준법 제102조	노동기준법위반의 죄
선원노무관	선원법 제108조	선원법, 노동기준법 및 선원법에 의거하여 발하는 명령위반죄
해상보안관 및 해상보안관보	해상보안청법 제31조	해상의 범죄
마약단속관 마약단속원	마약단속법 제54조 5항	마약단속법, 대마단속법, 아편법, 각성제단속법에 위반하는 죄, 형법 제2편 14장에 정한 죄 또는 마약, 아편, 각성제중독에 의하여 범한 죄
광무감독관	광산보안법 제49조	광산보안위반죄
어업감독관 및 어업감독관원으로 지명된자	어업법 제74조 제5항	어업에 관한 죄
자위대 경무관 및 경무관보	자위대법 제96조 1항 동법시행령 제109조	(1) 대원이 범한 범죄 또는 직무에 종사중의 대원에 대한 죄, 그 외에 대원에 관해 대원 이외의 자가 범한 범죄 (2) 자위대가 사용하는 선박·청사·영사 그 외의 시설 내의 범죄 (3) 자위대가 소유하고, 또는 사용하는 시설 또는 물건에 대한 범죄

위에서 기술한 이외에도 사법경찰직원은 아니지만, 특정 사항에 대하여 수사권이 있고 특별경찰직원에 준하는 수사기관으로 국세청 감사관이 있다. 이것은 재무성설치법 제95조, 국세청 감찰관이 행하는 수사에 관한 형사소송규칙(최고재판소규칙 제32호)에 따른 것으로서 국세청 직원과 관계있는 범죄에 대하여

수사권을 갖는다. 다만 이들은 강제수사권은 없으나 필요가 있는 때에는 일반 수사관의 직권 발동을 요구할 수 있다.

② 수사권의 행사 : 특별사법경찰직원의 수사권은 위와 같이 특정 사항 또는 특정한 장소에 한정된다. 즉 사물관할 또는 토지관할의 제약이 있을 뿐만 아니라, 형사소송법이 규정하는 수사방식도 한정되어 있는 경우가 많다. 또한 특별사법경찰직원의 수사가 인정되는 분야에서도 일반사법경찰직원의 수사권은 제한되지 않고, 양자의 수사권은 경합적으로 존재할 뿐이다.[97]

3. 수사기관으로서 검사

(1) 검 사

검사는 검찰권을 행사하는 독임제 관청으로 각 검사는 자기의 이름으로 검찰사무를 행사하는 권한을 갖는다. 또한 검사는 행정관이면서 각자가 독임제 관청이라는 점과 독임제 관청이면서 상사의 명령에 복종해야 하는 의무가 있다는 점에서 특수한 성격을 갖는 관청이라 할 수 있다.

(2) 직무권한

검사의 직무를 크게 나누면 검찰사무와 검찰행정사무로 나눌 수 있으나 검찰사무의 주된 권한은 수사와 공소이다. 검사는 「형사에 대하여 공소를 제기하고 법원에 법의 적당한 적용을 청구하고 또한 재판의 감독을 집행(검찰청법 제4조)」하며, 「어떠한 범죄에 대해서도 수사(동법 제6조 제1항)」할 수 있다. 그리고 형사소송법은 「필요하다고 인정할 때는 스스로 범죄를 수사할 수 있다(제191조 제1항)」고 규정하여 그 권한을 명백히 하고 있다.

검사는 첫째, 모든 범죄에 대하여 수사 권한을 갖는다. 제1차적 수사기관은 사법경찰직원이지만, 검사는 공소를 제기하기 위하여 보충적으로 수사 권한을 가지고 있다. 다만 구류청구권 등의 권한은 검사만이 가지고 있다. 둘째, 검사는 공소제기의 권한 및 재량권을 갖는다. 즉 검사는 기소독점주의와 기소편의주의에 따라 공소권의 독점은 물론, 공소취소 등 광범위한 재량권도 갖는다. 이외에도 검사는 법령의 적용 및 형벌에 관한 의견을 진술할 수 있는 권리 및 재판의 집행을 지휘할 수 있는 등 형사재판에서의 권한은 실로 경찰관적 기능,

---

97) 犯罪搜查規則 第45條~第50條.

재판관적 기능, 변호사적 기능, 교정보호적 기능 등 모든 단계에 미치고 있다고 하여도 과언이 아니다.[98]

이러한 중앙집권화된 일본의 검찰제도는 일반적으로 전전에는 프랑스, 독일, 전후에는 미국에 가까운 형태를 취하고 있었다. 그러나 동일한 당사자구조를 취하고 있는 미국은 지방분권화를 기본으로 하고 있을 뿐만 아니라, 검사를 공선제(公選制)에 의해 채용하고 있다는 점에서 일본의 그것과 본질적으로 다르다. 더구나 일본의 검찰은 공익의 대표자로서 수사에 깊이 관여하는 것은 물론 소추단계에서 사건을 철저히 스크린 하는 등, 검찰의 기능과 지위는 세계에 유례가 없는 일본의 독특한 제도라고 할 수 있다. 특히 소추권한을 독점하고 있는 일본의 검찰은 애초부터 민의와 유리되었다는 지적이 있었을 뿐만 아니라, 기소재량권을 남용하여 정부고위관리의 독직죄(瀆職罪)에 대해서는 기소유예처분을 하는 반면 경미한 공안사건에 대해서는 부당한 기소를 하여 관료화·중앙집권화되었다는 비판이 제기되었다.

이에 대하여 점령군사령부는 전후 일본의 형사소송법 전면 개정과정에서 주로 전전의 인권유린 문제를 시정하기 위해 검찰제도·소추제도의 개혁에 대한 제안을 요구하였다. 점령군사령부는 첫째, 검찰과 경찰의 책임을 명확히 하려는 의도하에 명치 초기와 같이, 범죄 수사는 경찰에게 그리고 기소는 검찰에게 전담(公判專從論)[99]시키려 하였으나, 검찰이 경찰의 일정한 사건(독직사건, 경제사범)에 대한 처리능력 부족을 이유로 반대하여 실패로 끝났다. 둘째, 인권유린에 대한 규제의 목적하에 사인(私人: 피해자)소추제도를 요구하였으나, 이것도 남소(濫訴)의 염려와 국정에 맞지 않는다는 것을 이유로 받아들여지지 않았다. 셋째, 미국의 검사제도와 같은 공선제와 지방분권화를 요구하였으나, 일본 측이 그 필요성을 인정하면서도 급진적이라는 이유로 각각 배척하여 일본의 검찰민주화는 그 실현을 보지 못하였다. 그러나 점령군사령부의 검찰에 대한 민주화 요구

---

98) 平野龍一, 前提書, 30頁.

99) 검찰관공판전종론(檢察官公判專從論)은 당사자주의화한 공판절차에 있어서 검사의 활동이 확대·중요시되었음에도 불구하고 60년대 일본 검사들이 수사상의 실체적 진실발견의 규명에만 경주하고 공판을 경시하자 검사를 공소권에 전념하게 하자는 주장이다. 그러나 이 주장은 공소권을 적정하게 행사하기 위해서는 검사의 보충적·보정적 수사활동이 불가피하고, 경찰 수사의 위·탈법수사에 대하여 적정절차의 관점으로부터 검사의 개입이 기대될 뿐만 아니라, 정치적 중립이나 고도의 전문적·법률적 사건(瀆職事件, 經濟犯罪)에 대한 검찰의 독자 수사가 사회적으로 요청되기 때문에 그 실현을 볼 수 없었다. 川崎英明『檢察官論の課題 "前後の檢察と刑事司法"』, 高田卓爾古稀祝賀記念論文集(弘文堂, 1991), 7頁.

는 다음과 같은 몇 가지 점에서 기대를 모았다.

(3) 검찰의 민주화

첫째, 현행 형사소송법은 사인소추제도를 도입하지 않았지만, 국가의 형사사법작용에 피해자 의사를 반영함과 동시에 형사절차에 대한 규제제도를 신설하였다. 현행법은 다른 수사 단서와 달리 고소·고발이 있으면, 사법경찰원은 사건을 신속하게 검찰관에게 송부하여야 하며(형소법 제242조), 검사에게는 기소·불기소의 처분결과에 대한 고지의무를 부과하였다. 따라서 불기소처분의 통지를 받은 고소·고발인은 그 처분에 대해 검찰심사회에 당부의 청구 및 부심판청구를 할 수 있는 권리가 부여되었다.

둘째, 검찰공선제는 실현되지 않았으나 「검찰관적부심사제도(檢察官適否審査制度)」를 총리부 안에 두어 검사의 심신장애, 직무상 비능률 기타 사유에 의하여 그 직무를 집행하기에 적당하지 아니할 때는 심사회의 의결로 검사를 면관(免官) 조치할 수 있도록 하였다.

셋째, 검찰의 불기소처분에 대한 불복 방법으로 현행법에 「검찰심사회제도(檢察審査會制度)」[100]가 설치되었다. 검찰심사회는 공소권의 실행에 관해 민의를 반영하여 그 적정을 도모하기 위한 제도로 여기에서는 검사의 불기소처분에 대한 당부의 심사 및 검찰사무의 개선에 관한 건의·권고를 그 직무로 하고 있다. 종래에는 심사회의결에 대해 구속력을 인정하지 않았으나, 앞에서 지적한 것처럼 법개정을 통하여 구속력을 인정하고 있다. 이에 따라 검사의 공소권 운용에 대한 적정화와 사법에 국민을 참여시킨다는 의미에서 일본식 배심제도라고도 할 수 있다.

4. 수사상의 사법경찰직원과 검사와의 관계

(1) 원   칙

현행법상 사법경찰직원과 검사는 각각 독립된 수사기관이지만, 형사소송법 제189조 제2항에 따라 사법경찰직원이 제1차적 수사기관이고 검사는 공소제기를 위하여 보충적으로 수사하는 제2차적 기관이다. 그러나 형사소송법 제191조 제1항이, 검사는 「필요로 인정하는 때」는 언제든지 수사할 수 있도록 하여 수

---

100) 白取祐司, 『刑事訴訟法(第5版)』(日本評論社, 2008), 211頁 이하 참조.

사에 있어서 사법경찰직원과 검사는 경합관계에 있다고 할 수 있다. 또한 형사소송법 제192조는 사법경찰직원과 검사의 관계에 대해 「수사에 관하여 상호협력하지 않으면 안 된다」고 규정하고 있어, 이것이 수사에 관한 두 기관 사이의 기본적인 자세라고 할 수 있다. 이와 같이 두 기관의 관계를 원칙적으로 대등·협력관계로 규정한 것은, 수사가 인권에 미치는 권력적 작용으로서 각 수사기관에 분산하기 위한 것이지만, 형사소송법은 다시 검사에게 사법경찰직원에 대한 지시·지휘 권한을 인정하고 있어 그 규정 자체에 대한 해석적 여지를 남겨놓고 있다.

(2) 예　외

　사법경찰직원과 검사가 수사에 있어서 대등·협력관계에 있다고 하더라도 수사의 적정화·효율화 및 적절한 공소제기를 위하여 일정한 범위 안에서, 검사는 사법경찰직원에 대해 지시·지휘 권한을 인정하고 있다. 이와 같은 권한을 인정한 배경에는 첫째, 수사가 공소의 제기·수행을 목적으로 행하여지는 이상 공소의 제기·유지의 관점에서 수사의 불비와 결점을 보정할 필요가 있기 때문이다. 둘째, 경찰에 의한 제1차 수사 후, 체포된 피의자의 사건 및 신병을 검사에게 송치하는 수사체계를 형사소송법이 취하고 있기 때문이다. 셋째, 경찰은 수사 이외의 광범위한 소관 사무에 쫓겨 신고가 없는 정치범이나 탈세 사건, 지능범 사건, 고도의 법률적 사건 등 수사의 전문성이 필요한 사건에서는 검찰에 의한 독자 수사의 필요성이 요구되기 때문이다. 따라서 형사소송법은 일정한 범위 안에서 검사에게 사법경찰직원에 대한 지시·지휘하는 권한을 부여하고 있으며(형소법 제193조), 또 사법경찰직원에 대한 징계·파면의 소추도 인정하고 있다(동법 제194조).

　1) 일반적 지시권　　검사는 관할구역 내의 사법경찰직원에 대해 수사에 관한 일반적 지시(동법 제193조 제1항)를 할 수 있다. 이 지시는 개개의 구체적 사건에 대한 것이 아니라, 「수사를 적정하게 하고, 그 외에 공소수행을 완수하기 위하여」 필요한 사항에 관하여 일반적 준칙을 정하는 형식으로 행해진다. 이러한 의미에서 일반적 지시권이라고 한다. 이 일반적 지시권의 근거로는, ① 검찰총장이 발하는 서류작성에 관한 「사법경찰직원수사서류기본서식예(1961.6.1 검찰총장 일반적 지시)」, 「사법경찰직원수사서류간이서식예(1963. 6.1 검찰총장 일반적 지시)」, 법무성형사국장의 의명(依命)지시에 따른 각 검사정이 관하 일반사법

경찰직원에 대하여 발한 「도로교통법위반사건처리를 위한 공용서식의 사용」에 관한 일반적 지시, 그리고 ② 사건송치에 관한 「송치절차의 특례에 관한 건」 및 이것에 따른 각 지방검찰청의 검사정의 지시, 즉 「미죄처분의 기준 준칙」의 일반적 지시 등이 있다.

2) **일반적 지휘권**　　검사는 관할구역 내의 사법경찰직원에 대하여 수사의 협력을 구하는 데 필요한 일반적 지휘(동법 제193조 제2항)를 할 수 있다. 이 지휘는 구체적 사건의 수사에 대해 하는 점에서 일반적 지시와 구별된다. 그러나 개개의 사법경찰직원에 대한 것이 아니라 수사의 협력을 구하는 사법경찰직원의 일반에 대해 한다고 하여 일반적 지휘권이라고 한다. 즉 검사가 구체적 사건에 대해 수사의 방침과 계획을 세워 관계 사법경찰직원에 대해 그 방침과 계획에 따라 수사의 협력을 구할 경우, 각 사법경찰직원의 구체적 수사의 불균형을 시정·조정하기 위하여 필요에 따라 검사 자신이 당해 사건의 수사를 주재하여 그 시정·조정을 할 경우에 행하여진다.

3) **구체적 지휘권**　　검사 자신이 범죄 수사를 할 경우, 필요가 있는 때에는 사법경찰직원을 지휘하여 수사에 보조시킬 수가 있다(동법 제193조 제3항). 이 지휘는 개개의 사건, 개개의 사법경찰직원에 대해 행하는 점에서 일반적 지시권 및 일반적 지휘권과도 구별된다. 구체적 지휘는 검사 자신이 범죄 수사를 하는 때만 할 수 있고, 특정의 사법경찰직원에게 수사의 보조를 요구하는 것이다. 이것에 대하여 검사가 수사를 하는 이상, 그 수사에 착수한 원인이 사법경찰직원으로부터 사건이 송치되었는지를 불문하고, 당해 사건을 송치한 사법경찰직원 이외의 사법경찰직원에 대해서도 구체적 지휘권을 행사할 수 있다. 또 검사와 사법경찰직원이 동일한 사건에 대해 각각 독립하여 수사하는 경우에 검사가 필요하다고 인정하는 때에는 사법경찰직원으로부터 사건을 인계받아 검사 자신의 지휘하에 수사를 속행할 수 있다는 견해가 있다.[101] 그러나 사법경찰직원을 제1차 수사기관으로 하고 검사와 수사에 관하여 협력하지 않으면 안 된다고 하는 규정에 비추어 보면, 검사 자신이 수사하는 경우란, 이미 사법경찰직원이 수사하고 있는 사건에 대해서는 해당하지 않는다고 해석하는 것[102]이 타당하다고 생각한다.

---

101) 高野利雄, "搜査における檢察と警察の關係," 『刑事訴訟法の爭點(新版)』(有斐閣, 1992), 27頁.

102) 安富 潔, 『搜査節次法』(立花書房, 1995), 10頁.

4) 사법경찰직원의 복종의무   사법경찰직원은 검사의 일반적 지시·일반적 지휘·구체적 지휘에 복종하지 않으면 안 된다(동법 제193조 제4항, 제194조). 그러나 이것을 따르지 않을 때 검사는 사법경찰직원을 처분할 권한은 없고, 그 관리자에게 징계·파면권자에게 그 소추를 할 수 있을 뿐이다. 그리고 소추를 받은 관리자가 그 소추가 이유 있다고 인정한 때에는 징계·파면하지 않으면 안 된다.

참고문헌

1. 국내 문헌

경찰대학, 『비교경찰론』, 경찰대학, 1998.

경찰청, 『일본의 수사구조 및 사법경찰제도』, 1996.

경찰청, 『일본의 경찰제도-조직을 중심으로-』, 발간연도미상.

김민웅 외, 『현대한국행정론』, 박영사, 1992.

박동서 외, 『비교행정론』, 박영사, 1992.

신기석, 『일본관료제의 발전과 역할에 대한 연구』, 박사학위논문, 중앙대학교 대학원, 1986.

정세욱 편, 『정부간관계』, 법문사, 1997.

치안본부, 『일본 경찰』, 형설출판사, 1987.

2. 외국 문헌

池田修·前田雅英, 『刑事訴訟法講義[第4版]』, 東京大學出版會, 2012.

今野耿介, 『英國警察制度概說』, 原書房, 2000.

小田中聰樹, 『刑事訴訟法の史的構造』, 有斐閣, 1986.

大日方純天, 『近代日本の警察と地域社會』, 筑摩書房, 2000.

川崎英明, 『檢察官論の課題 "前後の檢察と刑事司法"』, 高田卓爾古稀祝賀記念論文集, 弘文堂, 1991.

國家公安委員會·警察廳, 『警察白書』, 2024.

國家公安委員會·警察廳, "綜合評價書警察改革の推進," 2010.

佐藤英彦, "刑事警察と刑事訴訟法40年," 『ジュリスト 930号』, 有斐閣, 1989.

篠原一編, "警察を考える," 『警察オンブズマン』, 信山社, 2001.

司法協會, 『刑事訴訟法講義案[4訂補正版]』, 2015.

白取裕司, 『刑事訴訟法[第5版]』, 日本評論社, 2007.

高野利雄, "捜査における檢察と警察の關係," 『刑事訴訟法の爭點(新版)』, 有斐閣, 1992.

內藤賴博譯, 『日本占領と法改革-GHQ擔當者の回顧-』, 日本評論社, 1990.

日本辯護士聯合會編, 『(檢證)日本の警察』, 日本評論社, 1995.

原田尚彦, 『行政法要論[全訂第2版]』, 學陽書房, 1993.

星野安三郎, 『警察制度の改革』, 前後改革3政治過程, 東京大學出版會, 1974.

法務省, 『犯罪白書－非行少年生と生育環境－』, 2023.
松尾浩也, "當事者主義と辯護," 鴨良弼古稀祝賀論文集, 『刑事裁判の理論』, 有斐閣, 1979.
松尾浩也, 『條解刑事訴訟法』, 弘文堂, 1993.
村井敏邦, 『現代刑事訴訟法』, 三省堂, 1991.
村山眞維, 『警邏警察の研究』, 成文堂, 1990.
安富 潔, 『捜査節次法』, 立花書房, 1995.

笠井聰夫, "紛爭後國家の治安再生と警察改革－明治日本の例－", 『警察政策學會第76号』, 2014.
小田中聰樹, "明治憲法下の刑事手續," 『法學敎室』, 有斐閣, 1990.10.
椎橋隆幸, "證據收集方法の多樣化の意義", 『刑事法ジャーナル』, 成文堂, 2015.43.
田口守一, "刑事手續法制," 『ジュリスト』, 有斐閣, 1995.8.
平野龍一, "捜査の構造," 『法學敎室〈第2期〉』, 有斐閣, 1973.6.
三井 誠, "公訴提起の原則," 『法學敎室』, 有斐閣, 1993.11.

最高裁 1966年7月1日決定[最高裁判所刑事判例集20卷6號537頁].
最高裁 1970年11月25日決定[最高裁判所刑事判例集24卷12號1670頁].
最高裁 1981年6月26日判決[最高裁判所刑事判例集35卷4號426頁].
最高裁 1983年7月12日判決[最高裁判所刑事判例集37卷6號791頁].

제 4 장
중국의 경찰제도

제 1 절 중국의 정치제도

Ⅰ 중국공산당

중국공산당The Communist Party of China, CPC은 1921년 7월 코민테른의 중국지부로
창당되어, 1949년 중국에 사회주의 정권을 수립함으로써 중국을 지배하는 일당
독재의 집권당이 되었다. 현재 약 5,700만의 당원이 있으며, 정책의 결정·집
행·지도를 총괄한다.
　　중국공산당의 조직은 중앙에서 지방까지 피라미드 형태의 완전한 조직체계
를 갖추고 있으며, 각종 정책과 인사배치를 완전히 통제·집행하며, 엄밀한 감
시체계를 갖고 있다. 중국공산당의 주요 기구와 기능은 다음과 같다.

4-1　중국공산당 기구조직도

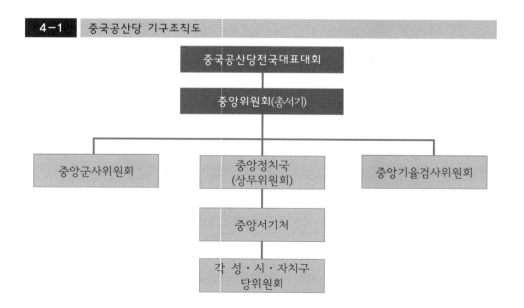

1. 중국공산당 전국대표대회(약칭 全大)

중국공산당 전국대표대회는 중국공산당의 최고통치기구로서 매 5년마다 1회씩 개최되고 있으며, 1997년 9월에 제15차 대표대회를 개최하였다. 중국공산당 전국대표대회에서 당의 중대한 문제에 대하여 토론하고 결정하며, 당규를 개정하며 중앙위원회 중앙위원을 선출한다.

2. 중앙위원회와 총서기

당의 중앙위원회는 당의 전국대표대회의 선거로 구성되고, 전국대표대회 폐회기간 동안에 당의 전체 업무를 관장한다. 전국대표대회의 결의를 집행하고, 당 중앙의 각종 기관 설치 및 그들의 활동을 지도하며, 기타 정당과 관계를 유지한다. 중앙위원회는 내정, 외교, 경제, 국방 등 각 방면의 중대문제에 대한 당론을 결정하고, 최고 국가 정권기관의 지도직위에 인원을 추천하며, 각 방면에 걸쳐 정치적 지도를 실시한다. 13대 당장(黨章)의 규정에 따라, 중앙위원회 전체회의는 중앙정치국, 중앙정치국 상무위원회의 구성인원을 선출하고, 당의 중앙 고문위원회의 주임과 부주임 및 상무위원회 위원에 대한 임용과 중앙기율검사위원회 서기와 부서기 및 상무위원회 위원의 임용을 결정한다.

중앙위원회 총서기는 중앙위원회 전체회의의 선거로 선출되고, 중앙정치국 및 중앙정치국 상무위원회 회의개최를 담당하며, 중앙서기처의 업무를 주관한다.

3. 중앙정치국과 그 상무위원회

중앙정치국과 그 상무위원회는 당의 중앙지도기구의 핵심부분으로 중앙위원회 전체회의에서 선거로 선출되는데, 당의 제5차 회의에서 설치되었다. 중앙정치국은 중앙위원회 폐회기간 동안 중앙위원회의 권한을 행사한다. 당의 전체 업무의 지도 핵심인 중앙정치국 상무위원회는 7인으로 구성되며, 집단적으로 토론하여 국정에 관한 중요문제에 대한 당론을 정한다.

4. 중앙서기처

중앙서기처는 중앙정치국 및 중앙정치국상무위원회의 일상적 업무를 담당하는 기구로서, 중앙정치국상무위원회의 추천을 받아 중앙위원회 전체회의에서 임명한다. 그 직속기구로서 판공청·조직부·선전부·통일전선공작부·대외연락부 등이 설치되어 있다.

5. 중앙군사위원회

당의 중앙군사위원회는 당의 최고군사지도기관으로서 그 구성원은 당의 중앙위원회 전체회의에서 결정된다. 이 기구는 중앙정치국 및 그 상무위원회의 지도아래 당의 군사업무와 관련되는 노선·방침 및 정책을 제정, 집행하고, 모든 군사업무에 대한 지도를 담당한다. 그 구성원은 당 중앙과 각 민주당파와의 협상을 거치고 전인대를 통과하면 국가의 중앙군사위원회의 구성원이 될 수 있다.

6. 중앙기율검사위원회

중국공산당 중앙위원회의 선거로 구성되는 이 위원회는 중국공산당의 최고 기율 검사기관으로서 중앙위원회의 지도아래 업무를 진행한다. 중국공산당의 중앙과 지방 각급 기율검사위원회의 권한은, 당의 장정(章程)과 기타 중요한 규정·제도를 보호하고, 당 위원회와 협조하여 당풍을 정돈하며, 당의 노선·방침·정책 및 결의의 집행상황을 검사한다. 이 기구의 주요 업무는 당원에 대한 기율준수의 교육을 추진하고, 당기(黨紀)의 보호에 관한 결정을 하며, 당의 조직과 당원이 당장·당기를 위반한 상황을 검사·처리하고, 이 당원에 대한 처분을 결정하거나 취소하며, 당원의 소청사항을 수리한다. 당의 13대의 결정에 의하여 이 위원회는 법적 기율(法紀)과 행정적 기율(政紀)과 관련된 안건은 처리하지 않도록 함으로써 당정분리의 원칙을 반영하려는 시도를 한 적이 있다.

Ⅱ 전국인민대표대회(약칭 人大)

1. 개 요

전국인민대표대회는 중국의 형식상 최고권력기관으로서 22개성·자치구·직할시·특구·인민해방군에서 선출되는 대표로 구성된다.

인민대표대회(인대)는 전인대, 성·시·자치구·인민해방군인대, 현·시인대, 향·진인대 등 4단계로 구분되어 있으며, 차하급 인대에서 차상급 인민대표를 해당지역의 인구 비례에 기초, 직접 또는 간접선거를 통해 선출한다. 따라서 전인대 대표는 차하급 단위인 성·시·자치구·인민해방군 및 홍콩·마카오 특구로부터 간접선거로 최고 3천 5백명까지 선출(대표의 약 60%가 공산당원)되며, 최하급 인대로서 현(시·구), 향(진)급 인민대표는 국민의 직접 선거로 선출되며, 임기는 3~4년이다. 전인대 대표 총수(總數)는 전인대 상무위원회가 상황에 따라 결정하나, 3,500명을 초과하지 못하며 임기는 5년이다. 전국인민대표대회는 전인대 상무위원회가 소집한다.

2. 주요 기능

1) 헌법의 개정, 헌법집행의 감독 및 기본법률의 제정·개정
2) 국가주석, 부주석 선출 및 파면
3) 국가주석의 제청에 입각한 국무원 총리 선출과 총리 제청에 따른 부총리, 국무위원, 각부 부장, 위원회 주임 등을 결정 및 파면
4) 국가중앙군사위원회 주석의 선출 및 중앙군사위원회 주석의 제청에 입각한 그 위원회의 기타 구성원 결정 및 파면
5) 최고인민법원 원장, 최고인민검찰원 검찰장 선출 및 파면
6) 국가경제·사회발전 계획 및 진행상황에 대한 보고를 심의·비준
7) 국가예산과 예산집행 상황에 대한 보고를 심의·비준
8) 성·자치구·직할시의 설치 비준
9) 특별행정구의 설치 및 제도 결정

10) 전쟁과 평화에 대한 문제 결정

11) 전인대 상무위원회 구성원 선출 및 파면

12) 국가최고권력기관으로서 행사하는 기타 직권

3. 전국인민대표대회 상무위원회

전인대의 상설기관으로서 전인대 폐회기간중 전인대 대부분의 권한을 행사하되 헌법개정, 국가주석, 총리, 중앙군사위 주석 선출 등은 제외한다. 회의는 통상 매2개월마다 1회(짝수월의 하순) 개최되며, 매회 회의기간은 7~10일 정도이다. 전인대 상무위원회 위원은 국가행정기관, 사법 또는 검찰기관업무의 겸직이 금지된다.

전인대 상무위원회의 인사권에는 결정권(전인대 폐회기간 동안에 한함)과 임면권이 있는데 ① 국무원 부장, 위원회 주임, 심계장(審計長), 비서장의 인선(총리의 제청) ② 중앙군사위원회 주석 이외의 구성원의 인선(주석의 제청) ③ 전권대사의 임면에 대하여 결정권이 있고, ① 최고인민법원 부원장, 심판원, 심판위원회 위원, 군사법원 원장(최고인민법원장의 제청) ② 최고인민검찰원 부검찰장, 검찰원, 검찰위원회 위원, 군사검찰원 검찰장(최고인민검찰원 검찰장의 제청) ③ 성·자치구·직할시의 인민검찰원 검찰장에 대한 임면권을 갖고 있다.

4. 전국인민대표대회(전인대)와 국가기구조직

이는 그림 [4-2]와 같다.

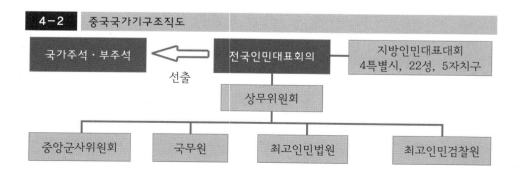

4-2 중국국가기구조직도

Ⅲ 국가주석, 부주석

1. 선 출

전국인민대표대회에서 재적과반수 찬성으로 선출하며 임기는 전인대 대표와 같은 5년으로 연임가능하나 연속하여 3회 연임은 불가

2. 국가주석의 주요 권한

1) 국가를 상징적으로 대표
2) 전인대의 결정 및 그 상무위원회의 결정에 따라 법률을 공포
3) 총리, 부총리, 국무위원, 각 부장, 각 위원회 주임, 심계장, 국무원 비서장(秘書長)의 임면권
4) 국가훈장, 명예 칭호의 수여
5) 특사령, 계엄령, 선전포고, 동원령을 공포
6) 대외적으로 외국사절을 접수하고, 전인대 상무위원회의 결정에 따라 해외 주재 전권대사를 파견·소환하며, 외국과 체결한 조약 및 협정을 비준 또는 폐기

3. 국가부주석의 권한

주석을 보좌하며 주석의 위임을 받아 주석의 일부직권을 대행하고 주석 궐위시 주석직을 승계한다.

Ⅳ 인민정치협상회의(약칭 정협)

1. 연혁 및 기능

1949년 9월 「인민통일전선」 조직으로 설립되어 건국초기 임시 헌법에 해당

하는 「정협 공동강령」을 제정하는 등 의회 역할을 대행하였다.

1954년 전국인민대표대회 설립 이후 정책자문기관 및 홍콩·마카오 접수, 대만 통일을 위한 통일전선업무 협의체 기능을 수행하고 있다.

2. 정협전국위원회

공산당, 8개 민주당파,[1] 인민단체, 소수민족, 홍콩·마카오 교포 등의 대표 인사 약 2,000명으로 구성된다. 임기는 5년이며 통상 연1회 전체회의를 개최하여 다음의 권한을 행사한다. 즉, 전국위원회의 주석, 부주석, 비서장 및 상무위원을 선출하고, 국정방침에 관한 토의와 참여 그리고 제안 및 비판을 한다. 또한 정협의 규약에 대한 개정, 결의 채택 및 정협상무위원회 사업보고에 대한 심의를 한다.

3. 정협상무위원회

전국위원회의 주석, 부주석(31명), 비서장과 상무위원(290명) 등 총 322명으로 구성되며, 전국위원회 전체회의 폐회중 전체회의의 결의를 집행하고 전국인민대표대회 또는 국무원에 제출할 결의안을 심의하고 채택한다.

---

1) 중국에는 현재 8개의 민주당파가 있으며, 그것은 다음과 같다. ① 중국국민당 혁명위원회(中國國民黨革命委員會, 약칭 "民革") 구성원은 주로 원래의 국민당 인사 및 국민당과 역사적 연계가 있는 인사들이다. ② 중국민주동맹(中國民主同盟, 약칭 "民盟") 구성원은 주로 문화·교육계의 중상층 지식인들이다. ③ 중국민주건국회(中國民主建國會, 약칭 "民建") 구성원은 주로 경제계 인사 및 관련 전문학자들이다. ④ 중국민주촉진회(中國民主促進會, 약칭 "民進") 구성원은 주로 문화, 교육, 출판, 과학과 기타 직무에 종사하는 지식인들이다. ⑤ 중국농공민주당(中國農工民主黨, 약칭 "農工") 구성원은 주로 의약 위생계와 과학기술·문화교육계의 중고급(中高級) 지식인들이다. ⑥ 중국치공당(中國致公黨, 약칭 "致公") 구성원은 주로 귀국 화교와 해외동포의 귀국 가족들이다. ⑦ 구삼학사(九三學社, 약칭 "九三") 구성원은 주로 과학기술계의 고중급(高中級) 지식인들이다. ⑧ 대만민주자치동맹(臺灣民主自治同盟, 약칭 "臺盟") 구성원은 주로 대륙에 거주하는 대만동포들이다. 그러나 일반적인 민주국가에서 보는 정당의 기능을 하고 있다고 보기는 어렵다. 왜냐하면 중국의 사회주의국가의 특성상 중국공산당이 실질적인 권력의 핵심이라고 할 수 있기 때문이다.

V 국가중앙군사위원회

전국병력을 지휘하며 주석책임제를 실시한다. 주석은 임기 5년으로(연임제한 규정 없음), 전국인민대표대회 및 그 상무위원회에 책임을 진다. 국가중앙군사위 의 구성은 당중앙군사위 구성과 동일하다.

VI 최고인민법원

중국의 최고 재판기관으로 지방의 각급 인민법원과 군사법원 등 전문인민법 원의 재판활동을 감독하며, 전국인민대표대회와 그 상무위원회에 책임을 진다. 원장의 임기는 5년이며, 1회에 한하여 연임이 가능하다.

VII 최고인민검찰원

중국의 최고 검찰기관으로서 지방의 각급 인민검찰원과 군사검찰원 등 전문 인민검찰원의 활동을 지도하며, 전국인민대표대회와 그 상무위원회에 책임을 진다. 원장의 임기는 5년이며, 1회에 한하여 연임이 가능하다.

제2절 중국경찰의 역사

I 건국 전 경찰의 역사

1. 소비에트 정부기

중국공산당이 창립된 후, 1922년 최초의 철저한 반제·반봉건의 민주주의

혁명 강령을 제기하였으며, 1923년 국민당과 혁명 통일전선을 수립하기로 결정하였다. 1924년 손중산(孫中山)은 광주(廣州)에서 국민당을 개편하고 제1차 국공합작을 실현하였다. 이로써 국·공 양당은 공동으로 황포군관학교(黃浦軍官學校)를 창설하고 국민혁명군(國民革命軍)을 조직하여 군벌세력을 정벌하였다. 국민혁명군은 먼저 광동(廣東)에서 군벌세력을 격파한 후, 1926년 정식으로 북진하여 북양군벌(北洋軍閥)을 토벌하기 시작하였는데, 이를 "북벌전쟁"(北伐戰爭)이라 일컫는다.

북벌전쟁의 시작 단계는 매우 순조로워 국민혁명군은 매우 빠른 속도로 중국의 남부와 중부를 점령하였으며, 이로부터 혁명의 열기는 전국적으로 확대되었다. 그러나 1925년 손중산이 서거한 후, 국민당 내부에는 분화가 발생하여 장개석(蔣介石)을 대표로 하는 우파가 주도권을 장악했다.

1927년 4월 북벌전쟁에서 승리하였을 때, 장개석은 상해에서 정변을 일으켜 기습적으로 공산당원들을 대규모로 탄압하였다. 계속하여 국민당은 남경에 국민정부(國民政府)를 수립하였으며, 장개석은 군사위원회 위원장(軍事委員會委員長)과 중앙정치회의 주석(中央政治會議主席)을 맡아 군정 대권을 장악하였다. 이로써 혁명은 실패로 끝났으며, 중국 현대사에서는 이 시기를 제1차 국내혁명전쟁시기라 일컫는다.

1927년 장개석의 공산당에 대한 무력탄압으로 인해 중국공산당은 90%에 달하는 역량의 손실을 입었다. 그러나 중국공산당은 이에 붕괴되지 않았으며, 사회주의 혁명을 완성하기 위하여 1927년 8월 1일 공산당원 주은래(周恩來), 주덕(朱德), 하룡(賀龍) 등은 남창(南昌)에서 무장봉기를 일으켜 국민당에 대항하여 무장투쟁을 전개하였다. 이로부터 중국공산당은 독자적인 무장 능력을 갖게 되었다. 동년 8월 7일 중공(中共) 중앙(中央)에서는 긴급회의를 소집하여 심각한 과오를 범한 지도자 진독수(陳獨秀)의 직무를 해제시키고, 토지혁명과 무장투쟁을 통하여 국민당에 항거한다는 방침을 확립하였다. 동년 9월 모택동은 호남(湖南)에서 추수봉기(秋收起義)를 영도하여 공농홍군(工農紅軍)을 창설하고 강서성 정강산(井岡山) 농촌혁명근거지(農村革命根據地)를 개척하였다. 1928년 4월 남창봉기(南昌起義)를 일으킨 부대도 정강산(井岡山)에 도착하였으며, 이때부터 중국공산당은 인민을 동원하고 영도하여 농촌에서 도시를 포위하고 정권을 무력적으로 탈취하는 혁명노선을 표방하기 시작하였다. 모택동 일행은 정강산에서 게릴라활동을 하면서 소련으로 넘어가 소비에트구(해방구) 건설에 힘썼지만 여의

치 않았다. 하지만 차츰 중국각지에 수립된 해방구인 소비에트정권이 모여 1931년 11월 중국공산당은 모택동을 주석으로 하는 중화소비에트공화국을 만들었다.

중국공산당은 1927년 12월 상해에서 '중앙특과'(中央特科)를 설치하였는데 이 것이 중국공산당이 처음으로 설치한 보위기관이다. 그리고 1931년 11월 중국공산당은 중화소비에트공화국 중앙인민위원회에 '국가정치보위국'을 설치하였다. 여기에는 정찰부, 집행부, 정치집행대대, 밀서처, 홍군공작부와 자구공작부(自區工作部)를 설치하였다.[2]

2. 연안정부기

장개석은 4·12정변으로 정권을 장악한 후에 중국공산당과 그들의 무장혁명을 제거하기로 결심하고, 공산당의 강서(江西) 중앙혁명근거지에 대하여 다섯차례에 걸친 대규모 군사토벌을 개시하였다. 1934년 10월 장개석의 군사토벌을 벗어나고, 일본 제국주의가 중국의 동북을 점거한 후 심각해진 민족적 위기를 구하기 위해서, 중국공산당이 이끄는 공농홍군(工農紅軍)은 강서(江西) 중앙혁명근거지를 철수하기로 결정하고 북방으로 이동하는 전략의 대전환을 시작하였다. 이것이 바로 세계적으로 유명한 중국 공농홍군의 25,000리 대장정이다.

장정 도중 1935년 1월 중국공산당은 귀주성(貴州省) 준의(遵義)에서 중앙정치국확대회의(中央政治局擴大會議)를 소집하여 중국공산당과 홍군 속에서 모택동의 지도체제를 확립하였다. 이로부터 새로운 지도자를 찾게 된 중국공산당은 혁명의 성공을 향해 나아갈 수 있었던 것이다. 1935년 10월 중국 공농홍군은 일년의 힘든 노정을 거쳐 여러 차례의 위험과 장애를 극복하면서 섬서(陝西), 감숙(甘肅), 요하(遼夏)의 접경지역에 성공적으로 도달하여 그곳에 항일혁명근거지로서 연안정부를 세웠다. 그 후 섬북(陝北) 연안(延安)은 항일과 사회주의 혁명의 중심지가 되었다.

연안의 중국공산당은 항일전선강화를 위해 국민당에 제2차 국공합작을 원하고 있었는데 마침 1936년 12월 장개석이 장학량에게 체포된 서안사건(西安事件)[3]이 발생하였다. 한편 중국의 동북을 점령하고 다시 화북으로 진격한 일본

---

2) "公安大事記," http://www.cpd.com.cn/xxlr.asp?id=4819 참조.
3) 서안사건은 중국 동북군의 사령관인 장학량이 국민당의 총통인 장개석을 감금하고 항일

침략군은 1937년 7월 7일 북경 부근에서 노구교사건(蘆溝橋事件)4)을 일으켜 전면적으로 중국을 침공하기 시작하였으며, 이에 대하여 중국의 군대도 강력한 저항을 하게 됨으로써 마침내 전면적인 항일전쟁(抗日戰爭)이 발발하였다. 서안사건과 전면적인 중일전쟁의 상황하에 1937년 9월 제2차 국공합작이 성립되었다.

그러나 장개석은 자신의 정권을 유지하기 위해서 중화민족이 망국의 위험에 직면하였음에도 불구하고 여전히 공산당을 적으로 간주하였다. 그는 "반공 적극, 항일 소극(積極反共, 消極抗日)"의 방침을 취하여 단지 일부의 군대만 항일에 투입하고, 주력부대는 공산당이 이끄는 군대와 항일혁명근거지를 소탕하는 데 투입하였다. 결과적으로 항일의 주요 책임은 공산당이 이끄는 팔로군(八路軍)과 민중에게로 부여되었으며, 항일전쟁의 마지막 1년 동안에 공산당이 이끄는 군대와 민중들은 일본 침략군을 반격하는 데 전력하였다.

중국공산당의 영도하에서 중국 인민들이 적극적으로 가담하게 됨으로써 가장 광범위한 항일민족통일전선(抗日民族統一戰線)을 실현하였으며, 그 과정에서 항일무장역량과 항일혁명근거지는 점차 확대·발전되었다. 중국 인민들은 8년간의 어려운 항전을 거치면서 많은 피를 흘리며 희생되었으나, 1945년 8월에 마침내 항일전쟁의 승리를 쟁취하였다.

이 시기에 중국공산당은 특무공작과 공안공작을 구분하여 행정체제상의 보안제도를 성립시켰다. 특무공작에는 1938년 중국공산당 제6기 중전회(中全會)에서의 결정을 거쳐 종래의 보위국을 기초로 하여 중앙에 사회부를 성립시켰다. 이것이 공안조직의 시초이다. 1938년 5월 '연안시경찰대'를 설치하였는데 이것이 첫 번째의 인민경찰대오이다.5)

전에 전력을 기울일 것을 요구한 일종의 군사쿠데타이다.

4) 노구교는 베이징 남서쪽 교외의 永定河를 가로지르는 노구교 왼쪽에 있는 소도시로, 여기에 宋哲元의 제29군(軍)의 일부가 주둔해 있었다. 1937년 7월 7일 밤 펑타이[農台]에 주둔한 일본군의 일부가 이 부근에서 야간연습을 하고 있던 중 몇 발의 총소리가 난 후 사병 한 명이 행방불명되었다. 사병은 용변중이어서 20분 후에 대열에 복귀하였으나, 일본군은 중국군측으로부터 사격을 받았다는 구실로 펑타이에 있는 보병연대 주력을 즉각 출동시켜 중국군을 공격하여 다음날인 8일에 노구교를 점령하고 중국군은 永定河 우안(右岸)으로 이동하였다. 최초의 10여 발의 사격이 일본군의 모략에서 나온 것인지, 중국의 항일세력에 의한 것인지는 분명치 않으나, 7월 11일에는 중국측의 양보로 현지협정(現地協定)을 맺어 사건은 일단 해결될 것 같았다. 그러나 일본정부는 계속 강경한 태도를 보이면서 군대를 증파(增派)하여 28일 베이징·톈진[天津]에 대한 총공격을 개시하였다. 이를 계기로 노구교사건은 전면전쟁으로 확대되어 중·일전쟁으로 돌입하였다. 중국측에서는 이 사건을 계기로 제2차 국공합작이 이루어지고 항일(抗日)의 기운이 높아졌다.

5) "公安大事記," http://www.cpd.com.cn/xxlr.asp?id=4819 참조.

1939년 4월 4일 연안정부는 변구정부(邊區政府)조직조례를 공포하고, 행정단위에 대해서 변구정부에 보안처를, 현과 시에 보안과를, 구에 보안조리원을, 향에 서간(鋤奸, 스파이의 적발) 소조직을 설립하였다. 체제상 보안처는 행정처에 속하고, 지도상으로는 동급의 당사회부 지도를 받으며 보안처 처장의 일의 대부분은 동급 당사회부의 책임자가 맡았다.

1942년 이후에는 공안국제도를 채용하여 각 행정단위에 공안국, 공안분국, 치안원 및 파출소를 설치하였다. 구 이하의 공안조직은 동시에 당과 정부의 2중 지도를 받아 상급공안기관의 지도를 받는 외에 동급당위원회의 지도를 받았다.[6]

3. 국·공내전기

항일전쟁에서 승리를 거둔 후, 중국공산당과 중국 인민들은 한결같이 국·공 양당과 각 당파가 참여하는 민중연합 정부를 구성하여 민주개혁을 실행하고, 독립·자유·민주·통일·부강의 신중국을 건설할 것을 적극적으로 주장하였다. 그러나 국민당은 미국의 지지하에서 표면적으로는 공산당과 평화회담을 진행하였지만, 실제로는 적극적으로 내전을 준비하면서 항일 승리의 성과를 독점하여 국민당 정부의 독재통치를 유지하려고 기도하였다. 1946년 6월에 국민당은 공산당이 영도하는 해방구(解放區)에 대하여 전면적인 진격을 개시하였다. 이에 중국에는 제2차 국·공내전이 발발하게 되었다. 전쟁 초기에 장개석의 국민당 군대는 미제 무기의 우세에 힘입어 기세가 등등하여 내전발발 후인 1947년 3월에 연안정부가 패배하는 등 국민당이 압도적으로 우세하였지만, 중국공산당은 이 사이에 토지해방을 실시하는 등 농민의 적극적인 지지를 얻어 세력을 확대하고 해방구와 국민당통치구 민중들의 지지를 얻었으며, 1947년 2월에는 팔로군을 인민해방군이라고 개칭하고 5월부터는 압도적으로 우세한 국민당 군에 전면적인 반격으로 전환하여 전세를 역전시켰다. 3년의 내전을 거치면서 중국인민해방군은 국민당의 800만 군대를 섬멸하였으며 장개석이 영도하는 국민당군대는 대만으로 도피하였다. 그리하여 대만과 몇몇 작은 섬들을 제외하고 전 중국은 모두 중국공산당에 의해 장악되었으며, 1949년 10월 1일 중화인민공화국의 성립을 국내외에 선포함으로써 중국 대륙에는 중국역사상 최초로 사회

---

6) 김성수, 『비교경찰론』(서울: 사단법인 경찰공제회, 2002), p.454.

주의 국가가 탄생되었다.

중국공산당은 1949년 2월 2일 '북평시인민정부공안국'을 설치하였으며 1949년 7월 6일 중앙인민혁명군사위원회는 '공안부'를 설립하였다.[7] 1949년 9월 9일에는 중화인민정치협상회의 제1회 전체회의를 개최하여 중화인민공화국중앙인민정부조직법, 중국인민정치협상회의공동강령,[8] 중화인민정치협상회의조직법을 제정하고 5성홍기(五星紅旗)를 국기로 정하고 '북평'(北平)을 '북경'(北京)으로 개명하였다.

Ⅱ 건국 후 경찰의 역사

1. 건국 후부터 문화혁명 전 시기의 경찰과 인민무장경찰부대의 성립과 발전

1949년 10월 19일 중앙인민정부위원회 제3차 회의에서는 인민혁명군사위원회공안부를 폐지할 것을 결정하였으며 1949년 11월 5일 중앙인민정부공안부는 성립대회를 개최하였다.

1954년에 중국의 헌법이 제정되었는데 헌법에서는 정무원을 국무원으로 바꾸고 공안부는 이 국무원에 속하는 중앙정권조직의 하나로 독립하였다.

그리고 1949년 10월에 설립된 인민공안부대는 공안군으로 개칭하여 인민해방군의 일종이 되었다. 1975년 등소평이 중앙군사위원회에서 군대를 정비할 것을 제시한 후 원래 현·시의 공안부대에서 개편된 인민해방군지방부대를 공안부문으로 이관하여 인민경찰로 개편하였다. 1980년대 초 중국군대에 대한 전면적 정비와 개혁조치에 따라 1982년 6월 공산당중앙위원회는 '중국인민무장경찰부대'를 조직하고 이를 공안부문에 이관하기로 결정하였다. 1983년 4월 중국인민무장경찰부대총부가 북경에 설치되었고 국무원의 편제에 속하고 국무원과 중앙군사위원회의 2중 지휘를 받도록 되었다. 1984년 5월 전국인민대표대회는 병역법을 통과시켰는데 이 병역법에서는 중국인민해방군과 중국인민무장경찰부대

---

7) "公安大事記", http://www.cpd.com.cn/xxlr.asp?id=4819 참조.

8) 건국 초 중국은 헌법이 없었으며 1954년 중국헌법이 제정될 때까지 이를 대신한 것이 "공동강령"이다. 즉 임시헌법이었다.

그리고 민병을 중국의 무장역량으로 하는 신체제를 규정하였다. 중화인민공화국국방법은 인민무장경찰부대는 국가가 부여한 안전보위임무를 부담하고, 사회질서를 유지할 것을 규정하고 있다.[9]

2. 문화대혁명기

1966년부터 1976년까지 중국에서는 문화대혁명으로 인해 기존의 질서들이 완전 파괴되었다. 즉 행정체제, 입법체제, 사법체제 등 국가의 기본체제들이 모두 파괴된다. 공안조직 역시 문화대혁명의 영향으로 파괴되고 정상적 임무를 수행하지 못한다.

1967년 1월 13일 모택동은 공안기관을 문화대혁명을 추진하는 주요수단으로 하는 소위 '공안6조'를 반포하였다. 임표(林彪), 강청(江靑)의 주도세력은 "잡란공검법"(砸爛公檢法, 공안기관·검찰기관·법원에 대한 파괴)이라는 구호를 외치며 공안기관 파괴를 시도하였다. 정치적으로 공안기관은 "자산계급의 도구," "국민당간첩기관" 등으로 매도되었다. 1967년 12월 중공중앙(中共中央)이 공안기관에 대하여 군사관제(軍事管制)를 결정하였는데 군사관제의 임무는 혁명파와 프롤레타리아 문화대혁명을 보호하는 것으로 이전의 공안부를 완전히 변경하여 새로운 공안조직을 만드는 것이었으며 인민경찰과 공안직원은 군사관제위원회의 명령과 지도에 따라 활동하였다. 모택동의 이러한 공안기관폐지 이유는 반모택동분자를 숙청하는 데 있었다. 1969년 모택동은 문화대혁명의 혼란을 수습하기 위하여 점차 공안제도를 회복하기 시작하여 1970년 중국공산당 제9차 회의에서 헌법개정안을 채택하였는데 그 초안에서는 공안조직과 그 권한에 대해 새로 규정하고 공안기관에 검찰기관으로서의 권한이 주어졌다. 이 초안은 1975년 제4기 전국인민대표대회에서 정식으로 채택되어 공안기관의 권력이 현저하게 확대되었다.

3. 문화대혁명 후부터 최근까지의 시기

1977년 12월에 제17차 전국공안회의에서는 공안업무의 새로운 목표와 4인

---

9) "중국인민무장경찰부대," http://www.people.com.cn/GB/junshi/192/7844/7845/20020509/724771.html 참조.

방에 대한 비판, 공안기관 파손에 대한 회복방법 등에 대하여 논의하였다. 또, 1978년 4/4분기부터 1979년 상반기 동안 공안부는 과거 문화대혁명시기에 반포한 잘못된 문건들에 대한 폐기를 실시한다. 조직이 어느 정도 회복되자 경찰조직과 직능에 대한 개편이 시작되었다.[10]

경찰관련법제의 정비와 관련하여서는 중국은 1978년 2월 헌법개정을 하여 검찰부문을 부활하여 검찰업무를 공안부에서 분리시켰다. 1979년에는 형법, 형사소송법, 법원조직법, 검찰원조직법 등 7개 법안을 채택함과 동시에 경찰업무를 정비하였다. 또한 병역법(1984. 5), 징병업무조례(1985. 10), 촌민위원회조직법 (1988. 6), 외국인출입국관리법(1985. 11), 도로교통법관리조례(1988. 3), 국가비밀보호유지법(1989. 5), 집회행진시위법(1989. 10) 등을 제정하였다. 공안체제개편과 관련하여 1983년 6월 전국인민대표대회상무위원회의 결정으로 국가안전부가 설치되면서, 경찰이 주관했던 간첩업무와 대외정보업무를 국가안전부로 이관하였다. 그리고 1984년 중국은 국제형사경찰기구ICPO 제53회 총회에서 ICPO의 정식 가맹국으로 가입하였으며 공안부 형사국에 국제형사경찰기구 중국사무국을 조직하여 대외부문에 대한 협력을 강화하였다.

공안기관의 업무집행과 관련하여 1986년에 경미한 범죄의 처벌을 위하여 중화인민공화국치안관리처벌조례를 제정하였다가 2006년 개정하였으며, 1995년에는 중화인민공화국경찰법을 제정하였다.

제 3 절   중국인민경찰과 공안

I 개   념

중국에서는 경찰이라는 용어와 공안이라는 용어가 혼용되고 있는데 경찰은 법 규정상에는 '인민경찰'이라는 용어로 많이 사용되고 있다. 공안(公安)이라는 용어의 뜻은 '사회전체의 치안'이라는 뜻으로 쓰인다. 그리고 공안기관은 사회전체의 치안을 담당하는 기관을 의미한다고 할 수 있다. 인민경찰의 범위에 대

---

10) 劉鍵 主編, 『最新公安派出版所所長工作全書』(北京: 中國檢查出版社, 1999), pp.42~44.

하여 살펴보면 「중화인민공화국인민경찰법」 제2조 제2항의 규정에 따라 공안기관·국가안전기관·감옥·노동교양관리기관의 인민경찰과 인민법원·인민검찰원의 사법경찰을 포함하고 있다.

1957년 제정된 인민경찰조례에 의하면 단지 공안기관의 인민경찰만을 의미했으나, 1983년 공안부와 국가안전부가 분리되고, 인민법원, 인민검찰원이 양원의 조직법에 의해 사법경찰을 두게 되면서, 인민경찰의 범위가 공안부문에 관련된 부서로 확대되었다.[11]

Ⅱ 인민경찰의 종류

중국의 인민경찰은 종사하는 직무의 전문성과 영역에 따라 다음과 같이 분류할 수 있다.[12]

1. 치안경찰

치안경찰(治安警察)은 사회치안질서 유지, 공공안전을 보장하는 책임을 진다. 주요임무는 국가유관 법률에 따라, 사회치안관리와 사회질서 유지, 치안안건처리, 특별직업관리, 금지물품조사, 범죄예방, 사회치안상태 파악, 치안사고 예방 및 처리 등을 포함한다.

2. 호적경찰

호적경찰(戶籍警察)은 호적관리, 호구동태파악 등의 호적업무를 책임진다. 중국의 성·시에는 공안파출소가 일정한 지역을 관할하면서, 호적관리 업무를 책임지는데, 일반적으로 500~700호의 인구를 관리한다. 특별히 각 경찰마다 하나의 책임구역을 관할하고 있다. 호적경찰의 주요임무는 호적관리, 책임구 내 거주인구 상황을 숙지하면서 인구동태를 파악하고, 경범죄인에 대한 교육 및 치안보위위원회(治安保衛委員會)의 업무를 지도한다.

---

11) 愈定海·鄭曉·蘇同興 主編, 『派出所所長業務全書』(北京: 紅旗出版社, 1997), p.88.
12) 嚴軍興·馬玉娥 主編, 『警察業務全書』(北京: 科學技術文獻出版社, 1995), pp.85~87.

3. 형사경찰

형사경찰(刑事警察)은 형사범죄를 처리한다. 형사경찰은 수사관과 형사과학기술에 종사하는 법의원·감정원·분석원·경찰견 훈련인원 등을 포함한다. 이들의 주요임무는 형사 범죄인의 조사, 체포와 증거수집, 범죄인의 활동 감시이다.

4. 교통경찰

교통경찰(交通警察)은 도로교통질서유지 책임을 진다. 주요임무는 교통관리법규 규정에 따라, 도로·행인·차량과 기사 등에 대한 관리, 교통사고 예방과 처리, 교통안전에 대한 교육 전개, 교통질서 유지 등이 있다.

5. 외사경찰

외사경찰(外事警察)은 국가주권과 안전을 보호하며, 중국을 출입국하는 내외국인에 대한 관리업무를 진행한다. 주요임무는 중국국민의 출입국 관리, 거주, 여행에 대한 관리를 진행하며, 중국 국민과 외국인의 출입국 위반행위에 대한 처리, 외국인의 범죄활동 발견과 처리, 외국인의 중국 내의 합법적 권익·인신·재산·안전 보호 등이 있다.

6. 철도경찰

철도경찰(鐵路警察)은 철도계통의 업무를 담당한다. 철도경찰의 임무는 비교적 넓은데, 대체로 철도계통과 철도선에 대한 치안관리, 철도치안질서 유지, 각종 형사범죄의 처리, 역사와 기차 내의 금지물품의 반입을 조사하며, 치안사고의 예방 처리, 여객 및 화주의 생명과 재산안전을 보호, 철도재해사고 처리 등이 있다.

7. 도로경찰

도로경찰(公路警察)은 도로운송 업무를 담당한다. 주요임무는 고속도로, 일반도로, 버스정류장, 도로건설에 대한 치안 관리와 도로 치안질서유지, 각종 형사범죄활동의 예방, 금지물품의 조사, 치안사고예방과 처리, 도로 건설의 안전 보장, 도로 재해사고 처리 등이 있다.

8. 수상경찰

수상경찰(水上警察)은 수상교통업무를 담당한다. 주요임무는 선박·항만·부두·수상해운에 관한 치안관리, 수상교통의 치안질서 유지, 해상에서 일어나는 각종 형사범죄 처리, 해상 내에 금지물품 반입조사, 수상에서의 소방감독 실시, 수상재해사고 처리 등이 있다.

9. 민항경찰

민항경찰(民航警察)은 항공운수업무를 담당한다. 주요임무는 항공과 관련, 비행장에 대한 치안, 교통, 소방관리를 실시한다. 또 공항 내의 금지물품의 조사, 항공기 사고 처리, 민항기보호 등이 있다.

10. 순라경찰

순라경찰(약칭: 순경, 巡邏警察)은 일정한 노선, 일정지역에 순라방식을 사용하여 근무활동하는 자이다. 순경의 주요임무는 근무 구역 내의 치안질서, 치안사건과 돌발사건의 예방, 범죄행위 예방, 재해사고 처리, 교통질서 유지, 공민의 범죄신고 접수, 공공장소에서 발생한 민간인 분쟁의 해결, 사회와 시민에 대하여 각종 구조와 서비스 제공, 인민경찰의 풍기문란행위에 대한 규찰 등이 있다.

11. 경제경찰

경제경찰(經濟警察)은 중요사업단위에 대한 보호를 책임진다. 1981년 국무원 비준을 거쳐, 경제경찰이 창설되었다. 그 주요임무는 대형광산보호, 물자비축장소, 중요통신 및 교통시설, 군과학연구소 등 중요단위와 중요목표를 보호하며, 관할구역 내의 치안질서 보호, 기밀·위험물·귀중품의 외부반입 차단, 각종형사범죄예방, 화재·폭탄 등의 재해사고를 방지한다. 경제경찰은 소속단위에 속하며, 각 중요사업단위 당정 및 보위부문의 지휘를 받으며, 업무에 있어 각 관할 지역 내의 공안기관의 지휘를 받는다.

12. 무장경찰

무장경찰(武裝警察)은 중국인민무장경찰부대를 가리킨다. 주요임무는 국가주권과 안전보호, 사회치안 보호, 당정기관, 국가 중요목표와 인민생명재산 안전의 보위이다.

13. 변방경찰

변방경찰(邊防警察)은 중국 국경지역의 사회치안을 담당하고 국경의 외사업무를 처리한다. 변방경찰은 의무병역제이며, 중국 인민 무장경찰부대에 소속된다.

14. 소방경찰

소방경찰(消防警察)은 화재사건을 담당한다. 의무병역제를 실시하며, 중국 인민무장경찰 부대에 속한다. 주요임무는 소방감독·예방이며, 기업의 소방부분과 시민들에게 소방업무를 지도하며, 시민에 대한 소방교육을 실시한다.

15. 산림경찰

산림경찰(森林警察)은 산림자원을 보호하는 책임을 진다. 의무병역제이며, 인민무장경찰부대에 속한다. 주요임무는 산림지역 내의 야생식물, 동물 등 산림자원을 보호하며, 산림지대의 사회치안을 보호한다. 산림지대 내의 각종 형사사건의 예방을 주도한다.

16. 사법경찰

사법경찰(약칭: 법경, 司法警察)은 사법기관에서 특정임무를 담당한다. 사법경찰의 주요임무는 법정경호, 법정질서 유지, 피고인 호송, 법원판결 집행, 검찰을 보조하는 조사활동 등이다.

17. 감옥경찰

감옥경찰(監獄警察)은 옥중관리만을 실시한다. 주요임무는 감옥 내의 조직관리, 교육과 개조업무를 실시한다. 교도소 내의 치안방범 유지, 교도소 내의 각종 형사사건의 예방 등이 있다.

제 4 절 중국의 공안조직

중국의 공안조직은 다양한데 이하에서는 일반적인 공안기관과 함께 특수부분의 공안기관의 조직에 대해서도 살펴본다.[13)]

---

13) 劉尙煜 主編, 『公安機關領導幹部全書』(北京: 中國人民公安大學出版社, 1998), p.15.

Ⅰ 공 안 부

공안부(公安部)는 중국의 국무원소속으로 중국의 공안업무를 주관하는 부서이며, 인민경찰의 최고기관이다.[14] 공안부의 소속기구와 그 임무는 다음과 같다.

1. 판 공 청

판공청(辦公廳)은 전국공안업무상황을 파악하고, 사회치안상황을 종합·분석하며, 각종 공안소식을 취합·분석하고, 긴급사무를 협조처리하고, 각종 문건과 회의보고의 기초문건에 대한 심사업무를 하며, 대외적인 소식을 발표하고 접대업무와 서류의 접수와 발송업무 그리고 공안계통의 통신망을 관리한다.

2. 정치보위국

정치보위국(政治保衛局)은 적정과 사회정치동향 등을 파악한다.

3. 경제보위국

경제보위국(經濟保衛局)은 각 지방공안기관을 법에 따라 기관·단체·기업체의 안전보위업무를 감독한다. 국방산업, 첨단과학연구, 중점적인 건설공정 등 취약 요소의 안전방범에 중점을 둔다. 그러기 위해 내부단위의 적정과 치안상황과 정치 동향을 장악하고 대책과 관련법규를 연구·제정하고 대책을 강구한다.

4. 문화보위국

문화보위국(文化保衛局)은 문화계통 내부의 안전보위업무를 지도·감독한다.

---

14) 중국의 공안부는 우리나라의 부급(예: 행정안전부, 외교부 등)에 해당하는 조직이며, 따라서 공안부장은 우리나라의 장관급에 해당한다고 볼 수 있다.

5. 치안관리국

치안관리국(治安管理局)은 사회치안관리를 지도하고 치안법규를 연구·제정하고, 치안관리위반사건에 대한 조사와 처벌을 지도한다. 각 지방 공안기관의 공공장소와 대형다중집회의 치안질서를 보호하는 업무를 지도한다. 민간경비사업을 육성지도하고 순찰대와 폭발물방비대의 육성발전을 지도한다.

6. 호정관리국

호정관리국(戶政管理局)은 호적과 거주민신분증관리, 유동인구를 관리하고 인구통계업무를 담당하며, 호적관리업무와 관련된 정책과 법규를 연구·제정한다.

7. 출입경관리국

출입경관리국(出入境管理局)은 출입국관리업무의 방침·정책·유관법규를 연구하며, 중국공민의 출입국과 외국인출입국을 지휘하며, 중국국정의 취득과 상실에 관한 업무 등을 담당한다.

8. 변방관리국

변방관리국(邊防管理局)은 연근해와 국경을 지키는 업무와 치안업무와 경계순찰업무를 지도한다. 출입국지역의 경비와 비자검사를 지도하고 유관부문과 협조하여 변방부대건설을 지도한다.

9. 형사정찰국

형사정찰국(刑事偵察局)은 형사범죄정황을 파악하고 분석하여 전국형사수사업무를 지도하며, 항공기 및 선박납치 등 중대한 테러사건과 전국적 규모의 중대사건을 협조처리하고, 중국의 인터폴업무를 담당한다.

10. 소 방 국

소방국(消防局)은 전국소방업무의 감독, 화재예방과 구호업무, 전국소방행정 법규의 심사와 연구, 소방기술규범과 표준을 제정, 소방과학연구와 소방물품 품 질검사, 소방부대의 업무와 교육훈련을 담당한다.

11. 경 위 국

경위국(警衛局)은 전국의 경호업무를 지도하고, 국가주요지도자, 중요외빈과 중대집회의 경호업무를 담당한다.

12. 계산기관리감찰사

계산기관리감찰사(計算機管理監察司)는 전국 중요컴퓨터에 관한 안전감찰업무 를 지휘하며, 공안부 전산업무를 주관한다.

13. 기술정찰국

기술정찰국(技術偵察局)은 기술정찰업무의 방침, 정책을 집행하며 유관규정을 연구·제정하며, 기술부문에 대한 관리와 훈련업무를 담당한다.

14. 예 심 국

예심국(豫審局)은 전국공안기관의 예심업무와 간수소(看守所), 구류소(拘留所), 수심소(收審所)의 감독업무를 지도하며, 당중앙위원회와 국무원이 하명한 중대사 건을 처리한다.

15. 교통관리국

교통관리국(交通管理局)은 전국의 도로교통안전관리와 선전업무를 지휘하며, 도로교통관리법규를 입안하며, 기술법규와 표준을 제정, 교통안전과학 연구업무를 담당한다.

16. 법 제 사

법제사(法制司)는 공안법제업무의 기획, 공안업무와 관련된 각종 법규의 심의와 입안, 기타법률성 규범문건의 초안을 만든다. 지방공안법제업무, 공안기관의 법집행상황을 조사, 공안법규를 정리하며, 공안법학연구업무를 지도하고, 유관부문과 협조하여 공안법제선전교육을 진행한다.

17. 외 사 국

외사국(外事局)은 공안외사업무와 대외협력사무를 관리, 각국 경찰과의 협조업무를 담당, 국제경찰조직의 우호교류, 업무·기술합작을 담당한다.

18. 계획재무사

계획재무사(計劃財務司)는 전국의 공안장비의 장기계획과 연도계획을 수립하고 각종 장비물자를 배정하며, 공안의 경비 및 재산, 부동산 등을 관리한다.

19. 과 기 사

과기사(科技司)는 공안과학기술업무에 대한 기획·개발·협조와 지도를 담당하며, 공안부소속 과학연구소 및 공안기술기재생산창(公安技術器材生産廠)을 관리하며, 물품표준화와 검사업무를 주관하며, 과학연구소 성과의 측정, 공안과학기술정보를 수집하고 연구하며 학술교류업무를 한다.

20. 정 치 부

정치부(政治部)는 공안부의 사상과 조직·문화·기율업무를 담당한다. 즉 경
찰간부의 교육훈련을 담당하며 홍보업무 등 전반적인 인사업무를 담당하고, 공
안부의 각 기관과 직속사업기구의 설치 및 인원배치를 담당한다. 정치부 내에
인사부·선전부·교육부 등이 있다. 이외에도 감찰, 회계, 후생복지 등을 담당
하는 기구가 있다.

Ⅱ 지방공안기관

중국의 지방공안기관(地方公安機關)은 기본적으로 성(省), 지(地), 현(縣), 파출
소(派出所)의 4급 공안기관으로 설치되어 있다.

1. 성·자치구·직할시공안청·국

성(省)·자치구(自治區)·직할시공안청(直轄市公安廳)·국(局)은 성·자치구·
직할시인민정부의 공안업무를 주관하는 직능 부문으로서 성·자치구·직할시의
전 범위 내의 공안업무를 지휘·관리한다. 1994년 공안부가 제정한 「관간성·
자치구공안청기구개혁적의견(關干省·自治區公安廳機構改革的意見)」에 의하면, 공
안청은 조직·협조직능을 갖춘 지휘기관이며, 직접적으로 수사에 참여, 중대 형
사사건 수사처리, 치안사건 등을 처리한다. 이는 정부 기타행정부문과 가장 큰
차이라 할 수 있다. 공안청의 역할은 각성의 경찰업무의 거시적 관리와 지휘직
능에 초점을 두며, 치안관리와 공안, 무장경찰 관리에 대한 직능을 강화하는 데
있다.

공안청기구는 "정간(精簡), 통일(統一), 효능(效能)"의 원칙에 따라 각 성·자
치구의 인구수, 지역면적, 치안상황, 경제수준 등의 요소를 고려하여 설치한다.
기구설치에 있어 반드시 설치해야 되는 부서는 판공청, 정치보위처, 경제보위
처, 치안관리처, 형사정찰처, 출입국관리처, 컴퓨터감찰대, 통신처, 특수경찰중
대, 예심처, 교통경찰중대, 법제처, 행정재무와 정치부이며, 무경중대, 법경부대,

소방중대, 경호처 조직 역시 반드시 설치해야 한다. 기율검사, 감찰, 심계, 퇴직간부부서, 기관당위기구(機關黨委機構) 등은 통일적 규정에 따라 설치한다. 장비처, 연구처, 문서보관처, 과기처 등은 각지역 상황에 따라 설치한다.

2. 지구공안처(국)

지구(盟, 自治州, 地級市)공안처(국)은 성·자치구공안청의 파견기구이다. 지구의 공산당위원회(黨委), 행정관서와 성·자치구공안청의 지휘하에, 공안업무와 직권을 행사하며, 관할 현·시공안기관·인민무장경찰부대의 업무를 지도한다.

3. 현공안국

현(自治縣, 縣級市)공안국은 현·시인민정부의 조직으로 현·시의 공산당위원회, 정부와 상급공안기구 지휘하에, 공안업무와 직권을 행사하며, 관할 내의 공안업무를 조직하고 관리한다.

4. 공안분국

각 직할시·성관할시 각 구는 공안분국(公安分局)을 설치하는데 이는 시공안국의 파견기구이며, 구공산당위원회(區委), 구인민정부와 시공안국의 지휘하에, 공안업무와 직권을 행사하며, 관할 내의 공안업무를 조직하고 관리한다.

5. 공안파출소

공안파출소(公安派出所)는 대도시 또는 중도시의 각 가도사무소[15]와 현소속의 진(鎭), 중요한 향(鄉)에 설치되는데, 1988년 4월 국무원이 비준한 「관간부분고등학교설립공안파출소실시판법(關干部分高等學校設立公安派出所實施判法)」에 따라 일부 대학교 등에도 설치되었다. 공안파출소는 현·시공안국과 공안분국의 파견단위이며, 중국공안기관의 기초단위로서 관할 내의 치안관리업무를 맡고 있다.

---

15) 중국어로는 가도판사처(街道辦事處)로서 우리나라의 동사무소와 비슷하다고 할 수 있다.

Ⅲ 전문공안기관

전문공안기관(專門公安機關)은 국가가 일부의 전문업무부문에 설치한 공안기관이다. 예를 들어, 철도, 교통, 민항, 임업공안기관이 그것이다. 이러한 공안기관은 해당소속부와 소재지구의 공안기관의 이중지휘를 받으며 해당업무와 관련된 치안업무 및 직권을 행사한다.

1. 철도공안기관

철도부공안국은 철도운영계통의 각 철도국, 분국에 공안국과 공안분국을 설치하여 철도역, 차량, 철도역의 일선치안업무를 맡고 있다.

2. 교통공안기관

이에는 교통부공안국, 항만 비행장 공안기구를 포함한다. 그중에는 장강항운공안국(長江航運公安局)과 흑룡강(黑龍江)항운공안국 및 그 소속기구; 대련(大連), 상해(上海), 광주(廣州)항운공안국 및 그 소속기구; 대련(大連), 영구(營口), 진황도(秦皇島), 천진(天津), 연태(煙台), 청도(靑島), 일조(日照), 연운항(連云港), 상해(上海), 남통(南通), 장가항(張家港), 영파(寧波), 산두(汕頭), 광주(廣州), 담강(湛江), 해남(海南), 사구(蛇口) 등의 항구공안국 및 그 소속기구; 천진(天津), 상해(上海), 광주(廣州) 등 해상감독공안처 및 그 소속기구를 포함한다.

3. 민항공안기관

이에는 중국민용항공국공안국과 화북(華北), 화동(華東), 광주(廣州), 서남(西南), 서북(西北), 우루무치(烏魯木齊)민항관리국공안국 및 그 소속기구 등이 포함된다.

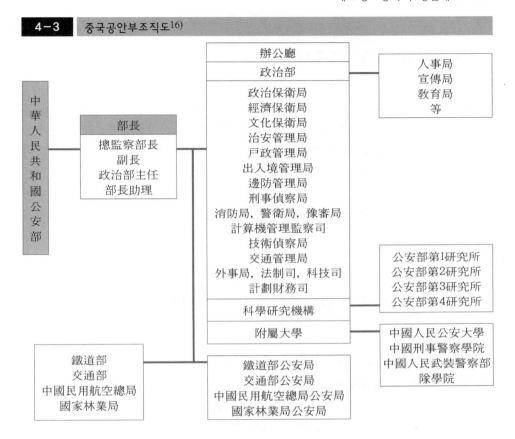

4-3 중국공안부조직도[16]

4. 임업공안기관

이에는 임업부공안국, 흑룡강(黑龍江), 길림(吉林), 내몽고(內蒙古), 감숙(甘肅) 등의 성·자치구 국유산림지역 공안기구가 포함되며, 성·자치구·직할시 공안 국의 심사를 거치고 성·자치구·직할시인민정부의 비준을 받아 설립된 지방각 급임업공안기구도 여기에 속한다.

---

16) 이재호, "중국공안제도2," http://www.kcsa.or.kr의 표를 참고하되, 최근의 공안부조직 변경을 감안하여 재구성한 것이다. 중국민용항공총국과 국가임업국은 중국국무원의 직속기구 이다.

Ⅳ 중국인민무장경찰부대

중국인민무장경찰부대는 중국의 무장역량의 하나이며 인민경찰의 경찰종류 중 하나이다. 중국인민무장경찰부대는 1982년 중국공산당중앙위원회의 결정에 따라 인민해방군 내의 일부 부대와 공안부문의 일부 병역제경찰부대가 합하여 성립된 것이다. 인민무장경찰부대의 주요임무는 ① 국가주권유지, ② 사회치안 유지, ③ 공산당과 정부의 주요 지도기관 보위, ④ 국가의 중요목표와 인민생명·재산의 안전에 대한 보호이다. 인민무장경찰부대는 의무병역제와 지원병제를 상호결합하고 있다.

제 5 절 중국경찰과 수사제도

중국경찰의 수사에 관한 권한과 직무내용은 우리나라와 많은 차이점이 있다. 중국경찰의 수사제도를 이해하기 위하여서는 중국의 형사소송법 등 관련 법령에 대한 이해가 필요하며 아래에서는 이러한 법령의 구체적인 규정을 제시하며 중국경찰의 수사제도에 대한 이해를 돕기로 한다. 한편, 중국경찰과 수사제도를 이해하기 위해선 공안기관뿐만 아니라 중국의 검찰기관과 인민법원에 대하여 관련되는 권한과 직무범위에 대하여도 이해하여야 할 것이다.

Ⅰ 중국 형사소송법상 수사와 관련된 기초적 이해

중국의 형사소송법상의 수사제도를 이해하기 위하여 필요한 용어의 정리 및 우리나라와의 용어상 혼동하기 쉬운 것들에 대한 소개가 필요할 것이며, 이를 통해 중국 경찰의 수사업무에 대한 이해에도 많은 도움이 되리라 생각한다. 중국에서 수사란 '정사'(偵査)로 표현되고 있는데 넓게 보면 '입안'(立案)도 우리나라에서 인정되고 있는 수사의 의미를 갖고 있다. 입안은 정사의 전단계인데 입안의 결과에 따라 정사로의 진행여부가 결정된다.[17] 중국형소법상의 '수사'라는 용어는 우리나라의 '수색'과 그 의미가 비슷하다고 할 수 있다.[18]

1. 중국형사소송법상 입안

입안(立案)은 공안기관·인민검찰원·인민법원이 범죄신고와 자수 등의 수사의 단서들에 대하여 과연 범죄사실이 있었는지 아울러 형사책임을 물을 만한 것인지를 심사하고 판명하여 법에 따라 형사사건으로 정사하거나 심판하는 소송활동으로 할 것인지를 결정하는 것을 말한다.

입안은 형사사건이 필히 거쳐야 할 하나의 소송절차로서 하나의 형사소송활동이 시작됨을 알리는 것이다.[19] 형사소송법의 규정에 의하면 공안기관·인민검찰원·인민법원만이 입안할 수 있는 권력과 직책을 갖고 있으며 다른 어떤 기관과 개인도 입안할 수 없다.

(1) 입안의 조건

입안의 조건에 관하여 중국의 형사소송법 제86조는 「인민법원·인민검찰원 또는 공안기관은 범죄사실이 형사책임을 추궁할 필요가 있다고 인정하면 당연히 입안하여야 하며, 범죄사실이 없거나 범죄사실이 현저히 경미하여 형사책임을 추궁할 필요가 없다고 인정하면 입안을 하지 않는다」라고 규정하고 있다.

---

17) 중국공안기관의 立案에 대해서는 이진권, "중국공안기관의 수사절차 중 立案制度에 대한 고찰", 한국경찰연구 제8권 제1호, 2009, 95-115면 참조.

18) 이와 같은 점들 때문에 필자는 중국형사소송법상의 '偵査'라는 용어를 '수사'로 표현해야 할지 '정사'로 표현해야 할지 많은 고민을 하였다. 중국용어 중에는 이외에도 체포, 구류 등처럼 우리나라와 한자표현은 같으나 그 뜻은 상이한 경우가 많기 때문이다. 그리고 만약 '偵査'를 '수사'로 표현한다면 '立案'도 우리가 알고 있는 수사의 의미를 포함하고 있어 그 구별이 어려워진다. 그리고 나머지 모든 중국용어도 우리나라의 용어로 바뀌어야 하나 그 작업이 용이하거나 꼭 가능한 것도 아니고 오히려 잘못 전달될 수도 있다고 생각하였다. 그래서 고심 끝에 중국의 수사제도를 보다 정확히 이해하기 위해선 당사국에서 사용하는 용어를 우선적으로 사용하되 그 뜻을 밝혀두는 것이 보다 합리적이라고 생각되어 이하에서는 '정사'라는 용어를 사용하기로 하였으며 다른 용어도 가급적 같은 원칙에 의하였다. 다만 중국형사소송법상 '搜査'는 우리나라의 '수색'이라는 용어와 뜻이 비슷한데 이는 수색으로 표현하였으므로 독자들은 주의를 요한다.

19) 중국형사소송법상의 입안은 우리나라의 형사소송법상의 개념으로는 이해하기 어려운 점이 있다. 중국형사소송법의 '입안'에 관한 규정은 구소련과 몽고 등 국가의 형사소송법상 '형사소송의 제기'를 참고하여 규정한 것이다. 이는 樊崇義 主編, 『刑事訴訟法學』(北京: 中國政法大學出版社, 1996), p.255.

이 규정에 의하면 입안은 반드시 다음 두 조건을 구비해야 한다.

1) **범죄사실의 존재**   이는 사실조건으로 형법의 규정에 의해 범죄가 되는 행위의 발생이 있음을 말하는 것이다. 범죄사실이 있다는 것은 범죄사실이 확실히 존재함을 증명하는 증거가 어느 정도 있다는 것을 의미하는 것이지 정사관(偵査官)·검찰관·재판관의 임의적 추측 또는 주관적 판단을 의미하는 것이 아니다. 그리고 이러한 증거는 범죄사실이 이미 존재하고 있다는 것만을 증명할 수 있으면 되는 것이지 범인이 누구이며 범죄의 동기와 목적은 무엇이며 구체적 수단과 방법 등을 증명할 것을 요하지는 않는다. 왜냐하면 이런 것들은 정사단계에서 밝힐 사실이기 때문이다. 입안은 단지 형사소송의 개시절차이며 정사절차를 시작할 수 있는 과정이지 범죄의 전체적 상황을 밝힐 수는 없는 것이다. 그렇지 않으면 입안과 정사의 성질과 임무를 혼동하게 된다.

2) **형사책임을 추궁할 필요**   이는 법률조건을 말하는 것으로, 범죄사실의 존재만으로는 입안을 할 수 없다. 범죄사실이 형사법률의 관련규정에 따라 마땅히 형사책임을 추궁할 정도의 조건을 구비하여야만 입안을 할 수 있다. 왜냐하면 중국에서 형사소송은 국가의 형벌권을 실현하기 위한 것이고 입안은 형사책임을 추궁하는 것을 목적으로 하는데, 발견된 모든 범죄사실이 모두 형사책임의 추궁을 요하지는 않기 때문이다. 소위 형사책임을 추궁하지 않는 것에 대해 법률이 규정한 것으로는 중국 형사소송법 제15조가 여기에 해당한다고 할 수 있다. 즉 범죄상황이 매우 경미하거나 위해가 크지 않아 범죄로 보기 어려운 것과 공소기간을 초과한 것 그리고 사면에 의해 형벌이 면제된 것 그리고 친고죄의 경우 고소가 없는 것 또는 그 고소를 취소한 것 그리고 범죄혐의자나 피고인이 사망한 것 그리고 기타 법률이 형사책임을 추궁하지 않는 것으로 규정한 것 등이다.

(2) 입안의 절차

1) **범죄관련사실의 접수**   공안기관·인민검찰원 또는 인민법원은 범죄신고나 고소·고발·범죄인의 자수 등에 대하여 이를 모두 접수하여야 하며 책임을 미루거나 접수를 거절할 수 없다. 접수 후에는 심사를 하여 자기관할에 속하지 않으면 당연히 주관기관에 이송하여야 한다. 아울러 신고인·고소인·고발인·자수자 등에게 이런 사실을 통지하여야 한다. 자기관할에 속하지 않는 것에 대하여 긴급한 조치가 필요한 경우에는 우선 필요한 긴급조치를 취한 후

주관기관에 이송하여야 한다.

중국인들의 범죄퇴치에 대한 적극성을 보호하기 위하여 형사소송법 제85조는 「공안기관·인민검찰원 또는 인민법원은 당연히 신고인·고소인·고발인 및 그 가까운 친척 등의 안전을 보호하여야 한다. 신고인·고소인·고발인이 만약 자기의 성명과 신고·고소·고발행위를 공개하는 것을 원치 않으면 그 비밀을 지켜주어야 한다」라고 규정하고 있다.

공안기관·인민검찰원·인민법원이 수리한 신고·고소·고발 또는 범죄인의 자수는 수리한 근무자가 '형사사건수리등기표'[20]에 기재하여야 한다.[21]

2) 수리한 사건에 대한 심사 중국 형사소송법 제86조는 인민법원·인민검찰원 또는 공안기관은 범죄신고·고소·고발·자수 등의 사실에 대하여 관할범위에 따라 신속히 심사하여야 한다. 이는 적시에 입안을 할 수 있느냐의 관건이 되는 것이고 입안절차에서 가장 주된 업무이다. 이러한 심사는 범죄사실을 확인하고 형사책임을 추궁할 것인지를 결정하고 나아가 입안여부를 결정하는 것이 모두 이러한 범죄단서들에 대한 심사결과에 좌우된다. 만약 이미 확보된 범죄단서와 제공된 증거에 근거하여 어떤 범죄사실의 존재를 확인할 수 있어서 법에 따라 형사책임을 추궁해야 할 때에는 신속히 입안하여야 한다.

만약 위 범죄단서들에 대한 심사결과 정황이 명확하지 않거나 증거가 부족하지 않거나 또는 여전히 의문점이 있을 때에는 신고인·고소인·고발인에게 범죄사실을 확인할 수 있는 보충자료를 요구하거나 더욱 구체적인 범죄상황에 대한 설명을 요구할 수 있다.

심사는 사건이 발생한 기관에 조사를 위탁할 수도 있고, 공안기관과 인민검찰원은 사건이 발생한 기관 또는 그 상급기관과 공동으로 조사를 할 수 있다. 공안기관과 인민검찰원은 직접 직원을 파견하여 조사를 할 수 있는데 조사 중 증거를 수집할 수도 있고, 범죄사실이 있었는지를 확인할 수 있으며 현지조사·검사·감정·참고인심문 등 일반적인 조사방법을 사용할 수 있다. 폭력 등 성질상 특수한 경우를 제외하고는 긴급한 상황이 아닌 한 입안 전에는 신체에 강제력을 띠는 수사수단을 사용할 수는 없다.

자송사건(自訟事件)은 인민법원이 자송인에게 범죄사실을 증명할 수 있는 범죄단서의 제출을 요구할 수 있지만 수사는 할 수 없다. 수리한 사건에 대한 심

---

20) 원문은 '受理刑事案件登記表'이다.

21) 樊崇義 主編, 前揭書, p.261.

사를 거쳐 범죄사실의 존재를 충분히 증명할 수 있는 일정한 단서를 확보하고 형사책임을 추궁할 필요가 있으며 또한 법이 금지하는 상황이 없을 때 입안하여야 한다.

　　3) 입안을 할 것인지의 결정　　　공안기관・인민검찰원・인민법원은 사건의 심사를 거친 후 입안조건에 부합한다고 판단되면 사건담당자가 입안을 결정하는 보고서를 작성하거나 '입안보고표'를 작성한다. 담당자가 작성한 입안보고서 또는 '입안보고표'는 다른 증거자료와 함께 해당기관의 상급자의 비준을 받아 '입안결정서'를 작성하게 되는데 이것은 정식입안을 의미한다.

　　입안조건에 부합하지 않으면 입안하지 않는 결정을 하며 입안하지 않는 이유는 고소인 등에게 통지하여야 한다. 이에 불복하면 재심의를 요구할 수 있고 담당기관은 재심의를 하여야 하며 재심결과를 속히 고소인 등에게 통지하여야 한다.

　　4) 공안기관의 입안활동에 대한 인민검찰원의 감독　　　입안은 형사소송절차의 독립된 소송과정이다. 인민검찰원은 법에 따라 형사소송에 대하여 법률감독을 하는데 이에는 자연적으로 입안활동에 대한 감독이 포함된다. 중국 형사소송법 제87조는 이에 대하여 「인민검찰원이 판단하기에 공안기관이 마땅히 입안・정사하여야 할 사건을 입안・정사하지 않는다고 여겨질 경우와 피해자가 판단하기에 공안기관이 마땅히 입안・정사하여야 할 사건을 입안・정사하지 않는다고 여겨 인민검찰원에 제기한 사건에 대하여 인민검찰원은 당연히 공안기관에 입안하지 않은 이유를 설명하도록 요구하여야 한다. 인민검찰원이 판단하기에 공안기관의 입안하지 않은 이유가 성립이 안 된다고 여겨질 경우에는 공안기관에 입안하도록 통지하여야 하며, 공안기간은 이 통지를 받은 후엔 당연히 입안해야 한다」라고 규정하고 있다.

2. 중국형사소송법상 정사

(1) 정사의 개념

　　중국에서는 정사(偵査)는 특정의 사법기관이 범죄를 수집하고 밝혀 실체적 진실을 밝히고 범죄인을 검거하기 위하여 법에 의해 행하는 전문조사업무 및 관련있는 강제조치를 의미한다. 형사소송법 제82조는 '정사'란 공안기관・인민검찰원이 사건을 처리하는 중 법률에 따라 진행하는 전문적 조사업무 및 관련 있는 강제성 조치를 의미한다고 하고 있다.

여기서 전문적 조사업무란 형사소송법이 규정하고 있는 피고인신문·증인심문·실험·조사·물증과 서증에 대한 압수·감정과 수배 등을 의미한다. 그리고 강제성 조치란 두 가지를 포함한다고 할 수 있는데 첫째는 전문조사업무가 필요시 취하는 강제성 방법으로 예를 들면 강제검사·강제압수 등을 말한다. 둘째는 강제조치로 예를 들면 구전(拘傳)[22]과 체포(逮捕)[23] 등이다.

(2) 정사의 목적

정사의 목적은 크게 세 가지를 들 수 있다. 구체적으로는 증거수집과 범죄혐의자의 조사검거 및 범죄사실의 유무와 구체적 죄질의 경중을 밝히는 것이다.[24]

(3) 정사의 종결

정사의 종결은 정사기관이 정사를 통하여 사건이 이미 조사가 명료하게 되었고 증거가 확실하고 충분하여 범죄혐의인이 범죄를 범하였는지의 여부와 형사책임을 물을 만한가의 여부를 인정할 수 있을 때 법에 따라 사건을 처리하든가 처리의견을 제출하는 하나의 소송활동이다.

정사를 종결하려면 사건의 사실들이 모두 밝혀지고 증거가 확실하고 충분하며 법률절차가 완료되어야 한다.

정사를 종결하는 것은 3가지 결정 중 하나를 함을 의미하는데 그것은 기소와 불기소 그리고 사건의 취소이다.[25]

Ⅱ 공안기관이 행하는 정사의 성질과 임무

중국에서 공안기관의 업무범위는 매우 넓다고 할 수 있는데 형사소송과 관

---

22) 중국형사소송법상 구전(拘傳)이란 우리나라에 있어서의 '강제소환'과 그 의미가 비슷하다고 할 수 있다.

23) 중국형사소송법상 체포(逮捕)는 우리나라에 있어서의 '구속'과 그 의미가 비슷하다고 할 수 있다.

24) 樊崇義 主編, 前揭書, pp.267~268.

25) 上揭書, pp.284~285.

련하여 공안기관은 정사를 행하는 기관의 하나인데, 대부분의 형사사건의 정사활동은 모두 공안기관에서 담당한다. 그 직무는 형사사건의 정사·예심[26]·구류[27]집행·체포[28]와 구금이다.

이외에도 중국의 형사소송법규정에 근거하여 공안기관은 관제(管制)[29]·정치권리박탈·선고유예·가석방과 임시적인 교도소외의 형집행에 대하여 그 집행과 감독 및 관찰 임무를 갖고 있다.

Ⅲ 인민검찰원의 성질과 임무

중국 헌법 제129조와 인민검찰원조직법 제1조는 「중화인민공화국의 인민검찰원은 국가의 법률감독기관이다」라고 규정하고 있다. 인민검찰원의 법률감독의 범위는 유관국가기관과 공무원 그리고 공민(公民)인데, 여기서 유관국가기관은 모든 국가기관이 해당되는 것이 아니라 사법업무를 하는 국가기관이 해당된다. 즉 공안기관·인민법원·감옥·간수소와 노동교양기관의 활동이 합법적인가를 감독하는 것이다.[30]

인민검찰원조직법 제5조는 인민검찰원의 직권범위에 대하여 규정하고 있는데, 그 내용을 살펴보면 다음과 같다. 첫째로 국가반란과 국가분열사건 그리고 국가의 정책과 법률법령과 정치강령의 통일적 시행을 심히 훼손하는 사건에 대하여 검찰권을 행사한다. 둘째로 직접 수리한 형사사건에 대하여 정사를 한다. 셋째로 공안기관이 정사한 형사사건에 대하여 심사를 하고 체포[31]와 기소여부를 결정한다. 그리고 공안기관의 정사활동이 합법적인지에 대한 감독을 실시한다. 넷째로 형사사건에 대한 공소제기 및 공소유지를 하고 인민법원의 심판이 합법적인지를 감독한다. 다섯째로는 형사사건의 판결과 재정(裁定)에 대한 집행

---

26) 중국형사소송법에서 예심(豫審)이란 정사기관의 업무 중 하나로서 중국형사소송법 제90조의 규정에 의하면 '정사' 결과 범죄사실을 증명하는 증거가 있는 사건에 대해 수집한 증거에 문제점이 없는지 살피는 것이다.
27) 중국형사소송법상 구류는 우리나라의 긴급체포와 비슷한 개념을 갖고 있다.
28) 중국형사소송법상 체포는 우리나라의 구속과 비슷한 개념을 갖고 있다.
29) 중국형법상 '관제'(管制)는 그 집행방법이 우리나라의 보호관찰과 비슷한 형벌의 한 종류이다.
30) 樊崇義 主編, 前揭書, p.67.
31) 중국형사소송법상의 '체포'는 우리나라의 구속과 비슷한 개념이다.

과 감옥·간수소·노동개조기관의 활동이 합법적인지에 대하여 감독을 한다. 중국 인민경찰법 제42조는 인민경찰의 직무집행은 법에 따라 인민검찰원의 감독을 받는다라고 규정하고 있다.

중국의 형사소송법 제3조는 검찰활동·체포의 비준·검찰기관이 직접 수리한 사건에 대한 정사·공소제기는 인민검찰원이 책임을 진다라고 규정하고 있고 제8조는 인민검찰원은 법에 따라 형사소송에 대한 법률감독을 한다라고 규정하고 있는데 이상을 종합하여 보면 중국의 인민검찰원은 형사소송에 있어서 다음 세 가지 법률적 지위를 갖고 있다고 할 수 있다.

첫째, 형사사건에 대한 정사기관의 하나이다.

둘째, 국가의 유일한 공소기관으로서 공소제기가 필요한 사건은 모두 인민검찰원의 심사하고 결정한다.

셋째, 법이 정한 소송감독기관으로서 체포를 비준하며, 수색·입안활동과 심판활동 및 판결과 재정(裁定)32)의 집행이 합법적인지의 여부를 감독한다.

Ⅳ 공안기관·검찰기관·법원의 업무분담·상호협조와 제약

1. 세 기관의 업무분담

(1) 직무상 분담

공안기관은 정사·구류에 대한 책임을 지고, 체포와 예심을 집행한다. 인민검찰원은 체포를 비준하고 검찰을 하고 검찰기관이 직접 수리한 사건에 대한 정사와 공소를 제기한다. 인민법원은 심판을 한다.

(2) 사건관할상의 분담

1) 공안기관 　공안기관은 인민법원이 직접 수리한 사건과 인민검찰원이 스스로 정사하는 사건 이외의 사건을 맡는다. 중국 형사소송법 제81조는 「형사사건의 정사는 공안기관이 진행하되 법률에 다른 규정이 있으면 예외로 한다」

---

32) '재정'이란 인민법원이 사건을 심리하는 과정과 판결집행과정중에 소송의 절차문제와 부분적 실체문제에 대하여 취하는 결정을 말한다. 이는 陳光中 主編, 『刑事訴訟法』(北京: 中國政法大學出版社, 1997), p.375.

라는 규정이 있는데 이것은 형사소송 중 공안기관이 형사사건의 주요 정사기관
이며 법률에 다른 규정이 없는 한 모든 형사사건의 정사를 한다는 의미이다.
법률에 다른 규정이 있는 것은 예를 들면 형사소송법규정 중의 인민검찰원이
직접 수리한 사건에 대하여 정사를 진행하는 것과 국가안전기관에서 국가의 안
전을 위협하는 사건에 대하여 정사를 진행하는 것, 군의 보위부문에서 군내부
에서 발생한 사건에 대하여 정사를 진행하는 것 그리고 범인의 감옥 내 범죄에
대하여 감옥에서 정사하는 것을 말한다. 이런 사건들은 전체 형사사건의 비율
중 비교적 적은 부분을 차지하며 공안기관이 주관하는 사건은 상대적으로 범위
가 제일 넓고 양이 제일 많다.

중국에서 공안기관은 국가의 치안보위기관이고, 사회질서를 유지하고 국가
안전을 보위하는 임무를 맡고 있다. 공안기관은 방대하고 치밀한 조직체계와
충분한 경찰력과 전문화된 정사수단과 조치방법을 갖고 있어 양호한 사회치안
형세 통제능력과 신속한 대응능력을 갖고 있다. 또한 장기간 사회치안질서를
위협하는 범죄와 싸우는 제1선에서 싸워왔으며 풍부한 경험을 쌓아왔다. 그리
하여 절대부분의 형사사건은 공안기관이 정사를 하며, 공안기관이 사실을 밝혀
내고 인민을 보호하고 사회치안을 유지하는 작용을 충분히 발휘할 수 있다.[33]

   2) 인민검찰원   중국 형사소송법 제18조에 의하면 인민검찰원은 뇌물
수수, 국가기관종사자의 직권남용, 직권이용불법감금, 진술강요, 보복범죄, 불법
수색으로 인한 신체자유권침해, 선거방해 등 공민의 민주적 권리침해범죄에 대
하여 입안·정사한다. 국가기관종사자의 직권을 이용한 기타 중대한 범죄사건
에 대하여 인민검찰원이 직접 수리할 필요가 있을 때는 성급 이상의 인민검찰
원의 결정을 거쳐서 인민검찰원이 입안하여 정사할 수 있다. 범위를 규정함으
로써, 첫째는 검찰기관이 위에 정한 범죄에 대하여 검찰역량을 집중시켜 정사
를 할 수 있어 업무의 중점되는 부분을 나타내어 반부패투쟁을 강화할 수 있
다. 둘째는 검찰기관이 공안기관의 정사활동에 대한 감독을 더욱 강화할 수 있
다. 여기서 지적하여야 할 것은 형사소송법이 규정한 관할원칙과 구체적인 사
건의 분업은 관련도 있고 구별할 점도 있다는 것이다. 검찰기관이 직접 수리하
여 정사하는 구체적인 사건의 종류와 범위는 최고인민법원·최고인민검찰기
관·공안부가 형사소송법 제18조에서 규정한 관할원칙에 근거하여 세 기관이
연합하여 유관사법해석을 함으로써 확정되는 것이다.[34] 한편, 중국 형사소송법

---

  33) 樊崇義 主編, 前揭書, p.144.

제87조는 인민검찰원이 판단하기에 공안기관이 마땅히 입안·정사하여야 할 사건을 입안·정사하지 않는다고 여겨 인민검찰원에 제기한 사건에 대하여 인민검찰원은 당연히 공안기관에 입안하지 않은 이유를 설명하도록 요구하여야 한다. 인민검찰원이 판단하기에 공안기관의 입안하지 않은 이유가 성립이 안 된다고 여겨질 경우에는 공안기관에 입안하도록 통지하여야 하며, 공안기간은 이 통지를 받은 후에는 당연히 입안해야 한다. 이런 종류의 방식을 통하여 공안기관이 확실히 본연의 임무를 이행하도록 하고 있다.[35]

　3)　**인민법원**　　　중국형사소송법 제83조의 규정에 의하면 인민법원은 자송사건(自訟事件)을 직접 수리한다. 또한 제170조의 규정에 의하면 자송사건이란 다음 사건을 의미한다.

　첫째, 고소하여야만 처리할 수 있는 사건이다. 이것은 피해자가 고소하여야 하나 피해자가 강박을 받거나 외포심으로 고소를 할 수 없는 경우에는 인민검찰원이나 피해자의 가까운 친척도 고소할 수 있다. 이러한 사건에는 중국 형법 제145조의 모욕죄·비방죄와 제179조의 폭력으로 타인의 혼인자유를 간섭한 죄와 182조의 학대죄가 있다. 고소하여야만 처리할 수 있는 사건은 고소권자가 고소하였을 때 인민법원이 수리한다.

　둘째, 피해자가 증명할 수 있거나 증거를 갖고 있는 경미한 형사사건이다. 이러한 사건에는 중국 형법 제180조의 중혼죄, 제134조의 경상해죄, 제183조의 유기죄 등이 있다. 만약 상기 범죄의 피해자가 증거를 갖고 있지 않거나 증거가 불충분하면 인민법원은 사건을 공안기관에 이송하여 처리토록 하여야 한다. 그리고 반드시 사회에 대한 위해성이 비교적 경미한 범죄사건이어야 한다.

　셋째, 피해자가 피고인이 자신의 인신과 재산에 대한 권리를 침해한 것에 대하여 증거가 있고 증명할 수 있어 형사책임을 추궁당하여야 하나 공안기관 또는 인민검찰원이 그 형사책임을 묻지 않는 사건이다. 이 조항은 중국 형사소송법이 1996년에 개정된 후에 추가된 규정이다. 주의할 사항은 이러한 유형의 사건에 대하여 피해자가 자송할 때에는 일정한 제한이 있다. 그중 첫째는 피고인이 피해자 개인의 신체와 재산의 권리를 침해한 범죄에 한정된다는 것이고 둘째는 사건이 이미 공안기관이나 인민검찰원의 처리를 거쳤으나 공안기관이나 인민검찰원이 형사책임을 물을 것을 묻지 않았거나 입안해야 할 것을 입안하지

---

34)　上揭書, p.145.
35)　上揭書, p.146.

않았거나 사건을 폐기하지 말아야 할 것을 폐기하였거나 기소해야 할 사건을 기소하지 않았어야 한다. 셋째는 자송을 제기한 사건에 대하여 피해자가 거증책임을 진다는 것이다. 중국형사소송법 제171조는 범죄사실이 명확하고 충분한 증거가 있는 자송사건은 인민법원이 개정하여 심리할 것을 결정할 수 있다라고 규정하고 있다.

2. 세 기관의 업무협조

1) 공안기관의 입안과 정사는 인민검찰원의 심사비준과 공소제기를 위해 잘 준비되어야 하며, 인민검찰원은 공안기관이 제청한 체포와 당연히 체포하여야 할 범인에 대하여 신속히 체포를 승인하여야 한다. 인민검찰원이 직접 수리한 사건 중 구류나 체포를 요하는 범인은 인민검찰원이 결정하여 공안기관이 집행한다. 인민검찰원이 피고인을 수배할 때는 공안기관에 집행을 통지하여야 한다.

2) 인민검찰원의 기소는 법원의 심판을 위하여 잘 준비되어야 한다. 법원은 검찰원이 제기한 공소에 대하여 기소서에 명확한 범죄사실이 적시되고 관련된 증거자료가 있으면 신속히 개정하여 심판하여야 한다. 인민법원은 공소사건을 심리하고 인민검찰원은 특정한 상황을 제외하고는 인원을 파견하여 공소를 유지하여야 한다.

3. 세 기관의 상호 제약

1) 공안기관의 범인체포는 인민검찰원에 제청하여야 하는데 만약 비준하지 않을 때 공안기관이 그 범인을 마땅히 체포하여야 할 사건이라고 판단할 때에는 재심을 요구할 수 있다. 만약 검찰원이 이를 받아들이지 않으면 직근상급인민검찰원에 다시 심사해줄 것을 요구할 수 있다.[36]

2) 공안기관이 송치한 사건에 대하여 인민검찰원이 불기소를 결정할 때에는 그 불기소결정서를 공안기관에 송부하여야 한다. 공안기관이 그 사건이 마땅히 기소하여야 할 사건이라고 판단할 때에는 재심을 요구할 수 있다. 만약 검찰원이 이를 받아들이지 않으면 직근상급인민검찰원에 다시 심사해줄 것을

---

36) 중국의 체포구속제도에 대하여는 이진권, "한국과 중국의 체포구속제도의 비교연구", 비교형사법연구 제11권 제1호, 2009, 95-121면 참조.

요구할 수 있다.

3) 인민검찰원은 공안기관의 입안과 정사활동에 대하여 감독을 실시하고 만약 위법상황을 발견하면 공안기관에 그 시정을 통지할 수 있다. 인민검찰원은 법원의 심판활동에 대하여도 감독을 실시할 수 있는데 인민법원의 판결과 재정에 대하여 잘못이 있다고 인정할 때에는 제2심 절차 또는 심판감독절차에 따라 항소를 제기할 수 있다.

제 6 절   중국경찰의 교육제도

I 서 론

중국에서는 경찰을 공안이라고도 하며, 경찰의 최고 상위부서도 중국 공안부이다. 즉 필자의 견해로는 공안은 경찰을 포함한 상위개념으로 여겨진다. 중국공안의 교육제도와 관련된 자료에서는 경찰이란 용어도 곳에 따라 따로 사용하므로 이하에서는 보다 중국현실에 맞게 공안이라는 용어 그 자체를 사용하는 것이 낫다고 생각한다.

중국공안의 교육제도는 한국경찰의 교육제도보다 다양하고 복잡하다는 느낌까지 준다. 그러나 우리나라의 경찰이 참고할 사항이 많다고 보인다. 또한 중국공안의 교육제도를 이해하기 위해서는 그것이 중국의 일반적인 교육제도와 밀접한 관련이 있기 때문에 중국의 일반적인 교육제도에 대한 이해도 아울러 필요하다고 생각한다.

II 공안학력교육

이는 재직공안에 대하여 실시하는 정치이론, 문화지식과 업무지식교육이다. 이는 재직공안이 국가가 규정한 상응한 수준에 다다르게 하고, 국가가 인정하는 학력증서를 취득하게 하는 교육이다. 이는 학력수준을 기준으로 ① 중등전문교육,[37] ② 대학전문교육,[38] ③ 본과교육,[39] ④ 대학원교육, ⑤ 제2전공교육으로 나뉜다.

또한 학습방법을 기준으로 ① 근무를 하지 않는 주간교육, ② 오전만 근무하고 학습하거나 근무 후 학습하는 야간대학교육, ③ 평소 근무를 정상으로 하면서 주말 또는 각종 휴일에 학습하는 교육, ④ 통신교육, ⑤ 스스로 틈틈이 학습하는 독학교육이 있다.

Ⅲ 공안전문대학[40] 독학고시

이는 고교졸업의 학력을 가진 재직공안이 각 지방공안청, 공안국이 개설한 공안독학고시에 응시하여 합격할 경우 3년제 전문대학 또는 2년제 전문대학졸업의 학력을 인정해주는 제도이다. 이러한 독학고시 제도는 중국에서 1981년에 시작되었는데 공안에서는 1983년 이후에 공안을 전문으로 하는 중등전문독학고시가 도입되었고 1985년 말에 중국 길림성을 최초로 공안전문대학전문독학고시 제도가 도입되었다. 1987년 7월 국가교육위원회의 결정으로 정식 운용되게 되었으며, 1988년 국무원이 공포한 「고등교육독학고시조례」에 의해 법제화의 궤도에 들어섰다.

독학 고시제도는 매 한 과목 합격시마다 해당과목의 합격증을 교부하고 다음에는 그 과목을 제외한 과목만 합격하면 되는 식으로 소정의 과목을 전부 합격하면 해당 학력을 인정해주는 제도이다.

Ⅳ 공안전문증서교육

공안전문증서교육도 위의 독학고시처럼 사회 일반에서 시행하는 것을 공안에 도입한 것이다. 이 제도의 의의는 공안 일선에서 근무하는 많은 전문기술직이나 전문성이 비교적 강한 부서에서 일하는 자들 중에서, 고교졸업 이상의 학

---

37) 보통 고교졸업 후 2년을 배우는 우리나라의 전문대학과 유사. 中專이라고도 함.
38) 보통 고교졸업 후 3년을 배우는 우리나라의 전문대학과 유사. 大專이라고도 함.
39) 우리나라의 4년제 대학과 같다.
40) 이미 언급한 2년제, 3년제 전문대학을 말한다.

력을 갖고 있고 나이가 비교적 많은 경찰이 장기간 일선근무를 통하여 이미 일
정 수준의 전문기술과 실무능력이 있는 경우에 두드러진다 하겠다. 즉, 이들에
게 부서가 요구하는 3년제 전문대학의 학력이 없는 경우에[41] 일정한 조건을 갖
춘 직원이라면 다시 정규전문대를 가서 교육을 받기보다는 실제 필요로 하는
전문기술과 관리업무시 필요한 전문지식 위주로 교육을 하여야 한다는 데 있
다.[42]

'전문증서'는 학습자가 학습과 시험합격을 거쳐, 이미 해당부서가 요구하는
3년제 전문대학 학력수준에 이르렀다는 것을 나타내준다. 전문증서는 3년제 전
문대학졸업증서와는 다른 것이며, 같은 성질의 업종 내에서만 적용되는 것이다.
그리고 단지 그런 전문기술, 관리업무와 기타 전문부서에서 요구하는 임용자격
의 근거 중 하나일 뿐이다. 만약 기타 다른 전문부서로 전환하려면 새로운 전
문지식교육을 받아 새로운 전문증서를 받아야 한다.

전문증서교육은 국가교육위원회가 인정하는 전문대학 이상의 대학에서 실시
한다.

전문증서교육은 보통 성·자치구·직할시 및 해당되는 시 등의 공안청, 공
안국이 실제 수요에 따라 전문증서교육반을 개설할 것을 소재지 성·자치구·
직할시 및 해당되는 시의 교육·인사주관부문에 신청을 하여 승인을 받은 후
반을 개설할 수 있다. 신청내용에는 위탁학교, 개설전공, 교육계획, 교육인원 및
교육형식 등이 포함되어야 한다.

전문증서교육반의 교육과정 설치는 공안의 각 전문특징이 구현되어야 하는
데, 일반적으로 8~10개 과목이 설치되고 교육의 총시간은 800시간 이상이어야
한다.[43]

전문증서교육대상자는 소속기관의 추천과 상급주관부서의 승인을 받은 후
시험[44]을 합격한 후 입학할 수 있다. 교육대상자는 전 교육과정을 마치고 시험
에 합격하면 성인고등교육 전문증서를 발급받는다. 전문증서는 성· 자치구·

---

41) 중국 경찰법 제28조에는 중국경찰을 영도하는 직무를 담당할 자가 갖추어야 할 조건
   이 예시되어 있는데 그중 세 번째 조건이 3년제 전문대학 졸업 이상의 학력을 갖추어야 한
   다는 것이다.
42) '전문증서'교육의 예를 든다면 경찰 중 사체감식을 전문으로 하는 직원을 의과대학에
   전문증서교육을 위탁하여 소정의 교육을 받고 시험에 합격하면 해당분야의 전문증서를 발급
   하여 주고 해당분야 임용시 그 학력을 인정해주어 그 능력을 발휘하게 하는 것이다.
43) 주간교육은 1년, 기타 야간교육 또는 주말 휴일을 이용한 교육은 1년 반 내지 2년이다.
44) 보통 정치, 국어, 업무 3과목이다.

직할시 및 해당시의 교육주관부문 또는 국무원의 관계되는 부에서 통일적으로 인쇄하고 교육실시학교에서 직인을 찍고 위에서 말한 주관부문의 검인을 거쳐 학교에서 발부한다.

Ⅴ 재직공안 단기교육훈련

1. 단기교육훈련의 종류

(1) 초임교육훈련

이는 공안근무를 준비하는 자들을 대상으로 하는 교육이다. 즉 신임경찰이다. 예를 들어 경찰을 양성하는 공안학교[45]가 아닌 일반대학 및 전문대 졸업생, 의무병[46]을 마친 군인제대자 중 선발된 자 같은 새로이 공안이 된 사람들과 군인에게 공안으로 옮긴 간부, 기타 분야에서 옮겨온 과급(科級) 이하의 간부 등이다.

주요 훈련 내용은 기초이론지식, 법률기초, 공안업무기초지식, 경찰체육훈련이다. 훈련기간은 3개월 이상이다.

(2) 지식기능갱신교육훈련

이는 재직중인 인민경찰에 대하여 지식을 더욱 새롭게 하고 부족함을 보충하고, 한 단계 상승시키는 교육이다.

교육대상의 중점은 각급 지도급 간부, 업무의 골격을 이루는 간부, 전문기술직원이다.

---

45) 중국에는 전문적으로 경찰을 양성하는 공안학교로 북경에 있는 중국인민공안대학을 비롯하여 각 성에 공안간부관리대학, 공안고등전문대학(보통 3년제), 인민경찰학교(보통중학교 졸업자는 4년, 고등학교졸업자는 2년 교육 후 졸업하는 2년제 전문대학이라 할 수 있다)가 있다. 중국인민공안대학, 공안간부관리대학, 공안고등전문대학 모두 고등학교를 졸업하고 입학할 수 있으며, 소정의 교육을 마치고 경찰에 임용된다.

46) 중국의 병역제도에는 의무병제도와 지원병제도가 있는데 의무병의 병역기간은 보통 3년으로 중국정부에서는 병역을 마친 군제대자에게 각종 특혜를 부여하는 정책이 많은데 이는 그중 하나라 할 수 있다.

(3) 승진·승급자격교육훈련

이는 국가의 관련법률규정에 근거하여 직무가 상승되거나, 계급이 승진되기 전 반드시 받아야 하는 훈련교육을 말한다.

훈련대상은 계급이 1계급 승진하거나 직무가 1등급 상승하는 자이다.

훈련의 주요 내용으로는 정치이론, 법률법규, 공안업무, 관리와 통솔과학, 공안업무연구 등이다. 기간은 2 내지 3개월이다.

(4) 전문업무훈련

이는 공안업무의 수요에 근거하여 종류와 수준이 서로 다른 인민경찰에 대하여 서로 다른 시간, 내용, 형식으로 진행하는 전문훈련이다.

훈련대상은 실제 근무지 임무에 따라 확정한다. 일반적으로 수준과 종류에 따라 나누어 훈련을 진행한다.

훈련내용은 근무부서 근무규범의 요구와 실제상황에 근거하여 따로 확정하는데 주로 정치이론, 공안업무, 기능훈련 등이다.

훈련기간은 매 5년마다 3개월 이상이다.

(5) 근무지훈련

이는 공안이 근무지에서 훈련하는 하나의 형식이다. 이의 최대 특징은 경찰이 짧은 시간 내에 근무지를 떠나지 않고 한 가지 종류 또는 여러 종류의 신기능을 습득하고 신속하게 자기의 소질을 향상시키는 것이다.

2. 단기교육훈련기구

(1) 공안부 소속 고등원교(高等院校)

이는 앞에서도 잠시 소개했는데 이에는 중국 수도인 북경에 있는 중국인민공안대학과 각성의 공안간부관리학원[47)]과 공안고등전문대학이 있다. 예를 들어 중국 호북성에는 호북성공안간부관리학원과 호북성공안고등전문대학이 있다.

이곳의 주요 교육대상은 ① 경독(警督)에서 경감(警監)으로의 승진자와 공안부 소속기관의 경사(警司)에서 경독(警督)으로의 승진자, ② 정처급(正處級)직무

---

47) 중국의 교육기관명 중에 '~學院'은 우리나라의 단과대학과 비슷하다. 본 교재에서 언급하는 학원과 우리나라의 대학은 비슷한 교육기관이다.

에서 청국급(廳局級)직무로 상승하는 자, ③ 비공안계통에서 처급 이상 간부직무(부직 포함)로 전입해 온 자, ④ 전국 현·시공안기관의 간부, 정치위원(정직만 해당) 이상인 자, ⑤ 업무직능부문의 처급(부직 포함) 이상인 자, ⑥ 무장경찰부대의 사직(師職)⁴⁸⁾ 이상 간부, ⑦ 공안청장, 공안국장(부직 포함)이다.

(2) 성급지방공안전문대학, 인민경찰학교, 공안관리간부학원, 간부 학원 및 기타 훈련기구

이 곳의 주요 교육대상은 ① 경사에서 경독으로의 승진자, ② 현·시 공안기관의 간부, 정치위원(부직 포함), ③ 과급에서 처급으로 직무가 상승하는 자(부직 포함), ④ 부처급 이상 직무를 수행하는 자와 공안청의 과급 이상 직무를 수행하는 자에 대한 업무 훈련, ⑤ 공안청, 공안국의 경원(警員)에서 경사(警司)로 승진하는 자와 새로 채용된 자, ⑥ 비공안계통에서 처급직무(부직 포함)로 전입해 온 자, ⑦ 공안계통 내에서 서로 다른 지역과 업무분야에서 처급 이상 직무(부직 포함)로 전입해 온 자

(3) 지방시급인민경찰학교, 공안전문대학,⁴⁹⁾ 간부학원 및 기타 훈련기구

이곳의 주요 교육대상은 ① 경원에서 경사로 승진하는 자, ② 과·소·대장과 일반경찰의 업무 훈련, ③ 경원, 경사와 새로 채용된 자에 대한 훈련과 기타 훈련

제 7 절   중국경찰의 계급과 복장

I 중국경찰의 계급

중국경찰의 계급은 아래 표와 같다.

---

48) 軍에 비유한다면 대령 또는 준장 정도와 비슷하다.
49) 2년제 전문대학을 말한다.

總警監, 副總警監	행정직무 담당 경찰의 직위와 계급	
	部級政職	총경감
	部級副職	부총경감
警監: 1급, 2급, 3급	廳(局)級正職	1급경감 내지 2급경감
	廳(局)級副職	2급경감 내지 3급경감
警督: 1급, 2급, 3급	處(局)級正職	3급경감 내지 2급경감
	處(局)級副職	1급경독 내지 3급경독
警司: 1급, 2급, 3급	科(局)級正職	1급경독 내지 1급경사
	科(局)級副職	2급경독 내지 2급경사
警員: 1급, 2급	科員(警長)職	3급경독 내지 3급경사
	辨事員(警員)職	1급경사 내지 2급경원

Ⅱ 중국경찰의 복제(服制)[50]

1. 중국행정경찰계급의 견장모양

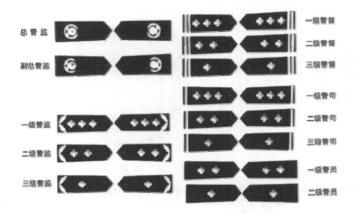

---

50) http://www.xtxj.com/jmzc/zgjc/zgjc.htm 참조.

2. 중국전문기술경찰계급의 견장모양

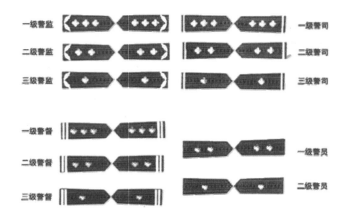

3. 중국경찰의 부착물 및 모자와 복장

(1) 중국경찰복장의 각종 부착물

(2) 중국경찰의 모자

(3) 중국경찰의 각종 복장
1) 고급경찰춘추복

2) 일반경찰춘추복

3) 중국교통경찰복

4) 중국경찰의 긴바지여름복

5) 중국경찰의 반소매복

6) 중국경찰의 잠바식간편복

7) 중국경찰의 다기능복

8) 중국경찰의 작전복

제 **5** 장
영국의 경찰제도

제 1 절 영국의 일반 현황[1]

I 국가 명칭 및 구성

영국의 정식 명칭은 "대영제국과 북아일랜드"The United Kingdom of Great Britain and Northern Ireland로서 이는 잉글랜드England, 스코틀랜드Scotland, 웨일즈Wales와 북아일랜드

---

1) 영국의 국가 개황은 인터넷 웹 문서인 "United Kingdom," http://en.wikipedia.org/wiki/ United_Kingdom 참조.

Northern Ireland 4개 국가의 연합체a union of four countries이며, 영국의 국기인 유니온 잭 Union Jack 역시 잉글랜드 국기인 성 조지의 십자가St. George's Cross, 스코틀랜드의 국기인 성 앤드류의 십자가St. Andrew's Cross 및 아일랜드의 성 패트릭의 십자가St. Patrick's Cross를 합친 것이다.[2] 이 중 북아일랜드를 제외한 3국가가 영국 본토를 구성하고, 북아일랜드는 영국 본토 서쪽의 섬 국가인 아일랜드 공화국의 북동쪽 일부를 차지하는 영국 점령지역으로 과거 영국 정부의 골칫거리인 IRA 테러의 진원지이다.

영국을 구성하는 이들 4개 지역은 각기 다른 사회·문화·역사적 배경을 가지고 있고 언어와 민족적 특성도 이질적인데, 원주민격인 켈트 족이 다수를 점하고 있던 스코틀랜드, 웨일즈 및 아일랜드가 강성해진 앵글로색슨 중심의 잉글랜드에 차례로 복속되어 한 나라를 구성하게 된 것이다. 오늘날에도 국제적인 스포츠나 예술, 문화 행사 등에는 이들 4개 지역이 별개의 '국가'로 참가하는 등 단일국가이면서도 연방국가 내지 국가연합적인 성격도 띠고 있다.

Ⅱ 영국의 법체계

1. 법체계 일반

대영제국과 대부분의 영연방 국가 및 미국 법체계의 기본 바탕인 잉글랜드법English Law은 보통법Common Law과 성문법Statue Law의 조화를 바탕으로 발달하여 왔다. 보통법은 판례legal precedents로 받아들여지는 판사의 결정들이 축적되어 형성된 것으로, 이에 배치하는 성문법이 존재할 경우에는 성문법이 우선하는데, 성문법은 의회의 입법활동에 의해 만들어진다. "제3의 *法源*"a third branch of law으로 알려진 "형평법"equity은 공정과 정의면에서 보통법과 성문법의 불비를 보충하는 법률인데, 보통법과 유사한 과정을 거쳐 법원의 결정들의 축적으로 형성된다. 형법criminal law은 국가법익을 해치는 행위들을 관할하며 민법civil law은 분쟁사건을 관할한다. 형사사건은 치안법원Magistrates' Court, 형사법원Crown Court, 고등법원High Court, 항소법원Court of Appeal 또는 대법원Supreme Court에서 심리가 이루어진다.[3] 각급 법원은

---

2) 대영제국 소속 국가들의 국기와 국가에 대한 더욱 자세한 설명은 영국 소개 웹사이트: "United Kingdom," http://en.wikipedia.org/wiki/United_Kingdom 참조.

피고·원고 양측의 주장과 증거를 살펴 판사나 배심원이 유죄여부를 결정한 후 유죄일 경우 그 형량을 결정하며, 그 결정에 불복하여 항소·상고할 시 이에 대해 상급법원이 심리하게 된다.

좀 더 구체적으로 살펴보면, 첫 번째 잉글랜드와 웨일즈에서 발생하는 약식 기소범죄Summary Only Offences[4]나 선택가능범죄Either-Way Offences[5] 등 경미한 형사사건은 원칙적으로 치안판사법원에서 심리 및 재판이 이루어진다. 두 번째, 형사법원은 모든 기소가능범죄Indictable Offences[6] 또는 일부 선택가능범죄Either-Way Offences에 대한 제1심 형사재판을 담당하고, 나아가 치안법원의 형사사건에 대한 항소심도 담당한다. 세 번째, 고등법원은 치안판사법원에서 올라온 항소심에 대한 재판기능을 수행하는데, 1심 형사판결 중 법률문제나 절차문제에 관한 항소심 재판만을 진행한다.[7] 네 번째 항소법원은 영국 법원조직 중 제2의 상급법원으로서 형사법원 판결이나 형선고에 대한 항소심을 담당한다. 마지막으로, (과거 영국에는 대법원이 별도로 없었고) 12명의 상원상임법관Law Lords들이 상원House of Lords 내에서 대법관으로서 최고 법원의 기능을 수행하고 있었다. 하지만 동 제도는 권력분립의 원칙에 반하다는 비판을 계속 받았고, 이에 2005년 헌법개혁법Constitutional Reform Act 2005에 의하여 상원으로부터 분리된 대법원The Supreme Court이 2009년 영국 역사상 최초로 설치되게 된다. 대법원은 잉글랜드 웨일즈 지역 모든 형사사건에 대

---

3) 박준휘·김학경 외, 한국의 형사사법체계 및 관리에 관한 연구(I), 서울: 형사정책연구원, 2016, pp.145-146 및 영국 사법부 공식 웹사이트 https://www.judiciary.gov.uk/about-the-judiciary/the-justice-system/court-structure/ 및 https://www.judiciary.gov.uk/wp-content/uploads/2012/08/courts-structure-0715.pdf 참조.

4) 치안판사법원법(Magistrate' Court Act 1980) 제32조에 의하여 치안판사는 6개월 이내의 자유형 또는 5000파운드 이내의 형을 선고할 수 있다. 따라서 법정형이 그 이하인 경죄의 경우 (주로 교통법규위반사범, 피해액 5000파운드 미만의 재물손괴 등) 정식기소없이 약식재판으로 처리되는데 이러한 경죄를 약식기소범죄라고 부른다. 이성기, 미국과 영국의 체포·구금제도의 비교법적 고찰, 한양법학 제34집, 2011, p.329.

5) 피의자의 선택 또는 치안판사의 허가로 치안판사법원 또는 형사법원 양쪽에서 모두 재판이 가능한 범죄를 선택가능범죄(Either-Way Offences)라고 부른다. 선택가능범죄는 원칙적으로 치안판사법원(The Magistrates' Court)의 관할에 속하나, 당사자가 배심을 청구하거나 치안판사가 6개월 이상 또는 5000파운드 이상의 벌금형에 처함이 상당하다고 판단되는 경우 형사법원(The Crown Court)으로 사건을 회부하여 결정한다.

6) 정식기소범죄(Indictable Only Offences)는 살인·강도·강간 등의 중범죄를 의미한다. 동 정식기소범죄(Indictable Only Offences) 그리고 피의자의 선택과 치안판사의 허가로 치안판사법원 또는 형사법원 양쪽에서 모두 재판이 가능한 범죄인 선택가능범죄(Either-Way Offences)를 통칭하여 기소가능범죄(Indictable Offences)라고 부른다.

7) 외교부, 영국 개황, 서울: 외교부, 2013, pp.34~37.

한 최종심을 담당하며, 영국의 현재 대법원장President of the Supreme Court은 말 그대로 대법원만 관장하고 있다

민사사건은 치안법원, 카운티 법원County Court과 고등법원에 있는 3개의 민사부three civil divisions[8])에서 그 심리가 이루어진다. 스코틀랜드는 잉글랜드와 다른 법체계 및 법원의 구성체계를 가지고 있다. 영국은 과거 유럽연합European Union의 일원으로서 국내 입법절차를 거쳐 집행력을 갖는 유럽법의 지배를 받았으며 당시 유럽사법재판소European Court of Justice는 유럽 최고 법정 역할을 수행했다. 하지만 영국은 2020년 유럽연합을 탈퇴Brexit하였고, 이제는 원칙적으로 유럽법 및 유럽사법재판소의 지배를 받지 아니한다.[9])

2. 헌법체계

영국에는 다른 나라와 달리 별도의 성문헌법Written constitution이 존재하지 않는다. 다만, 대영제국의 성립을 위해 만든 "합병법"Acts of Union에 의해 잉글랜드에 웨일즈(1536~1542), 스코틀랜드(1707) 및 아일랜드(1801)가 합병되었으며, 이 중 남아일랜드Southern Ireland는 1921년 "아이리쉬 자유국"Irish Free State으로 독립되었다가 후에 "아일랜드 공화국"Republic of Ireland이 되었다. 영국의 헌법은 보통법, 성문법 및 각종 조약conventions의 집합체로 이루어진 것으로 볼 수 있으며, 이는 단순한 의회의 입법 활동을 통해 제·개정 및 폐지될 수 있으며 헌법적 조항이라고 해서 특별한 절차나 의결정족수를 요하지는 않는다.

영국은 입헌군주국으로 국가의 원수Head of State는 왕(현재는 찰스 3세, 다만 이하의 내용은 기존 '여왕' 체제에 따른다)이며 의회민주주의로 의회가 입법기관이다. 영국의 의회는 양원제로, 상원인 귀족회의the House of Lords의원은 세습직과 비세습 종신직으로 구성되고 하원인 평민회의the House of Commons의원은 선출직으로 총 650석이다. 수상The Prime Minister과 내각Cabinet이 행정부를 이끌고 있으며, 5년에 한 번 총선이 열린다. 지방행정은 자치단체를 통해 이루어지며 지방자치단체는 교육, 사회복지업무 등에 대한 특정한 권한을 가지고 지방자치단체의 중심인 지방의회의 구성원은 해당지역 주민의 직접선거로 선출된다.

---

8) 고등법원에 있는 3개의 민사재판부는 각각 가사담당 재판부(Family Division), 형평법 담당 재판부(Chancery Division)와 왕좌재판부(Queen's Bench Division)로 불린다.

9) 오석웅, 영국의 EU 탈퇴와 국제사법 – 불법행위에 관한 준거법 선택규칙을 중심으로 –, 국제사법연구, 29(1), 2023, p.424

Ⅲ 북아일랜드 문제

영국의 통치하에 있는 북아일랜드를 대영제국 내에 존속시키느냐 혹은 아일랜드 공화국으로 환수시키느냐를 놓고 진행되어 온 분규가 1960년대부터 폭동 및 테러의 연속으로 발전하면서 북아일랜드 문제는 극심한 혼란 상태에 빠지게 되었다. 북아일랜드 인구의 50.6%를 점하고 있는 다수 개신교도들은 대영제국의 일원으로 남아 있기를 원하며 총인구의 38.4%를 차지하는 천주교도들은 아일랜드 공화국과 합치길 바라고 있다. 지난 30년간의 무력투쟁으로 3,000명의 사망자와 36,000명의 부상자를 낳은 끝에, 1993년, 영국정부와 아일랜드 정부는 북아일랜드의 운명을 북아일랜드 주민 다수의 의사에 맡기기로 합의하는 "다우닝스트리트 선언"Downing Street Declaration에 서명을 했으며 1994년 8월에는 테러단체인 "아일랜드 공화국군"Irish Republican Army, 속칭 IRA이 휴전선언을 발표하기에 이르렀다. 그렇지만, 영국정부에서는 IRA가 무장해제를 통한 평화의지를 보이지 않는 한 테러집단인 IRA와 협상할 수 없다고 발표하였으며, 1996년 2월 런던항만에 대한 폭탄 테러를 시작으로 잇따른 IRA의 폭탄테러가 다시 영국전역을 뒤흔들게 된다.

영국정부와 아일랜드 정부는 평화를 찾기 위한 노력을 계속해 왔으며, 1996년 5월에는 북아일랜드 문제를 해결하기 위한 "전 당사자 회담"all-party talks에 참가할 대표를 뽑는 선거가 실시되었는데, IRA의 정치조직으로 알려져 있는 공화파 정당인 신 페인Sinn Fein당은 IRA가 다시 "휴전 선언"을 하지 않는 한 "전 당사자 회담"에 참여시키지 않는다는 영국정부의 방침이 알려졌음에도 불구하고, 그 지도자 제리 아담스Gerry Adams에 대한 대중적 지지와 함께 15%라는 놀라운 득표율을 거양하였다. "전 당사자 회담"은 6월에 시작되었으나, 며칠도 지나지 않아 IRA의 폭탄테러가 맨체스터를 강타했고 독일에 주둔하고 있는 영국군부대는 화염병 공격을 받았다. 1996년 내내 북아일랜드를 둘러싼 긴장과 불안은 계속되었고 1997년 3월과 4월의 총선 선거운동 기간에는 영국 곳곳의 고속도로에 대한 IRA의 폭탄테러 위협으로 인해 엄청난 혼란이 야기되는 등 문제는 더욱 심각해져 갔다. 그럼에도 불구하고 신 페인당은 5월 총선에서 2석을 확보하는 데 성공하였고 영국정부와의 협상이 재개되었다. 1997년 7월에 새로운 IRA 휴전선언이 발표되었고, 9월에는 평화회담에 이르는 준비절차들을 시행할 계기가 마련되었으나, 신 페인당이 영국정부와 비폭력원칙에 합의한 데 대해 IRA가 반발하면서 신 페인과 IRA간에 갈등의 조짐이 드러났으며 대영제국 잔류파Loyalist정당들은 여전히 IRA가 완전무장을 하고 있는 상태에서 협상을 진행하는 데 대해 강한 불만을 표출하였다. 그러나 1998년 들어 집권 노동당 정부의 강력한 평화의지와 전향적인 북아일랜드 정책은 상호 적대감으로 가득 찬 신 페인당과 대영제국 잔류파 정당 대표들을 협상테이블로 끌어들이는 데 성공하였으며 미국의 전폭적인 지원과 주도 속에 이루어진 "전 당사자 회담"에서 합의를 도출해내어 북아일랜드 문제를 북아일랜드 주민의 뜻으로 결정하며 그 최종결정이 있기까지 정파간 공동정부를 구성하는 등의 장기적인 평화안이 마련, 시행되기에 이르렀다.[10]

Ⅳ 영국 여왕의 지위와 역할

1. 입헌군주[11]

영국의 여왕은 국가의 수반으로서 중요한 헌법적 기능을 수행하는 동시에, 대영제국의 일체성과 단결을 이루는 핵심이며, 국가적 의전행사의 주재자이고, 사회 곳곳을 방문하여 국민생활을 어루만져 주는 국가의 어른이며, 전 세계에 대한 영국의 대표이다. 또한 영국의 왕은 영연방 국가들의 국가원수이기도 하다. 국내 정치적인 측면에서 보면, 현대 영국의 왕은 절대군주absolute monarch가 아닌 입헌군주constitutional monarch로 자의적인 통치를 할 수 없고 법과 조약을 준수해야 한다. 현대 영국 왕실의 요체는 정치적 중립성인바, 어떤 정당이 집권하더라도 여왕은 '현재의 정부'the government of the day의 결정과 조언에 따라 행동한다. 여왕이 공식적이고 형식적 주권자이기 때문에, 법을 만들고 사법정의를 구현하고 국가를 통치하고 방어하는 책무는 '여왕의 이름하에'in the Queen's name, 의회와 정부 등 다른 이들에 의해 수행된다. 그러므로 영국의 왕실은 정당이나 정파의 부침

---

10) 북아일랜드 평화안에 대한 더욱 자세한 설명은 The Daily Telegraph, Thursday May 21, 1998, "Ulster's choice" 참조.

11) 영국왕실의 공식 웹사이트 중 http://www.royal.gov.uk/MonarchUK/HowtheMonarchy works/.Whatisconstitutionalmonarchy.aspx 참조.

에 관계없이 국가의 영속성과 안정성을 상징하는 존재로서의 중요한 의미를 갖고 있다고 할 수 있다.

2. 여왕과 의회

"여왕과 의회"Queen in Parliament[12]는 '영국입법부'의 공식명칭으로 '국가주권자'the Sovereign, '상원'the House of Lords 및 '하원'the House of Commons 3자의 연합체를 일컫는다. 이 3자연합체인 영국입법부에서 국가주권자로서의 여왕의 역할은, 입법 활동의 전 단계인 모든 법안의 상정시 정부 관계 장관의 조언을 들은 후 그 법안의 의회 상정을 허락하는 '왕실승인'The Royal Assent[13]을 부여하고, 법안의 심의와 의결단계에서는 자문을 받고, 특정법안에 대한 지지를 표시하거나 경고할 권한을 부여받고 있으나 오늘날 이런 역할들은 모두 단순히 형식적 의례절차로서의 의미 이외는 없다. 입법부에서의 여왕의 존재The Queen in Parliament를 가장 극명하게 드러내 주는 것이 '국회의 공식 개회'the State Opening of Parliament이다. 영국 국회의 공식 개회는 여왕이 친히 의회를 열고 상·하 양원에서 '여왕의 연설'을 함으로써 이루어지는데, 이 '여왕의 연설'은 사실은 여왕이 아닌 정부가 작성한 것으로 금번 의회회기 동안 펼쳐질 정부정책의 주요 골간을 설명하고 예상되는 입법을 시사하는 매우 중요한 국정활동의 한 부분으로 이 '여왕의 연설'이 낭독되기 전에는 상·하 양원의 공식 활동이 개시될 수 없다.

3. 여왕과 수상[14]

여왕에게 남아있는 실제 권한 중 가장 중요한 것이, 수상Prime Minister[15]을 임명하고 의회해산 명령에 대한 승인여부를 결정짓는 것이다. 다시 말하면, 수상은 주로 의회 다수당의 당수로 보하는 것이 상례이지만, 특별한 경우에는, 여왕

---

12) 영국왕실의 공식 웹사이트 중 http://www.royal.gov.uk/MonarchUK/Queenand Govern ment/QueeninParliament.aspx 참조.

13) 1707년 이래로 정부가 '왕실승인'을 요청한 법안에 대해 그 승인이 거부된 예가 없다.

14) 영국왕실의 공식 인터넷 사이트 중 http://www.royal.gov.uk/MonarchUK/Queenand Government/QueenandPrimeMinister.aspx 참조.

15) 2025년 1월 기준 영국 수상은 2024년 7월 5일 취임한 노동당 소속 키어 스타머 (Keir Starmer)이다. 2024년 7월 4일 열린 영국 총선에서 노동당이 14년 만의 정권교체를 이루며, 이때 노동당 소속 키어 스타머가 영국 제80대 수상으로 취임하게 된다.

이 자신이 수반으로 있는 정부가 정상적으로 운영될 수 있도록 하기 위해 자신에게 부여되어 있는 재량권을 행사할 수 있다는 것이다. 그렇지만, 오늘날에는, 정부에 대한 여왕의 영향력이 주로 비공식적으로 행사되고 있는데, 여왕은 수상과의 주례회동을 통해 정부현안 사항에 대한 자신의 견해를 피력할 권리와 의무를 갖고 있으며, 이 주례회동을 포함한 여왕과 정부 간의 모든 대화와 연락내용은 '극비사항'strictly confidential이다. 여왕은 정부에 대해 자신의 견해를 피력함과 동시에 관계 장관들의 조언에 따른다.

4. 여왕과 법, 사법부[16]

왕실의 기능 중 가장 오래된 것 중의 하나가 '정의의 구현'the rendering of justice이며, 앵글로색슨 시대 이래로 '정의의 원천'Fount of Justice으로서의 왕실의 역할은 서로 경합되는 다양한 법적 관할권 — 지방local, 민사civil, 교회ecclesiastical 등을 통할하는 단일사법체계a single system of justice를 보장해 준다는 측면에서 그 중요성이 점증되어 왔다. 에셀버트 왕의 재위중(560~616년)에는 라틴 어가 아닌 국어verancular로 쓰인 최초의 법전이 탄생되었고, 알프레드 대왕(871~899년 재위)은 사회관습, 행정규칙 및 구전되던 고대법까지 법제화시켜 법전을 확장하였다. 이렇게 하여 형성된 법전은 역대 왕들에 의해 유지되고 개정되어 포고됨으로써 사회전반에 걸쳐 받아들여지게 되었으며 구체적인 부분은 판례법에 의해 보정(補整)되어 영국법체계the body of English laws를 이루게 된다. 왕에게 부여된 이러한 법제정권은 아울러 '정의의 집행자'로서 질서를 확립하고 범죄를 처벌해야 하는 책임을 수반하게 된다. '정복자 윌리암'(1066~1087년 재위) 시대 이래로는 이러한 '왕실사법'royal justice이 지역 보안관 및 순회판사 등 왕이 임명한 사법관들에 의해 영국 전역에서 더욱 효과적으로 집행되었는데 1179년에 작성된 어느 사관(史官)의 헨리 2세(1154~1189년 재위)에 대한 기록을 보면, "왕은 그의 왕국에서 현인들을 뽑아 사회정의를 구현할 임무를 부여한 후 각 지역으로 보냈는데, 이들 권위 있는 공무원들을 전 지역에서 활동하게 함으로써 범죄자들의 간담을 서늘하게 하려 하였다." 그러므로, 왕실 법정royal court은 민·형사상 모든 국가사법작용의 중심에 있게 되며, 왕들 스스로가 때때로 재판을 주재하는 등 왕실 법정에

---

16) 영국왕실의 공식 웹사이트 중 http://www.royal.gov.uk/MonarchUK/Queenandthelaw/Queenandthelaw.aspx 참조.

적극적으로 개입하였다. 그러나 점차 왕권이 약화되어 입법권은 의회로 이양되고 국정의 운영권은 내각의 장관들이 행사하게 되었으며, 실질적인 사법작용에 있어서 왕실의 역할도 감소되었는데, 1689년의 권리장전(the Bill of Rights, 스코틀랜드에서는 the Claim of Right)으로 인해 더 이상 왕이 실질적인 재판권을 행사할 수 없다는 것이 근본적인 헌법원칙으로 확립되었다. 또한, 1701년의 왕위계승법은 판사의 임면을 왕의 뜻the Sovereign's will이 아닌 업적과 품행good behaviour에 따라 하도록 규정하여 실질적인 사법부의 독립judicial independence을 확보하게 되었다.

한편, 스코틀랜드에서는 잉글랜드와는 다른 사법체계가 발달하게 되는데, 그 중 가장 중요한 것이 15세기에 등장한 '왕의 대변자'the King's Advocate제도로, 형사사건의 재판에 참여하여 법과 질서유지에 관한 왕의 뜻을 대변하는 역할을 수행하였다.17) 1587년 스코틀랜드 자체 의회에서 제정된 법에 의해 '왕의 대변자'에게 "살인과 중요범죄에 대해 피해자가 소추를 제기하지 않거나 가해자와 피해자 간 사적인 합의가 이루어지더라도 소를 제기할 수 있는 권한"을 부여하게 되었으며 이로 인해 개인적 이해관계에 상관없이 '왕의 대변자'가 범죄사건에 대한 소추를 제기하도록 하는 '공소제도'the system of public prosecution가 확립되어 오늘날까지 이어져 내려오고 있다. 현재는, 영국 수상의 제청으로 여왕이 임명하는 '국가법무관'the Lord Advocate 또는 '여왕의 대변자'Her Majesty's Advocate가 스코틀랜드에서 일어나는 모든 범죄사건의 기소에 대해 책임을 진다. 영국에서와 마찬가지로 사법제도 운영에 있어서의 여왕의 역할은 상징적인 것에 그치고 있으며, 사법부의 독립이 보장되어 있는데, 스코틀랜드 재판부의 2대 대법관two most senior judges, the Lord President & the Lord Justice Clerk은 영국 수상이 제청한 자를 여왕이 임명하고, 스코틀랜드 대법원Supreme Court의 다른 판사들과 보안재판관Sheriffs들은 스코틀랜드부 장관Secretary of State for Scotland의 제청으로 여왕이 임명한다.

5. 법집행에 있어서의 여왕의 역할

위에서 설명한 바와 같이 오늘날 법의 집행은 여왕의 이름하에 다른 이들에 의해 이루어지고 있으며 여왕의 역할은 전적으로 상징적이어서 전혀 재판절차에 간여하거나 사법적 판단을 내릴 수 없다. 다만, 왕위 즉위시 행하는 선서coronation

---

17) 당시의 스코틀랜드에서는 피해자가 죽거나 중상을 입는 중한 범죄(the most serious crimes) 이외에는 피해자 스스로가 직접 소추를 해야 했다.

oath나 보통법 및 여러 법률에 의해 주권자인 군주the Sovereign로서 '모든 이에게 법과 정의가 자비의 정신에 따라 적용되도록 할' 사명을 진다. 그러므로 원칙적으로, 영국의 법적 관할권jurisdiction은 국가주권인 왕권the Crown으로부터 비롯되며 모든 법원은 여왕의 법정Queen's courts이고 모든 판사들은 왕립판사Her Majesty's judges로 그 권한이 왕권으로부터 비롯되고, 범죄피의자에 대한 기소 역시 국가주권의 이름으로 이루어지고, 교도소 역시 왕립교도소Her Majesty's Prisons로서 피구금자의 재소기간도 '여왕이 만족스럽게 여기는 기간 동안'during Her Majesty's pleasure이라고 지칭된다.

Ⅴ 영국정부[18)]

의원내각제인 영국의 국정운영을 담당하는 내각Cabinet은 국회다수당의 당수인 수상Prime Minister과 상·하원의 국회의원Member of Parliament, 속칭 MP 중에서 수상의 추천으로 여왕이 임명하는 내각각료Cabinet Ministers로 구성되며 그 수는 현재 22명이다. 내각각료는 중앙행정부처 장관Secretary of State, 부장관Minister of State, 정무차관Parliamentary Under-Secretary으로 구성되며, 이를 보통 모두 각료Ministers라고 지칭한다.[19)] 현 정부 하에서는 주 재무관Chief Secretary to the Treasury, 법무총감Attorney General 등 5명이 내각각료회의에 배석위원으로 참석한다.

5-1	22명의 내각각료Cabinet Ministers
명 칭	공식 직함
수 상	Prime Minister, First Lord of the Treasury, Minister for the Civil Service, Minister for the Union
부수상 겸 주거·지역사회부 장관	Deputy Prime Minister, Secretary of State for Housing, Communities and Local Government
재무부 장관	Chancellor of the Exchequer
랭카스터 公領 尙書 겸 정부간 관계부 장관	Chancellor of the Duchy of Lancaster, Minister for the Intergovernmental Relations

---

18) 2025년 1월 기준 영국정부의 구성, 각 부처 장관·부장관의 직함 및 명단 등은 https://www.gov.uk/government/ministers 참조.
19) 최종만, 영국의 정부시스템 개혁, 나남, 2007, p.24.

외교·영연방부·개발부 장관	Secretary of State for Foreign and Commonwealth and Development Affairs
내무부 장관	Secretary of State for the Home Department
국방부장관	Secretary of State for Defence
법무부 장관	Lord Chancellor[20] and Secretary of State for Justice
보건복지부 장관	Secretary of State for Health and Social Care
여성평등각료 겸 교육부 장관	Minister for Women and Equalities, Secretary of State for Education
에너지 안보 및 넷제로 장관	Secretary of State for Energy Security and Net Zero
노동연금부 장관	Secretary of State for Work and Pensions
무역부 장관 겸 상무원 의장	Secretary of State for Business Trade and President of the Board of Trade
과학혁신기술부 장관	Secretary of State for Science, Innovation and Technology
교통부 장관	Secretary of State for Transport
환경식품농촌부 장관	Secretary of State for Environment, Food and Rural Affairs
문화·미디어·체육부 장관	Secretary of State for Culture, Media and Sport
북아일랜드부 장관	Secretary of State for Northern Ireland
스코틀랜드부 장관	Secretary of State for Scotland
웨일즈부 장관	Secretary of State for Wales
추밀원 의장 겸 하원담당내각장관	Lord President of the Council, Leader of the House of Commons
옥새관 겸 상원담당내각장관[21]	Lord Privy Seal, Leader of the House of Lords

---

20) Lord Chancellor의 경우 역사적으로 상원의장(Speaker of the House of the Lords) 및 사법부의 수장(Head of the Judiciary in England and Wales)을 겸직하고 있었고, 이에 3권 분립의 원칙과 사법부 독립의 원칙에서 벗어난다는 비판을 받고 있었다. 2005년 헌법개혁법(Constitutional Reform Act 2005)에 의하여, 사법부의 수장은 중세 이래 사법부의 2인자였던 Lord Chief Justice가 사법부의 수장이 되었고, 신설된 Lord Speaker가 상원의장직을 대신 맡게 되었다. Lord Chancellor의 경우 현재는 내각각료로서 2007년 신설된 법무부(Ministry of Justice) 장관직만을 수행하고 있다. 앞에서 설명되었지만, 과거에 대법원은 상원 내에 설치되어 있어서 12명의 상원상임법관(Law Lords)들에 의하여 최종심이 운영되었으나, 2009년 10월 상원으로부터 분리된 대법원(Supreme Court)이 설치됨으로써 입법부로부터 완전히 독립하게 되었다. 영국의 현재 대법원장(President of the Supreme Court)은 말 그대로 대법원만 관장하고 있다. Lord Chief Justice는 잉글랜드와 웨일즈 지역 사법부의 재판행정 수장 성격인 강한 반면 대법원장은 상임대법관의 성격이 강하다.

5-2	6명의 배석위원	
명 칭		**공식 직함**
재무부 정무차관(원내총무)		Parliamentary Secretary to the Treasury(Chief Whip)
주 재무관		Chief Secretary to the Treasury
잉글랜드·웨일즈 법무총감		Attorney General[22]
개발 담당 부장관 겸 여성평등 담당 부장관		Minister of State(Minister for Development), Minister of State(Minister for Women and Equalities)
정무장관		Minister without Portfolio

이중 경찰 등 법집행 업무를 총괄하는 내무부Home Office에 대해 알아보면, 내무부는 영국의 경찰, 술과 마약, 범죄, 테러, 출입국관리, 이민 및 각종 인·허가 등 민생 관련 정책수립 및 업무를 수행하는 중앙부처 기관이다. 내무부의 장은 내무장관[23]Home Secretary이며 각 기능을 담당하는 5명의 각료(4명의 부장관 Minister of State과 2명의 정무차관Parliamentary Under Secretary of State)와 직할, 부속, 외청 등 각종 조직과 기관 등을 통해 연구, 지방정부 및 타 기능 지원, 자문에서부터 실제 집행까지 치안과 법질서 관련한 내치를 총괄하고 있다.[24]

2007년 신설된 법무부Ministry of Justice[25]는 내무부Home Office로부터 교정, 소년사법, 보호관찰 및 형사정책 업무를 이관 받아 운용하며, 사법효율성 향상을 위해 신설된 법원행정청Her Majesty's Courts and Tribunals Service 운영, 사법지원 업무와 행정법원 운영, 법률구조 등 법원행정도 담당하고 있다. 법무부 장관은 Lord Chancellor가 맡고 있으며, 공식 명칭은 Lord Chancellor, Secretary of State for Justice 이다.

---

21) 상원의장인 Lord Speaker와 구별되어야 한다.

22) 영국의 법무총감은 정부(England and Wales)의 최고 법률자문관이며 국가소추권을 대표한다. 후술되는 국립기소청(Crown Prosecution Service)의 책임자는 기소청장(Director of Public Prosecutions)이며 법무총감이 임명권자(Prosecution of Offences Act 1985 제2조)이고, 동 법무총감의 관리·감독을 받는다.

23) 2025년 1월 기준 내무장관은 이베트 쿠퍼(Yvette Cooper)이다.

24) 영국 내무부의 공식 웹사이트 중 https://www.gov.uk/government/organisations#home-office 참조.

25) 영국 법무부의 공식 웹사이트 중 http://www.justice.gov.uk/about/moj/index.htm 참조.

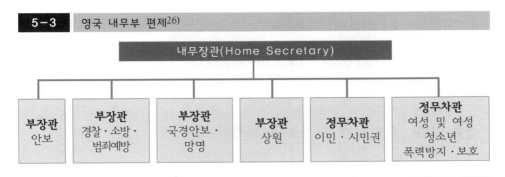

5-3 영국 내무부 편제[26)

내무장관(Home Secretary)

부장관 안보	부장관 경찰·소방· 범죄예방	부장관 국경안보· 망명	부장관 상원	정무차관 이민·시민권	정무차관 여성 및 여성 청소년 폭력방지·보호

산하 독립기관[27)
(Non-Departmental Public Body)

집행기관	자문기관	조사위원회	독립감시기관	기타
•신원조회국 •독립경찰민원조사위원회 •근로감독위원회 •이민자문관관리실 •민간경비산업위원회	•약물오남용자문협의회 •동물실험자문위원회 •생체인식 및 법과학 윤리 위원회 •경찰자문위원회 •경찰급여심사위원회 •기술자문위원회	•수사권남용조사위원회 •경찰징계소청심사위원회	•생체인식 및 감시카메라 위원회 •독립 인신 매매 감시위원회 •독립 국경 이민 감사위원회	•국세·관세·연금민원조사위원회 •경찰대학 •극단주의 대응위원회 •법과학규제관 •독립경찰·소방·구조대 감사관실 •독립가족복귀위원회 •독립테러법검토관 •수사권한위원장실 •국가대테러·안보실 •보안국(MI5) •국립범죄청 급여심사위원회

---

26) 2025년 1월 기준 28개의 하부조직이 있으며, 더 자세한 내용은 https://www.gov.uk/government/organisations 참조.

27) 중앙정부의 재정지원으로 운영되나 활동은 독립된 기구.

제 2 절   영국의 형사사법 제도

I 입법·사법·행정 기능의 유기적 연결

내무장관Home Secretary은 경찰·범죄·대테러 관련 국가정책을 결정하는 동시에 국립범죄청National Crime Agency[28] 등의 각종 기구를 운영하는 등 잉글랜드와 웨일즈 지역의 치안업무를 총괄한다. 2007년 신설된 법무부Ministry of Justice는 법무장관Lord Chancellor, Secretary of State for Justice의 책임하에 교도소, 소년사법, 보호관찰 등 교정행정 및 법원행정을 담당한다. 법무총감Attorney General이 총괄하는 법무총감실Attorney General's Office[29]에서는 정부England and Wales의 모든 업무와 관련된 법률문제의 자문역할을 수행하고, 범죄사건의 기소와 공소유지를 담당하는 국립기소청Crown Prosecution Service, 정부에 대한 법률자문과 소송을 대리하는 법률자문관실Treasury

---

28) 국립범죄청의 전신은 바로 중대조직범죄청(Serious Organised Crime Agency)이다. 중대조직범죄청은 마약, 돈세탁, 테러자금추적, 아동성범죄, 마약범죄, 사이버범죄 등 각종 국가적인 조직범죄를 담당하고 있는 국가경찰기구였으며, 중대조직범죄 및 경찰법(Serious Organised Crime and Police Act 2005)이 설치근거법이다. 중대조직범죄청은, 기존의 국가범죄정보국(National Criminal Intelligence Service), 국가수사대(National Crime Squad), 중앙첨단범죄수사대(National Hi-Tech Crime Unit), 그리고 국세·관세청(HM Revenue & Customs) 및 이민국(Immigration Service)의 일부 기능을 흡수하면서 만들어졌다. 중대조직범죄청은 내무부의 독립정부기관(Non-departmental Public Body)이었고, 이에 내무부의 지원을 받지만 그 활동은 원칙적으로 내무부로부터 독립되어 있었다. 중대조직범죄청은 11명의 위원으로 구성된 위원회(Board)에 의하여 운영되었으며, 위원회의 의장(Chair)과 사무총장(Director General)은 내무부 장관에 의하여 선임되었다. 금융정보분석원(UK Financial Intelligence Unit)은 중대조직범죄청의 한 부서였으며 대테러 업무를 직접 담당하지는 않지만 테러활동의 자금흐름을 조사하고 파악하였다. 아울러 인터폴(Interpol) 국가중앙사무국 기능도 중대조직범죄청이 행하고 있었다. 자금 조달 및 흐름을 차단하는 것이 조직범죄를 없앨 수 있는 근본적 방안의 하나라는 인식하에, 형사 및 민사 추징·몰수를 담당했던 자산회수청(Assets Recovery Agency)이 2008년 중대조직범죄청으로 흡수·통합되었다. 아동착취 및 온라인보호센터(Child Exploitation and Online Protection Centre)의 경우, 중대조직범죄청과 별개로 운용되지만 그 직원은 중대조직범죄청 직원으로 구성되어 있었다. 중대조직범죄청은 폐지되어 2013년 더 강력한 국가경찰기구라고 할 수 있는 국립범죄청으로 대체되었다. 자세한 사항은 후술.

29) 이에 관한 자세한 설명은 http://www.attorneygeneral.gov.uk/Pages/default.aspx 참조.

Solicitor's Department, 국립기소청 업무에 대하여 감사를 실시하는 기소청감사관실Her Majesty's Crown Prosecution Inspectorate, 중대하고 복잡한 금융 및 재정범죄 수사를 전담하는 경제범죄수사국30)Serious Fraud Office의 정책과 업무를 총괄한다.

특히 지역경찰Constabulary은 정부의 직접적인 통제를 받지 않도록, 독립된 각 지역치안위원장Police and Crime Commissioner의 관리하에 있으며 형태적으로 독립적 지위를 가지고 형사사법제도의 일부를 차지하고 있다. 실제 운영상에 있어서는, 정치적으로는 내무부Home Office, 사건 기소에 있어서는 국립기소청Crown Prosecution Service, 지역치안 문제에 있어서는 (범죄와 무질서감소 협의체Crime and Disorder Reduction Partnership31)를 통하여) 지방의회Local Council, 영장업무 및 경죄사건 처리 등에 있어서는 치안법원Magistrates' Court, 흉악범죄자 및 성범죄자의 재범방지를 위해서는 (다기관공공보호연합체Multi-Agency Public Protection Arrangements32)를 통하여) 보호관찰소Probation Service와 교도소Prison Service와 긴밀하고 유기적인 관계를 맺고 상호영향을 주고받는다.

Ⅱ 형사사법제도 내 각 기능별 업무33)

영국 법무부 장관Lord Chancellor and Secretary of State for Justice은 교정행정34) 및 법원행

---

30) 중대사기사건 등에 대한 수사와 기소를 모두 담당하고 있다. 자세한 설명은 김영중, 영국 중대부정수사처의 수사 및 기소절차 연구, 경찰법연구, 18(3), 2020, pp.133-152 참조.

31) 범죄와 무질서법(Crime and Disorder Act 1988)은 "범죄문제는 경찰만의 문제가 아니라 지역사회 전체의 문제라는 인식"하에 지역사회 내에서의 범죄와 무질서 해결을 위한 기관과 기관과의 협력을 강조하며, 이에 따른 범죄와 무질서 감소협의체(Crime and Disorder Reduction Partnership)의 설치를 법적으로 의무화하고 있다. 범죄와 무질서법 제5조에 의한 책임기관(Responsible Authorities)은 지방의회(Local Council)와 경찰(지역경찰청장, Chief Constable)이며, 이들은 보건소, 보호관찰소, 교도소 등 지역단체와 협력해야 할 의무가 있다.

32) 형사사법 및 법원에 관한 법(Criminal Justice and Courts' Services Act 2000)과 형사사법법(Criminal Justice Act 2003)에 의하여, 성범죄자 및 흉악 범죄자의 위험성을 평가하고 이를 통하여 재범방지를 도모하기 위하여 신설된 다기관협의체이다. 경찰·보호관찰소·교도소가 책임기관이며, 경찰관 및 보호관찰관이 팀 단위로 근무하기도 한다. 이에 대한 자세한 설명은 Multi-Agency Public Protection Arrangements Annual Report 2010/2011, Ministry of Justice, 2011 참조.

33) 국립기소청 공식 웹사이트 중 http://www.cps.gov.uk/ cps_a/what_is.htm 참조.

34) 국립범죄자관리청(National Offender Management Service)은 영국 법무부의 산하집행기구(Executive Agency)이며, 교정국(HM Prison Service)과 보호관찰국(National Probation Service)을 통합관리하고 있다. 아울러 국립범죄자관리청에서 성범죄자 및 흉악범죄

정에 대한 전반적인 책임을 지고 있다. 법원의 재판과 그 판결결과의 집행이 확실하고 효과적으로 이루어질 수 있도록 하는 행정지원, 효과적인 재범방지책 및 피해자 지원책 강구, 형법과 형사소송법의 실효성 여부 진단 및 개선, 여왕의 사면권 행사에 대한 조언advises the Queen on the exercise of the prerogative of mercy, 법관임용심사위원회Judical Appointments Commission에서 올라온 판사임용에 대한 제청권 등을 행사하며 각종 법률구조업무도 총괄하고 있다. 각급 법원은 피고·원고 양측의 주장과 증거를 살펴 치안판사나 배심원이 유죄여부를 결정한 후 유죄일 경우 그 형량을 결정하며 그 결정에 불복하여 항소·상고할 시 이에 대해 상급법원이 심리하는 구조로 이루어져 있다.

범죄의 기소와 국가 및 정부와 관련된 법률문제를 총괄하는 법무총감실Attorney General's Office은 법무총감Attorney General과 그를 보좌하는 법무감Solicitor General이 관장하는데, 산하기관인 국가사법관부서Law officers' Department로 기소청장Director of Public Prosecutions이 이끄는 국립기소청Crown Prosecution Service[35](우리나라의 검찰청과 유사하나, 수사업무는 전혀 수행하지 않고 오직 기소업무만 수행), 법률자문관실Treasury Solicitor's Department, 기소청감사관실Her Majesty's Crown Prosecution Inspectorate, 중요경제범죄수사국Serious Fraud Office을 감독한다.[36] 특히 국립기소청은 기소가 이루어질 만한 사건에 관해 경찰에 조언Advice을 제공하고, 경찰이 송부한 사건에 대해 피의자와 적용법조가 적정한지 등을 검토하여 공판을 준비하며, 치안법원에서는 스스로 공소를 제기하고, 형사법원·고등법원·대법원에서의 공소제기는 독립된 법정변호사[37]에게 이를 요청한다. 또한, 법원의 형선고를 보조하기 위해 피고인에 관한 정보와 관련

자 재범방지를 위한 다기관보호연합체(Multi-agency Public Protection Arrangements)를 운영하고 있다. 이에 대한 설명은 http://www.justice.gov.uk/about/noms/ 참조.

35) 세금 및 관세사건, 중대조직범죄청의 형사사건 기소를 담당하였던 국세관세기소청(Revenue and Customs Prosecutions Service)이 2010년 1월 국립기소청으로 통합되었다.

36) 법무총감 및 법무감은 이른바 국가사법관(Law Officer)이며 이들이 관장하는 기관을 국가사법관부서(Law Officers' Department)라고도 하며, 법무총감실, 국립기소청, 법률자문관실, 기소청감사관실, 중요경제범죄수사국(Serious Fraud Office)이 국가사법관부서에 해당한다. 자세한 사항은 http://www.cps.gov.uk/publications/reports/sustaindev_sdap.html#a03 참조.

37) 영국의 법률가의 종류와 기능은 매우 복잡한데, 우선 법정변호 자격이 없는 법무변호사(Solicitor)와 자격이 있는 법정변호사(Counsel; Barristress; Queen's Counsel)로 나뉘며 법정변호사들은 절대적인 독립성을 보장받고 그 자격요건·윤리규정·규율이 매우 엄격하고 지식·법정기술·경험·전문성이 뛰어나 절대적인 국민적 신임을 얻고 있다. 법정변호사총회(The General Council of The Bar; the Bar Council)의 장(Chairman)이 종종 법무총감(Attorney General)으로 임명되어 국가의 기소와 정부의 법률문제를 총괄하기도 한다. 더 자세한 내용은 The General Council Of The Bar, http://www.barcouncil.org.uk/ 참조.

사항을 제공하며, 법원이 선고한 사회봉사형을 집행하는 등의 업무를 수행한다.

내무부Home Office는 범죄, 테러, 마약 등 치안 및 법질서와 관련된 국가정책을 총괄·조정하며, 특히 국가적 범죄대응에 있어서 전략적 경찰활동 요구조건Strategic Policing Requirements을 작성·배포하여 국가경찰활동역량National Policing Capabilities을 제시해야 한다. 지역치안위원장Police and Crime Commissioner은 지역치안계획Police and Crime Plans을 세울 때, 국가적인 범죄의 대응의 통일성을 기한다는 측면에서 반드시 위 전략적 경찰활동 요구조건을 참조해야만 한다. 중앙정부는 위 전략적 경찰활동 요구조건을 통하여 국가적인 범죄와 관련하여 지역경찰의 역할과 임무를 부여Tasking하고 조정Coordinating할 수 있다. 또한 내무부는 대테러활동과 중앙정부차원의 책임과 권한을 가지고 있으며, 범정부적 대테러활동 지원과 조율을 위하여 2007년 3월 내무부 내 국가안보·대테러실38)Office for Security and Counter-Terrorism이 설치되었다. 지역경찰은 정부나 기소기관 및 사법부로부터 독립하여 범죄의 수사, 범죄 혐의자의 체포와 구금, 체포·구금된 피의자를 방면하거나 경고처분을 내리거나 교통사범일 경우 정액벌금을 부과하거나 입건하여 사건일체를 국립기소청에 송부하는 결정을 내릴 권한과 재량권을 부여받고 사회의 안전과 국민의 자유 및 권리를 보호하는 업무를 수행하고 있다.

Ⅲ 수사제도

영국 형사사법제도에 있어 수사의 주체는 경찰로 광범위한 재량권discretion을 부여받고 있으며 명실 공히 영국 형사사법체제의 대명사로 인식되어 그 위상이 매우 높다. 특히 1986년 국립기소청Crown Prosecution Service이 설립되기 전까지는 기소와 공소유지까지도 경찰이 모두 담당하였다.39) 이는 경찰이 고대 앵글로색슨 정착기부터의 전통인 "자치치안"의 대표자로 주민에 의해 그 권한을 부여받고 주민에 의해 통제를 받는다는 정통성legitimacy에 기인한다.40) 영국 수사제도에 대

---

38) 현재는 명칭이 국가대테러·안보실(National Counter Terrorism Security Office)로 변경되었다. 앞에서 설명된 바와 같이, 내무부의 산하 독립기관에 해당한다.

39) 영국경찰의 권한과 재량권에 대한 더욱 자세한 설명을 Robert Reiner, The Politics of The Police, London, Harvester Wheatsheaf, 1992, Chapter 6 "Police Powers and Accountability" 참조.

40) 영국경찰의 역사에 대해서는 T.A. Critchley, A History of Police in England and Wales, London, Constable, 1978와 R. S. Bunyard, Police: Organisation and Command,

해 자세히 알아보기 위해 영국에서의 기소에 대한 역사를 간략히 짚어보면, 1879년 범죄사건의 기소에 관한 법률the Prosecution of Offences Act 이전에는 범죄 피해자 등 시민들이 직접 변호사를 사서 기소업무를 담당하였으며 1829년 근대경찰의 시초라고 할 수 있는 수도경찰청Metropolitan Police Service 창설 이후에는 경찰이 기소업무를 전담하였다.[41] 1879년 기소법 시행 이후에는, 기소업무가 내무부 업무로 되어 1880년 내무장관이 최초의 기소국장the first Director of Public Prosecutions을 임명, 극소수의 매우 중요하거나 어려운 사건의 기소를 담당하게 하고 대다수의 범죄사건은 계속 경찰이 기소를 해왔다. 그러던 중 1962년 '왕립 경찰문제 조사단'Royal Commission on the Police에서 "같은 경찰관이 동일한 사건의 수사와 기소를 모두 담당하는 것은 적절치 않으므로 각 경찰청은 변호사로 구성된 별도의 기소과prosecuting solicitor's departments를 두도록" 권고하게 되었고 이에 일부 지역경찰청은 기소과를 설치하였으나 일부는 지역 변호사에게 기소관련 조언을 구하는 것으로 대체하였다. 기소과가 설치된 지역의 경우 기소과에서 근무하는 경찰관이나 사무직원 중 법 관련 자격증some form of legal qualifications이 있거나 기소경험이 있는 이들이 경미범죄 기소를 담당했으며, 중대범죄의 경우 법정변호사Barrister를 고용하여 기소를 하는 방식을 취했다. 변호사에게 기소관련 조언만 구하는 지역의 경우 기소권은 전적으로 법 관련 자격증이 있거나 기소경험이 있는 경찰관들에 의하여 행사되었다.

이후 1978년에 '왕립 사법절차 조사단'Royal Commission on Criminal Procedure이 다시 사법절차의 3대 문제점을 지적했는데 이는, ① 수사를 담당한 경찰관은 동일 사건의 기소여부에 대해 공정한 판단을 내린다고 신뢰할 수 없음에도 불구하고 동일경찰관이 수사와 기소업무를 병행, ② 전국의 경찰청들이 사건의 기소여부에 대해 서로 다른 기준을 적용, ③ 경찰이 너무 많은 부적당한 사건들weak cases을 기소하여 판사의 기각률이 높음이었다. 1981년, 조사단은 위 문제점들에 대한 해결책으로 정부에 독립된 기소전담기구를 설치하는 입법을 권고하였고, 1983년 내무부에서 기소업무를 담당하는 독립된 국가기구의 창설과 신속한 기소여부 결정을 위해 그 기구의 지역 사무소에서 대부분 사건의 기소업무를 처리하게 함을 골자로 하는 정부 입법안을 발표하게 된다. 결국 1985년 "범죄의

Plymouth, Macdonald and Evans, 1978 Chapter1; R. Reiner, Chief Constables, Oxford, Oxford University Press, 1991 및 R. Reiner, 1992, *op. cit.*, Part 1 참조.

41) 영국에서의 기소의 역사에 대해서는 국립기소청 공식 웹사이트 중 http://www.cps. gov.uk/about/history.html 참조.

기소에 관한 법률"the Prosecution of Offences Act 1985이 제정되어, 기존의 내무부 기소국the Department of the Director of Public Prosecutions과 지역경찰청 기소과Police Prosecuting Solicitor's Departments를 통합·확대한 국립기소청the Crown Prosecution Service: CPS[42])이 1986년 창설되었다. 국립기소청은, 그 역사에서 알 수 있듯이 광범위한 경찰의 업무로부터 기소기능만을 분리해 내어 전반적인 형사사법제도운영의 원활을 기하자는 데 그 설립목적이 있고 "경찰에 종속되지 않고 독립completely independent of the police된 정부부처로 경찰이 입건한 형사사건에 대한 기소"[43])를 행한다. 영국 형사사법제도에 대한 이해가 부족한 일부에서 오해하고 있듯이, 이는 국립기소청이 경찰을 지휘한다든지 하는 관계가 아니고[44]) 오히려 수사주체인 경찰이 기소업무까지 수행하는 데 따른 폐단을 보완하기 위해 신설되어 기소를 전담함으로써 경찰을 보좌하는 역할을 수행하고 있다고 보는 것이 타당하다. 또한 국립기소청이 생겼음에도 불구하고 여전히 약식기소범죄Summary Only Offences나 선택가능범죄Either-Way Offences 중 치안법원에서 재판이 진행되며 유죄를 인정할 것이 예상되는 범죄의 경우 아직까지 경찰이 기소권한을 행사하고 있는 현실이다.[45]) 철저하게 승소율

---

42) 1986년 국립기소청이 생겼을 때 반발이 제일 심했던 단체 중 하나가 경찰에 고용되어 기소를 업무를 담당했던 변호사였다. 변호사들이 기소업무를 담당함으로써 받았던 고임금 역할을 박탈당하는 것이 싫었기 때문이었다. 이에 대한 타협으로 국립기소청이 생겼음에도 불구하고 모든 고등법원사건은 국립기소청이 민간 변호사들을 고용을 하여 기소를 하도록 유지되었다. 현재 국립기소청은 2013년까지 고등법원(High Court)에서 다루어지는 전체사건 중 25%까지 국립기소청 소속 검사들이 기소를 담당할 수 있도록 노력하고 있다. Chris Lewis, 2010년 선진수사제도연구 국제학술세미나 제1주제 발진문(경찰청, 동국대 경찰범죄연구소, 선진수사제도연구회 공동주최), the Relationship between the Police and the Crown Prosecution Service in England & Wales 참조.

43) 국립기소청 공식 웹사이트 중 http://www.cps.gov.uk/cps_a/what_is.htm p.1 참조.

44) 사법연수원에서 교재로 쓰고 있는 "검찰실무"와 서울지검에서 1998년 8월 10일 펴낸 "수사지휘론" pp.70~71에 이러한 "오해"들이 아무런 근거도 없이 기술되어 있다. 국립기소청 공식 웹사이트에는 오히려 경찰과 국립기소청의 역할이 다르고 별개의 것(different and distinct)이며 "경찰에게 법률적 조언을 함에 있어서 수사관의 역할을 행하거나 수사실무절차를 지휘해서는 안 된다(In giving advice to the police, you must not assume the role of investigator or direct police operational procedures)라고 명시하고 있다(국립기소청 공식 웹사이트 중 http://www.cps.gov.uk/legal/a_to_c/cps_relations_with_the_police/index.html 참조). 또한 이들 책에서 Crown Prosecution Service를 "왕립검찰청"으로 표현하고 있는데 이는 영국에서 "왕립"을 뜻할 때는 "Royal"이란 단어를 사용하며(Royal Air Force, Royal Ulster Constabulary 등), "Crown"은 주권에 의한 즉 "국립"이거나 "민사"에 대한 "형사"(Crown Court, crown counsel 등)를 칭한다는 것을 이해하지 못한 소치로 보인다.

45) The Director's Guidance on Charging 2011-fourth edition January 2011, Crown Prosecution Service 2011, 국립기소청 공식 웹사이트 중 http://www.cps.gov.uk/ publications/directors_ guidance/dpp_guidance_4.html#a02 참조.

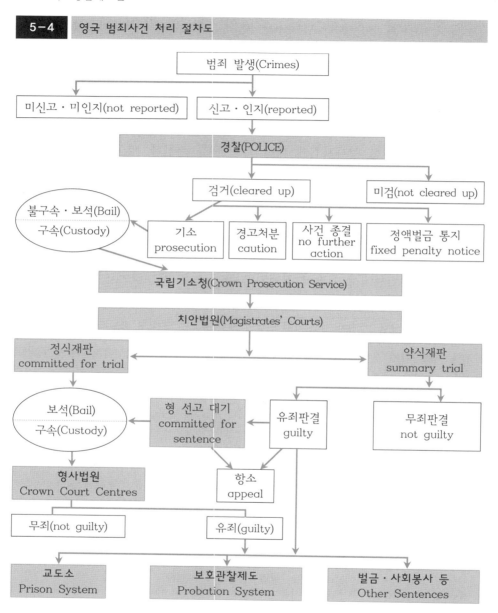

5-4 영국 범죄사건 처리 절차도

로 평가받는 영국의 국립기소청은 우리나라의 검찰과 같은 권력기관이 아니라 국민과 경찰, 피해자를 위해 법률서비스를 제공하는 국가소유 법률회사의 성격이 짙고 승소의 가능성을 최우선 고려대상으로 삼아 기소여부를 결정하기 때문에 경찰과 피해자들로부터 너무 소극적이라는 비판을 자주 듣는다.[46]

영국경찰이 수사의 주체이며 형사사법제도의 중추라는 것은 위의 그림에서 보여주고 있듯이, 범죄사건 처리절차를 통해서도 분명히 나타난다. 범죄사건이 발생하게 되면 피해자가 신고하지 않거나 경찰이 인지하지 못하는 경우 '암수범죄'로 남게 되며, 신고가 이루어지거나 경찰이 인지하게 되는 경우 경찰은 독자적으로 수사investigation를 하게 되고 이 때 경찰은 정지 및 수색,[47] 영장에 의한 수색, 영장 없이 행하는 수색, 압수[48] 등의 강제수사방법과 참고인 진술청취 등 임의수사 및 감시surveillance, 정보원informant, 감청tapping, 비밀잠입수사undercover operation와 기타 과학수사 기법 등을 활용하여 증거evidence를 수집하게 되며 혐의가 있다고 판단될 때 경찰관은 기소를 제기하기 이전에 영장 없이 24시간, 경정Superintendent급 간부의 허가가 있을 시에는 36시간, 치안판사의 허가가 있을 때에는 96시간까지 피의자를 구금·조사할 수 있다.[49] 수사가 종결된 후에는 그 사안의 경중에 따라서 경찰에서 기소prosecution,[50] 경고처분caution, 무혐의 처리no further action 또는 정액 벌금fixed penalty부과결정을 하며 기소결정이 내려진 피의자에 대해서도 경찰에서 구속custody할 것인지 또는 불구속police bail할 것인지를 결정한 후 사건일체를 국립기소청으로 이첩한다. 즉, 수사를 종결하여 기소결정이 내려진 사건에 한해서 경찰이 국립기소청에 기소의뢰를 하기 전까지의 모든 절차와 결정은 경찰에서 이루어진다. 이 과정에서의 경찰 수사의 적법성과 민주성 및 피의자 인권보호 등에 대한 감시와 통제는 건전한 상식을 가진 시민의 대표인 치안판사magistrates와 절대적 접견권을 인정받는 변호인, 그리고 주민대표로 피의자의 구금상태를 감시하는 유치장 감시단lay visiting scheme, 경찰지정 의사police doctor 및 경찰 내의 절차적 안전장치(구금담당관, 조사과정 녹음·녹화)에 의해 이루어지고 있어 같

---

46) 국립기소청(Crown Prosecution Service)이 범죄자보호청(Criminal Protection Service)이라고 비판받기도 한다.

47) 자세한 내용은 영국 "경찰과 범죄증거에 관한 법"(Police And Criminal Evidence Act 1984) 제1부 정지 및 수색을 할 수 있는 권한(Part I Powers To Stop And Search) 참조.

48) 동법 제2부 진입, 수색 및 압수할 수 있는 권한 (Part II Powers Of Entry, Search And Seizure) 참조.

49) 2005년 7월 7일 발생한 런던 대중교통 폭탄테러 사건을 계기로 "Terrorism Act 2006"이 제정되었고, 동 법률에 따라 테러 용의자의 경우 체포 후 최대 28일까지 구금(Detain)할 수 있게 되었다. 단 48시간이 넘는 구속기간의 경우 법원에 의한 영장이 필요하다.

50) 약식기소범죄나 선택가능범죄 중 치안법원에서 재판이 진행되며 유죄를 인정할 것이 예상되는 범죄.

은 국가권력으로 피의자의 반대편에 서 있는 소송당사자인 검찰이 그 감시와
통제를 독점하고 있는 우리의 실정과 판이하여 경찰수사를 둘러싼 인권시비는
찾아보기가 매우 어렵다.[51]

　　1978년 '왕립 사법절차 조사단'Royal Commission on Criminal Procedure에서 제시된 또 다
른 권고안은 지금까지 판례 및 법관의 규칙들Judge's Rules로 인정되어 왔던 법집행
과 관련된 경찰의 권한 및 절차, 즉 불심검문, 압수수색, 체포 및 구금 등에 관
한 경찰 권한 등을 (법원이 아닌 의회가 제정하는) 성문법규로 규율하라는 것이었
다.[52] 동 권고안이 영국 형사절차를 규율하는 최초의 단일 성문입법이라고 할
수 있는 1984년 "경찰과 범죄증거에 관한 법"Police And Criminal Evidence Act 1984 및 부속
"실무규칙"Code Of Practice의 탄생으로 연결되게 된다.[53] 참고로 위 실무규칙은 우리
의 대통령과 유사한 위치에 있으며 (PACE법 제66조에서 의거) 제정권한은 내무
부 장관Home Secretary에게 있다. 또한 실무규칙은 형식상 법률은 아니지만,[54] (동법
제67조에 의거) 의회 상·하원의 승인을 받아야 한다.

　　결론적으로, "1984 경찰과 범죄증거에 관한 법"Police And Criminal Evidence Act 1984은
법집행 과정에서 과거 불명료했던, 다시 말해서 판례와 법관의 규칙에 의하여

---

　　51) 이러한 이유로 경찰의 사법적 권한은 점점 확대되고 있는 실정이다. 예를 들어, 약식
체포(Summary Arrest)는 법관의 영장없이 체포할 수 있는 제도로, 경찰과 범죄증거에 관한
법(Police and Criminal Evidence Act 1984)에 명문화되어 있는 규정이다. 원래는 5년 이
상의 징역형에 처할 수 있는 범죄가 원칙적으로 약식체포의 대상이 되는 범죄였지만, 중대조
직범죄 및 경찰법(Serious Organised Crime and Police Act 2005)에 의하여 위 경찰 및
범죄증거법 및 그에 따른 경찰관집무규칙(Code of Practice)이 개정되었고 이에 2006년 1월
1일부터는, 범죄행위의 관련성 및 체포의 필요성에 대한 합리적인 근거가 있는 경우에는 어
떠한 범죄라도 (징역형과 관계없이) 약식체포가 가능하도록 규정이 대폭 완화되었다. 단 예
외적으로 Criminal Law Act 1967 제4조 1항(범죄자의 체포나 기소를 방해한 자) 및 제5조
1항(타인의 범죄행위를 은폐하거나 거짓정보를 제공한 자)의 경우에는, 원 범죄자의 범죄에
대한 형량이 법으로 고정(fixed by law)되어 있거나 또는 18세 이상인 자가 5년 이상의 징
역형에 해당하는 범죄를 저지른 경우에만 약식체포의 대상이 될 수 있도록 규정되어 있다.
　　52) 국민의 기본권 침해에 관한 규정은 입법자에 의한 입법으로 해결되어야 한다는 원칙,
다시 말해서, 삼권분립의 원칙이 적용되었다고 볼 수 있다(전현욱·김학경 외, 피해자보호를 위
한 경찰개입의 한계요인과 법제도적 개선방안에 대한 연구, 서울: 형사정책연구원, 2017, p.72).
　　53) 조국, 영국 코먼 로 형사절차의 전면적 혁신과 그 함의: 1984년 경찰 및 형사증거법과
1994년 형사사법과 공공질서법 중심으로, 형사정책, 제10호, 1998, p.341. 설명되었지만, 우리
의 기준으로 볼 때 형사소송법적 성격이 강하나 경찰관직무집행법적 성격도 있다. 즉 행정경
찰 및 사법경찰 작용을 통합적으로 규정하고 있다.
　　54) 따라서 실무규정을 위반하여 수집한 증거가 무조건 증거능력이 배제되는 것은 아니다
(조국, 영국 코먼 로 형사절차의 전면적 혁신과 그 함의: 1984년 경찰 및 형사증거법과 1994
년 형사사법과 공공질서법 중심으로, 형사정책, 제10호, 1998, p.342).

만 인정되어 왔던 경찰의 법집행 권한 등을 명확히 성문 입법화했다는 그 의미가 있다. 또한 전술했듯이 형사소송법적 성격이 강한 것은 분명하나, 불심검문 등 행정경찰작용에 관한 경찰법적 요소도 통합적으로 규정되어 있다. 이는 동법의 제정목적, "본 법은 경찰의 권한과 임무, 경찰체포상태에 있는 사람, 형사증거, 경찰관에 대한 징계 (이하 중략) 등과 관련된 자세한 규정을 제정함에 그 목적이 있다"를 보더라도 잘 알 수 있는 사실이다.

제 3 절 영국의 경찰제도

Ⅰ 영국에 있어서의 경찰의 개념

영국에서 경찰을 지칭하는 용어는 Police, Constable, Sheriff 등 다양한데, 이들을 간략히 살펴보면, Police란 용어는, 고대 그리스의 도시국가 Polis에서 유래하여 "질서정연하게 잘 정비되어 있는 이상적인 (도시)국가의 상태"를 의미하다가 "(도시)국가를 통치하는 기술"을 뜻하는 Politeia를 거쳐 로마시대를 지나 프랑스에 도입되면서 Police로 변화되어 "질서를 유지하는 행위나 그 조직"을 일컫게 되었으며 이 Police란 용어가 다시 영국으로 도입되었는데, 학문적으로 Police는 ① 사회적 통제social control를 유지하는 기능(= policing) 또는 ② 그 기능을 수행하기 위해 설립된 조직체the agency(= the police)의 두 가지 의미를 가지고 있으며 영국에서 조직체로서의 the police는 1829년 수도경찰청의 설립과 더불어 사용되기 시작하였다.[55]

Sheriff란 용어는 앵글로색슨 정착기로 거슬러 올라가는데, 10가구씩 자연스레 모여 형성된 부락인 10호반tything이 모여 100호반hundreds으로, 100호반들을 모아서 다시 shire를 구성하였으며 이 shire의 수장headman으로 왕으로부터 재판권과 행정권을 부여받은 지역 귀족provincial nobility을 리브reeve라고 칭하였고, 이 shire의 reeve를 1066년 이후 왕이 직접 임명·파견하면서 sheriff라고 칭하게 되었

---

55) William Outhwaite & Tom Bottomore(eds.), Twentieth-Century Social Thought, Oxford, Basil Blackwell, 1994, p.475 참조.

다.56)

영국에서 경찰관을 지칭하는 용어로 가장 일반적으로 사용되어 온 Constable 은 주민들이 스스로 뽑은 자치치안의 대표자에서 유래한다. 지역 귀족 내지는 왕이 파견한 중앙 귀족인 shire-reeve 또는 sheriff에 비해 평민 치안수행자인 constable은 100호반 내에서 선출한 마을 자치치안의 대장으로 범법자의 추적 과 체포 및 마을 전체의 말과 무기 관리의 책임을 지는 역할을 수행했다. 이는 유명무실해진 앵글로색슨시대 이래 전통적인 자치치안 제도인 10호반과 노르만 왕들이 부과한 강제적 상호보장제도인 frankpledge에 환멸을 느낀 지역주민들 에 의해 발달한 대안적 경찰제도였는데, 1285년 윈체스터 법the Statutes of Winchester 에 의해 공식적으로 그 존재가 인정되면서 주민선출의 자경대장이 아닌, 성인 남자가 1년에 한 번씩 돌아가면서 수행하는 치안의무로 변화하였다. constable 의 주임무는 범법자를 체포하여 법정에 데려오는 것이었는데, 이는 모든 시민 에게 부여된 '시민체포권'citizen powers of arrest을 constable에게 특별히 강조하여 요 구하게 된 것이었으며 도시 지역의 constable은 야경꾼night watch을 지휘하며 예 방순찰체제를 운영하기도 하였다. Constable은, 당시 모든 시민에게 부여된 "치안조력의무"(the hue and cry, 범법자를 보면 소리치고 그 체포에 동참해야 하는 의무)를 통해 합법적으로 시민들에게 범죄에 대한 대응을 명령하고 강제할 수 있었다. 주민의 대표이며 자원봉사자의 성격을 띠던 Constable은 1361년 재판 관법the Justice of the Peace Act 1361의 제정과 함께 왕이 파견하여 지역주민을 다스리도 록 한 하류귀족출신인 재판관(the Justice of the Peace, 지금의 치안판사magistrate의 수하로 전락하면서 본래의 치안업무보다는 자질구레한 법원과 재판관의 심부름 을 더 많이 하게 되어 점차 자원봉사자가 아닌 유급종사원으로 변모해 갔다. 이에 따라 하층민을 통제하고 억누르는 역할을 수행하게 되면서 Constable업 무는 평민들에게 기피의 대상이 되었으며 돈이 있는 자는 돈을 주고 다른 사람 에게 이 constable 임무를 대신 수행하게 하여 18세기 말에 와서는 극도로 무 능·부패하게 되었다. 현재는 constable이 "순경"계급을 뜻하며 속칭으로 우리 가 "순경"이라는 용어로 경찰을 지칭하듯 영국에서 경찰관을 지칭하는 호칭 중 하나로 불리고 있다.

Constable의 사무실Constable's Office이라는 뜻으로 사용되는 Constabulary는 현 재 "지역경찰청"을 지칭하는 공식용어이다. 1829년 수도경찰청 창설이후 각 지

---

56) M. Brogden, *et al.*, Introducing Policework, London, Unwin Hyman, 1988, Chap. 4 참조.

방에 이와 유사한 경찰조직을 창설하면서 police force라 칭하고 그 장을 chief of police라는 명칭으로 불렀으나 1839년 지방경찰법the Rural Constabulary Act부터 지방경찰 조직을 런던경찰과 구별하여 Constabulary로 칭하고 그 장을 Chief Constable이라 칭하게 되었다.

대중적으로 널리 알려진 Bobby는 영어권 국가에서 일반적으로 Robert라는 이름의 약칭으로 쓰이는데, 영국 언론과 국민들이 영국 근대경찰의 창시자인 로버트 필 경(卿)Sir Robert Peel의 분신들이라는 뜻을 담아 경찰관들을 부르는 애칭으로, 일반적으로 '엄정하고 신사적이며 친근한' 이미지를 자랑하는 정복순찰 경찰관을 일컫는다.

Ⅱ 영국 경찰제도의 변천사[57]

1. 로마제국 이후 12세기까지

영국을 지배하던 로마군이 물러간 5세기경 영국에 정착한 앵글로색슨 족은 서로 모여 농사를 지으며 마을을 형성하면서 10가구씩 묶어 10호반을 이루고 이 10호반의 성인남자들이 돌아가며 경계를 서는 등 스스로를 지키는 자치치안 전통이 생성되었는데, 9세기에 이르러 알프레드 대왕이 모든 가구를 10호반으로 묶어 모든 성인 남자에게 '치안 의무'를 부과하였으며 각 10호반에 '10호장'chief tithingman을 두어 치안의 책임자인 동시에 법규 제정자이며 심판관 역할을 하게 하였다. 이후 각 10호반은 이웃 10호반과 협조할 의무를 지게 되었으며 이것이 100호반hundreds으로 발전, 100호반장reeve이 수장으로서 행정과 사법권을 갖게 되었으며 100호반의 주민들 사이에서 자경대장constable을 선출하여 범법자를 추적하고 체포하는 책임 및 마을 전체 말과 무기를 관리하는 역할을 맡기게 하였는데, 이 constable이 영국 최초의 경찰관the first English police officer이다.

이후 100호반들의 집합체인 '셔shire'가 생성되었으며 그 수장인 '셔리브'는 각

---

57) 영국경찰의 변천사는 T. A. Critchley, A History of Police in England and Wales, London, Constable, 1978와 R. S. Bunyard, Police: Organisation and Command, Plymouth, Macdonald and Evans, 1978 Chap. 1; R. Reiner, Chief Constables, Oxford, Oxford University Press, 1991 및 R. Reiner, The Politics of the Police, London, Harvester Wheatsheaf, 1992 Part 1을 종합 정리한 것임.

100호장 지역을 순회하며 경찰관과 판사의 역할을 동시에 수행하면서 필요할 때는 그 지역 내 성인남자들을 징발하여 업무를 수행할 수 있는 권한을 가지고 있었다는데, 이 'shirereeve'가 현재까지 미국에 존속하는 '보안관'sheriff의 원조라고 볼 수 있다.

1066년에는 노르만 족인 '정복자 윌리암'William the Conqueror이 영국을 침략·복속한 후 영국을 효과적으로 통치하기 위해 전국을 55개 군사지역military district으로 분할하였으며 각 지역에 노르만 인 수장 '셔리브'를 왕이 직접 임명하여 강력한 중앙집권적 관료제 경찰제도를 확립하였다. 윌리암 왕은 '셔리브'로 하여금 경찰업무만 수행하게 하고 판사는 따로 임명하여 전역을 돌아다니며 재판업무를 수행토록 함으로써 최초로 '경찰과 사법업무'judicial roles를 분리하였고 후에 미국에서도 큰 역할을 한 '순회판사'circuit judges제도의 시초를 마련하였다. 또한, 주민의 자치치안 조직인 10호장, 100호장에는 '왕의 법'king's law에 대한 충성과 질서유지에 대한 상호보장guarantee의무를 부과하는 '연대보증제'Frankpledge System와 더불어 야간 등화관제 및 통행금지curfew를 최초로 실시함으로써 강력한 사회통제장치를 통해 피지배민들의 항거를 원천적으로 봉쇄하는 철권정치를 폈다.

2. 12세기부터 산업혁명까지

12세기초 윌리암의 아들 헨리 1세가 최초의 형법Leges Henrici을 제정하여 범죄에 대한 종래의 사형주의(私刑主義)에서 국가형벌주의로 전환하고 범죄를 중죄felony와 경죄misdemeanor로 구분하기 시작하였고, 12세기 후반에는 헨리 2세가 배심원제도jury system를 도입하였다. 13세기 초에는, '존John왕'의 폭정(지나친 세금징수, 왕의 사견에 따른 자의적 재판 등)에 대항하여 영주들과 성직자들이 모여 왕의 '불의한 폭정 중단'halt to the king's injustices을 요구(1213년)하기에 이르렀고, 이에 대해 왕이 2차례 거부하자 영주들이 군대를 일으켜 왕에게 저항하는 초유의 사태가 발생하여, 급기야는, 1215년 6월 15일 '존왕'이 왕의 권한을 제한하고 시민의 기본권리를 보장하는 '대헌장'Magna Carta에 서명하게 되었다. 영국 최초의 '헌법'으로 간주되는 대헌장은 지방자치local control, 법치주의, 적정절차의 법리due process of law, 배심원 재판제도trial by jury, 부당한 인신구속 금지safeguards against unfair imprisonment, 간접민주주의no taxation without representation 천명 등을 그 골자로 하고 있다.

13세기 중반에는 런던에 사창가 단속 경찰대the police des mouers가 창설되어 창녀

를 등록하게 하고 특정지역 이외에서의 매춘행위를 금지시킴으로써 최초의 홍
등가red light district가 생성되었다. 1285년에는 '에드워드 1세'가 야경night watch제도를
도입하였고 런던에서는 유급 순라꾼bailiff을 고용, 주간순찰ward과 야간순찰watch을
분담하게 하여 '24시간 치안'개념이 도입되었다. 14세기에 이르러서는 치안판사
justice of the peace제도가 도입되어 지역경찰constables과 수명의 법률지식을 가진 자의
보조를 받는 치안판사가 shire-reeve를 대체하게 되어 그 초기에는 법집행law
enforcement과 재판업무judicial matters를 병행하였으나 점차 재판업무에만 전종하게 되
었으며 차차 지역사회의 실력자로 부상하게 된다.

중세(14~16세기)에는 봉건주의가 쇠퇴하고 교회권력이 강화되어 지방 치안
은 교구parish에서 선임한 교구경찰parish constable이 담당하게 되었으며 런던에서는
계속 유급 순라꾼의 주·야 순찰제watch and ward가 실시되었다. 1621년에는 영장
없는 구속은 불법이라는 인신보호원칙이 확립되어 1679년에 인신보호율Habeas
Corpus Act이 제정되었으며 이후에도 인권침해 사례가 빈발하자 1689년에는 의회
가 왕 '제임스2세'를 압박하여 '권리장전Bill of Rights'을 인준하게 함으로써 '의회의
입법권', '자유 선거' 및 '언론의 자유' 보장 등 근대적 헌법의 기초가 확립되었
다. 1692년에는 급증하는 범죄에 대응하기 위해 '현상금'monetary reward제도를 실시
하여 범죄자 검거를 독려하였으나 이는 오히려 허위 고발, 협박 등 폐해만을
양산하였다.

17세기에 발명된 진과 위스키의 상용으로 범죄와 폭동이 더욱 증가하여 1736
년에는 주류의 제조 및 판매 허가제가 시행되었으나 이는 오히려 주류의 밀조·
밀매 및 경찰constables, watchmen의 부정부패를 심화시키는 부작용을 낳았다. 1750년에
이르러서는, 산업혁명 및 농촌 기근으로 인해 도시에 인구가 집중하여 실업과 빈
곤이 확산되고 범죄가 창궐하였으며 시위와 폭동이 빈발하자 치안판사에게 군대
동원권을 주는 폭동법riot act을 제정·시행하여 사회질서를 유지하려 하였다. 그러
나 군대가 출동하면 시위나 폭동이 오히려 심화되는 역기능이 나타났다. 한편,
1750년에는 런던에 최초의 형사대인 the Bow Street Runners(일명 thief-takers)
가 창설되어 강건하고 믿음직한 청년을 선발하여 주급을 지급하게 되면서 왕실주
변의 런던중심지는 범죄가 소탕되고 사회질서가 유지되었으나 외곽은 빈민굴이
형성되어 더욱 무법지대화하였다.

3. 1829년 '신경찰' 이후의 경찰

1780년에서 1820년 사이에는 범죄와 폭동 창궐의 원인과 대책을 찾기 위한 국회조사위원회가 끊임없이 구성되어 치안문제를 둘러싸고 많은 논의가 이루어지면서 국가적 경찰조직national police force을 창설해야 한다는 주장이 강하게 제기되었으나 왕의 폭정과 중앙집권적 유사군조직paramilitary organization에 의한 시민통제를 두려워하는 주민반발여론에 밀려 무산되었으며, 1829년에 '근대경찰의 아버지'father of modern policing로 불리우는 당시 내무장관 로버트 필 경Sir Robert Peel이 '앵글로색슨의 전통인 공동체 치안원칙으로 돌아가자'라는 모토하에 지역공동체의 비용으로 운영되는 경찰조직체 창설을 제의하여 의회의 승인을 득하였다. 그리하여 내무장관이 직접 관장하는 경찰조직을 런던에 두는 수도경찰청법the Metropolitan Police Act을 제정, 영국 최초의 근대경찰조직인 수도경찰청Metropolitan Police Service이 탄생하게 된다(후에 영국경찰은 로버트 필 경의 애칭인 '보비'Bobby라고 불리우게 된다). 다음에 열거하는 로버트 필이 내세운 '신경찰'의 11원칙Principles of the New Police은 170여년이 지난 지금에도 시사하는 바가 많다.

- 경찰은 안정되고, 능률적이고, 조직화되어야 한다.
- 경찰은 정부의 통제하에 있어야 한다.
- 범죄발생 사항은 반드시 전파되어야 한다.
- 경찰력의 배치는 시간적·지리적 특성에 따라야 한다.
- 자기감정을 조절할 줄 아는 것이 가장 중요한 경찰관의 자질이며 차분하고 확고한 태도가 완력보다 훨씬 효과적이다.
- 단정한 외관이 시민의 존중을 산다.
- 적임자를 선발하여 적절한 훈련을 시키는 것이 능률성의 뿌리다.
- 공공의 안전을 위해 모든 경찰관에게는 식별할 수 있도록 번호가 부여되어야 한다.
- 경찰서는 시내중심지에 위치하여야 하며 주민이 쉽게 찾아올 수 있어야 한다.
- 경찰관은 반드시 수습기간을 거친 후에 채용되어야 한다.
- 경찰관은 항상 기록을 남겨 차후 경찰력 배치를 위한 기준으로 삼아야

한다.

　수도경찰청 창설을 통한 로버트 필의 경찰개혁 요지는 '법질서 유지에 대한 지역의 책임local responsibility 확립'이며 이는 '경찰관을 선발하여 급료를 지불하고 체계적 조직을 이루어 그 개개인의 행동과 조직의 수준을 향상·유지하는 것'이라고 할 수 있는데, 당시에 마련한 수도경찰청의 8대 업무지침은 다음과 같다.

- 엄정한 기강이 선 조직well-regulated bureaucratic organisation
- 철저한 준법경찰adhere to the rule of law
- 무력사용의 최대한 자제the strategy of minimal force
- 정치적 중립non‑partisanship
- 주민에게 평가받는 민주경찰democratic accountability
- 봉사위주의 경찰행정the service role
- 예방치안위주의 경찰preventive policing
- 효과적 치안역량의 강화police effectiveness

　수도경찰청을 창설하고도 업무를 수행할 건물을 구하지 못한 로버트 필은 오래전 런던을 방문하는 스코틀랜드 귀족을 위한 숙소로 지어졌다가 빈 채로 방치되어 있던 건물을 청사로 선택하게 되고 이것이 계기가 되어 수도경찰청은 Scotland Yard라는 별칭으로 불리우게 되었다. 당시 최고의 인기 작가이며 지금도 전 세계적으로 널리 알려져 있는 '코난 도일'의 추리소설 '셜록 홈즈'시리즈에서 Scotland Yard를 최고 수준의 경찰기구로 묘사하면서 수도경찰청의 명성이 더욱 널리 알려지게 되는 등 성공적인 경찰개혁으로 인해 로버트 필은 국민적 영웅이 되었으며 더불어 경찰관들의 사회적 지위와 신분도 급격히 상승하게 되었고 이러한 소식을 접한 미국 전역의 대도시에서도 로버트 필의 원칙들을 경찰개혁의 기본으로 삼게 되었다.

4. 경찰의 황금기(지방경찰의 창설~1950년대)

　증기기관차와 도로의 대중이용 확대로 런던의 범죄자들이 지방대도시(버밍햄, 리버풀, 맨체스터 등)로 원정하여 범행을 저지르는 사례가 급증하여 이들 지방대도시에도 수도경찰청 같은 경찰기구를 창설할 필요성이 증대되었다. 1835 년에는 도시 운영법Municipal Corporations Act1835이 제정되어 인구 2만 명 이상의 도시 city와 자치구borough에 경찰조직을 창설할 수 있도록 허용하면서 시·자치구 의회 council로 하여금 그 의원 중 위원을 선발하여 감시위원회watch committee를 구성, 경 찰장과 경찰관들을 임명하고 경찰을 운영하도록 규정하였고 그 경비는 전액 주 민세금으로 부담하도록 하였다. 1839년에는 지방경찰법the Rural Constabulary Act을 제 정, 시·자치구 이외의 지방county에도 경찰조직을 창설하도록 하였으며 자치정 부가 없는 지방에서는 치안판사로 하여금 경찰조직을 구성하고 경찰장 및 경찰 관을 임명하여 운영하도록 규정하였으나 그 경비는 모두 주민세금으로 부담하 도록 하였기 때문에 1840년까지 자체경찰을 창설한 지역은 전국 52개 카운티 중 15개에 불과하였다.

1839년에서 1853년 사이에는 의회에서 다시 중앙집권적 국가경찰을 창설하 자는 주장이 제기되어 숱한 논쟁이 이루어졌으나 '자치치안 전통 유지'를 주장 하는 보수주의자의 강한 반발로 무산되었다.

1850년대에 이르러서는 영국전역에 지역(자치)경찰체constabulary가 설치되어 눈 에 띄는 정복을 입고 거리를 누비는 '신경찰new police'의 활약이 두드러지기 시작 하였으며 1차 세계대전 발발 즈음에는 이들 푸른 제복의 "신경찰"들이 범죄율 의 급격한 감소와 사회안정을 가져온 일등공신으로 평가받게 되었다. 이후로도 '주민의 지지를 바탕으로 한 경찰'policing by consent을 최우선 목표로 삼은 영국경찰 지도부는 부단한 노력과 철저한 연구 및 전략적인 정책 수립·시행으로 경찰발 전을 도모하여 1950년대에 이르러서는 정치(1959 국회조사단 공식견해)·언론·학 계 등 사회전반으로부터 '국민의 확고한 신뢰를 받는 경찰'임을 확인받게 되는 "영국경찰의 황금기"Golden Age를 구가하게 된다.

5. 5O년대 말 분출된 문제점과 1964년 경찰법

영국에서는 1954년 이후 범죄가 급증하였는데 특히 청바지와 '록'음악으로 대변되는 '신세대'의 등장과 '갱 문화' 등 청소년 범죄의 증가가 사회문제로 대 두되면서 이들과 경찰 간의 충돌이 잦아지게 되어 경찰에 대한 반대세력이 형 성되었다. 1956년과 1957년에는, 카디간셔Cardiganshire, 브라이튼Brighton, 월스터Worcester 의 지역경찰청장들Chief Constables이 뇌물수수 사건에 연루되어 파면 또는 사법처리되는 영국경찰 초유의 스캔들이 발생하였으며, 1957년에는 스코틀랜드의 작은 마을인 써소Thurso에서 경찰관이 어린 소년을 구타한 사건이 발생하였고 이에 대한 주민의 진정이 제대로 조사되지 않아 물의가 야기되었다. 1958년에는 노팅힐Notting Hill과 노팅엄Nottingham의 인종폭동 등 각종 시위와 폭동이 빈발하여 경찰과 시위대의 충돌이 잦았으며, 1958년 12월에는 유명한 코메디언이 속도위반으로 순경에게 단속되어 언쟁을 벌이던 중 지나던 공무원이 가세하여 순경과 상호 폭행하는 사건이 발생, 의회에서 경찰의 대민자세가 쟁점으로 부각되었다. 1959년에는 노팅엄 경찰청장과 감시위원회Watch Committee 간에 심한 알력이 발생하였는데, 자치의회 의원들이 관련된 범죄사건의 수사보고서를 제출하라는 감시위원회의 요구를 경찰청장이 묵살하자 감시위원회가 경찰청장을 정직처분하였고 내무장관은 다시 감시위원회에 경찰청장의 복직을 명령하여 경찰청장, 감시위원회, 내무장관 3자의 위상과 업무한계 및 상호관계가 명확하지 않은 문제점이 부각되었다.

급기야는, 1960년 의회에서 내무장관의 제청에 의해 경찰의 제반문제를 조사하기 위한 '왕립 조사단'Royal Commission을 구성하여 '국립경찰' 창설필요성 여부, 지역경찰청장Chief Constable・(지역)경찰위원회Police Authority・내무장관Home Secretary의 역할 및 위상과 상호관계, 경찰의 대민 관계, 경찰대상 민원처리제도 및 경찰관 보수의 적정성에 대한 조사・점검을 과제로 대대적인 조사활동을 벌이게 되었다. '왕립 조사단'은 그 조사결과를 건의안의 형태로 의회에 제출하였는데, 그 골자를 보면,

　　　□ 다수의견으로 '경찰의 국립화'nationalization에 반대하며, 대신에 자치경찰체의 통폐합・광역화와 중앙통제장치의 강화를 통해 경찰의 합리화, 국가적 조정 및 능률성 증대의 효과를 충분히 거양할 수 있다고 제안하였다. 굿하트 박사Dr. Goodhart 등은 소수의견으로 '경찰의 국립화' 찬성론을 첨부하였다.
　　　□ 경찰위원회(관할 경찰청의 능률성 향상・유지), 경찰청장(지휘・통제), 내무장관(경찰서비스의 전국 균질화 및 효과성 향상・유지) 간 업무와 책임 및 권한을 분담하는 삼원체제tripartite system의 확립을 제안하였다.
　　　□ 경찰의 책임성accountability 제고 및 효과적 민원처리제도 구비책 마련 등 제도 개선을 제안하였다.

그러나 '왕립조사단'의 건의안이 검토되어 입법화하는 도중에도 부정부패 등 경찰관련 스캔들이 연이어 터져 나와 영국 정부와 경찰지휘부를 곤혹스럽게 하

였는데, 그중 대표적인 사건으로는, 수도경찰청 형사가 동료와 상관 모르게 무려 20여 차례에 걸쳐 증거를 조작하여 무고한 사람을 피의자로 만든 사건, 쉐필드 경찰청 형사의 가혹행위혐의에 대한 조사에 동료직원들이 협조하지 않아 물의가 야기된 사건, 1961년 반핵시위를 경찰이 과잉·폭력 진압했다는 의혹이 제기된 사건 등이며, 이러한 잇따른 스캔들로 인해 당시 의회에 계류 중인 경찰개혁법안이 경찰문제 해결에 미약하다는 여론이 비등하였으나 큰 수정 없이 원안대로 통과되었는데, 이것이 현대 영국경찰제도의 근간을 이루게 된 1964년 경찰법Police Act 1964이다. 주요 내용을 살펴보면,

☐ England와 Wales의 126개 지역경찰청을 43개로 통·폐합
☐ 경찰위원회(경찰청·차장 임면제청, 경찰청건물·부지·차량·장비·의복·기타물품 제공 및 관리), 경찰청장(지휘·통제, 차장임명동의, 차장 이외의 모든 경찰관 임명 및 승진 등 인사권), 내무장관(경찰청·차장 임명 승인, 경찰위원회에 청장 해임요구권, 경찰청장에게 특정사안에 대한 보고 및 연례보고 요구권, 각 경찰청에 대한 보조금 액수 결정권, 경찰관련 사안에 대한 조사관 파견 공개·비공개 조사권, 경찰청의 조직·운영·인사·보수 등 규칙제정권)의 임무 및 권한 명확히 구분·법규화
☐ 왕립경찰감사관실Her Majesty's Inspectors of Constabulary을 내무장관 직속기구로 설치하여 각 지역경찰청Constabulary의 내무장관 설정 치안목표 달성도 등 효과성과 능률성을 조사, 평가하게 함으로써 각 지역경찰청간 공조체제를 확립하고 내무부 추진정책 및 연구결과의 채택 및 반영을 유도
☐ 필요한 경우 내무장관은 경찰청장으로 하여금 타 경찰청에 인원·장비 등 지원을 하도록 명령할 수 있는 권한 보유
 ※경찰관은 영국England and Wales 내 어디에서든 관할에 상관없이 경찰관으로서의 권한 행사 가능
☐ 내무장관이 직접 관장하는 중앙 사무를 지정하였는데, 이는, 경찰교육(경찰대학police college, 지역경찰학교district police training centres, 과학수사forensic science laboratories, 무선통신wireless depots, 연구research, 기타 내무장관이 경찰 능률성 향상에 필요하다고 생각하는 조직이나 기구로 하였다.

6. 1964년 경찰법과 삼원체제

전술한 바와 같이, 1964년 경찰법Police Act 1964에 의해 지금의 수도경찰청 Metropolitan Police Service · 런던시티경찰청City of London Police과 41개(잉글랜드와 웨일즈 지역)

의 지역경찰청Constabulary 체제가 구축되었으며,58) 지역경찰의 운영은 내무부 장관 Home Secretary・(지역)경찰위원회Police Authority・지역경찰청장Chief Constable 이 조직운영의 책임과 권한을 균등히 나누고 있는 이른바 삼원체제Tripartite system를 취하게 되었다. 경찰위원회Police Authority의 임무는 해당지역에 적절하고Adequate 능률적인Efficient 경찰력을 유지하는 것이며, 경찰위원회의 위원 총인원은 자율적으로 구성하되, 3분의 2는 지방의회의원Local Councilors 으로 구성되었고 나머지 3분의 1은 치안법원 판사들Magistrates로 구성되었다. 경찰위원회의 주요 권한은 ① 지역경찰청장 및 차장의 임명 및 해고 등의 권한, ② 건물・부지・차량・장비・의복・기타 물품 제공 및 관리,59) ③ 예산 및 재정총괄 그리고 규칙에 따른 급료지급, ④ (지역경찰청장에 대하여) 경찰활동에 대한 자료요구권 등이 있다. 지역경찰청장 Chief Constable은 ① 지역경찰 운용에 대한 독립적인 지휘 및 통제권Direction and control 을 행사하며, ② 차장 이외의 모든 경찰관 임명 및 승진 등 인사권을 가지고 있다. 내무부 장관의 주요 권한은 ① 지역경찰 전체 예산의 약 50%를 보조하며, ② 지역경찰청장 임명과 해임 승인권 및 경찰위원회에 청장의 해임요구권, ③ 특히 왕립경찰감사관실Her Majesty's Inspectorate of Constabulary을 내무부 직속기구로 설치하여 각 지역경찰청의 치안목표 달성도 등 효과성Effectiveness과 능률성Efficiency을 평가할 수 있는 권한 등이 있다.

7. 70, 80년대와 영국경찰

60년대 말과 70년대에 들어와서도 수도경찰청에서 부정부패 스캔들이 그치지 않고 발생하자 영국정부는 "깨끗한 경찰관"Mr. Clean으로 이름 높던 로버트 마크 경Sir Robert Mark을 수도경찰청장Commissioner of Police of the Metropolis으로 임명하여 대수술의 책무를 맡겼고 로버트 마크 수도경찰청장은 500여명의 경찰관을 해임・면직 또는 사퇴시키고 수십 명의 형사들을 구속・기소하는 한편 비리의 온상이던 형사국CID에 대한 대대적 물갈이를 단행하여 조직을 완전재정비하는 한편 능란한 화술과 치밀한 미디어 전략으로 여론을 다시 경찰의 편으로 돌려놓았다. 그러나 1976년에 개정된 경찰법Police Act 1976에 의해 경찰과 관련된 민원조사를 감

---

58) 표창원, "영국경찰의 위상과 운영체계에 관한 고찰," 「한국경찰연구」, 제1권 제1호, 2002, p.82.

59) 후술되는 1994년 경찰 및 치안법원법에 의하여, 이와 같은 일상적인 예산운용권은 지역경찰청장에게 이양된다.

독하는 독립기구인 경찰민원위원회Police Complaints Board가 설립되자 로버트 마크 경은 '경찰의 문제는 경찰 스스로 해결한다는 원칙'이 무너진 데 대해 불만을 표시하고 수도경찰청장직을 사퇴하고야 만다. 80년대 초에는 Birmingham, Bristol 등지에서 경찰의 인종차별적인 검문검색과 폭력행사에 반발한 흑인들의 폭동이 잇따라 발생하는 등 문제점이 대두되자 대법관 스카맨 경Lord Scarman을 단장으로 하는 왕립 조사단이 구성되어 경찰의 재량권에 대한 통제정책과 대민 관계의 문제점 파악 및 그 해결책을 찾기 위한 대대적 조사가 이루어지게 된다. 1981년에 제출된 조사보고서인 "the Scarman Report"는 경찰의 직무수행 절차와 대민 관계, 대 언론관계 및 경찰대상 민원처리 절차에 대한 혁신적인 권고안들을 담고 있는데, 이 권고안은 "1984 경찰과 범죄증거에 관한 법"Police And Criminal Evidence Act 1984의 입법을 촉진하게 되는 계기가 되었다.60) 앞서 언급되었지만, 판례와 법관의 규칙들Judge's Rules에 의해 인정되어온 경찰의 검문검색권powers to stop and search, 진입·압수·수색권powers of entry, search and seizure, 체포권arrest 및 구금권detention 그리고 그 밖에 수사와 조사 및 증거수집 절차와 요건이 '1984 경찰과 범죄증거에 관한 법'에 명문화되기에 이른다. 또한 앞에서 설명되었지만, 1985년에는 "범죄의 기소에 관한 법률"the Prosecution of Offences Act 1985이 제정되어 "국립기소청"Crown Prosecution Service이 창설되었고, 동 국립기소청에서 그동안 경찰에서 담당해오던 범죄사건의 기소와 공소유지업무를 전담하게 된다.

8. 80년대 이후 2011년 이전: 중앙집권화되는 영국경찰

(1) 형태적 지방자치 & 실질적 중앙집권

1979년 출범한 영국 보수당 정권은 신공공관리New Public Management, 즉 시장원리 및 성과관리제도의 도입을 통하여 지역경찰의 능률성과 효과성을 극대화하고자 하였다.61) 이로 인하여 중앙정부의 관리적 책임이 강화되었다. 물론 이는 정치

---

60) 직접적인 계기가 된 것은 전술되었지만, 1978년 '왕립 사법절차 조사단'의 권고안이다.

61) Leishman, F., Cope, S. and Starie, P., Reforming the police in Britain: New public management, policy networks and a tough "Old bill", *International Journal of Public Sector Management*, Vol. 8 No. 4, 1995, pp.26~27. 영국은 1976년 IMF 구제금융을 받게 되었고 1979년 출범한 보수당 정권은 이러한 영국의 사회경제적 위기를 극복하기 위하여 공직사회 전반에 시장원리 및 경쟁체제를 도입하여 행정서비스의 능률성과 효과성을 증대하고자 하였다. 당시 영국경찰의 개혁도 이러한 공공부분 개혁방향의 전체 흐름과 같이 한다.

적 통제라기보다는 경영적 통제의 형태를 띠고 있지만 결국은 경찰활동에 대한 중앙통제의 강화를 가져올 수밖에 없었다. 1964년 경찰법Police Act 1964은 1994년 경찰 및 치안법원에 관한 법Police and Magistrates' Courts Act 1994에 의해 대폭 개정되고, 이후 1996년 경찰법Police Act 1996으로 통합되면서 삼원체제가 내용적으로 변화되는데, 이는 중앙정부의 경영적 통제의 강화 연장선상에 서 있다고 볼 수 있다.

주요변화를 살펴보면 첫째, 경찰위원회의 임무는 기존의 적절하고Adequate 능률적인Efficient 경찰력 유지에서 효과적이고Effective 능률적Efficient인 경찰력 유지로 변경되었다. 둘째, 경찰위원회 위원은 원칙적으로 17인으로 구성되며,62) (기존에는 3분의 2는 지방의회의원으로 구성, 나머지 3분의 1은 치안법원 판사들로 구성되었으나) 9인은 지방의회 위원, 3인은 치안법원 판사, 나머지 5인은 (지역사회구성원으로부터 선출되는) 독립위원으로 구성하도록 바뀌었다. 이중 5인의 독립위원은 별도의 선발위원회Selection Panel63)에 의하여 4배수 선발되어 그 명단이 내무부 장관에게 일단 제출되면 내무부 장관이 그중 1/2를 선정하고, 나머지 12인의 경찰위원들이 내무부 장관이 1/2 선정한 명단 중에서 독립위원을 최종 선발하게 된다.64) 셋째, 경찰위원회는 지역경찰활동목표를 설정하는 등 전략적 정책 수립권한을 가지게 되었으나 이는 내무부 장관이 설정한 국가목표National Objectiveness와 합치되도록 성문화되면서 한계가 있을 수밖에 없었고, 넷째, 내무부 장관이 정한 국가목표 달성여부로 지역경찰의 업무성과Police Performance가 평가되었으며, 마지막으로 내무부 장관은 경찰위원회 위원들에게 업무처리규약Codes of Practice을 발령할 수 있는 권한 및 각종 보고 요구권 등의 직접적인 권한을 가지게 되었다.65)

(2) 중앙집권의 공고화

1997년 5월 총선에서 토니 블레어가 이끌던 노동당이 큰 표 차이로 승리하게 되고 정권을 잡게 되는데, 이때 통과한 2002년 경찰개혁법Police Reform Act 2002은 2001년 영국노동당 정부가 제시한 백서 '신세기의 경찰활동: 개혁을 위한 청사

---

62) 경찰위원회 구성인원(최대 17인)에 대한 제한은 1996년 경찰법에 규정되어 있다.

63) 선발위원회는 경찰위원회가 추천한 1인, 내무부 장관이 추천한 1인, 이러한 선출된 2명의 위원이 나머지 1명을 선택하여 총 3인으로 구성된다.

64) 결국은 내무부 장관이 경찰위원회 위원 선발과정에서 결정적 영향력을 행사할 수 있게 된 것이다.

65) 이강종, "영국경찰의 관리체제(Tripartite System을 중심으로)," 「치안정책연구」, 제17호, 2003, p.40; 김중겸, "1960-1980년대 영국경찰동향: 조직·임무·권한의 정비·강화," 「치안정책연구」, 제14호, 2000, p.321.

진'Policing a New Century: a blue print for reform의 내용 중에서 입법을 요하는 사항을 따로 법률로 만든 것이다.66) 당시 영국의 범죄율은 다른 유럽국가의 범죄율에 비하여 상당히 높은 편이었으며 특히 지역경찰간의 성과에 있어서 현격한 차이가 발생했는데,67) 중앙정부는 이러한 격차를 줄여서 모든 지역경찰이 일정한 수준에 도달케 하여 이를 통하여 국민의 신뢰를 회복하고자 하였다. 따라서 2002년 경찰개혁법은 1996년 경찰법을 수정하여, 중앙정부의 권한을 더욱 더 공고히 하는 결과를 가져오게 되는데 확대된 내무부 장관의 권한Powers of the Secretary of State 은 아래와 같다.68)

1) 국가경찰활동계획의 작성 내무부 장관은 치안정책관련, 중앙정부의 전략적 우선순위를 담고 있는 3개년 국가경찰활동계획National Policing Plan을 작성해야 하는데, 동 계획은 중앙정부가 지양하고 있는 목표Ministerial objectives와 이러한 목표와 관련된 성과대상Performance target 등을 담고 있다. 지역경찰위원회는 중앙정부의 국가 경찰활동계획을 바탕으로 지역실정에 맞는 지역경찰활동 3개년 전략계획을 수립해야만 한다.

2) 지역경찰청장에 대한 업무처리규약 발령권한 1994년 경찰 및 치안 법원에 관한 법Police and Magistrates' Courts Act 1994에 의하여, 내무부 장관은 경찰위원회 에게 업무처리규약Codes of Practice을 발령할 수 있는 권한을 가지게 되었다. 하지만 2002년 경찰개혁법에 의하여 내무부 장관은 경찰위원회뿐만 아니라, 지역경찰 에 대한 독립적 운용권한을 보장받고 있는 지역경찰청장에게도 직접 업무처리 규약을 발령할 수 있도록 법적 권한을 부여받게 된다.

3) 특별 감사권과 보고권 내무부 장관은 왕립경찰감사관실Her Majesty's Inspectorate of Constabulary을 통하여 (효율성과 능률성 측면에서) 지역경찰의 활동전체 또는 특정한 사안에 대한 특별감사를 실시할 수 있으며 특별감사 결과의 보고도 받을 수 있게 되었다. 다만 특별감사를 실시한 경우, 감사보고서는 반드시 출판 및 공개되어야 한다.

4) 경찰위원회에 대한 지시명령 기존에는 왕립경찰감사관실의 정규

66) 최원석·이동희, 『비교경찰론』(서울: 수사연수사), 2006, p.281.
67) 지역경찰청마다 주거침입절도(Burglary)의 경우, 검거율이 최대 43.5%, 최소 7.9% 차이가 났으며, 강도(Robbery)의 경우 최대 50.8% 최소 14.4% 차이가 발생하고 있었다 (Home Office, *Policing a New Century: A Blueprint for Reform*, London: Home Office, 2001, p.2).
68) Home Office, Police Reform Act 2002, 2002 - Explanatory Notes, Retrieved 29 December 2011, from http://www.legislation.gov.uk/ukpga/2002/30/notes/contents.

감사에 의하여 (효율성과 능률성이라는 관점하에) 지역경찰 전체the force as a whole 가 문제점이 있다고 결론이 난 경우에만 이러한 문제점에 대한 개선책specific remedial action을 취하도록 직접적인 지시를 내릴 수 있다. 하지만 2002년 경찰개혁 법은 경찰위원회에 대한 직접적인 지시권한을 더욱 더 확대하여, ① 특별감사 에서 문제가 발생한 경우 직접적인 지시명령을 내릴 수 있을 뿐만 아니라, ② 부분적인 기능the whole or any part of the relevant force에 대한 효율성 및 능률성 문제가 있 는 경우에도 직접적인 지시를 내릴 수 있게 되었다.[69]

　　5) 실천계획과 관련된 지시명령　　　　전술한 바와 같이, 왕립경찰감사관실 의 감사에 의하여 문제점이 지적된 경우 내무부 장관은 개선책에 대한 직접 적인 명령을 내릴 수 있게 되었다. 하지만 직접적인 지시명령의 경우 지방자 치경찰제도의 자율성을 극도로 침해할 수 있는 행위이므로 최후의 수단으로 만 사용되어야 하며, 따라서 이러한 직접적인 지시명령에 대한 대안으로, 문제

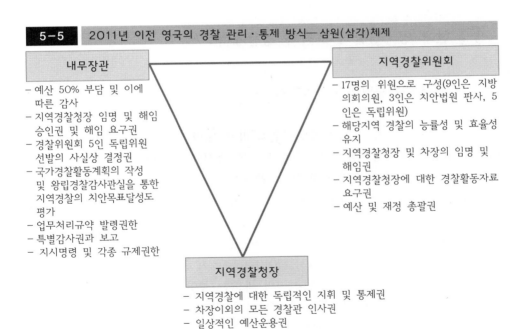

5-5　　2011년 이전 영국의 경찰 관리·통제 방식― 삼원(삼각)체제

내무장관
- 예산 50% 부담 및 이에 따른 감사
- 지역경찰청장 임명 및 해임 승인권 및 해임 요구권
- 경찰위원회 5인 독립위원 선발의 사실상 결정권
- 국가경찰활동계획의 작성 및 왕립경찰감사관실을 통한 지역경찰의 치안목표달성도 평가
- 업무처리규약 발령권한
- 특별감사권과 보고
- 지시명령 및 각종 규제권한

지역경찰위원회
- 17명의 위원으로 구성(9인은 지방 의회의원, 3인은 치안법원 판사, 5 인은 독립위원)
- 해당지역 경찰의 능률성 및 효율성 유지
- 지역경찰청장 및 차장의 임명 및 해임권
- 지역경찰청장에 대한 경찰활동자료 요구권
- 예산 및 재정 총괄권

지역경찰청장
- 지역경찰에 대한 독립적인 지휘 및 통제권
- 차장이외의 모든 경찰관 인사권
- 일상적인 예산운용권

---

69) 다만 왕립경찰감사관실의 감사결과 없이는 직접적인 지시를 내릴 수 없다. 이러한 직 접적인 지시와 권한은 또한 최후의 수단(only used as a last resort)으로만 사용되어야 한 다고 법상 명시되어 있다.

점을 어떻게 시정할 것인가에 대하여 경찰위원회에게 자율적인 실천계획을
제출할 것을 요구할 수 있도록 하였다.

　　6) **경찰장비에 대한 규제**　　　지역경찰마다 경찰장비가 서로 다른 경우 상
호 호환성interoperability의 문제가 발생할 수 있고, 이에 내무부 장관이 경찰장비에
대한 규격기준을 규제할 수 있게 되었다. 따라서 차량, IT시스템, 경찰봉, 가스
스프레이, 진압복 등 경찰장비와 관련하여, 모든 지역경찰이 승인된 장비만 사
용될 수 있도록 관련규정Regulations을 마련하였다.

　　7) **절차와 업무처리에 대한 규제**　　　지역경찰마다 일하는 방식과 절차가
서로 다른 경우, 타 지역경찰과의 협력이나 공동작전에 있어서 (경찰장비와 유사
하게) 상호 호환성 문제가 발생할 수 있다. 따라서 내무부 장관은 지역경찰의
업무절차와 처리 방식에 대한 규정을 만들 수 있으며, 모든 지역경찰은 내무부
장관이 정한 공통된 업무 절차와 처리방식을 따라야만 한다.

Ⅲ 현대 영국경찰의 조직과 경찰개혁

1. 지역경찰의 중앙집권화 경향에 대한 비판적 반성

　　"형태적 지방자치, 실질적 중앙집권화"라고 대변되는 이러한 영국경찰의 특
색은 민주성과 효율성이라는 두 마리 토끼를 동시에 잡으려는 영국정부의 치밀
한 전략과 전술이라는 평가도 받지만, 반대로 삼원체제는 붕괴되었으며 실질적
으로 중앙정부의 단일한 의지에 따라 전체 지역경찰이 통제되는 체제로 변질되
었다는 비판,[70] 심지어는 삼원체제는 실질적으로 사실상의 중앙정부 통제de facto
national control 시스템을 합법화하려는 오류에 불과하다는 비판 등을 받기도 한
다.[71] 이러한 비판의 연장선상에서, 2010년 5월 새로이 출범한 보수당과 자유
민주당의 연합정권은 기존 노동당정권의 과도한 중앙집권적 치안정책으로 인하
여 지역경찰에 대한 과도한 개입이 이루어지고 있고, 이에 지역특성을 반영한
치안활동이 전혀 이루어지지 못한다고 비판하기 시작하였다. 궁극적으로 경찰

---

　　70) Sullivan, R., Police Reform Act 2002: A Radical Interpretation, *Criminal Law
　　　 Review*, July, 2003, pp.468~470. (최원석·이동희, 『비교경찰론』, 서울: 수사연수사, 2006,
　　　 p.285에서 재인용).
　　71) Reiner, R., *The Politics of the Police*, UK: Oxford University Press, 2000, p.198.

의 지역주민에 대한 책임을 강화하는 근본적인 개혁을 실시하겠다고 선언하면서, 경찰개혁의 출발점으로서 2010년 7월 <21세기 경찰활동: 경찰과 지역주민의 연결>Policing in the 21st Century: Reconnecting police and the people이라는 백서를 발간하였는데, 이 백서에서 당시 영국경찰이 직면하고 있는 문제점Challenges을 다음과 같이 4가지로 요약하고 있다.[72)]

(1) 국민이 아닌 중앙정부에 책임을 지고 있는 영국경찰

범죄를 예방함에 있어서 주민의 동의와 협조는 필수적이나, 현재 지역경찰과 지역주민과의 유대관계는 그렇게 강하지 않다. 경찰은 지역사회의 관심사가 아닌 중앙정부Whitehall가 제시한 성과지표 및 목표를 달성하는 데 집중을 하고 있는 상황이며, 이로써 지역사회의 특색을 치안정책에 반영해야 하는 지역경찰청장의 전문적 책임성Professional responsibility이 잠식되고 있는 실정이다. 또한 경찰위원회에서는 지역주민을 대표하고 나아가 지역경찰의 현장 대응력을 높이기 위하여 많은 노력을 기울였으나, 지역주민의 대부분은 경찰위원회가 존재한다는 사실 자체도 모르고 있는 상황이다.[73)] 가장 큰 문제점은 지역주민들이 자기들의 생생한 목소리를 지역경찰조직에게 직접적으로 전달할 수 있는 메커니즘이 없다는 것이다.

(2) 전문가적인 권한을 상실한 영국경찰

영국 중앙정부는 경찰과 지역주민들을 단절시켰을 뿐만 아니라, 지역사회의 현실을 무시한 각종 지침서Guidance 및 매뉴얼을 만들고, 나아가 지역경찰에게 이를 따르도록 강제함으로써 경찰이 진정으로 지역주민에게 봉사하기보다는 중앙정부의 안내서만을 충실히 따르게 하는 관료제적 폐해를 만들어냈다. 2009년 영국 내무부에서 발간된 안내서 및 매뉴얼만 해도 총 52종에 이르며 그 양도 각각 100페이지에 달하고 있다. 이로 인하여 현재 영국경찰은 범죄와 싸우는 투사Crime Fighter의 모습이 아닌 서식 작성자Form Writer로 전락해버렸다. 이는 경찰 스스로 자초한 모습도 많다. 지역사회를 대변해야 하는 지역경찰이 중앙정부가 제시한 목표와 업무지침을 달성하는 데 집중함으로써 지역주민들의 직감Instinct과

---

72) Home Office, *Policing in the 21st Century: Reconnecting police and the people*, London: Home Office, 2010a, pp.6~8.

73) 2007년 내각부(Cabinet Office) 조사에 따르면, 지역주민의 7%만이 지역경찰위원회의 존재를 알고 있었다.

자원봉사단체의 설자리를 없게 만들고 있다. 이제 관료적 책임_{Bureaucratic responsibility}의 시대에서 전문가적 재량권에 바탕을 둔 민주적 책임_{Democratic responsibility}의 시대로 나아가야 한다는 것이다.

(3) 가시성과 가용성이 저하된 영국경찰

2010년 7월 왕립경찰감사관실에서 발간된 '경찰에 대한 가치평가'_{Valuing the police}라는 보고서에 따르면, 시민의 요구에 즉각 응답할 수 있는 현장 경찰관이 전체 경찰관의 11%에 불과하다는 충격적인 사실이 밝혀졌다. 이러한 모습은 지역주민이 기대하는 경찰의 모습이 아니며, 따라서 지역사회에 대한 봉사 및 안전이라는 관점에서 현장에서 일하는 경찰관_{on their streets}을 훨씬 늘려야 한다. 물론 지난 10여 년간 지역경찰이 직면하고 있는 범죄의 양상은 테러·사이버범죄·경제범죄·가정폭력 등 굉장히 복잡하게 변화해왔으며, 이러한 범죄에 대한 대응을 위해서는 지역 대응기관 및 다른 법집행기관과의 협력은 당연시된다. 이러한 다기관 협력과 더불어 중요한 것이 바로, 거리에서의 경찰의 가시성과 가용성이 더욱 더 확대되어야 한다는 사실이다.

(4) 예산절감에 직면한 영국경찰

2000년 이후 경찰 예산은 24%나 증가했으며 현재 경찰의 총 예산은 130억 파운드(약 23조원)에 달한다. 하지만 예산사용에 있어서 '돈에 대한 합당한 가치'_{Value for money}는 고려되지 않았으며, 산출물_{Outcome}보다는 투입물이나 경찰관 수에만 초점을 두고 있는 형국이었다. 예를 들자면, 6백만 파운드 가량(약 107억원)의 예산이 범죄대응이 아닌 경찰서약_{Police Pledge}이라는 경찰활동 홍보비용으로 사용되기도 하였다. 영국정부는 당면하고 있는 국가재정적자 해소를 위해 향후 4년간 전 부처의 예산을 삭감할 예정이고, 따라서 이러한 긴축예산 속에서 현재 치안수준 이상 유지를 위해서는 조직운영 효율성 제고를 위한 정책변화가 반드시 필요하게 된 것이다.

2. 2011년 경찰개혁 및 사회책임법과 국립범죄청

(1) 개혁배경

앞서 살펴본 바와 같이, 영국경찰은 1964년 경찰법에 의하여 삼원체제가 설정된 후 1994년 경찰 및 치안법원에 관한 법 및 2002년 경찰개혁법을 거치면서 과도하게 중앙집권화되는 경향을 보여 왔다. 2011년 5월 재집권에 성공한 보수당정권은, 현재의 영국경찰이 과도한 중앙집권적 경향으로 인하여 지역주민을 위해 봉사해야 할 경찰이 지역사회와 지역주민과는 단절되어 중앙정부가 제시하는 성과지표 및 목표를 달성하는 데 집중하고 있다고 비판하기에 이른다. 이러한 중앙집권적 관료주의 철폐를 위하여, "21세기 경찰활동: 경찰과 지역주민의 연결" 백서에서, ① 지역주민에 대한 직접적 책임성 강화, ② 지역현실을 반영할 수 있는 전문가적인 재량권 강화, ③ 새로운 범죄유형 대응을 위한 다기관 협력체계의 강화 및 현장 경찰관 증대를 통한 거리에서 가시성과 가용성 강화, ④ 돈에 대한 합당한 가치의 경찰조직 운영 등을 개혁방안으로 제시하고 있다.

동 백서는 나아가 이러한 문제에 대한 해결방법으로, 지역주민의 권한 강화Empowering the public, 경찰의 권한 강화Empowering the police, 중앙정부의 초점 변화Shift the focus of national government, 공동체사회의 권한 강화Empowering the Big Society[74]라는 정책적 대안을 제시하고 있다. 백서의 내용 중에서 입법을 요하는 정책적 대안은 법률로 만들게 되는데, 이것이 바로 2011년 9월 14일 의회를 통과하여 2012년 1월 1일부터 발효된 경찰개혁 및 사회책임법Police Reform and Social Responsibility Act 2011인 것이다. 동 경찰개혁 및 사회책임법에 따라서, 기존의 지역경찰위원회Police Authority 제도는 폐지되고 지역주민이 직접 선출한 지역치안위원장Police and Crime Commissioner이 지역치안문제를 전담하게 되었다. 또한 신설되는 지역치안평의회Police and Crime Panel가 견제와 균형의 원리에 입각하여 지역치안위원장에 대한 감시·감독기능을 수행하게 된다.

다만 국가적 또는 국제적 조직범죄와 관련하여 기존의 중대조직범죄청Serious Organised Crime Agency은 폐지되었고, 이를 대신하여 2013년 범죄와 법원법Crime and Court

---

74) 이전 보수당 소속 수상인 데이비드 캐머론(David Cameron)의 선거공약으로서 이전 연합정부의 정책근간이기도 하다. 정부의 지출을 줄이고, 지역주민과 지역사회의 자발적인 참여를 통한 공동체사회의 역할을 강조한 개념이다.

법 률	내 용
5-6 영국경찰의 거버넌스 변화	
1964년 경찰법	내무부 장관·경찰위원회·지역경찰청장의 삼원체제 설정
1994년 경찰 및 치안법원에 관한 법	경찰위원회에 대한 내무부 장관의 권한강화를 통한 중앙 집권화
2002년 경찰개혁법	경찰위원회 및 지역경찰청장에 대한 내무부 장관의 권한 강화를 통한 중앙집권화 심화
2011년 경찰개혁 및 사회책임법	지역치안위원장 및 지역치안평의회 제도의 신설로 지역주민에 대한 책임성 강화 & 자치경찰전통으로의 회귀 ※ 더불어 국가적인 조직범죄에 대한 통합적 대응을 조율할 국립범죄청 설립

Act 2013에 의하여 신설된 국립범죄청National Crime Agency이 내무부의 책임하에 더욱더 강력한 권한을 가지고 국가적, 국제적 범죄대응을 담당하게 되었다. 이는 바로 지방자치라는 영국경찰의 전통과 아울러 국가적·국제적 조직범죄에 대한 범정부적 대응이라는 현 시대적 필요성을 서로 조화하겠다는 의미로 해석될 수 있다.

(2) 영국경찰의 새로운 거버넌스 패러다임: 사원체제Quadripartite System의 시작[75]

1) **지역치안위원장**　　삼원체제 중의 한 축을 담당했던 (지역)경찰위원회 제도는 폐지되었고, 선거에 의하여 선출되는 지역치안위원장Police and Crime Commissioner 이 4년의 임기 동안 지역주민의 의견을 반영하여 지역치안문제에 대하여 전반적인 권한과 책임을 가지게 된다.[76] 지역치안위원장의 임무는 기존의 경찰위원회가 가지고 있었던 바로 능률적이고 효과적인 경찰력 유지the maintenance of an efficient and effective police force이다. 이를 위해서 지역경찰의 최우선 목표를 설정하고 이에 따른 전략적 계획을 수립하며, 예산과 재정을 총괄하며, 지역경찰청장Chief Constable

---

75) 삼원체제에서의 내무부 장관, 지역경찰청장, 경찰위원회의 기능과 역할이, 지역치안위원장(지역주민에 선출된 지역경찰의 대표자), 지역경찰청장(지역경찰의 실질적이고 독립적인 운용), 내무부 장관(국가적이고 조직적인 범죄담당), 지역치안평의회(지역치안위원장 견제)로 각각 분산된다는 점에서 필자들이 사원체제(Quadripartite System)라는 용어를 만들어본 것이다.

76) 경찰위원회 폐지 포함 지역치안위원장에 관한 규정은 경찰개혁 및 사회책임법 제1장 제1조에 규정되어 있다. 지역치안위원장의 첫 선거는 2012년 11월 15일에 예정되어 있다. 지역치안위원장은 한 차례 연임이 가능하다.

임명 및 해임 등의 권한을 행사한다.[77] 지역치안위원장은 지역치안계획Police and Crime Plans[78]을 수립해야 하는데, 지역치안위원장에 의해서 선임된 지역경찰청장은 경찰운용의 독립성은 보장되나 그 운용에 있어서 반드시 위 지역치안계획을 참조해야만 한다. 내무부 장관이 하달하였던 중앙집권적 국가경찰활동계획National Policing Plan은 폐지되었으며, 이는 관료주의에 몰입된 중앙정부 중심의 경찰활동을 지역주민 요구에 직접으로 대응하는 지역경찰로 만들고자 함이다.

런던의 경우 선출직인 런던시장이 이미 존재하는 관계로, 별도의 선거 없이 런던시장이 지역치안위원장의 역할을 수행한다. 2012년 상반기에 신설된 시장 직속의 런던시장 치안정책실Mayor's Office of Policing and Crime이 치안정책과 관련하여 런던시장을 보좌하고 있으며, 단 시장이 치안담당 부시장Deputy Mayor for Policing and Crime을 임명하는 경우 치안담당 부시장이 치안정책과 관련한 모든 책임과 권한을 행사하게 된다. 2025년 1월 5일 현재 런던 치안담당 부시장Deputy Mayor for Policing and Crime은 카야 코머 슈워츠Kaya Comer-Schwart이다.[79]

다른 지역의 경찰청장Chief Constable과 달리, 수도경찰청장Commissioner of Police of the Metropolis은 내무부 장관의 추천하에 영국여왕이 임명하도록 되어 있으며, 다만 추천과정에서 런던시장의 의견을 수렴하도록 되어 있다.[80] 이러한 수도경찰청장은 여전히 수도경찰청Metropolitan Police Service에 대한 독립적인 지휘권과 통제권을 가지고 있다. 또한 런던 중심에 위치한 금융 중심지 시티City를 담당하는 런던시티경찰청City of London Police[81]의 경우, 런던시티의회The Court of Common Council가 경찰위원회의 역할을 대신하고 있고 주민의 의사가 런던시티의회를 통하여 직접적으로 반영되고 있기 때문에, 별도의 지역치안위원장 선출없이 현행 체제를 그대로 유지하게 된다.[82]

---

77) 지역경찰청장은 현재 또는 과거에 경찰이었던 사람 중에 선정해야 한다(경찰개혁 및 사회책임법 Schedule 8, 제2조 제1항).

78) 다만 지역치안계획을 세울 때, 후술되는 (내무부 장관이 발간하는) 전략적 경찰활동 요구조건(Strategic Policing Requirements)을 참조해야만 한다.

79) https://www.london.gov.uk/who-we-are/what-mayor-does/mayor-and-his-team/kaya-comer-schwartz 참조. 현 수도경찰청장은 2025년 1월 5일 기준 마크 피터 로올리 경(卿)(Sir Mark Peter Rowley)이다.

80) 경찰개혁 및 사회책임법 제42조에 규정되어 있다.

81) 런던시티경찰청을 문언 그대로 번역하여 '런던시경찰청'이라고 번역하는 저서가 다수 보인다. '시티(City)'는 우리의 여의도에 해당하는 금융 중심지역이고, 이에 '런던시경찰청'이라고 번역하는 것은 런던시 전체를 관할하는 경찰청이라는 의미를 내포할 수 있으므로 번역오류라고 판단된다. 이에 본 저서에서는 '런던시티경찰청'이라고 번역하였다.

82) 런던시티경찰청 홈페이지 참조(http://www.cityoflondon.gov.uk/Corporation/LGNL_

이러한 지역치안위원장은 2017년 경찰활동과 범죄법Policing and Crime act 2017에 의거하여, 기존의 소방구조위원회Fire and Rescue Authority 의 기능을 이어받을 수 있게 되어서, 지역Shire별로 지역치안소방위원장Police, Fire and Crime Commissioner 제도가 생겨나게 되었다. 즉, 지역별로 (선택적으로) 소방과 경찰의 관리감독 기능을 통합할 수 있게 되었는데, 2018년 영국 최초로 지역치안소방위원장Police, Fire and Crime Commissioner 이 탄생한 지역은 바로 에쎅스Essex 지역이다.[83]

2) **지역치안평의회**   위 지역치안위원장의 견제장치로 각 지역에 지역치안평의회Police and Crime Panel를 설치하여, 지역경찰의 예산지출에 대한 감사권을 행사하게 하며 지역치안위원장이 작성하는 지역치안계획Police and Crime Plans을 검토하게 된다. 이를 위해서 감사관Scrutiny Officer을 고용할 수 있다. 지역치안평의회 위원 중 2/3가 찬성하는 경우 지역경찰 지방세Precept나 예산안, 그리고 지역경찰청장 임명 등에 대해서 거부권을 행사할 수 있다.[84] 나아가 지역치안위원장에게 정보와 출석을 요구할 수 있으며, 직권남용시 독립경찰민원조사위원회Independent Police Complaints Commission에 조사를 요청할 수 있고, 지역치안위원장의 업무에 관해서 주민소환투표를 실시할 수 있다. 지역치안평의회의 구성은, 기본적으로 각 지방자치단체에서 파견된 각 1명의 선출직 대표단[85]과 2명의 독립위원으로 이루어진다. 지역치안평의회 위원의 수는 최소 10명이 되어야 하는데, 지역경찰청 관할지역 내 지방자치단체의 수가 9개 이하인 경우, 나머지 선출직 대표단의 구성은 각 지방자치단체가 협의하여 결정하게 된다.[86] 지역치안평의회 구성과 관련 협의에 실패한 경우, 내무부 장관이 직접 각 지방의회 의원을 직접 지정하여 평의회를 구성할 수 있게 된다.[87] 런던에서는 대런던의회London Assembly가 다른 지역의 지역치안평의회Police and Crime Panel와 동일한 역할을 수행하며, 런던시장 치

Services/Advice_ and_benefits/Emergencies/Police_Authority/).

83) https://www.publicfinance.co.uk/news/2018/03/more-police-and-crime-commissioners-take-over-fire-and-rescue-governance 참조.

84) 경찰개혁 및 사회책임법 Schedule 8 제5조.

85) 선출직 대표단은 지방의회의원(Local Councilor)을 의미한다. 단 관할구역 내 시민에 의해 선출된 시장이 있는 경우 (지방의회 의원을 대신하여) 그 시장이 반드시 대표단으로 참여해야 한다.

86) 예컨대, A 지역경찰청 관할 구역 내 7개의 지방자치단체가 존재하는 경우 각 지방자치단체에서 1명의 선출직 대표단이 파견되고(7명) 결국 3명의 선출직 대표단 위원이 부족하게 된다. 이 경우 나머지 3명의 지역치안평의회 위원은 각 지방자치단체의 협의하에 구성되게 된다(경찰개혁 및 사회책임법 Schedule 6, 4조 및 8조). 각 지방자치단체의 협의로 최대 20명까지 지역치안평의회 위원을 구성할 수 있다(경찰개혁 및 사회책임법 Schedule 6, 4조 C항).

87) 경찰개혁 및 사회책임법 Schedule 6 제10조.

안정책실Mayor's Office of Policing and Crime의 전략적 의사결정을 감시·감독하게 된다.[88]

3) 지역경찰청장Chief Constable 　　"지역경찰청장은 그 지역경찰의 왕"Chief Constable is king of his kingdom이라고 일컬어질 정도로 광범위한 권한과 거의 절대적인

5-7	영국 각 지역별 경찰청 현황

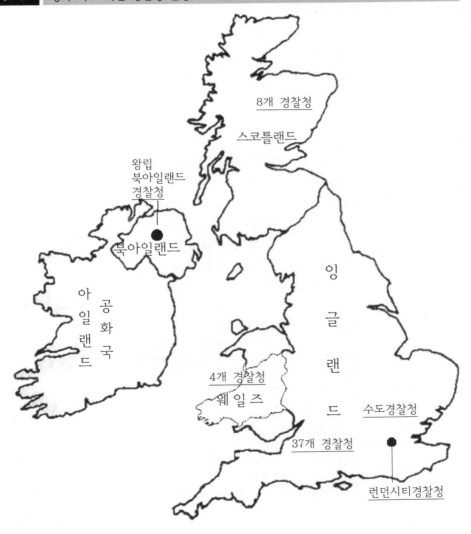

---

88) 경찰개혁 및 사회책임법 제2장 제3조 및 제4조 참조.

독자적 지휘권absolute operational autonomy을 가지고 있다.89) 이러한 막강한 권한을 가진 지역경찰청장에 대한 견제는, 앞서 설명되었지만 기본적으로 그 임명 및 예산권을 가진 지역치안위원장Police and Crime Commissione에 의해 행해진다. 1964년 경찰법PoliceAct 1964 및 1994년 경찰과 치안법원에 관한 법Police and Magistrates' Courts Act 1994에 명시된 지역경찰청장의 권한은 관할 지역경찰청Constabulary에 대한 독립적인 지휘와 통제, 차장 이외의 모든 경찰관에 대한 인사권 그리고 일상적인 예산운용권이라고 할 수 있다.90) 2011년 경찰개혁 및 사회책임법Police Reform and Social Responsibility Act 2011에 의하여 (지역)경찰위원회제도Police Authority가 폐지되고, 2013년 범죄와 법원법 Crime and Court Act 2013에 의거 국립범죄청National Crime Agency이 신설되는 등 사원체제 Quadripartite System가 시작되었음에도 불구하고, 지역경찰청장의 권한은 거의 변함이 없는 상태이다.

앞에서도 언급했지만, 영국의 근대식 지방경찰 조직은 수도경찰청Metropolitan Police Service이 창설되어 자리를 잡은 후에 이를 모델로 각 지역의 사정과 여건에 맞게 조금은 무질서하게 형성되었으며 이후 대대적인 지방행정의 통·폐합 amalgamation 및 지방경찰조직 정비 과정을 거치며 1964년 경찰법Police Act 1964에 의해 지금의 수도경찰청·런던시티경찰청과 41개(Scotland 제외)의 지역경찰청 체제가 구축되었고,91) 그 관할구역은 1994년 경찰과 치안법원에 관한 법률Police And Magistrates' Courts Act 1994로 정비되었다.92) 이러한 지역경찰청Constabulary 체계는 사원체제Quadripartite System가 시작되었음에도 불구하고 변함이 없다.

---

89) 영국의 경찰학자 Reiner의 영국 경찰청장 평전에는 이러한 경찰청장의 지대한 권한에 대해 "경찰청장은 오직 신과 여왕과 자신의 양심을 따르며 다른 어느 누구의 지시도 받지 않는다"(a Chief Constable is answerable to God, his Queen, his conscience, and to no one else)라고 표현되어 있다. Robert Reiner, Chief Constables, Oxford, Oxford University Press, 1991, Introduction 참조.

90) Police Act 1964 제7조 Other members of police forces 및 Police And Magistrates' Courts Act 1994 제5조 General functions of chief constables 참조.

91) 영국경찰의 역사에 대해서는 T. A. Crichley, A History of Police in England and Wales, London, Constable, 1978 참조.

92) 동법 제1조 '경찰 지역'(Police Areas)은 "England와 Wales를 경찰 구역으로 나누는데 그 '경찰 지역'은 동법 부칙(Schedule) 1A에 열거한 41개 지역과 런던시티(the City of London) 지역 및 수도경찰청 관할구역(the Metropolitan Police district)으로 나뉘는데, 부칙 1A의 지방자치단체 관할구역에 관한 사항은 현재의 상태를 말하는 것이나 이 중 수도경찰청 관할구역 내의 지역은 제외한다"라고 규정하여 수도경찰청의 관할구역은 런던외곽의 인접 지방자치단체 관할구역의 일부를 포함하며 일부 지역경찰청 관할구역은 2개 이상의 광역자치단체 관할구역을 포함하도록 하고 있음.

즉, 다음 그림에서 볼 수 있듯이 현재 영국 전체의 경찰조직은 런던에 수도 경찰청과 런던시티경찰청, England 지역에 37개 지역경찰청, Wales 지역에 4개의 경찰청, Scotland 지역에 8개의 경찰청 및 Northern Ireland에 왕립 얼스터 경찰청_{Royal Ulster Constabulary} 등 총 52개가 있다.

1994 경찰법에 규정된 영국 지역경찰청_{Constabulary}의 호칭과 관할하는 지방자치단체 지역은 다음과 같다.[93]

England 지역(37개 경찰청)

□ 에이븐 앤 써머셋 경찰청: 에이븐 카운티 지역과 써머셋 카운티 지역

□ 베드포드셔 경찰청: 베드포드셔 카운티 지역

□ 캠브리지셔 경찰청: 캠브리지셔 카운티 지역

□ 체셔 경찰청: 체셔 카운티 지역

□ 노스 요크셔 경찰청: 노스 요크셔 카운티 지역

□ 클리블랜드 경찰청: 클리블랜드 카운티 지역

□ 컴브리아 경찰청: 컴브리아 카운티 지역

□ 더비셔 경찰청: 더비셔 카운티 지역

□ 데본 앤 콘월 경찰청: 데본 카운티, 콘월 카운티 및 씰리 섬 지역

□ 도올셋 경찰청: 도올셋 카운티 지역

□ 덜햄 경찰청: 덜햄 카운티 지역

□ 에쎅스 경찰청: 에쎅스 카운티 지역

□ 글로스터셔 경찰청: 글로스터셔 카운티 지역

□ 대 맨체스터 경찰청: 볼튼, 베리, 맨체스터, 올드햄, 로치데일, 살포드, 스톡포트, 테임사이드, 트래포드와 위간 대도시 지역

□ 햄프셔 경찰청: 햄프셔 카운티와 와이트 섬 지역

□ 허트포드셔 경찰청: 허트포드셔 카운티 지역

□ 써리 경찰청: 써리 카운티 지역

□ 험버사이드 경찰청: 험버사이드 카운티 지역

□ 켄트 경찰청: 켄트 카운티 지역

□ 랭카셔 경찰청: 랭카셔 카운티 지역

North Yorkshire 경찰청 Symbol

Surrey 경찰청 Symbol

---

93) 영국 "경찰과 치안법원에 관한 법률 1994"(Police And Magistrates' Courts Act 1994) 부칙1(Schedule 1)의 1(Section 1), 런던을 제외한 경찰 지역(Police Areas except London).

□ 레스터셔 경찰청: 레스터셔 카운티 지역
□ 링컨셔 경찰청: 링컨셔 카운티 지역
□ 머시사이드 경찰청: 노우슬리, 리버풀, 세인트 헬렌스, 세프튼 및 위랄 대도시 지역
□ 노포크 경찰청: 노포크 카운티 지역
□ 노스햄프튼셔 경찰청: 노스햄프튼셔 카운티 지역
□ 놀썸브리아 경찰청: 놀썸브리아 카운티 지역과 게이츠헤드, 뉴카슬 어폰 타인, 노스 타인사이드, 사우스 타인사이드 및 썬더랜드 대도시지역
□ 노팅검셔 경찰청: 노팅검셔 카운티 지역
□ 사우스 요크셔 경찰청: 반슬리, 동카스터, 로더 얼햄과 쉐필드 대도시 지역
□ 스태포드셔 경찰청: 스태포드셔 카운티 지역
□ 써포크 경찰청: 써포크 카운티 지역
□ 써섹스 경찰청: 이스트 써섹스 카운티 지역과 웨스트 써섹스 카운티 지역
□ 템즈밸리 경찰청: 버크셔 카운티 지역, 버킹검셔 카운티 지역 및 옥스퍼드셔 카운티 지역
□ 워릭셔 경찰청: 워릭셔 카운티 지역
□ 웨스트 머시아 경찰청: 헤어포드 카운티 지역, 워스터 카운티 지역 및 쉬롭셔 카운티 지역
□ 웨스트 미들랜즈 경찰청: 버밍험, 코벤추리, 더들리, 쌘드웰, 쏠리헐, 월썰 및 울버햄튼 대도시 지역
□ 웨스트 요크셔 경찰청: 브레드포드, 칼더데일, 커크리쓰, 리즈 및 웨이크필드 대도시 지역
□ 윌트셔 경찰청: 윌트셔 카운티 지역

Dyfed-Powys 경찰청
Symbol

Wales 지역(4개 경찰청)

□ 디페드 포이즈 경찰청: 디페드 카운티와 포이즈 카운티 지역
□ 그웬트 경찰청: 그웬트 카운티 지역
□ 노스 웨일즈 경찰청: 클루이드 카운티 지역과 그위네드 카운티 지역
□ 사우스 웨일즈 경찰청: 미드 글래몰간 카운티, 사우스 글래몰간 카운티 및 웨스트 글래몰간 카운티 지역

Northern Ireland 지역(1개 경찰청)

☐ 왕립 얼스터 경찰청: 북아일랜드 지역

Scotland 지역(8개 경찰청)[94]

☐ 스츠래쓰클라이드 경찰청
☐ 로씨안 앤 보더즈 경찰청
☐ 노던 경찰청
☐ 센트럴 경찰청
☐ 파이프 경찰청
☐ 덤프리즈 앤 갈로웨이 경찰청
☐ 그램피안 경찰청
☐ 테이사이드 경찰청

Strathclyde 경찰청
Symbol

   4) 국립범죄청   지역치안위원장Police and Crime Commissione이라는 제도를 신설하여 지역주민에 대한 민주적 책임성을 강화하는 개혁은 영국의 전통적인 자치경찰활동의 강화를 의미한다고 할 수 있다. 하지만 이러한 지역중심의 경찰활동은 급변하는 사회 및 범죄환경에 유연하게 대처하지 못한다는 비판이 있고, 특히 여러 지역에 걸쳐 활동하는 조직범죄단 및 국제적인 범죄단체 등에 대해서 효율적인 대응이 불가능하다는 문제점도 있다. 이러한 국가적인 조직범죄에 맞서 싸우기 위하여, 2006년 중대조직범죄청Serious Organised Crime Agency이 창설되었으나, 중대조직범죄에 대한 국가적 차원의 대응이 통합되지 못하고 여전히 마약·불법이민·인신매매·아동학대·사이버범죄 등은 여전히 줄어들지 않고 있는 형태이다.[95] 이러한 조직범죄에 대하여 국가적 차원의 대응을 통합하기 위하여, 보다 더 큰 권한과 조직을 가진 국립범죄청National Crime Agency이 2013년 10월에 신설되었고, 그에 대한 조직법·작용법적인 근거로 2013년 범죄 및 법원법Crime and Courts Act 2013이 제정되었다. 다시 말해서 지역범죄문제는, 앞서 지역주민에 의하여 선출된 지역치안위원장을 통하여 지역경찰이 전담하며, 국가적 또는 국제적 범죄의 경우 내무부의 책임하에 국립범죄청이 담당하는 형태로서, 이는

---

   94) Scotland 지역은 법체계가 England 및 Wales 지역과 다르나 경찰의 조직과 운영은 대체로 England 및 Wales와 대동소이하다. 여기서는 Scotland지역 경찰청의 명칭만 나열하고 그 관할구역의 설명은 생략한다.

   95) Home Office, *The National Crime Agency, A Plan For The Creation of A National Crime-Fighting Capability*, Home Office, June 2011, pp.9-11.

5-8	국립범죄청National Crime Agency 조직도96)

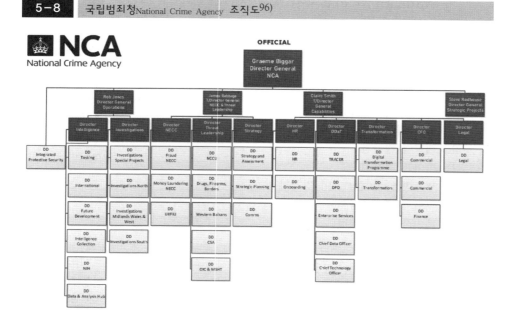

선택과 집중의 원리와도 일치한다고 볼 수 있다.

국립범죄청은 2025년 1월 기준 청장Director General을 중심으로 4명의 차장97)Director General 그리고 10명의 국장Director으로 구성되어 있다.98) 전체 직원 숫자는 2024년 3월 기준, 총 5,987명이다.99)

이러한 국립범죄청은 전국적이고 조직적인 범죄문제와 관련하여 지역경찰과 다른 법집행기관에게 업무를 부과tasking하고 이를 조정coordinating할 수 있는 권한을 가진다. 국립범죄청은 영국 전역에 걸친 관할권을 가지고 있고, 이에 내무부 장관이 국립범죄청장Director General 을 지명하기 위해서는 2013년 범죄 및 법원법Crime and Courts Act 2013 부칙 제1조 Schedule 1 제7항에 의거, 스코틀랜드 및 북아일랜드 정부와 협의과정을 반드시 거쳐야 한다. 아울러 청장이 반드시 경찰관이나 또는 국립범죄청 직원 중에서 임명되어야 한다는 규정은 존재하지 않으며, 따라

---

96) 2025년 1월 기준. 국립범죄청 홈페이지 참조(https://www.nationalcrimeagency.gov.uk/ who-we-are/our-leadership).
97) 청장이나 차장 모두 Director General이라는 명칭을 사용한다.
98) https://www.nationalcrimeagency.gov.uk/who-we-are/our-leadership 참조.
99) National Crime Agency annual report and accounts: 2023 to 2024 참조.

서 능력이 인정되면 누구라도 청장에 임명될 수 있는 구조이다. 청장의 임기는 5년이며 연임이 가능하다.

참고로, 초대 국립범죄청장은 지역경찰과의 원활한 협조를 위하여, 워릭셔Warwickshire 지역경찰청장이었던 케이스 브리스토Keith Bristow가 임명되었으며, 2대 국립범죄청장인 린 오웬스Lynne Owens 역시 수도경찰청 순경Constable부터 시작하여 써리Surrey 지역경찰청장Chief Constable까지 역임한 여성경찰관 출신이다. 경찰 출신 지역경찰청장이 계속해서 1대 및 2대 국립범죄청장으로 임명되었다는 사실은, 영국정부가 국가적·국제적 범죄대응에 있어서 (국립범죄청 출범 초기) 지역경찰의 협조와 지지가 필수적이라는 점을 잘 인식하고 있었음을 보여주고 있다. 2025년 1월 기준, 3대 국립범죄청장은 (비경찰 출신) 그레임 비거Graeme Biggar이다.

5) 전략적 경찰활동 요구조건: 지역경찰과 중앙정부의 연결고리

지역치안위원장은 지역범죄문제에 대응하기 위하여 지역치안계획Police and Crime Plans을 세워야 하며, 지역경찰청장은 위 지역치안계획을 참조하여 지역경찰을 지휘하고 통솔해야만 한다. 하지만 지역적인 범위를 벗어나는 국가적인 위협[100]이나 조직범죄의 경우 여러 지역경찰들의 협력하에 서로 통합되고 조화된 대응이 필요하고, (지역적 범위에서 탈피하여) 좀 더 넓은 국가적 시각에서 지역범죄에 대비할 필요가 있다. 이를 위해서는 내무부가 바로 전략적 경찰활동 요구조건Strategic Policing Requirements을 작성하여 국가경찰활동역량National Policing Capabilities을 제시해야 하는데,[101] 지역치안위원장은 지역치안계획을 세울 때, 국가적인 범죄의 대응의 통일성을 기한다는 측면에서 반드시 전략적 경찰활동 요구조건을 참조해야만 한다.

중앙정부는 위 전략적 경찰활동 요구조건을 통하여 국가적인 범죄와 관련하여 지역경찰의 역할과 임무를 부여하고 조정할 수 있으나,[102] 이는 전략적 관점에서 지역경찰활동이 성취해야 하는 대상이나 결과만을 제시하고, 이것을 이루는 구체적인 방법은 바로 지역치안위원장에게 달려 있다. 이러한 전략적 경찰활동 요구사항은 국가적인 조직범죄나 국제적인 범죄와의 싸움에 있어서, 국립

---

100) 경찰개혁과 사회책임법 제7장 77조 6항에 의하면 국가적 위협은 첫 번째로, 국가안보·시민안전·공공질서 또는 국가적 중요성이 있을 정도로 중대한 국민신뢰에 대한 위협을 의미하고, 두 번째로 그러한 위협에 맞서 싸우기 위해서는 국가경찰활동역량(National Policing Capabilities)에 의해서만 효과적·능률적으로 대응할 수 있는 위협을 의미한다.

101) 경찰개혁과 사회책임법 제7장 77조 1항.

102) 전략적 경찰활동 요구조건은 기존의 국가경찰활동계획과 달리 국가적이고 국제적인 범죄에만 해당된다. 지역치안문제는 지역치안위원장이 전적으로 담당한다.

5-9	영국경찰의 사원체제Quadripartite System

지역치안평의회 (지역치안위원장 견제)	지역치안위원장 (지역치안의 대표자)	내무부 장관 (국가적인 조직범죄 대응 조율)
- 관할구역 내 각 지자체에서 파견된 　1인의 선출직 대표 및 2명의 독립 　위원 포함 최대 20명으로 구성 - 지역경찰의 예산지출에 대한 감사 - 지방세, 예산안, 지역경찰청장 　임명에 대한 거부권 - 지역치안위원장에 대한 정보 및 　출석요구권 - 조사의뢰 및 주민소환투표실시	- 지역주민의 선거에 의하여 　선출 - 지역경찰청장 및 차장의 　임명 및 해임권 - 예산 및 재정 총괄권 - 지역치안계획 수립 (전략적 　경찰활동 요구조건 참조 필수)	- 예산 50% 부담 및 이에 따른 　감사 - 전략적 경찰활동 요구조건 작성 　및 배포 - 국가적인 범죄대응과 관련 지역 　경찰에 대한 임무 부여 및 조 　정(전략적 경찰활동 요구조건 　및 국립범죄청을 통하여) - 국립범죄청장 임명

지역경찰청장
(지역경찰의 독자적 운용)

- 지역경찰에 대한 독립적인 지휘
　및 통제권
- 차장이외의 모든 경찰관 인사권
- 일상적인 예산운용권

범죄청National Crime Agency과 지역경찰청Constabulary의 중요한 연결고리가 된다. 지역치안위원장에 의하여 임명되는 지역경찰청장은 지역경찰(청)을 지휘하고 통제함에 있어서 지역치안계획뿐만 아니라 전략적 경찰활동 요구사항 둘 다 참조할 의무가 있다. 이로써 내무부 장관은 국립범죄청을 통하여 국가적인 범죄와 관련해서만 지역경찰의 활동을 부과하고 조정할 권한을 가지게 된다.

3. 영국경찰개혁에 대한 평가

(1) 지역치안위원장의 권한 강화와 내무부 장관의 권한 약화

새로운 사원체제하에서 지역치안위원장은 지방경찰청(차)장의 임명 및 해임권, 예산 및 재정 총괄권, 지역치안계획의 수립권한 등을 갖는다.[103] 이중 지방경찰청장의 임명 및 해임권과 예산 및 재정 총괄권은 삼원체제하에서 지역경찰위원회의 권한이었으며, 지역치안계획의 수립권한은 기존의 삼원체제하에서 지

---

103) 다만 지역치안소방위원장(Police, Fire and Crime Commissioner)이 있는 지역에서는 소방에 관한 권한도 동일하게 갖게 된다.

역경찰위원회가 갖던 3개년 지역경찰활동 전략계획 수립권한보다 더욱 더 강화된 것이다. 이는 기존의 삼원체제하에서 내무부 장관이 갖던 국가경찰활동계획의 작성권한이 사원체제하에서는 전략적 경찰활동 요구조건으로 축소되면서 지역치안위원장이 실질적인 지역경찰활동계획의 수립권한을 갖게 된 것을 의미한다. 사원체제하에서 내무부 장관의 역할은 많이 축소되었다. 첫째, 예산의 50퍼센트 부담 및 이에 따른 감사권한을 그대로 보유하지만 왕립경찰감사실을 통한 지역치안목표 달성도 평가권한이 없어 지역경찰에 대한 직접적인 통제가 사라지게 되었다. 둘째, 기존의 삼원체제에서 내무부 장관이 갖던 업무처리규약 발령권한, 특별감사권, 지시명령 및 각종 규제권한이 사라지고 대신에 내무부 장관은 국가적인 범죄대응과 관련, 전략적 경찰활동 요구조건과 국립범죄청을 통해 지역경찰활동을 조정하는 데 그치게 되었다.

(2) 지역치안평의회의 역할변화: 전략적 업무에서 지역경찰 견제기능으로

기존 삼원체제하에서 지역경찰위원회의 주 역할은 예산 및 재정 총괄, 3개년 지역경찰활동 전략계획 수립 등 지역 내에서의 경찰활동에 대한 전략적 업무수립이었다. 하지만 사원체제하에서 지역치안평의회의 역할은 예산에 대한 감사, 지방경찰청장 임명에 대한 거부권, 지역치안위원장에 대한 정보 및 출석 요구권, 주민소환권 등 주로 지역치안위원장과 지방경찰청장에 대한 견제기능으로서의 역할이 훨씬 강화되었다. 이는 주민으로부터 선출되는 지역치안위원장에게 권한을 강화하면서도 지역치안평의회가 이를 감시·견제하도록 함으로써 경찰 권력남용을 방지하려는 시스템이라고 평가할 수 있다. 결국 지역치안평의회가 지역치안위원장에 대해서 견제와 균형의 핵심적인 기능을 담당하고 있는 것이다.

(3) 사원체제의 평가: 중앙집권과 지방분권의 유기적인 결합

사원체제의 가장 큰 특징은 내무부 장관이 갖던 중앙집권적 권한을 주민으로부터 선출되는 지역치안위원장에게 이전함으로써 지역자치경찰을 강화하는 것에 있다. 그러나 테러 등 국가적인 범죄에 대해서는 국립범죄청을 신설, 지역경찰의 임무 및 활동을 조정할 수 있도록 함으로써 치안의 능률성을 확보하려는 특징도 있다. 또한 내무부 장관이 국립범죄청장을 지역경찰청장 중에서 임명하도록 함으로써 국가경찰사무에 있어서 지역경찰의 적극적인 협조를 받기 위한 구체적인 전략도 마련한 것으로 보인다.

4. 2024년 노동당 재집권 이후 영국 경찰개혁의 방향성

앞서 언급된 바와 같이, 2024년 7월 4일에 열린 영국 총선에서 노동당이 14년 만에 정권교체를 이루었으며, 노동당 소속 키어 스타머Keir Starmer가 영국 제80대 수상으로 취임하였다. 현 노동당 정부의 내무장관인 이베트 쿠퍼Yvette Cooper는 2024년 11월 전국경찰청장협의회National Police Chiefs' Council 및 전국지역치안위원장협회Association of Police and Crime Commissioners가 주최한 연례 회의에서 영국 경찰개혁의 방향성을 아래와 같이 제시하였다.104)

- 경찰 성과 관리부서Police Peformance Unit 신설: 지역경찰의 성과를 국가적·체계적으로 추적하고, 과학적 데이터를 활용해 성과 기준을 향상하고자 한다.
- 지역사회 경찰 보장제Neighborhood Policing Guarantee 도입: 기본 역할에 충실한 경찰 활동을 통해 지역사회와 경찰 간 신뢰를 다시 쌓고자 한다.
- 국가경찰센터National Centre of Policing 설립: 첨단 기술과 포렌식 역량을 활용하여 변화하는 범죄 양상에 효과적으로 대응하고 경찰의 역량을 강화한다.

위와 같은 경찰개혁을 위하여 중앙정부 차원에서 5억 파운드(한화 약 9,146억 원) 상당의 추가 보조금을 지원할 계획이라고 하는바, 이러한 개혁 방향성이 실제로 어떤 실무적 정책이나 제도로 구체화될지에 대한 귀추가 주목된다.

---

104) https://www.gov.uk/government/news/home-secretary-announces-major-policing-reforms 참조.

참고문헌

1. 국내 문헌

경찰청, 영국경찰개혁안(내부문서), 서울: 경찰청, 2011.

김영중, 영국 중대부정수사처의 수사 및 기소절차 연구, 경찰법연구, 18(3), 2020, pp. 133-152.

김중겸, 1960-1980년대 영국경찰동향: 조직·임무·권한의 정비·강화, 치안정책연구, 제 14호, 2000, pp. 297-325.

김학경, 英경찰, 폭력시위 강경진압의 전통, 미래한국, 제369호, 2010, pp. 20-22.

김학경, 영국지방자치경찰의 새로운 패러다임: "2011 경찰개혁 및 사회책임법"과 "국립범죄 청"을 중심으로, 경찰학연구, 제12권 제1호, 2012, pp. 147-174.

박준휘·김학경, 한국의 형사사법체계 및 관리에 관한 연구(Ⅰ), 서울: 형사정책연구원, 2016, pp. 145-146.

이강종, 영국경찰의 관리체제(Tripartite System을 중심으로), 치안정책연구, 제17호, 2003, pp. 34-52.

이동희·최원석, 비교경찰론, 서울: 수사연구사, 2006.

이성기, 미국과 영국의 체포·구금제도의 비교법적 고찰, 한양법학 제22권 제2집, 2011, pp. 311-340.

이황우, 90년대 영국경찰의 개혁전략, 치안정책연구, 제6호, 1999, pp. 4-6.

오석웅, 영국의 EU 탈퇴와 국제사법-불법행위에 관한 준거법 선택규칙을 중심으로-, 국제 사법연구, 29(1), 2023, pp. 421-453.

외교부, 영국 개황, 서울: 외교부, 2013

조 국, 영국 코먼 로 형사절차의 전면적 혁신과 그 함의: 1984년 경찰 및 형사증거법과 1994년 형사사법과 공공질서법 중심으로, 형사정책, 제10호, 1998, pp. 335-366.

전현욱·김학경 외, 2017년 피해자보호를 위한 경찰개입의 한계요인과 법제도적 개선방안 에 대한 연구, 서울: 형사정책연구원,

최종만, 영국의 정부시스템 개혁, 서울: 나남, 2017.

최원석·이동희, 『비교경찰론』(서울: 수사연수사), 2006.

표창원, 영국경찰의 위상과 운영체계에 관한 고찰, 한국경찰연구, 제1권 제1호, 2002, pp. 70-95.

2. 외국 문헌

Brogden, M. et al., Introducing Policework, Unwin Hyman, London, 1988.

Bunyard, R.S. Police: Organisation and Command, Plymouth, Macdonald and Evans, 1978.

Chris Lewis, 2010 선진수사제도연구 국제학술세미나 제1주제 발표문(경찰청, 동국대 경찰범죄연구소, 선진수사제도연구회 공동주최), the Relationship between the Police and the Crown Prosecution Service in England & Wales, 2011.

Critchley, T.A. A History of Police in England and Wales, London, Constable, 1978.

Crown Prosecution Service, the Director's Guidance on Charging 2011-fourth edition January 2011, London: Crown Prosecution Service, 2011.

HMIC, 1997 INSPECTION REPORT The National Criminal Intelligence Service, A REPORT BY HER MAJESTY' S INSPECTORATE OF CONSTABULARY, HMSO, LONDON, 1997.

Home Office, Home Office Annual Report 1998, HMSO, London, 1999.

Home Office, Policing in the 21st Century: Reconnecting police and the people, London: Home Office, 2010.

Home Office, Police Reform Act 2002-Explanatory Notes, Retrieved 29 December 2011, from http://www.legislation.gov.uk/ ukpga/2002/30/notes/ contents.

Home Office, Police Reform and Social Responsibility Act 2011-Explanatory Notes, Retrieved 26 December 2011, from http://www.legislation.gov.uk/ukpga/ 2011/13/ notes/division/1.

Home Office, *Policing a New Century: A Blueprint for Reform*, London: Home Office, 2001.

Home Office, The National Crime Agency: A Plan for the Creation of a National Crime-Fighting Capability, London: Home Office. 2011.

House of Commons, Home Affairs Committee-Second Report Policing: Police and Crime Commissioners, London; House of Commons, 2011.

Home Office, The Forensic Science Service: the Government Response to the Seventh Report from the House of Commons Science and Technology Committee Session 2010-12 HC 855, London: Home Office, 2011.

House of Commons, Railways: British Transport Police, 2011, London: House of Commons, 2011.

Leishman, F., Cope, S. and Starie, P., Reforming the police in Britain: New public management, policy networks and a tough "Old bill", International Journal of Public Sector Management, Vol. 8 No. 4, 1995, pp. 26-37.

Loveday, B., Reforming the Police: from local police to state police?, the Political Quarterly, Vol. 66 No. 2, 1995, pp. 141-156.

Loveday, B., The Challenge of Police Reform in England and Wales, Public Money & Management, Vol. 25, No. 5, 2005, pp. 275-281.

Metropolitan Police Authority, The Police Reform and Social Responsibility Act, London: Metropolitan Police Authority, 2011.

Ministry of Justice, Multi-Agency Public Protection Arrangements Annual Report 2010/2011, London: Ministry of Justice, 2011.

National Crime Agency annual report and accounts: 2023 to 2024 London: National Crime Agency, 2024.

NCIS ANNUAL REPORT 1997, NCIS, London.

Outhwaite, William & Bottomore, Tom (eds.), Twentieth-Century Social Thought, Oxford, Basil Blackwell, 1994.

Reiner, R. Chief Constables, Oxford, Oxford University Press, 1991.

Reiner, Robert, The Politics of The Police, Harvester Wheatsheaf, London, 1992.

Spencer, Sarah, Called to Account: The case for police accountability in England & Wales, National Council for Civil Liberties, Nottingham, 1985.

Sullivan, R., Police Reform Act 2002: A Radical Interpretation, *Criminal Law Review*, July, 2003,

The Daily Telegraph, Thursday May 21, 1998.

The Times, May 6 1998, "Capital Vote, A low-key campaign needs a high-profile endorsement."

The Times, May 8 1998, "City says a surprise 'yes' to elected mayor-London referendum, Race under way for a capital appointment" by Alexandra Frean.

William Outhwaite & Tom Bottomore(eds.), Twentieth-Century Social Thought, Oxford, Basil Blackwell, 1994.

3. 영국 법

British Transport Commission Act 1949.

Constitutional Reform Act 2005.

Crime and Disorder Act 1988.

Criminal Justice Act 2003.

Criminal Justice and Courts' Services Act 2000.

Energy Act 2004.

Magistrate' Court Act 1980.Energy Act 2004

Metropolitan Magistrates' Courts Act 1959.

Metropolitan Police Act 1829.

Metropolitan Police Act 1829, 1839, 1856, 1860, 1861(Receiver), 1886, 1895(Receiver), 1931(Staff Superannuation And Police Fund).

Police Act 1964.

Police And Criminal Evidence Act 1984.

Police And Magistrates' Courts Act 1994.

Police Reform Act 2002.

Police Reform and Social Responsibility Act 2011.

Prosecution of Offences Act 1985.

Railways and Transport Safety Act 2004

Serious Organised Crime and Police Act 2005.

Terrorism Act 2008.

The Justices of the Peace Act 1979.

Transport Police (Jurisdiction) Act 1994.

4. 웹사이트

http://en.wikipedia.org/wiki/United_Kingdom

http://presid.fco.gov.uk/

http://www.acsp.uic.edu/OICJ/pubs/cje/050610.htm

http://www.attorneygeneral.gov.uk

http://www.barcouncil.org.uk/main.htm

http://www.cityoflondon.gov.uk/Corporation/LGNL_Services/Advice_and_benefits/Emergencies/Police_Authority/

http://www.cnc.police.uk/

http://www.coi.gov.uk/

http://www.cps.gov.uk/

https://www.gov.uk/government/ministers

https://www.gov.uk/government/organisations#home-office

https://www.gov.uk/government/news/home-secretary-announces-major-policing-reforms

http://www.homeoffice.gov.uk/about-us/

https://www.judiciary.gov.uk/about-the-judiciary/the-justice-system/court-structure/

https://www.judiciary.gov.uk/wp-content/uploads/2012/08/courts-structure-0715.pdf

http://www.justice.gov.uk

http://www.legislation.gov.uk

https://www.london.gov.uk/people/mayoral/sophie-linden

https://www.london.gov.uk/who-we-are/what-mayor-does/mayor-and-his-team/k
    aya-comer-schwartz

http://www.met.police.uk/

http://www.mod.police.uk/

http://www.mpa.gov.uk/reform/

http://www.nationalcrimeagency.gov.uk/publications

http://www.nationalcrimeagency.gov.uk/about-us/how-we-are-run

https://www.nationalcrimeagency.gov.uk/who-we-are/our-leadership

http://www.official-documents.gov.uk

http://www.open.gov.uk/co/cohome.htm

http://www.open.gov.uk/lcd/index.htm

http://www.open.gov.uk/ncis/ncishome.htm

http://www.parliament.uk/commons/lib/hmg.htm

http://www.publications.parliament.uk/

https://www.publicfinance.co.uk/news/2018/03/more-police-and-crime-commission
    ers-take-over-fire-and-rescue-governance

http://www.royal.gov.uk/

http://www.soca.gov.uk

http://www.tcol.co.uk/britain/

http://webarchive.nationalarchives.gov.uk

제 6 장
미국의 경찰제도

   미국의 경찰 제도를 논의하기에 앞서 우선 미국 사회의 특징과 법체계와 법원의 구조를 알아보고자 한다. 이어서 미국 경찰의 역사, 조직, 인사 및 교육, 활동(지역사회경찰활동 포함), 경찰에 대한 통제 장치, 그리고 끝으로 미국 경찰의 현안 문제들을 차례대로 살펴보고자 한다.

제 1 절   미국 사회의 특징

   미국 사회의 특징을 한마디로 표현하는 것은 상당히 어려운 일이다. 미국의 어느 한 도시에만 단기간 여행을 갔다 온 사람도 나름대로 미국에 대해 할 이야기가 많을 것이다. 그러나 그 사람이 본 것은 미국 전체 중 극히 일부분에 불과하다. 마치 잘 알려진 큰 코끼리와 장님들의 이야기처럼, 코끼리의 귀만 만져본 장님은 코끼리를 마치 큰 나뭇잎 같다고 표현할 것이다. 반면 다리만 만져본 장님은 코끼리가 커다란 나무와 같다고 이야기할 것이다. 장님 나름대로 코끼리의 어느 한 부분은 느낄 수 있었으나 전체를 설명하지는 못하고 있는 것이다. 따라서 다음에서 설명하게 될 미국 사회의 특징은 전체적인 경향만 묘사하는 것으로서, 모든 미국사람들과 지역에 공통적으로 적용되는 것이 아님을 유념할 필요가 있다. 여기에서는 미국 사회의 특징을 몇 가지로 나누어서 설명하고자 한다.

I 다인종, 다문화, 그리고 다원화 사회

   미국은 이민을 통해서 유입된 여러 인종과 민족이 모여 사는 사회이다. 미국사람들은 이것을 흔히 "멜팅 팟"melting‑pot이라고 표현한다. 이것은 용광로에 여러 광물질들이 뜨거운 열에 녹아서 서로 섞이는 것처럼, 미국도 여러 인종과 민족이 함께 섞여 사는 것을 두고 한 말이다. 원래 미국 땅에는 백인이 들어오기 오래전부터 토속 인디언들이 살고 있었다. 그러나 백인들은 무수히 많은 인디언들을 살육하고 미국대륙을 차지를 하였다. 원래 미국 땅의 주인이었던 인디언은 이제는 백인과의 전쟁에서의 패배자로서 제대로 인권을 누리지 못하고 이등시민으로 전락하고 말았다. 지금 대부분의 인디언들은 정해진 보호구역 안에서 자치 생활을 하고 있다. 그러나 그 땅은 연방정부의 소유이다. 그래서 그들 마음대로 땅을 사용할 수 없다. 그런 땅마저도 척박한 땅으로서 인디언들은 연방정부의 보조금 없이는 생계도 이어가기 힘든 실정이다. 뿐만 아니라, 자신들의 정체성을 잃은 많은 인디언 젊은이들이 술과 마약 등에 빠져 있다. 본장을 집필한 저자(전돈수 교수)도 뉴멕시코New Mexico의 나바호Navajo 인디언 지역을 방문하여 그런 그들의 현실을 직접 목격하였다.

　백인이란 인종의 범주에 포함되는 민족도 시대에 따라서 변해왔다. 이민 역사 초기에는 유럽 사람들 중에서도 영국, 독일, 그리고 프랑스에서 온 사람들만을 보통 백인으로 간주하였다. 같은 유럽출신이라고 하더라도 아일랜드계나 이탈리아계 사람들을 백인으로 보지 않는 경우도 있었다. 이처럼 소외되었던 이민자들 중에 하나가 바로 이탈리아의 시실리 섬 출신들이었다. 이들은 마피아라는 조직을 형성하여 악명을 떨치기도 했는데, 그들 중에서 알 카포네Al Capone라는 마피아 두목도 있었다. 한편 유대인도 미국에 처음 이민을 왔을 때는 게토ghetto[1]를 형성하여 자기들끼리 모여서 공동체 생활을 하였다. 하지만 유대인들의 세력이 점점 강해지면서 그들도 백인의 범주에 포함이 되었다. 현재는 유대계인들의 정치적 입김이 상당히 강하여 미국의 대중동정책을 수립하는 데 있어서 그들은 이스라엘에게 유리한 방향으로 영향력을 행사하고 있다. 결국 인종에 관한 분류는 각 민족이 미국사회에서 차지하는 사회적 지위에 따라 결정되기도 하는 것이다.

　현재 미국에서는 일반적으로 인종race을 분류할 때 주로 백인White, 히스패닉Hispanic, 흑인Black or African American, 그리고 기타 아시아인과 태평양 섬 출신자들Asian and other Pacific Islanders로 구분하고 있다. 백인은 유럽에서 이민 온 사람들을 가리키는 말이다. 흑인은 주로 아프리카에서 노예로 팔려온 자의 후손들을 지칭하는 말이다. 하지만 자메이카 같은 중남미에서 온 흑인이민자를 포함시킨다. 콜린 파월Colin Powell 전 미국 국무장관도 중남미 흑인이민자의 후손으로 알려져 있다. 히스패닉은 멕시코를 비롯해서 스페인어를 구사하는 중남미 대륙에서 온 이민자를 통칭한다. 아시아인은 아시아의 제국들과 태평양 섬 출신을 지칭한다. 그러나 현실적으로는 인종을 명확히 분류하는 것은 그렇게 간단한 일이 아니다. 그 이유는 다양한 인종과 민족이 모여 살다보니 그들 사이의 혼혈 출신들이 많

---

1) 가난한 소수민족의 공동거주지역을 말한다.

기 때문이다.

이민자들은 각자 자기출신국의 문화를 미국에 가져왔다. 따라서 미국은 마치 만국박물관으로 표현할 수 있다. 음식문화만 보더라도 중국, 인도, 한국, 일본, 멕시코, 이탈리아, 그리고 그리스 식당들 등이 다양하게 존재하고 있다. 외국에서 들어온 음식들이 미국의 음식문화로 자리를 잡았다. 미국사람들은 이런 인종과 문화의 다양성에도 불구하고 비교적 다른 문화와 가치관의 존재를 잘 받아들이고 있다. 예를 들면 미국의 대학 캠퍼스에서는 교수가 공산주의 성향의 신문을 학생들에게 공공연히 배포하기도 한다. 또한 동성연애자들을 위한 신문도 대학 캠퍼스에서 자유롭게 유포되고 있다. 이런 것들은 우리나라에서는 보기 드문 장면이 아닐까 생각한다.

Ⅱ 인종차별의 잔존

미국이 다인종 및 다민족 사회이다 보니 인종차별 문제가 발생하기도 한다. 남북전쟁이 끝나고 노예제도가 폐지가 되면서 흑인들에게도 투표를 할 권리가 주어졌다. 그러나 미국의 남부 주들은 문맹자들은 투표를 할 수 없다는 법을 만들어서 흑인들이 투표를 하는 것을 제한을 하였다. 남부에서 흑인들이 완전한 투표권을 인정을 받은 것은 1965년 이후로서 흑인인권운동의 결과이다. 1960년대 흑인인권운동이 끝나기 전에는 화장실도 백인과 유색인종이 쓸 수 있는 것이 따로 구분되어 있었다. 버스도 백인과 유색인종의 좌석이 별도로 구별이 되어 있었다. 본장의 저자가 사는 앨라배마 주는 당시 흑인인권운동의 한가운데 있었다. 로사 팍Rosa Park이라고 하는 흑인여성은 백인전용 버스좌석이 비어 있어서 거기에 앉았다. 그런데 백인 버스기사가 그녀에게 뒤에 흑인좌석으로 가라고 명령을 하였다. 이를 거절한 로사 팍은 결국 경찰에 체포가 되었다. 이를 계기로 마틴 루터 킹 목사가 이끄는 흑인인권운동이 본격적으로 일어났다.

지금도 흑인과 히스패닉 같은 소수민족들은 자기들만의 공동거주지역을 형성하는 경우가 많다. 흑인과 히스패닉 다수가 가난하기 때문에 그런 열악한 환경에서 살 수밖에 없는 것이다. 미국인들은 이렇게 가난한 소수민족의 거주지역을 슬럼slum이라고 부른다. 일부 부유한 중산층 흑인middle-class black은 백인과 같은 지역에 거주하는 경우도 더러 있기는 하지만 그것은 비교적 드물다. 흑인을 중심으로 한 소수인종들은 자신들이 미국에서 여전히 차별을 받고 있다고 생각을 하는 경우가 많다. 그래서 미국에서 사회문제를 연구할 때 인종차별이 중요한 주제 중에 하나이다.

Ⅲ 광활한 영토

앞에서 살펴본 것과 같이 미국은 다양한 인종과 문화가 공존한다. 여기에 미국사회를 더 복잡하게 만드는 것은 영토가 광활하다는 것이다. 미국의 총 육지 면적이 9,158,960㎢으로서 중국대륙보다 약간 더 크다.[2] 또한 이는 한국 영토의 약 93배 정도의 크기에 해당한다. 미국은 이렇게 넓은 땅을 가지고 있다보니 각 지역별로 인종 구성이나 문화에서도 차이가 난다. 남부와 북부 그리고 서부와 동부는 각각 문화와 지역사람들의 가치관에서도 어느 정도 차이가 난다. 전통적으로 북부는 공업이 주로 발달이 되었고 남부는 목화재배 등을 비롯한 농업이 발달되었다.

남북전쟁 때 생긴 남북 간의 지역감정이 아직도 조금 남아 있다고 볼 수 있다. 북부사람들은 남부사람들을 "붉은 목"red neck이라고 부르기도 한다. 그 이유는 전통적으로 남부사람들이 야외에서 농사일과 사냥을 많이 하기 때문에 목이 햇빛에 그을려 붉다고 해서 붙여진 별명이다. 일부 북부인은 아직도 남부인은 게으르며 인종차별주의자라는 편견을 가지고 있다. 한편 미국 조지아Georgia 주에서는 남북전쟁 때 쓰던 남부군의 깃발을 주를 대표하는 깃발state flag로 사용하여 왔다. 그러나 2001년에 조지아 주는 그 깃발이 흑인에 대해 인종차별적인 상징을 가지고 있다고 하여 다른 것으로 바꾸었다. 이에 대해 일부 백인들은 그 깃발은 단순히 미국의 역사와 전통의 산물에 불과하다고 주장하면서 계속해서 이전의 깃발의 사용을 주장하기도 했었다. 반대로 남부인은 북부지역 사람을 "양키"Yankee라고 부르면서 그들이 호전적인 침략자임을 주장하고 있다. 어쨌거나 남북전쟁이 끝난 지가 오래되었지만 은연중에나마 아직도 남북 간에 약간의 지역감정은 남아 있은 셈이다.

미국 동부는 유럽 사람들이 가장 먼저 밟은 땅으로서 오랜 전통을 가지고

---

2) Central Intelligence Agency, *WorldFackbook*, 2002, http://www.odcj.gov / cia / publications / factbook / index.html 참조.

있는 곳이다. 그래서 동부지역을 새로운 영국이란 의미에서 뉴잉글랜드New England 라고도 부른다. 반면 서부는 소위 "골드러시"Gold Rush라고 하는 것과 같이 금을 찾아서 동부로부터 온 사람들이 개척한 곳으로 동부에 비해 역사가 조금 짧다. 또한 서부, 특히 캘리포니아California 주는 비교적 동양계인이 많이 거주한다는 특징도 있다. 대체적으로 동부인들은 조금 보수주의적인 성향을 보이고 서부지역 사람들은 보다 진보적이고 개방적인 사고방식을 가졌다고 볼 수 있다. 그래서 일반적으로 대학의 학풍도 동부 쪽은 좀 보수적이고 서부 쪽은 진보적인 편이다.

도시지역과 농·어촌지역 사이에도 차이가 많이 난다. 도시지역은 인종과 문화적인 면으로 보더라도 무척 다양하고 복잡하다. 뉴욕, 로스앤젤레스, 그리고 시카고 등 대도시는 다양한 인종과 민족이 모여 사는 곳이다. 이들 도시는 소수 민족이 시민 전체 인구 중 거의 과반수를 차지하고 있다. 그 이유는 제2차 세계대전이 끝난 후에 남부지역에 살던 많은 흑인들이 일자리를 찾아 대도시로 몰려들었기 때문이다. 그러나 미국은 여러 인종이 함께 어우러져 조화를 이루어 살고 있기보다는 제각기 거주지역을 이루고 산다. 흑인과 히스패닉이 많이 모여 사는 곳에는 범죄가 자주 발생한다. 갱단끼리 죽고 죽이는 마약을 위한 "전쟁"은 지금 이 시간에도 슬럼지역에서 계속되고 있다. 미국 전체인구에서 흑인이 차지하는 비율은 약 12% 정도에 불과하다. 그러나 미국 대도시의 교도소를 가보면 과반수 가까이의 재소자들이 흑인들이다.[3] 그만큼 대도시에는 흑인들에 의한 범죄가 많이 발생하고 있는 것이다.

반면에 도시 이외의 지역은 주로 백인들이 많이 살면서 그들 나름대로의 문화를 형성하면서 살고 있다. 심지어 어떤 미국의 시골노인은 동양 사람을 지금까지 단 한 번도 직접 본 적이 없다고 한다. 농어촌지역 미국인들의 가치관 형성의 근간이 되는 것은 기독교이다. 지금 젊은이들은 교회에 잘 나가지 않지만 아직도 기독교 정신의 영향을 많이 받고 있다. 한편 농어촌 지역에서는 대도시보다 범죄가 적게 발생한다. 어느 시골에서는 차문을 잠그지 않은 상태로 주차를 시켜 놓을 정도이다. 이것은 같은 미국이라고 하더라도 범죄문제가 도시와 그 이외 지역 간에는 큰 차이가 있음을 시사해 준다.

---

3) Frank Hagan, *Introduction to Criminology: Theories, Methods, and Criminal Behavior*(Chicago: Nelson-Hall, 1986), p.76.

Ⅳ 개인주의

미국은 다양한 문화가 공존하는 사회이기 때문에 그 국민의 특성을 한마디로 설명하는 것은 어렵다. 하지만 동양인들과 비교한다면 미국인들은 대체로 개인주의적인 성향을 가졌다고 할 수 있다. 미국 사람들의 개인주의적 성향은 영국으로부터 이어받은 전통과 미국의 식민지 개척시대로부터 유래하였다고 볼 수 있다. 영국의 개인주의적 성향은 영어의 표현에도 잘 나타나 있다. 영어에서 나를 지칭하는 "I"는 문장 어느 위치에 놓이거나 언제나 대문자로 표시한다. 그러나 2인칭과 3인칭 대명사는 문장의 맨 앞에 쓸 경우에만 대문자로 표기를 한다. 이것은 영국과 미국 사람들이 세상을 보는 시각이 개인중심이라는 것을 보여준다.

초기 미국 식민지 개척자들은 동부에서 서부로 큰 집단 단위로 이동한 것이 아니었다. 그들은 일종의 각개전투 방식으로 개인 또는 가족 단위로 개척해서 말뚝을 박고 울타리를 만들어서 자기 땅임을 주장하였다. 결국 초기 개척자들은 다른 사람들과의 협력보다는 개인의 능력과 노력에 따라서 자신의 땅을 차지할 수 있었다. 이런 식민지 개척 역사는 미국 개인주의의 형성에 영향을 주었다.

현대 미국인들의 개인주의적 성향은 스포츠나 영화에도 잘 나타나 있다. 가장 미국적인 스포츠라고 하는 야구 경기를 보아도 타자 한 사람씩 나와서 안타를 잘 치면 결국 팀이 승리하게 된다. 결국 야구는 투수와 타자와의 일 대 일 대결이 승과 패를 결정한다. 미국 영화를 보아도 이와 비슷한 개인주의 성향이 잘 드러난다. 옛날 서부영화의 대표적인 주인공이었던 존 웨인John Wayne만 보아도 그는 어디선가 홀연히 나타나서 멋진 건맨gun man으로써의 솜씨를 뽐내면서 악당들을 모조리 소탕을 한다. 그리고 그는 석양이 지는 지평선을 넘어서 어디론가 사라진다. 이것은 개인을 영웅화시키기를 좋아하는 미국인들의 특성을 잘 나타내는 것이다.

개인주의가 실생활과 관련되어 표출되는 것은 자신의 자유는 마음껏 누리되 대신 타인의 자유를 침해해서는 안 된다는 원칙이다. 따라서 미국인은 자신의 자유를 타인이 침해했을 경우 단호히 대처한다. 오래전에 단기 교환학생으로 미국에 온 한 10대 일본인 남학생이 미국 친구들의 파티에 초청을 받았다. 그 일본 학생은 초청을 받은 집을 찾던 중에 착오로 다른 미국 사람의 집에 접근하게 되었다. 이를 목격한 그 집주인은 그 일본 학생을 강도로 오인하였다. 그리고 그 집주인은 총을 꺼내들고 일본 학생에게 더 이상 가까이 오지 말라는 영어의 구어(口語)식 표현인 "프리즈"freeze라고 외쳤다. 그러나 그 일본학생은 미국에 온 지 얼마 되지 않아 그 말을 이해하지 못하고 계속하여 그 집으로 접근하였다. 이에 대해 집주인은 그 일본 학생에게 총을 발사하여 사망에 이르게 하였다. 미국 법원은 그 집주인의 총기발사 행위를 정당방위로서 인정을 하고 무죄 평결을 내렸다. 미국사회는 개인의 자유와 재산의 보호를 중요한 가치로 인정한다. 따라서 이에 대한 침해에 대해서 방어하는 것을 폭넓게 정당방위로 인정하고 있는 것이다.

Ⅴ 개인의 자유와 권리존중

미국대륙에 최초로 건너 온 청교도들은 종교적 자유를 찾아왔다. 따라서 그들은 정부로부터 간섭받는 것을 원하지 않았다. 결국 초기 미국 정착민들은 본국인 영국으로부터의 부당한 간섭에 저항하여 독립을 선언하고 전쟁을 해서 자유국가인 미국을 건설하였다. 당시 미국인들은 군대로부터의 부당한 가택수색과 압수에 대해 강한 저항의식을 가지고 있었다. 이것은 미국 수정헌법 제3조를 통해서 "군인은 평시나 전시를 불문하고 적절한 법절차에 의한 경우를 제외하고는 주인의 동의 없이 가택침입을 할 수 없다"라고 표현되고 있다.

정부가 공공의 안녕·질서와 개인의 자유·인권의 보호라는 두 가지 이념을 동시에 국민들에게 만족을 시켜주기에는 실질적으로 상당한 어려움이 있다. 국가의 정책이 공공의 안녕과 질서에 치중하다보면 개인의 자유와 권리의 보장에 소홀해지기 쉽다. 예를 들어 경찰이 지나가는 차량을 모두 세워놓고 음주단속을 하는 것은 음주운전을 예방하는 데에는 효과가 있을 것이다. 미국에서도 1990년에 연방대법원이 경찰이 도로를 차단하고 불심검문을 하는 것은 불법이 아니라는 결정을 내리기는 하였다.[4] 그러나 그러한 불심검문은 시민들에게 불

---

4) Charles Swanson, Leonard Territo & Robert Taylor, *Police Administration* (Upper Saddle, New Jersey: Prentice-Hall, 2001), p.70.

편을 초래할 수가 있다. 따라서 미국 경찰이 무작위로 음주단속을 하는 경우는 그렇게 많지 않다. 다만 미국 경찰은 음주음전이라고 의심할 만한 "합리적인 의심"reasonable suspicion이 있을 때에 차를 세우고 음주 여부를 확인한다.

미국사회는 공공의 안녕·질서의 유지와 개인의 자유·권리의 존중이라는 두 가지 이념 중에서 개인의 자유와 권리의 존중이라는 이념에 더 큰 가치를 두고 있다. 이런 이유 때문에 미국에서 "적법절차의 원칙"due process of law이 등장하게 되었다. 이 원칙은 다른 많은 국가의 법제도에 영향을 주었다. 이에 대해서는 후에 좀 더 자세히 논의하기로 하겠다.

Ⅵ 자유로운 총기소유

미국에서는 일반시민들이 자유롭게 총기를 소유하고 있기 때문에 이로 인한 사고가 자주 발생한다. 일반시민들의 총기소유에 대한 정확한 실태의 파악은 아마도 불가능할 것이다. 그러나 두 집 걸러 한 집은 소총이든 권총이든 총을 보유하고 있는 것으로 알려졌다. 총기전시회gun show에 가면 일반인들도 특별한 서류절차 없이 여러 종류의 총을 비교적 자유롭게 구입할 수 있다. 심지어 M16소총이나 중국제 AK47 기관단총 등 군용 총도 쉽게 구입할 수 있다.

미국 연방수사국인 FBIFederal Bureau of Investigation의 통계조사에 의하면 2019년 한 해 동안 발생한 총 13,922의 살인의 피해자 중 상당수인 10,258명이(73.6%) 각종 총기에 의해 공격을 받아 사망하였다. 그 총기 중에서도 권총에 의한 살인사건이 6,365건(62.0%)으로서 많은 부분을 차지하였다.[5] 권총이 이와 같이 살인에 많이 사용되는 이유는 휴대가 간편하기 때문이다. 자유로운 총기소지와 관련하여 심각한 문제들 중의 하나는 많은 청소년들이 총기를 범죄에 이용한다는 것이다. 한 해 동안 청소년 인구 100,000명당 151명이 불법 총기소지로 체포가 되었다. 한편 11개의 대도시에 거주하는 4,000명의 청소년들을 대상으로 한 설문조사에 의하면 그중 22%가 항상 총을 휴대한다고 답변하였다.[6] 이런 청소년들의 총기소지는 곧 그들의 살인행위와 연결된다. 청소년에 의해 자행된

---

5) https://ucr.fbi.gov/crime-in-the-u.s/2019/crime-in-the-u.s./2019/tables/expanded-homicide-data-table-8.xls

6) Larry Siegel & Joseph Senna, *Juvenile Delinquency*(St. Paul: West Publishing, 1997), p.41.

살인사건 중 62% 가량이 총기에 의한 것이었다.

2007년 4월 16일에 미국 버지니아 공대Virginia Tech에서 발생한 총기사건은 세계에 큰 충격을 주었다. 범인은 초등학교 때 부모를 따라 한국에서 미국으로 이민을 온 이 대학의 재학생인 조승희였다. 그는 교수와 학생을 포함하여 32명을 살해하고 29명을 부상시켰다. 그리고 자신은 자살을 하였다. 이 사건을 통하여 대학캠퍼스도 총기사고로부터 자유롭지 않다는 것을 알려주는 계기가 되었다. 뿐만 아니라, 이 사건은 미국 내에서 총기규제에 대한 논쟁을 다시 한 번 불러일으키는 계기가 되었다.

주마다 총기와 관련된 법이 조금씩 다르다. 그러나 1993년 미국 전 대통령 클린턴은 일명 "브래디 빌"Brady Bill을 통과시켜서 총기를 구입하기 전 5일 동안의 대기 기간을 두어 구입희망자의 전과기록과 정신이상 유무 등을 조사하도록 하였다. 또한 1994년에는 미국 하원이 돌격 소총assault rifles에 대한 판매금지법을 통과시켰다.[7] 그러나 이런 클린턴 행정부의 총기를 규제하려는 노력은 크게 성공하지는 못했다. 우선 미국정부가 총기를 규제하기 어려운 이유는 미국 수정헌법 제2조가 개인의 총기소지를 보장하고 있기 때문이다. 그 이외에도 전미총기협회National Rifle Association, NRA와 같은 압력단체의 거센 반발 때문이었다. 전미총기

출처: Larry Siegel & Joseph Senna, *Juvenile Delinquency*(St. Paul: West Publishing, 1997), p.41.

---

7) Charles Swanson, Leonard Territo & Robert Taylor, *op. cit.*, p.66.

협회는 총기 제작자, 판매상, 그리고 일반 총기애호가들이 중심이 되어 전국적으로 결성한 단체로서 그 영향력이 크다. 2024년 기준으로 전미총기협회는 전국적으로 380만 명의 회원을[8] 가지고 있으며 탄탄한 자금력을 바탕으로 총기소지의 자유를 위해 정치권에 강력한 영향력을 행사해 오고 있다. 한때 영화 "벤허"의 주인공역을 맡았었던 영화배우 출신인 찰튼 헤스톤Charlton Heston이 전미총기협회의 회장으로 재직하면서 정부의 총기규제 정책에 대항하여 대중홍보를 벌이기도 했었다.

미국 실정을 잘 모르는 사람은 정부가 총기의 제작과 배포를 원천적으로 차단하면 총기문제가 간단히 해결될 수 있지 않겠느냐고 생각할 수 있다. 그러나 그것은 그렇게 간단한 문제가 아니다. 정부에서 규제를 해도 암시장에서 총기가 얼마든지 유통될 가능성이 크기 때문이다. 오히려 정부가 총기를 규제하면 총기의 가격은 상당히 상승을 할 것이고 조직 폭력단은 수익성이 높은 총기매매를 더욱 활발히 할 것이기 때문이다.

제 2 절　미국의 법체계와 법원의 구조

미국의 경찰 제도를 제대로 이해하려면 미국의 법체계와 법원의 구조를 먼저 이해할 필요가 있다. 왜냐하면 경찰 제도도 법체계의 한 산물이기 때문이다. 미국은 한국과 같이 대륙법계의 영향을 받은 국가하고는 많이 다른 법체계를 가지고 있다. 이에 대해서 좀 더 자세히 논의해 보고자 한다.

I 법체계

법학자들은 세계의 법체계를 크게 독일과 프랑스를 중심으로 한 유럽의 대륙법계와 영국과 미국을 중심으로 한 해양법계(혹은 영미법계로 부름)로 구분한다. 한국은 일본을 통하여 대륙법체계를 수용하였다. 대륙법계와 영미법계의 가

---

8) https://thereload.com/nra-low-on-cash-headed-into-2024-as-directors-claim-further-loss-of-membership/

장 큰 차이점은 불문법, 그중 특히 판례의 지위이다. 대륙법계 국가에서는 판례가 추후의 재판을 직접적으로 구속하는 효과가 없다. 반면 영미법체계를 채택하고 있는 나라들에서는 법원의 결정이 판례법case law이 되어 후의 재판을 구속한다. 따라서 미국의 로스쿨 학생들은 각종 법전뿐만 아니라 판례를 많이 공부를 하여야 한다.

미국에서는 절차법인 형사소송법은 헌법, 법률, 그리고 법원의 판례가 중요한 근거가 된다. 미국 형사소송법의 원칙 중 가장 잘 알려진 것이 "적법절차"due process of law이다. 이 원칙은 개인의 자유와 권리를 중시하는 미국사람들의 법이념이 잘 드러난 것이다. 이것은 한 명의 무고한 사람을 범죄자로 잘못 처벌하는 것을 방지하는 것이 10명의 범인을 잡는 것보다 더 중요하다고 여기는 법이념에 바탕을 두고 있다. 따라서 피고인 측은 최종적으로 배심원으로부터 유죄의 평결verdict을 받기 전까지는 여러 가지 법적장치를 통해서 검사의 유죄주장에 항변을 할 수 있는 권리를 가지고 있다. 우선 피고인은 최종적으로 유죄의 평결을 받기 전까지 무죄로 추정을 받고, 변호사를 선임할 권리, 자신에게 불리한 진술을 거부할 권리, 그리고 대질 신문을 할 수 있는 권리 등이 보장된다. 이런 적법절차의 법원칙은 한국을 비롯한 많은 나라에 도입되었다.

실체법인 형법전은 각 주마다 그 내용에 있어 차이가 있다. 다시 말하면 어떤 행위를 범죄로 규정할 것인가와 그에 대한 처벌은 각주에 달려 있는 것이다. 따라서 사형제도의 채택여부도 각 주에 위임되어 있다. 또한 살인범을 포함한 대부분의 범죄자는 주법원에서 재판을 받고 주립 교정시설에 수용된다. 이렇게 주마다 형법전이 다를 뿐만 아니라 경찰, 법원, 그리고 교정제도 등의 형사사법제도도 차이가 있다.

■ 법원의 구조

미국의 법원은 크게 주법원과 연방법원으로 구분할 수 있다. 주법원이나 연방법원 모두 심리법원, 항소심법원, 그리고 최고 항소심법원 등의 3단계 구조로 되어 있다. 대부분의 사건은 주법원에서 심리를 한다.[9] 한편 범인의 연령에 따

---

9) Allan Farnsworth, *An Introduction to the Legal System of the United States* (New York: Oceana Publications, 1983), p.33.

라서 일반형사법원과 소년법원으로 구분이 된다. 그러나 정확한 소년범의 나이 기준은 각주의 법에 따라서 조금씩 차이가 난다.

1. 주 법 원

주마다 법원의 구조와 명칭이 다소 차이가 난다. 그렇기 때문에 모든 주의 사법제도를 한 번에 다 설명하기에는 어려움이 있다. 따라서 다음에서는 플로리다 주를 중심으로 주법원의 구조를 살펴보겠다. 제일 하층부에 심리법원trial courts으로서 "군법원"county courts과 "순회법원"circuit courts이 있다. 심리법원은 증거를 바탕으로 사실심리를 함으로써 유·무죄의 여부를 판단한다. 군법원은 각 군마다 하나씩 있다.10) 군법원은 주로 교통위반과 경범죄를 다루는 법원이다. 한편 순회법원은 현재 플로리다 주에 20개가 있다. 순회법원 판사는 해당지역 주민에 의해서 선거로 선출된다. 순회법원의 관할사건은 군법원 관할에 속하지 않는 중범죄felonies11), 군법원에서 항소한 사건, 청소년과 관련된 사건 등이다.

미국 심리법원의 또 하나의 중요한 특징은 배심원제도를 두고 있다는 것이다. 배심원에 의한 재판은 영미법체계를 가지고 있는 나라들의 오랜 전통으로서 피고인에게 동료시민에 의해서 유무죄의 판단을 받을 권리를 부여하고 있는 것이다. 미국 연방 헌법과 많은 주 헌법은 6개월 이하의 징역형에 해당하는 경미범죄petty offenses12)에 해당하는 행위를 저지른 사람을 제외하고는 심리법원에서 배심원에 의한 재판을 받을 권리를 인정하고 있다.13) 미국 시민권을 가진 사람은 누구나 배심원으로서 봉사할 의무와 동시에 권리가 주어진다. 배심원 재판에서 판사는 재판진행을 책임지고, 필요에 따라 수시로 배심원들에게 법률에 대한 조언을 한다. 또한 판사는 검사 측과 피고인 측이 제시한 증거물에 대한 채택 여부를 결정한다.

미국 재판과정의 또 다른 중요한 특징은 "플리바게닝"plea bargaining이 널리 활용된다는 점이다. 이것은 본격적으로 재판을 개시하기 전에 검사 측과 피고인 측 사이에 이루어지는 일종의 협상이다. 피고인 측이 선택할 수 있는 대표적인

---

10) 플로리다 주는 현재 67개 군이 있다.

11) 미국에서 "felonies" 범죄는 통상 1년 이상의 자유형에 해당하는 범죄를 말한다.

12) petty offenses는 보통 6개월 이하의 징역형에 해당하는 범죄를 말한다.

13) John Ferdico, *Criminal Procedure for the Criminal Justice Professional*(St. Paul: West Publishing, 1989), p.35.

것은 무죄신청not guilty plea과 유죄신청guilty plea이다. 무죄신청은 피고인이 자신이 무죄임을 주장하는 것이다. 이 경우 피고인의 유·무죄를 다투는 정식재판이 진행된다. 반면에 유죄신청은 피고인 측이 범행사실을 시인하여 유죄를 인정하는 것이다. 그러면 검사측이 실제 범죄행위보다 가벼운 죄목으로 형량을 낮추어 구형을 하게 된다. 이를 통해서 판사는 정식재판 없이 바로 형을 선고한다. 예를 들면 일급 살인을 저지른 피고인 측이 재판에서 무죄판결을 받기가 어렵다고 예상이 되면, 검사와 협상하여 한 단계 죄질이 낮은 이급 살인을 인정하는 것이다.

플리바게닝은 미국에서도 아직까지 논란이 되고 있는 문제이다. 왜냐하면 미국 전체 형사사건의 95% 이상이 유죄신청을 통해서 정식재판 없이 판사에게 바로 형을 선고받기 때문이다. 즉 판사가 정식재판의 과정이 없이 피고인의 유죄신청을 근거로 형벌을 바로 부과하고 있는 것이다. 하지만 검사 측과 피고인 측의 편리와 재판의 신속한 진행을 위해서 많이 이용이 되고 있다. 왜냐하면 전체 형사사건을 정식재판으로 취급하기에는 법원시설, 그리고 판사나 검사의 인력이 턱없이 부족하기 때문에 플리바겐닝을 통한 유죄신청을 법원이 받아 줄 수밖에 없기 때문이다.

한편 항소심법원은 범죄사실의 진위여부를 다루지 않는다. 그 이유는 사실관계에 대한 판단은 1심법원인 심리법원에서 이미 종결된 것으로 간주를 하기 때문이다. 항소가 받아들여지기 위해서는 심리법원에서 법을 잘못해서 적용을 하고 재판절차상에 문제가 있다는 사유를 제출하여야 항소심법원이 항소를 받아들인다. 한편 미국에서는 "이중위험금지원칙"protection against double jeopardy에 입각하여 검사 측에서는 항소를 할 수 없다. 즉 한번 배심원으로 부터 무죄평결을 받은 피고인은 다시 소추를 당하지 않을 권리가 있다. 이것은 한국과 미국의 형사절차상에 있어서 중요한 차이 중에 하나이다. 왜냐하면 한국에서는 피고인이 1심법원에서 무죄판결을 받아도 검사 측에서 상급법원에 항소를 할 수 있기 때문이다.

항소심법원appellate courts으로서 "지방항소심법원"District Courts of Appeal이 있다. 플로리다 주의 지방항소심법원은 현재 주의 수도인 탈라하시Tallahassee를 비롯해 5개 대도시 지역에 있다. 지방항소심법원은 심리법원에서 올라 온 사건을 세 명의 판사가 심사한다. 또한 지방항소심법원의 판결에 이의가 있는 피고인 측은 주대법원Florida Supreme Court이나 연방대법원United States Supreme Court에 다시 재심을 요구할 수 있다. 그러나 위의 두 법원들은 재심 요구를 거절할 수도 있다. 실제로는 주법원 관할 사건이 연방법원에 의해 재심을 받는 경우는 그리 많지 않다.14) 결국 주법원은 연방법원과 독립된 지위를 가지고 있는 것이다.

　미국에서 실제로 있었던 일화가 있다. 동유럽에서 여행 온 한 남자가 미국 버지니아Virginia 주에서 백인여성을 강간을 하고 살해한 사건이 발생하였다. 당시 미국 국무장관은 살해혐의를 받고 있는 청년의 모국으로부터 그 청년에 대한 송환요구를 받았다. 국무장관은 버지니아 주지사에게 외교상의 문제를 들어 그 청년을 본국으로 송환해 줄 것을 요청하였다. 그러나 주지사는 그 청년은 버지니아 주의 형법을 위반했기 때문에 주법원에서 재판을 받아야 한다고 주장하면서 국무장관의 요청을 거절하였다. 이것은 주정부가 연방정부로부터 상당한 사법적 독립성을 가지고 있음을 시사해 주는 것이다.

　플로리다 주에는 1개의 주대법원Supreme Court이 주의 수도인 탈라하시에 있다. 주대법원은 7명의 대법관이 있으며 5명 이상의 대법관이 구성되면 심리를 개시할 수 있다. 그리고 참석 대법관의 다수결로 판결을 내린다. 대법관이 되기 위해서는 플로리다 주에 거주하는 사람으로서 주에서 법률사무를 할 수 있도록 면허를 받은 법률가이어야 한다.15) 대법관은 사법임명위원회Judicial Nominating Commission의 추천을 받은 자들 중에서 주지사가 임명하도록 되어 있다. 주대법원은 하급법원으로부터 접수된 사건에 대해서 심리의 개시 여부를 결정할 수 있는 재량권이 주어져 있다. 그러나 사형선고를 받을 수 있는 사건과 주법이 무효가 될 수 있는 중요한 사건 등에 대해서는 심리가 의무화되어 있다.16)

2. 연방법원

　연방법원은 심리법원으로서 "지방법원"district courts과 항소심법원으로서 "항소심법원"court of appeals 그리고 "대법원"Supreme Court의 3중 구조로 편성되어 있다.

　주법원과 연방법원의 사건 관할권의 구분은 그렇게 명확한 기준이 없어 문

---

14) Sue Titus Reid, *Criminal Law*(New York: Macmillan, 1989), p.22.
　15) 특정 주에서 법률가가 되기 위해서는 해당 주에서 실시하는 변호사시험(Bar Examination)을 합격해야 한다. 달리 말하면 다른 주의 법률면허를 가지고 있는 사람은 법률가로서 일을 할 수가 없다.
　16) Supreme Court of Florida, *Supreme Court of Florida*(Tallahassee, Florida, 2000), pp.18~26.

제의 소지가 있다. 연방법원은 미국 연방 헌법과 법률에 의해서 정해진 범위 안에서만 권한을 행사할 수 있도록 되어 있으며 그것을 남용해서는 안 된다. 1995년에 오클라호마시Oklahoma City의 한 연방정부 건물에 대한 폭파테러를 자행했던 티모시 맥베이Timothy McVeigh는 연방법원에서 재판을 받았다. 그 이유는 그가 연방정부 건물에 대한 테러를 저질렀기 때문에 연방법원이 우선 관할권을 가졌기 때문이다. 그 이외에도 연방형법상 연방법원의 관할권을 인정하고 있는 범죄는 해상(海上)범죄, 여러 주들의 관할권이 중복되는 경우, 그리고 연방정부와 주법원의 관할권이 중복되는 경우 등이다.17) 그러나 실제로는 어떤 사건이 연방법원에서 재판이 개시되느냐의 여부는 연방검사의 판단에 달려 있다. 많은 경우 연방검사는 일반대중에게 잘 알려진 유명한 사건을 담당하려고 하는 경향이 있다.

출처 : Paul Cromwell & Ronald Del Carmen, Community-Based Corrections (Belmont, CA: Wadsworth Publishing, 1999), p.311.

미국의 법원

3. 소년법원

소년법원은 1899년 일리노이 주 쿡카운티에 최초로 설치되었고 이후에 대부분의 미국의 주와 문명화된 국가에서도 일반형사법원과는 다른 소년법원을

---

17) Allan Farnsworth, *op. cit.*, pp.33~40.

두고 있다. 소년법원이 존재하는 배경은 소년은 연령이 어리기 때문에 범죄에 대한 책임성이 약하다는 점과 국가가 소년범을 처벌하기보다는 부모로서 도와주는 역할을 해야 한다는 법이념 때문이다.

소년법원은 일반형사법원과는 달리 재판절차가 일반인에게 공개되지 않는다. 이것은 소년범의 신분을 보호하여 범죄자로써 낙인이 찍히는 것을 방지하기 위한 것이다. 이런 맥락에서 소년법원의 재판기록 또한 일반인들에게 공개하지 않는다. 그러나 살인, 강도, 그리고 강간을 비롯한 일정한 중범죄를 저지른 소년범은 성인범죄자로 취급을 받아 일반형사법원으로 이첩이 되는 경우가 많다. 일단 소년범이 일반형사법원으로 이첩이 되면 성인피고인과 마찬가지로 변호인의 조력을 받을 권리와 자기에게 불리한 진술을 거부할 권리를 가진다. 그리고 이렇게 죄질이 무거운 범죄를 저지르고 일반형사법원에 이첩이 된 소년범은 사형을 제외한 성인범죄자가 받을 수 있는 모든 형벌을 받을 수 있다.

Ⅲ 사형제도

미국은 선진국으로서는 드물게 사형제도를 유지하고 있고 실제로 집행을 하기도 한다. 물론 미국은 주별로 다른 법과 형사사법체계를 가지고 있기 때문에 사형제도의 존폐여부도 주에 따라 다르다. 2024년 기준으로 연방정부와 미군 이외에도 27개의 주들이 아직 사형제도를 유지하고 있다. 그러나 사형제도를 폐지하는 주가 점차 늘고 있다. 사형제도를 폐지한 주에서의 최고의 형벌은 가석방 없는 종신형이다life sentence without the possibility of parole. 가석방이 없는 종신형을 받은 죄수는 교도소 안에서 죽을 때까지 수형생활을 하게 된다.

사형제도를 두고 있는 주는 사형을 받을 수 있는 범죄들을 법으로 규정을 하고 있는 경우가 많다. 그래서 모든 살인범죄가 사형선고의 대상은 아니다. 앨라배마 주의 경우 강도, 강간, 무장 강도 등 중범죄felony offenses를 저지르는 과정에서 살인을 저지른 경우, 복수의 사람을 살해한 경우, 근무 중인 경찰관을 살해한 경우, 그리고 어린아이를 살해한 경우 등이다. 이것을 보통 Capital murder라고 한다.

Capital murder로 분류된 사건은 일반 형사사건과 다르게 취급된다. 예를 들면 주에 따라서 capital murder에 경험이 있는 변호사의 조력을 받을 권리,

그리고 복수의 변호사의 조력을 받을 권리를 가진다. 뿐만 아니라, 피고인 측의 의사에 관계없이 대법원까지 자동으로 상고가 된다. 사형수는 지정된 최고 보안수준의 교도소에 수감된다. 그리고 그런 교도소에는 사형집행을 할 수 있는 장소가 별도로 마련이 되어 있다. 사형집행 방법도 주마다 교수형, 전기의자, 그리고 총살 등 차이가 난다. 그러나 가장 많이 쓰는 방법은 독극물 주사lethal injection이다. 앨라배마 주에서는 독극물 주사를 맞은 사형수가 죽지 않고 깨어나는 사고가 일어났다. 그래서 2024년에 확실하게 사형집행을 할 수 있는 방법을 고안했는데, 그것은 질소가스nitrogen를 이용하는 것이다. 질소가스를 사형수에게 투입을 하여 몸 안에 있는 산소를 고갈시켜 즉각적으로 죽음에 이르게 하는 것이다. 2024년에 앨라배마 주는 두 명의 사형수를 질소가스를 이용해서 사형집행을 했다. 하지만 사형제도는 미국에서도 많은 논란이 있는 제도로서 앞으로는 사형제도를 폐지하는 주가 더 늘어날 전망이다.

제 3 절   미국 경찰의 역사

현재의 미국 경찰을 이해하기 위해서는 그 역사를 먼저 살펴 볼 필요가 있다. 미국 경찰의 역사는 우선 영국 경찰의 전통을 이어받았으며 미국개척 시대와 1960년대의 흑인민권운동 등을 겪으면서 지속적으로 변화해 왔다. 여기서는 그런 미국 경찰의 역사를 간략하게 살펴보도록 하겠다.

I 영국전통의 계승

미국 경찰제도는 영국전통을 이어받은 것이다.[18] 영국으로부터 물려받은 전통을 크게 두 가지로 구분할 수 있다. 첫째, 경찰관이 제한된 권한만을 가지고 있다는 것이다. 즉 경찰의 직무는 법에 의해서 철저히 규제된다. 그 이유는 앞에서도 언급한 것처럼 미국은 공공의 안녕과 질서 못지않게 개인의 자유와 인

---

18) David Johnson, *American History of Police Reform*(Lexington: Lexington Books, 1977), pp.1~8.

권을 존중하기 때문이다. 따라서 경찰의 직권남용을 막기 위한 여러 가지 법적·제도적 장치가 마련되어 있다. 이것은 공공질서를 우선시하는 독일을 비롯한 본토유럽과 대조되는 현상이다.[19] 둘째, 미국은 영국으로부터 지방자치 경찰제도를 물려받았다. 아마도 미국은 세계에서 가장 고도로 지방분권화가 된 경찰조직을 가지고 있는 나라일 것이다. 그래서 각 지방 경찰기관은 독자적인 인사권을 가지고 활동한다.

Ⅱ 식민지 개척 시대

식민지 개척 시대에 치안을 담당했던 사람들은 보안관the sheriff, 치안관the constable, 그리고 파수꾼the watch 등이었다. 그중 보안관은 각 주안에 있는 행정단위인 군county의 치안업무를 담당하였다. 하지만 식민지 개척시대 보안관은 치안뿐만 아니라 세금징수와 공공시설의 관리 등의 업무도 수행하였다. 치안관은 군county보다 더 작은 행정구역인 시city와 읍town의 치안과 기타 행정업무를 담당하였다. 한편 파수꾼은 지금의 경찰관과 유사한 사람으로 창설 초기에는 밤에 발생하는 화재와 범죄 등의 문제에 대해서 해결사 역할을 하였다.[20] 한편 흑인노예를 많이 가지고 있던 남부에서는 노예감시순찰단slave patrol이라는 것이 있었다. 흑인노예를 가지고 있던 백인주인들끼리 노예감시순찰단을 결성을 하여 도망가는 노예를 잡아서 주인에게 돌려주었다. 그 당시에는 백인이 흑인노예를 마음대로 체벌 즉 린치를 가하는 일이 많았다. 그도 그럴 것이 흑인은 단지 백인의 재산으로 간주되었기 때문이다. 이 당시의 경찰활동은 미약했던 것으로 알려지고 있다. 그 이유는 치안인력이 부족했으며 그들 사이에 부정부패가 만연했기 때문이었다. 그 결과 새로 개척된 도시들에서는 말 그대로 무법자들이 활개를 쳤고 힘만이 유일한 정의가 되는 지경에까지 이르렀다.[21]

---

19) Samuel Walker, *The Police in America: An Introduction*(New York: McGraw-Hill, 1983), p.2.

20) Samuel Walker, *op. cit.*, p.4

21) *Ibid.*, p.5.

Ⅲ 현대 경찰의 등장

1830년대와 1840년대에는 인플레이션과 실업 등의 사회문제가 급증하였다. 이로 인하여 폭동이 일어났다. 또한 여러 나라에서 이민자들이 밀려들어 오면서 그들끼리 자주 충돌하였다. 이런 치안수요의 증가에 따라 미국의 많은 대도시들에 현대적인 경찰이 등장하기 시작하였다. 필라델피아Philadelphia 시에서는 1833년에 25명의 주간근무자와 120명의 야간근무경찰을 편성하여 운영하기 시작하였다. 그리고 1870년까지는 미국의 대부분의 주요 도시들은 일정한 교육을 받은 후에 풀타임으로 일하는 직업경찰관을 고용하였다.

최초에 이들 경찰관들은 비무장으로 근무를 했으나 무장한 범인들과 맞서야 했기 때문에 점차로 무장을 하게 되었다. 이것은 비무장을 원칙으로 했던 영국 경찰과는 차이가 있는 것이다.22) 이 시대에도 경찰의 부정부패와 장비의 부족 문제는 여전히 남아 있었다. 경찰은 도박, 매춘, 그리고 불법 주류 판매를 눈감아 주는 대가로 뇌물을 받기도 했다. 또한 이 당시에는 아직 자동차가 발달되지 않았기 때문에 넓은 지역을 도보 순찰이나 기마 순찰을 하기에는 어려움이 많았다. 그 이외에도 통신장비가 제대로 발달되지 않아서 시민들이 경찰에 범죄를 신고하는 데 어려움이 있었을 뿐만 아니라, 경찰 상호간에도 의사소통에 지장이 많았다.23) 특히 새로이 개척되고 있는 서부와 남부 지역의 신도시들은 그야말로 무법이 난무하는 "와일드 웨스트"wild west시대가 계속이 되었다. 따라서 이런 새로운 개척지에서는 시민들이 스스로를 보호하기 위해 민간 치안조직을 창설을 하였다. 이들 조직들은 그 지역사회에서 존경받는 인물들에 의해서 결성되었다.24)

---

22) *Ibid.*, p.14.
23) *Ibid.*, pp.8~9.
24) William Doerner, *Introduction to Law Enforcement : An Insider's View*(Boston : Butterworth-Heinemann, 1998). p.13.

출처 : Samuel Walker, *The Police in America: An Introduction*(New York: Mcgrow–Hill, 1983), p.1.

미국의 초창기 경찰

Ⅳ 20세기 직업경찰제도의 확립

미국에서의 직업경찰제도Police Professionalism가 확립되기 시작한 것은 20세기로 접어들면서부터이다. 직업경찰제도의 확립에 중요한 역할을 했던 대표적인 인물이 오거스트 볼머August Vollmer이다. 그는 1905년부터 1932년까지 캘리포니아 California 주의 버클리Berkeley 시에서 경찰서장을 역임했다. 그의 가장 큰 업적은 경찰관의 학력수준을 높인 것이었다. 그는 자기 부하들에게 대학교육을 받도록 적극적으로 장려하였다. 또한 볼머는 1916년에 서부의 명문 대학 중 하나인 버클리 대학University of California at Berkeley에 미국 최초로 경찰학Police Science 과정을 개설하는 데 중요한 역할을 하였다.

볼머는 1931년에 미국 형사사법제도의 실태와 발전방향에 대한 연구를 담당했던 위커샘 위원회Wickersham Commission의 책임자 역할을 맡았다.[25) 위커샘 위원회의 보고서를 보면 당시의 경찰실태를 잘 알 수 있다. 그 보고서가 지적한 당시 경찰의 몇 가지 문제점들을 살펴보면 다음과 같다. 첫째, 경찰관이 용의자를

---

25) Gene Carte & Elaine Carte, *Police Reform in the United States: The Era of August Vollmer*(Berkeley: University of California Press, 1975).

수사하는 과정에서 물리적인 힘을 남용한다는 것이다. 경찰관은 자백을 얻어내기 위해 종종 고문도 이용을 하였다. 둘째, 정치적 부정부패가 경찰 안에 널리 퍼져 있었다. 이 당시에는 정치인을 도와주는 대가로 경찰직을 얻기도 하였다. 셋째, 경찰관의 자질이 낮았다. 경찰관 중에는 전과자도 많았다. 뿐만 아니라, 경찰관들 중에서 고등학교도 졸업을 하지 못한 경우가 많았다.

미국정부는 이 보고서를 통해서 당시 경찰의 실태를 정확히 알게 되었다. 이에 대한 대책으로 미국정부는 직업경찰제도의 확립을 추진했다. 이를 위해 다음과 같은 몇 가지 접근방법을 이용하였다. 첫째, 우선 신임 경찰관을 선발할 때에 범죄전과 조회 등 보다 엄격한 기준을 마련하였다. 둘째, 신임 경찰관에 대한 교육과 훈련을 강화하였다. 셋째, 무전기, 전화기, 그리고 자동차의 보급을 통하여 경찰관들끼리의 의사소통을 용이하게 하는 동시에 기동력을 높여 신속한 범죄대응이 가능하도록 하였다. 끝으로 엄격한 상명하복의 명령체계의 경찰조직을 구축하여 상관이 부하경찰관을 잘 감시하도록 하였다. 그리하여 일선 경찰의 뇌물수수와 시민에 대한 부당한 권력남용행위 등을 방지하도록 하였다.[26] 미국 정부는 이런 새로운 정책을 통해서 직업경찰제도를 정착시켜 나갔다. 이제 경찰활동에 있어 새로운 전기를 맞이하게 된 것이었다.

Ⅴ 1960년대 흑인인권 운동과 경찰의 위기

1960년대 미국사회는 큰 소용돌이 속에 휘말리게 되었다. 미국이 베트남전쟁에 참전하면서 많은 사상자가 발생하자 시민들은 거센 반전시위를 하게 되었다. 다른 한편으로는 인종차별에 대해서 흑인들이 마틴 루터 킹Martin Luther King 목사를 중심으로 해서 흑인인권운동을 벌였다. 특히 경찰과 관련해 크게 사회문제가 되었던 것은 경찰이 이런 흑인인권운동을 진압하는 과정에서 흑인들에 대한 가혹행위를 했다는 것이다. 이로 인해서 당시 흑인들은 경찰을 극도로 불신하게 되었다.

이런 사회혼란을 해결하고자 존슨Johnson 대통령은 1967년 "법집행과 사법행정에 대한 대통령 직속의 특별위원회"President's Commission on Law Enforcement and Administration of Justice를 구성하였다. 이 위원회의 가장 큰 관심사는 경찰과 흑인과의 관계를

---

26) William G. Doerner, *op. cit.*, pp.21~22.

개선하는 일이었다. 이 위원회가 제안한 해결방법은 좀 더 많은 시민들을 경찰 활동에 대한 자문역할에 참여하게 하는 것이었다. 따라서 시민과 경찰은 수시로 모임을 갖고 서로의 고충을 털어놓고 이야기하게 되었다. 또 다른 하나의 해결방법은 경찰관의 질을 높이는 일이었다. 경찰관의 질을 높이기 위해서 무엇보다 중요한 일은 그들의 교육수준을 높이는 일이었다. 정부는 대학교육을 받은 경찰관들이 소수인종을 좀 더 잘 이해하고 인권존중에 대한 의식이 높아서 경찰과 소수인종과의 충돌을 완화시킬 것으로 기대를 하였다. 우수한 자원을 경찰로 유인하기 위해서는 봉급의 인상과 근무조건 개선 등이 요구가 되었다.[27] 위 위원회는 각 경찰서가 적극적으로 대학졸업자들을 유인하여 경찰관으로 임명하였다. 한편 기존의 경찰관들에게 대학교육을 받도록 유도할 것을 경찰서에 권장하였다.

1969년에는 법집행지원 프로그램Law Enforcement Assistance Administration, LEAA이 시작되었다. 이 법집행지원 프로그램 중의 하나가 경찰관 교육지원 프로그램Law Enforcement Education Program, LEEP이었다. 정부는 이 프로그램을 통해 장래에 경찰관이 되기를 희망하는 대학생들에게 학비를 지원해주었다. 이런 결과로 미국의 많은 대학에 경찰관련 프로그램인 "형사사법"Criminal Justice 학과가 설치되기 시작했다. 한편 이를 통해서 기존에 형사사법 프로그램을 가지고 있던 대학들은 더욱 성장을 하는 계기가 되었다.

기존에 형사사법학과Criminal Justice 내지는 범죄학과Criminology가[28] 설치되어 있던 대학이나 이 당시 새로이 신설한 대학은 버클리대University of Berkely, 새너제이주립대San Jose State University, 미시간주립대Michigan State University, 매릴랜드대University of Maryland, 인디애나대Indiana University, 남가주대University of Southern California, 플로리다주립대Florida State University, 존제이 형사사법학대학John Jay College of Criminal Justice, 샘휴스톤주립대Sam Houston State University 그리고 뉴욕주 수니/알바니대SUNY/Albany School of Criminal Justice 등이다. 하지만 서부 명문대학 중의 하나인 버클리 대학의 프로그램은 내부의 갈등과 외부와의 정치적 갈등으로 인해 나중에(1975년) 폐과가 되었다.[29]

---

27) President's Commission on Law Enforcement and Administration, *Task Force Report: The Police*(Washington, D.C.: U.S. Government Printing Office), p.273.

28) 대부분 대학에서 학과 명칭은 형사사법학(Criminal Justice)으로 하고 있으나 플로리다주립대(Florida State University)와 같이 범죄학 및 형사사법학과(School of Criminology and Criminal Justice)로 하여 범죄학과 형사사법학을 함께 쓰고 있는 경우도 있다.

29) C. Ray Jeffery, *Criminology : An Interdisciplinary Approach*(New Jersey : Prentice- Hall, 1990), pp.10~11.

출처 : Larry Siegel and Joseph Senna, *op. cit.*, p.195.

미국의 경찰과 흑인시민과의 대치

Ⅵ 부정부패와 냅프 위원회Knapp Commission

1970년 초에 뉴욕경찰의 부정부패 사례가 뉴욕타임즈지New York Times에 크게 보도되는 사건이 발생하였다. 이 사건을 계기로 그동안 계속 되어왔던 경찰관의 비리와 부정이 사회적 문제로 다시 드러나게 되었다. 뉴욕타임지의 보도내용은 다음과 같다. 동료 경관이 자신의 불법 사실을 묵인해 달라며 $300을 건네주었다. 그 경관은 동료가 자신에게 뇌물을 준 사실을 상관에게 보고를 하였으나 그 상관은 그에 대해 특별한 조치를 취하지 않았다. 그 후 그 경관이 다른 부서로 전근을 갔는데 거기서도 또 다른 동료가 뇌물을 시민에게 받는 것을 목격을 하였다. 그 경관은 그의 상관에게 위의 사실을 보고했으나 역시 아무런 조치를 취하지 않았다. 이것은 경찰 비리가 경찰전체에 만연해 있다는 것을 반증하는 것이었다.

그 당시 뉴욕시장은 냅프 위원회Knapp Commission를 결성하여 뉴욕경찰관의 부정부패 실태를 조사하였다. 이 조사를 통해서 다수의 경찰관들이 도박사, 매춘부, 그리고 마약 판매상들에게 얼마간의 돈을 지속적으로 받은 사실이 드러났다. 또한 경찰관들은 받은 돈을 서로 나누어 가졌다. 이에 대한 대책으로서 각 경찰서 안에 감사과_{Internal Affair Unit}를 설치하여 경찰관과 관련된 부정부패를 조사하도록 하였다. 또한 부하 경찰관에 대한 감시와 통제를 강화하였으며 경찰관 선발에서 보다 엄격한 기준을 적용하였다.[30]

Ⅶ 허리케인 카트리나와 지방경찰의 한계

2005년 8월에 미국의 뉴올리언스_{New Orleans} 지역에 초강력 허리케인 카트리나_{Katrina}가 많은 피해를 남겼다. 이에 대한 후유증으로 이 지역 곳곳에서는 성폭행과 약탈이 자행되었고, 이에 대해서 뉴올리언스 지방경찰은 속수무책이었다. 지방경찰관들은 대부분은 자신들의 집과 가족도 큰 피해를 입어서 경찰관으로서의 임무를 수행하기 어려웠던 것이다. 뿐만 아니라, 경찰의 무선 송신탑이 허리케인으로 망가지고 전기가 들어오지 않아서 경찰관끼리의 무선교신도 제대로 하기가 어려웠다. 결국 연방정부는 FBI 등과 같은 연방법집행기관의 요원들을 대량 투입하여 겨우 질서를 잡을 수 있었다. 이 사건을 계기로 위와 같은 대형 자연재해에 대해서 지방, 주, 그리고 연방법집행기관들이 어떻게 효과적으로 상호협력을 할 것인지에 대한 연구를 하게 되었다.

제 4 절 경찰 조직

여기서는 미국 경찰조직의 개황을 먼저 알아보고 이어서 미국경찰조직의 특성을 소개하도록 하겠다. 그 다음에는 연방수사기관, 주경찰, 그리고 지방경찰 조직을 차례대로 살펴보도록 하겠다.

Ⅰ 개   황

미국 연방수사국 FBI_{Federal Bureau of Investigation}가 발행하는 연간 통계자료인 FBI

---

30) William G. Doerner, *op. cit.*, pp.28~29.

의 "유니폼 크라임 보고서"Uniform Crime Report, UCR에 따르면 2019년을 기준으로 전국에 약 13,247개의 시, 군, 주경찰, 그리고 연방 법집행 기관들이 있는 것으로 알려졌다. 하지만 미국 전역에 있는 경찰서들의 정확한 숫자를 파악하는 것은 극히 어려운 일이다. 그것은 미국이란 광활한 지역에 독립적으로 존재하는 수많은 경찰조직들을 정확하게 집계하는 것은 상당히 어렵기 때문이다. 따라서 일부 경찰전문가들은 FBI 통계보다 훨씬 더 많은 약 40,000개가 넘는 경찰기관들이 미국 전역에 존재할 것으로 추산하기도 한다. 이렇게 많은 독립된 경찰기관들이 있다는 것은 미국 경찰이 고도로 지방 분권화된 조직임을 시사하고 있다. 이 밖에 특별구역에도 경찰이 업무를 맡고 있는데, 그것들에는 대학경찰, 중·고등학교의 경찰, 그리고 공원경찰 등이 있다. 예를 들면 미국 대학에는 경찰이 조직되어서 캠퍼스 안에서 안전유지의 역할을 담당한다.

2019년을 기준으로 보면 연방, 주, 그리고 지방정부의 법집행기관에 1백만 명이 넘는 정규직full-time 직원들이 있다. 경찰관만 계산하면 전국에 70만 명 이상의 경찰관이 있어서 주민 1,000명당 평균 2.3명의 직업 경찰관이 있는 것으로 조사되었다. 이 이외에도 작은 경찰기관들은 임시직 및 겸임part-time경찰관을 고용하고 있다. 여성 경찰관은 전체 경찰관의 약 12.4% 가량을 차지하고 있다. 한편 민간인 직원은 30만 명 이상으로서 연방, 주, 그리고 지방의 경찰기관 직원의 약 30.0% 정도를 차지하고 있다.31)

Ⅱ 미국 경찰조직의 특징

미국 경찰 조직의 특징은 크게 세 가지로 설명할 수 있다. 첫째, 미국 경찰 조직은 고도로 지방분권화decentralized되어 있으며 그들 경찰기관들은 상호 독립적이라는 점이다. 아마도 미국은 세계에서 가장 고도로 지방분권화가 된 경찰 조직을 가지고 있을 것이다. 미국은 역사적으로 볼 때 한국과 같은 국가중앙집권식 경찰제도를 가진 역사가 단 한 번도 없었다. 대신 시와 군의 지방경찰서부터 자체적으로 형성이 되었다. 여기서 중요한 것은 시와 군에서 발생하는 범죄의 90% 이상을 해당 시나 군경찰이 수사를 한다는 점이다. 그래서 연방법집행기관이 수사를 하는 것은 오히려 예외적인 경우라고 볼 수 있다. FBI등 연방법

31) https://ucr.fbi.gov/crime-in-the-u.s/2019/crime-in-the-u.s.-2019/tables/table-74.

집행기관이 수사를 하는 경우에도 지방경찰의 도움을 받아서 하는 경우가 많다.

둘째, 미국은 다층의 경찰조직을 가지고 있다. 그 이유는 정부가 연방정부, 주정부, 그리고 시와 군을 포함한 지방정부로 복잡하게 구성되어 있기 때문이다. 그래서 연방수사기관, 주법집행기관, 그리고 지방(시 및 군)경찰로 구분할 수 있다. 그러나 미국경찰 조직은 한국과는 달리 국가중앙경찰청을 중심으로 일사불란한 명령체계를 가지고 있지 않다. 따라서 인사권은 각 지방경찰서에서 자체적으로 가지고 있으며, 수사에 있어서도 지방경찰이 독자적으로 수행한다. 끝으로 이런 여러 경찰과 법집행 기관들이 중복되는 지역 및 범죄수사의 관할권을 가지고 있다는 점이다. 예를 들면 지역에 따라서는 시경계선 안에 시경찰과 군경찰이 같이 순찰도 하고 수사를 하기도 한다. 또한 마약단속국DEA이 마약수사에 대한 관할권을 가지고 있지만 FBI 또한 마약범죄 관련 수사를 할 수도 있다. 이런 요인들 때문에 미국 경찰조직은 상당히 복잡하다. 따라서 미국 경찰조직을 체계적으로 설명하는 것은 쉬운 일이 아니다.

Ⅲ 법집행기관의 종류

이번에는 경찰을 연방수사기관, 주법집행기관, 그리고 지방경찰 등으로 나누어 보다 자세하게 살펴보고자 한다.

1. 연방수사기관

사실 미국에서는 연방수사기관에 "경찰"police이라는 명칭을 쓰지 않는다. 통상 경찰이라고 하면 지방경찰인 시경찰city police과 시보다 큰 행정단위인 군보안관sheriff을 가리키는 말이다. 따라서 엄격히 따져보면 연방경찰이라고 부르는 것보다 "연방법집행기관"federal law enforcement agencies 내지는 "연방수사기관"으로 부르는 것이 보다 타당하다. 하지만 연방수사기관도 법을 집행하는 기관이라는 점에서는 실질적으로 경찰과 같은 역할을 하고 있다.

연방수사기관들은 법무부Department of Justice, 국토안보부Department of Homeland Security, 그리고 재무부Department of Treasury 등 다양한 부에 존재를 하고 있다. 연방법집행기

관은 다 합쳐서 137,000명 이상의 특수요원special agents을 가지고 있는 것으로 알려졌다. 여기서 특수요원은 지방경찰로 말하면 경찰관에 해당한다고 볼 수 있다. 연방특수요원들은 일정한 교육 및 훈련을 마치고 범죄자들을 체포할 수 있는 권한이 주어진다.[32] 연방수사기관은 다음과 같은 것들이 있다. 가장 오랜 전통을 가지고 있는 연방수사국인 FBI 외에 미국 법무부Department of Justice 산하기관으로서 마약단속국Drug Enforcement Agency, DEA, 술·담배·총기 단속국Bureau of Alcohol, Tobacco and Firearms, ATF, 그리고 연방보안관U.S. Marshals Service 등이 있다. 한편 국토안전부Department of Homeland Security 산하 기관으로서 이민 및 세관국The Bureau of U.S. Immigration and Customs Service Enforcement 그리고 비밀국Secret Service이 있다. 끝으로 미국 재무부 산하의 기관으로 국세청Internal Revenue Service, IRS 등이 있다.

위에서 언급한 기관들을 간략히 소개하면 다음과 같다. FBI는 당시 국회의원들이 연방정부의 힘이 비대해지는 것을 우려해서 반대를 했음에도 불구하고 결국 1908년에 설립이 되었다. FBI는 에드가 후버Edgar Hoover 국장(1924~1972)의 리더십 아래 지속적으로 성장하면서 초창기에는 주로 은행 강도와 도난차량 수사에 초점을 맞추었다. 2024년 현재 FBI는 미국의 56개의 주요 도시에 지방사무소와 기타 중소도시에 400여개의 분소, 그리고 26개의 외국지국을 두고 있다. 또한 10,100여명의 특수요원special agents과 13,247여명의 민간인 직원 등 24,000여명의 직원을 두고 있는 방대한 조직이다.[33] FBI 국장은 대통령이 상원의 동의를 얻어 임명한다. 현재 FBI의 주요 활동은 연방범죄에 대한 수사, 대테러업무, 인권유린 행위에 대한 수사, 조직폭력, 어린이 유괴, 강력사건, 경제범죄, 그리고 각급 경찰에 대한 지원업무 등을 포함하고 있다. 따라서 현재 FBI의 수사 대상은 상당히 넓다. FBI가 중앙정보부Central Intelligence Agency, CIA와 다른 점은 CIA는 미국의 안전과 관련된 중요정보를 외국으로부터 수집하고 분석하는 것을 주요 업무로 하는 데 반해, FBI는 실질적인 범죄수사기관이라는 점이다. 여기서 한 가지 유의할 점은 FBI가 우리나라 중앙경찰청과는 달리 경찰을 총 지휘하는 기관이 아니라는 사실이다. 또한 FBI는 일 년에 한 번씩 지방 및 주 경찰기관으로부터 범죄발생정보를 수집하여 전국적인 범죄통계를 발행하고 있다. 이 범죄통계자료를 통해서 미국 전역의 각종범죄발생 추이를 알 수

---

32) https://bjs.ojp.gov/document/fleo20st.pdf.

33) https://www.justice.gov/archives/jm/organization-and-functions-manual-9-fbi-organ izational-structure-and-investigative-jurisdiction#:~:text=Organizational%20Structure%2 0and%20Budget:%20The,long%2Dterm%2C%20complex%20investigations.

있다.

FBI의 또 다른 중요한 기능은 지방경찰을 지원하는 것이다. FBI는 대형 과학수사연구원이 있어서 지방경찰이 기술이나 장비부족으로 하기 어려운 범죄증거에 대한 분석을 무료로 제공하고 있다. 이것은 FBI가 최첨단 장비와 인력을 가지고 있어서 가능하다. 참고로 FBI 과학수사연구소는 각 분야별로 박사급 직원들이 많이 배치되어 있다. 특히 FBI는 전과자들에 대한 DNA Combined DNA Index System, CODIS와 지문데이터베이스Integrated Automated Fingerprint Identification System, IAFIS를 구축해 놓고 있다. 즉 연방 및 지방 법집행기관들은 살인, 강간, 그리고 강도 등 흉악범죄를 저지른 범인의 지문과 DNA를 수집을 해서 FBI에 보내게 된다. 이를 바탕으로 연방 및 지방의 법집행기관들은 FBI DNA와 지문데이터베이스를 통해서 현재 수사 중인 사건에서 발견한 DNA와 지문을 비교분석을 해서 동일범의 소행인지를 파악할 수 있게 되는 것이다. 뿐만 아니라, FBI는 각 지역의 경찰관서에서 선발된 지방경찰관이 FBI 아카데미에서 일정기관 훈련을 받을 수 있는 기회를 제공하고 있다.

법무부 산하의 다른 법집행기관으로서 마약단속국DEA은 국내외의 불법마약의 제조와 유통의 규제와 단속을 주요 업무로 하고 있다.[34] 미국 내에서 유통이 되는 불법마약의 대부분은 남미에서 밀반입이 되기 때문에 미국정부는 마약단속국 특수요원들을 남미 여러 국가에 파견해서 현지 경찰과 공조 하에 단속활동을 하고 있다.

또한 상당수의 요원들이 미국 국경지역에서 불법마약의 밀반입을 단속하는 일을 하고 있다. 이런 일들은 지방경찰이 하기가 어려운 일들이다. 한편 술·담배·총기 단속국ATF은 불법적인 술, 담배, 총기류와 폭발물 단속을 전문으로 한다는 점에서 FBI와 차이가 있다. 끝으로 연방보안관U.S. Marshals Services은 연방법원의 경비와 연방 교도소 재소자의 이송, 그리고 중요한 증인의 보호 등을 담당한다.[35][36]

한편 국토안전부 산하에는 비밀국 및 이민 및 세관국 등이 있다. 비밀국Secret Service은 미국의 대통령과 부대통령에 대한 경호임무가 가장 중요하다. 그러나 비밀국은 위조지폐 단속, 신용카드사기, 컴퓨터 범죄, 그리고 기타 국가안전과

34) U.S. Drug Enforcement Administration, http://www.usdoj.gov/dea/pubs/factsheet/factsheet2002.html 참조.

35) U.S. Marshals Service, http://www.usdoj.gov/marshals/ 참조.

36) Federal Bureau of Investigation, http://www.fbi.gov/aboutus.htm 참조.

관련된 사건도 담당을 한다.[37] 그리고 이민 및 세관국은 이전에 있던 이민국 Immigration and Neutralization Services, INS과 세관국U.S. Customs Services을 2003년에 통합한 것이다. 이것은 2001년 9월 11월에 발생한 뉴욕에 대한 테러를 계기로 불법입국자에 대한 단속을 강화하기 위한 조치이다. 이를 위해 이민 및 세관국은 미국 국경, 공항, 그리고 항구 등을 통해 들어오는 불법입국자와 밀수 등을 단속한다.[38] 끝으로 국세청IRS은 미국 재무부US Department of Treasury 산하 기관으로 원래 세금징수가 주요 업무이지만 산하에 범죄수사국Criminal Investigation을 두어서 탈세와 경제사범에 대한 수사를 담당하고 있다.[39] 필요에 따라서 각 연방기관들이 서로 공동수사와 단속 작전을 펴기도 한다. 2001년 9월 11일 미국 동부에서 있었던 테러 당시에도 FBI의 주도하에 여러 연방기관들이 투입되어 수사를 벌인 것이 그 좋은 예이다.

2. 주 경 찰

각 주마다 보통 주립 법집행기관을 가지고 있다. 주경찰은 크게 두 가지로 구분할 수 있다. 한 가지는 주경찰이 주의 전체 지역에서 순찰활동과 수사활동 등 포괄적인 경찰활동을 하는 형태이다. 다른 하나는 주립고속도로 순찰대가 특정업무에 한하여 제한된 관할권을 가진 주립법집행기관을 둔 경우이다. 주에 따라서 전자의 형태를 가지고 있기도 하고 후자의 형태를 가지고 있기도 하다. 이 후자의 경우에 각 주마다 약간씩 다른 명칭, 조직, 그리고 임무를 가지고 있다. 많은 주에서는 두 개 이상의 주립법집행기관들을 가지고 있다.[40] 예를 들면 플로리다 주는 법집행부Department of Law Enforcement와 고속도로순찰대를 동시에 가지고 있다.

가장 먼저 시작된 주립 경찰은 1905년 펜실베이니아 주립경찰Pennsylvania State Constabulary이다. 펜실베이니아 주립경찰은 주 전역의 82%에 해당하는 시골지역에서 순찰과 일반범죄수사 등의 포괄적인 경찰활동을 한다. 펜실베이니아 경찰의

---

37) U.S. Secret Services, http://www.ustreas.gov/bureaus/index.html 참조.
38) U.S. Immigration and Customs Enforcement, http://www.ice.gov/about/index.htm 참조.
39) U.S. Internal Revenue Services, http://www.irs.gov/irs/display/0,,i1%3D46%26genericId%3D15024,00.html 참조.
40) Federal Bureau of Investigation, op. cit., http://www.fbi.gov/ucr/cius_00/00crime6.pdf

관할에 속하는 시골지역은 주 전체 인구에 26%가 거주하고 있다. 다만 대도시 지역은 별도의 경찰국을 두고 있어서 이런 지역에서는 시경찰국이 자체적으로 경찰활동을 한다. 주에 따라 차이가 많지만 주경찰은 범죄예방, 순찰, 교통단속, 범죄수사, 법의학 실험실의 운영, 그리고 시경찰의 위탁을 받아 경찰관의 교육훈련을 담당하기도 한다. 이처럼 주경찰의 형식으로 편성하고 있는 곳은 뉴욕주New York, 메릴랜드 주Maryland, 그리고 일리노이Illinois 주를 포함한 약 23개의 주에 달한다.

많은 주들이 주립고속도로순찰대State Highway Patrol를 두고 있다. 고속도로순찰대는 자신의 주지역에 있는 고속도로에서 주로 과속 등 교통단속을 펼치지만, 때로는 단순한 교통법규위반 이외의 범죄행위에 대해서도 수사 및 체포를 한다. 캘리포니아 주를 비롯하여 많은 주에서 고속도로순찰대를 운영하고 있다. 1970년대와 1980년대에 미국과 한국의 텔레비전에서 방송되었던 프로그램 중에 "칩스"CHPS란 것이 있었다. 이것은 캘리포니아 고속도로순찰대를 모델로 제작된 것이었다. 미국 정부는 주경찰기관이 지방경찰에 대한 통제를 확대할 것을 우려하여 주경찰의 규모와 활동 범위를 제한하고 있다.41) 따라서 실제적인 법집행기관은 다음에서 논의하게 될 지방경찰로서 그들이 치안유지 업무의 상당한 부분을 담당하고 있다.

각 주들은 위와 같은 일반경찰뿐만 아니라, 특수경찰을 두고 있다. 예를 들면 야생동물과 수중생물들을 보호하기 위해서 만들어진 게임 워든Game Warden은 불법적인 사냥이나 낚시를 단속한다. 일반적으로 시민들이 사냥과 낚시를 하기 위해서는 면허가 있어야 하며, 관계규정을 잘 지켜야 한다. 이런 규정을 위반할 경우에는 범칙금이 부과된다. 한편 앨라배마 주의 경우에는 술의 제조와 판매에 관련된 위법행위를 단속하는 주류단속국Alcoholic Beverage Control Board이 있다. 예를 들면 주류를 팔기 위해서는 일정한 면허가 있어야 하는데 주류단속국은 면허가 없이 주류를 판매하는 것을 단속한다. 그 이외에도 대학과 중고등학교에서 근무하는 경찰, 주정부청사 경비를 주업무로 하는 경찰, 그리고 지하철이나 공항의 안전을 전문적으로 담당하는 경찰 등 다양한 형태의 특별경찰들이 존재하고 있다.

---

41) Samuel Walker, *op. cit.*, pp.41~43.

3. 지방경찰

대부분의 치안업무는 지방경찰이 담당한다. 살인, 강도, 그리고 무장 강도 등 중요범죄도 거의 대부분이 지방경찰인 시경찰과 군보안관이 담당을 한다. 따라서 미국 전체 경찰예산의 상당부분(66.8%)이 지방경찰을 위해 사용되었다 ([도표 6-1] 참조). 또한 미국 총 경찰기관의 직원(임시직과 민간인 직원도 포함)들 중의 74.2% 가량이 지방경찰기관에서 근무하고 있다([도표 6-2] 참조). 지방경찰은 군보안관과 시경찰로 나눌 수 있다. 같은 시 경찰이라도 뉴욕과 같은 대도시 경찰과 시골의 경찰과는 그 규모와 활동 면에서 상당한 차이가 있다. 심지어 같은 대도시metropolitan city 경찰이라 하더라도 조직이나 운영 면에서 차이가 있는 경우가 많다.

6-1	미국 경찰 예산의 정부수준별 구성			(2010년, 단위: 천 달러)
	총 액	연방정부	주정부	지방정부(군과 시)
예 산	$123,678,671	$28,715,000	$12,376,317	$82,587,354
비율(%)	100%	23.2%	10%	66.8%

출처: U.S. Department of Justice, *Justice Expenditure and Employment in the United States*(Washington, D.C.: U.S. Government Printing Office, 2010), p.4.

6-2	미국의 민간인 포함 경찰직원의 각 정부수준별 구성			(2010년, 단위: 명)
	총인원	연방정부	주정부	지방정부(군과 시)
직원 수	1,127,375	182,573	108,740	836,062
비율(%)	100%	16.2%	9.6%	74.2%

출처: U.S. Department of Justice, *op. cit.*, p.4.

(1) 군보안관county sheriff

한 개의 주는 여러 행정구역들로 나누어지는데 그것이 "군"county이다. 군 안에 여러 시city들이 존재한다. 하지만 시카고Chicago와 같은 대도시의 경우는 시가한 군을 차지하는 경우도 더러 있다. 군은 주로 보안관sheriff 형식으로 경찰기관을 두고 있다. 이 보안관 제도는 미국의 독특한 제도로서 각주의 법으로써 그조직을 규정하고 있다. 이 군보안관 제도의 특징은 대부분의 주에서 군경찰의 최고책임자인 보안관은 해당 군 지역 주민의 선거를 통해 선출된다는 점이다. 현재 미국 전체 50개 주들 중에서 로즈 아일랜드Rhode Island와 하와이Hawaii의 2개 주만 제외하고 군보안관은 해당 지역주민에 의해서 직접 선출된다.42) 이것은 보안관은 지역주민에 의해서 직접 평가를 받고 그에 대해 책임을 진다는 것을 의미한다.

　보안관은 보조보안관deputy sheriff을 두어서 자신의 업무를 보좌하도록 하고 있는데 이들이 일종의 경찰관인 셈이다. 보안관은 선거로 선출되기 때문에 어느 정도 정부로부터 독립된 지위를 향유하고 있다. 그래서 보안관은 지역 주민의 요구에 민감하게 반응할 수밖에 없다. 농어촌지역의 치안은 주로 군보안관이 담당한다. 그 이유는 아주 작은 마을들은 자체적으로 경찰조직을 가지기에는 경제적 능력이 부족하기 때문에 군보안관이 대신 치안유지를 도와준다.43)

　한편 군보안관의 관할구역이 시경찰의 담당구역과 중복되는 경우도 자주 발생한다. 따라서 하나의 시에서 두 개의 각각 다른 경찰기관들이 활동하는 기이한 현상이 발생하기도 한다. 누가 사건을 담당하느냐는 사건 신고가 군보안관에게 접수되었는지 아니면 시경찰에게 되었는지에 따라 달라진다. 그러나 때로는 큰 사건인 경우에는 시경찰과 군보안관이 수사협조를 하기도 한다. 한편 군보안관county sheriff은 일반 치안 업무뿐만 아니라 군유치장county jails과 주법원county courts의 경비업무 등도 담당하는 경우가 많다.

(2) 시경찰city police

　시경찰은 치안유지에 아주 중요한 역할을 하고 있다. 시경찰관들은 실제로 크고 작은 도시들에서 순찰활동을 하면서 치안유지의 일선에 있는 사람들이다. 이들은 일반 범죄예방순찰, 교통단속, 그리고 범죄수사 등 폭넓은 활동을 벌이고 있다. 이들 경찰책임자(서장)는 보통 시장mayor에 의해서 임명되며 시장에 대해서만 책임을 진다. 따라서 시경찰서장은 군보안관county sheriff보다 그 지위가 덜 독립적이다. 아울러 시장은 시민들의 선거에 의해서 선출되기 때문에 보통 경찰서장의 운명은 시장의 정치생명과 함께 한다.44)

---

42) Charles Swanson, *op. cit.*, p.95.
43) Sue Titus Reid, *Criminal Justice*(New York: Macmillan, 1990), pp.144~149.
44) Sue Titus Reid, *op. cit.*, p.150.

4. 지방경찰의 구조

지방경찰의 구조는 각 경찰서마다 다르기 때문에 하나로 정형화하기는 어려우나, 대도시의 한 가상의 경찰서를 예로 들어 설명하는 것은 미국 경찰의 구조를 이해하는 데 도움이 될 것이다.

(1) 계 급

경찰서장police chief이나 군보안관county sheriff은 최고의 지방경찰 책임자이다. 그 바로 밑에는 부서장assistant police chief이나 부보안관assistant sheriff이 있다. 미국 경찰도 우리나라의 경찰과 마찬가지로 군대식의 계급제도를 도입하였다. 경찰은 대령colonel, 소령major, 대위captain, 소위lieutenant, 상사sergeant, 병장corporal, 그리고 순경officer or deputy 등과 같이 군대식 계급을 사용한다. 액면 그대로 환산한다면 미국의 대위가 우리나라의 경정, 소위가 경위, 그리고 상사가 경사에 해당한다고 볼 수 있다. 그러나 미국 경찰은 간부들도 처음에는 모두 순경부터 출발하는 점과 그들 계급에 상응하는 책임도를 고려해 볼 때 미국의 경위가 우리나라의 경감 내지는 경정 정도에 해당하는 지위를 가지고 있다고 본다. 미국 경찰은 이런 계급에 따른 명령체계chain of control를 형성하고 있다.

(2) 조직구조

[도표 6-3]은 한 가상 경찰서의 구조를 도식화한 것이다. 일상 경찰업무는 순찰을 담당하는 정복경찰과 범죄수사를 담당하는 사복형사들이 수행한다. 정복경찰은 방범순찰, 교통단속, 그리고 공항경비 등을 담당하고 있다. 한편 사복형사 팀은 범죄사건의 수사를 담당하고 있다. 미국경찰은 보통 사복경찰(형사)이 되려면 그 전에 일정한 기간 동안 정복경찰로서 순찰근무경험을 해야 한다. 경찰서마다 요구하는 것이 다르지만 짧게는 1년 길게는 10년 이상을 정복경찰로서 순찰근무를 해야 형사과에 지원할 수가 있다. 경찰서에 따라서는 살인범죄, 마약범죄, 그리고 청소년범죄 등의 전문 담당형사를 두고 있는 경우가 많다. 특히 대도시와 같이 청소년 갱youth gangs의 활동이 활발한 곳에서는 갱단범죄 전담형사를 편성해 두기도 한다.

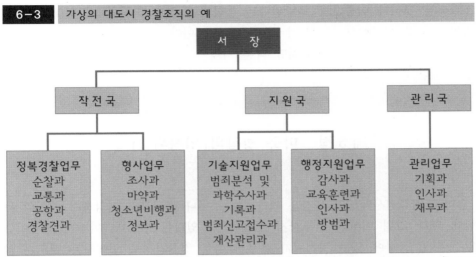

| 6-3 | 가상의 대도시 경찰조직의 예 |

출처: William G. Doerner & M. L. Dantzker, *Contemporary Police Organization and Management*(Boston: Butterworth & Heinemann, 1999), p.5.

한편 지원국을 두어서 기술적 또는 행정적으로 정·사복 경찰관을 도와주고 있다. 지원국은 범죄현장감식반과 각종 기록을 관리하는 곳도 있다. 또한 범죄에 대한 신고를 접수하는 부서도 있는데 이들은 보통 민간인 직원이 담당하는 경우가 많다. 행정지원 팀은 감사과Internal Affair Unit, 경찰관 교육훈련과, 그리고 인사과 등이 있다. 관리국은 경찰업무의 기획과 재무 등을 담당한다.45)

Ⅳ 경찰의 지방분권화에 따른 문제

위에서 살펴본 것처럼 미국 경찰조직은 고도로 지방분권화가 되어 있어서 지역특성에 맞는 경찰서비스를 제공할 수 있다는 큰 장점이 있다. 그러나 다음과 같은 몇 가지 문제점도 가지고 있다. 첫째, 한 범죄자가 여러 지역을 돌아다니며 범죄를 저지르고 도주한 경우에 각기 다른 경찰기관들끼리 수사공조에 어려움을 겪게 된다. 둘째, 관할구역이 서로 겹치는 경우가 발생하여 예방순찰과 범죄수사에 있어서 혼란이 생길 수 있다. 또한 시민의 입장에서 보면 치안에

45) William G. Doerner & M. L. Dantzter, *Contemporary Police Organization and Management*(Boston: Butterworth and Heinemann, 1999), pp.4~5.

소요되는 경비가 이중으로 부담된다는 불합리한 점도 지적할 수 있다. 끝으로 지역에 따라 법집행상 일관성이 결여된다는 점이다. 예를 들면 어느 지역 경찰은 매춘행위를 철저히 단속하지만 다른 지역에서는 매춘행위를 그냥 묵인해 줄 수도 있다.

제 5 절 미국 경찰의 인사와 교육

미국 경찰인사제도의 특징은 처음에는 누구나 순경부터 시작해서 개인의 능력에 따라 경위 이상의 간부까지 진급할 수 있다는 점이다. 따라서 한국이나 일부 다른 국가에 있는 것처럼 처음부터 바로 경찰간부로 입직하는 제도는 없다. 그래서 한국의 경찰대학과 같은 곳이 미국에는 존재하지 않으며, 경위 공개경쟁채용 시험제도도 존재하지 않는다. 또한 신임경찰관의 모집에 있어서 인종 및 성별에 의한 차별을 금지하는 법이 엄격하게 적용된다. 그 이외의 특징으로는 여성경찰관도 무장을 한 상태로 남성경찰관과 함께 외근업무를 수행한다는 것이다. 그리고 미국 경찰은 민간인 직원도 상당수 채용하고 있다는 것이 우리나라 경찰과 비교했을 때의 특징이다. 이와 같은 내용에 대해서 좀 더 자세히 알아보겠다.

I 신임경찰관 모집

신임경찰관 모집 과정은 일련의 여러 단계를 거쳐 진행된다. 경찰관 지원자가 이런 절차의 어느 한 단계에서 부적격 판정을 받으면 더 이상의 심사대상에서 제외된다. 여러 단계를 거치면서 경찰관 후보자의 수는 점차 줄어들기 때문에 최종 단계까지 살아남는 후보가 경찰관이 되는 것이다. 이런 "걸러내기"식 방법을 이용하는 것은 너무 많은 지원자들을 최종 단계까지 심사하는 데에는 많은 인적·물적 자원의 낭비가 발생하기 때문이다.

신임 경찰관 선발과정은 지원서의 접수와 함께 시작된다. 이어서 심리테스트, 체력검사, 신원조회, 거짓말탐지기를 이용한 조사, 면접, 그리고 건강검진 등의 절차를 거치게 된다. 그러나 이런 심사절차의 순서도 각 경찰서마다 다르다. 지원서심사 단계에서 심사관은 지원자가 주정부와 경찰서가 정한 일정한 요건을 갖추었는지를 심사하여 부적격자는 탈락을 시킨다. 우선 일정(보통 21세) 이상의 나이가 되어야 하고 미국시민권자이어야 한다. 또한 경찰관이 되기 위해서는 일반적으로 고등학교를 졸업했거나 그와 동등한 학력이 인정되어야 한다. 일부 경찰서는 대학졸업을 요구하는 경우도 있으나, 그런 경우는 그렇게 많지 않다.

다음 절차는 심리테스트로서 지원자가 건전한 심리상태를 가지고 있는지를 테스트한다. 많은 경찰서에서 "미네소타 성격검사"Minnesota Multiphase Personality Inventory, MMPI를 활용하고 있다. 체력검사는 다양한 방법이 이용이 된다. 가장 흔한 것은 일정한 횟수의 팔굽혀 펴기와 윗몸일으키기를 요구하는 것이다. 뿐만 아니라, 일정한 거리의 달리기도 포함이 된다. 때로는 실제 경찰의 임무수행 중에 필요할 수 있는 일정한 높이의 장애물 넘기 등의 체력검사가 포함되기도 한다.[46]

위와 같은 절차를 통과한 후보자에 대해서는 보다 정밀한 신원조사를 실시한다. 즉 이전 직장에서 특별한 문제가 없었는지의 여부, 전과기록의 여부, 교통위반 기록의 숫자, 그리고 부채를 많이 가지고 있는지 등을 점검한다. 부채가 지나치게 많은지를 조회하는 이유는 부채가 많은 사람이 경찰관이 되면 부채를 해결하기 위해서 뇌물수수의 유혹을 뿌리치기 힘들 수 있기 때문이다. 신원조회를 무사히 통과한 후보에 대해서는 소변이나 모발을 채취하여 금지된 마약을 복용하는지를 검사한다. 때로는 거짓말탐지기를 이용하여 전에 마약을 복용한 사실이 있는지를 지원자에게 물어 보고 거짓말 하는지를 조사하기도 한다. 이 단계까지 무사히 통과한 지원자는 대면 면접을 하게 된다. 이 때 면접관으로는 경찰 간부와 때로는 지역 민간인도 참석한다. 면접에 합격한 후보자들은 최종 단계로서 의사에 의한 건강진단을 받는다.[47] 옛날에는 일정한 키와 체중 등의 신체자격을 요구한 경우도 많았다. 그러나 이런 체격기준은 여성과 히스패닉 그리고 동양계 출신의 지원자들에게 불리하게 작용하여 지금은 많은 경찰서에서 이런 신체자격요건을 폐기한 사례가 많다.

미국 경찰은 신임 경찰관 채용에 있어서 "차별금지법"Affirmative Action을 엄격히 적용한다. 차별금지법은 인종과 성별을 이유로 고용이나 승진에 있어 어떤 인

---

46) William McCamey, Gene Scaramella, & Steven Cox, *op. cit.*, p.95.
47) William G. Doerner, 1999, *op. cit.*, pp.43~50.

사상의 불이익을 줄 수 없도록 규정한 법이다. 1964년에 제정된 인권에 관한 법률 제7조는 다음과 같이 규정을 하고 있다.

고용주가 개인의 인종, 피부색, 종교, 성별 또는 출신국적 등의 사유로 인하여 고용을 거부하거나 해임시키는 행위와 보수와 수당, 그리고 근무조건 등의 혜택에 차별을 두는 것은 불법이다. 또한 위와 같은 사유로 피고용인을 승진에 있어서 차별을 두거나 구직자에게 불이익을 주는 행위는 불법이다.[48]

근래에 소수 인종, 특히 흑인 경찰에 대한 수요가 증가하고 있다. 그것은 앞에서 언급한 바와 같이, 1960년대 흑인과 백인경찰간의 갈등이 있었기 때문에 흑백간의 갈등을 완화시키고자 흑인경찰을 많이 채용하였다. 한편 "차별금지법"을 통해 여성도 경찰로 입문할 수 있는 길이 확장되었다. 그리고 그들 대부분이 남성경찰관과 함께 외근업무를 담당하고 있다. 일부에서는 여성경찰관들의 신체적·체력적 열세로 인하여 제대로 외근업무를 감당하기 어려울 것이라고 우려하기도 한다. 그러나 여성경찰관도 남성 못지않게 훌륭하게 외근업무를 수행을 하고 있다는 연구 결과가 많이 나오고 있다. 여성경찰관이 폭력으로 이어질지 모르는 상황에서 상대방 시민과의 원활한 의사소통을 통해서 남성경찰관보다 유연하게 대처할 수 있다는 의견도 있다.[49]

차별금지법은 인종과 성별에 의한 차별을 방지하는 데 그 목적이 있다. 그러나 고용주가 일정 비율의 소수인종과 여성을 고용할 것을 정책으로 내세우는 경우 백인이나 남성에 대한 역차별이 생긴다고 비난하는 사람들도 있다. 동등한 능력이 있는 데도 불구하고 백인이나 남성이기 때문에 경찰이 되지 못하는 경우도 있을 수 있기 때문이다. 1979년 연방대법원은 이 인원할당제도(일명 쿼터제도)의 합법성을 인정했다.[50] 하지만 지금도 여전히 "차별금지법"에 대해 백인과 흑인 사이에 논란이 벌어지고 있다.

---

48) Edward Thibault, Lawrence Lynch & Bruce McBride, *Proactive Police Management* (Upper Saddle River, New Jersey: Prentice-Hall, 2001), pp.301~302.
49) L. J. Sherman, "A Psychological View of Women in Policing," Journal of Police Science and Administration, Vol. 1(1973), pp.383~394.
50) Edward Thibault, Lawrence Lynch, & Bruce McBride, *op. cit.*, pp.302~303.

Ⅱ 시 경찰의 신임경찰서장 선임과정

신임경찰서장은 보통 경찰서 내부와 외부에서 선임할 수 있다. 모집광고는 경찰 전문 출판물이나 지역의 신문을 통해서 많이 한다. 경찰서장의 자격은 부하를 통솔한 경험이 있는 경찰간부나 혹은 군간부 출신 중에서 선임하는 경우가 많다. 물론 일정한 경찰근무 경력을 요구한다. 신임 경찰서장에 임명되기 전에 경찰관리자로서의 능력을 알아보기 위한 필기시험도 흔히 이용되고 있다. 학력은 경찰서마다 다른데 어떤 경찰서는 최소학력이 고졸일 수도 있고 어떤 경우에는 석사학위를 요구할 수도 있다. 경우에 따라서는 FBI 아카데미에서 경찰교육을 받았을 것을 요구하기도 한다. 시 경찰의 임명은 시장이 시의회 의원의 동의를 얻어서 하는 경우가 많다.[51]

Ⅲ 경찰관 교육

전에도 기술한 것처럼 미국은 전국에 수많은 독립된 경찰서가 존재하고 신임경찰관을 모집하고 교육을 하는 방법도 제각각이다. 따라서 각주마다 경찰관이 되기 위한 일정한 기준을 마련할 필요성이 제기되었다. 그래서 만들어진 것이 "경찰관에 대한 기준과 훈련 위원회"Police Officer Standards and Training Commission, POST이다. 이 위원회는 신임경찰관이 되기 위한 최소한의 요건을 제시하고 재직기간 중에 필요한 훈련프로그램을 제시를 한다.

일단 위와 같은 선발과정에 의해서 합격한 사람은 일정한 기간 동안 경찰학교에서 교육을 받는다. 그 기간은 주마다 차이가 나는데 보통 짧으면 한 달 또 길면 6개월까지도 받기도 한다. 교육은 주로 순찰과 수사업무에 치중한다. 그 이외에도 순경후보생은 형법, 헌법, 체포에 관한 규정, 방어운전, 응급처치법, 교통통제 요령, 그리고 교통사고 조사 등 여러 분야에 걸쳐서 교육을 받는다. 또한 상당한 교육시간이 체력단련, 권총을 비롯한 각종 무기 사용법, 그리고 체

---

51) William McCamey, Gene Scaramella, & Steven Cox, *Comtemporary Municipal Policing* (Boston: Allyn and Bacon, 2003), pp.107~108.

포술 등에 할당이 된다. 후보생들은 이 교육과정을 다 이수하면 경찰자격증_{police} certification을 발급받는다.

미국 경찰은 경찰학교를 졸업한 이후에도 일정한 기간 동안 견습기간을 둔다(보통 1년에서 1년 반 정도). 이 기간 동안 한 명의 선배 경찰관이 신임경찰관과 동행하면서 각종 실무업무를 현장에서 지도한다. 이 선배경찰관을 현장지도경찰관Field Training Officer(FTO)이라고 부른다. 이 견습기간은 보통 세 단계로 나뉜다. 일 단계는 견습경찰관이 현장지도경찰관이 하는 것을 눈으로 보면서 배운다. 다음 단계에서는 현장지도경찰관의 지도아래 경찰관 업무를 수행한다. 그리고 마지막 삼단계에서는 견습경찰관이 현장지도경찰관의 도움이 없이 혼자 일을 처리하고 이를 바탕으로 현장지도경찰관이 견습경찰관에 대한 평가서를 작성한다. 이 평가서는 견습경찰관에 대한 정식경찰직 임용의 중요한 판단의 자료가 된다. 정식경찰관으로 임명이 되면 다른 동료의 도움이 없이 경찰관으로 활동할 수 있다. 반대로 견습기간을 통해 부적격자로 판정받은 견습경찰관은 정식경찰로 임용이 되지 않을 수도 있다. 일단 한 경찰서에 임용이 되면 다른 경찰서로 직장을 옮기는 것은 드문 일이다. 왜냐하면 다른 경찰서로 가면 그동안의 자신의 경력과 계급을 포기하고 처음부터 다시 시작해야 하는 경우가 많기 때문이다.[52]

기존의 경찰관도 정기적으로 재교육을 받는다. 예를 들면 플로리다 주는 경찰관은 4년마다 40시간의 교육을 받아서 경찰자격증을 재발급을 받을 것을 규정하고 있다. 전문분야에 따라서 특수 교육도 추가하고 있는데 그것은 레이더(스피드건) 사용법, 폭발물 해체, 그리고 경찰견훈련 등이 포함된다. 뿐만 아니라 각 경찰서는 경찰관에게 일반대학 위탁교육을 장려하기 위해서 학사학위를 받으면 월급을 $50 인상해 주기도 한다. 이 결과 많은 현직 경찰관들이 대학에서 수강하기 때문에 대학의 경찰관련 학과가 계속해서 성장하는 주요 원인이 되고 있다. 말하자면 경찰과 대학은 연못과 물고기의 관계와 비슷하다고 볼 수 있다.

IV 승 진

미국경찰도 승진이 어려운 편이다. 특히, 경찰의 구조도 군의 조직과 같이

---

52) Samuel Walker, *op. cit.*, pp.264~265.

피라미드 구조로 되어 있기 때문에 높은 계급으로 올라 갈수록 그 숫자가 급감해서 승진이 어려워진다. 미국경찰관의 승진심사는 몇 가지 영역으로 나뉜다. 우선은 특정계급으로 승진하기 위해서는 일정연도를 근무할 것이 요구된다. 그 이외에도 직무수행에 필요한 지식을 알아보기 위한 필기시험 및 구두시험이 흔히 포함된다. 그 다음은 직무평가이다. 직무평가는 크게 양적 평가와 질적 평가로 나눌 수 있다. 양적 평가에 포함되는 항목은 교통단속 중 교통위반자에게 발부한 티켓의 숫자와 체포한 범죄자의 숫자 등 계량화할 수 있는 요소이다. 반면에 질적 평가는 시민들의 경찰관의 복무태도에 대한 만족도 등을 들 수 있다. 이것은 시민들에 대한 설문조사를 통해서 얻을 수 있다. 그러나 이것은 상당히 주관적인 요소가 많아서 객관성을 얻기가 어렵다는 단점이 있다.[53] 그 다음 평가요소는 신체검사와 체력검정이다. 즉 경찰관이 직무를 수행하는데 지장을 주는 건강상의 문제가 있는지와 체력을 측정하는 것이다. 많은 경우에 경찰 간부들로 구성된 집단면접관에 의한 면접심사가 이루어진다. 이런 면접에서는 후보자가 상급계급으로 승진했을 때 감당할 수 있는 직무경력, 인성, 판단력, 그리고 리더십을 소유했는지를 종합적으로 심사를 한다.

V 경찰관의 보수와 혜택

미국 경찰관의 연봉은 도시별로 차이가 많이 난다. 그러나 중소도시에서는 초임 순경의 연봉은 대략 $40,000(원화 약 5천7백만 원)에서 $50,000(원화 약 7천만 원) 사이 정도로 보면 될 것이다. 한국의 공무원도 마찬가지이지만, 미국의 경찰공무원의 월급도 미국의 물가를 고려하면 결코 많은 것은 아니다. 경찰관에게는 여러 가지 부가급여 및 혜택이 주어진다. 경우에 따라서는 학력이 높은 경찰관에게 학력을 고려해서 연봉을 더 주는 경우도 있다. 예를 들면 학사학위를 받으면 기본급의 4%를, 또 석사학위를 받으면 기본급의 6% 정도를 인상을 해주는 경우가 있다. 야간이나 공휴일에 근무하면 야간근무수당과 공휴일근무수당을 별도로 주기도 한다. 또한 경찰서가 재정적으로 여유가 있으면 경찰관들이 대학에서 수업을 들으면, 경찰서에서 학비의 일부 또는 전액을 지원해준다. 뿐만 아니라, 유급휴가의 기회가 주어진다. Wisconsin주의 La Cross 시

53) William McCamey, Gene Scaramella, & Steven Cox, *op. cit.* pp.73~75.

경찰서를 예를 들면 다음과 같다. 처음 1년을 근무하면 한 주간의 유급휴가를 얻을 수 있고, 2년 이상 근무한 다음에는 두 주의 유급휴가를 얻을 수 있다. 즉 근무 연수가 늘어날수록 유급휴가를 받을 수 있는 기간이 늘어난다. 퇴직연금은 경찰관과 경찰서가 일정한 비율로 부담을 하고 퇴직 후에는 그것을 바탕으로 연금을 받게 된다. 기본적인 사망보험은 자신의 연봉에 해당하는 액수만큼 경찰서에서 자동으로 들어준다. 그러나 자신이 일정한 사망보험금을 평소에 정기적으로 지불하면 자신의 연봉의 세배의 액수까지 들 수가 있다.[54]

경찰관이 임무수행 중에 순직을 하면 연방정부는 "경찰관 보훈프로그램" Public Safety Officer Benefits Program을 통해서 $340,000(4억8천만 원 정도)을 배우자나 배우자가 없으면 자녀에게 준다. 주정부도 연방정부와 비슷한 프로그램이 있어서 플로리다주의 경우에는 순직한 경찰관에게 $150,000(2억 1천만 원 정도)을 지급한다. 뿐만 아니라, 주정부는 순직한 경찰관의 자녀들에게는 대학학비를 지원을 해준다. 그리고 주정부가 보험회사에 경찰관 생명보험을 들어 놓는 경우도 많아서 경찰관 순직 시에 유족들은 생명보험금을 받을 수도 있다. 경찰관이 순직을 하면 경찰서는 순직경찰관 연봉의 50%를 혹은 많게는 연봉전액을 배우자에게 준다. 그 이외에도 산업재해worker's compensation와 관련된 법에 의해서 보상을 받게 된다.[55]

Ⅵ 경찰기관의 민간인 직원

많은 경찰기관들이 민간인 직원을 고용하고 있다. 그 이유는 다음과 같이 크게 두 가지이다. 첫째, 민간인을 고용하면 정식 경찰관들을 교육훈련을 시키는 데 드는 시간과 비용을 절감할 수 있다. 둘째, 민간인들이 가지고 있는 전문지식과 기술을 전문 행정 분야에 이용할 수 있다는 점이다. 경찰은 민간인들을 회계, 재무, 컴퓨터, 범죄분석, 각종 기록과 문서관리, 그리고 시설물 관리 등 다양한 분야에 활용할 수 있다.[56] 1970년에는 미국 전체적으로 12%만이 민간

---

54) City of Lacrosse, *City of Lacrosse Police Officer-Fringe Benefits Summery*, 2011, http://www.cityoflacrosse.org/documentview.aspx?DID=130.

55) Kevin McCarthy, *Survivor's Pensions for Police Officers killed in the Line of Duty*, 2011, http://www.cga.ct.gob/2002/olrdata/lab/rpt/2002-R-0521.htm.

56) Charles Swanson, Leonard Territo & Robert Taylor, *op. cit.*, pp.321~322.

인 경찰서직원이었는데 2019년에는 30%가 넘었다.[57] 한편 어떤 경찰서에서는 민간인이 "지역사회경찰관"community officer이란 이름으로 외근업무를 하는 경우도 있지만 그들은 무장을 하지 않은 상태에서 주차단속의 업무만을 수행한다.

제 6 절 경찰활동

이번에는 미국 경찰활동의 특징, 유형, 재정수입, 순찰활동, 지역사회경찰활동, 그리고 장비 등에 대해서 알아보도록 하겠다.

I 경찰활동의 특징

미국 경찰은 적법절차의 원칙에 따라 개인의 자유와 인권을 최대한 보장할 수 있도록 개인의 삶에 불필요한 간섭을 피한다. 미국에서 개인의 자유가 존중될 수밖에 없는 이유는 일반시민의 법의식 수준이 상당히 높기 때문이다. 미국 시민은 법원이 발행한 영장 없이 수색, 압수, 그리고 체포할 수 없다는 것을 잘 알고 있다. 물론 한국처럼 긴급을 요하는 경우에는 영장 없이 긴급체포를 할 수 있고 사후에 법원 판사에 의해서 영장 없이 한 체포의 적법성에 대해서 심사를 받게 된다. 또한 미국 시민들은 개인의 권리가 침해를 받았을 경우에는 변호사를 선임해서 강력하게 법적 대응을 한다. 한편 법원은 범죄사실을 입증할 만한 결정적인 증거라고 하더라도 경찰이 적법절차의 원칙을 어기고 취득한 것이면 재판에서 그 증거능력이 인정되지 않는다. 예를 들면 경찰이 불법적으로 도청한 내용을 증거로 제출하더라도 그것은 무용지물이 된다. 이 적법절차의 원칙은 한국의 법에도 보장되어 있지만, 아직 한국국민들의 법의식 수준이 그리 높지 않아서 제대로 지켜지지 않는 경우가 많다.

위에서 논의한 것처럼, 미국 경찰은 개인의 자유를 존중하는 것을 가장 중요한 법이념으로 받아들이고 있다. 그러나 한편으로는 법을 위반한 자에 대해서는 상당히 강력하게 대응을 한다. 한국에서는 교통법규를 위반한 사람이 교

---

57) https://ucr.fbi.gov/crime-in-the-u.s/2019/crime-in-the-u.s.-2019/tables/table-74.

통경찰관과 티격태격 다투고 심지어는 경찰관의 멱살을 잡는 경우도 종종 목격하게 된다. 그러나 미국에서는 이런 장면은 보기 힘들다. 경찰은 공무집행을 방해하는 행위에는 총기로 위협을 하든 실제로 사용하든 물리적 힘을 과감하게 사용한다. 이것은 많은 민간인들이 총기를 소유하고 있어 경찰관들은 늘 신체적 위험에 노출되어 있기 때문이다.

Ⅱ 경찰 활동의 유형

미국 경찰의 활동유형을 크게 대도시와 농어촌지역으로 나누어서 고찰해 볼 필요가 있다. 같은 미국이라고 하더라도 대도시와 농어촌지역의 경찰서간에는 규모와 조직, 그리고 활동방식에 있어서 상당한 차이가 있다. 대도시 경찰국 metropolitan police은 인력과 장비의 규모가 크고 많은 부서를 두고 있다. 예를 들면 대도시 경찰은 조직폭력, 청소년비행, 마약, 폭발물처리, 그리고 경찰특공대 등 다양한 전문부서를 두고 있다. 대도시 경찰은 활동 면에서도 누구에게나 공평하고 엄격하게 법을 적용하려는 경향이 있다. 또한 대도시 지역 중에서도 범죄가 자주 발생하는 흑인거주지역 경찰들은 항상 긴장한 상태에서 근무한다. 이 흑인거주지역에서는 총기사고가 종종 발생하므로 경찰들이 방탄복을 착용하는 경우가 많다. 대도시 경찰은 시민을 대할 때도 농어촌지역 경찰에 비해서 법을 엄격하게 적용하는 경향이 있다. 그런 결과로 흑인주민들은 경찰관들이 고압적이라고 느끼며 심한 반감을 가지고 있다.

이에 반하여 농어촌지역의 치안은 대부분 군보안관이 맡고 있다. 농어촌 지역의 보안관은 대도시지역의 경찰에 비해 상대적으로 인력과 장비가 소규모이다. 농어촌지역은 주민의 수가 많지 않기 때문에 경찰관이 주민들을 잘 알고 있어서 친한 유대관계를 가지고 있는 경우가 많다. 또한 범죄 발생률도 대도시에 비하여 미미한 경우가 많다. 따라서 이 지역 경찰관들은 자신을 범죄와 싸우는 사람의 이미지인 "범죄와 싸우는 전사"crime-fighter로 보기보다는 지역주민에 대한 봉사자로 보는 경향이 있다. 따라서 농어촌지역 경찰관은 법을 획일적으로 적용하기보다는 범법자가 누구인가에 따라서 다소 융통성 있게 적용하게 된다. 예를 들면 속도위반을 한 운전자가 잘 아는 지역 노인인 경우에 이 지역 경찰은 범칙금을 부과하기보다는 운전을 조심하라고 당부하고 그냥 보내 줄 가능성이 높아진다.

　위와 같이 대도시와 농어촌지역의 두 가지 경찰활동 유형 중에서 어느 쪽이 더 바람직하다고 단정하기 힘들다. 그것은 위와 같이 대비되는 두 부류의 경찰활동은 모두 그 지역의 특성을 반영하는 것이기 때문이다. 한편 중간크기의 도시들은 위 두 지역의 특징이 조금씩 섞여 있다.

Ⅲ 재정수입

　미국 지방경찰의 제일 큰 재정수입원은 물론 지방정부로부터의 지원이다. 시 경찰의 경우에는 시의회city council의 승인을 얻어 시 예산의 일부를 사용한다. 그 이외의 예산충당방법은 주정부와 연방정부로부터의 보조금, 시민의 기부금, 과태료, 경찰서비스 사용료, 그리고 경찰세 부과 등이다. 주정부는 지방정부(군 및 시)에 대해서 재정적으로 지원해 줄 책임이 있다. 주의 허가 없이 지방정부가 경찰서를 설립할 수 없기 때문이다. 한편 연방정부로부터의 지원은 주로 "법집행지원프로그램"Law Enforcement Assistance Administration, LEAA을 통해서 이루어진다. 종종 지방경찰서는 연방정부에 범죄예방 프로그램에 대한 제안서를 제출하고 승인을 받아 그에 대한 예산을 지원받기도 한다.

　경찰은 위와 같은 방법이외에도 기타 여러 가지 방법으로 예산을 충당한다. 첫째, 때로는 경찰서가 지역주민을 대상으로 기부금 모금을 하는 경우도 있다. 이것은 주로 특별한 사안이나 프로그램에 대한 자금이 필요할 때 주로 이용한다. 그러나 때로는 꼭 그런 일이 없더라도 지역주민들에게 전화를 걸어 기부금을 요청하기도 한다. 본장의 필자(전돈수 교수: 편집자 주)도 미국에 거주하면서 여러 경찰기관들의 기부금요청을 받은 적이 있다. 둘째, 범죄자가 불법으로 취득한 물건 중 주인을 찾아 돌려줄 수 없는 경우에는 경찰이 몰수하여 경찰활동을 위한 자금으로 사용할 수 있도록 법이 보장하고 있다. 셋째, 경찰서비스 사용자에 대한 요금을 징수할 수 있다. 예를 들면 대학의 축구경기에는 많은 인파가 몰리기 때문에 여러 경찰서들에서 나온 경찰관들이 질서유지를 도와준다. 이런 경우에는 대학 측에서 각 경찰서에 일정한 경찰서비스 사용료를 지불한다. 넷째, 경찰은 시민이 경찰관련 문서나 증명서를 요청하면 일정한 수수료를 징수하기도 한다. 끝으로 간혹 경찰이 예산이 부족한 경우 해당 주민에게 경찰

세police tax를 부과하기도 한다.58)

Ⅳ 경찰의 수사권 독립

미국은 세계에서 경찰의 수사권독립을 가장 확실하게 보장하고 있는 나라 중에 하나일 것이다. 경찰은 수사에 있어서 검사에게 법률적인 문제에 대해서 조언을 받을 수는 있으나, 경찰은 수사의 개시부터 종결까지 검사의 지휘와 감독을 받지 않고 수사의 모든 단계를 독립적으로 처리한다. 그렇기 때문에 담당 수사경찰관이 영장전담판사에게 직접 체포영장과 수색영장을 신청한다. 수사가 종결이 되면 경찰은 수사와 관련된 모든 자료를 검사에게 넘긴다. 검사는 경찰로부터 넘겨받은 수사와 관련된 자료를 근거로 기소여부를 재량적으로 판단할 수 있다. 뿐만 아니라 검사는 법원에서 피고인의 유죄와 무죄를 다투는 데 있어서 여전히 중요한 역할을 한다.

Ⅴ 순찰활동

한 연구에 의하면 미국 경찰의 순찰은 90% 이상이 자동차에 의해서 이루어진다고 한다.59) 일부 공원이나 유원지 등에서는 자전거, 기마, 그리고 도보 순찰을 하기도 하지만 그것은 예외적인 것이다. 따라서 여기서는 자동차 순찰을 중심으로 설명하도록 하겠다. 보통 자동차순찰은 1인 단독 아니면 2인이 1개조가 된다. 2인 1조가 순찰하는 것은 업무수행이나 경찰관의 안전을 위해서 1인의 단독 순찰보다 장점이 많다. 그러나 그만큼 인력과 비용이 더 소요된다는 단점도 있다. 그래서 1인의 경찰관이 자동차 순찰을 하는 경우도 상당히 많다.

순찰방식에는 여러 가지가 있으나, 많이 사용되는 것은 난선순찰random patrol과 지정순찰directed patrol이다. 난선순찰은 미리 순찰루트를 정해 놓지 않고 경찰관이 임의대로 할당된 지역 안에서 순찰하는 것이다. 반면 지정순찰은 범죄가 자주 발생하는 취약지역에 집중적으로 하는 순찰이다. 어떤 순찰방법을 사용을 하던

---

58) Samuel Walker, *op. cit.*, pp.558~595.
59) Samuel Walker, *op. cit.*, p.107.

경찰관은 순찰을 돌다가 경찰서로부터 배치명령을 받으면 바로 현장으로 달려 간다. 경찰관은 현장에 도착해서 추가적으로 지원이 필요하면 경찰서에 연락한다. 단순한 교통위반의 경우가 아니면, 현장의 지휘는 보통 경사나 경위가 맡는다.

순찰중인 경찰관은 교통법규 위반자에 대해서도 단속한다. 미국 경찰차에는 속도위반을 측정할 수 있는 레이더 장치가 장착되어 있는 경우가 많다. 만약 순찰중인 경찰관이 규정 속도를 위반한 차량을 발견하면 그 차량의 뒤편에 순 찰차를 붙이고 순찰차 사이렌을 켜서 정지하라는 신호를 보낸다. 위반차량이 정차하면 경찰관은 위반차량 운전자에게 위반사실을 통보하고 자동차 등록증과 운전면허증을 제시할 것을 요구한다. 경찰관은 운전면허증과 자동차 등록증을 가지고 그 차량이 도난당한 차량인지와 운전자가 지명수배자인지 등을 조회한 다. 조회 방법은 무전으로 경찰서 직원과 교신을 하든지, 아니면 경찰차에 설치 된 컴퓨터 단말기(노트북)를 통해 그 차량에 대한 기록을 즉석에서 확인할 수 있다.

한편 음주운전의 예를 들어서 경찰의 순찰 중 단속활동을 설명하면 다음과 같다. 경찰관은 차량순찰 중에 음주운전으로 의심할 만한 차량을 포착하면 의 심차량을 정지시켜서 음주여부를 확인할 수 있는 권한이 있다. 음주운전에 대 한 합리적 의심reasonable suspicion의 사유로는 지그재그로 운전하는 것이 대표적인 것이라고 할 수 있다. 일반적으로 경찰관은 운전자에게 음주운전 여부를 물어 보고 운전자의 입에서 나는 술 냄새와 술에 취한 것으로 의심할 수 있는 비정 상적인 말투 등과 같이 상식적인 판단에 근거해서 음주여부를 판단한다. 그리 고 보통 추가적으로 음주운전을 확인하기 위해서 경찰관은 "현장음주운전측정 테스트"field sobriety test를 시행한다. 예를 들면 운전자를 차 밖으로 나오게 해서 똑 바로 걸어보게 하는 간단한 테스트를 해서 확인하는 것이다. 테스트를 통해서 음주운전 가능성이 높다고 판단이 되면 경찰관은 바로 운전자를 체포할 수 있 다. 앨라배마 주를 예로 들면 알콜호흡검사기alcohol breath analyzer나 혈중알콜농도의 측정 등은 음주운전을 사유로 한 체포나 추후 법원에서의 유죄입증에 꼭 필요 한 증거는 아니다.

이런 경찰의 교통단속과 관련하여 한 가지 문제가 있다. 미국에서는 법에 의하여 통신의 자유가 철저하게 보장되어 있다. 이로 인해 민간인이 경찰의 레 이더를 감지할 수 있는 장비raider detector의 사용이 허용된다. 따라서 차량운전자는 미리 경찰의 레이더를 감지하여 속도를 줄이기 때문에 경찰의 단속망을 교묘하게 피해 갈 수 있다. 이런 감지장치의 사용의 합법성은 주마다 다르다. 이것은 미국 경찰이 앞으로 해결해야 할 과제로 남아 있다.

끝으로 경찰관의 순찰활동의 근무교대 방법은 경찰서마다 다르나, 보통 매 8, 10, 또는 12시간 정도의 주기 중에 하나를 선택해서 교대를 한다. 예를 들면 만약 10시간 주기로 교대를 한다면 아침 7시부터 오후 5시까지 첫 번째 근무조가, 오후 3시부터 새벽 1시까지 두 번째 근무조가, 그리고 밤 9시부터 다음 날 아침 7시까지 세 번째 근무조가 투입되어서 한 경찰관 당 주당 4일 총 40시간을 일하게 된다. 12시간 주기를 선택한 경찰서에서는 아침 6시부터 저녁 6시까지 첫 번째 근무조가 그리고 저녁 6시부터 다음날 아침 6시까지 그 다음 조가 투입이 된다. 그래서 한 주는 3일 동안 36시간을 그리고 그 다음 주는 4일 48시간을 일하게 되는 것이 많이 쓰이는 방법이다.

경찰관들은 교대순찰에 투입되기 전에 직전의 교대 조에서 발생한 특이사항이라든지 지명 수배자에 대한 브리핑을 받게 된다. 범죄신고가 들어오면 경찰서 본부에서 근무하는 배치관dispatcher이 범죄현장에서 가장 가까운 곳에서 순찰하는 경찰관에게 연락을 해서 출동을 시킨다. 여기서 배치관은 보통 민간인 신분으로 경찰서에 근무하는 공무원이다. 한편 경찰서에는 경위급 정도가 상황실장으로 순찰 중에 일어나는 일을 지휘하고, 현장에서는 경사급이 순찰 중에 일어나는 일을 팀장으로서 지휘한다. 즉 범인이 도주 중에 있으면 경사가 각 경찰관들에게 검문검색을 할 위치를 지정해 준다.

Ⅵ 지역사회 경찰활동

위에서 살펴본 것과 같이 미국 경찰은 순찰활동의 대부분을 차량에 의존하고 있다. 차량순찰은 미국과 같이 광범위한 지역을 기동성 있게 순찰하는 데에는 많은 도움이 되었다. 그러나 경찰관이 차량 위주로 순찰을 하다가 보니 지역주민들과 직접 접촉하여 긴밀한 유대관계를 형성하지 못했다. 그 결과 경찰은 지역주민들의 문제를 해결해 주는 데에는 많이 부족했다는 반성이 일기 시작하였다. 따라서 연방정부에서는 많은 예산을 들여서 소위 "지역사회경찰활동"Community Policing, COP을 각 지방경찰이 도입하도록 지원하였다. 그런 차원에서 지역사회경찰활동을 모토로 도보순찰의 중요성이 새롭게 부각되었다. 한편 많은 예산은 경찰관이 대학교육을 받는 것을 지원하는 데 사용되었다. 그 이유는 대학교육을 받은 경찰관이 주민들과 보다 원만한 유대관계를 유지할 것으로 보았기 때문이다.

지역사회경찰활동은 경찰과 지역사회와의 유대관계를 통한 지역현안 문제의 해결을 중요시한다. 따라서 경찰은 수시로 지역의 교회목사나 주민단체 등과 자주 만나서 그들의 의견을 듣는다. 그것은 범죄를 경찰뿐만 아니라 지역사회가 함께 풀어야 할 문제로 인식하기 때문이다. 다시 말하면 지역사회경찰활동은 경찰의 임무를 단순히 범죄와 싸우는 차원을 넘어서 지역주민의 여러 가지 애로사항을 해결해 주는 것으로 보고 있다. 이것을 "문제 지향적 경찰활동" Problem - Oriented Policing이라고 부르기도 한다. 따라서 경찰은 꼭 범죄가 아니더라도 지역주민이 요구하는 문제의 해결은 적극적으로 도와준다는 것이다. 이것은 경찰이 일종의 사회복지사와 비슷한 임무도 수행하는 셈이 된다. 따라서 이 지역사회경찰활동을 시범적으로 도입한 일부 미국의 경찰서는 한국과 같이 일종의 파출소를 두고 지역주민과 더 가까운 유대관계를 형성하려고 한다.[60]

전통적인 경찰활동은 이미 범죄가 발생한 뒤에 이에 대응하는 방식이 주를 이루었다. 그러나 지역사회경찰활동은 예방에 초점을 맞춘다. 이것을 "예방위주의 경찰활동"Proactive Policing이라고 한다. 범죄의 피해가 이미 발생한 다음에 조치하는 것은 효과적인 것이 아니기 때문이다. 지역사회경찰활동은 대도시 경찰을 마치 농어촌 지역의 경찰처럼 변화시키기 위한 노력이라고 볼 수 있다. 경찰과 지역주민과의 친밀한 유대관계를 바탕으로 범죄뿐만 아니라 여러 가지 지역의 문제를 해결한다는 것이다. 그렇기 때문에 지역사회경찰활동은 경찰의 철학과 구조 그리고 활동방식의 대대적인 변화를 요구하는 것이다.[61]

경찰내부에서는 지역사회경찰활동에 대해서 다소 냉소적으로 보는 시각도 있다. 왜냐하면 지역사회경찰활동이 시행이 되어 도보순찰을 하게 되면 경찰관은 여러 가지 어려움에 직면하게 되기 때문이다. 경찰관은 도보순찰 중에 추위나 더위 등의 열악한 기후 속에 그대로 노출이 된다. 또한 도보순찰에 의존을 하면 경찰의 기동성도 상당히 떨어지게 된다. 도보순찰은 공원이나 군중이 많

---

60) Ronald Hunter, Pamela Mayhall & Thomas Barker, *Police -Community Relations and the Administration of Justice*(New Jersey: Prentice -Hall, 2000), pp.67~68.

61) Mark Moore, *Problem -Solving and Community Policing in Modern Policing* (ed.), M. Tonry and N. Morris(Chicago: University of Chicago Press, 1992), pp.99~ 158.

출처: *Ibid.*, p.25.

미국 경찰의 지역사회 활동

이 모이는 장소에서는 효과적일지는 모르지만 그 이외의 지역에서는 큰 효과를 기대하기는 어렵다. 미국 경찰재단은 경찰이 도보순찰을 시작한 지 5년이 지난 지역에서의 범죄발생률에 대한 변화를 조사하였다. 그 결과 도보순찰이 범죄발생률을 줄이는 효과가 없다고 한다. 단지 주민들의 범죄에 대한 공포심을 줄이는 효과는 일부 있는 것으로 알려졌다.[62]

많은 경찰서에서 지역사회경찰활동을 도입하고 있다고 표방하고 있지만 실제로 그 실태를 보면 제대로 시행하고 있지 않은 곳이 많다. 그 이유는 다음과 같은 것들이 있다. 첫째, 지역사회경찰활동의 개념이 애매모호하고 그 실현방법이 명확하지 않다는 점이다. 다시 말하면 지역사회경찰활동이 구체적으로 어떤 것을 의미하는지에 대한 명확한 답이 없다. 둘째, 지역사회경찰활동은 경찰의 임무를 단순히 범죄를 예방을 하고 단속하는 차원이 아니라, 여러 가지 지역문제의 해결로 봄으로써 경찰관들에게 그들의 임무에 대해서 혼란을 불러 일으켰다. 이는 경찰관에게 사회복지사로서의 역할까지 요구하는 데 따르는 문제점이다. 마지막으로 지역사회경찰활동은 비용이 많이 든다는 부담도 따른다. 휴스턴 Houston 경찰서는 관내 20개 지역에 지역사회경찰활동을 시범적으로 도입하였다.

---

62) James Q. Wilson & George L. Kelling, *Broken Windows: The Police and Neighborhood Safety*, in Community Policing, edited by Willard Oliver(London: Prentice – Hall, 2000), p.3.

6-4	전통적인 경찰활동과 지역사회 경찰활동의 비교: 질문과 답	
질 문	전통적인 경찰활동	지역사회 경찰활동
경찰은 누구인가?	법집행을 담당하는 정부기관	경찰관은 모든 시민에 대해서 항시 주의집중하기 위해서 월급을 받는 사람
경찰과 다른 공공기관과의 관계는?	업무에 있어 우선권은 자주 충돌	경찰은 시민의 삶의 질을 향상 시킬 의무가 있는 정부기관 중의 하나임
경찰의 역할은?	범죄문제 해결이 우선	범죄뿐만 아니라, 보다 넓은 문제해결사로서의 역할
경찰활동의 주된 목적?	범죄 발견과 범인 검거	범죄와 무질서의 타파
무엇이 최우선 해결범죄?	피해액인 큰 재산범죄와 강력범죄	무슨 문제이건 간에 지역사회가 가장 최우선적으로 해결해야 한다고 보는 것
무엇을 경찰이 다룰 것인가?	범죄사건	시민이 제기하는 우려사항
경찰의 효과성 판단 기준은?	범죄 신고에 대한 경찰관 대응시간(response times)	시민과의 협력
경찰의 시민전화에 대한 인식?	경찰이 필요한 일인가를 심사 후 결정	시민전화는 시민과 유대관계를 증진시킬 수 있는 기회
무엇이 직업경찰제도 (police professionalism)?	중범죄에 대한 빠르고 효과적인 대응	지역사회와의 긴밀한 유대관계 유지
어떤 정보가 가장 중요한가?	범죄에 대한 정보(Crime Intelligence)	범죄인에 대한 정보(Criminal Intelligence)
경찰책임의 본질은?	상명하복의 명령체계를 바탕으로 법률과 규칙에 따르는 활동	지역사회의 필요에 적절히 대응
경찰본부의 역할은?	필요한 규칙과 정책 제공	조직의 가치를 일선 경찰관에게 교육
대언론반의 책임은?	일선 경찰을 기자들로부터 해방시켜 본연의 업무에 집중하도록 도와줌	지역사회와 적절히 의사소통하는 채널로 활용

출처: Ronald Hunter, Pamela Mayhall, and Thomas Barker, *Police-Community Relations and the Administration of Justice* (Upper Saddle River, New Jersey: Prentice-Hall, 2000), p.64.

그러나 휴스턴 경찰서는 그 시범사업으로 1년 동안 자그마치 2억5천불의 비용을 소모하고도 큰 효과를 보지 못했다. 이런 문제들 때문에 미국에서 지역사회 경찰활동이 제대로 정착되기에는 다소 여러 가지 어려움이 있다.

Ⅶ 장비와 기술

다음은 미국경찰의 장비와 기술에 대해서 살펴보겠다.

1. 경찰관 긴급배치 장비

미국경찰은 시민으로부터의 범죄신고 접수단계부터 첨단장비를 사용하고 있다. 범죄 신고가 유선전화를 통해 접수된 경우에 경찰은 '전화번호자동인식장치'Automatic Identification Number, AIN를 통해서 전화를 건 상대방의 전화번호를 바로 알수 있다. 그 번호가 바로 컴퓨터 화면에 뜨기 때문이다. 뿐만 아니라, 경찰은 신고자의 주소까지도 자동으로 알 수 있다. 그것은 경찰이 특정 전화번호와 관련된 주소를 전화번호부 책을 통해서 미리 입력시켜 놓았기 때문에 가능하다. 이 기술은 '자동위치정보장치'Automatic Location Information, ALI라고 한다. 만약 상대방이 휴대폰으로 신고를 한 경우에는 유선전화처럼 아주 정확한 위치를 찍어내기는 힘들지만, 다양한 방법으로 그 발신 위치를 추적할 수 있다. 그래서 미국연방정부는 휴대폰 제조업체들에게 특수한 장비를 내장하도록 규정하고 있다. 경찰은 그 특수 장비를 통해서 휴대폰 발신자의 위치를 파악할 수 있다. 그중에 하나는 휴대폰에 GPS를 장착한 것이다.

미국경찰관 긴급배치 장비의 또 다른 특징은 경찰서의 직원과 순찰경찰관이 컴퓨터를 통해서 연락을 주고받는 기술이 발달되어 있다는 것이다. 이것을 '컴퓨터를 통한 배치'Computer-Aided Dispatch, CAD라고 한다. 경찰서 본부에 있는 직원은 시민으로부터 범죄 신고가 접수가 되면 우선 사건현장에서 가장 가까운 곳에 있는 경찰관이 누구인지를 컴퓨터 모니터를 통해서 알 수 있다. 이것은 순찰차에 장착된 '순찰차위치자동추적장치'Automatic Vehicle Locator, AVL에 의해서 가능하다. 이 자동장비는 수시로 순찰차의 위치를 경찰서 본부에 알려준다. 이것을 통해서 경찰서의 직원은 어느 경찰관이 어느 지역을 순찰하고 있는지를 컴퓨터를 통해서 항시 파악하고 있는 것이다. 이것은 마치 공항의 관제소에서 비행기들의 현재 위치를 알 수 있는 것과 같은 효과가 있다. 그 이외에도 경찰서는 '교통정보장치'Intelligent Transportation Systems, ITSs를 통해서 시내의 교통상황을 파악을 해서 출동하는 경찰관에게 차량소통이 원활한 도로를 알려준다. 이 '교통정보장치'는 주요 교차로에 설치된 CCTV를 통해서 실시간으로 시내의 교통상황을 경찰서의 직원에게 알려주는 것이다. 그렇기 때문에 이 '교통정보장치'는 경찰관이 현장에 보다 신속히 도착하도록 도와준다.

2. 수배자 확인 장비

순찰중인 미국경찰관은 무전뿐만 아니라, 컴퓨터 단말기(노트북 컴퓨터)를 통해서 수배자와 도난 차량을 확인한다. 즉 용의차량의 번호판과 운전자의 운전면허번호driver's license number를 노트북을 통해서 입력시키면 수배자인지와 수배차량인지의 여부를 실시간으로 확인할 수 있다. '운전면허데이터베이스'Driver's License Database는 운전자의 사진을 포함하여 그의 과

휴대용 무선지문자동감식장치

거의 교통법규 위반내용과 같은 정보를 포함하고 있다. 뿐만 아니라, 순찰경찰관은 즉석에서 FBI가 운용하는 '국가범죄정보센터'National Crime Information Center, NCIC의 데이터베이스와 연결하여 운전자가 수배자인지의 여부를 확인할 수 있다. 만약 위와 같은 방법으로 확인할 수 없는 경우에는 '휴대용 무선지문 자동감식장치' Portable Wireless Fingerprint Identification System를 통해서 운전자가 수배자인지의 여부를 확인할 수 있다. 이것은 용의자가 이 장비에 손가락을 대면 전자장비가 지문을 스캔한다. 그러면 경찰관은 순찰차 안의 노트북컴퓨터를 통해서 이 지문 자료를 FBI의 '국가범죄정보센터'가 가지고 있는 '범죄자자동지문데이터베이스'Automatic Fingerprint Identification System, AFIS와 연결해서 비교하게 된다. 하지만 이런 휴대용 지문인식방법은 아직까지 대량적으로 보급되지는 않았다.

또 한 가지 범죄수사와 관련하여 중요한 것이 있다. 그것은 FBI의 강력범죄자와 실종자들에 대한 DNA데이터베이스, 즉 'Combined DNA Information System CODIS'이다. 현재 FBI는 5백만 명 이상의 DNA지문 자료를 가지고 있는 것으로

알려졌다. 한편 이와 비슷한 방법으로 현장에서 용의자로부터 채취한 지문을 FBI의 데이터베이스의 자료와 자동으로 비교분석하도록 한 것이다.

수배자 확인과 관련하여 또 한 가지 관심을 가질 수 있는 것이 있다. 그것은 CCTV로 촬영한 영상의 질을 개선하는 기술이다. 경찰은 CCTV로 촬영된 내용물을 통해서 용의자의 얼굴이나 용의차량의 번호판을 정확하게 식별하기 어려운 경우가 있다. 그래서 미국은 연방정부 차원에서 이에 대한 연구를 활발히 진행하고 있다. 그중에서 현재 실용화되고 있는 소프트웨어는 'Restoretool'이다. 현재 한국도 국립과학수사연구소와 한국과학기술원KAIST 등에서 이와 비슷한 영상향상기법을 사용하고 있는 것으로 알려져 있다.

미국경찰의 컴퓨터를 통한 긴급배치와 순찰차 안의 컴퓨터통신장비

3. 순찰차 장비

미국경찰의 순찰차에는 위에서 소개한 컴퓨터 단말기 이외에도 대쉬카메라dash camera와 스피드 건 등이 있다. 대쉬카메라는 순찰 중에 일어나는 중요한 사건들을 촬영한다. 그리고 그 영상자료들은 순찰차 컴퓨터에 저장이 된다. 그러나 경찰관이 24시간 상시 촬영하기에는 컴퓨터 메모리가 부족하다. 따라서 많은 경찰서들은 순찰경찰관이 교통위반자나 용의차량을 정차시킬 때에 한해서 촬영에 들어가도록 의무화한 경우가 많다. 경찰은 이런 영상자료를 통하여 교통단속과 기타 순찰 중에 일어나는 실제 상황을 법정에서 증거로 활용할 수 있다. 뿐만 아니라, 시민들이 무고한 경찰관을 직권남용으로 고소하는 것을 방지할 수 있다는 장점도 있다. 즉 경찰관은 이 영상자료를 통해서 자신이 피의자를 폭행하지 않았다는 것을 증명할 수 있다. 위와 같은 것 이외에도 이 대쉬카

메라는 순찰차로부터 손쉽게 분리가 가능하므로 경찰관은 이것을 통해서 교통사고나 기타 범죄사건현장에 대한 즉석촬영이 가능하다.

순찰차에 장착된 대쉬카메라 이외에도 최근에는 "바디카메라"body camera도 많이 활용되고 있다. 바디카메라는 경찰관이 가슴부분에 소형 캠코더를 착용을 하여 현장에서 발생하는 일을 녹화하는 장비이다. 경찰관은 바디카메라를 통해서 순찰차의 정면 밖의 앵글에서 발생하는 일을 녹화할 수 있고, 교통법규 위반자나 기타 범인을 경찰관의 시각에서 가까이서 녹화할 수 있다는 장점이 있다. 따라서 단속대상자나 범인이 사실과 다르게 진술하는 경우에 바디카메라에 녹화된 영상을 통해서 실제로 현장에서 어떤 일이 발생했는지를 증명할 수 있기 때문에 재판에서 증거물로 사용될 수 있다. 바디카메라 때문에 경찰관도 시민들에 대한 가혹행위나 언어사용을 조심하게 된다. 따라서 시민들의 경찰서비스에 대한 만족도를 증가시킬 수 있다는 장점도 있다. 하지만 바디카메라는 초기 장비 구입과 더불어 촬영한 대량의 영상의 메모리를 저장을 하는데 외부의 회사를 이용을 하기 때문에 비용이 많이 든다.

미국경찰의 스피든 건은 성인 주먹 정도의 소형이다. 요즘은 주파수radio frequency 를 이용하는 방식이외에도 레이저laser를 사용한 방식도 많이 사용하고 있다. 이 레이저 방식은 도로에서 달리는 차량 중에 특정한 것만을 대상으로 사용할 수 있다. 뿐만 아니라, 레이저 방식은 주파수 방식보다 훨씬 더 먼 거리(약 610미터)에 있는 차량을 대상으로 사용할 수 있다는 장점이 있다. 레이저 스피드 건의 한 가지 단점은 주파수 방식보다 훨씬 비싸다는 것이다.

위와 같은 것 이외에도 한 가지 재미있는 미국 일부 경찰서들의 시도는 경찰관이 신용카드를 읽을 수 있는 스캐너(단말기)를 가지고 다니는 것이다. 이것을 통해서 경찰관은 교통법규를 위반한 운전자에게 즉석에서 신용카드로 범칙금을 받는 것이다. 이것은 운전자나 경찰 모두에게 편리한 방법이다. 다시 말하면, 운전자는 나중에 우편으로 벌금을 내는 번거로움을 피할 수 있다. 한편 경찰 입장에서 보면 범칙금을 미납하는 사례를 혁신적으로 줄일 수 있게 된다. 하지만 물건을 사는 것도 아닌데, 신용카드로 범칙금을 낸다는 것이 아직 일반인들에게는 생소하게 느껴질 수도 있다.

4. 교통단속 및 차량추적 장비

　　미국경찰은 교통단속과 차량추적에도 첨단장비를 사용하고 있다. 만약에 어느 차량이 적색신호등을 어기고 교차로를 통과하게 되면 CCTV가 자동으로 그 차량의 번호판을 촬영한다. 이것은 '적색신호등위반사진'Photo Red Light이라고 한다. 이 장비는 다음과 같은 방법을 통해서 가능하다. 첫째, 전자감지용 전선이 도로 밑에 묻혀 있다. 만약 차량이 적색신호등임에도 불구하고 그 위를 지나가면 이 전선에서 신호를 보내서 CCTV가 그 차량번호를 촬영한다. 그런 다음에는 그 영상정보와 함께 촬영시간과 장소 등이 컴퓨터에 저장된다.

　　차량추적 장비는 고속으로 도주하는 차량을 정지시키는 기술이다. 그 대표적인 것은 미리 예상 도주로에 '스파이크'spikes를 설치하는 것이다. 경찰관은 예상도주로에 대기를 하고 있다가 용의차량이 지나가면 못처럼 생긴 스파이크를 작동시켜 용의차량의 타이어에 펑크를 내는 것이다. 다른 또 하나의 방법은 경찰차에 특수 장비를 설치하는 것이다. 이런 특수 경찰차는 용의차량의 뒤로 접근하여 용의차량의 타이어에 펑크를 내서 정지시킨다. 그러나 위와 같은 두 가지 방법은 자칫 다른 무고한 시민들까지도 다치게 할 수가 있다. 그래서 지금은 레이저 총으로 용의차량의 컴퓨터 칩을 망가뜨려서 서서히 정차하게 만드는 기술을 연구 중에 있다. 또 다른 방법은 자동차 제조업체에게 사전에 특수한 칩을 차량에 내장토록 하는 것이다. 만약 그 차량이 도난당한 경우에 그 차량의 소유자나 경찰이 원격으로 신호를 보내서 그 차량의 시동을 걸지 못하게 하는 방법이다.

5. 경찰관 휴대용 무기

　　미국경찰관은 권총휴대가 필수이다. 경찰서별로 또는 각 경찰관에 따라 각기 다른 권총을 휴대할 수 있는데, 가장 많이 쓰는 권총은 Glock 반자동권총으로서 9㎜ 총탄을 많이 사용한다. Glock은 상당히 신뢰도가 높고 많은 총알(15발 이상)을 장전할 수 있으며 다른 권총에 비해서 가볍고 저렴하다는 장점이 있다. 권총이외에도 경찰관들이 반자동 소총으로서 AR15, 그리고 산탄총을 순찰차에 비치하고 유사시에 대비를 하는 경우도 있다. 범인이 총기로 강력하게 저항을 할 경우에 이에 대응을 하기 위해서 소총이나 산탄총을 간혹 사용한다.

미국 경찰관은 권총, 소총, 그리고 산탄총이외에도 다른 몇 가지 무기를 휴대한다. 왜냐하면 이런 총기류들은 상대방에게 치명상을 입히기 때문에 꼭 필요한 경우가 아니면 그 사용이 제한되어야 하기 때문이다. 그래서 미국경찰은 비살상무기less-than-lethal weapons 휴대를 한다. 그중에 하나는 테이저건Taser Gun이다. 이것은 경찰관이 양극과 음극의 고압의 전류가 흐르는 전선을 범인에게 발사를 하는 것이다. 경찰관은 이것을 통해서 어느 정도 거리에 떨어져 있는 범인도 제압할 수가 있다. 전기충격이 발생하는 동안 범인은 전혀 저항할 수 없게 된다. 반면에 그 사용이 중지되면, 범인에게 별다른 상처와 고통을 남기지 않는다. 또 다른 장비는 'Beanbag Shotgun'이다. 이것은 일반 산탄총shotgun에 콩알처럼 생긴 수십 개의 플라스틱 볼을 넣어서 발사할 수 있도록 된 것이다. 이 장비는 폭동의 진압에 효과적이다. 너무 근거리에서 사용을 하지 않는 한은 상대방에게 크게 부상을 입히지 않는 것으로 알려졌다. 물론 눈에 바로 맞으면 위험할 수는 있다.

경찰관의 무기사용에 있어서 중요한 것은 어떤 상황에서 무기를 사용하고, 또 사용한다면 어떤 무기를 사용해야 하는가? 하는 문제이다. 즉 무기사용에 있어서는 경찰관의 판단이 대단히 중요한 것이다. 경찰관의 무기사용에 대한 정확한 판단력을 향상시키기 위해서 미국의 일부 경찰은 전자총, 대형 스크린, 그리고 음향장비를 사용한 인터액티브 시뮬레이션 훈련interactive simulation training을 하고 있다. 이것은 여러 가지 상황을 설정해 놓고 경찰관이 그때마다 적절한 무기를 선택하여 사용하도록 훈련시키는 것이다.

6. 대테러 특수 장비

미국경찰은 2001년에 발생한 9·11 테러사건 이후에 테러에 보다 많은 관심을 가지게 되었다. 대테러 노력의 일환으로 대도시의 많은 경찰서들이 폭발물 처리전담반을 두고 있다. 과거에는 처리반원이 직접 가서 폭탄을 해체를 하였다. 그러나 해체하는 과정에서 폭발사고가 발생하여 처리반원이 목숨을 잃거나 크게 다치는 경우도 발생하였다. 그래서 미국경찰은 이런 인명피해를 줄이기 위해서 요즘은 로봇을 많이 이용하고 있다. 로봇에는 카메라가 설치되어 경찰관이 원격으로 조정하면서 폭발물을 해체한 후에 옮길 수가 있다. 최근에는 폭발물을 현장에서 바로 처리할 수 있는 특수 경찰차량도 나와 있다. 이 차량은 아주 두꺼운 금속으로 된 탱크가 장착되어 있다. 그래서 경찰은 폭발물을 그 안에 넣고 폭파시켜 시내 한복판에서도 처리할 수가 있는 것이다.

제 7 절 지방경찰의 활동에 대한 통제

미국에서는 지방경찰의 활동에 대해서 다양한 기관들이 통제를 한다. 그 이유는 경찰의 직권남용과 부정부패를 방지하고 시민들의 인권을 보호하기 위한 것이다. 지방경찰에 대한 통제를 하는 기관들은 연방법원, 주정부, 시장, 시 의회, 주 검사, 지방정부, 일반시민, 그리고 언론 등이다. 그러나 경찰의 감사과에 의한 자체적인 통제도 한다. 위와 같은 지방경찰에 대한 통제기관들을 차례대로 간략하게 논의해 보고자 한다.

I 연방법원

1960년대에 미국 연방대법원U.S. Supreme Court은 "적법절차"를 강조하는 일련의 판결을 통해서 경찰의 활동에 일정한 제약을 가하였다. 그 대표적인 예로서 연방대법원은 "맵 대 오하이오"Mapp v. Ohio 사건에서 경찰이 불법적으로 취득한 증거물을 재판에서 사용하지 못하도록 하는 판결을 내렸다. 따라서 경찰은 아무리 피고인의 유죄를 입증할 만한 유력한 증거물이라고 하더라도 적법절차를 거치지 않고 취득한 증거는 법정에서 사용을 할 수 없게 되었다. 또한 연방대법원은 "미란다 대 애리조나"Miranda v. Arizona 사건을 통해서 경찰관이 용의자를 체포할 때에는 즉시 그에게 묵비권과 변호인 선임권을 포함한 법적 권리를 고지하라는 결정을 내렸다.[63] 이와 같이 법원의 판결이 경찰에게 직접적인 영향을 주는 것은 한국과 같이 대륙법계의 영향을 받은 나라에서는 보기 힘든 일이다. 하지만 미국에서는 법원의 결정이 곧 법이 되기 때문에 법원이 인권보호를 위해 경찰을 통제하는 기관이 된다. 다시 말하면 법원은 경찰에게 적법절차에 입

---

63) Samuel Walker, *op. cit.*, pp.231~233.

각한 법집행을 요구함으로써 인권을 수호하는 역할을 하는 것이다.

Ⅱ 주 정 부

주정부가 군이나 시의 지방경찰에 대해서 직접적이고 강력한 통제는 하지는 않고 있다. 그러나 주정부는 다음의 두 가지 방법을 통해서 지방경찰을 간접적으로 통제를 한다. 그 하나로 주정부는 지방경찰관의 채용과 훈련에 대한 일정한 기준을 마련하고 있다. 다른 하나는 주정부는 주의 규정과 방침을 따르지 않을 경우 지원예산을 삭감하겠다는 일종의 위협을 통하여 지방경찰을 통제할 수 있다.

Ⅲ 주 법무부 장관

일부 주에서는 주 법무부 장관attorney general이 최고의 법집행책임자인 경우가 있지만 사실상 경찰을 직접적으로 통제 및 지휘하는 지위는 가지고 있지 않다.64) 따라서 경찰은 수사에 있어서 법무부 장관 밑에 있는 검찰로부터 상당히 독립적인 지위를 가지고 있다. 하지만 검사는 경찰이 수사한 사건을 기소하기 전에 검토를 하기 때문에 어느 정도 경찰을 통제하는 역할을 한다. 검사는 사건을 검토한 후에 기소할 것인지를 결정한다.65) 다시 말하면 검사는 만약 경찰로부터 접수된 사건이 증거가 불충분하거나 기타 기소할 가치가 없다고 판단할 경우 사건을 경찰로 되돌려 보낼 수 있다.

Ⅳ 지방정부

지방경찰에게 가장 큰 영향력을 미치는 것은 다름 아닌 지방정부이다. 시

---

64) The President Commission on Law Enforcement and Administration of Justice, *Task Force Report : The Police*(Washington, D.C.: Government Printing Office, 1967), p.30.

65) Samuel Walker, *op. cit.*, p.98.

경찰은 시장과 시의회에 의한 통제를 받는다. 지방경찰마다 지방정부와의 관계가 다소 상이하겠으나, 일반적인 예를 들어서 설명하도록 하겠다. 시장은 대부분 지역주민이 선출한다. 한편 시장은 시의 최고경찰책임자the police chief를 시의회의 동의를 얻어 임명하므로 자연스럽게 경찰서장은 시장의 가치관과 신념에 부합하는 활동을 한다.[66] 시장은 경찰서장을 해임할 수도 있다. 평균적으로 미국의 시의 경찰서장들의 재임기간은 3년에서 6년밖에 되지 않는다. 시 경찰서장의 지위와 신분이 이처럼 불안정하기 때문에 일부 주에서는 일정한 사유가 있을 때에만 시장이 경찰서장을 해임할 수 있도록 하고 있다.[67]

시의회는 시에 필요한 조례와 정책을 수립한다. 예를 들면 공공장소에서 음주를 하는 것을[68] 단속할 것인지의 판단 여부도 시의회의 결정에 따라 좌우되기도 한다. 또한 시의회는 경찰예산의 편성과 그 집행을 감독하는 권한을 가지고 있어 경찰활동을 통제하는 중요한 역할을 한다.

V 일반시민

경찰의 의지와 관계없이 일반 시민들도 여러 채널을 통해서 경찰을 통제하는 역할을 한다. 미국에서 대표적인 시민단체는 지역의 상공인협회chambers of commerce와 종교단체 등이다. 상공인협회의 회원들은 지역을 이끌어가는 지역유지들로서 경찰의 인력과 장비의 충원에 소요되는 비용을 지원해 주기도 한다. 따라서 경찰은 이들의 요구사항에 민감할 수밖에 없다. 한편 지역의 종교 지도자들도 경찰활동에 관여하기도 한다. 이들은 종교적 교리에 근거한 도덕적 기준을 제시하며 경찰에게 매춘과 퇴폐업소의 단속을 요구한다. 이것은 교회가 경찰에 대한 압력단체로서의 역할을 한다는 것을 의미한다.

지역에 따라 지역인사들로 구성된 민간인심사위원회civilian review board를 두어 경찰의 비행을 조사하여 경찰서장에게 처벌을 권고하도록 한 경우도 있다. 이런 위원회를 두고 있는 이유는 경찰조직 스스로 그 구성원을 처벌하기에는 공정성을 유지하기가 어렵다고 믿기 때문이다. 1966년 당시 뉴욕 시의 시장인 존 린

---

66) 일부 도시들은 시의회에서 시 매니저(city manager)를 선출하여 시장과 비슷한 역할을 하도록 하고 있는 경우도 있다.

67) Charles Swanson, Leonard Territo & Robert Taylor, *op. cit.*, p.87.

68) 이것을 미국에서는 "public drinking"이라고 한다.

드세이John Lindsay는 7명의 민간인과 3명의 경찰간부로서 민간인심사위원회를 구성하였다.69)

　일반적으로 경찰관리자들은 시민이 경찰업무에 관여하는 것을 싫어한다. 그 이유는 경찰의 행정에 대한 지나친 간섭이 될 수도 있기 때문이다.70) 특히 군보안관county sheriff은 시민들로부터의 과도한 간섭에 노출되기 쉽다. 그 이유는 군보안관은 차기 선거 때 해당 지역주민으로부터 신임을 판단받기 때문이다. 만약 자동차 딜러를 하고 있는 지역유지가 군보안관에게 기부금을 전달했다면, 군보안관은 그 대가로 경찰순찰차를 그 딜러로부터 구입해야 하는 심리적 압박을 받게 된다. 또한 그 판매상과 경쟁 관계에 있는 다른 사람들은 그 군보안관을 싫어할 것이다. 이처럼 군보안관은 지역주민에 의해서 직접 선출되기 때문에 그들의 입김으로부터 자유롭지 못하다.

Ⅵ 언　론

　미국에서도 언론이 경찰을 통제하는 중요한 역할을 하고 있다. TV나 신문의 보도내용은 여론을 형성하고 그 여론에 따라 경찰서장의 운명이 좌우가 되기도 한다. 만약에 경찰서장이 지역 언론과 불편한 관계를 가지고 있다면 언론은 큰 사건이 발생하는 것을 계기로 그 경찰서장을 집중 비난하기도 한다. 1996년 미국의 콜로라도Colorado 주에 있는 볼더Boulder라는 시에서 16세 소년에 대한 살인사건이 발생했다. 해당지역 경찰서장과 불편한 관계를 가지고 있던 지역 언론들은 그 사건수사에 있어 경찰의 잘못을 집중적으로 비난하기 시작했다. 그 결과로 서장은 해임이 되었다.

　경찰관리자는 사건과 관련된 경찰관, 용의자, 그리고 피해자의 신원의 비밀을 지켜주기를 원한다. 그러나 언론은 시민의 알권리를 주장하기 때문에 경찰과 언론의 이해관계가 서로 충돌할 여지가 많다. 또한 경찰이 기자에게 보도하지 않을 것을 전제로 즉 오프 더 레코드"off-the-record"로 어떤 정보를 알려준 것임에도 불구하고 기자가 나중에 그 약속을 어기고 언론에 보도하기도 한다. 이런 경우

---

69) Samuel Walker, *op. cit.*, p.239.
70) Harry More, Jr., *Critical Issues in Law Enforcement*(Cincinnati, Ohio: Anderson, 1984), pp.122~130.

미국 경찰의 인질범과의 협상장면

경찰은 언론에 대한 신뢰를 상실하기도 한다. 이렇게 다양한 이유로 인하여 경찰과 언론의 관계는 항상 악화될 소지가 있다. 경찰도 언론과의 관계가 중요하다는 것을 잘 알고 있기 때문에 경찰서마다 언론 전담 경찰관을 두어서 기자들을 상대하도록 하고 있다.

Ⅶ 경찰 감사과(청문감사실)

규모가 어느 정도 되는 대부분의 경찰서는 자체 조직 내에 감사과Internal Affairs Unit를 설치해서 운영하고 있다. 이 감사과의 주요 업무는 경찰관과 관련된 비리를 수사하여 경찰의 고위간부에게 보고하는 것이다. 많은 경우 감사과장은 경찰서장에게 직접 보고한다. 경찰관의 비리에 대한 수사는 보통 일반시민이나 동료 경찰관의 제보에 의해서 시작된다. 시민들은 주로 경찰관의 무례, 시민의 요구에 대한 무관심, 그리고 시민의 수사요청에 대한 부당한 거절 등을 이유로 하여 경찰서에 탄원을 한다. 감사과는 문제의 경찰관을 수사하기 위해서 은행계좌추적, 마약복용여부를 가리기 위한 소변검사, 그리고 때로는 거짓말탐지기까지도 활용한다. 하지만 감사과는 동료 경찰관에 대한 수사를 신중하게 한다.[71]
감사를 담당할 만한 전문 인력이 없는 규모가 작은 경찰서는 연방수사기관

---

71) William G. Doerner, *op. cit.*, p.263.

이나 주립수사기관에 도움을 요청할 수도 있다. 1960년대 미시시피Mississippi 주에서 백인 경찰관들이 흑인 인권운동가들을 암살하고 매장한 사건이 있었다. 그에 대한 수사를 FBI가 담당하여 관련 경찰관들을 처벌한 적이 있었다. 이 사건은 "미시시피 버닝"Mississippi Burning이란 영화로 극화되어 일반 시민에게도 알려지게 되었다. 경찰서의 감사업무의 기능은 경찰관들에게 엄격한 규율에 따라 업무수행을 하게 함으로써 경찰관의 비리를 방지할 수 있다. 결국 이것은 나아가서 경찰의 이미지를 제고하고 경찰서비스의 질을 향상시킬 수 있다.

제 8 절 미국 경찰의 현안 문제들

미국 경찰은 그 사회적 특성으로 인해 여러 가지 현안 문제들을 안고 있다. 그 문제들은 경찰의 노조결성과 단체행동권, 경찰관의 스트레스, 인종차별 문제와 가혹행위, 그리고 경찰관의 총기남용 등이다. 그 밖에도 고속추적과 사고, 경찰관의 부업, 9·11 테러 사건으로 인한 경찰활동의 변화, 그리고 경찰조직의 군대화 등이 있다. 다음에서는 이런 문제들을 차례대로 보다 자세히 논의하겠다.

Ⅰ 경찰노조와 단체행동권

미국은 한국과는 달리 대부분 경찰노조가 결성되어 있으며 그 활동이 합법화되어 있다. 미국 경찰노조를 한국과 비교하는 것을 돕기 위해서 우선 먼저 한국의 노동관계 법령을 살펴보도록 하겠다. 대한민국 헌법 제33조는 "근로자는 노동조건 향상을 위하여 자주적인 단결권·단체교섭권·단체행동권을 가진다. 공무원인 근로자는 법률이 정하는 자에 한하여 단결권·단체교섭권·단체행동권을 가진다"라고 규정하고 있다. 그러나 국가공무원법 제66조는 "공무원은 노동운동 기타 공무 이외의 일을 위한 집단적 행위를 하여서는 아니 된다"라고 하고 있다. 위의 법조문을 어떻게 해석하느냐에 따라 달라지겠지만 한국의 현행법은 공무원의 노조활동에 대해 제약을 가하고 있는 것만은 분명하다.

정부는 공무원이 단체교섭권을 빌미로 각종 요구를 하는 정치세력으로 변모하게 될 것을 우려하고 있는 것 같다. 특히 한국 경찰의 노조결성이나 활동에 대해서는 언급조차 되지 않고 있다.

미국에서는 1960년대부터 공무원이 노조를 결성하고 단체교섭을 시작하였다. 그 당시 노조활동이 활발하였던 직종은 교사와 체신공무원들이다. 그들은 1970년대에 노동운동의 합법화를 시도하였다. 이것은 경찰노조에도 영향을 미쳤다. 미국은 현재 전 경찰관의 약 73%가 노조에 가입하고 있는 상태이다. 경찰노조대표는 노조원의 보수 및 후생복지의 향상을 위하여 경찰간부들과 협상할 수 있는 대표권을 가질 뿐만 아니라, 경우에 따라서는 경찰의 정책결정에 있어서도 상당한 영향력을 행사하고 있다.

이와 같이 미국에서 경찰의 노조운동이 활성화된 것은 다음과 같은 몇 가지 배경이 있다. 첫째, 1960년대에 미국은 필요한 총 경찰인력의 35% 정도가 부족하였다. 그 이유는 1960년대에는 경찰관의 연봉은 전문직이나 기능공에 비해 2,000여 달러 정도가 적었기 때문이다. 더욱이 경찰관은 임무수행 중 총기사고를 당할 위험부담이 증가하였다. 반면 경찰기관은 경찰관들에게 대학교육을 받을 것을 요구하기 시작하였다. 따라서 경찰관들은 업무의 위험도 증가와 대학교육에 적합한 대우를 경찰서에 요구를 하기 시작하였다.

둘째, 1960년대까지 미국의 경찰조직은 서장의 독단적인 의사결정에 의해서 관리되고 운영되었다. 이때까지 승진과 보직 그리고 징계권은 경찰관리자의 독점적인 권한행사로만 여겨졌다. 이에 대해 하급경찰관들은 경찰관리자의 부당한 인사조치에 대해서 노조를 통해 발언권을 행사하기 시작하였다. 셋째, 1960년대 미국 경찰은 열악한 환경에서 고생을 하고 있었지만 시민들로부터는 냉담한 대우를 받았다. 정치인들은 경찰을 도와주기보다는 여론을 부추겨서 경찰관을 속죄양으로 삼아 자신들의 지위를 확보하려는 의도를 보이고 있었다. 이에 대해 경찰관들은 스스로의 입지를 강화해야만 했다. 끝으로 당시에 발생한 폭등으로 인하여 법질서 수호의 필요성을 절감하게 되었다. 이런 결과로 1960년대 말에 접어들면서 사법부는 경찰노조의 합법성을 인정하기 시작했다.

다음에서는 미국 경찰의 노동3권, 즉 단결권, 단체교섭권, 그리고 단체행동권에 대해서 알아보도록 하겠다. 단결권은 노조를 결성할 권리를 말한다. 경찰관이 노조에 속하는 방법은 크게 개방형open shop과 폐쇄형closed shop이 있다. 개방형은 경찰관의 노조가입 여부가 자유이며, 반대로 폐쇄형은 한 경찰서에 채용됨과 동시에 의무적으로 노조에 가입해야 하는 것이다.

　한편 단체교섭권은 노동자와 사용자가 협상을 통해 노조원들의 보수나 후생복지 등의 고용조건을 결정하는 것이다. 미국 노동법은 주마다 그 내용을 달리하고 있다. 그러나 노동법은 대체적으로 다음과 같은 내용을 포함하고 있다. 첫째, 노동자와 사용자는 상호협상을 통해 노동문제를 해결한다. 둘째, 공무원의 파업은 법으로 인정이 되지 않는다. 그 이유는 경찰관이 파업을 할 경우에 치안에 큰 공백이 생기기 때문이다. 그러나 이런 법의 규정에도 불구하고 경찰관들은 자신의 의사를 관철시키기 위해 파업을 종종 한다. 셋째, 때에 따라서는 경찰노조는 경찰관리자에 대한 불신임 결의안을 제출할 수 있다. 끝으로 단체교섭에서 해결방안이 나오지 않을 경우에 노사는 제3자에 의한 중재에 의해 해결책을 모색해야 하며, 그 결과는 쌍방에 대해 구속력을 갖는다는 것 등이다.[72]

　단체교섭의 대상을 임금, 노동시간, 그리고 기타 고용의 조건으로 하는 데는 문제가 없다. 그러나 노조의 정책결정에 대한 참여권을 인정할 것인지에 대해서는 논란이 되고 있다. 즉 경찰서가 중요한 정책결정을 할 때 경찰노조대표에게도 참여할 권리를 부여하느냐의 문제를 말한다. 또 다른 문제는 노조원이 될 수 있는 계급의 범위를 어디까지로 할 것인가이다. 다시 말하면 순경부터 경사까지로 할 것인지 아니면 그 이상의 계급까지로 할 것인지를 결정해야 한다는 것이다.

　경찰 측에서는 단체교섭을 위해 경찰서장, 시장, 시의회의원, 그리고 때로는 주의회의원도 참여를 한다. 주나 시의원이 참여하는 것은 시의회와 주의회에서 경찰예산을 통제하기 때문이다. 한편 노조 측에서는 노조대표 경찰관들이 협상을 한다. 때에 따라서는 노조전문 변호사가 노조의 협상팀의 일원이 되기도 한다.[73] 정부나 일반시민들은 경찰노조의 활동을 우려한다. 그러나 경찰노조활동은 경찰의 임금과 근무여건의 향상을 가져왔다. 그리고 노조는 경찰업무의 질적 향상에 기여하였다는 긍정적인 측면도 무시할 수 없다. 특히 경찰서장의 부하 경찰관들에 대한 부당한 인사조치가 많이 감소하였다.

---

72) Charles Swanson, Leonard Territo, & Robert Taylor, *op. cit.*, pp.392~400.
73) Harry More, Jr., *op. cit.*, pp.143~172.

Ⅱ 스트레스

미국에서 경찰관 자살률은 다른 어느 직업에 종사하는 사람들보다 높다. 그 것은 경찰이 가장 스트레스를 많이 받는 직업이라는 것을 시사해 준다. 경찰관 의 스트레스는 여러 가지 원인으로 발생할 수 있다. FBI가 미국 전역에서 위탁 교육에 참여한 경찰관들을 대상으로 설문조사를 하였다. 그 결과 경찰관들은 그들 인생에 있어서 가장 심각한 스트레스를 경험하게 하는 사건을 [도표 6-5] 와 같은 순서대로 나열하였다.[74]

이 설문 결과를 보면 경찰관들은 자신이나 동료들에 대한 생명의 위협으로 부터 가장 많은 스트레스를 받는다는 것을 알 수 있다. 2023년에는 미국 전역 에서 79,091명의 경찰관들이 근무 중에 폭행을 당했다. 한편 같은 해에 466명 의 경찰관이 총기에 의한 공격을 당해 부상을 입거나 살해가 되었다. 그리고

6-5 가장 심한 스트레스를 주는 사건의 순서

1) 동료경찰관이 직무수행 중 범죄자의 공격으로 인해 사망함.
2) 경찰서에서 해고를 당함.
3) 경찰관 업무 중 다른 사람을 죽임(사고 포함).
4) 경찰관 직무수행 중 다른 사람(범인)을 총으로 쏘아 죽임.
5) 친한 동료 경찰관의 자살.
6) 경찰관에 의한 살인사건.
7) 임무수행 중 부상.
8) 같이 임무수행을 하던 동료 경찰관의 부상.
9) 정직을 당함.
10) 승진에서 누락.
11) 무장한 용의자 추적.
12) 어린이가 살해된 사건에 대한 신고전화를 받았을 때.
13) 가족과 멀리 떨어진 곳에 배치를 받았을 때.
14) 총기 사고에 본인이 개입된 경우.
15) 감봉을 받은 때.
16) 다른 경관의 부조리를 목격했을 경우.

출처: Harry More, Jr., *Critical Issues in Law Enforcement*(Cincinnati, Ohio: Anderson Publishing, 1985), p.281.

---

74) Ibid., pp.280~284.

경찰관을 살해한 범인의 다수가 전과가 있는 사람들이었다. 경찰관이 가장 많이 살해를 당하는 경우는 범인을 체포하는 과정에서 발생을 했다.[75]

또한 경찰관들은 해임, 감봉, 그리고 원하지 않는 부서로의 배치와 같은 인사상의 불이익에 의해서도 많은 스트레스를 받는 것으로 드러났다. 한편 자살은 이혼과 같은 가정 문제나 알코올 중독, 질병, 그리고 해임과 같은 상황 때문에 일어날 수 있다. 특히 불규칙한 근무스케줄과 과중한 업무 때문에 경찰관은 가정을 소홀히 하기 쉽고 이로 인해 가정불화가 자주 발생한다. 각 경찰서마다 스트레스를 겪고 있는 경찰관을 도와주기 위해서 동료경찰관에 의한 상담이나 외부의 전문가를 이용한 상담서비스를 제공을 하고 있다. 그리고 동료가 근무 중에 사망한 경우와 같이 갑작스럽게 발생할 수 있는 외상 후 스트레스 장애 PTSD: post traumatic stress disorder를 겪고 있는 경찰관의 심리를 안정시켜주기 위해서 경찰관리자, 동료, 그리고 외부의 심리상담 전문가들로 구성된 팀을 운영하기도 한다.

Ⅲ 인종차별과 경찰관의 가혹행위

인종차별은 오랫동안 미국이 안고 있는 사회문제이다. 특히 그중에서도 흑인시민과 백인경찰 간에는 뿌리 깊은 불신과 갈등이 쌓여 왔다. 흑인에 의한 범죄가 많이 발생하기 때문에 백인경찰관은 선량한 흑인들도 범죄자를 대하듯이 대했다. 반대로 흑인주민들은 이런 경찰의 차별적인 대우에 대한 심한 반감을 가져 왔다. 이런 문제가 더욱 불거지게 된 것은 1960년대 흑인인권운동이 발생하면서 이를 진압하는 경찰과 흑인시위대 사이에 심한 물리적 충돌이 발생을 하면서부터이다.

특히 경찰의 흑인에 대한 가혹행위가 가장 심각한 문제이다. 유명한 사건은 1991년 로스앤젤레스Los Angeles 시에서 발생했던 백인경찰관들의 흑인 로드니 킹 Rodney King에 대한 집단폭행사건이다. 다수의 경찰관들은 고속도로에서 경찰의 정지명령을 따르지 않고 도주하는 로드니 킹의 차를 강제로 세웠다. 그리고는 그

---

75) https://www.fbi.gov/news/press-releases/fbi-releases-officers-killed-and-assaulted-in-the-line-of-duty-2023-special-report-and-law-enforcement-employee-counts#:~:text=Agencies%20reported%2079%2C091%20officers%20were,%2Fnarcotic%20violations%20(4%2C879).

를 수갑을 채운 상태에서 곤봉으로 수차례 가격을 하였다. 이 사건에 관련된 경찰관들이 가혹행위를 한 죄목으로 재판을 받았지만 결과는 무죄평결이었다. 이를 지켜본 흑인들은 백인이 지배하고 있는 미국사회에 정의란 없다고 주장하면서 극도로 분노하게 되었다. 이것을 계기로 로스앤젤레스 시에서는 흑인들에 의한 큰 폭동사태가 발생을 하였다. 이 사건은 흑인들이 경찰에 대해 얼마나 심한 불신을 가지고 있는지를 보여주는 계기가 되었다.

출처: Larry Siegel & Joseph Senna, *op. cit.*, p.228.

미국 경찰과 시위진압 장면

또 다른 경찰관의 흑인에 대한 가혹행위로 문제가 되었던 사건은 2014년에 미주리 주Missouri 퍼거슨Ferguson 시에서 발생한 18세의 흑인 마이클 브라운Michael Brown 사망사건이다. 28세의 백인경찰인 다렌 윌슨Darren Wilson은 주장하기를 편의점 강도사건의 용의자였던 브라운을 체포하려고 했는데, 그가 자신이 휴대하고 있던 권총을 빼앗으려고 했다고 한다. 이 과정에서 브라운은 도망을 쳤고 윌슨 경찰관은 쫓아가서 모두 12발의 총탄을 그를 향해 발사하였다. 그중 한 발이 브라운을 사망하게 하였다는 것이다. 이 지역의 흑인시민들은 비무장한 흑인소년에게 총을 발사한 백인경찰의 인종차별적인 가혹행위에 대해서 강력하게 규탄하기에 이르렀다. 마침내 미국 전역의 흑인들도 "흑인생명도 생명이다Black Lives Matter"라는 운동을 벌이면서 인종차별적인 경찰관의 무력사용을 규탄하였다.

근래에 경찰관의 가혹행위가 문제되었던 사건은 2020년 미네소타 주의 미니애폴리스에서 발생하였다. 한 백인경찰이 20불짜리 위조지폐를 사용한 혐의를 받은 조오지 플로리드George Floyd라는 흑인남성을 체포하는 과정에서 무릎으로 그의 목을 눌러서 사망에 이르게 한 사건이다. 플로이드가 숨을 못 쉬겠다고 경찰관에게 호소를 하였지만, 경찰관은 계속 그를 무릎으로 누른 것이다. 이 사건을 계기로 전국적으로 "흑인도 생명도 생명이다"라는 모토를 앞세운 시위가 다시 전국적으로 번졌다. 경찰에 대해서 반감을 가진 일부 시민들은 경찰의 재정을 감축하자는 주장까지 하였다. 이것을 "defunding police movement"라고 한다.

Ⅳ 경찰관의 총기의 사용

미국은 일반시민들도 총기를 많이 소지하고 있기 때문에 경찰관이 범인을 검거하는 데 있어서도 총기가 필수적인 무기가 되고 있다. 따라서 총기를 휴대하지 않은 미국 경찰관은 상상하기 힘들다. 미국 경찰관들은 비번 근무 때도 총기의 소지가 허가되는 경우가 많다. 그 이유는 경찰관은 하루 24시간 근무하는 것으로 간주를 하기 때문이다. 따라서 경찰관은 비번 근무 중에도 범행을 목격하였다면 총기를 사용하여 범인을 체포할 수도 있다.

이렇게 거의 모든 경찰관들이 총기를 휴대하고 사용하기 때문에 경찰관의 총기남용문제가 대두가 된다. 한 조사에 의하면 미국 전역에서 경찰관에 의해서 죽은 사람이 하루 평균 1명이라고 한다. 물론 그중 상당한 부분은 경찰관 자신과 타인의 생명을 보호하기 위해서 총기를 불가피하게 사용한 것이다. 그러나 그 경찰관들의 총기사용 중에서 5분의 2 가량은 정당화될 수 없는 사건이고 5분의 1에 해당하는 사례는 그 적법성이 논란이 될 만한 경우란 보고서가 있다.76) 참고로 미국에서는 경찰관이 법적으로 정당화될 수 있는 사유로 연평균 380번 총기를 사용하여 범인을 사망에 이르게 하였다고 한다.77) 문제는 경찰서에서 어떤 상황에서 총기를 사용해야 하는가에 대한 명확한 지침을 내리기가 쉽지 않다는 것이다. 왜냐하면 개개의 상황에 따라서 총기사용의 적절성 여부가 달라지기 때문이다.

특히 도주하는 범인을 체포하기 위한 총기사용이 논란이 되어왔다. 1985년

---

76) Harry Moore, Jr., *op. cit.*, pp.71~72.
77) William G. Doerner, 2016, *op. cit.*, p.336.

테네시Tennessee 주의 한 경찰관이 도주하는 비무장의 10대 청소년에게 총기를 발
사하여 사망에 이르게 하였다. 경찰이 비교적 경미한 범죄를 저지르고 도주하
는 비무장의 10대 소년에게 총을 발사한 것은 지나친 무력의 행사라는 최종 결
정이 내려진 것이다. 이 판결이 잘 알려진 테네시 주 대 가너Tennessee v. Garner 판
례이고, 이를 계기로 해서 미국 경찰관들의 총기사용에 대한 지침이 많이 바뀌
게 되었다. 연방대법원은 판결을 통해 경찰관 자신이나 일반시민에게 심각한
신체적 위협이 있을 경우에만 총기를 사용하여야 한다는 판결을 내린 것이다.

법원은 경찰관의 총기사용에 대한 책임여부를 판단하기 위해서 다음과 같은
몇 가지 기준을 마련하였다. 첫째, 법원은 경찰관이 총기를 사용해야 할 만큼
경찰관 자신이나 타인의 생명에 대한 위협이 있었는지의 여부와 총기 사용 이
외의 다른 방법으로 경찰관 자신과 타인의 생명을 보호할 수 없었는지를 판단
한다. 둘째, 법원은 경찰관의 총기사용으로 인해서 무고한 행인에게 위해를 가
할 위험성이 있었는지를 조사한다. 끝으로 경찰관이 지나치게 긴장을 해서 총
기를 제대로 다루지 못했는지 등을 종합적으로 고려한다.[78]

[도표 6-6]은 플로리다Florida 주의 수도인 탈라하시Tallahassee 경찰서의 총기사
용에 관한 지침이다. 이 지침도 경찰관의 총기사용은 경찰관 자신과 타인의 생
명보호를 위해서만 제한적으로 사용할 것을 명시하고 있다. 또한 사격을 하기
전에 자신이 경찰관임을 밝힐 것과 만약 경찰관의 통제에 따르지 않으면 총을
발사할 수 있음을 고지하라고 하고 있다. 아울러 이 지침은 경찰관이 움직이는

6-6 총기사용에 관한 지침

A. 경찰관은 자신과 타인의 생명을 보호하기 위해 총기사용이 불가피하다고 합리
적으로 판단되었을 경우에만 사용할 것.
B. 경찰관은 총기를 발사하기에 앞서 용의자에게 본인이 경찰관이고, 만약 자신의
통제에 따르지 않으면 총을 발사할 수 있음을 고지할 것.
C. 경찰관은 자신과 타인의 생명을 보호하기 위한 것이 아니면 불필요하게 총기를
꺼내지 말 것.
D. 움직이는 차량으로부터 또는 움직이는 차량에 대한 사격은 꼭 생명보호를 위해
필요한 경우가 아니면 원칙적으로 금지됨.
E. 경고사격은 금지됨.
F. 경찰관은 공공에게 위해를 줄 수 있는 동물에 대해서 다른 수단이 없을 때 총
기를 사용할 수 있음.

출처: William G. Doerner, *op. cit.*, p.219.

78) *Ibid.*, p.112.

차량으로부터와 움직이는 차량을 겨냥한 사격을 금지시켰다. 또한 원칙적으로 경고사격을 하지 말도록 하고 있다. 그 이유는 움직이는 차량에 대한 사격은 정확도가 떨어지고 경고사격은 자칫 낙하하는 총탄에 의해서 무고한 사람을 다치게 할 수 있기 때문이다.

경찰문제 전문가들은 경찰이 오랫동안 총기에만 너무 의존해 왔기 때문에 총기관련 사고가 자주 발생을 했다고 주장한다. 다시 말하면 총기를 꼭 사용하지 않아도 될 상황에서 다른 대체 수단이 별로 없기 때문에 총기사고가 자주 발생한다는 것이다. 따라서 이들은 총기보다 생명에 덜 위해를 주면서도 범인을 효과적으로 제압할 수 있는 대체무기 개발에 관심을 보였다. 그중에 일부 경찰서에서 사용되고 있는 것은 테이저 건taser gun과 후춧가루 분사기pepper spray가 있다. 앞으로 과학기술의 발달과 함께 총기를 대체할 수 있는 효과적인 장비가 개발될 것으로 전망된다.[79] 이들에 대해서는 경찰장비에서 자세히 설명하였으므로 여기서는 더 이상의 논의는 생략하겠다.

Ⅴ 고속추적과 사고

전에도 논의한 것과 같이 미국 경찰은 대부분 자동차를 이용하여 순찰을 하고 있다. 따라서 자동차를 이용해서 고속으로 도주하는 범인을 검거하기 위해서는 경찰관은 고도의 운전훈련을 받아야 한다. 그러나 그런 훈련을 받은 경찰관이라도 고속추적 중에 무고한 시민을 다치게 하는 사례가 종종 발생한다. 미국에서는 일 년에 수백 명이 경찰의 고속추적과 관련한 사고로 사망한다. 그래서 미국에서 경찰관의 고속추적이 논란의 대상이 되고 있는 것이다.[80]

특히 중요한 것은 만약 경찰의 추적과정 중에 발생한 무고한 민간인의 피해에 대해 누가 책임을 져야 하는가의 문제이다. 미국 법원은 고속추적 중에 일어난 사고에 대해서 경찰관의 책임을 제한하고 있다. 경찰관의 책임에 대한 결정은 경찰서의 자동차 추적에 관한 세부 지침과 일반 법률이 기준이 된다. 또한 경찰관의 책임여부 판단은 직속상관이 지시한 내용을 해당 경찰관이 잘 준수했는지에 의해서도 결정된다. 보통 법률은 다음의 세 가지를 경찰관의 책임

---

79) William G. Doerner, 1998, *op. cit.*, pp.199~224.
80) Charles Swanson, Leonard Territo & Robert Taylor, *op. cit.*, p.475.

면제의 사유로 본다. 그것은 긴급 상황의 존재, 경고사인(라이트, 사이렌)의 활용, 그리고 다른 사람의 안전을 위한 주의의무의 이행 등이다.

Ⅵ 경찰관의 부업

미국에서는 경찰관들이 비번 근무 중에 경찰근무복을 입고 총기를 휴대한 상태에서 슈퍼마켓과 은행 등에서 경비원으로 일하기도 한다. 이들 경찰관들은 경찰월급을 보충을 하기 위해서 경찰서의 허락을 받고 비번 때 부업으로 이런 일을 하는 것이다. 이들은 일한 대가로서 일정한 돈을 고용주로부터 받는다. 이들 경찰관들은 일종의 부업을 하고 있는 것이다. 미국에서는 이것을 속칭 "문라이팅"moonlighting이라고 부른다.[81]

경찰이 비번 근무 때 사립경비원으로 일하는 것은 다음과 같은 몇 가지 문제점들이 있다. 첫째, 경찰관이 사립경비원으로 일하다가 사고를 당하면 누가 보상을 해주어야 하는가에 대한 문제이다. 다시 말하면 고용주가 전적으로 보상을 해주어야 하는지 아니면 경찰서에도 일정한 보상을 해주어야 하는가에 대한 법적인 문제가 발생한다. 현재는 이들 경찰관들은 경찰복과 무기를 휴대하고 근무하기 때문에 경찰서는 소속 경찰관의 비번 근무 중 발생할 일에도 책임이 있다고 보는 시각이 강하다. 즉 경찰관은 근무시간이 아니지만, 외적으로는 경찰관의 모습으로 일하기 때문이다. 둘째, 경찰관이 영리를 목적으로 하는 부업을 갖는 것이 윤리적으로 타당한가의 문제도 있다. 경찰관의 부업은 자칫하면 경찰기관의 명예에 손상을 줄 수도 있기 때문이다. 끝으로 이런 부업에 따른 외근근무의 연장은 경찰관들을 극도로 피로하게 할 수 있다. 따라서 부업은 본래의 경찰업무수행에 지장을 초래할 가능성이 많다는 것이다.[82] 그러나 이런 지적에 대해 일부 경찰관들은 사립경비원으로서 부업을 하는 것은 어차피 지역사회의 치안을 담당하는 일이기 때문에 문제가 없다고 주장을 한다.

이와 같이 경찰서에 따라서 서장의 허락을 받고 사립경비원으로서 부업에 종사하는 것을 인정하고 있는 곳도 있다. 다만 경찰 본연의 업무에 지장을 주지 않도록 시간과 업종을 제한하고 있다. 따라서 경찰관은 채무의 회수를 담당

---

81) William G. Doerner, *op. cit.*, p.263.
82) Charles Swanson, Leonard Territo & Robert Taylor, *op. cit.*, pp.467~469.

하는 일명 "해결사"나 술집 "기도" 등과 같은 것을 부업으로 할 수 없다.

Ⅶ 9·11 테러사건 이후의 경찰활동의 변화

2001년 9월 11일 미국의 뉴욕을 비롯한 동부지역에서 발생한 테러사건은 미국 사회 전체에 엄청난 파장을 일으켰으며 경찰의 조직과 활동에도 변화를 가져오게 했다. 9·11 테러 사건은 중동의 테러리스트들에 의해 자행되었다. 그들 테러리스트들은 미국의 민간 항공기 4대를 납치하여 그중 두 대를 뉴욕의 중심가인 맨해튼Manhattan에 있는 "세계무역센터"World Trade Center에 충돌을 시켰다. 이 테러로 인하여 결국 그 두 개의 고층빌딩이 완전히 붕괴되어 수천 명의 사망자가 발생하였다. 또한 그들 테러리스트들은 다른 한 대의 비행기를 미국 국방부 건물인 "펜타곤"Pentagon에 충돌시켜 많은 사상자가 발생했다. 이들 테러리스트들은 미국의 부의 상징인 "세계무역센터"와 미국 군사력의 두뇌격인 "펜타곤"을 테러의 목표로 삼은 것이었다.

이 사건으로 인하여 미국 국민들은 그동안 가져왔던 미국 영토가 안전하다는 믿음을 잃었다. 또한 미국 국민들은 테러에 대한 공포뿐만 아니라 동시에 분노도 느꼈다. 9·11테러 사건을 계기로 미국 내에서는 자국에 거주하는 외국인들에 대한 감시와 관리가 한층 강화되었다. 한편 미국에 입국하기 위해서 필요한 비자 심사가 전보다 많이 까다로워졌다.

미국 연방정부는 4천억 불에 달하는 많은 돈을 투입하여 9·11 테러사건의 복구와 대테러의 업무수행에 사용하고 있다.[83] 부시Bush 미국대통령은 특별명령으로 "국토안전부"Department of Homeland Security를 새롭게 설치하여 대테러 임무를 총괄하도록 하였다. 현재 "국토안전부"는 연방, 주, 그리고 지방 법집행기관의 대테러 임무를 통합조정하고 있다. 또한 FBI나 CIA 등과 같은 연방기관은 주나 지방경찰과 함께 테러집단에 대한 정보를 서로 공유한다.[84]

한편 FBI는 대테러 활동을 한층 강화하여 미국내외의 테러집단의 움직임을 예의주시하고 있다. 특히 생화학 무기를 이용한 테러에 대한 대책 마련에 부심

---

83) The White House, 2002, http://www.whitehouse.gov/news/release/2001/10/20011 0033.htm 참조.

84) Federal Bureau of Investigation, Congressional Statement, 2002, htpp://www.fbi. gov/congress/congress02/caruso032102.htm 참조.

미국 뉴욕의 9·11 테러 장면

하고 있다. 실제로 한 우체국에서는 소포 속에 들어 있던 세균"anthrax"으로 인하여 일부 직원들이 감염되는 소동이 일어난 적도 있다.

　미국정부는 9·11 테러 직후에 모든 공항에 군인들로 하여금 공항경비 업무를 담당하도록 하였다. 한편 승객들의 몸과 휴대품 검사도 9·11 테러 이전보다 많이 엄격해졌다. 공항안전요원은 몸수색을 위해 승객에게 신발이나 허리띠를 풀도록 요구를 하기도 한다. 승객의 짐도 그 전에는 X－레이를 이용한 간단한 검사밖에 하지 않았는데, 지금은 안전요원이 일일이 손으로 뒤져서 검사하기도 한다. 뿐만 아니라, 미국국회는 9·11 테러사건 이후에 '애국법'Patriot Act을 통과시켰다. 이 법안을 통해 FBI와 같은 수사기관이 법원의 영장 없이도 테러와 관련되는 것으로 의심되는 사건에 대해서 전화와 이메일을 도청할 수 있는 근거가 마련되었다. 이것은 개인의 자유와 인권을 존중하는 전통적인 미국의 법이념하고는 거리가 있는 것이다.

　9·11 테러 사건은 연방정부에만 영향을 미친 것이 아니라 각 주와 지방정부에도 커다란 영향을 미쳤다. 주정부도 많은 예산을 대테러 정책의 수립과 집행에 투입하고 있다. 이제 주와 지방경찰도 변화를 요구받고 있는 것이다. 한 가지 예로 각 주들은 퓨전센터Fusion Center를 설립하여 연방, 주, 그리고 지방 법집행기관들 간에 일반범죄 및 테러리즘에 대한 정보를 공유하도록 하였다. 퓨전센터는 일반범죄의 분석crime analysis도 같이 한다. 즉 범죄의 발생패턴을 분석하여 추후 범죄예방에 사용할 수 있도록 하고 있다. 그 범죄분석 중에 하나는 연쇄

범죄의 경우에 기존 범죄의 발생장소들을 분석하여 미래의 범행가능 지역을 추정하는 것이다.

9·11 테러 이전에는 국내에서 일어난 테러사건은 별로 없었으므로 미국 경찰은 테러에 대해 별 관심을 가지지 않았다. 그리고 테러는 FBI나 CIA와 같은 연방정부가 담당해야 할 임무로 간주하고 있었다. 그러나 9·11 사건 이후로는 대도시의 경찰은 물론이거니와 중소 도시의 경찰도 많은 인력과 예산을 대테러를 위해 사용하고 있다.[85] 따라서 좀 규모가 큰 경찰서의 경우는 경찰서 안에 대테러 반을 편성하여 운영하고 있다. 또한 화학, 생물학, 그리고 방사선 무기를 이용한 테러에 대비해 전담반을 편성하고 감지장치와 제독장치 등을 구입하고 있다.

9·11 테러를 직접 경험한 뉴욕경찰NYPD의 변화를 보면 다음과 같다. 첫째, 뉴욕경찰은 새로이 대테러 반을 편성하고 부서장assistant chief으로 하여금 그 책임을 맡도록 하였다. 대테러 반은 연방 및 주정부 기관들과의 긴밀한 유대를 바탕으로 테러의 예방과 수사를 담당한다. 따라서 전담요원에게 필요한 대테러 교육을 강화하고 있다. 그 교육은 화생방을 이용한 테러에 대비한 훈련도 포함하고 있다. 둘째, 뉴욕경찰은 정보의 수집을 위해 관할구역 안에 있는 76개의 지구대에 테러 정보 담당경찰관을 두고 있다. 셋째, 뉴욕 경찰은 일부 형사들을 이스라엘을 비롯한 중동 국가들에 파견을 하였다. 또한 뉴욕경찰국은 국제경찰 기구 인터폴Interpol[86]과 FBI에도 경찰관들을 파견하여 정보수집과 업무연락을 담당하도록 하고 있다. 마지막으로 대테러 작전에 필요한 보호의, 방독면, 그리고 방사선 탐지기 등을 구입하였다.[87]

Ⅷ 경찰의 군대화Police Militarization

최근에 논란이 되고 있는 것 중에 하나는 미국경찰의 지나친 군대화이다.

---

85) Council on Foreign Relations, Terrorism: Q & A, 2002, http://www.terrorismanswers.com/security/police_print.html.man 참조.

86) 국제경찰기구(Interpol)는 프랑스 파리에 본부를 두고 있으며 국가 간 범죄수사의 공조를 위한 기구이다.

87) Council on Foreign Relations, Terrorism: Q & A, 2002, http://www.terrorismanswers.com/security/police_print.html.man 참조.

경찰은 흔히 준군사조직paramilitary organization의 성격을 가지고 있다. 상명하복의 명령체계를 가지고 있으며 심지어 경찰계급도 군대 계급을 모방한 것이다. 그러나 군과 경찰의 존재 목적은 다르다. 군은 기본적으로 외부의 적을 찾아내서 섬멸하는 조직이다. 그러나 경찰은 치안유지를 하고 선량한 시민을 보호하는 역할을 하는 조직으로서 군대와는 다르다. 하지만 최근에 미국에서는 경찰의 군대화가 급속하게 진행되고 있다.

경찰의 군대화는 경찰의 추구목적, 치안유지방법, 장비, 문화, 조직의 구조, 그리고 장비들의 군대화를 포함하는 포괄적인 개념이다.[88] 그러나 경찰특공대 SWAT의 적극적인 활용을 통해서 경찰의 군대화를 설명할 수 있다. 한국도 경찰특공대가 있지만, 주로 대테러나 인질극 등에 대비해서 제한적으로 활동을 한다. 그러나 미국의 경찰특공대는 마약범죄자와 갱단의 소탕이나 범죄자가 소총 등으로 무장한 경우에도 자주 활용이 되고 있다. 미국의 경찰특공대는 반자동 소총, 방탄헬멧, 그리고 방탄조끼 등을 보유하고 있다. 심지어 장갑차 등 특수장비 등도 다수를 보유하고 있다.

물론 미국은 범인들이 총기를 소지하고 경찰에게 저항하는 경우가 많아서 경찰특공대를 이용하는 것이 필요하다. 그러나 경찰특공대를 지나치게 활용을 하여 너무 공격적으로 경찰활동을 하면 시민들에게 불필요한 위압감을 줄 수 있다는 비판도 일어나고 있다. 무엇보다도 경찰의 군대화로 가뜩이나 관계가 좋지 않은 소수인종과 경찰의 관계가 악화될 수가 있다.

제 9 절   결   론

이제까지 미국 경찰을 소개하였지만, 미국 사회의 복잡성과 광활한 영토 때문에 한마디로 명확하게 미국 경찰 전체를 설명하기에는 어려운 점이 많았다. 하지만 지금까지 논의했던 것을 간략히 정리하면 다음과 같다. 미국 경찰의 활동은 개인의 자유와 권리의 존중이란 법이념에 근간을 두고 있다. 미국 경찰이 9 · 11 테러 사건으로 개인의 자유와 권리보다는 공공의 안전을 위한 방향으로 다소 선회하였지만, 개인의 자유와 권리의 존중이란 이념은 앞으로도 계속 유

---

88) Kraska (2021), p. 447.

지할 것으로 보인다. 다른 한편으로는 미국 경찰은 범죄에 대해서는 상당히 강력하게 대처하고 있다. 그 이유들 중의 하나는 범죄자가 총기를 사용하는 등 상당히 흉악한 형태를 보이기 때문이다.

미국 경찰조직의 특징은 고도로 지방분권화되어 있다는 것이다. 미국 경찰은 연방, 주, 그리고 지방경찰로 다층구조를 가지고 있다. 하지만 그들 간에는 상명하복의 명령체계가 존재하지 않는다. 따라서 그들은 상호 상당히 독립적이다. 대부분의 치안업무는 지방경찰이 담당하고 있다. 시경찰의 경우에는 시장이 시의회의 동의를 얻어 경찰서장을 임명하고, 군보안관은 지역 주민이 선거로 직접 선출한다. 이렇게 고도로 지방 분권화된 경찰제도의 장점은 지역사회의 요구에 민감하기 때문에 보다 질이 좋은 경찰서비스를 시민들에게 제공할 수 있다는 것이다. 그러나 너무나 많은 경찰기관들이 독립적으로 존재하기 때문에 그들끼리 범죄예방을 위한 순찰과 범죄수사의 공조가 어렵다는 단점도 있다. 이런 미국 경찰제도는 미국의 특유한 역사적 및 사회적 상황을 반영하는 것이다.

참고문헌

Carte, Gene and Carte, Elaine, *Police Reform in the United States: The Era of August Vollmer*, Berkeley: University of California Press, 1975.

Central Intelligence Agency, *WorldFackbook*, 2002, http://www.odcj.gov / cia / publications / factbook / index.html

Council on Foreign Relations, *Terrorism: Q & A*, 2002, http://www.terrorism-answers.com / security / police_print.html.man

Doerner, William and Dantzter, M. L., *Contemporary Police Organization and Management*, Boston: Butterworth and Heinemann, 1999.

Doerner, William, *Introduction to Law Enforcement: An Insider's View*, Boston: Butterworth –Heinemann, 1998.

Doerner, William, *Introduction to Law Enforcement: An Insider's View*, Dubuque, IA: Kendall Hunt, 2016.

Farnsworth, Allan, A*n Introduction to the Legal System of the United States*, New York: Oceana Publications, 1983.

Federal Bureau of Investigation, http://www.fbi.gov / aboutus.htm

_____, *Congressional Statement*, 2002, htpp://www.fbi.gov / congress / congress02 / caruso 032102.htm

_____, *Law Enforcement Officers Killed and Assaulted–1999*, Washington, D.C.: U.S. Government Printing Office, 2001.

_____, *Uniform Crime Reports*, Washington, D.C.: Government Printing Office, 2000, 2002.

Ferdico, John, *Criminal Procedure for the Criminal Justice Professional*, St. Paul: West Publishing, 1989.

Fosdick, Raymond, *European Police Systems*. Montclair: Patterson Smith, 1972.

Hagan, Frank, I*ntroduction to Criminology: Theories, Methods, and Criminal Behavior*, Chicago: Nelson –Hall, 1986.

Hunter, Ronald, Mayhall, Pamela & Barker, Thomas, *Police –Community Relations and the Administration of Justice*. New Jersey: Prentice –Hall, 2000.

J & D Internet Marketing, *Terror Hits Home*, 2002, http://www.terrorist–attack–

memorial.com

Jeffery, C. Ray. *Criminology: An Interdisciplinary Approach*, New Jersey: Prentice
  -Hall, 1990.

Johnson, David, *American History of Police Reform*, Lexington: Lexington Books,
  1977.

Kraska, P. B. (2021). "Police Militarization." Dunham, Alpert, and McLean (ed.).
  Critical Issues in Policing: Contemporary Readings (eighth edition). Long Wood,
  Il. Waveland Press.

Moore, Mark. "Problem-Solving and Community Policing in Modern Policing,"
  Tonry, Michael and Morris, Norval (ed.). *Modern Policing*. Chicago. University
  of Chicago Press, 1992.

More, Jr., Harry, *Critical Issues in Law Enforcement*, Cincinnati, Ohio: Anderson,
  1984.

National Rifle Association, http://www.nra.org /frame.cfm?title = NRA%20Institute%
  20 for%20Legislative%20Action&url=http://www.nraila.org

President's Commission on Law Enforcement and Administration of Justice. *The
  Challenge of Crime in a Free Society*, New York: Avon Books, 1968.

_____, *Task Force Report: The Police*. Washington, D.C.: U.S. Government
  Printing Office, 1967.

Reid, Sue Titus, *Criminal Justice*, New York: Macmillan, 1990.

_____, *Criminal Law*, New York: Macmillan, 1989.

Sherman, L. J., "A Psychological View of Women in Policing," Journal of Police
  Science and Administration, Vol. 1 (1973), pp. 383~394.

Siegel, Larry and Senna, Joseph, *Juvenile Delinquency*, St. Paul: West Publishing,
  1997.

Supreme Court of Florida, *Supreme Court of Florida*, Tallahassee, Florida, 2000.

Swanson, Charles, Territo, Leonard & Taylor, Robert. *Police Administration*.
  Upper Saddle River, New Jersey: Prentice Hall, 2001.

The White House, 2002, http://www.whitehouse.gov /news/release/2001/10/20011
  0033.htm

Thibault, Edward, Lynch, Lawrence & McBride, Bruce, *Proactive Police Manage-
  ment*. Upper Saddle River, New Jersey: Prentice -Hall, 2001.

U.S. Department of Custom Services, http://www.customs.treas.gov/about/about.
  htm

U.S. Departemnt of Justice. Justice Expenditure and Employment Extract 2010.

https://www.bjs.gov/index.cfm?ty=pbdetail&iid=5049

U.S. Drug Enforcement Administration, http://www.usdoj.gov/dea/pubs/fact- sheet/ factsheet2002.html

U.S. Internal Revenue Services, http://www.irs.gov/irs/display/O,,i1%3D46%26gen ericId%3D15024,00.html

U.S. Marshals Service, http://www.usdoj.gov / marshals /

U.S. Secret Services, http://www.ustreas.gov / bureaus / index.html

Walker, Samuel, *The Police in America: An Introduction*, New York: McGraw –Hill, 1983.

Wilson, James Q. & Kelling, George L. "Broken Windows: The Police and Neigh borhood Safety," Willard Oliver(ed.), *Community Policing*, London: Prentice – Hall, 2000.

제 1 절 서   론

1945년 5월 8일 자정을 기해 유럽에서 공식적으로 전쟁은 종료되었다. 1871년 창건된 독일이 붕괴된 것이었다. 독일이 패망했던 1945년은 유럽사와 세계사에서 결정적이고, 중요한 전환점이 되었다.[1] 2차 세계대전 종전과 더불

---

1) 이민호, 『새독일사』(서울: 까치글방, 2003), p.317.

어 연합국(미국, 영국, 프랑스 그리고 구소련)들에 의하여 동·서독으로 양분되었다.[2] 이데올로기와 체제가 다른 연방공화국(서독: BRD)과 민주주의 공화국(동독: DDR)으로 분단된 것은 유럽의 분단이었을 뿐만 아니라 세계의 분단을 의미했다. 이 후 분단 40여 년만인 1990년 10월 3일 동독Deutsche Demokratische Republik 5개주가 독일연방공화국서독: Bundesrepublik Deutschland의 일원으로 통일조약에 가입함에 따라 하나의 독일로 통합되었다.[3] 특히 경찰제도의 통합측면에서 보면, 이러한 경험은 많은 시사점을 주고 있다.

한편 한국의 경우, 일제강점기를 거치면서 독자적인 경찰제도의 발전이 중단된 바 있다. 우리의 오랜 역사와 경험이 축적, 발전된 경찰제도가 아니라 식민지 지배라는 목적 수행을 위한 일본의 편의적인 통제, 폭압장치로서 외세에 의한 강제적인 이식이었다는 것에 문제가 있다. 광복이후 일제경찰의 폐해가 완전히 일소되지 못하고, 상당한 부분 건국과정에 그대로 이식됨으로써, 광복이후 80여년이 지난 오늘날까지 국민들로부터 일부 비판과 부정적인 평가를 받는 요인이 되어왔다.

특히 현재의 한국경찰체제(법령, 용어, 기구 등)나 제도가 대륙법계 국가들의 모습을 많이 닮아 있다는 점은 사실이다.[4] 그 가운데 독일 프로이센Preussen이후의 경찰제도가 일본을 통해 많이 전파되었다고 한다.[5] 그간 독일·프랑스를 중

---

2) 전쟁의 상처는 컸다. 인명피해만도 1,500만 명의 군인과 3,500만 명의 민간인이 사망하였다. 민간인 중에는 소련인이 2,000만 명이나 되었으며, 약 600만 명의 유태인이 학살당하였다.

3) 1990년 10월 3일 0시를 기해 독일민주주의공화국(동독: DDR)은 소멸하고, 새로운 독일 연방공화국(BRD)이 탄생했다. 이 순간부터 동독 인민의회 대의원 144명은 연방의회에 합류했다. 이민호, 2003, p.377.

4) 근대 일본 행정제도 및 법률은 독일 및 프랑스 등 대륙법계의 영향에 의거한 것이다. 즉 명치유신 후 일본에서는 법률관계에 있어 프랑스법이 가장 중요시 되었고, 법학자 '보아소나-드'를 비롯하여 사법성의 초빙교사인 '지프스케·죠슬랑' 등 프랑스에서 초빙된 학자들이었으며, 그들의 의견이 참작되었다. 그 후 독일법이 참작되어 내각의 초빙교사로서 '로이스렐(독일인)'이 오게 되었다. '보아소나-드'는 사법(私法)법률학자이었으나, '로이스렐'은 행정법학자였다. 경찰제도에 관하여는 독일경찰대위(大尉) '하인리히·후리드리히·윌헬름·헨'과 동 경찰조장 '에밀·로베르트·휘가세프스키'가 초빙되었다. '헨'경찰대위의 건의는 일본경찰제도 수립의 방향에 많은 영향을 주었다. 이와 같이 일본경찰은 대륙법계 특히 프랑스와 독일의 영향을 크게 받아들여 경찰근대화의 과정을 밟은 것이다(서기영, 1981: 139; 서기영, 1988: 336~337).

5) 유럽대륙의 중앙집권적 경찰조직을 참고한 일본은 「行政警察規則(1875년)」을 통하여 광범위한 경찰활동의 근거가 될 법규를 마련하였다(宮田三郎, 2002: 6~7); Kühne, Hans-Heiner/ Miyazawa, Koichi, Neue Strafrechtsentwicklungen im deutsch-japanischen Vergleich, 1995, 서문(Vorwort)에 의하면, Seit der Öffnung Japans unter Kaiser Meiji im 19.

심으로 한 대륙법계의 경찰제도가 국내에 소개된 경우가 있었지만, 독일경찰에 관한 자료들이 다소 부족하였다. 이로 인하여 독일경찰에 대해서 이해하는 데 어려움이 적지 않았다. 독일은 연방제국가로서 16개 각 주_{州, Land}마다 독자적인 경찰권을 행사하면서도 긴급사태_{Notstand} 발생시나 특정 임무수행시에 연방경찰_{Bundespolizei}이 적절하게 개입하는 등 균형 잡힌 분권화된 경찰체제를 유지하고 있다. 지방자치가 정착되어가고 있는 우리의 현 정치상황에서 독일의 경험과 상황을 소개하는 것은 한국경찰의 발전과 제도개선에도 도움이 될 것이다. 뿐만 아니라 분단된 국가로서 통합과정을 경험한 독일경찰의 사례는 시사점이 많다.

본장에서 주로 다루어질 내용은 독일경찰의 개념 · 권한 · 임무, 치안상황, 조직체계 개편동향, 인사관리(채용, 교육 등), 복지후생 및 근무여건 그리고 동서독 경찰통합 등이다. 이러한 독일 경찰제도를 소개하기 위하여 국내외 문헌, 현지 경찰관서(연방내무부, 연방범죄수사청, 연방경찰청, 경찰교육기관, 지방경찰청 등) 방문 및 실무수습을 통한 경험과 경찰관들과의 인터뷰를 통해 입수한 자료들이 활용되었다.

제 2 절   독일 경찰의 개념 및 임무

I 경찰개념의 변천

1. 경찰의 어원

"경찰"_{police, Polizei}이라는 단어의 기원은 원래 그리스어인 politeia에서 유래된 것으로서, 시정(市政)과 시조직(市組織)으로 일컬어졌다.[6] politeia는 근원적으로 국가의 헌법, 국가기능의 공동행사, 국가기능의 공동작용 등을 뜻하였다. 고대

Jahrhundert hat es immer enger werdende Beziehung zwischen Japan und Deutschland auf juristischem Gebiet gegeben, die mit der Rezeption der preußischen Verfassung begannen.

  6) Götz, Volkmar, *Allgemeines Polizei- und Ordnungsrecht*, 12. Aufl., 1995, pp.1 5~17.

로마에서 politia(state, government)라는 말은 공화국의 헌법과 그것을 수행하는 일반적인 행정활동 혹은 이상적 상태로 이해되었다.[7] 14세기 초엽 프랑스에서 "경찰대"police forces를 설치했던 사람들은 주격명사, 예를 들면, "la police de Paris"(파리 경찰)로 사용하였다. 그리고 타동사로서 policer는 질서를 가져오는 행위, 교화시키다 혹은 조직화하다는 뜻으로 언급되었다. 영국에서는 18세기경에 "경찰"이라는 단어가 "질서유지를 목적으로 설치된 조직화된 그룹"이란 뜻으로 사용되기 시작하였다.[8]

2. 중세독일의 경찰개념

독일경찰 개념의 유래는 15~17세기까지로 거슬러 올라가는바, 경찰이라는 단어는 원래 그리스의 politeia(πολιτεια)에서 유래된 말이며, 독일에서는 15세기 후반부터 Polizei라는 말이 사용되기 시작했다.[9] 14~15세기경 독일의 봉건 영주는 개인의 기득권ius quaesitum에 의하여 제한할 수 있는 일반의 통치권과 함께, 그와는 다른 특별한 통치권으로서의 경찰권ius politiae을 가지고 있었다. 여기에서의 경찰권은 교회권을 제외한 속세의 분야에서 개인의 복리를 도모하기 위하여 하는 모든 권한을 뜻하였다. 이 개념은 1530년 아우구스부르크 제국회의 Augsburger Reichstag에서 처음으로 법령화되었다.[10] 당시에는 정치학 내지는 법학적 용어였다. 그 후 정치적 상황이나 헌법학적 개념의 변화에 따라서 그 의미도 변화하게 되었다.

16세기 당시, 경찰임무 범위에는 생존배려적Daseinsvorsorge und Wohlfahrtspflege, 복지 증진적 의미가 포함되었다.[11] 즉 경찰임무는 「국가의 작용일체」를 의미하였다. 독일제국과 영방(領邦) 국가들의 경찰규정들은 국가와 시민과의 관계를 규율하는 것으로 등장하게 되었다. 경찰에 대한 이러한 이해를 근간으로 독일제국의

---

7) 홍정선, 『행정법원론(下)』(서울: 박영사, 1996), p.202.

8) Wilson *et al.*, *Police Administration*(5th ed.), Boston *et al.*: McGraw-Hill Co., 1997, p.4.

9) Würtenberger/Heckmann/Riggert, *Polizeirecht in Baden-Württemberg*, 2. Aufl., 1994, pp.1~2.

10) Scholler/Schlör, *Grundzüge des Polizei- und Ordnungsrechts in der Bundesrepublik Deutschland*, 4. Aufl., 1993, pp.1~2; 이상규, 『신행정법론(하)』(서울: 법문사, 1987), p.226.

11) Scholler/Schlör, *op. cit.*, pp.1~2.

경찰규정(1530, 1548, 1577년)들에 따르면 일상적인 영역 즉, 교역, 독과점, 관세, 도량형, 무게, 가격, 직업교육, 일상적인 행동들, 사치의 금지, 조합, 계약, 풍속, 종교행위, 유언, 상속과 같은 행위들까지 경찰의 규율대상이 되었다. 수많은 도시나 영방국가들에서 비슷한 개념이 사용되었다. 따라서 당시는 공법적인 영역과 사법적인 영역의 구분이 불명확하였다.

15~17세기경에는 경찰의 개념을 "공동체에 있어서 양호한 질서상태"(unter "guter Polizei" ganz allgemein eine gute Ordnung des Gemeinwesens 또는 Zustand guter Ordnung des Gemeinwesens)라는 의미로 이해되었다.

3. 절대주의[12] 시절의 경찰개념

17세기 중엽에 이르자, 일반적인 복지allgemeine Wohlfahrt의 충족이야말로 국가의 목적이라고 이해되었으며, 이것은 절대국가의 중요한 이념으로 자리를 잡게 되었다. 사회적 환경이 점점 복잡해지고, 중상주의의 보다 효과적인 시행을 위하여 종래의 포괄적인 경찰개념 — 일반적인 복지의 충족 — 속에서 특별한 조직과 기술을 전제로 하는 국가작용에 따라 조직정비와 작용분화가 요청되었다. 동시기에는 군무행정, 재무행정, 법무행정 등이 내무행정과 분리되어 독자적인 업무영역을 가지게 되었다. 17세기 초엽에는 외무행정이, 17세기 말엽에서 18세기 초엽에 이르기까지 군정, 재정, 사법분야가 각각 분리되었고, 내무행정이 독자적인 업무영역을 확보하게 되었다.[13]

18세기까지 경찰개념은 "공동체의 이상적인 질서상태"였다. 공공의 안녕질서와 복리를 위한 모든 내무행정을 뜻하는 것이었다.[14] 공동체의 양호한(이상

---

12) 절대주의 국가는 봉건세력의 지방분권화를 막고, 귀족들이 차지한 공권력의 분화를 극복하며 국왕 한 사람에게 권력을 집중시키는 정치체제로서 강력한 전제정치를 수반한다; 이민호/신승하, 『세계문화사』(서울: 대명출판사, 1985), p.306. 프랑스의 경우, 1661년 루이 14세의 친정시대가 열려, 전례없는 국왕권한을 누리고 효율적인 군사적, 행정적 기구를 이용하여 절대주의의 전성기를 맞이하여 루이 14세 자신은 태양왕으로 불리게 되었다. 17세기 서유럽 대부분의 나라에서는 절대왕권이 강화되어 봉건세력을 억제하고 국민국가의 기반을 공고히 하는 과정에 놓여 있었다. 프로이센 절대주의의 기반을 확립한 것은 Friedrich Wilhelm I세로서 그는 중상주의 정책을 강화하고 관료제도를 다졌다. 그 뒤를 이은 Friedrich der Groß는 계몽군주로서 국내정치를 확고히 하는 한편, 오스트리아와 독일의 패권을 겨루어 유럽 강국으로 발돋움하였다.

13) Scholler/Schlör, *op. cit.*, pp.1~2.

14) 이상규, 전게서, p.223.

적) 질서상태 즉, 경찰은 소극적인 위험방지Gefahrenabwehr라는 측면뿐만 아니라 복지증진(복지사무)Wohlfahrtspflege까지 포함하는 개념이었다.15) 복지국가 형성을 위한 국가의 모든 행정작용까지를 경찰의 영역으로 인정하였으며, 당시 경찰권은 절대군주의 최고의 권력으로서 통치의 편의를 위해 모든 부분에 간섭하게 되었다.16) 절대국가시절에는 경찰의 적용영역이 거의 무제한적이었다.17) 이러한 절대국가 개념 하에서는 광범위한 행정의 기능이 경찰에게 주어졌으며, 절대국가시절에는 국가와 국민들과의 관계에 있어서 경찰의 위상이 두드러지기 시작했다. 당시 경찰권은 법적인 토대를 갖지 않고서도 행사되었으며, 경찰권Polizeigewalt은 절대왕권의 집행을 위한 수단으로 활용되었다.18) 이 시기의 특징은 보다 나은 공적 영역의 복지증진을 위하여 사적인 영역을 제한하였다는 점이다. 이렇게 함으로써 경찰국가Polizeistaat가 탄생하였다. 흔히 독일을 경찰국가로 부르는 경우가 있는데, 이 시기의 경찰개념이 광범위한 영역을 규율대상으로 하고 있었기 때문으로 여겨진다.

한편, 관방학자 Johann Heinrich Gottlob von Justi에19) 의해 주도된 후기 관방학은 국가자원을 기준으로 하여 국가자원을 생산·유지하는 기능과 국가자원의 유용한 사용으로 나누었는데,20) 전자가 경찰학 분야였으며, 후자는 재정학 분야였다. 그는 경찰학을 국가자원의 유지와 증대에 관련된 학문이라고 하여, 경찰학의 복리증진적 측면을 강조하였으며, 경찰개념을 "국가목적 또는 국가이념을 실현하기 위한 합목적적인 국가활동이며, 경찰은 단순한 소극적인 치안유지를 위한 권력작용뿐만 아니라 적극적인 복리증진을 위한 작용"까지 포함하는

---

15) Knemeyer, Franz-Ludwig, *Poliezei- und Ordnungsrecht*, 6. Aufl., 1995. pp.3~4.
16) 이상규, 전게서, p.226.
17) Schmidt-Aßmann(Hrsg.), *Besonderes Verwaltungsrecht*, 10. Aufl. 1995, pp.108~109.
18) Scholler/Schlör, *op. cit.*, p.1.
19) 1756년 『경찰학의 원리: Grundsätze der Polizeiwissenschaft』라는 저술을 통하여 종전의 제 정치적 학문과 구분하여 경찰학(Polizeiwissenschaft)을 최초로 체계화하였으며, 이를 독립적 과학으로서 정리하였다.
20) 박문옥, 『新考 行政學』(서울: 박영사, 1969), p.31. 독일과 오스트리아에서 발달한 정책학 내지 행정사상이 바로 관방학인데, 16세기에서 18세기에 걸친 독일 중상주의적 국가관에 입각하고 있다. 절대군주를 중심으로 한 부국강병을 통하여 통일국가로서의 번영을 꾀하면서, 국내자원을 개발하여 관방재정, 즉 군주의 재정을 증강하는 국가적인 종합 진흥 정책에 요구되는 지식과 기술에 관한 학문이었다. 1655년경부터 Thomasius가 Halle 대학에서 관방학교수(Professor für Kameralistik an der Universität Halle)로서 관방학 특히 경찰학(Polizeiwissenschaft)을 강의했는데, 이들은 전기 관방학파에 속한다.

것이라고 규정하였다.

4. 자유주의적 법치국가시대 이후 독일 경찰

18세기까지 경찰개념은 공동체의 이상적인 질서상태라는 개념으로 자리를 잡고 있었다. 이상적인 질서상태에는 위험방지Gefahrenabwehr라는 측면과 복지증진Wohlfahrtspflege이라는 두 요소를 포함하고 있었다.[21] 18세기 말엽에 접어들어 계몽주의와 자연법론의 영향으로 자유주의적 법치국가 관념이 대두되면서 계몽사상가들은 광의의 실질적 의미의 경찰개념과 광범위한 군주의 경찰권에 대해 반론을 제기하였다. I. Kant, J. S. Pütter 등이 근대적 의미의 경찰은 내무행정 중에서 위험방지와 제거를 목적으로 하는 작용에 한하는 것임을 주장하면서, 경찰의 임무는 위험방지에 대한 배려이며, 복지의 촉진은 경찰의 고유임무가 아니라고 하였다.[22] 1770년 Göttingen의 국법학자 J. S. Pütter는 <*Institutiones Iuris Publici Germanici*>에서 "경찰의 직무는 급박한 위험의 방지이다; 공공의 복리증진은 경찰의 본래 직무가 아니다"Promovendae salutis cura proprie non est politiae라고 천명하였다. 계몽시대Aufklärungszeit를 거치면서 경찰개념이 위험방지라는 측면으로 제한되기 시작했다.[23] 즉, 경찰개념에서 위험방지 임무와 복지증진 사무가 명백하게 분리되었다.[24]

Johann Stephan Pütter (1725-1807, Göttingen)

21) Knemeyer, *Loc. cit.*
22) 홍정선, 전게서, p.203.
23) Schmidt-Aßmann (Hrsg.), *op. cit.*, p.108.
24) *Ibid.*, p.108.

경찰에 관한 새로운 모습이 프로이센제국의 1794년 일반주법Das Preußische Allgemeine Landrecht에서 경찰작용은 소극적인 공안유지에 국한된다는 것으로 명문화§10 II 7 des Preuß. ALR von 1794[25])되기에 이르렀다.[26]) 2장 17부 제10조에서 일찍이 법령으로 규정되었는바, "공공의 평온과 안전, 질서의 유지와 공동체 또는 개별 시민들이 직면하는 위험의 방지를 위해 필요한 공공(公共)의 조직은 경찰관청이다."[27])

이로써 위험방지가 경찰임무로 규정되었다. 계몽시대를 지나 19세기에 이르기까지 경찰의 업무영역에서 복지사무가 (여전히) 계속적으로 남아 있었기 때문에 별다른 변화는 없었다. 그러던 중 1882년 6월 14일 프로이센 주 고등행정재판소Preußisches Overlandesverwaltungsgericht의 유명한 크로이츠베르크 판결Kreuzberg - Urteil을 계기로 경찰작용의 영역에서 복지행정적 요소가 제외되고, 경찰임무의 영역이 안녕과 질서의 보호, 즉 위험방지라는 제한된 범위로 축소되기에 이르렀다.[28]) 동사건의 전개과정을 소개하면, 당시 프로이센일반주법 2장 17부 제10조에 규정된 내용(경찰법적 근거)이 문제가 된 것인데, 동조항ALR §10 II 17을 근거로 도시미관(Kreuzberg에서 Siegesdenkmal까지 건축의 고도제한)을 유지하는 것과 같은 복지행정적 조치eine Maßnahme der Wohlfahrt는[29]) 취할 수 없다는 판결이었다. 즉, 경찰로부터 복지행정적 조치를 할 수 있는 권한을 박탈, 부인하였다. 베를린 경찰청장의 명령은 위험방지를 위한 것이 아니라 오히려 복지증진을 위한 조치이므로 동조항의 취지와 일치하지 않으며, 따라서 무효라는 것이다. 이 판결을 통하여 법원은 경찰의 권한을 위험방지에 국한시켰다. 이후 수십 년간 프로이센 고등행정재판소는 지배적 학설과 일치하여 이 판결의 입장을 고수하였다. 다시 말하면, 1794년 프로이센일반주법 규정의 취지에 맞게 경찰권한을 해석하였다. 이

25) 프로이센일반주법(Preußisches Allgemeines Landrecht) 2장(Zweiter Teil), 17부(Titel), 제10조.
26) 이상규, 전게서, p.227.
27) Frotscher/Pieroth, *Verfassungsgeschichete*, 1997, p.75. "Die nötigen Anstalten zur Erhaltung der öffentlichen Ruhe, Sicherheit, und Ordnung, und zur Abwendung der Publico, oder einzelnen Mitgliedern desselben, bevorstehenden Gefahr zu treffen, ist das Amt der Polizei." 프로이센 일반주법에서는 일종의 권력분립과 같은 내용은 찾아볼 수 없었으며, 군주는 여전히 무제한적인 권한을 소유한 자(Inhaber unumschränkten obersten Gewalt)로서 남아 있었다. 동법은 법치주의적 국가체제로 나아가는 데 있어서 중요한 조치로서 평가되고 있다.
28) Götz, *op. cit.*, p.18; Knemeyer, *op. cit.*, pp.4~5.
29) 사건의 발단은 도시조망과 전승기념비의 전망확보를 위한 건축규제로서, 1879년 3월 10일 베를린 경찰청장이 내린 경찰명령이었다.

판결은 경찰임무의 영역을 안녕과 질서의 보호Schutz von Sicherheit und Ordnung, 즉 위험
방지로 제한하였다. 그래서 경찰국가적 경찰개념은 효력을 상실하였다. 이 같은
판결을 계기로 복지행정적 요소까지 경찰의 규율대상으로 하던 당시의 많은 영
방(領邦)국가들의 경찰권한이 오늘날 이해되고 있는 실질적 의미의 경찰개념(위
험방지)으로 한정되게 되었다. 물론 주에 따라서 똑같은 과정을 거친 것은 아니
었다.

5. 20세기 이후 독일경찰

15~20세기 초반까지 경찰개념은 "gute Polizei, gute Ordnung 또는 Wohl-
fahrtspflege"에서 "Gefahrenabwehr"라는 축소의 과정을 겪었다. 20세기에 이
르러 법치국가적 경찰법을 확립하는 계기로서, 1931년 6월 1일 프로이센경찰행
정법Preuß. Polizeiverwaltungsgesetz vom 1. 6. 1931 역시 법치국가적 기본원리를 발전시켜 나갔
다.30) 동 경찰행정법 제14조에서는 위험방지에 관한 일반조항적Generalklausel 의미
를 가진 경찰개념에 근거를 둔 실질적 경찰권을 규정하였다.31)

"경찰관청은 유효한 법의 영역 안에서 의무합치적 재량에 따라서 일반적 또
는 개별적인 위험한 요소들에 의하여 공공의 안녕과 질서가 위협받는 경우에
이를 방지하기 위해 필요한 조치를 취할 권한을 갖는다."

그런데 오랫동안 지방자치적, 법치주의적 경찰제도를 유지해왔던 독일의 경
찰제도가 1933년 이후 나치-독재정권을 거치면서 법치주의적 경찰제도가 파괴
된 가운데, 강력한 중앙집권적 경찰제도를 경험하게 된다.32) 2차 대전 패전 후

---

30) Götz, *op. cit.*, pp.19~20.

31) In seinem §14 formulierte es den materiellen, auf der Polizeigewalt beruhenden
Polizeibegriff im Sinne der Generalklausel von der Gefahrenabwehr: Die Polizeibehör-
den haben im Rahmen der geltenden Gesetze die nach pflichtmäßigem Ermessen
notwendigen Maßnahmen zu treffen, um von der Allgemeinheit oder dem einzelnen
Gefahren abzuwehren, durch die die öffentliche Sicherheit oder Ordnung bedroht wird.

32) 나치(Nazi)는 집권 초부터 중앙과 프로이센 주정부의 내무부장관직을 장악하여 경찰권
을 확보했다. 히틀러는 긴급명령권으로 의회를 해산하고 나치가 장악한 경찰력과 나치 산하
단체 돌격대를 동원하였다. 나치하의 헤르만 괴링은 프로이센 주 내무부장관 서리로 임명되
었으며, 그는 프로이센의 경찰력과 돌격대를 장악하고, 약 5만명의 제대 장병으로 이루어진
보조경찰력까지 활용하였다. 또한 프로이센 경찰을 개편하여 비밀경찰 게슈타포(Gestapo, 정
식명칭 Geheime Staatspolizei)를 창설했다. 1934년 힘러는 괴링으로부터 게슈타포를 인계받
았으며, 2년 뒤에는 경찰청장이 되었다. 이로써 힘러는 친위대(Schutzstaffel/SS)와 게슈타포
를 함께 장악했는데, 게슈타포는 '예방적 체포권'을 가진 초법적인 존재였다. 동지 이민호,

서방 3개국과 소련의 일시 점령기간을 거쳤으며, 점령국 경찰제도의 영향 아래 탈경찰화Entpolizeilichung가33) 추진되었다. 독일연방공화국BRD이 수립됨에 따라 경찰 사무는 각 주의 관할사항이 되었다. 기본법Grundgesetz은 연방과 각 주 사이의 권한을 분배하면서 연방의 일반경찰행정권을 인정하지 아니하고, 그것을 각주의 권한에 속하도록 하였다.34)

공권력 행사가 전문화, 다양화됨에 따라 위험방지에 관한 규정은 경찰법뿐만 아니라 형사소송법, 질서위반법, 도로교통법, 집회와결사에관한법 등에서도 개별적으로 규정되었다.35) 따라서 일반집행경찰Vollzugspolizei은 급박한 위험발생에 한해서 관할권을 가지며, 일반적인 위험방지임무는 내무행정을 맡고 있는 다른 관청의 업무가 되었다.

6. 오늘날의 경찰개념

오늘날 독일경찰은 소극적 의미의 사전예방적 경찰활동뿐만 아니라 사후진압적 경찰활동repressiv-polizeiliche Handeln,36) 형사범의 소추Verfolgung von Straftaten,37) 예방적 범죄투쟁vorbeugende Bekämpfung von Straftaten과38) 범죄예방Verhütung von Straftaten을39) 위한 경찰역할이 강조되고 있다. 또한 관련내용이 「연방 및 각 주경찰법통일모범초안」에서40) 규정되었다. 특히 내적 안전innere Sicherheit은 "삶의 질"의 일부로 간주되면

2003, pp.283~284.

33) 한국에서도 해방 후 미군정시절에 이러한 脫경찰화 작업이 진행되었다. 물론 일본에 진주한 미국은 일본경찰의 脫경찰화를 추진하면서, 영미경찰제도와 영미법계의 법률전통을 강하게 이식한 바 있다.

34) 이상규, 전게서, p.228.

35) Scholler/Schlör, *op. cit.*, p.5.

36) Knemeyer, *op. cit.*, pp.189~202.

37) Götz, *op. cit.*, pp.199~206.

38) Kaiser교수와 같은 범죄학자(필자의 박사과정 지도교수)는 1978년의 문헌에서 "예방적 범죄투쟁"이라는 용어를 사용하면서, 범죄예방을 위한 경찰의 적극적인 경찰활동을 강조하였다.

39) Fassband는 1978년 "Die Rolle der Uniformpolizei bei der Verhütung und Bekämpfung der Kriminalitäte"라는 제하의 논문에서 경찰의 범죄예방적 및 범죄투쟁적 역할을 강조한 바 있다.

40) 동 모범초안 제1조: 경찰의 임무(§1 Aufgabe der Polizei) (1) Die Polizei hat die Aufgabe, Gefahren für die öffentliche Sicherheit oder Ordnung abzuwehren. Sie hat die in Rahmen dieser Aufgabe auch für die Verfolgung von Straftaten vorzusorgen und Straftaten zu verhüten (vorbeugende Bekämpfung von Straftaten) sowie

서, 개인의 자유를 보장하기 위한 기본권 혹은 헌법국가적 보호의무로 인정되
고 있다.[41] 경찰에 의한 범죄예방활동은 결국 내적 안전을 보장하는 데 기여해
야 하는바,[42] 범죄예방을 위한 일차적·공식적 국가기관인 경찰에게 내적 안전
유지자로서의 역할이 더욱 강조되고 있다.

(1) 실질적 의미의 경찰개념

실질적 의미의 경찰개념materieller Polizeibegriff은 임무에 의해서 규정되는 것으로
서, 공공의 안녕과 질서를 위협하는 일반적 또는 개별적 위험을 방지하기 위한
국가의 작용 또는 행위이다.[43] 실질적 의미의 경찰개념에 있어서는 어떤 행정
관청이 위험방지를 위한 임무를 갖는가 또는 어떤 관청에 관할권을 부여할 것
인가는 별로 중요시하지 않으며 기능적으로 이해하는 것이다.[44] 이 실질적 의
미의 경찰개념에는 위생경찰, 건축경찰의 개념까지도 포함된다. 예를 들면, 건
축물을 잘못 시공하여 붕괴될 위험이 있거나 이러한 위험이 발생하지 않도록
사전에 예방하는 국가의 작용을 경찰개념으로 이해한다. 프로이센 경찰행정법
상의 규정은 위험방지라는 실질적 의미의 경찰개념이라고 할 수 있으며, 완전
히 경찰관청에게 이 임무가 부여되었다.[45] 이러한 개념은 2차 대전 후 서방 점
령당국에 의한 독일경찰의 탈경찰화 과정을 거치면서, 경찰관청과 경찰이 아닌
질서관청으로 분리되는 과정을 겪는다.

(2) 형식적 의미의 경찰개념

형식적 의미의 경찰개념formeller Polizeibegriff에는 제도적institutioneller 또는 조직적
organisatorischer 의미의 경찰개념이 포함되는바, 관청의 조직에 따라 규정되는 개념
이다.[46] 위험방지임무를 수행하느냐의 여부문제가 아니라 경찰관청 관할권의

Vorbereitungen zu treffen, um künftige Gefahren abwehren zu können (Vorbereitung
auf die Gefahrenabwehr).

41) Kaiser, Günther, *Kriminologie, Ein Lehrbuch* 3. Aufl., 1996, pp.1094~1095.

42) Heinz, Wolfgang, "Kriminalprävention –Anmerkungen zu einer über fälligen
Kurskorrektur der Kriminalpolitik", In: *Entwicklung der Kriminal prävention in
Deutschland: Allgemeine Trends und bereichsspezifische Perspektiven*: Dokumen-
tation des 3. Deutschen Präventionstages in Bonn vom 5. bis 7. Mai 1997, hrsg. v.
Kerner, Hans–Jürgen/Jehle, Jörg–Martin/Marks, Erich, Mönchengladbach, 1998, p.22.

43) Schmidt –Aßmann(Hrsg.), *op. cit.*, p.110.

44) Möller/Wilhelm, *Allgemeines Polizei– und Ordnungsrecht*, 4. Aufl., 1995, p.6.

45) Schmidt –Aßmann, *op. cit.*, p.112.

기초를 중심으로 이해된다. 즉 경찰관청에게 관할권이 부여되어 있는 모든 임무나 사무를 경찰개념으로 이해하는 것이다. 사후 진압적 수사업무가 명백히 위험방지는 아니지만, 경찰관청에게 이러한 관할권이 부여되면 경찰사무로 이해하게 된다. 설사 다른 관청이 위험방지 임무를 수행하더라도 이는 경찰이 아니라는 결론에 도달한다. 이 개념 하에서는 경찰관청이 연방법이나 주법의 규정에 의하여 위험방지임무뿐만 아니라 여러 가지 다양한 임무를 수행하게 된다. 오늘날 경찰개념에 관한 문제는 행정조직법적 관점으로 논의의 방향이 바뀌었다.47) 경찰이 경찰관청Polizeibehörde과 집행경찰Vollzugspolizei로 나누어지는 것은 경찰법의 영역에서 유효한 각 주의 법률들을 통하여 이 문제가 해결된다. 분리형을 채택한 주들에서는 집행경찰적 의미에서 그러한 경찰직무의 수행이 부여되며, 단일형을 취하는 주들에서는 수많은 조직들, 즉 조직적인 의미에서 모든 경찰관청들에게 직무수행이 부여된다.48)

(3) 경찰개념의 구별한계

실질적·형식적 의미의 경찰개념이 완전히 분리되는 것은 아니다. 두 개념은 두 가지 영역에 있어서 상호관련성을 가지면서 부분적으로 중첩되는 면이 있다. 위험방지라는 실질적 의미의 경찰법적 임무와 기능의 일부가 수많은 다른 관청들에 의하여(실질적 개념으로) 수행될 수 있고, 그와 반대로 위험방지 외의 다른 임무들이(오로지 형식적 의미로) 경찰관청에게 부여될 수 있다(예를 들면, 범죄수사와 관련한 Ermittlungspersonen der Staatsanwaltschaft으로서).49) 두 영역에 있어서의 한계는 권한의 다양한 부여방식에 달려 있다. 경찰개념과 관련한 영역에서의 변화와 분열은 불가피하다.

▐▌ 경찰사무의 배분

독일 기본법에 의하면 경찰사무는 원칙적으로 각 주의 사무이다.50) 독일경

46) *Ibid.*, p.110; Möller/Wilhelm, *op. cit.*, p.6.
47) Götz, *op. cit.*, pp.21~22.
48) Knemeyer, *op. cit.*, p.13.
49) Schmidt-Aßmann(Hrsg.), *op. cit.*, pp.109~110.
50) Semerak, Arved F., *Die Polizei*, 1988, p.26.

찰을 지방자치 또는 분권화된 제도라고 하는 이유는 기본법 제30조와 제70조의 규정에 따라서 확인할 수 있다.[51] 기본법 제71조 이하에서 연방의 입법사항으로 규정하지 않은 사항에 대해서는 각 주의 입법사항(각 주의 권한)이라는 의미이다.[52] 연방(정부)경찰사무와 주(정부)자치경찰사무의 배분기준은 기본법의 근거규정에 의한다.

1. 연방(정부)경찰사무

(1) 연방정부의 독점적 입법사항

기본법 제73조 이하에서는 국방, 국민의 보호, 국적사무, 통화, 도량형, 관세, 항공교통, 철도, 우편, 통신, 상속, 출판저작권과 상업의 권리보호와 연방과 주정부간의 공동협력에 관한 내용(동조 10호), 즉 수사경찰에 관한 사항, 자유민주주의적 기본질서와 헌법보호차원의 연방과 주의 안전에 관한 사항, 폭력의 사용이나 독일연방공화국의 대외적인 이익을 해할 목적으로 기도된 행위들에 대한 연방 내에서의 보호, 연방범죄수사청과 국제적인 범죄진압에 관한 사항 등에 대해서는 연방이 독점적인 입법권을 행사한다.

(2) 연방과 주정부간의 병렬적인konkurrierende 입법사항

기본법 제74조에서는 민법, 형법, 행형법, 법원조직법, 소송절차, 변호사와

---

51) Art. 30 Kompetenzverteilung zwischen Bund und Ländern: Die Ausübung der staatlichen Befugnisse und die Erfüllung der staatlichen Aufgaben ist Sache der Länder, soweit dieses Grundgesetz keine andere Regelung trifft oder zuläßt. Art. 70 Verteilung der Gesetzgebungskompetenzen zwischen Bund und Ländern (1) Die Länder haben das Recht der Gesetzgebung, soweit dieses Gerundgesetz nicht dem Bunde Gesetzgebungsbefugnisse verteilt. (2) Die Abgrenzung der Zuständigkeit zwischen Bund und Ländern bemüßt sich nach den Vorschriften dieses Grundgesetzes über die ausschließliche und die konkurrierende Gesetzgebung.

52) 독일의 각 주정부에는 내무부, 법무부, 교육부, 환경부 등 행정각부가 설치되어 있다. 주법무부산하에 각급 검찰청이 설치되어 있다고 하여 검찰사무가 지방자치사무라고 일컬어지는 것은 아니다. 검찰의 권한과 임무는 연방법의 규율사항이기 때문에 검찰권의 행사와 관련된 사항은 자치사무라 할 수 없다. 지방자치의 여부는 자기의 업무를 처리함에 있어서 독자적 입법권이 부여되어 있느냐가 관건이다. 미국의 경우, 연방형법과 주형법이 따로 존재하지만, 독일의 경우는 형법, 민법, 형사소송법, 민사소송법 등이 연방법으로 규율되어 있어, 독자적인 주법이 따로 있는 것이 아니다. 그러나 경찰법을 비롯한 상당수의 행정법적인 사항은 각 주에서 입법권을 가지고 있다.

공증인에 관한 사항과 결사와 집회에 관한 사항, 외국인 체류문제, 무기와 화약에 관한 사항, 전쟁배상 및 전몰자에 관한 사항, 상행위 관련사항(금융, 보험, 공업, 수공업 등), 원자력에너지에 관한 사항, 노동권에 관한 사항, 학문과 연구에 관한 사항, 토지와 자연보호에 관한 사항, 독과점의 규제에 관한 사항, 농업이나 임업적 생산, 호수·임야에 관한 사항, 전염병 등에 대한 방역, 병원시설 등에 대한 경제적 보호, 교통, 생활필수품, 사료, 비료, 동식물의 보호, 수상교통과 관련된 사항, 일반교통, 자동차, 건축, 국도의 유지, 자동차에 의한 공공도로사용에 대한 이용료, 철도가 아닌 궤도차량사항, 쓰레기처리, 공기정화, 소음방지, 인공수정과 인공장기 및 이식에 관한 사항과 공무원의 보수와 복지후생에 관한 사항(74조a) 등에 대해서는 연방과 주간에 상호병렬적인 입법권을 갖는다.

2. 주(정부)자치경찰사무

연방정부의 독점적, 병렬적 입법사항이 아닌 경찰사무에 관해서는 주(정부)경찰의 전속적 사무가 된다. 즉, 수사업무에 관한 연방과 주정부 간의 협력사항에 관한 내용을 제외한 경무, 교통, 방범 및 생활안전, 경비업무에 관해서는 전적으로 주경찰의 사무로 이해할 수 있다.

3. 주경찰간의 직무응원 및 공동협력의 문제

대규모 시위사태가 발생할 때 각 주경찰간의 응원, 협조문제에 있어서 1차적으로는 연방경찰Bundespolizei이 주경찰을 지원하며, 2차적으로 다른 주경찰은 연방과 주의 질서보호차원에서 협력할 의무를 지며(헌법사항), 이러한 경우에 연방내무부가 이를 통제·조정할 수 있다.

Ⅲ 독일경찰의 수사사무

1. 경찰의 수사사무에 대한 법적 근거

경찰법 규정에는 범죄수사와 관련된 직접적 언급이 없지만, 제1조 2항을 근거로 하여 경찰은 [법원조직법(GVG)] 제152조 "Ermittlungspersonen der Staatsawaltschaft"에 의한 검찰의 수사관 자격으로서, 다른 법령인 형사소송법Strafprozeßordnung 제163조상 부여된 경찰의 임무Aufgaben der Polizei규정에 따라 범죄수사 임무를 수행한다.

(1) 경찰법상의 근거

주경찰법(바덴-뷔르템베르크경찰법 제1조 2항, 노르트라인베스트팔렌 주경찰법 제1조 4항)이나 [경찰법통일을위한모범초안]에서의 규정에 근거하여 "다른 법규정에 의하여 부여된 임무들übertragenen Aufgaben"을 수행해야 한다. 범죄수사와 관련된 경찰의 임무를 규정한 형사소송법상의 규정은 경찰법외의 다른 법규정에 해당하며, 일반집행경찰은 경찰법외의 다른 법규정에 의해 부여된 임무를 수행하기도 한다.

1) [연방과각주경찰법통일모범초안]에서의 경찰임무 규정[53]   동 초안 제1조에 따르면 다음과 같다:

1항	경찰은 공공의 안녕 또는 질서에 대한 위험을 방지할 의무를 진다. 경찰은 형사사건의 소추를 위한 대비, 장래의 위험을 방지하기 위한 사전적인 조치와 아울러 범죄예방(범죄에 대한 예방적 대처)과 같은 임무를 진다.
2항	사적인 권리의 보호는 이法에 따라 법원에 의한 보호가 적시에 취해지지 않을 때, 경찰의 도움이 없이는 권리의 실행이 좌절되거나 또는 근본적으로 곤란한 경우에는 경찰의 임무이다.
3항	경찰은 다른 관청의 집행을 원조한다.
4항	경찰은 더 나아가서 다른 법규정에 의하여 경찰에게 부과된 사항을 충족시킬 의무가 있다.

2) 바덴-뷔르템베르크주 [경찰법][54]   동법 제1조에 따르면 다음과 같다:

1항	경찰은 공공의 안녕과 질서를 위협하는 개별적 또는 단체적인 위험의 방지와 공공의 이익이 존재하는 영역에서 공적인 안전과 질서를 교란하는 행위를 제거할 임무를 진다. 특별히 경찰은 헌법합치적 질서와 시민권의 행사가 제한받지 않도록 보장할 임무를 진다.
2항	그 외에도 경찰은 다른 법령에 의하여 부여된 임무를 수행해야 한다.

---

53) Musterentwurf eines einheitlichen Polizeigesetzes des Bundes und der Länder. Der Vorentwurf zur Änderung des ME PolG (Stand: 12. 3. 1986).

54) Baden-Württemberg Polizeigesetz in der Fassung vom 13. Jan. 1992, geändert durch Artikel 10 des Gesetzes vom 7. Feb. 1994(GBI. p.73).

(2) 형사소송법적 근거

범죄수사에 관한 경찰의 직무와 권한은 형사소송법 제163조 1, 2항 및 동법 제161조 등에 의하여 부여된다.[55]

● 형사소송법(2009년 10월 1일 개정 발효) 제163조[56](Aufgaben der Polizei: 경찰의 임무)

(1) 공공관청들과 경찰관서 경찰관들은 범죄사건을 수사하고, 사실의 은폐(증거인멸)를 방지하기 위하여 지체되어서는 안 될 모든 조치를 취해야 한다. 이러한 목적을 위하여, 다른 법령상의 규정들이 그들의 권한을 특별히 규정하지 않는 한, 모든 종류jeder Art의 수사를 실행할 수 있을 뿐만 아니라, 그들에게는 모든 공공관청으로부터 정보를 요청할request 수 있는 그리고 지체의 위험이 있을 경우에 또한 그 정보를 요구할demand 수 있는 권한이 부여된다.

(2) 공공관청들과 경찰관서 경찰관들은 그들의 사건서류들을 지체없이 검찰에 송부해야 한다. 법관에 의한 수사가 신속하게 이루어져야 필요가 있을 것 같은 경우에는, 수사서류 송부가 구(區)법원Amtsgericht에 직접 이루어질 수 있다.

(3) 생략

● 형사소송법(2008년 1월 1일 개정발효) 제161조(Ermittlung; Verwendung von Information aus verdeckten Ermittlungen: 수사 및 비밀수사로부터 취득된 정보의 사용)[57]

---

55) Gusy, Christoph, Polizeirecht, 3. Aufl., 1996, pp.75~76.

56) 독일형사소송법 §163(Aufgaben der Polizei) (1) Die Behörden und Beamten des Polizeidienstes haben Straftaten zu erforschen und alle keinen Aufschub gestattenden Anordnungen zu treffen, um die Verdunkelung der Sache zu verhüten. Zu diesem Zweck sind sie befugt, alle Behörden um Auskunft zu ersuchen, bei Gefahr im Verzug auch, die Auskunft zu verlangen, sowie Ermittlungen jeder Art vorzunehmen, soweit nicht andere gesetzliche Vorschriften ihre Befugnisse besonders regeln. (2) Die Behörden und Beamten des Polizeidienstes übersenden ihre Verhandlungen ohne Verzug der Staatsanwaltschaft. Erscheint die schleunige Vornahme richterlicher Untersuchungshandlungen erforderlich, so kann die Übersendung unmittelbar an das Amtsgericht erfolgen. (3)......

57) 독일형사소송법 §161(Ermittlung; Verwendung von Information aus verdeckten Ermittlungen) (1) Zu dem in §160 Abs. 1 bis 3 bezeichneten Zweck ist die Staatsanwaltschaft befugt, von allen Behörden Auskunft zu verlangen und Ermittlungen jeder Art entweder selbst vorzunehmen oder durch die Behörden und Beamten des Polizeidienstes vornehmen zu lassen, soweit nicht andere gesetzliche Vorschriften ihre Befugnisse besonders regeln. Die Behörden und Beamten des Polizeidienstes sind verpflichtet, dem Ersuchen oder Auftrag der Staatsanwaltschaft zu genügen, und in diesem Falle befugt, von allen Behörden Auskunft zu verlangen.

(1) 160조 1항에서 3항까지에서 규정된 목적을 위하여, 검찰은 모든 공공관청으로부터 정보Auskunft: information를 요구하고, 다른 법령상의 규정들이 특별히 그들의 권한을 규정하지 않는 한, 그 자신 혹은 경찰직무담당 관청 및 공무원을 통하여 모든 종류jeder Art의 수사를 실행할 수 있는 권능이 부여된다. 공공관청들과 경찰관서 경찰관들은 검찰의 요청Ersuchen: request 혹은 명령Auftrag: order을 충족시킬 의무를 질 것이며, 그러한 경우에 그들에게는 모든 공공관청으로부터 정보를 요구할 권능이 부여될 것이다.

(2) 이 법에 따른 조치는 특정한 범죄들이 저질러지고 있다는 의심이 있는 곳에서만 허용되며, 그래서 다른 법령에 따라 취해진 상응하는 조치결과로서 취득된 개인정보personal data는 그 조치에 의하여 영향을 받는 자의 동의없이 형사소송절차에서 단지 그러한 형사사건들의 해결 쪽으로 사용될 수 있으며, 그러한 해결 쪽으로 이 법에 따른 그러한 조치가 명령될 수 있다. 100d조 5항 3호는 영향을 받지 않는다.

(3) 경찰법에 근거한 비공개된 수사 진행 동안에, 신변보호 목적을 위한 기술적 수단의 투입으로부터, 사적 영역 내에서 혹은 영역으로부터 취득된 개인정보는 증거목적으로 비례원칙(기본법 제13조 5항)의 준수 하에서, 그 명령을 발하는 관서가 소재하고 있는 관할 내 구법원(제162조 1항)이 조치의 적법성을 확인한 후에만 활용이 허용된다; 지체의 위험이 있는 경우에, 법원의 결정은 지체없이 취해져야 한다.

(3) 법원조직법상의 "검찰의 수사관"

1) **"검찰의 수사관"에 속하는 경찰관의 범위**　　누가 검찰의 수사관이 되는가의 문제는 개별 주법에 근거한 검찰의 수사관(법원조직법 제152조)으로의 지정은 기본적으로 합의된 법규명령을 통해서 가능하다. 수사관은 개별적인 지정이 아니라, 특정한 공무원그룹의 형태로 지정된다. 예를 들면, 노르트라인-베스트팔렌 주 법규명령Verordnung über die Ermittlungspersonen der Staatsanwalt- chaft 제1조에 의하면, "다음과 같은 공무원 및 직원그룹에 속하는 자들은 검찰의 수사관이다Die Ange-hörigen folgender Beamten- und Angestelltengruppen sind Ermittlungspersonen der Staatsanwaltschaft"라고 규정하고 있다.

독일에서는 대체로 하위직 경찰관과 중급 경찰간부에 이르는 경찰관들을 검

---

(2) Ist eine Maßnahme nach diesem Gesetz nur bei Verdacht bestimmter Straftaten zulässig, so dürfen die auf Grund einer entsprechenden Maßnahme nach anderen Gesetzen erlangten personenbezogenen Daten ohne Einwilligung der von der Maßnahme betroffenen Personen zu Beweiszwecken im Strafverfahren nur zur Aufklärung solcher Straftaten verwendet werden, zu deren Aufklärung eine solche Maßnahme nach diesem Gesetz hätte angeordnet werden dürfen. §100d Abs. 5 Nr. 3 bleibt unberührt. (3).............

찰의 수사관으로 규정하고 있는 경향이다. 특히 고위직 공무원_{höher Dienst}(우리나라 경정급 또는 사무관급 이상의 공무원)그룹에 대해서는 검찰의 수사관 범주에서 제외시키고 있다.[58] 일반집행경찰의 경우, 한국과 같이 경무관(지방경찰청 차장급), 총경(경찰서장급), 경정(과거 사법시험합격자가 경찰직에 임용될 시 부여되는 계급, Polizeirat/Kriminalrat)뿐만 아니라 특별사법경찰관에 해당하는 관서장, 즉 세무서장, 교도소장, 구치소장, 영림서장(서기관급 공무원)까지[59] 검찰의 수사관으로 규정하는 예는 드물다.

검찰의 수사관 범위는 각주의 법규명령을 통하여 그룹별로 지정된다. 법규명령들은 보통 수사경찰_{Kripo}인 경우에는,[60] 수사순경_{Kriminalhauptwachtmeister, A5}[61]부터 수사경감급_{Ersten Kriminalhauptkommissar, A12 혹은 A13}까지이다. 일반예방경찰_{Schupo}에서는 계급이 순경급_{Polizeihauptwachtmeister}에서 경감급_{Ersten Polizeihauptkommissar}까지[62] 계급에 속하는 경찰관이 "검찰의 수사관"이다.[63] 하급직 공무원 초임자(일반순경 및 수사순경)에서부터 중급직에서 승진할 수 있는 최고계급까지 공무원(일반경감 및 수사경감)을 포함한다. 그런데 고급직 공무원들은[64] 이 범주에 포함되지 않는다_{demnach nicht den höheren Dienst}.[65]

---

58) 순경급부터 경감급에 해당하는 모든 경찰관들이 수사관으로 지정된다. 통상 경정급 이상 경찰관들은 법규명령에서 제외된다. http://de.wikipedia.org/wiki/Ermittlungsperson_der_Staatsanwaltschaft (2011년 11월 1일 검색): "Jedenfalls kann man als Bürger davon ausgehen, dass alle Dienstgrade vom Polizeimeister bis zum Polizeihauptkommissar diese Eigenschaft haben. Die höheren Dienstgrade sind oft in den Verordnungen ausgenommen, weil diese gar nicht mit eiligen Ermittlungen befasst sind bzw. solche Arbeiten delegieren".

59) http://de.wikipedia.org/wiki/Ermittlungsperson_der_Staatsanwaltschaft(2011년 11월 1일 검색). Solche Ermittlungspersonen sind vielfach Polizeibeamte, aber auch der Forstdienst, Steueraufsichtsdienst, Grenzaufsichtsdienst, Bergämter oder die Forst- und Fischerei-verwaltungen stellen Ermittlungsbeamte.

60) 독일의 수사경찰관은 제복을 착용하지 않는 관계로 계급장이 없다.

61) 독일의 공무원에 관해서는 연방보수법(Bundesbesoldungsgesetz)에서 통일적으로 규정하고 있는 바, 일반(직업)공무원(경찰, 군인, 교도관, 교육공무원, 일반행정직 등 A 그룹, A1-16), 임명직(혹은 정무직 공무원, 예를 들면, 각급 행정기관의 장, 연방범죄수사청장·차장, 헌법보호청장·차장 등은 B 그룹, B1-11), 교수직은 W그룹, 판검사들은 R그룹(R2-10, 최근에 연방법률에서는 R1직급을 폐지하였다)에 각각 속하고 있다.

62) 검찰에서 발간된 책자에는 독일경찰관들의 계급구조(계급장)를 잘못 이해하여 한국의 경감급 계급에 해당하는 경찰관을 총경으로 소개하는 등 오류가 있었음을 지적한다.

63) 특히 검찰의 수사관(과거의 표현: 협력공무원) 범위에는 경감급, 수사경감, 수사순경, 일반순경이라는 점을 유의해야 한다고 Krey교수는 언급하고 있다.

64) 우리나라와 비교하면, 경정/총경급 이상의 경찰공무원 그룹을 말한다.

65) Rüping, 1997, p.28.

그 이하의 계급unteren Rangstufen, 예를 들면, 경찰학교에서 순경급 신규교육 중에 있는 자(A4 이하 혹은 21세 미만인 자)들의 경우, 교육기간 및 실무수습 중에 부분적으로 경찰직무를 수행하는 경우가 있다. 그렇지만 이들은 공무원으로서의 직무지식과 수행능력, 전문성이 빈약하기 때문에 검찰의 수사관으로 지정되지 않는다. 뿐만 아니라 경정급 이상Polizei- oder Kriminalrat 혹은 사무관급 이상의 고급공무원höheren Rangstufen들이 검찰의 수사관으로 지정되는 경우는 매우 드물다.[66] 왜냐하면 이들 고위직 공무원은 실제 집행업무를 담당하지 않고 당해 부서 공무원들을 지휘·감독하는 입장에 있음을 고려,[67] 실제로 범인을 체포하거나 범죄수사를 직접 실행하는 공무원들에 한정하여 수사관으로 규정하고 있다.[68] 또한 직책상의 이유로 외근활동Außendiensttätigkeit 가능성이 거의 없기 때문에, 검찰의 수사관으로 지정하지 않는다.[69]

2) 각 주별 검찰의 수사관 범위   범죄수사와 관련하여 검찰의 수사관 범위에 대해서 각주의 법규명령으로 규정하고 있다. 바덴-뷔르템베르크 주에서는 법규명령Verordnung der Landesregierung über die Hilfsbeamten der Staatsanwalt schaft Vom 23. September 1985을 통하여 국경수비업무 경찰, 연방재무부소속 공무원(Bei der Bundesfinanzverwaltung 세무, 관세, 임업공무원 등), 철도경찰Bahnpolizei, 연방우편공무원, 일반집행경찰(수사 및 예방경찰), 주의 삼림, 수렵, 어업, 농업공무원, 광업행정관서 공무원Bei der Bergverwaltung들 중 일정직급에 해당하는 공무원들을 검찰의 수사관으로 규정하고 있다. 일반집행경찰의 경우, Polizeihauptwachtmeister(순경급 경찰관)에서 Erste Polizeihauptkommissar(경감급 경찰관)에 이르는 경찰관들을 검찰의 수사관으로 규정하고 있다. 다른 주들에서도 이와 비슷하게 규정하고 있다.[70]

한편 노르트라인-베스트팔렌 주의 경우, (수사)순경Kriminalmeister부터 (수사)경정급Kriminaloberräte 경찰관까지 검찰의 수사관Ermittlungsperson der Staatsanwaltschaft으로 지정하고 있다.[71]

---

66) Hellebrand, Johannes, *Die Staatsanwaltschaft*, 1999, p.97. 동 저자는 현직 검사였다.

67) Krey, Volker, *Strafverfahrensrecht*, Bd. 1 1988, p.201; Kramer, Bernhard, *Grundbegriffe des Strafverfahrensrechts*, 3. Aufl., 1997, p.87.

68) Brodag, Wolf-Dietrich, *Strafverfahrensrecht für Schulung und Praxis*, 9. Aufl., 1998, p.34.

69) Krey, 1988, p.201.

70) Brodag, 1998, p.34; Kleinkneckt/Meyer-Goßner, *Strafprozeßordnung*, 43. Aufl., 1997, pp.1489~ 1490.

71) https://recht.nrw.de/lmi/owa/br_bes_text?anw_nr=2&gld_nr=3&ugl_nr=311&bes_id= 3448&aufgehoben=N&menu=1&sg=#det176591(2020년 11월 10일 검색). Geltende Gesetze

2. 형사소송절차상 검찰과 경찰 관계의 법적 기초

독일에서의 형사절차상 경찰의 임무와 지위에 관한 규정들은-검찰과 경찰 간의 관계정립에 기초가 되는 법규들은[72] 대체로 형사소송법StPO 제161조, 163 조 그리고 법원조직법GVG 제152조[73] 그리고 [검찰의 지시에 의한 경찰의 직접 강제력사용에 관한 법무부장관과 내무부장관의 공동준칙]과 [조직범죄대책에 관한 검찰과 경찰간 협력Zusammenarbeit에 관한 공동준칙] 등으로 대별된다.[74] 그 외 [형사소송과벌금소송에관한지침Richtlinie für das Verfahren und für das Bußgeldverfahren] 제5호 의 규정도 검찰과 경찰의 관계를 나타내 주고 있다.

또한 수사절차와 관련, 독일검찰과 경찰관계상의 중요한 특색 중의 하나는 검찰은 집행기관을 갖지 않는 손 없는 머리Kopf ohne Hände라는 것이며[75] 경찰은(머 리없는) 손의 기능Funktion der Hände 또는 검찰의 연장된 팔Verlangerter Arm der Staatsanwaltschaft 로서의[76] 기능을 부여받음으로써, 검찰과 경찰의 관계는 범죄수사와 관련한 직 무수행에 있어 긴밀한 관계를 유지하고 있다. 검찰로부터는 집행권한을 분리, 제

---

und Verordnungen (SGV. NRW.) mit Stand vom 9.11.2020 [Verordnung über die Ermittlungs- personen der Staatsanwaltschaft] 에 따르면, (수사)순경(Kriminalmeister/Polizeimeister) → (수사)경정(Kriminaloberräte/Polizeioberräte)급까지 검찰의 수사관 범위 로 규정하고 있다. 뿐만 아니라 산림청, 세무서 등 특별사법경찰 부서의 경우에도 사무관급 까지 직급을 검찰의 수사관으로 규정하고 있다.

72) 손동권, 1993, p.205.

73) 법원조직법 Gerichtsverfassungsgesetz (GVG)§ 152 (1) Die Ermittlungspersonen der Staatsanwaltschaft sind in dieser Eigenschaft verpflichtet, den Anordnungen der Staatsanwaltschaft ihres Bezirks und der dieser vorgesetzten Beamten Folge zu leisten(영문:(1) The investigative personnel of the public prosecution office shall be obliged in this capacity to comply with the orders of the public prosecution office of their district and the orders of the officials superior thereto.). (2) Die Landesregierungen werden ermächtigt, durch Rechtsverordnung diejenigen Beamten-und Angestelltengruppen zu bezeichnen, auf die diese Vorschrift anzuwenden ist. Die Angestellten müssen im öffentlichen Dienst stehen, das 21. Lebensjahr vollendet haben und mindestens zwei Jahre in den bezeichneten Beamten- oder Angestelltengruppen tätig gewesen sein. Die Landesregierungen können die Ermächtigung durch Rechtsverordnung auf die Landesjustizverwaltungen übertragen.

74) Rüping, 1997, p.27.

75) Roxin, Claus, *Strafverfahrensrecht*, 24. Aufl., 1995, S. 53; Brodag, 1998, pp.30~31.

76) Kleinknecht/Meyer-Goßner, *Strafprozeßordnung*, 43. Aufl., 1997, p.603.

거하고 경찰로부터는 모든 것을 주체적으로 결정할 수 있는 머리기능을 분리함으로써 권력의 집중과 남용을 방지하기 위한 견제와 균형 장치Prinzip der Gewaltenteilung가 경찰과 검찰 상호간에 마련되었다고 할 수 있다.

3. 수사절차에 있어서 검사의 지위

(1) 수사절차의 개시 및 종결

수사절차의 법적인 주재자로서의 검사Die StA als rechtliche Herrin des Ermittlungsverfahren[77]는 고소를 통하여 혹은 다른 방법으로 범죄혐의에 관한 어떤 사실을 알았을 때 그리고 그러한 사실관계를 조사함으로써 수사가 시작된다§160 I StPO. 검사의 입장에서는 이러한 사실들을 입수하기 전에vor dieser Kenntniserlangung, 형사소송법 제163조 1항에 의거한 경찰 혹은 조세부과절차Abgabenordnung에 의거한 세법위반을 조사하는 세무관서를 통하여 범죄행위를 조사함으로써, 곧바로 수사가 시작된다. 이렇게 함으로써, 수사절차는 이미 개시된다.[78]

수사절차는 검사의 수사종결권Abschlußverfügung으로 끝난다. 수사가 공소를 제기할 정도로 충분한 혐의를 제공할 수 없다면, 다시 말하면, 범죄혐의 불충분으로 검사의 입장에서는 수사절차를 중지해야 한다§170 II StPO. 그 반대의 경우, 충분한 범죄혐의가 긍정되면, 검사는 관할권 있는 법원에 공소장을 제출함으로써 공소öffentliche Klage를 제기한다§170 I StPO. 이러한 수사절차의 종결과 개시에는 법정주의원칙과 편의주의원칙이 있다.

(2) 수사절차의 실행Durchführung der Ermittlung

형사소송법 제160조 1, 2, 3항에 따라서 검사는 다음과 같은 방법으로 사실관계를 조사할 수 있다. 검사는 스스로 증거를 조사할 수 있다. 심지어 실제 검증을 함으로써(예를 들면, 검시(檢屍, Leichenschau, §87 StPO), 서류열람을 통하여(예를 들면, 협박편지 등), 전문가의 감정서를 승인하거나 전문가의 의견을 청취함으로써§161 a StPO, 목격자 혹은 참고인을 신문함으로써Vernehmung, §163 a StPO, 피의자를 신문함으로써Beschuldigten, §163 a StPO 수사를 개시할 수 있다. 물론 그 외에도 형사소송법 제161조에 따라 모든 공공관청에 필요한 정보를 청구할 수 있다. 특

---

77) Krey, 1988, p.160.
78) Krey, 1988, p.157.

별한 법률적인 규정이 그에 대하여 반대하는 경우(관련 규정에 따른 개인정보보호, 소위 우편과 통신의 비밀보호 그리고 납세자의 비밀보호, 사회적 비밀보호 등)의 정보를 제외하고는 문제가 되는 관청은 이러한 정보를 제공할 의무가 지어진다.

특히 [형사소송절차와별과금부과절차에관한준칙] Nr. 3 I 에 따르면, 검사는 특별한(중요한) 사건 혹은 법률적으로나 사실적으로 어려운 사건에 있어서, 스스로 초동수사(조치)권에 의하여 시실관계를 규명해야 한다. 즉 범죄현장을 스스로 검사하고, 피의자를 직접 신문하고, 중요한 참고인을 직접 신문해야 한다.[79]

검사는 더 나아가서 형사소송법 제160조 1-3항에 따른 사실관계(범죄의 진상파악)조사를 목적으로, 모든 종류의 수사를 경찰직무를 수행하는 관청과 공무원에게 실행하게 할 수 있다$_{\S161\ StPO.}$[80] 검사의 수사절차 주재자$_{Herrin}$로서의 지위는 법원과의 관계에서 잘 나타난다. 특히 형사소송법 제156조에서 명시적으로 밝히고 있는 바, 공판절차가 개시된 이후에는 공소$_{öffentliche\ Klage}$를 취하할 수 없다고 한다. 즉 법원이 공판개시결정$_{\S207\ StPO}$을 아직 하지 않았을 때와 같은 경우에 공소가 취하될 수 있다. 더 나아가 검사는 편의주의원칙이 유효한 범위 내에서 기본적으로 공소제기에 관한 법원의 동의없이 중지할 수 있다.[81]

(3) 경찰에 대한 수사지휘권$_{Weisung,\ Ersuchen,\ Anordnung,\ Auftrag}$

검사와 경찰$_{Die\ StA\ und\ Polizei}$과의 관계에서 검사의 법률상의 권한은 형사소송법 제163조 2항 제1문에서,[82] 동법 161조 2문,[83] 법원조직법$_{GVG}$ 제152조 1항에 따른 지시권한$_{Weisungsrecht}$에서 명시적으로 나타난다.[84] 검찰은 다양한 방법으로 경찰에 대해서 지시권한이 있는 형사소추기관이다(법원조직법 제152조 1항, 형사소송법 제161조 a). 모든 공공관청은 형사소송법 제160조(수사절차), 161조(정보 및 수사)의 영역 안에서 수사관으로서 의무가 지어진다.[85]

---

79) Krey, 1988, p.159.
80) Krey, 1988, p.159.
81) 상세한 내용은 형사소송법 제 153조-154 c를 참조할 것.
82) 경찰직무를 수행하는 관청과 공무원은 그들의 조사서류를 지체없이 검사에게 송부한다. Die Behörden und Beamten des Polizeidienstes übersebden ihre Verhandlungen ohne Verzug der Staatsanwaltschaft.
83) 경찰직무를 수행하는 관청과 공무원은 검사의 요청(Ersuchen)과 지시(위임, Auftrag)를 충족시킬 의무를 진다. Die Polizeibehörde und Beamten des Polizeidienstes sind verpflichtet, dem Ersuchen oder Auftrag der Staatsanwaltschaft zu genügen.
84) Krey, 1988, p.160.
85) Kühne, Hans-Heiner, a.a.O., p.33.

검사는 수사를 지휘하고, 가이드라인을 제시하고, 조사절차에 관하여 통지받고 그리고 기본권에 관한 침해와 관련된 행위들을 허가할 수 있는 권한을 포함하여 경찰을 통제한다.[86] 이러한 지시권한은 경찰의 입장에서는 여러 모로 분격한 일(Ärgernis, 성가신 일, 지긋지긋한 일)로서 적대적으로 되어 있다.

그와 반대로, 그러한 법률적인 규정이 모든 점에서 적절하며, 사실 강제적으로 보인다는 것을 기억해야 한다고 한다:

첫째로, 소위 수사절차에 대하여 경찰이 아닌 검사의 법상 주재자성은 이미 완전한 법률가로서 검사의 자격검증(독일법관법 제122조, 판사직에 대한 자격) 때문에, 그리고 법조기관으로서 검사의 기능과 검사의 소속관할권(법무부 등) 때문에 명백하다.[87] 수사절차에 대한 이러한 정당한 법상의 주재자라는 승인으로부터, 검사의 강제적인 지시권한이 어느 정도까지gewissermaßen는 생겨난다.

연방행정법원이 이와 관련하여 아주 명백하게 주장하고 있다:

"경찰직무를 수행하는 관청과 공무원 그리고 특별히 검찰의 협력(보조)공무원들은 「팔없는 머리」로서 적절하게 특징지어진 검찰 쪽으로, 「연장된 팔」로서 형사소추를 지원하는 쪽으로 지시권한이 맡겨졌다."[88]

검찰은 그들의 지시(명령)를 발함에 있어서 기본적으로 다음과 같이 제한을 받는 바, 형사소송법 제161조 2문과 같이 관할권이 있는 경찰관청에는 "요청(Ersuchen: 촉탁)"해야 한다. 그와 달리, 법원조직법 제152조상의 검찰의 수사관에게는(형사소송법 제161조 2문) 경찰상급자를 통하지 않고 직접 "위임"의 형식으로 지시를 할 수 있다anweisen.[89]

검사는 관청 쪽Behörde으로 적용되어서는 안 될 지시(명령, 위탁Auftrag)를 특정된 몇몇 수사관들에게 직접direkt 내릴 수 있다. 이러한 규정의 본문취지와 의미는 검찰의 수사관에 대한 검사의 지시권한(법원조직법 제152조)에 관해서 나타난다.[90]

그와는 달리, 검사의 수사관이 아닌 경찰공무원에 대해서는 그러한 직접적인 지시권한Weisungsrecht이 있지 않다. 더군다나 검사는 그러한 한도 내에서 경찰관청에 대해 그들의 요청(Ersuchen, 청원, 간청, 부탁)을 하는 것으로 제한된다.

---

86) Huber, 1996, p.139.
87) Krey, 1988, p.199.
88) Krey, 1988, p.200.
89) Rüping, 1997, p.28.
90) Krey, 1988, p.200.

검사의 수사관으로 요청된(지정된) 경찰관들에게는, 특별히 사실적인 상하관계가 근거지어지는 바, 그것에 의하여 검사는 각각의 경찰관청에 관해서뿐만 아니라, 개별경찰관들에 관하여 지시를 통한 이행을 요청할 수 있다verlangen kann.91)

4. 형사소송절차상 경찰의 지위 및 수사권

경찰이 범죄수사 실행에 있어서 검찰로부터 완전히 자유로운(통제나 견제장치로부터 벗어난) 영역은 없다. 다만 어느 정도 범위 내에서 법령상, 실무상 경찰독자적으로 수사를 하느냐가 중요할 것 같다. 독일경찰은 검사의 지시나 요청, 지령 등에 의해서 수사에 착수, 개시하는 것이 아니라 형사소송법 제163조에 의거, 경찰의 임무와 권한의 범위 내에서 이를 실행하는 것이라 할 수 있다.

(1) 경찰의 (독자적) 수사범위-초동수사권Erster Zugriff

독일 형사소송법은 제163조(수사절차상 경찰의 임무) 제1항은 "경찰임무를 담당하는 관청 및 공무원은 범죄행위를 규명하여야 하며, 사건의 증거인멸을 방지하기 위하여 할 수 있는 모든 조치를 지체없이 취해야 한다"고 규정하고 있다.92) 동조항은 소위 초동수사(조치)권을 가능하게 한다. 그렇게 함으로써 단지 권한(Kompetenz, 권능, 자격, 관할)을 부여하고 있다(왜냐하면, 동법 제 163조 제2항에서는 검찰에게 지체없이 관련(수사)서류를 송부할 의무를 부과하고 있기 때문이다). 경찰은 초동수사를 실행할 권한과 의무가 있다Recht und Pflicht.93) 즉, 경찰은 수사할 권리가 있을 뿐만 아니라 수사할 의무도 있다. 경찰에 대한 이러한 수사의무부과는 법정주의원칙Legalitätsprinzip을 경찰에게도 실현한 것이다. 제163조의 이러한 규정에 대하여 다수설은 경찰에게 초동수사권das Recht des ersten Zugriffs을 부여한

---

91) 이러한 내용은 Hamburg주 고등행정법원의 판결에서 언급하고 있다.

92) 동조문의 영문번역: Section 163 [Duties of the Police] (1) The <u>authorities and officials in the police force</u> shall investigate criminal offences and shall take all measures that may not be deferred, in order to prevent concealment of facts. To this end they shall be entitled to request, and in exigent circumstances to demand, information from all authorities, as well as to conduct investigations of any kind insofar as there are no other statutory provisions specifically regulating their powers.

93) Achenbach, Hans(Hrsg.), *Kommentar zur Strafprozeßordnung*, Bd.2 Teilband 1, 1992, p.810; Roxin, Claus, *Strafverfahrensrecht*, 24. Aufl., 1995, p.54.

것이고, 이 이후에 경찰은 긴급한 경우에는 독자적으로 수사할 수 있으나, 대부분의 경우에는 검찰의 지시Weisung에 의하여 활동하여야 한다고 해석한다.[94] 왜냐하면, 형사소송법 제163조 제2항은 "경찰임무를 담당하는 관청 및 공무원은 그들의 처리결과를 지체없이 검사에게 송부하여야 한다"고 규정하고 있기 때문이다.

이러한 초동수사의 권한은, 경찰이 통상적으로 사무직 공무원Schreibtis- chtäters인 검찰보다는 범죄현장vor Ort에 보다 더 직접 직면할 수 있다는 이유로 설명되어질 수 있다.[95] 종종 불명확한 성질을 띠고 있는 이 초동수사에 대해서 경찰은 자신의 주도하에 제한적인 활동영역이 인정된다. 다시 말하면, 범죄혐의가 충분한 용의자에 대한 수사절차에 관한 독자적인 실행을 할 수 있다.[96] 이러한 초동수사 상황에서는 검사의 지시가 필요하지 않으며,[97] 검사의 지시를 기다릴 필요가 없다nicht Mandatar der Staatsanwaltschaft. 경찰의 현장 임장성이 강하게 요구되는 상황에서는 대부분의 수사절차가 경찰에 의해 처리된다.[98]

제163조에 의거한 초동수사는 모든 경찰관의 임무이자 권한이다. 검찰의 협력공무원으로 지정된 일정 직급의 경찰관뿐만 아니라 고급 및 고위직 경찰관들의 임무이다. 초동수사의 상황 즉, 긴급한 경우 경찰은 가체포(제127조, vorläufige Festnahme), 신체검사, 혈액검사(제81조의 a), 수색의 집행(제105조 1항), 검문소의 설치(제111조), 압수 또는 압류(제111조의 e) 등의 조치뿐만 아니라, 할 수 있는 모든 조치를 지체없이 취해야 한다.

---

94) 손동권, 1993, p.202.

95) Weiland, Bernd, *Einführung in die Praxis des Strafverfahrens*, 2. Aufl., 1996, p.14.

96) Gössel, Karl Heinz, "Überlegungen über die Stellung der Staatsanwaltschft im rechtstaatlichen Strafverfahren und über ihr Verhältnis zur Polizei", GA, 1980, S.348.

97) Knemeyer, Franz-Ludwig, "Kritische Überlegungen zum Verhältnis Staatsanwaltschaft-Polizei/Polizei-Staatsanwaltschaft", NJW 1992, p.3131. (Es gibt keine Leitungsbefugnis der Staatsanwaltschaf bei Erfüllung der polizeilichen Ermittlungsaufgaben nach §163 StPO.); ders., Staatsanwaltschaft und Polizei, in: Schlüchet/Laubenthal(Hrsg.) *Recht und Kriminalität. Festschrift für Friedrich-Wilhelm Krause zum 70. Geburtstag*, 1990, pp.476~477. 동 교수는 기존의 지배적인 견해들에 대해 비판적 견해를 표명하였는 바, 범죄수사에 관한 기능적 영역(Funktionsbereich)은 검찰과 경찰의 기본적인 임무로 파악하고, 독일형사소송법 163조에 의거한 경찰의 초동수사에는 검찰의 지휘권(Leitungsbefugnis)이 존재하지 않는다고 하였음.

98) Kramer, Bernhard, *Grundbegriffe des Strafverfahrensrechts, Ermittlung und Verfahren*, 3. Aufl., 1997, pp.82~83.

특히 기본법 제87조 제1항 2문에 따라 혹은 연방내무부장관과 연방검찰총장의 지시에 근거하여 연방범죄수사청BKA은 소위 국제조직범죄와 헌법기관의 구성원들의 신체와 생명에 대한 침해를 수사할 권한이 있다.99) 그 외에 또 초동수사를 위한 경찰관청의 권한은 검찰권에 근거하지 않는다unberührt. 과거의 법률과는 달리, 강제처분Zwangsmaßnahmen은 제163조 제1항에 근거하지 않고 일반조항 Generalklausel으로 지원을 받을 수 있다.100)

경찰은 신원확인용 감식처분을 위한 형사소송법 제81b조상의 피의자사진촬영 및 지문채취, 제127조 제2항의 가체포Vorläufige Festnahme 혹은 1992년 [조직범죄대책법] 제정 이래 전산망 수배를 위한 형사소송법 제98a 조상의 "기계적 대조 및 인적사항 송부" 그리고 감시를 위한 동법 제100c조 제1항 Nr. 1상의 "사진 및 영상기록의 제작" 등 특별한 수권이 허용되고 있다.101)

형사소송법 제161조 2문과 제163조 제2항 1문에 따라서, 그러한 규정들은 말 그대로 법률상의 위임관계gesetzliches Auftragsverhältnis를 위하여, 경찰의 의무사항인 서류송치와 검찰의 위임사항을 이행하도록 하고 수사결과를 검찰에게 제출하도록 한 것은 정당하게 보인다. 이러한 범위 내에서 경찰은 검찰의 수임자(위임자, Mandatar der StA)로서의 권한을 행사한다. 그리고 검찰의 직무감독 하에 놓인다.102)

(2) 수사업무와 관련된 경찰의 구체적 권한

경찰의 수사상 권한은 허용된 모든 증거의 조사를 포괄하지만, 몇몇 개별영역에서 경찰의 권한은 한계가 있다.103) 일반적으로 독일경찰이 다툼 없이 확정적으로 가지는 초동수사권 이외에 "독자적으로" 행할 수 있는 구체적 권리를 살펴보면 다음과 같다:

1) 일반경찰Schutzpolizei과 검찰의 수사관인 사법경찰이 공통적으로 가지는 강제처분권

· 피의자 및 증인에 대한 신문권(Examination of the Accused)§163a Vernehmung des Beschuldigten104)

---

99) 연방범죄수사청법(BKA-Gesetz) 제5조 제2항의 내용.
100) Rüping, 1997, p.27.
101) Rüping, 1997, p.27.
102) Rüping, 1997, p.27.
103) Kleinknecht/Meyer-Goßner, *Strafprozeßordnung*, 43. Aul., 1997, p.608.

- 피의자의 가체포권(Provisional Arrest)§127(2), §127b(1) Recht zur vorläufigen Festnahmen
- 감식처분권(피의자의 사진촬영 및 지문채취권-Erkennungsdienstliche Maßnahmen bei dem Beschuldigten)§81b Lichtbilder und Fingerabdrücke
- 신원확인권§163b Maßnahmen zur Identitätsfeststellung
- 기술적 수단(장비)투입권§100c(1) Nr. 1 Einsatz technischer Mittel
- 그 밖에 지체의 위험이 있는 경우, 비밀수사관 투입(Einsatz eines Verdecckten Ermittlers)에 대한 독자적인 권한§110b(1), (2), (3)
- 전산망 수배권(Computer-Assisted Search)§163d Schleppenetzfahndung 등

또한 임의수사로서 경찰이 공통적으로 할 수 있는 대표적인 것은 피의자 또는 참고인에 대한 신문Vernehmung des Beschuldigten, §163 a이다. 경찰관청Polizeibehörde이 가지는 권한으로는 지명수배장Steckbrief의 발부이다.[105]

2) 검찰의 수사관인 사법경찰만이 가지는 특별한 강제처분권　　　검찰의 수사관으로서, 더욱 더 많은 형사소송절차상의 권한을 갖는다. 지체의 위험이 있을 때에는, 경찰의 일반적인 권한과 함께 추가적으로 특별한 권한을 갖는다. 여기에는 다음의 권한이 있는 바, 이러한 권한들은 "검찰의 확장된 팔"로서 긴급한 경우에 허용된다.

- 특별한 경우에 압수명령권(Verfahren bei der Beschlagnahme)§98, §111e Anordnung der Beschlagnahme
- 수색명령권§105 I Anordnung von Durchsuchung
- 피의자에 대한 신체검사 및 혈액검사§81a Körperliche Untersuchung: Blutpobe
- 참고인에 대한 신체검사명령§81c Untersuchung anderer Personen
- 기술적 수단(장비)의 투입권§100c(1) Nr.2
- 검문소 설치권§111 Straßenkontrollen[106]

---

104) Roxin, Claus, *Strafverfahrensrecht*, 24. Aufl., 1995, pp.53~54; Kleinknecht/Goßner, *Strafprozeßordnung*, 43. Aufl., 1997, p.608. 일반경찰관으로서 형사소송법 제161조, 163조에 의거한 일반경찰관의 수사상 권한과 법원조직법 제152조 검찰의 수사관 자격으로서 수사를 하는 경우의 권한에는 다소간의 차이가 있다.

105) 동법 제131조 ① 피의자가 도주 중이거나 피신하고 있는 경우에는 검사 또는 판사는 구속영장이나 시설수용영장에 근거하여 지명수배장을 발부할 수 있다. ② 체포된 자가 도주하거나 그 밖의 구금으로부터 도주하는 경우에만 구속영장이나 시설수용 영장없는 수배장에 의한 추적이 허용된다. 이 경우에는 경찰관청(Polizeibehörde auch)도 수배장을 발부할 수 있다.

106) 독일 형사소송법에는 독일형법 제129조 a (특정한 범죄를 목적으로 한 테러조직 결성) 등에 관한 범죄들, 형법 제250조 1항 중강도죄를 범한 자에 대한 체포나 증거확보를 위

- 전산망 지명수배§163d(2)
- 장기적 감시(Longer-Term Observation)§163 f.

이와 같이 독일 경찰은 단순히 법원의 강제처분을 집행하는 기관에 그치는 것이 아니라 긴급한 경우에는 대개 법원 또는 검사와 나란히 독자적인 강제처분의 명령권을 가지고 있다.[107]

5. 검찰과 경찰의 관계 재정립 논의
-독일경찰의 수사권 현실화에 대한 논의-

독일에서 경찰의 독자적 수사실무 관행과 검찰의 수사지휘권(지시, 요청 등) 문제에 대해 정부차원의 공식적인 접근 및 해결이 모색된 바 있다.[108]

1975년 각 주의 내무부장관과 법무부장관 연석회의Gemeinsamen Kommission der Konferenzen der Justizminister/-senatoren und der Innenminister/-senatoren에서 검찰과 경찰 간의 관계정립에 대한 해결방안이 모색된 바 있다. 이는 입법화된 것이 아니라 일종의 권고안으로서 지침을 마련한 것이다.[109] 동 지침의 내용을 간략하게 소개하면,

- 검찰과 경찰은 조직상 독립한 기관으로서 효율적인 범죄투쟁을 위하여 형사사건의 소추를 행함에 있어서 상호신뢰를 가지고 긴밀하게 협력한다zusammnenarbeiten.
- 경찰에게는 본 지침이 제시한 기준에 따라서 범죄사건을 독자적으로selbständig으로 수사할 법률상의 권리와 의무Recht und Pflicht가 있다. 이 의무와 권리는 지체를 허용하지 않는 처분에 한정되지 않는다. 경찰은 검찰이 자신의 수사활동에 관하여 지시를 하지 않는 한도와 범위 내에서 수사활동의 종류와 범위, 그리고 그 실행방법의 종류와 범위를 결정한다.
- 경찰은 다음의 경우에 검찰에 대하여 자신이 인지하게 된 범죄사건 및 그 사건에 대하여 취한 조치에 관하여 검찰에 즉시sofort 보고하여야 한다.
  a) 법률적 관점 또는 사실적 관점에서 해결이 어려운 사건이나 중요한 사건

해서 도로상 또는 광장에 검문소를 설치할 수 있는 바, 원칙적으로 법관의 명령을 필요로 하며, 긴급한 경우에는 검사 또는 협력공무원이 이에 대한 권한을 가진다.

107) 손동권, 1993, p.204.
108) 검찰과 경찰 간의 관계 정립을 위한 1976년 내무부, 법무부장관연석회의 및 합의내용.
109) Bundeskriminalamt(Hrsg.), *Polizei und Justiz*, 1977, pp.147~148; Brodag, 1998, pp.31-33; 동지침에 대해서는 국내에 이미 소개된 바 있다. 손동권, 1993; 신동운, 독일의 수사구조 및 사법경찰제도, 치안연구소, 1995, p.149.

　b) 검찰이 구체적인 사건에 대하여 보고를 요구하거나 또는 절차법상의 이유나 형사정책적인 이유에서 일정한 유형의 사건에 대하여 보고를 요구한 경우

· 검찰이 경찰을 수사에 개입시키지 아니하였기 때문에 경찰이 즉시 알지 못한 사건이 있을 경우에 검찰은 그 사건에 대하여 수사 개시한 사실을 경찰에게 통지한다.

· 수사가 종결되면 지체없이 수사기록을 검찰에게 송치한다. 수사가 종결되기 전이라도 검사가 요구하거나, 법관에 의한 조사가 필요한 경우, 사건이 복잡한 경우 또는 10주가 경과하도록 송치하지 않은 사건은 검찰에 송치하여야 한다.

· 검찰은 언제라도 수사의 전부 또는 일부를 스스로 행할 수 있으며 일반적 지시나 구체적 지시allgemeine oder konkrete를 통하여 경찰이 행하는 수사의 종류나 범위를 정할 수 있다. 지시를 발함에 있어서 검찰은 경찰이 보유하고 있는 수사기법상의 전문지식을 존중하여야 한다. 경찰은 검찰의 지시를 충족시킬 의무를 진다.

· 검찰이 경찰관서에 지시를 할 때에는 요청의 형태로in Form von Ersuchen, §161(2) StPO 해야 한다. 경찰관서에 의하여 개별사건을 담당할 경찰관이 지정되어 있는 경우에는 그 담당경찰관에게 직접unmittelbar 지령Auftrag을 발할 수 있다.

· 검찰은 사물관할과 토지관할이 있는 경찰관서에 요청을 하여야 한다.

· 좁은 의미의 경찰영역에[110) 대해서는 검찰협력공무원제도가 포기된다.

· 형사소추이외의 사항으로서 검찰이 형사사법의 영역에서 수행하여야 할 임무 및 다른 업무영역에서 법률에 의하여 검찰에게 위임된 임무를 검찰이 수행하는 경우에 검찰은 경찰의 지원을 받는다. 검찰의 지원요청이 있으면 경찰은 이를 행한다.

동 지침 내용에 관한 "의사록 요지"에 의하면,

· 경찰과 검찰간에 조직상의 독립성organisatorische Selbständigkeit을 명백히 하였으며, 수사절차를 진행함에 있어 검찰과 경찰은 상호협력한다는 점zusammenarbeiten

· 경찰의 예방적 활동präventive Tätigkeit과 형사소추Strafverfolgung영역을 구분하고 검찰이 독자적 집행기관을 가지고 있지 않기 때문에 경찰의 지원이 필요함을 강조하였다.

---

110) 독일경찰법에 의하면, 좁은 의미의 경찰영역은 위험방지(Gefahrenabwehr) 혹은 예방적 조치(präventive Maßnahme)를 의미한다.

　　연방 및 각주내무부장관과 법무부장관 들은 공식적으로 검찰과 경찰과의 관계를 독립적 관계, 상호 협력해야 할 관계로 결론을 내렸다.

제 3 절　연방제하의 분권화된 독일경찰

Ⅰ 통합 독일의 치안상황

　　독일 총인구는 약 83,450,000명(2024년 1월 1일 기준)이다.[111] 전체공무원(연방, 각 주, 자치단체, 정규군인 포함)은 5,270,000명(2023년 6월 30일 기준)이다.[112] 연방 및 각 주의 경찰관서에 근무하는 정규경찰관 숫자는 298,400명(연방 59,800명, 주경찰 238,600명, 2023년 6월 30일 기준)이다.[113] ([도표 7-1]).

　　법관은 22,008명, 검사는 6,534명이다(2022년 12월 31일 기준).[114] 한편, 연방 국방부 소속 공무원(군인포함)은 239,610명이다.[115]

7-1 독일경찰의 일반현황				
총인구	면적	범죄발생건수	전체 경찰관 수	전체 공무원수
83,450,000명	357,000km²	5,940,667건[116]	298,400명[117]	5,270,000명
2024년 1월 1일 기준	한반도면적 1.6배	2023년 12월 31일 기준	2023년 6월 30일 기준	2023년 6월 30일 기준

---

111) https://de.statista.com/statistik/daten/studie/1117261/umfrage/bevoelkerung-in-den-dach-laendern/(2025년 1월3일 검색).

112) https://www.destatis.de/DE/Themen/Staat/Oeffentlicher-Dienst/Tabellen/beschaeftigungsbereiche.html(2025년 1월 3일 검색).

113) https://www.destatis.de/DE/Themen/Staat/Oeffentlicher-Dienst/Tabellen/beschaeftigten-polizei.html?nn=212936(2025년 1월 3일 검색).

114) https://www.bundesjustizamt.de/SharedDocs/Downloads/DE/Justizstatistiken/Richterstatistik_2022.pdf?__blob=publicationFile&v=4(2025년 1월 3일 검색).

115) https://www.destatis.de/DE/Themen/Staat/Oeffentlicher-Dienst/Publikationen/Downloads-Oeffentlicher-Dienst/personal-oeffentlicher-dienst-2140600197004.pdf?__blob=publicationFile(2020년 11월 2일 검색).

116) https://www.bka.de/DE/AktuelleInformationen/StatistikenLagebilder/Polizeiliche_Kriminalstatistik/PKS2023/Polizeiliche_Kriminalstatistik_2023/Polizeiliche_Kriminalstatis

7-2	독일 연방 및 각주별 경찰관 숫자(2024년 6월 자료기준)[118]		
연방 및 각주		경찰관수	인 구
Bund(연방): 연방경찰청 및 범죄수사청		56,900	
Länder(州)	Baden-Württemberg	30,700	11,280,000
	Bayern	40,500	13,369,000
	Brandenburg	8,900	2,573,000
	Hessen	20,400	6,391,000
	Mecklenburg-Vorpommern	6,300	1,628,000
	Niedersachsen	25,000	8,140,000
	Nordrhein-Westfalen	52,900	18,139,000
	Rheinland-Pfalz	12,800	4,159,000
	Saarland	3,100	993,000
	Sachsen	14,800	4,086,000
	Sachsen-Anhalt	8,100	2,187,000
	Schleswig-Holstein	8,800	2,953,000
	Thüringen	7,200	2,127,000
	Berlin	25,800	3,755,000
	Bremen	3,600	685,000
	Hamburg	10,800	1,892,000
합계(州)		330,500	84,357,000

통독 이후 경제적 어려움에 직면하면서 치안문제(혹은 범죄문제)는 중요한 사회적 이슈로 간주되고 있는바, 경제(실업)문제 다음으로 심각하게 인식되고 있다.[119] 범죄발생동향에 따르면 통합 후 극심한 정치적, 사회적 혼란상황으로 1993년까지 급격한 증가추세를 보인 바 있었으나, 1997년을 기점으로 서서히 안정적인 추세로 접어들고 있다.

---

tik_2023_node.html(2025년 1월 3일 검색).

117) 한편, 2020년 9월 발표된 언론 보도 자료에 의하면, 연방경찰관 52,100명, 주경찰관 281,500명으로 제시되기도 했다. 2024년 6월 자료에 의하면, 연방경찰관 56,900명, 주경찰관 273,600명으로 소개한 경우도 있다.

118)https://testhelden.com/polizei-in-zahlen/(2025년 1월 3일 검색).

119) DER SPIEGEL Nr. 46/1996, p.35: GfK-Umfrage(1996): "Welches sind die dringlichsten Probleme, die in Deutschland zu lösen sind?"; Mathes, Werner, "Organisierte Kriminalität: Wir stehen vor einem Generalangriff," in: *Stern* Nr 48, 1996, pp.194~195. 담배밀수관계로 1992년 이래 70명이 살해되었고, 매년 평균 200,000대의 자동차가 도난당하고, 200,000명 정도의 헤로인 투약자가 발생하면서 1,600명 정도가 사망하였다.

지난 1999년부터 2023년까지 공식통계상_{Polizeiliche Kriminalstatistiks}의 범죄량은 대체로 일정한 수준을 유지한 바 있다(5,933,278~5,940,667건 정도).[120] 그런데 2017년부터 2019년까지는 연간 5,500,000건 수준으로 감소한 동향을 보인 바 있다.([도표 7-3])[121] 최근(2022-2023년)에는 연간 560만-590만 건 정도로 증감 동향을 보이고 있다. 2023년에 발생한 전체 범죄 가운데, 58.4% 정도가 해결된 것으로(aufgeklärt) 보고되고 있다. 한편, 2022년도에는 57.3%의 해결률을 보인

7-3 독일의 인구, 경찰에 신고된 범죄건수, 범죄발생계수 및 해결률 동향[122]							
연도	인구	인구 증감률	범죄발생 건수	범죄 증감률	범죄발생 계수	발생계수 증감	사건 해결률
2005	82,501,000	0.0	6,391,715	-3.6	7,747	-3.6	55.0
2006	82,438,000	-0.1	6,304,223	-1.4	7,647	-1.3	55.4
2007	82,314,900	-0.1	6,284,661	-0.3	7,635	-0.2	55.0
2008	82,217,800	-0.1	6,114,128	-2.7	7,436	-2.6	54.8
2009	82,002,400	-0.3	6,054,330	-1.0	7,383	-0.7	55.6
2010	81,802,300	-0.2	5,933,278	-2.0	7,253	-1.8	56.0
2011	81,751,602	-0.1	5,990,679	1.0	7,328	1.0	54.7
2012	81,843,743	0.1	5,997,040	0.1	7,327	0.0	54.4
2013	80,523,746	(×)	5,961,662	-0.6	7,404	(×)	54.5
2014	80,767,463	0.3	6,082,064	2.0	7,530	1.7	54.9
2015	81,197,537	0.5	6,330,649	4.1	7,797	3.5	56.3
2016	82,175,684	1.2	6,372,526	0.7	7,755	-0.5	56.2
2017	82,521,653	0.4	5,761,984	-9.6	6,982	-10.0	57.1
2018	82,792,351	0.3	5,555,520	-3.6	6,710	-3.9	57.7
2019	83,019,213	0.3	5,436,401	-2.1	6,548	-1.9	57.5
2020	83,166,711	0.2	5,310,621	-2.3	6,386	-2.5	58.4
2021	83,155,031	0.0	5,047,860	-4.9	6,070	-4.9	58.7
2022	83,237,124	0.1	5,628,584	11.5	6,762	11.4	57.3
2023	84,358,845	1.3	5,940,667	5.5	7,042	4.1	58.4

120) Bundesministerium des Innern, *Polizeiliche Kriminalstatistik 2013*, 2014, p.18.
121) https://www.bmi.bund.de/SharedDocs/downloads/DE/publikationen/themen/sicherheit/pks-2019.pdf?__blob=publicationFile&v=10(2020년 11월 2일 검색).
122) https://www.bmi.bund.de/SharedDocs/downloads/DE/publikationen/themen/sicherheit/pks-2019.pdf?__blob=publicationFile&v=10(2020년 11월 2일 검색); Bundesministerium des Innern und fuer Heimat, Polizeiliche Kriminalstatistik 2023 Ausgewählte Zahlen

바 있다.[123)]

2005년을 전후한 4~5년 동안에는 평균 12%에 달하는 높은 실업률을 보인 바 있다. 유럽통합 이후 국경 개방조치 및 단일화된 'EURO화' 유통으로 인적·물적 이동이 더욱 자유로워지고 있다.

2023년 한 해 동안 총 5,940,667건(국가적 법익침해사건 및 교통과실범죄 제외)의 범죄가 발생한 것으로 공식통계에 집계되었다. 같은 해 살인사건 등 2,282건, 강도 44,857건, 성폭행 등 12,186건, 중상해 154,541건, 경상해 429,157건, 절도 1,971,435건 및 사기범죄가 754,489건 각각 발생했다.[124)]

| 7-4 | 2023년도 독일의 범죄발생 개요(괄호 안은 2022년도 통계)[125)] |

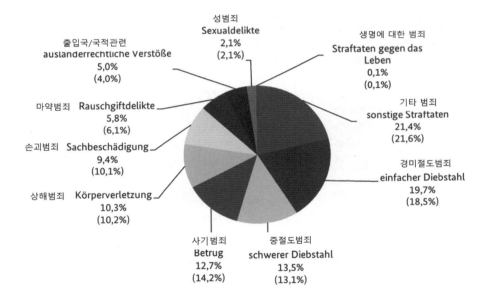

im Überblick, 2024, p.33.

123) Bundesministerium des Innern und fuer Heimat, Polizeiliche Kriminalstatistik 2023 Ausgewählte Zahlen im Überblick, 2024, p.9.

124) Bundesministerium des Innern und fuer Heimat, *Polizeiliche Kriminalstatistik 2023 Ausgewählte Zahlen im Überblick,* 2024, pp.14-21.

125) Bundesministerium des Innern und fuer Heimat, Polizeiliche Kriminalstatistik 2023 Ausgewählte Zahlen im Überblick, 2024, p.31. Straftatenanteile an Straftaten insgesamt = 5.940.667 Fälle (2022: 5.628.584 Fälle)

| 7-5 | 독일 각주별 인구, 범죄건수, 사건해결률, 증감동향 및 범죄발생계수[126) |

각 주	인구	인구비율 in%	범죄발생 건수		증감	사건 해결률		범죄 비율 2019 in%	범죄발생 계수	
			2019	2018		2019	2018	2016	2016	2015
Baden-Württemberg	11,069,533	13.3	573,813	572,173	0.3	60.8	62.7	10.6	5,184	5,191
Bayern	13,076,721	15.8	603,464	635,421	-5.0	67.0	66.7	11.1	4,615	4,889
Berlin	3,644,826	4.4	513,426	511,677	0.3	44.7	44.4	9.4	14,086	14,160
Brandenburg	2,511,917	3.0	171,828	172,828	-0.6	56.3	56.0	3.2	6,841	6,902
Bremen	682,986	0.8	78,228	74,524	5.0	48.7	49.2	1.4	11,454	10,943
Hamburg	1,841,179	2.2	210,832	218,594	-3.6	46.7	45.8	3.9	11,451	11,941
Hessen	6,265,809	7.5	364,833	372,798	-2.1	65.2	64.2	6.7	5,823	5,971
Mecklenburg-Vorpommern	1,609,675	1.9	111,329	108,665	2.5	62.8	62.2	2.0	6,916	6,745
Niedersachsen	7,982,448	9.6	506,5823	506,585	0.0	63.4	62.8	9.3	6,346	6,362
Nordsrhein-Westfalen	17,932,651	21.6	1,227,929	1,282,441	-4.3	53.3	53.7	22.6	6,847	7,160
Rheinland-Pfalz	4,084,844	4.9	241,529	244,468	-1.2	64.9	64.5	4.4	5,913	6,001
Saarland	990,509	1.2	74,719	70,873	5.4	54.0	56.1	1.4	7,543	7,129
Sachsen	4,077,937	4.9	271,796	278,796	-2.5	56.2	56.6	5.0	6,665	6,831
Sachsen-Anhalt	2,208,321	2.7	173,347	175,625	-1.3	55.0	55.6	3.2	7,850	7,900
Schleswig-Holstein	2,896,712	3.5	183,445	186,894	-1.8	54.7	54.5	3.4	6,333	6,467
Thüringen	2,143,145	2.6	129,301	143,158	-9.7	61.1	66.1	2.4	6,033	6,655
Bundesgebiet insges.	83,019,213	100.0	5,436,401	5,555,520	-2.1	57.7	57.7	100.0	6,548	6,710

이와 관련, 역대 집권정당CDU/CSU/FDP, SPD/Gruene의 연방내무부장관들과 각 주의 경찰 최고책임자인 주내무부장관들은 치안문제Sicherheitsprobleme를 중요한 정치적 이슈로 인식하여 왔다.[127)

9·11테러 사건 이후 공공장소에서의 잠재적 테러가능성이 증대됨으로써, 이를 대비하고 확인하기 위하여 보다 더 많은 경찰력과 장비투입이 요구되고 있다.[128) 이로 인하여 공식적인 범죄통제기관으로서 경찰의 역할 및 치안역

126) Bundeskriminalamt, *Polizeiliche Kriminalstatistik Bundesrepublik Deutschland Jahrbuch 2019*, Band 1, 2020, p.25. 각주 및 연방 전체 인구는 2018년 12월 31일 기준이다.
127) 연방 및 주내무부 홈페이지와 연방경찰의 각종 범죄통제 프로그램 안내책자 및 각 주 경찰의 관련 자료에는 치안정책에 관한 내무부장관의 입장을 빠짐없이 소개하고 있다.
128) 2006년 11월 6일 독일연방내무부 보도자료(http://www.bmi.bund.de/cln_012/nn_ 663020/Internet/Content/Nachrichten/Pressemitteilungen/2006/11/Programm_zur_Staerkung_der_Inneren_Sicherheit.html) 참조. 실제로 2006년 8월경에는 독일중부 지역(Koblenz-Dortmund)을 왕래하는 기차들에서 폭탄테러를 시도하기 위한 것으로 의심되는 가방(Spren-

| 7-6 | 독일 각 주별 범죄발생빈도(범죄발생계수) 비교 동향[129] |

량에 대한 기대가 점증하고 있다.

한편 통합된 지 30여년이 지난 현재, 신연방 5개 주의 범죄발생률은 치안상태가 비교적 양호한 서독주들에 비해 무려 1.5배 정도 높다([도표 7-5] 참조).

뿐만 아니라 유럽연합Europäische Union 회원국들이 "유로"Euro라는 단일통화를 중심으로 새로운 경제 축을 형성하면서 과거보다 더 빈번한 인적 및 물적 교류가 진행되고 있다. 이로 인한 독일경찰의 치안수요는 날로 증가하고 있다.[130]

연방통계청에 따르면(2016년 12월 기준), 독일거주 외국인 비율은 11.2%인데 비하여(2019년 7월 현재, 외국인 비율은 11.5%[131]), 범죄유형에 따라 무려 22.3%~

---

gstofffunde)이 발견되어 한때 독일전역을 긴장시킨 바 있었다.

129) Bundeskriminalamt, *Polizeiliche Kriminalstatistik Bundesrepublik Deutschland Jahrbuch 2019*, Band 1, 2020, p.26.

130) 2002년 1월 1일을 기점으로 유럽연합의 12개국들(인구 3억명)은 "유로"라고 하는 단일통화를 사용하게 되었다; 동아일보, 2001. 12. 31.

131) https://www.tagesspiegel.de/politik/kriminalstatistik-nichtdeutsche-bei-straftaten-

52.1%를 각각 차지하고 있다고 한다.[132] 한편 2002년 검거된 외국인 범죄자는 566,918명이었는데 해마다 감소하면서, 2010년에는 471,812명(전체 피의자 가운데, 21.9% 차지)이 검거된 바 있다.[133]

그런데, 2010년 이후 지속적으로 증가추세를 보이면서, 2016년에 검거된 외국인 범죄자nichtdeutsche Tatverdaechtige는 무려 953.744명(40.4%)이었다.[134] 뿐만 아니라 2019년에 검거된 전체 피의자 2,019,211명 중 외국인 피의자는 34.6%(699,261명)를 차지하는 등 외국인 범죄문제가 독일 연방 내에서 여전히 심각하다는 것을 알 수 있다.[135]

또한 동부지역 국경 개방에 편승하여 동유럽 시민들이 노동조건이 비교적 양호한 서유럽 국가들로 대거 입국하고 있는 가운데, 조직범죄단까지 횡행하고 있다. 이들은 주로 인신매매, 마약밀거래, 총기범죄, 납치·협박 등을 일삼고 있는 등 과거와는 다른 양상을 보이고 있다. 활동 중인 외국인 조직범죄단원들은 주로 튀르키예, 구유고, 폴란드, 이탈리아, 러시아, 루마니아, 세르비아, 알바니아, 중국, 불가리아, 베트남, 코소보 출신들이다.[136]

7-7	전체 형사범(국적법 등 포함) 중 외국인 비율(2005-2019)[137]					
Jahr	Straftaten insgesamt					
	Tatverdächtige insgesamt	Nichtdeutsche		Tatverdächtige insgesamt	Nichtdeutsche	
		absolut	in %		absolut	in %
2005	2.313.136	519.573	22.5	2.238.550	448.544	20.0
2006	2.283.127	503.037	22.0	2.204.819	427.911	19.4
2007	2.294.883	490.278	21.4	2.225.139	423.288	19.0

ueberdurchschnittlich-vertreten/24854104.html(2020년 11월 2일 검색).

132) Bundeskriminalamt, PKS 2000, in http://www.bka.de/pks/pks2000/ p-2-3-3.html. 살인(Mord und Totschlag)의 경우 29.8%, 강도(Raubdelikte) 31.4%, 중절도(Schwerer Diebstahl) 22.3%, 마약밀매 등 29.1%, 문서위조(Urkunden fälschung) 52.1% 등이며, 전체 평균은 25.8%였다.

133) Bundesministerium des Innern, *PKS 2010*, p.36.

134) Bundesministerium des Innern, *Bericht zur Polizeilichen Kriminalstatistik 2016*, 2017, p.59.

135) Bundeskiriminalamt, *PKS Jahrbuch 2019*, Band 3, 2020, p.130.

136) Mathes, Werner, "Organisierte Kriminalität: Wir stehen vor einem Generalangriff," in: *Stern* Nr. 48, 1996, pp.196~197.

137) Bundeskriminalamt, *PKS Jahrbuch 2019*, Band 3, 2020, p.128.

2008	2.255.693	471.067	20.9	2.196.728	414.347	18.9
2009	2.187.217	462.378	21.1	2.133.703	410.518	19.2
2010	2.152.083	471.812	21.9	2.098.601	419.232	20.2
2011	2.112.843	484.529	22.9	2.054.232	427.259	20.8
2012	2.094.118	502.390	24.0	2.025.952	435.559	21.5
2013	2.094.160	538.449	25.7	2.007.328	453.015	22.6
2014	2.149.504	617.392	28.7	2.023.623	492.610	24.3
2015	2.369.036	911.864	38.5	2.011.898	555.820	27.6
2016	2.360.806	953.744	40.4	2.022.414	616.230	30.5
2017	2.112.715	736.265	34.8	1.974.805	599.357	30.4
2018	2.051.266	708.380	34.5	1.931.079	589.200	30.5
2019	2.019.211	699.261	34.6	1.896.221	577.241	30.4

수년전 시리아 난민들을 대거 수용한 가운데, 한동안 이들에 의해 저질러진 범죄가 가장 높은 비율을 차지한 바 있다.[138) 그런데 2019년에는 전체 외국인 범죄자 699,261명 중 튀르키예 출신(70,594명)의 비율이 가장 높은 동향(10.1%)을 보인바 있다.[139) 그 뒤를 이어 루마니아, 시리아, 폴란드 국적 외국인들이 높은 비율을 차지하였다.

7-8 독일내 외국인범죄자의 국적별 분포 동향(2019년 12월)[140)

Staatsangehörigheit	Anzahl	Anteil an den nichtdeutschen Tatverdächtigen in Prozent							
	2019	2019	2018	2017	2016	2015	2014	2013	2012
Nichtdeutsche Tatverdächtige insgesamt	699.261	100.0	100.0 708.380	100.0 736.265	100.0 953.744	100.0 911.864	100.0 617.392	100.0 538.449	100.0 502.390
darunter:									
Türkei	70.594	10.1	10.1	9.9	7.8	8.6	13.5	16.3	18.4
Rumänien	53.468	7.6	7.6	7.1	5.6	5.8	7.7	7.3	6.5
Syrien	49.003	7.0	7.2	7.4	15.0	14.7	4.8	2.1	1.2

138) 2016년 12월 31일 현재, 독일에 거주하고 있는 시리아인(Syrian)들은 637,845명에 이르는 것으로 알려져 있다.https://en.wikipedia.org/wiki/Syrians_in_Germany(2018년 1월 18일 검색).
139) Bundeskiriminalamt, *PKS Jahrbuch 2019*, Band 3, 2020, p.130.
140) Bundeskiriminalamt, *PKS Jahrbuch 2019*, Band 3, 2020, p.130.

Polen	44.232	6.3	6.2	6.0	4.7	4.9	7.1	7.5	7.5
Afghanistan	29.981	4.3	4.4	4.5	8.4	6.7	2.2	2.1	2.2
Irak	23.720	3.4	3.4	3.6	6.0	4.2	1.6	1.9	2.2
Serbien	22.659	3.2	3.2	3.4	3.0	3.7	4.8	4.5	4.4
Bulgarien	21.893	3.1	2.9	2.7	2.1	2.0	2.7	2.7	2.7
Italien	21.684	3.1	3.1	3.1	2.4	2.7	3.8	4.3	4.5
Iran	16.746	2.4	2.3	2.0	2.5	1.3	1.2	1.4	1.6
Nigeria	14.484	2.1	2.1	1.7	1.3	1.1	1.0	0.9	0.8
Russische Föderation	13.939	2.0	2.1	2.1	1.5	1.5	2.3	3.3	2.4
Albanien	13.373	1.9	1.8	2.4	2.4	3.2	0.9	0.7	0.6
Kosovo	13.198	1.9	1.9	2.1	2.1	3.7	2.4	2.3	2.2
Ukraine	11.494	1.6	1.3	1.2	0.8	0.9	1.1	1.2	1.4
Kroatien	10.391	1.5	1.4	1.3	0.9	0.8	1.2	1.3	1.4
Marokko	9.579	1.4	1.6	1.8	1.9	1.6	1.8	1.5	1.4
Georgien	9.539	1.4	1.3	1.0	0.8	0.9	1.1	0.8	0.7
Ukraine	9.346	1.3	1.4	1.3	1.1	1.1	1.7	1.8	1.9
Mazedonien	9.214	1.3	1.2	1.3	1.1	1.2	1.4	1.4	1.3
Bosnien und Herzegowina	9.035	1.3	1.2	1.3	1.1	1.3	1.7	1.7	1.7
Pakistan	7.702	1.1	1.1	1.2	1.5	1.7	1.0	1.0	0.9
Somalia	7.560	1.1	1.2	1.3	1.3	1.1	1.1	0.6	0.4
Frankreich	7.224	1.0	1.0	0.9	0.5	0.8	1.2	1.4	1.5
Moldau	7.043	1.0	0.9	0.7	0.3	0.2	0.2	0.2	0.2
Sonstige	192.161	27.5	27.5	27.0	21.5	21.3	27.9	29.8	30.9

한편 2023년에는 시리아, 튀르키예, 루마니아 그리고 아프가니스탄 국적순으로 외국인 범죄가 빈발하고 있는 것으로 나타났다.

2019년에 체포된 살인사건 피의자(2,987명) 중 외국인 피의자 비율은 39.6%, 강도사건(26,678명)의 경우 39.7%, 중상해(141,232명)의 경우 37.3%, 사기사건 (354,529명)의 경우 34.3%를 각각 차지하고 있는 실정이다.[141]

---

141) Bundeskiriminalamt, *PKS Jahrbuch 2019*, Band 3, 2020, p.145. 한편, 2018년의 경우, 살인사건 43%, 강도범 40.6%, 성폭력/강간 및 치사 38.5%, 중상해는 38.4%, 일반절도 38.5%, 특히 소매치기사범의 경우는 외국인 무려 71.3%를 차지했다. 사기범죄는 34.3% 그리고 마약범죄(코카인 및 크랙)는 43.6%를 각각 차지했다. in: https://www.tagesspiegel.de/ politik/kriminalstatistik-nichtdeutsche-bei-straftaten-ueberdurchschnittlich-vertreten/ 24854104.html(2020년 11월 2일 검색).

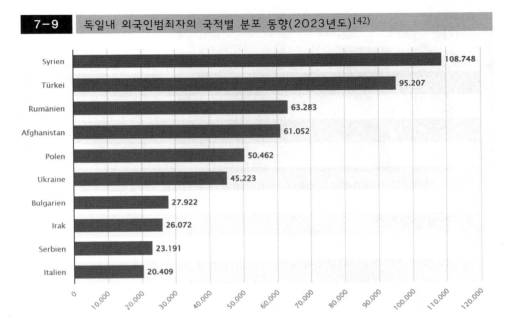

7-9 독일내 외국인범죄자의 국적별 분포 동향(2023년도)[142]

Ⅱ 독일경찰조직 개관

1949년 본 기본법Bonn Grundgesetz[143]이 제정되면서 독일연방공화국 경찰권은 주의 관할사항에 속하도록 규정하였다(기본법 제30조 및 제70조). 따라서 각 주별로 고유한 경찰법 및 경찰조직을 보유하게 되었다. 다만 전국적 사항, 긴급사태 등을 대비하여 제한된 범위 내에서 연방정부의 경찰개입권을 인정하고 있다(동법 제87조 제1항 등). 각주의 경찰들은 일반적으로 유니폼을 착용하는 일반예방경찰(혹은 치안경찰)Schutzpolizei과 수사경찰Kriminalpolizei로 나누어진다. 경찰기관들은 주내무부에 소속되어 있다. 뿐만 아니라 연방경찰Bundespolizei이라고 일컫는 개별 경찰기관들도 연방내무부에 소속되어 있다.

---

142) https://de.statista.com/statistik/daten/studie/2461/umfrage/nichtdeutsche-tatverdaechtige-nach-nationalitaet/(2025년 1월 3일 검색).

143) 1990년 10월 3일 본 기본법이 통일과 동시에 독일전역에 발효되었다.

연방경찰(Bundespolizei), 주경찰(BW) 그리고 관세청집행관 모습

1. 연방경찰기관

경찰사무가 각 주의 사무라고 하더라도 특별한 사무에 대해서는 연방경찰의 임무로 규정하고 있는바, 연방의회 소속의 연방경찰Die Polizei beim Deutschen Bundestag, 일명 Bundestagspolizei,[144] 연방내무부 소속의 연방범죄수사청BKA, 연방경찰청Bundespolizei, 연방헌법보호청BfV: Bundesamt fuer Verfassungsschutz 등이 있다.

연방철도경찰Bahnpolizei des Bundes, 연방하원·상원, 연방대통령관저, 연방헌법재판소 등의 가택권보호를 위한 집행경찰조직(질서 및 순찰경찰조직)이 있으며, 이 업무는 연방경찰청 정복경찰관이 맡고 있다. 그리고 연방경찰대학교 및 연방경찰대학원DHPol이 설치되어 있다. 그 외에 연방 총리실 소속의 연방정보원Bundesnachrichtendienst: BND과 국방부 소속 국방보안청(한국의 군사안보지원사령부와 비슷)Militärischer Abschirmdienst: MAD 등도 직접강제수단과 집행경찰공무원은 없지만, 연방경찰기관으로 분류된다.[145]

---

144) 독일기본법 제40조 2항에 근거하여 운영된다. 연방의회사무처(Bundestags verwaltung)의 한 부서로서, 연방하원의장의 지휘를 받으며, 연방하원청사 및 청사부지에 관하여 경찰권을 행사한다. 다른 경찰관청이나 검찰청의 지휘는 받지 않는다. 210명의 경찰관이 배치되어 있으며, 그중 180여명은 5개조로 편성된 고정 및 순찰근무를 맡고 있다. 평소에 사복정장을 착용하고 근무한다. https://de.wikipedia.org/wiki/Polizei_beim_Deutschen_Bundestag(2018년 1월 18일 검색).

145) Scholler/Schlöer, *op. cit.*, p.40.

(1) 연방범죄수사청[146]

연방범죄수사청Bundeskriminalamt: BKA은 연방내무부 산하 외청이다. 청장은 내무부 장관의 추천에 의하여 연방내각에서 임명되는 정무직 공무원B9이다.[147] 특정한 범죄유형의 수사(국가적 법익침해사건, 국제적 범죄, 조직범죄, 마약, 폭발물관련, 화폐

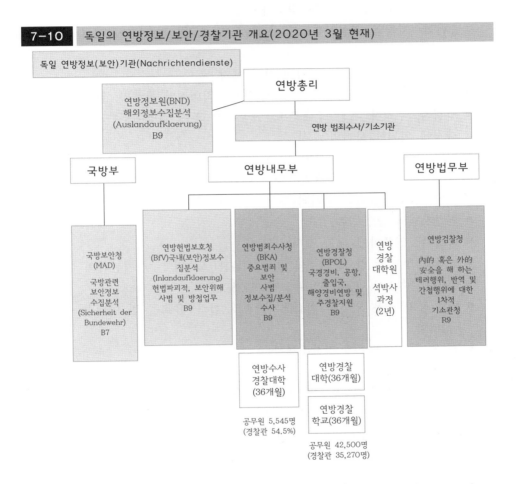

7-10 독일의 연방정보/보안/경찰기관 개요(2020년 3월 현재)

독일 연방정보(보안)기관(Nachrichtendienste)

연방총리

연방 범죄수사/기소기관

연방정보원(BND)
해외정보수집분석
(Auslandaufklaerung)
B9

국방부

연방내무부

연방법무부

국방보안청
(MAD)
국방관련
보안정보
수집분석
(Sicherheit der
Bundewehr)
B7

연방헌법보호청
(BfV)국내(보안)정보수
집분석
(Inlandaufklaerung)
헌법파괴적, 보안위해
사범 및 방첩업무
B9

연방범죄수사청
(BKA)
중요범죄 및
보안
사범
정보수집/분석
수사
B9

연방경찰청
(BPOL)
국경경비, 공항,
출입국,
해양경비연방 및
주경찰지원
B9

연방
경찰
대학원
석박사
과정
(2년)

연방검찰청
內的 혹은 外的
安全을 해 하는
테러행위, 반역 및
간첩행위에 대한
1차적
기소관청
R9

연방수사
경찰대학
(36개월)

연방경찰
대학(36개월)

연방경찰
학교(36개월)

공무원 5,545명
(경찰관 54.5%)

공무원 42,500명
(경찰관 35,270명)

---

146) 한국 문헌에서는 연방수사국, 연방수사청, 연방범죄수사청 등으로 번역하는 사례가 있는바, 필자는 연방범죄수사청이라는 명칭으로 사용하고자 한다.

147) 연방범죄수사청장은 연방검찰총장, 연방헌법보호청장, 연방정보부장과 동급이다. 2025년 1월 현재, Holger Münch가 청장으로 재직하고 있는바, 동인은 2014년 12월 임명되었다. 한편, 1차장인 Jürgen Peter는 2014년부터 2020년까지 국장을 지내다가, 2020년 4월부터 차장으로 재직 중에 있다.

위조사건, 무기밀매, 요인암살기도 행위 등)에 있어서 관할권을 가지며,[148] 범죄정보 수집, 분석업무가 부여되어 있다.

외국과의 수사협조(독일 인터폴총국), 경찰전산업무,[149] 주경찰의 수사활동에 대한 장비, 인력지원 등의 임무를 수행하고 있다. 「연방범죄수사청설치법」에 의하여 각 주의 내무부산하에 주범죄수사국Landeskriminalamt: LKA이 설치되어 있다.

연방범죄수사청의 관할사항The jurisdictions of the BKA은 관련법BKAG에서 규정하고 있다.[150]

- 국내 및 국제적 테러사건의 수사와 예방
- 마약, 총기/무기/폭발물거래, 국제적인 조직범죄와 돈세탁, 위조사건수사
- 주검찰, 주경찰 혹은 주내무부, 연방검찰 혹은 연방내무부가 연방범죄수사청에 의뢰한 사건의 수사
- 헌법기관에 속하는 중요인사(연방대통령 및 의원, 장관 및 연방헌법재판소관계자 등) 및 외국의 중요인사들에 대한 경호, 그리고 이러한 중요인사/기관에 대해 저질러진 범죄의 수사
- 연방차원의 증인보호
- 독일 내 인프라에 대한 수사
- 연방과 주경찰 간 조정(주의 범죄수사기관) 및 외국수사기관과의 협력(독일에서는 주경찰이 범죄수사의 주도적 역할을 담당)
- FBI 등과 같은 외국의 법집행기관과의 협력, 유로폴 및 인터폴 중앙사무국 역할
- 전 세계 60여개소에 경찰주재관liaison officers을 파견
- 범죄수사부서로서 범죄관련 정보의 수집과 분석
- 독일 내 법집행기관을 위한 IT-인프라 제공(셍겐조약, 경찰데이터베이스INPOL, 지문자동검색AFIS, 대테러 데이터베이스ATD 등)
- 국내 및 외국 법집행기관에 대한 법과학지원 및 범죄학 연구성과 자료 제공
- 아동성착취 피해자 및 자료 확인과 분류(실종 및 학대사건조사)를 위한 직무

---

148) Möller/Wilhelm, *op. cit.*, p.11.

149) 독일 경찰에서는 범죄가 발생하면, 전과 관리차원에서 한 번 경찰에 입건되면, 범인의 인적사항, 지문, 좌우측 및 정면사진 등을 촬영한다. 그 후 관련 자료를 연방범죄수사청(BKA), 주범죄수사국(LKA), 발생지 경찰서에 각각 1부씩 송부, 집중관리하고 있다.

150) https://en.wikipedia.org/wiki/Federal_Criminal_Police_Office_(Germany)(2025년 1월 3일 검색).

그리고 국가적 법익침해사건Staatsschutzdelikte에 대한 수사는 보안수사국Abteilung ST
이 담당하고 있다. 연방범죄수사청 산하 보안수사국Abteilung ST: Polizeilicher Staatsschutz에
서는 극단주의적 범죄, 테러범죄 그리고 정치적 동기에 의해서 저질러지는 범
죄유형을 수사한다. 정치적 동기에 의해 저질러지는 좌우 극단주의적 범죄, 정
치적 동기에 의한 국제적인 범죄, 스파이(간첩, Spionagebekämpfung)사건, 국가단
위에서 저질러지는 테러, 핵/생물/화학무기범죄(대량파괴 및 살상무기의 유포행위
등), 중요기술의 불법적 이전, 국제형법범죄, 외국인에 의한 정치적/종교적 동기
범죄, 내국인에 의한 테러 및 종교적 동기의 범죄, 이슬람 극단주의 및 테러범
죄 등을 수사한다. 동 보안수사국은 2004년 설립된 정부합동 테러방지중앙상황
실das Gemeinsame Terrorrismusabwehr zentrum: GTAz(40여개 연방 및 각주의 정보보안/수사기관이
참여, 베를린 소재)을 관장하고 있다.151)

다음은 연방범죄수사청 보안수사국Abteilung ST - Polizeilicher Staatsschutz: State Security의 직
무(관할)내용을 소개한다.152)

- 상황보고 및 분석, 위협분석
- 국가안보센터(상황실)로서의 역할
- 국가안보, 정치적 동기의 범죄수사: 테러 및 극단주의
  - 국제테러리즘, 종교적 동기에 의한 극단주의 및 테러리즘, 지하디즘
  - 극좌 및 극우적 정치성향/동기에 의한 범죄(범죄수사청 내 다른 국(局)과 협력 포함)
  - 국가단위에 의해 지원을 받는 테러리즘
  - 정치적 동기에 의한 외국인의 범죄
- 정치적 동기에 의한 총기/무기, 대량살상무기(화학, 생물, 방사능 혹은 핵무기 등) 관련 수사
- 간첩사건수사(방첩)
- 국가 단위에 의해 저질러지는 사이버범죄 및 사이버보안/방첩
- 전쟁범죄, 국제형사법 및 인권위반범죄
- 국가안보관련 재정관련 범죄수사

151) 연방범죄수사청 조직 및 임무도 참조(2018년 1월). 참여하는 기관들은 연방/주범죄수사청, 연방/주헌법보호청, 연방경찰청, 관세범죄수사청, 연방이민 및 난민청, 연방검찰청 등이다.
152) https://en.wikipedia.org/wiki/Federal_Criminal_Police_Office_(Germany)(2020년 3월 4일 검색).

연방범죄수사청 중범죄 및 조직범죄수사국Schwere und Organisierte Kriminalitaet Abt. SO에서 담당하고 있는 직무내용을 소개한다.[153]

- 재산범죄수사
- 위조범죄수사
- 사이버범죄수사
- 살인 등 중범죄, 폭력범죄, 성범죄, 아동학대 및 아동포르노범죄수사
- 조직 및 갱단관련 범죄수사
- 마약범죄수사
- 인신매매범죄수사
- 환경범죄수사
- 무기 및 폭발물관련 범죄수사
- 경제 및 금융범죄(법회계학지원)

연방범죄수사청 요인경호국SG에서는 요인경호에 대한 책임을 맡고 있다. 연방경찰이나 주경찰의 요인경호대상자들은 전/현직 연방대통령, 전/현직 총리, 외국의 중요인사, 각부장관, 연방검찰총장 등에 이른다.

2024년 6월 30일 현재, 연방범죄수사청에는 근무하는 공무원 정원은 9,080명 정도이다. 2022년 전후, 수사경찰관(4,332명, 52.59%)과 일반직원(3,887명), 교육생 18명 등 8,237명이 근무·교육 중에 있었다(여성 경찰관은 34.84%).[154] 2024년도 12월 현재 예산 규모는 약 874,200,000유로에 달하고 있다.[155]

연방수사경찰대학 교육과정을 관장하고 있으며,[156] 연방범죄수사청에 근무하게 될 신임직원들(수사경위급, A9)Kriminalkommissar, gehobener Dienst은[157] 선발된 후 36개월 간의 기본교육과정을 이수하게 되면, 문학사 학위Bachelor of Art가 수여되며 졸업과 동시에 현장에 배치된다.[158] 한편, 연방 일반경찰대학생(정복경찰)Fachbereich Bundespolizei

---

153) https://en.wikipedia.org/wiki/Federal_Criminal_Police_Office_(Germany)(2020년 3월 4일 검색).

154) https://www.bka.de/DE/DasBKA/FaktenZahlen/faktenzahlen_node.html(2025년 1월 3일 검색).

155) https://www.bka.de/DE/DasBKA/FaktenZahlen/faktenzahlen_node.html(2025년 1월 3일 검색).

156) 수사경찰대학생으로 1994년 240명, 2003년에 181명, 2008년에는 27명을 각각 선발한 바 있다. 정식 명칭은 연방공무원대학교 수사경찰학부(Fachhochschule des Bundes für öffentliche Verwaltung)이다. 2017년 8월 현재 170여명 정도 교육 중에 있다.

157) 우리나라 행정공무원 7급(주사보급)에 해당한다.

은 36개월간의 교육과정을 거친 후 경위Polizeikommissar로 임용되며, 행정학사 학위 Diplom-Verwaltungswirt가 수여된다.

7-11　연방범죄수사청, 중범죄/조직범죄수사국 조직(2025년 1월 1일 현재)[159]

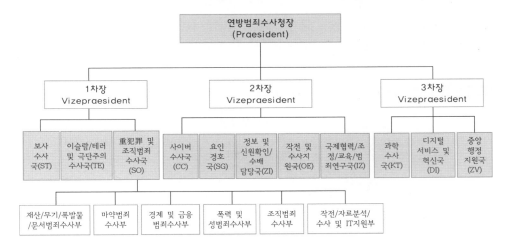

독일 연방범죄수사청(BKA) 본부청사(Wiesbaden에 소재하고 있다)[160]

---

158) http://www.bka.de/nn_246254/DE/Berufsperspektive/Studium/GehobenerKriminal dienst/Nach DemStudium/nachDemStudium__node.html?__nnn=true(2014년 12월 4일 검색).

159) https://www.bka.de/DE/DasBKA/OrganisationAufbau/Organigramm/organigramm_node. html#doc178688bodyText1(2025년 1월 3일 검색).

160) https://www.stellenreport.de/ausbildung/bundeskriminalamt/(2018년 1월 18일 검색)

(2) 연방헌법보호청Das Bundesamt für Verfassungsschutz

연방헌법의 기본질서를 파괴하는 행위에 대한 정보수집업무를 담당하는 기관으로서Amt für Verfassungsschutz 집행기관은 가지지 않고 있으며, 반국가사범의 위법한 행위에 대한 정보를 경찰당국에 이첩하며, 수사는 경찰이 행한다.[161] 연방내무부 소속 기관이며, 청장(B9)[162] 및 차장 2명이 근무하고 있다.

정보수집대상은 좌익테러, 군대 내의 극좌테러분자, 연방헌법의 기본질서를 파괴할 위험성을 갖고 있는 이념단체, 정당, 이들과 연계된 국제조직, 극우세력,

7-12 연방헌법보호청 조직(2025년 1월 현재)[163]

161) https://www.verfassungsschutz.de/de/das-bfv/aufgaben/was-genau-macht-der-verfassungsschutz(2018년 1월 18일 검색).

162) https://de.wikipedia.org/wiki/Pr%C3%A4sident_des_Bundesamtes_f%C3%BCr_Verfassungsschutz(2025년 1월 3일 검색). 2025년 1월 현재 청장은 공석이다. 전임 청장인 Thomas Haldenwang은 2018년 11월부터 2024년 12월까지 재직하였다. 이전의 연방헌법보호청장이었던 Dr. Hans-Georg Maassen는 2012년 8월 1일에 임명, 2018년 11월까지 재직한 바 있다. 이전 청장이었던 Heinz Fromm은 2000년 6월에 임명, 2012년 7월 31일까지 재직한 바 있다.

163) https://www.verfassungsschutz.de/DE/verfassungsschutz/bundesamt-fuer-verfassungsschutz/organisation/organisation_node.html(2025년 1월 3일 검색).

신나치 추종세력 및 조직원, 이들과 연계된 단체, 출판물, 내적 안전innere Sicherheit 을 위협하는 극단적인 외국인 관련사항, 외국 첩보기관의 침투에 대한 방첩업무(스파이방지) 등을 담당하고 있다.[164]

각 주에는 내무부산하에 주헌법보호청이 설치되어 있어 연방과 주정부 간의 협력체제를 유지하고 있다. 반국가사범Staatsschutzdelikte에 대한 수사권은 부여되어 있지 않다. 독일의 일반집행경찰Schutzpolizei oder Kriminalpolizei은 정보수집업무를 담당하지 않고 있다.[165] 2022년 말 기준 4.414 명의 요원과 직원이 근무하고 있다. 2023년 예산 규모는 468,737,000유로였다.[166]

(3) 연방경찰청(구 연방국경수비대, 제복경찰부서)Bundespolizei

연방제복경찰이다. 1951년 3월 16일 서독지역 국경수비Bundesgrenzschutz(동독지역 1,393km, 체코지역 356km의 국경수비) 목적하에 「국경수비법」을 근거로 설립되었다.[167] 이후 해상경비, 여권통제, 난민법집행, 재해경비, 철도경비, 다중범죄진압, 국제공항경비, 대테러업무(연방경찰특공대Grenzschutzgruppe 9: GSG-9),[168] 주경찰지원, 요인경호(지원)업무, 연방헌법보호청업무지원, 연방헌법기관경비, 국제경찰지원, 핵폐기물수송경비, 대규모 국제행사장 경비, 형사범수사 및 질서위반범 추적에 이르기까지 다양한 역할과 임무로 확대되어 오늘에 이르고 있다. 대규모 시위 사태를 비롯한 경비수요(대규모의 자연재해발생, 외국원수 등의 방문, 범죄자 수배 등)가 발생할 시에는 각 주를 지원하는 업무를 맡고 있다.[169] 특히 지난 9·11

---

164) Bundesministerium des Innern, *Verfassungsschutzbericht 2013*, 2014, pp.17~19.

165) 범죄정보수집, 분석업무가 연방범죄수사청에 부여됨으로써, 주범죄수사국의 경우도 범죄정보수집, 분석업무가 연계적으로 부여된다고 할 수 있다. 범죄정보에 관한 수집, 작성, 분석, 배포업무는 일반집행경찰관에 의하여 수행된다.

166) https://de.wikipedia.org/wiki/Bundesamt_f%C3%BCr_Verfassungsschutz#Pr%C3%A4sidenten_und_Vizepr%C3%A4sidenten(2025년 1월 3일 검색).

167) http://www.bundespolizei.de/cln_030/nn_484486/DE/Home/09_Historie/Historie_node.html_nnn=true(2006년 6월 20일 검색). 당시 명칭은 연방국경수비대(Bundesgrenzschutz: BSG)였다.

168) 1972년 뮌헨올림픽 테러사건을 계기로 대테러특공부대(GSG-9)를 창설, 운용하고 있다.

169) 각주의 기동경찰 및 연방경찰기동대를 지휘하는 책임자는 'Inspekteur der Bereit-schaftspolizeien der Länder'라는 직책을 갖고 있는 연방경찰기동본부장이라고 할 수 있다. 유사시(In besonderen Lagen) 16,400여명의 기동경찰(28 Einsatzhundert- schaften/ 28개 중대 등)을 지휘한다. 연방경찰청 차장급이다(B5). https://www.bmi. bund.de/DE/themen/sicherheit/nationale-und-internationale-zusammenarbeit/ibp/bereitschaftspolizei-node.html; https://sicherheit.wegweiser.de/de/node/2833(2020년 11월 11일 검색).

테러사건을 계기로 관련법령이 개정되었는바, 조직 및 임무에 부합하도록 2005년 6월 30일자로 "국경수비대Bundesgrenzschutz: BGS"라는 부서 명칭을 "연방경찰청Bundespolizei"으로 개칭하게 되었다.

연방경찰의 직무내용은 2005년 7월 1일 개정된, 연방경찰법Bundespolizeigesetz: BPolG에 의거 규정되어 있다. 과거에는 국경수비법이라는 명칭을 사용해왔다.170)

연방주의와 주정부의 경찰고권을 존중하여, 제한된 직무를 수행하고 있다.

- 시설, 공공관청 및 조합 등의 안전유지
- 법원에 의한 보호가 적절하게 제공되지 못할 때, 사인의 권리보호
- 연방국경보호: 국경감시 및 국경통과 교통에 대한 경찰상의 통제, 국경을 넘나드는 서류의 검사, 국경수배와 같은 통과에 대한 적법성 유지, 국경으로부터 30㎞이내 지역 및 해안경계선으로부터 50㎞이내의 지역에 대한 위험방지, 국경에 위해를 끼치는 것에 대한 안전유지
- 철도경찰 임무
- 항공교통에 대한 침해방지 및 안전유지
- 항공상의 안전유지를 위한 위험방지 쪽으로 독일 항공기 탑승에 관한 안전조치
- 연방 헌법기관 종사자 및 연방내각 장관 등 요인에 대한 경호 및 보호
- 해양에 대한 보호
- 긴급사태 및 국토방위상황에 대한 경찰상 임무
- 유엔UN 책임하에 있는 외국에서의 경찰임무 협력; 유럽연합 혹은 다른 국제기구와의 협력
- 연방하원 경찰권행사에 대한 경찰직무집행 지원
- 외국에서 독일정부를 대표하는 외교관, 영사를 보호하기 위한 외교부 지원
- 증인보호 및 동행보호를 위한 연방범죄수사청 지원
- 무선방송/기술적 영역에서 연방헌법보호청 지원
- 연방 각 주에 대한 지원
- 형사범 및 질서위반범 추적 및 소추에 대한 지원 등

해양경찰로서의 연방경찰 임무Aufgaben der Bundespolizei See는 다음과 같다.171)

---

170) https://de.wikipedia.org/wiki/Bundespolizei_(Deutschland)(2020년 3월 5일 검색).
171) https://www.bundespolizei.de/Web/DE/03Unsere-Aufgaben/05Grenzpolizei-auf-See/

- 해상에서의 국경수비경찰로서의 역할: 국경경찰영역 및 해양영역과 관련된 질서위반 및 형사범에 대한 경찰상의 수사와 같이, 해양상의 셴겐-국경(12마일)에서의 국경을 통과 교통의 감시와 통제업무를 담당한다.
- 환경보호영역에서 연방경찰임무: 예를 들면, 연안과 해안 밖에서의 환경범죄에 대한 수사와 같이, 해상순찰 및 경찰헬기를 포함한 감시용 항공기를 이용한 연안/해안오염을 제지하기 위하여 북해와 동해상에서 해상감시와 선박교통 감시업무를 수행한다.
- 선박교통에 대한 해양경찰역할: 해안/연안 밖에서 선박 항해관련 규정 준수와 관련하여, 동해 및 북해상의 해상 및 선박교통에 대한 감시 업무를 수행한다.
- 해상에서의 구조업무: 연방경찰청의 집행경찰관들은 해상에서의 1차적/응급활동, 선박화재대응 및 선박파손방지 업무에 있어서, 해상에서의 긴급상황에 대처하기 위하여 전문적으로 교육 받는다.
- 해양/해상사고수사: 독일국기를 달고 운항하는 선박에 의한 해상/해안 밖에서 사고발생시, 해양/해안에서의 수사 및 수배부서 수사관들에 의한 작전 및 투입을 실시한다.

연방경찰청본부Bundespolizeipräsidium는 2008년 3월 1일부터 포츠담에 소재하며, 독일 전역을 8개 권역으로 세분하고, 9개의 관구경찰국Bundespolizeidirektion, 1개의 특별작전국Bundespolizeidirektion 11(2017년 8월 1일부터 신설 통합),[172] 1개의 기동경찰국Direktion Bundesbereitschaftspolizei, 77개소의 지구경찰서Bundespolizeiinspektion를 각각 설치, 운용하고 있다.[173] 2023년 12월 31일 현재, 소속 공무원은 54,723명(경찰관 39,089명, 교육생 6,796명, 일반직원 등 2,543명 등)이다.[174] 2025년 1월 현재, 연방경찰청 책임자Bundespolizei-Chef, Der Präsident des Bundespolizeipräsidiums(법률가 출신, 직급은 B9)는 Dieter Romann 이다. 동인은 2012년 8월 임명되어, 2025년 최근까지 재직 중이다.[175] 2명의 차

Grenzpolizei-auf-See_node.html(2020년 3월 5일 검색).

172) https://www.bundespolizei.de/Web/DE/05Die-Bundespolizei/03Organisation/02Direktionen/11/d11_node.html(2018년 1월 18일 검색).

173) http://www.bundespolizei.de/DE/06Die-Bundespolizei/Organisation/BPOLP/BPOLP_node.html(2011년 10월 31일 검색). 2008년 조직개혁을 통하여 사무직원을 줄이고, 현장집행 경찰력을 강화했다.

174) https://de.wikipedia.org/wiki/Bundespolizei_(Deutschland)#Personal(2025년 1월 3일 검색).

장들이 재직 중이다.

연방공공행정대학 연방경찰학부Der Fachbereich Bundespolizei der Hochschule des Bundes für öffentliche Verwaltung는 연방경찰아카데미Bundes polizeiakademie에 설치되어 있다. 동 연방경찰아카데미에서는 (정복)순경급, 경위급, 경정급 경찰관 신규임용 교육을 담당하고 있다.[176]

(4) 독일(연방및16개주연합)경찰대학원Deutsche Hochschule der Polizei[177]

동서독(경찰)통합 후 16개주로 지방분권화된 연방제국가에서 법집행·경찰활동의 통일성과 각주 경찰 간의 상호협력을 강화하기 위해서 통합 교육기관이 설치·운영되었다. 동 대학원(Münster 소재)은 연방과 각주의 고급간부 양성을 목적으로 1945년 7월 개교하였다.[178] 1947년 9월부터 연합국의 일원인 영국점령하Britische Militärregierung에 놓이면서 노르트라인-베스트팔렌 주가 동 교육기관을 감독하도록 하였다.[179] 현재의 동 대학원 존립에 대한 법적 근거는 1972년 4월 28일 연방과 각주정부 간에 합의, 발효된 "경찰고급간부양성을 위한 통일적인 후보생교육과 경찰관리자아카데미에 대한 협정"이다. 1992년 1월 1일부터 법개정을 통하여 구 동독지역의 5개주 경찰관들도 교육을 받을 수 있게 되었다. 동서독 경찰통합 후 구 동독 5개주 지역출신의 고위간부후보생(경정급)들은 독일(연방)경찰대학원에서 수학함으로써 서독지역의 경찰간부들과의 교류와 협력기회를 쌓고 있다.

1997년 6월, 연방 및 각주 내무부장관으로 구성된 상설위원회에서는 독일(연방)경찰대학원 발전방안을 결정한 바 있었다. 이후 수차례 구체적인 개혁방

---

175) https://de.wikipedia.org/wiki/Dieter_Romann(2020년 11월 10일 검색).

176) https://www.bundespolizei.de/Web/DE/05Die-Bundespolizei/03Organisation/03Akademie/Akademie.html(2020년 11월 10일 검색). Zu den ständigen Aufgaben der Bundes-polizeiakademie gehören die Ausbildung des mittleren, des gehobenen und des höheren Polizei- vollzugsdienstes in der Bundespolizei......

177) 영문 홈페이지에서는 "German Police University"로 소개하고 있지만, 연방과 16개주가 연합하여 고급경찰간부양성을 위한 교육기관(석박사 학위과정 운영)인 점을 감안하면, 독일(연방)경찰대학원으로 번역하는 것이 적절하다. 또한 신현기교수도 최근 논문에서 "독일경찰대학원"으로 번역, 소개하고 있다. "독일경찰대학원의 교육과 연구기능-독일연방공화국의 경찰행정에 관한 교육·재교육·연구중심", 「치안행정논집」, 제9권 제1호, 2012, p.138 참조.

178) Rupprecht, Reinhard(Hrsg.), *Polizei Lexikon*, 2. Auflage, 1995, pp.406~407.

179) http://www.pfa.nrw.de/orga/orga_index.htm(2006년 11월 16일 검색) 01.07.1947: Uebergabe der Einrichtung in die Trägerschaft des Landes Nordrhein-Westfalen.

안이 제시되면서, 2005년 1월 27일 노르트라인-베스트팔렌 주의회Landtag에서는
「독일경찰대학원Deutsche Hochschule der Polizei」으로의 개편방안에 관한 법령이 논의되었
다.180) 독일경찰대학원법과 이를 위한 직무규정개정법Gesetz über die Deutsche Hochschule
der Polizei(DHPolG) und zur Änderung dienstrechtlicher Vorschriften Vom 15. Februar 2005이 주의회에서 통과
되었다. 이후 2006년 3월 1일부터 정규 대학원과정(4학기)으로 정식 출범하게
되었다. 10여년 만인 2016년 12월, 노르트라인-베스팔렌 주의회에서는 주고등
교육법Hochschulgesetz des Landes Nordrhein-Westfalen을 개정하여181) 독일경찰대학원을 규정하
였다.182) 공공행정-경찰관리Öffentliche Verwaltung - Polizeimanagement 석사학위과정을 운영하
게 되었다.183)

대학원장Präsident은184) 노르트라인-베스트팔렌주정부가 연방 및 각 주 내무부
장관들로 구성된 협의회Kuratorium의 동의를 받아 임명한다.185)

---

180) Birkenstock, Wolfgang *et al.*, "Der Masterstudiengang >Master of Public administration-Police Management< und die Entwicklung der PFA zur Deutschen Hochschule der Polizei", in: Die Polizei, Mai 2005, p.130.

181) Gesetz zur Aufnahme der Deutschen Hochschule der Polizei in das Hochschulgesetz NRW(Gesetz zur Änderung des Gesetzes über die Hochschulen des Landes Nordrhein-Westfalen) Vom 15. Dezember 2016.

182) https://www.dhpol.de/de/hochschule/index.php(2018년 1월 18일 검색).

183) 연구 및 강의분야(Studienfächer)는 Einsatzmanagement(작전), Führungslehre(지휘), Öffentliche Betriebswirtschaftslehre(공공경영), Organisation-und Personalentwicklung (조직 및 인사관리), Psychologie(심리학), Kommunikationswissenschaft(의사소통론), Krimi- nalistik (범죄수사학), Kriminologie(범죄학), Rechtswissenschaften(법학), Verkehrs- wissenschaft- und Verkehrspsychologie(교통공학 및 교통심리학) 등이다.

184) https://www.dhpol.de/die_hochschule/aktuelles/pressemitteilungen/pressemitteilungen-2024/04_pressemeldung_Ende_Amtszeit_Prof._Lange.php(2025년 1월 3일 검색). 대학원장은(Präsident)에는 법과대학 교수나 판·검사 출신의 법률가(Jurist)가 임명되고 있다. 전임 대학원장 Prof. Dr. Hans-Jürgen Lange(박사, 1961년생)는 2014년 6월 임명되어, 2024년 6월까지 재직하였다. 2025년 1월 현재, 대학원장은 Uwe Marquart인 바, 동인은 2020년 3월부터 副원장으로 재직하던 중, 2024년 7월부터 대학원장에 임명되었다. 법률가 출신이며, 고급경찰간부로 입직하였다. https://www.dhpol.de/die_hochschule/aktuelles/news-2020/news02_03_2020.php#NTk4ODM2NDM2(2020년 11월 10일 검색).

185) 영문홈페이지에서 소개하고 있는 내용에 따르면, ".... 이 대학교의 이해관계자(이익과 책임이 따르는)들은 연방과 연방 주들을 대표하는 내무부장관들이다(The university stakeholders are the German Ministries and Senators of the Interior representing the Federationand the Federal states."라고 소개하고 있다. https://www.dhpol.de/en/index.php(2018년 1월 18일 검색).

독일(연방)경찰대학원(DHPol, Muenster 소재) 캠퍼스 및 수업모습

　　조직은 크게 특별직무부서Sonderaufgaben, 행정학 및 경찰학부Fachbereich Verwaltungs und Polizeiwissenschaft, 전공분야별행정지원부Fachbereichsverwaltung, 대학원행정지원부Hochschulverwaltung, 대학원위원회, 홍보실, 국제관계협력실, 인사위원회, 시험위원회, 특별위임위원회 등으로 편성되어 있다.

　　특히 행정학 및 경찰학부Department I, II und III 소속의 15개 다양한 전문분야들Fachgebiete(지휘/조직/행정학, 경찰작전관리/교통학 및 정보통신학, 범죄학/범죄수사학 및 법학관련 분야) 편성되어 있다.[186] 9개 전문분야는 대학교수들Universitäts~professoren이 강좌를 담당하고, 그 밖의 6개 경찰실무분야는 경찰간부들Polizeibeamte이 담당하고 있다.

　　동대학원에서는 연방 및 주경찰의 경정급höherer Dienst 이상 고급간부의 재교육 Fortbildung, 전문화교육과 경찰관련 분야연구(치안정책)의 중심기관Zentralstelle으로서의 역할을 수행하게 되었다. 특히 사법시험에 합격한 후, 고급경찰간부(경정급)로 지원한(임용예정) 자 및 대학원을 졸업한 경찰간부들을 위한 특별교육과정Sonderkurs (6개월)을 운영하고 있다.[187]

　　매년 200여명의 석사과정생들이 경찰대학원에 입학하고 있다. 또한 2010년 2 월 박사학위설치Promotionsordnung der Deutschen Hochschule der Polizei, PromO-DHPol 규정이 공고되었 으며, 동년 3월 11일 위원회의 승인을 받았다. 동 규정PromO-DHPol §1 Doktorgrade an der Deutschen Hochschule der Polizei에 의거하여 4개 분야 전공분야(법학박사, 사회학박사, 국가 학및경제학박사, 행정학박사)에 대한 박사학위과정이 운영되기에 이르렀다.[188]

---

　　186) https://www.dhpol.de/de/hochschule/Departments/departments.php(2018년 1월 18 일 검색).

　　187) http://www.pfa.nrw.de/orga/orga_index.htm(2006년 11월 16일 검색).

7-13 독일(연방)경찰대학원(DHPol) 조직(2017년 10월 현재)

대학원장(Praesident)
副원장(Vizepraesident)

참모부(Stabsstelle)
대학원내부소통 및 대외홍보팀
대학원발전팀, 국제관계협력팀

대학원위원회(Senat)

대학원시험위원회

특별직무
부서
Sonderauf-
gaben der
DHPol

PTI
경찰장비/무기
/기술

KOST
SiFo
경찰신체안전
및 신속대응
관리연구

KOST
PoLBiP
민주시민정치
교육

행정학 및 경찰학부
(Fachbereich Verwaltungs und Polizeiwissenschaften)

전공협의회(FB-Konferenz)

교수 및 강사
협의회장
Sprecher der
Lehrende

대학원행정
지원부
Hochschul
Verwaltung

인사
위원회

특별위임
위원회

근로장소
및 화재
정보보호

비밀 및
보안관리

평등보호

장애인
보호

Department I FOV 지휘/조직/행정학 Führungs-, Organisations- und Verwaltungs wissenschaften	Department II EVK 작전관리/교통 및 정보통신학 Einsatzmanagement, Verkehrs- und kommunikations wissenschaften	Department III KRW 범죄학/범죄수사 및 법학 Kriminal- und Rechtswissen schaften	Fachbereichsver waltung(FBV) 전공분야별행정 지원부	HV I 법무지원 및 시험관리팀
Institute I.1 Police Leadership	Institute II.1 Management of Police Operations	Institute III.1 Criminology and Interdisciplinary Crime Prevention	FBV I 강의지원팀(Lehr)	HV II 예산 및 경리
Institute I.2 Business Administration and Police Public Management	Institute II.2 Police Crisis Management	Institute III.2 Criminology and Interdisciplinary Crime Prevention	FBV II 재교육지원팀 (Forbildung)	HV III 인사팀
Institute I.3 Organisation and Huma Resource Management in the Police	Institute II.3 Serious Crime Management	Institute III.3 Criminalistics- Phenomenon Related Crime Strategies	FBV III 연구지원팀 (Forschungsforderung)	HV IV 정보통신 및 행사기자재
Institute I.4 Social Psychology, Work and Organisational Psychology	Institute II.4 Traffic Sciences & Traffic Psychology Institute	Institute III.4 Public Law with a Focus on Police Law	FBV IV 행사관리및학술 회의지원팀 (Veranstaltungsmanage ment, Tagungsbuera)	HV V 청사 및 부동산 관리팀
Institute I.5 Administrative Sciences with a Focus on Politics and Society	Institute II.5 Communication Science Specialist Unit	Institute III.5 Criminal Law, Criminal Procedure Law, Crime Politics		HV VI 도서관
Research Centre I.6 Police History	Specialist Unit II.6 Ethics/Professional Ethics			

188) https://www.dhpol.de/de/medien/downloads/hochschule/20010/PromO_22_03_2010.pdf; 박사학위 명칭은 다음과 같다. Doktor der Rechtswissenschaften (Dr. iur.), Doktor der Sozialwissenschaften (Dr. phil.), Doktor der Staats-und Wirtschaftswissenschaften (Dr. rer. pol.) und Doktor der Verwaltungswissenschaften (Dr. rer. publ.).

교육과정은 1년(1, 2학기) 및 2년차(3, 4학기)로 나누어진다. 수업방식은 강의, 세미나, 사례연구, 연습 그리고 교수 및 교관지도하의 소규모활동이나 자율그룹 활동 등으로 진행된다. 수년 전 자료에 따르면,[189] 교육과정은 크게 19개 과정 19 Modul으로 편성되어 있으며, 1-10단계 커리큘럼들은 연방 및 각 주경찰대학에서 제공하고, 나머지 9개 커리큘럼11-19 Modul은 석사학위논문을 작성할 수 있도록 독일(연방)경찰대학원에서 실시된다.[190] 교육내용은 크게 경찰지휘/조직관리 및 재정관리 분야, 경찰관리(경찰작전, 범죄수사학, 범죄학, 도로교통 분야), 법률학 및 사회과학 분야, 실무연수(연방범죄수사청, 연방경찰청, 경찰공학 분야) 등이다. 강좌별 총수업량은 1,655시간에 이른다. 강좌별 구체적인 수업시간은 다음과 같다 (도표 [7-14]).

입학자격은 대학과정에서 최소 6학기 이상을 이수(학사학위 혹은 행정학학사)하거나 경위/경감급 경찰관에서 승진한 경찰관들이어야 한다. 법과대학에서 법학을 전공하고, 사법시험(2차)합격자는 곧바로 입학할 수 있다.[191]

7-14 독일(연방)경찰대학원 강좌 및 수업시간[192]

교육분야 (Fachbereich)	세부교과목 (Fachgebiet)	수업시간(Stunden)	
		1년차	2년차
Fuehrung, Organisations- und Wirtschaftswissenschaft (지휘/조직/재정관리)	Fuehrung(리더십 및 지휘론)	65	96
	Organisationswissenschaft(조직이론)	25	55
	Wirtschaftswissenschaft(재정 및 경제학)	10	21
Polizeiliches Management (경찰관리분야)	Einsatzlehre(경찰작전론)	101	216
	Kriminalistik(범죄수사학)	55	128
	Kriminologie(범죄학)	56	56
	Verkehrslehre(도로교통이론)	60	73
	Polizeitechnik(경찰공학)		5

189) http://www.pfa.nrw.de/Studiennet/Inhalte/neufassung/Studienplan.pdf(2006년 11월 16일 검색).
190) Birkenstock/Hauff/Neidhardt, "Der Masterstudiengang >Master of Police Administration-PoliceManagement, und die Entwicklung der PFA zur Deutschen Hochschule der Polizei", *Die Polizei*, 2005, p.132.
191) https://de.wikipedia.org/wiki/Deutsche_Hochschule_der_Polizei(2018년 1월 18일 검색).
192) http://www.pfa.nrw.de/Studiennet/Inhalte/neufassung/Studienplan.pdf(2006년 11월 16일 검색).

Rechts- und Sozial-wissenschaft (법률학 및 사회과학분야)	Rechtswissenschaft(법학)	280	84
	Sozialwissensachaften(사회학)	74	120
	Berufsethik(직업윤리)		30
Ausbildungsstationen (연방경찰기관 실습)	Technik(경찰공학)	30	
	Bundeskriminalamt(연방범죄수사청)	15	
	Bundesgrenzschutz(연방국경수비대)	(선택)	
	합 계		771시간

각 주에서는 경찰관 정원, 치안수요, 주정부의 재정상태, 경찰인사정책에[193] 따라 매년 고급 경찰간부(경정급, Polizeirat, 사법시험합격자와 동급)를 선발하고 있다. 1996년 9월~1998년 8월까지 동 대학원에 재학했던 교육생(고급간부후보생)은 모두 192명이었으며, 1997년 9월~1999년 8월까지 입학생은 177명이었고, 이 중 여자경찰관은 12명이었다.[194] 2014/2015년도 석사과정(행정학~경찰관리) 재학생은 280명에 달했으며,[195] 2016/2017년도 겨울학기 재학생은 377명, 2017/2018년도 겨울학기 재학생은 393명이었다.[196] 2023년 여름학기 재학생은 453명이었다.[197]

2. 각 주의 경찰조직

(1) 일반 상황

각 주의 최상급 경찰관청은 주내무부장관이다. 주내무부에는 경찰담당국(주경찰청)이 설치되어 있으며, 도단위에도 경찰담당부서(지방경찰청)가 설치되어 있

---

193) 일반예방경찰(방범, 경비, 교통 등)과 수사경찰은 인사상 분리되어 있다. 일반예방경찰(Schutzpolizei)의 경우, 간부경찰관의 비율이 주에 따라서 15~25% 정도이지만, 수사경찰(Kriminalpolizei)의 경우는 간부경찰관의 비율이 50~100%를 차지하기 때문에 승진의 기회가 상대적으로 많다. 따라서 많은 경찰관들이 수사경찰을 선호하고 있는 상황이다.

194) Die Polizei 1998, p.304.

195) 관련학위 명칭은 다음과 같이 소개되고 있다: Der Mastergrad Master of Arts (M.A.) "Öffentliche Verwaltung-Polizeimanagement" (Public Administration - Policemanagement).

196) https://de.wikipedia.org/wiki/Deutsche_Hochschule_der_Polizei(2020년 11월 11일 검색).

197) https://de.wikipedia.org/wiki/Deutsche_Hochschule_der_Polizei(2025년 1월 3일 검색).

다. 그러나 이들 경찰담당부서는 집행기관의 역할을 수행하지는 않으며, 하급 경찰관서에 대한 인사, 예산, 지원, 감독, 통제업무를 수행한다. 주범죄수사국LKA, 주기동경찰,198) 주경찰학교, 주경찰대학교199) 등이 대부분의 주경찰청산하에 편성되어 있다. 도단위 지방경찰청과 시·군·구경찰서 단위에는 행정지원, 수사, 경비·교통·방범순찰업무를 수행하는 부서들이 공통적으로 설치되어 있다.200) 각 주의 경찰은 분리형이든 단일형이든 상관없이 크게 4가지 형태의 집행경찰 구조와 영역으로 이루어져 있는바,201)

① 일반예방경찰(제복을 착용한 예방경찰)uniformierte Schutzpolizei: 치안경찰이라고도 칭하며, 범죄예방을 위한 기동 및 도보순찰, 교통위반단속, 사고처리를 담당한다. 한편 전문경찰분야인 수사·정보·보안업무 등을 제외한 일반적 경찰임무를 수행한다.

② 수사경찰Kriminalpolizei: 각종 범죄의 수사 및 예방활동, 형사소추에 관련된 임무를 수행한다.

③ 기동경찰Bereitschaftspolizei: 대규모시위나 각종 행사의 경비임무수행, 대형사고 및 자연재해 등의 처리업무를 지원한다. 특히 국가비상사태Notstand 및 중대한 자연재해 발생시 다른 주를 지원한다.

④ 수상경찰(해양경찰)Wasserschutzpolizei: 항만, 하천, 호수를 중심으로 수로, 해로 상의 안전유지 업무수행,202) 해난사고의 조사 및 예방, 내수면 및 해양환경오염 방지 및 단속, 기타 주정부 및 연방정부의 위임사무를 처리하는 경찰기관이다.

---

198) 1994년을 기준으로, 독일 각 주의 기동경찰인원의 현황을 살펴보면, 바덴-뷔르템베르크 4,283명, 바이에른 5,361, 베를린 1,398, 브란덴부르크 813, 브레멘 564, 함부르크 1,003, 헤센 3,637, 메클렌부르크-포어폼메른 1,034, 니더작센 547, 노르트라인-베스트팔렌 5,026, 라인란트팔츠 2,101, 자르란트 238, 작센 2467, 작센-안할트 1,284, 쉴레스비히-할스타인 1,585, 튀링엔 1,112 등 독일 전체 33,473명의 기동경찰관이 근무하고 있다.

199) 각 주의 경찰조직 규모에 따라 경찰대학이 독자적인 캠퍼스와 조직으로 구성되어 있는 주도 있지만 규모가 작은 주에는 주공무원대학교 내 경찰학부로 설치된 경우도 있다.

200) 우리나라에 정보과에 해당하는 업무는 일반집행경찰에 의해서 수행되지 않는다. 다른 정보기관(헌법보호청, 연방정보원, 국방보안청 등)에 의해서 치안정보의 수집, 작성, 배포가 이루어진다. 반국가사범(Staatsschutzdelikte)을 처리하는 부서는 수사부(과)에 전담반(반국가사범수사반)이 있기 때문에 우리나라의 보안수사과에 해당하는 기능은 수사과에서 수행한다고 볼 수 있다.

201) Möller/Wilhelm, *op. cit.*, pp.15~16.

202) 독일에는 라인 강을 비롯한 큰 하천과 호수(Bodensee) 들이 다수 있어서, 이들이 해상, 수상교통로로서의 역할이 크다. 수자원보호와 교통로상의 안전유지를 위해 수상경찰이 발달되어 있는 것이 한국과 비교할 때 경찰조직의 한 특징이라 할 수 있다.

우리나라의 해양경찰에 해당한다. 각주에서는 이러한 경찰기능을 수행하기 위하여

⑤ 도Regierungsbezirk단위에는 지방경찰청(각주마다 명칭에 있어 다소 차이가 있음) Landespolizei, Polizeipräsidium과

⑥ 우리나라의 시·군 지역에 해당하는 행정구역마다 설치된 경찰서(주마다 약간씩 다른 명칭을 사용함)Polizeidirektion가 있고,

⑦ 읍·면·동에 해당하는 행정구역Gemeinde에 파출소Polizeiposten가 설치되어 있다.203)

우리나라와 비교할 때 특징적인 것 중의 하나는 최근에 경찰조직 개편에 따라 경찰서를 폐지한 사례가 있다. 그래서 지방경찰청-지구대-파출소 순으로 조직된 경우가 있다(바덴-뷔르템베르크 및 바이에른주). 그래서 경찰서보다 하위조직이면서 파출소보다는 상위조직인 경찰조직(지구대)Polizei- revier 또는 Polizeiinspektion이 있다. 경찰서마다 2~3에서 10개 미만 정도로 설치되어 있으며, 파출소는 지구대 소속이다. 대부분의 경찰관서에서는 이 [지구대] 체제를 유지하고 있다. 본항에서 소개할 (서독지역) 각주별 경찰사례는 통일후 신연방주(구동독) 경찰조직재건의 모델이 되었다.204)

(2) 바덴-뷔르템베르크Baden Württemberg 주경찰205)

경찰은 주내무부 소속이다.206) 바덴-뷔르템베르크 주경찰제도는 통일 후 구

---

203) 일부에서는 독일의 기초자치단체인 읍면동 단위에 자치체 경찰이 있는 것으로 소개하는 경우가 있는데, 이는 일원주의적 경찰법체제를 갖고 있는 일부 주에서 Polizeibehörde (경찰관청)이라는 명칭을 사용하는 관계로 이를 오해한 것에서 기인한다. 여기서 경찰관청이라는 명칭은 한국식의 경찰이 아닌, 소위 질서행정업무를 담당하는 주민등록, 외국인등록, 면허행정관리, 자동차등록 등의 업무를 맡고 있는 관청을 말한다.

204) 바덴-뷔르템베르크 주와 바이에른 주경찰제도는 신연방의 작센 주경찰조직 재건에 좋은 본보기가 되었다. 노르트라인-베스트팔렌 주경찰은 신연방의 브란덴부르크 주경찰 재건을 지원하였다.

205) 바덴-뷔르템베르크 주는 독일에서 인구가 세 번째(전체 인구의 13.3% 차지)로 많으며, 독일에서 범죄발생계수가 가장 낮은, 치안상태가 비교적 양호한 주라고 할 수 있다. 2018년 12월 31일 기준, 인구는 11,069,533명이었으며(13.3% 차지), 2019년 총 573,813건(10.6% 차지)의 범죄가 발생한 바 있다. Bundeskriminalamt, *Polizeiliche Kriminalstatistik Bundesrepublik Deutschland Jahrbuch 2019*, Band 1, 2020, p.25.

206) 참고로 바덴-뷔르템베르크 주내무부의 경찰담당국(Abteilung 3, Landespolizeipräsidium: Abteilungsleiter)의 조직을 살펴보면, 주경찰청장, 차장(Inspekteur der Polizei: 정복경찰관으로서 최고위직) 및 5개과(경비작전교통과, 범죄대책과, 인사조직관리과, 예산장비과, 법무홍보과)로 이루어져 있다. 과장급의 직책은 경무관급에 해당하는 간부이다. 2명은

동독 작센 주 경찰제도에 많은 영향을 미쳤다.207) 바덴-뷔르템베르크 주경찰에
서는 1989년 경찰관 정원 23,015명이었는데, 1996년 24,621명을 정점으로 2010
년 23,970명으로 오히려 감소한 동향을 보인 바 있다. 2020년 11월 현재, 24,000
여명이며, 일반직원은 약 7,000여명이 근무하고 있다.208) 시·군에 해당하는 행
정구역Stadt, Landkreis마다 경찰서Polizeidirektion가 설치되어 있다([도표 7-15] 참조).

[도표 7-15]에서 보는 바와 같이, 도농통합 경찰서 형태인 경우도 있으며,
모든 읍면동(Gemeinde, 1,110개 지역)별로 파출소가 설치되어 있는 것이 아니라,
치안수요에 맞게 2~3개 행정구역별로 파출소가 설치되어 있는 것을 알 수 있다.

7-15 바덴-뷔르템베르크 주경찰 현황

관할인구	관할면적	범죄발생	지방 경찰청	경찰서 (방범순찰, 수사, 교통)		지구 경찰서	파출소	행정구역
11,069,533명 독일전체 인구의 13.3%	35,753km²	573,813건 독일전체는 5,436,401건	2014.1.1.현재			150개소	360개소	시(9)·군 (35) 등 44개소
			12개소	36개소				
			순경-경사 12,000명 경위-경감 13,000명 경정-총경이상 500명					
			수사경찰 4,376명 일반예방경찰 19,587명 행정직원 4,438명 교육생 1,781명(경찰대학 및 경찰학교) 합계 30,182명209)					읍·면·동 1,110개소
2018.12.31.		2019.12.31.	2011.10.31.					

1) 지방경찰청 등 상급경찰기관

바덴-뷔르템베르크 주의 최상급 경찰

경찰간부, 나머지 3명은 부이사관급에 해당하는 행정직공무원들이다.

207) 신연방 작센 주의 경찰법은 바덴-뷔르템베르크 주의 영향을 받아 일원주의적(Einheits-
system) 경찰법 형태를 취하고 있다. 작센 주경찰은 독립적인 경찰대학 제도를 비롯(각 학
년 60명), 주범죄수사국, 지구경찰서, 고속도로경찰서, 수상경찰서체제 등 많은 부분에 걸쳐
서독 자매주를 모델로 삼고 있다.

208) https://www.polizei-bw.de/ueber-uns/(2020년 11월 11일 검색).

209) 2020년 말 현재, 28,500명의 경찰관과 5,500여명의 일반직원이 근무하고 있다. https://
de.wikipedia.org/wiki/Polizei_Baden-W%C3%BCrttemberg(2025년 1월 3일 검색).

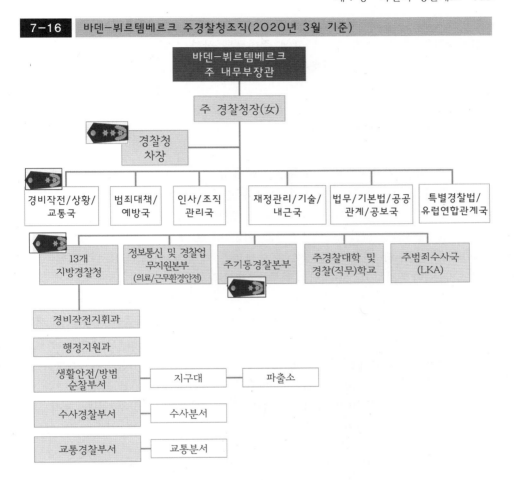

7-16 바덴-뷔르템베르크 주경찰청조직(2020년 3월 기준)

관청은 주내무부장관이다. 내무부[210] 제3국(주경찰청)Abteilung 3, Landespolizeipräsidium에서 경찰업무를 담당하고 있으며, 이는 주경찰청에 해당한다.[211] 각도별Stuttgart I, Stuttgart II,[212]

---

210) 주경찰청에는 5개과(경비작전, 범죄대책과, 인사조직관리과, 예산장비, 법무홍보과)들이 설치되어 있다.

211) 2025년 1월 현재, 주경찰청장은 Stefanie Hinz (1972년생)로서 2020년 1월에 임명되어 근무 중이다. 한편 전임 청장인 Gerhard Klotter(1955년생)은 2013년 10월에 임명, 2020년 1월까지 재직한 바 있다.https://de.wikipedia.org/wiki/Polizei_Baden-W%C3%BCrttemberg(2025년 1월 3일 검색).

212) Stuttgart II는 바덴-뷔르템베르크 주의 수도이다. 인구는 587,655(June 2014)이다. 1,000여명의 경찰관들이 근무하는 것으로 보아 한국의 대규모 경찰서로 이해할 수 있다. 독일에는 이러한 대도시를 관할하는 경찰서에 특별명칭(Polizeipraesidium: PP)을 사용하는 경

Karlsruhe, Freiburg, Tübingen 1-2개소 지방경찰청Polizeipräsidien: PP을 설치하여 최근에는 13개 지방경찰청을 운용하고 있다. 그 밖에 주내무부 산하 상급 경찰관서들은 13개 지방경찰청Regionale Polizeipraesidien, 정보통신지원본부Praesidium Technik, Logistik, Service der Polizei, 주기동경찰본부Polizeiprsidium Eninsatz, 주경찰대학Hochschule fuer Polizei BW, 주범죄수사국Landeskriminalamt 과 주경찰학교Landespolizeiakademie 등이 있다.213) 2025년 1월 현재, 주경찰청장은 여성으로서 법률가 출신이며, 2020년 1월 임명되어 재직 중이다. 바덴-뷔르템베르크주경찰 역사 이래, 최초의 여성 경찰청장이다.214)

2) 최근 바덴-뷔르템베르크 주경찰 개혁동향   바덴-뷔르템베르크 주정부는 시민들의 안전을 도모하기 위하여 보다 전문적이고 시민지향성을 높이기 위한 경찰조직으로 탈바꿈하기 위하여 최근 경찰조직을 대대적으로 개편하고, 경찰 인력을 배치전환하는 등 개선조치를 취한 바 있다.

2011년 9월부터 경찰조직 개혁 프로젝트를 시작한 이래, 2013년 12월 조직개혁조치를 마무리하고, 2014년 1월부터 새로운 조직으로 개편하였다.215) 이를 통해 [주경찰청-5개 지방경찰청-37개 경찰서-지구대/파출소] 체제에서 37개 경찰서를 통폐합하고, [주경찰청→13개 지방경찰청→지구대/파출소] 체제로 개편하였다. 즉, 새로운 조직에 의하면, 5개의 도(道) 단위(Stuttgart도, Stuttgart특별시, Karlsruhe도, Freiburg도, Tübingen도)에 기존의 5개 지방경찰청을 13개의 소규모 지방경찰청Die regionalen Polizeipräsidien(지방경찰청장 계급은 치안감급)으로 확대한 바 있다.216) 각 지방경찰청마다 1개 방범순찰부서, 1개 수사경찰부서217) 그리고 1개 교통경찰부서로 편성하였다.218)

우가 있다. 뿐만 아니라 브레멘주는 인구 671,489명(2016년 1월 기준), 함부르크주: 인구 1,787,408명(2016년 1월 기준), 자를란트주: 인구 995,597명(2016년 1월 기준) 등이다. 규모가 큰 주들과의 인구나 면적에 있어서 많은 차이가 있으므로 경찰제도 비교시에는 주의를 요한다.

213) 13명 지방경찰청장들, 기동경찰본부장 및 전자통신기술지원본부장 등은 같은 계급이다. 주경찰청장보다 2계급 낮은 직급이다. 최근에 경찰학교는 경찰대학에 통합하여, 운영하고 있다.

214) https://de.wikipedia.org/wiki/Stefanie_Hinz(2025년 1월 3일 검색).

215) http://www.polizei-bw.de/polizeireform/Documents/Chronologie/10_Verabschiedung%20 Polizei reform.pdf(2014년 12월 4일 검색).

216) Baden-Wuerttemberg Innenministerium, *Polizeistrukturreform Baden-Wuerttemberg,* 2014 참조.

217) 예를 들면, 기존의 3개 경찰서에 분산되어 있던 3개 수사과를 통폐합하여 1개 수사경찰부로 바꾼 것이다. 일종의 분산된 조직을 통합함으로써 조직개편을 도모한 것이다.

218) 따라서 주경찰청 전체적으로 방범순찰(생활안전)경찰부가 13개소, 수사경찰부 13개소, 교통경찰부 13개소가 각각 설치되어 있는 셈이다.

한편, 최근 주경찰청 조직 개혁방안의 일환으로, 기존의 3개 지방경찰청의 관할구역을 재조정하고, 1개 지방경찰청을 해체하고, 새롭게 2개의 지방경찰청을 신설하였다. 그래서 2020년 1월 31일 현재, Konstanz지방경찰청 관할 일부 도시를 분할하여 새로운 지방경찰청인 Ravensburg Polizeipraesidium 등을 신설, 13개 지방경찰청이 운용되고 있다.[219]

그래서 [주경찰청-13개 지방경찰청(수사/교통/순찰경찰부)]으로 개편하였다. 주경찰학교를 주경찰대학교 소속으로 변경하기도 했다. 새로운 조직으로 출범하면서, 다른 근무관서로 이동한 인원은 3,324명, 같은 관서 내 수평 이동한 경우는 267명이었다.[220] 주경찰청 본부 소속으로 행정/기술/정보/통신국, 기동경비국Einsatz, 경찰대학교(경찰학교 포함) 그리고 주범죄수사국LKA을 설치하고, 13개 지방경찰청은 범죄예방순찰/수사/교통경찰부 중심으로 재편한 것이다.

7-17	바덴-뷔르템베르크주 13개 지방경찰청별 경찰력 편성 현황(2020년 3월 현재)						
13개 지방경찰청 Polizeipraesidium	인구(명)	면적 (㎢)	경찰공무원 등(명)				지구대/ 파출소
			정복	수사	일반직	총원	
Aalen지방경찰	932,000	3,850	1,150	240		1,600	10/32
Freiburg	1,022,000	4,149				2,300	13/37
Heilbronn	852,842	4,407	1,211	225	213	1,649	13/29
Karlsruhe(여성)	757,324	1,258	1,251	349	300	1,900	11/25
Konstanz	780,000	3,346	1,150	210	240	1,500	13/18
Ludwigsburg	911,000	1,305				1,800	10/28
Mannheim	1,015,000	1,315				2,650	7/27
Offenburg	700,000	2,730				1,600	9/20
Pforzheim	600,779	2,341	830	198	155	1,113	8/28
Ravensburg	633,815	3,501	866	198	170	1,234	8/19
Reutlingen	1,230,000	3,172				2,300	14/39
Stutgart(주수도)	600,000	207	1,800	400	300	2,500	8/13

219) https://de.wikipedia.org/wiki/Polizeipr%C3%A4sidium_Konstanz(2020년 3월 5일 검색). https://www.baden-wuerttemberg.de/de/service/presse/pressemitteilung/pid/neue-polizeipraesidien-in-pforzheim-und-ravensburg/(2020년 3월 5일 검색).

220) Baden-Wuerttemberg Innenministerium, *Polizeistrukturreform Baden-Wuerttemberg*, 2014, p.24.

Ulm	900,000	4,155	1,250	250	200	1,700	12/33
Baden-Wuerttemberg	10,470,000	30,753	24,000		7,000	31,000	44시군구/1,100읍면동

바덴-뷔르템베르크 주정부는 경찰조직 개혁의 일환으로 최근(2020년 1월 31일)에 Ravensburg경찰서를 지방경찰청Polizeipraesidium: PP으로 승격시킨 바 있다.221) 이와 관련, Ravensburg 지방경찰청은 인구 633,815명, 3,501㎢, 8개의 지구대, 19개의 파출소, 공무원 1,234명(경찰관 1,064명 중 수사경찰 198명, 생활안전등 제복경찰 866명, 일반직원 170명) 등이다.222) 지방경찰청장은 우리나라의 치안감급으로 임명되고 있다.

3) 개편된 지방경찰청 조직과 수사부서   새로 개편된 프라이부르크 지방경찰청Polizeipräsi- dium Freiburg은 종전의 조직규모보다 축소되었다. 2014년 12월 현재, 프라이부르크 시 등 5개 시군지역(Stadtkreis Freiburg, Landkreise Breisgau-Hoch-schwarzwald, Emmendingen, Lörrach와 Waldshut, 인구는 1,022,000여명)을 관할하고 있었다. 지휘경비작전부, 행정지원부, 방범순찰경찰서(지구대 13곳, 파출소 37개소 포함), 수사경찰서(분서 3곳 포함) 및 교통경찰서(분서 2곳 포함) 각 1개소씩을 설치하고 있다([도표 7-18 참조]). 2014년 1월 기준, 지방경찰청 전체 근무자(경찰관 포함)는 약 2,200명 정도이다.

한편, 바덴-뷔르템베르 주정부는 2017년 초반에 경찰조직을 다시 개편하였는바, 12개 지방경찰청 체제에서 기존의 1개 지방청을 해체하고, 2개 지방청을 신설하여, 13개 지방경찰청 체제로 변경하였다. 뿐만 아니라, 지방청의 방범순찰부, 수사경찰부, 교통경찰부 체제로 운영하던 것을, 방범순찰부서와 교통경찰부서를 하나의 부서로 통합한 새로운 조직(예방경찰부, 수사경찰부)으로 개편하기도 했다.223) 이는 교통경찰을 방범순찰 부서의 지구대와 근접하게 배치 운용하는 것이 분권화를 도모하고 현장에 부응할 수 있는 경찰체제를 구축하기 위한 조치라고 한다(Die Aufgaben der Verkehrspolizei sollen demnach wieder dezentral

---

221) https://www.baden-wuerttemberg.de/de/service/presse/pressemitteilung/pid/polizeipraesidium-ravens-burg-in-dienst-gestellt/(2020년 3월 5일 검색).

222) https://ppravensburg.polizei-bw.de/ueber-uns/(2020년 3월 4일 검색).

223) https://de.wikipedia.org/wiki/Polizei_Baden-W%C3%BCrttemberg(2020년 3월 6일 검색).

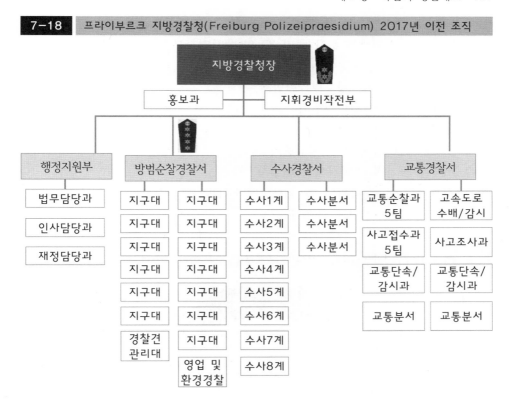

7-18 프라이부르크 지방경찰청(Freiburg Polizeipraesidium) 2017년 이전 조직

den Polizeirevieren übertragen werden).

한편, 프라이부르크 지방경찰청PP-Freiburg은 크게 수사경찰부(수사 1-8계 및 수사분소) 및 예방경찰부(방범순찰부서 및 교통경찰부서)Direktion Polizeirevier에는 13곳의 지구대 및 37개소의 파출소/교통부서가 각각 설치되어 있다([도표 7-19] 참조).

프라이부르크 북부지구대Polizeirevier Freiburg-Nord 경우를 살펴보면, 지구대 1곳 및 파출소 5개소 등이다.[224] 지구대Polizeirevier: PR는 방범순찰경찰서와 파출소Polizeiposten 중간단계에 해당하는 경찰조직이다.[225] 파출소는 지구대 소속이다.[226] 지구대에

---

224) Polizeiposten Herdern (Freiburg im Breisgau), Stühlinger, Weststadt, Zähringen 그리고 Gundelfingen 등이다.

225) 지구대장은 관할규모에 따라 차이가 있지만, 우리나라의 고참 경감급 내지는 초임 경정급 계급에 해당하는 경찰간부가 배치된다. 지구대장은 지방경찰청장이 임명한다.

226) 독일의 파출소규모는 대부분 10명 전후의 경찰관이 근무하는 "미니파출소급"에 해당한다. 치안센터와 비슷하다. 전원 주간근무를 하기 때문에 직접적인 비교는 어렵다.

서는 범죄예방 순찰업무를 주로 수행한다. [도표 7-20]과 같다.

수사경찰부에는 8개의 수사계 및 3곳의 수사경찰분소가 설치되어 있다.

수사1계는 살인/강간/공무원범죄

수사2계는 강도/재산/청소년관련범죄

수사3계는 경제/부패/환경범죄

수사4계는 조직 및 마약범죄

수사5계는 사이범죄 및 디지털증거

수사6계는 국가적 법익침해 사건수사

수사7계는 작전, 수사지원 및 형사당직반KDD, 범죄정보처리

수사8계는 과학수사담당 등이다.[227]

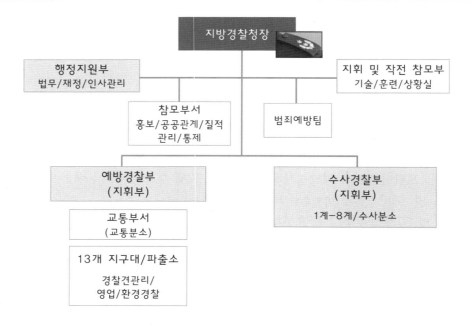

7-19 2017년 개편된 프라이부르크 지방경찰청(FR-Polizeipraesidium) 조직 및 임무 개요

227) https://de.wikipedia.org/wiki/Polizeipr%C3%A4sidium_Freiburg(2020년 3월 5일 검색).

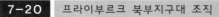

7-20 프라이부르크 북부지구대 조직

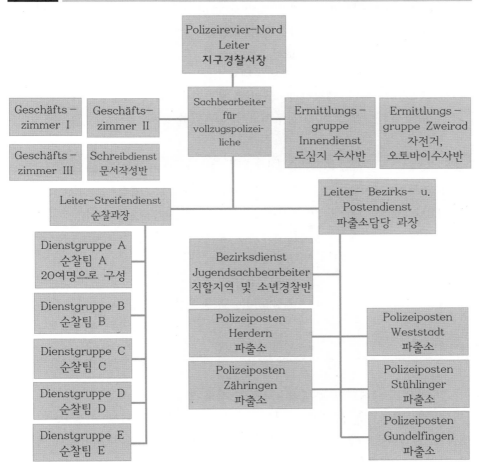

4) 바덴-뷔르템베르크 주범죄수사국

① 각 주의 범죄수사국LKA의 일반 사항

주경찰의 범죄수사국Landeskriminalamt은 통상 16개 주내무부 경찰청 소속의 독립적인 법집행기관an independent law enforcement agency으로 편성되어 있다. 내무부 하급부서이다.228) 중요범죄수사, 범죄분석 및 법과학적 지원 및 특별임무를 수행하기도

---

228) https://en.wikipedia.org/wiki/Landeskriminalamt(2020년 3월 4일 검색).

한다. 즉 대체로 마약거래, 조직범죄, 환경범죄 및 화이트컬러/극단주의/테러범죄 수사 등을 담당하고 있다. 최신 과학적 방법(DNA분석, 자동화된 지문검색시스템 등)을 활용하여, 증거조사센터로서의 역할을 하면서, 법과학적 장비 등을 유지하고 있다. 종종 특별한 임무로서 인질, 납치 및 공갈/협박상황에서 특공대와 같은 SWAT팀, 협상그룹 혹은 폭발물해체 전문 인력 투입이 필요한 사건에서, 지역경찰을 지원하거나 조정한다. 물리적 보안기술 및 범죄예방 그리고 주 단위 반(反)마약범죄 프로그램 조정부서로서의 역할을 한다.

7-19	바덴-뷔르템베르크 주범죄수사국의 업무 영역 및 역할 개요[229]	
주범죄수사국의 수사업무	지원업무	중심기관으로서 역할
주요 (직접)수사분야는 다음과 같다: ■ 주정부 차원의 보안수사 ■ 핵물질관련 불법적 거래행위 ■ 군관련 무기의 불법적 거래행위 ■ 마약범죄 ■ 조직범죄 ■ 경제범죄 ■ 사이버범죄	■ 증인보호 ■ 재물회복 ■ 범죄자대상 수색 ■ 프로파일링 ■ 범죄예방프로그램 ■ 폭발물처리 ■ 주거침입/절도예방을 위한 상담소운영 ■ 법과학적 업무지원 ■ 비밀/잠입수사지원	■ 범죄대책을 위한 개념지원 ■ 주범죄통계작성 ■ 고위험 상습성범죄자 수사지원조정 ■ 실종 및 신원미상 사망자 수사 ■ 연방 및 주 차원의 범죄예방담당부서로서의 역할 ■ 보안/안전연구부서

② 바덴-뷔르템베르크 주범죄수사국 조직과 임무

바덴-뷔르템베르크 주범죄수사국BW-LKA은 범죄대책을 위한 특별한 임무를 수행하는 중심기관이다. 정치적 동기에 의해서 저질러진 범죄와 원자력/핵물질 관련 사건을 수사한다. 조직범죄, 돈세탁, 마약거래, 조직화된 밀입국범죄, 경제범죄 및 무기관련 범죄, 심각한 환경범죄 그리고 부패 및 공무원범죄와 같이 특별히 중요한 사건에 대해, 당해 주관할에서 수사업무를 담당하고 있다. 특히 그 밖의 중점적인 수사 분야에는 사이버범죄 대책과 수사이다. 예방영역에서 주범죄수사국은 다양한 예방적 조치들에서 역할을 하고 있다.[230]

범죄대책을 위한 모든 정보와 자료를 수집하고 분석한다. 주범죄수사국은

229) https://lka.polizei-bw.de/wp-content/uploads/sites/14/2017/08/Wir_ueber_uns_englisch.pdf(2020년 3월 5일 검색).
230) https://lka.polizei-bw.de/ueber-uns/(2020년 3월 5일 검색).

범죄발생상황을 분석하고, 범죄통계작성, 범죄대책을 위한 개념과 전략을 발전시킨다. 그 외에도 주범죄수사국은 증인보호 비밀/잠입수사, 재물회복/발견 혹은 법과학적 연구와 같은 다양한 서비스를 주경찰에 제공, 지원한다. 주범죄수사국은 범죄대책 영역에서 중심기관으로서, 통일적인 기준을 주 전역에 걸쳐 제공한다. 외국에서 바덴-뷔르템베르크로, 바덴-뷔르템베르크에서 외국 쪽으로 향해 경찰에게 위탁된 모든 사건 및 법무부로부터 위탁된 개별사건을 취급한다.

주범죄수사국은 범죄대책을 위한 주 전역에 걸쳐 직무감독적 임무를 수행한다. 원칙/위원회/비밀보호, 안전/보안연구, IT-전문분야 조정/IT-Land와 같은 참모업무 부서 외에, 전략적 통제/질적 관리, 공공관계 및 예방업무가 부여되어 있다. 주범죄수사국은 7개 분야 전문부서가 편성되어 있다. 즉 중앙업무부, 법과학연구부, 경제 및 환경범죄부, 조직 및 마약범죄부, 사이버범죄부, 그리고 디

7-20 바덴-뷔르템베르크 주범죄수사국 조직 및 임무 개요

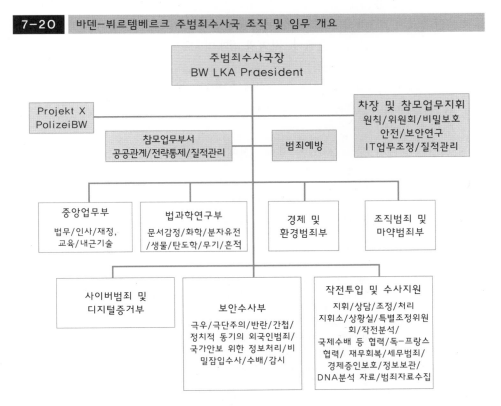

지털증거분석, 작전투입/수사지원/보안수사 부서 등이다.[231] 2015년 3월 현재
경찰관 750명, 연구/행정직원 500명 등이 근무하고 있다.[232]

(3) 바이에른Bayern 주경찰조직

바이에른 주[233] 역시 바덴-뷔르템베르크 주경찰과 함께 작센 주의 서독측
자매주의 일원으로 통일 후 작센 주경찰 재건에 많은 도움을 주었다. 특히 바
이에른 주는 작센 주와 인접한 관계로 많은 물자를 지원했지만, 경찰관들을 파
견하는 데에는 바덴-뷔르템베르크주에 비하여 다소 소극적이었다. 최근에 바이
에른주 역시 경찰조직을 개편하였는바, 지방경찰청 산하 일반경찰서Polizeidirektion
및 수사경찰서Kriminalpolizeidirektion 조직을 없애고, 대신 지구대Polizeiinspektion 및 수사분
서Kriminalpolizeiinspektion를 지방경찰청에서 직접 관리하는 방식으로 개편하였다. 주내
무부(경찰청)-지방경찰청-지구대/수사분서/교통분서(대민접촉부서) 체제로 전환함으
로써, 4단계에서 3단계로 축소된 셈이다.[234]
- 주상급경찰관서로는 뮌헨시 지역과 6개의 도지역을 관할하는 10개의 지
  방경찰청Polizeipraesidium: PP,[235] 주범죄수사국Bayerisches Landeskriminalamt, 주기동경찰
  본부Bereitschaftspolizei(주경찰학교가 설치되어 있음), 경찰행정관리국Polizeiverwaltungsamt
  등이 설치되어 있다. 한편, 경찰대학은 주공무원대학의 경찰학부체제로 운
  영되고 있다.
- 하급경찰관서로는 2025년 1월 현재, 순찰지구대(256개소), 국경수비지
  구대(12개소), 교통지구대 등(41개소), 수사분서 등(61개소) 등이다. 경찰기
  동대 7개소와 12개의 기동중대 등이 각각 편성되어 있다.[236]

231) https://de.wikipedia.org/wiki/Polizei_Baden-W%C3%BCrttemberg(2020년 3월 5일
검색).
232) https://lka.polizei-bw.de/wp-content/uploads/sites/14/2017/08/Wir_ueber_uns_englisch.p
df(2020년 3월 5일 검색).
233) Bundesmisterium des Innern, *Bericht zur Polizeilichen Kriminalstatistik 2016*,
2017, p.27. 2016년 1월 현재, 인구는 12,843,514명(전체 인구의 15.6% 차지)이었으며, 같은
해 범죄는 총 882,473건이 발생했다.
234) http://www.polizei.bayern.de/wir/organisation/index.html/6093(2014년 12월 5일 검색).
235) http://www.polizei.bayern.de/wir/organisation/index.html/6093(2014년 12월 5일 검색).
10개 지방경찰청은 다음과 같다: ●Mittelfranken (in Nürnberg), ●München, ●Nieder-bayern
(in Straubing), ●Oberbayern Nord (in Ingolstadt), ●Oberbayern Süd (in Rosenheim)
●Oberfranken (in Bayreuth), ●Oberpfalz (in Regensburg), ●Schwaben Nord (in Augsburg),
●Schwaben Süd/West (in Kempten), ●Unterfranken (in Würzburg).
236) https://www.polizei.bayern.de/mam/wir-uber-uns/organigramm_bay_polizei.pdf(2025년

7-21 바이에른주 경찰조직도(2025년 1월 기준)[237]

바이에른 주 내무/체육통합부
C국-주경찰청
(Abteilung C-Landespolizeiprasidium)

10개 지방경찰청	주범죄수사국	경찰행정관리국	주기동경찰본부
Präsidien der Bayerischen Landespolizei (PP)

PP Mittelfranken(in Nürmberg)
PP München in München
PP Niederbayern in Straubing (mit Direktion der Bayerischen Grenzpolizei in Passau)
PP Oberbayern Nore in Ingolstadt
PP Oberbayern Süd in Rosenheim
PP Oberfranken in Bayreuth
PP Oberpfalz in Regensburg
PP Schwaben Nord in Augsburg
PP Schwaben Süd/West in Kempten
PP Unterfranken in Würzburg | Bayerisches Landeskriminalamt (BLKA) in München | Bayerisches Polizei- verwaltungsamt(PVA) in Straubing | Präsidium der Bayerischen Bereitschaftspolizei(BPP) in Bamberg |

236 Polizeiinspektionen(PI) 순찰지구대
20 Polizeistationen(PSt)
8 Grenzpolizeiinspektionen(GPI) 국경수비지구대
4 Grenzpolizeistationen(GPS) 교통지구대
33 Verkehrspolizeiinspektionen(VPI) 고속도로순찰대
8 Autobahnpolizeistationen(APS)
27 Krimonalpolizeiinspektionen(KPI)
6 Kriminalpolizeistationen(KPS) 수사분서
7 Kriminalpolizeilinspektionen mit Zentralaufgaben(KPI(Z))
21 Kriminalfachdezernate(KFD)
2 Polizeiinspektionen Spezialeinheiten(PI SE) | 7 Bereitschaftspolizeiabteilungen(BPA) 7개 경찰기동대
 • I. BPA München
 • II. BPA Eichstätt
 • III. BPA Würzburg
 • IV. BPA Nürmberg
 • V. BPA Königsbrunn
 • VI. BPA Dachau
 • VII. BPA Sulzbach-Rosenberg mit Außenstelle Nabburg

Fortbildungsinstitut der Bayerischen Polizei(BPFI) in Ainring
mit Außenstelle-Zentrale Diensthundeschule(ZDHS) in Herzogau
Polizeihubschrauberstaffel Bayern(PHuStBY) in München
mit Außenstelle in Roth |

1월 3일 검색).

237) https://www.polizei.bayern.de/mam/wir-uber-uns/organigramm_bay_polizei.pdf(2025년 1월 3일 검색).

인구는 13,076,721명(2018년 12월 말 기준, 독일 전체의 15.8%)이며, 2019년에 603,464건의 범죄가 발생하였다(독일 전체의 11.1%).[238] 2014년 12월 당시에는 41,400여명의 경찰관 및 행정직원이 근무하고 있었다. 2016년 말 현재, 정규 경찰관은 41,370명이다.[239] 한편 2019~2023년까지 정규경찰관을 45,000명 수준으로 증가시킨다는 계획이라고 한다.[240]

(4) 노르트라인-베스트팔렌Nordrhein-Westfalen 주경찰조직

2007년 7월 1일부터 주경찰조직을 개편하여, 경찰조직을 2단계로 축소시켰는바, 주내무부-경찰서 체제로 변경되었다. 주내무부(내무자치부) 소속이며,[241] 주상급경찰관서로 경찰교육인사국Landesamt für Aus- und Fortbildung und Personalangelegenheiten der Polizei NRW, 범죄수사국LKA, 중앙경찰업무국Landesamt für Zentrale Polizeiliche Dienste 등이다. 하급경찰관서로는 5개 도Regierungsbezirk에 47개 경찰서(시군 행정구역별Kreispolizeibehörden, Polizeipraesidien)가[242] 설치되어 있다.[243]

기존에 상급경찰관서였던 기동경찰본부는 3개 경찰서Polizeipräsidien Bochum, Köln und Wuppertal 소속으로 분산시켰다. 연방경찰대학원DHPol, 주공무원대학 경찰학부,[244] 주경찰학교(경찰교육인사국 소속) 등이 설치되어 있다.

2020년 10월부터 [내무부-주상급경찰관서-47개 경찰서]인 3단계 체제로 새

---

238) Bundeskriminalamt, *Polizeiliche Kriminalstatistik Bundesrepublik Deutschland Jahrbuch* 2019, Band 1, 2020, p.25. 각주 및 연방 전체 인구는 2018년 12월 31일 기준이다.

239) https://www.stepmap.de/karte/polizisten-in-deutschland-nach-bundeslaendern-2016-1658622(2018년 1월 18일 검색).

240) https://www.innenministerium.bayern.de/med/aktuell/archiv/2019/190219ministerrat/(2020년 11월 4일 검색).

241) 정식명칭은 Ministerium für Inneres und Kommunales des Landes Nordrhein-Westfalen이다.

242) 시지역(die kreisfreien (Groß-) Städte)경찰서는 18개소, 郡지역경찰서는 29개소 등이다.

243) 기존에 독립되어 있는 수상(해양)경찰서는 Duisburg경찰서(das Polizeipräsidium Duisburg) 소속으로 변경하였다.

244) 주공무원대학 경찰학부(Fachhochschule für öffentliche Verwaltung NordrheinWestfalen - Fachbereich Polizei: Polizeivollzugsdienst-B.A.). 주공무원대학은 경찰학부 및 일반행정학부로 나뉜다(Polizei und Allgemeine Verwaltung / Rentenversicherung, 법학사 및 문학사 학위). 2020년 11월 현재, Martin Bornträger (seit 1. Januar 2019, seit 2020 als Präsident der HSPV NRW)총장으로 재임하고 있으며, 전임 총장 Reinhard Mokros는 2013년 11월-2018년 12월까지 재직한 바 있다. in: https://de.wikipedia.org/wiki/Hochschule _f%C3%BCr_Polizei_und_%C3%B6ffentliche_Verwaltung_Nordrhein-Westfalen(2020년 11월 4일 검색).

롭게 조직을 개편하였다. 3개의 주상급경찰관서들LAFP, LKA und LZPD이 경찰서에 대하여 직무Fachaufsicht 및 근무감독Dienstaufsicht을 실시할 수 있도록 하였다.[245]

2025년 1월 현재, 40,500명의 경찰관 및 17,300여명의 일반직원이 근무하고 있다.[246] 인구는 18,190,422명(2023년 12월말 기준)이며, 독일 전체 인구의 21.5% 전후를 차지하고 있을 정도로 가장 많다. 2023년에는 1,412,807건의 범죄가 발생하였다(독일 전체의 22.6% 전후 차지).[247]

7-22 노르트라인–베스트팔렌주 경찰조직도(2025년 1월 기준)[248]

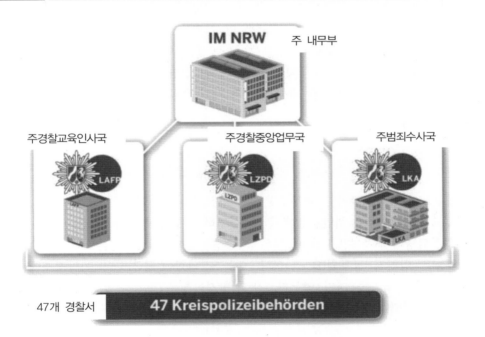

<hr />

245) https://polizei.nrw/artikel/organisation-der-polizei-nrw(2025년 1월 3일 검색)
246) https://polizei.nrw/artikel/organisation-der-polizei-nrw(2025년 1월 3일 검색)
247) https://www.land.nrw/pressemitteilung/polizeiliche-kriminalstatistik-2023-leichter-anstieg-der-fallzahlen-beste(2025년 1월 3일 검색)
248) https://polizei.nrw/medien/grafik-aufbau-der-polizei-nrw(2025년 1월 3일 검색).

Ⅲ 경찰조직과 정치적 영향

1. 연방단위경찰조직과 정치적 영향

독일경찰에는 한국과 같은 경찰위원회, 일본식의 공안위원회제도는 없다.[249] 연방과 주정부의 내각구성은 선거에서 다수의석을 점하는 정당이 관직을 독점하는 의원내각제 형태이다. 연방정부차원에서는 여당이지만, 주단위에서는 야당이 될 수도 있다. 정당별로 치안정책 및 경찰제도 운용에 있어서 다른 정책을 표방할 수 있다. 연방내무부장관은[250] 연방내 치안정책에 대해서 책임을 진다. 연방의회Bundestag에 출석하여 치안정책에 관해 설명하고 답변할 의무가 있다. 연방의회가 내무행정 전반에 대해서 통제, 감시권을 행사하는 것은 경찰에 대한 정치적 통제장치를 의미한다.

2. 주 단 위

주 최상급경찰관청인 내무부장관은 경찰정책에 관해서 책임을 지며 주의회 Landestag에 출석하여, 치안문제에 관해 설명하고 답변할 의무를 진다. 내무부 경찰업무담당국장(주경찰청장), 도단위 지방경찰청장, 기동경찰본부장, 범죄수사국장 등은 임명직 공무원(B그룹)이다. 이들은 의회에 출석하여 치안정책에 관해 답변하거나 책임을 지지 않는다. 각 지방경찰청은 도지사(임명직공무원) 소속으로[251] 설치되어 있으며, 도청에는 경찰업무담당 부서가 있다. 주의회는 주정부

---

249) 일반시민들이 경찰행정과 관련한 정책결정에 참여할 수 있는 공식적인 조직이나 기구가 경찰조직상에는 거의 없다. 다만 자료에 의하면, Nordrhein-Westfalen주의 대도시 경찰관서에 경찰자문위원회(Polizeibeirat)라는 공식조직이 설치되어 있는 것을 확인하였다. 이 자문위원회는 민경친선과 경찰에 대한 시민들의 의견을 수렴하고 경찰의 법집행상황을 알리는 창구로서의 역할을 하는 것으로 우리나라 경찰서에 설치된 치안자문위원회, 방범위원회 등과 비슷한 성격과 역할을 한다.

250) 2025년 1월 현재, 연방내무부장관은 Nancy Faeser(SPD소속) 이며, 2021년 12월부터 재직중에 있다. 최초의 여성 내무부장관이다.

251) 우리나라의 경우, 시·도지사, 시·군 자치단체장이 선거직 공무원이지만, 독일의 경우, 우리나라의 기초자치단체에 해당하는 단체장만 직접선거를 하고 도단위의 단체장은 주정부의 내각(다수당)에 의해서 임명된다. 지방경찰청은 임명직 공무원인 도지사 소속이며, 도지

의 집행에 대해서 통제할 수 있다. 특히, 내무행정(경찰행정)에 대해서는 예산심의권, 예산집행에 대한 감시 등을 통하여 직·간접의 통제와 감시권을 행사한다.252) 시·군·구 지방의회에서는 경찰서 등에 대해서 직무감독이나 감사를 하지 않는다. 경찰서장 등이 시·군 의회에 출석하여 답변할 필요는 없다. 도단위 단체장과 지방경찰청장과의 관계는 직무감독(Unterrichtung: 통지, Weisung: 지시, 명령, Fachaufsicht)관계이다.253) 같은 임명직 공무원이긴 하지만 도지사B8는 지방경찰청장B5보다 3단계 높은 직책이다(바덴-뷔르템베르크 주). 시·군·구 지방자치단체장(선거직)과 경찰서장의 관계는 협조관계이다. 물론 해당업무와 관련하여 직무감독관계가 형성될 수 있다.

3. 경찰에 대한 정치적 영향

주경찰청장, 지방경찰청장이나 도지사 등은 임명직/정무직 공무원이기 때문에 정치적 영향을 받는 입장이다.254) 한편, 경찰서장급 공무원에 대해서는 다르게 평가하는 동향인바, 관련 사례는 다음과 같다.

BVerfG는 NRW 경찰서장이 소위 정치인이 아니라고 결정했다(NRW-Polizeipräsidenten sind keine sogenannten politischen Beamten, entschied das BVerfG).

사의 직급(인구 200만 이상 지역)은 연방통계청장, 특허청장, 연방 국방보안청장(MAD, B7, 과거에는 ☆☆) 등과 동급이다.

252) Model/Creifelds/Lichtenberger/Zierl (Hrsg.), Staatsbürger –Taschenbuch, 29. Aufl., 1997, pp.201~203.

253) 경찰업무에 대한 감독관계의 유형은 동일부처 내의 근무관계상 상하기관에 통상적으로 이루어지는 근무감독(Dienstaufsicht)관계와 해당직무와 관련된 사항적인 직무감독(Fachaufisicht)관계로 나누어진다. 우리나라의 지방경찰청과 경찰서 간의 관계가 근무감독관계이다.

254) https://www.stern.de/news/bundesverfassungsgericht-entscheidet-ueber-polizeipraesidenten-als-politische-beamte-34715186.html(2025년 1월 3일 검색). 최근 독일 연방헌법재판소는 노르트라인-베스트팔렌주 쾰른 경찰서장은 정무직 공무원이 아니라고 결정한 바 있다. 연방헌법재판소에 따르면, 정치공무원(정무직)을 언제든지 임시퇴직시킬 수 있는 것은 종신원칙 위반으로 근본적으로 인정된다(GG 33조 5항). 그러나 이는 좁게 정의된 예외적인 경우로 제한되어야 한다. 정치공무원의 경우, 종신원칙에 대한 예외는 기본적으로 객관적으로 정당하다. 그 이유는 그들의 업무 성격상 특히 국가 지도부의 정치적 신뢰가 필요하고, 근본적인 정치적 견해 및 목표에 지속적으로 동의해야 하기 때문이다. 정부의. 이러한 의미에서 공직이 "정치적"으로 분류될 수 있는 경우는 "각 개별 사례에서 전반적인 평가의 일부로 공직 소유자가 정부의 정치적 목표에 지속적으로 동의하는 것이 효과적인 성취를 위해 필수적이라는 증거를 제공해야 하는 요인에 따라 달라진다"고 BVerfG는 결정했다. 노르트라인-베스트팔렌주 경찰서장에게 부여된 책임 영역이나 그들에게 부여된 의사결정 범위, 조직적 지위 등 그 어느 측면에서도 경찰서장직을 '정치적'으로 규정하지 않는다고 언급한 바 있다.

퀼른에서 열린 새해 전야 테러 이후 조기 퇴직을 강요당한 볼프강 알버스Wolfgang Albers는 이에 성공했다. 당시 발표된 결정에서 연방헌법재판소BVerfG는 노르트라인-베스트팔렌 주 공무원법LBG NRW 제37조 1항 5항이 제33조 문단과 양립할 수 없다고 결정했다. 관련 규정을 무효라고 판단하였다(2024년 4월 9일 결정, 참조 2 BvL 2). /22). 이 규정은 노르트라인-베스트팔렌 주 경찰서장을 소위 정치 공직자로 분류하여 종신 공무원 지위와 상관없이 언제든지 일시적으로 퇴직할 수 있도록 허용하고 있었다.

원래 소송의 원고인 볼프강 알버스Wolfgang Albers는 2011년부터 퀼른 경찰서장을 지냈다. 2015/2016년 "퀼른 새해 전야" 사건 이후 퀼른 대성당과 역 앞마당 지역에서 성적 자기 결정권에 반하는 범죄가 많이 발생하자 그는 경찰서장직에서 해임되었다. 2016년 1월에 임시 퇴직 상태Ruhestand에 들어갔다. 그는 이에 대해 퀼른 행정법원VG에 항소했고, 법원은 그의 소송을 기각했다. 항소 사례에서 노르트라인베스트팔렌주 고등행정법원OVG은 절차를 중단하고 BVerfG에 37조 1항 No. 5 LBG NRW가 GG 33조 5항과 호환되는지 여부에 대한 심사를 청구했다. 그리고 BVerfG는 이제 다음과 같이 결정했는바, LBG 37조 1항 5호 NRW는 해당 규정이 독일기본법(헌법, GG) 33조 5항을 위반하므로 위헌이라고 결정했다.

독일경찰은 정치적 영향을 배제하기 위한 장치를 마련하기보다는 경찰책임자가 국민들의 의사를 정책에 반영하기 위하여 노력하는 입장이다.

한국은 경찰조직에의 정치적인 영향을 배제하기 위한 견제장치를 마련하고 있지만, 독일경찰은 오히려 더 적극적인 정치적 통제하에 있다고 할 수 있다. 모든 공무원에게 정당가입의 자유가 허용되고, 경찰노조(단체행동권)가 존재한다.[255] 이처럼 경찰이 정치적으로 분리되어 있는 것이 아니라 연방이나 주단위에서 정당이 경찰(치안)정책에 오히려 많은 영향을 미치고 있다. 정당선택·가입의 자유가 확고히 보장되는 만큼, 법집행은 반드시 법률적 근거에 입각, 엄정해야 한다는 원칙(법치주의 확립)은 독일(경찰)공무원의 기본자세이다. 경찰에 대한 각 정당의 영향은 주로 범죄예방전략Innere Sicherheit의 수립이나 경찰조직, 인사, 직무집행과 관련한 입법사항 등에 미치고 있다.

독일에서의 범죄문제는 실업문제나 환경오염문제 다음으로 심각하고 중요한

255) 독일기본법 제9조, 바덴-뷔르템베르크 주 공무원법 제114조(Vereinigungsfreiheit), 제120조(Beteiligung der Gewerkschaften, Berufsverbände und kommunalen Landesverbände) 등.

문제로 인식되고 있으며[256] 이와 관련한 경찰의 범죄예방활동이 무엇보다도 중요한 테마가 되고 있다. 각종 세미나, 학술대회에서 경찰의 역할에 대한 평가, 비판이 적극적으로 이루어지고 있으며, 이런 행사에는 정당관계자, 지역정치인들이 참석하여 정당의 견해나 자신의 입장을 피력하는 등 경찰직무 집행활동에 관하여 여론형성이 활발하게 이루어지고 있다. 정당정치가 오래전부터 발전, 정착되어 온 터라 지역의 문제는 정당의 여론수렴과정을 거쳐서 주정부단위나 연방정부단위에 이르러 정책으로 반영된다.

제 4 절   독일경찰의 인사행정 및 복지제도

독일경찰의 선발, 교육, 승진, 인사이동, 고위직 경찰관에 대한 임명, 복지후생 등 인사행정에 관한 내용을 소개하고자 한다.

I 경찰관입직, 선발 및 기본교육

1. 일반적인 경찰직 입직과정

경찰관의 입직경로는 연방 및 16개 주경찰 모두 순경급(중급직, m.D. 24-36개월), 경위급(상급직, g.D, 36~45개월: 행정학사/문학사) 및 경정급(고급직, h.D, 2년: 행정학석사) 신규임용과정으로 이뤄져 있다. 즉 신규 입직 및 승진교육과정은 주경찰학교(순경급교육), 주경찰대학교(학사/석사과정, 경위급) 및 (연방)경찰대학원 체제(석/박사과정, 경정급)로 운영되고 있다.

선발은 공개경쟁을 원칙으로 하며, 특수한 기술과 전문지식을 요하는 부서에의 공무원 채용은 경찰관이 아닌 일반직 공무원으로 충원된다. 선발과정은 일반직원과 간부경찰관 선발과정으로 이뤄져 있으며, 지원자의 학력조건은 선발과정에 있어서 중요한 역할을 한다.

경위급 간부충원은 경찰대학(경찰학부)제도를 통하여 이루어지는바, 독일의

256) In: Der Spiegel, Nr. 46. 1996, pp.35~36.

연방 및 각 주경찰대학에서는 일반직원출신(내부승진) 경찰관들과 (직업)전문대학졸업자 혹은 인문계 고등학교 졸업자Abitur를 혼성하여 교육시킨다는 점이다. 경찰대학 졸업자들은 행정학사 학위취득Diplom-Verwaltungswirt과 함께 경위급으로 임용된다.

경정급 고급간부 충원은 상급직(경위/경감) 경찰관들 가운데, 내부 승진 형태로 선발하여 연방경찰대학원(DHPol, 2년 과정) 교육과정을 이수토록 하고 있다. 졸업과 동시에 석사학위Master-Public Administration를 취득하게 되며, 경정급으로 임용된다. 법률가출신을 경정급Polizeirat으로 특별 채용하는 과정도 있다. 직업과 (대학) 교육이 철저히 연계되어 있는 것이 독일 교육제도의 한 특징이다. 주로 바덴-뷔르템베르크 주의 경찰을 중심으로 소개한다.

2. 경찰관 선발과정

(1) 순경급 일반직원선발

지원자격(기본조건)은 독일 국적소지자로서, 실업계 고등학교졸업 이상의 학력소지,[257] 졸업성적은 3.0 이상이어야 한다.[258] 연령은 16.5~32세 이하이며,[259] 신장은 남녀불문하고 160cm 이상, 양호한 신체상태를 지원조건으로 한다. 지원시 제출서류는 수영실력증명서(200m 거리를 여자인 경우 6분 40초 이내, 남자는 6분 이내에 도달할 수 있다는 증명서Nachweis der Schwimmfähigkeit 이력서·졸업학력증명서·출생증명서 등이다.[260] 한편, 바덴-뷔르템베르크 주경찰의 경

---

257) Rupprecht, *op. cit.*, p.356. 작센 주와 작센-안할트 주를 제외한 모든 주에서 공통적으로 선발시 기본조건화하고 있다.

258) 독일에서는 대부분의 교육기관에서(중·고등학교에서 박사학위논문에 이르기까지) 성적평가(Note)가 1~6 단계로 이루어지는바, 1: Sehr gut(아주 우수), 2: gut(우수), 3: befriedigend(만족한), 4: ausreichend(충분한) 5: mangelhaft(부족한), 6: ungenügend(불충분한) 등의 내용으로 평가한다. 바덴-뷔르템베르크 주에서는 평균 성적 3.2를 기준으로 하고 있다.

259) Baden-Wuerttemberg주 경찰의 순경급 지원자의 연령은 16.5-30세에서 약간 상향되었다.https://de.wikipedia.org/wiki/Polizei_Baden-W%C3%BCrttemberg#Ausbildung(2025년 1월 3일 검색).

260) 선발시 테스트 항목으로는 1차 시험은 필기시험(받아쓰기, 지능, 사고력, 창조력 테스트 및 면접(시험관과의 면접)을 실시한다. 2차 시험은 신체검사 및 체력검정인바 신체검사시 약물복용에 대한 정밀한 조사를 실시한다. 멀리뛰기: 3m(남자는 4m) 이상, 제자리에서 멀리뛰기: 1.6m(남자는 2m) 이상, 투포환 던지기: 연령과 성별에 따라서 5.2~6.6m 이상, 2000m 달리기: 12분(남자는 9분 30초) 이내, 1000m 달리기: 5분(남자는 4분 5초) 이내이어야 한다.

우, 연 2회(6월·12월말)에 걸쳐 약 1,200명 정도 선발한다.

(2) 경위급 경찰관 선발과정
지원자격의 기본조건으로서 학력은 인문계고등학교졸업Abitur이나 전문대학졸업 이상의 학력소지자이어야 한다. 졸업성적은 3.0 이상, 연령은 최고 33세까지, 신장은 160㎝ 이상이어야 한다. 지원서류는 일반직원 선발시와 비슷하고, 다른 것은 자동차운전면허증 소지를 원칙으로 한다. 선발시 테스트항목은 일반직원들의 선발내용과 동일하다.

3. 경찰관 선발 후 신규 기본교육

(1) 순경급 기본 교육
주에 따라서 24~36개월 정도로 기간의 장단이 있으나 대부분의 주에서는 30개월 정도이다.[261]

브란덴부르크: 30개월, 베를린: 36개월, 바덴-뷔르템베르크: 30개월, 바이에른: 32개월, 브레멘: 30개월, 함부르크: 30개월, 멕클렌부르크-포어폼메른: 30개월, 니더작센: 30개월, 쉴레스비히-홀쉬타인: 36개월, 자르란트: 33개월, 작센: 24개월, 작센-안할트: 30개월, 튀링겐: 24개월, 연방경찰: 30개월이다.

교육장소로는 주경찰기동국과 주경찰학교에서 실시하며, 실무와 이론교육을 병행한다. 범죄수사, 교통관계, 방범순찰에 관한 경찰의 기본업무를 중심으로 실시되며, 법률과목은 헌법, 형법, 형사소송법, 경찰법, 도로교통법이 필수적으로 강의된다. 바덴-뷔르템베르크 주경찰의 경우, 주기동경찰국에서 25개월, 주경찰학교에서 5개월간 교육을 받는다. 동 기간중 6개월간의 실습교육이 병행된다.[262] 범죄수사학Kriminalistik, 과학수사방법론Kriminaltechnik, 범죄전략론Kriminaltaktik, 범죄학Kriminologie 수업 및 실습이 308시간, 정치학 및 사회학 193시간, 심리학 100시간 정도 실시된다. 총기사격 훈련 228시간, 일반 체육훈련 214시간, 수영 및 인명구조 50시간, 호신술 60시간, 태도 및 행동훈련 90시간 정도 각각 실시된다.[263] 교육의 기본방향은 3가지 경찰업무 — 범죄예방과 진압/수사, 교통관계

---

261) Rupprecht, *op. cit.*, pp.356~366.
262) 실습교육은 교육생들의 주거지 인접 지구경찰서(경찰서와 파출소의 중간단계 조직)의 방범순찰부서, 교통과, 경비과 등에서 실시된다. 기본교육과정 6개월을 이수하면, 실습시 권총을 휴대할 수 있다고 한다.

(사고조사, 통제, 감시), 방범순찰 — 분야에 대한 전문가 양성을 위해 실시되며, 이론교육Theorie과 현지 경찰관서에서 실무수습Praktikum을 병행한다.264)

순경급 신규임용 교육은 주경찰학교Polizeiakademie 및 주기동경찰국에서 30개월 동안 실시된다. 교육과정은 이론 및 경찰 실무실습분야로 진행되며, 5단계로 이루어져 있다.265)

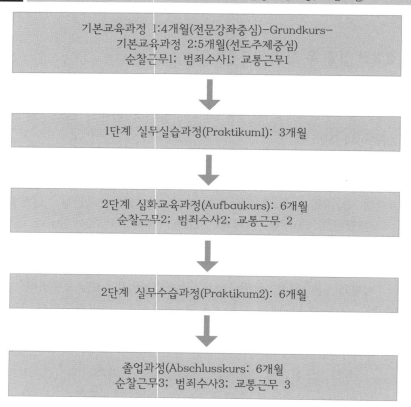

7-23 바덴-뷔르템베르크 주 순경급 경찰관 신규임용교육과정(2011년 10월)

기본교육과정 1:4개월(전문강좌중심)-Grundkurs-
기본교육과정 2:5개월(선도주제중심)
순찰근무1; 범죄수사1; 교통근무1

1단계 실무실습과정(Praktikum1): 3개월

2단계 심화교육과정(Aufbaukurs): 6개월
순찰근무2; 범죄수사2; 교통근무 2

2단계 실무수습과정(Praktikum2): 6개월

졸업과정(Abschlusskurs: 6개월
순찰근무3; 범죄수사3; 교통근무 3

---

263) 임준태 외, "독일경찰교육제도에 관한 연구", 『한국경찰학회보』 제1호, 1999, p.120. 기본교육 및 1, 2단계의 심화과정 18개월 동안 실무 및 이론강의가 총 2,816시간 정도 실시된다. 그 외 6개월간의 실습 및 6개월간의 졸업과정 교육이 실시되었다.

264) 상세한 내용은 임준태, 전게 논문, p.107.

265) http://www.polizei-bw.de/berufsinfo/Ausbildung/Seiten/WasbeinhaltetdieAusbildung zummittlerenDienst.aspx(2011년 10월 31일 검색).

▶ 1-1단계(4개월, 기본교육과정 Ⅰ, Grundkurs, 전문강좌중심)

5가지 분야(일반교양, 사회과학분야, 법률, 범죄수사학 그리고 경찰작전)에 걸쳐 기본적인 이론과 경찰실무 분야를 학습하게 된다.

- · 일반교양과정에는 영어, 프랑스 그리고 독일어 등이다.
- · 사회과학분야는 사회학, 심리학, 지휘, 직업윤리 등이다.
- · 법률분야는 경찰법, 형사소송법, 형법, 민법, 도로교통법, 공무원법, 헌법이다.
- · 범죄수사학분야는 경찰전술 및 개입론, 경찰장비/통신/정보, 범죄수사기법 /범죄수사전략 등이다.
- · 경찰작전분야는 보호 및 개입기법, 강제수단 및 사격술, 응급조치, 경찰작전, 스포츠/수영/구조 등이다.

▶ 1-2단계(5개월, 기본교육과정 Ⅱ, Grundkurs, 일반강좌중심)

3가지 주요 경찰직무별로 교육이 실시되는바,

- · 교통통제/감시/모니터링 그리고 교통사고 조사분야,
- · 경찰순찰 직무,
- · 범죄예방 및 범죄통제 분야 등이다.

또한 동과정에서는 헌법, 도로교통법, 경찰법, 형법 및 민법, 경찰장비운용, 범죄수사기법 및 심리학 분야 강좌가 진행된다.

▶ 2단계(3개월, 실무실습과정 Ⅰ, Praktikum)

교육생들의 주거지 인근 경찰관서에서 3개월간 관서실습이 진행된다. 본과정을 통하여 교육생들은 경찰실무를 경험하게 된다.

▶ 3단계(6개월, 심화교육과정, Aufbaukurs)

동 교육과정에서도 세 가지 주요 직무분야에 대해서 심화교육이 진행된다. 특별히 경찰작전 차량에 대한 안전운전 연습이 이루어진다.

▶ 4단계(6개월, 실무실습과정 Ⅱ, Praktikum)

그동안 연마한 경찰실무 지식 및 이론을 경찰일선에 적용해볼 수 있는 경험을 하게 된다.

▶ 5단계(6개월, 졸업과정, Abschlusskurs)

동과정에서는 헌법, 도로교통법, 경찰법, 형법 및 민법, 경찰장비운용, 범죄수사기법, 심리학 등 이론강좌가 이어진다. 후반부에 구두 및 필기시험이 치러지며, 기동경찰국 작전부서에서 그동안 연마한 지식과 경찰실무를 적용할 준비를 하게 된다.

(2) 경위급(경찰대학생) 기본교육

경찰대학생의 교육은 주경찰기동국, 주경찰학교, 주경찰대학에서 이루어진다. 바덴-뷔르템베르크 주나 작센 주와 같이 독자적인 경찰대학 캠퍼스체제를 유지하는 경우와 각주의 (공무원)행정대학Verwaltungs-Fachhochschule, Fachbereich Polizei 내의 경찰학부에서 일반공무원과 함께 교육하는 경우가 있다.

경위급 경찰관 지원조건은 일반직원들과 비슷하지만, 학력(인문계 고등학교 졸업자-Abitur 및 전문대졸 이상), 연령(33세 이하)면에서 차이가 있다. 신규임용 교육은 주경찰대학Fachhochschule fuer Polizei 및 주기동경찰국에서 실시된다. 경찰대학에서의 교육기간 역시 주마다 차이가 있지만, 대체로 36~45개월 정도 된다.[266]

7-24 바덴-뷔르템베르크주 경위급 신규임용 교육과정 개요(2011년 10월)

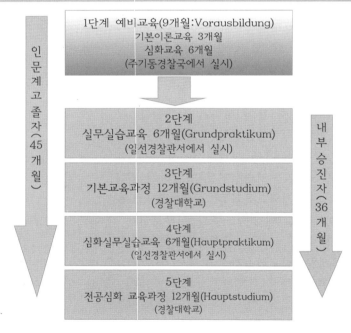

인문계고졸자(45개월)

1단계 예비교육(9개월:Vorausbildung)
기본이론교육 3개월
심화교육 6개월
(주기동경찰국에서 실시)

2단계
실무실습교육 6개월(Grundpraktikum)
(일선경찰관서에서 실시)

3단계
기본교육과정 12개월(Grundstudium)
(경찰대학교)

4단계
심화실무실습교육 6개월(Hauptpraktikum)
(일선경찰관서에서 실시)

5단계
전공심화 교육과정 12개월(Hauptstudium)
(경찰대학교)

내부승진자(36개월)

---

266) Rupprecht, *op. cit.*, pp.223~225; 바덴-뷔르템베르크 주경찰의 경우, 인문계 고등학교 졸업자가 경찰대학생으로 선발될 시, 45개월간 교육을 받게 되며, 일반직원 출신 가운데 선발된 내부승진자는 36개월간 교육을 받게 된다. 2000년도 이전까지는 교육기간이 무려 54개월이었다(필자가 1998년 전후 독일경찰대학 연수 시절).

7-25	바덴-뷔르템베르크주 경찰대학생 선발규모(일반직원 출신 및 인문계고등학교 졸업자)[267]								
	2011 30기	2012 31기	2013 32기	2014 33기	2015 34기	2016 35기	2016 36기	2017 37기	2018 38기
내부승진 (순경-경장)	354	252	219	181	240	231	0	211	271
인문계 고졸자	64	172	192	238	190	200	361	214	186
합계	418	424	411	419	430	431	361	425	457

바덴-뷔르템베르크주 경찰대학교(34. Studienjahrgang) 졸업식장면(2015년 3월)[268]

바덴-뷔르템베르크주 경찰대학교(4개 학부[269])에서는 일반직원 출신(36개월)
및 인문계 고등학교졸업 지원자(45개월)를[270] 매년 경찰대학생으로 선발하여, 3

개월(인문계 고졸자)에 달했으나, 수년전 교육과정 개편으로 45개월로 단축되었다.

267) Hochschule fuer Polizei Baden-Wuerttemberg, *Jahresbericht 2015*, p. 72.https:
//hfpol.polizei-bw.de/wp-content/uploads/sites/13/2017/07/Jb2015HfPol.pdf(2017년 10월 22
일 검색). 저자가 재작성함.

268) http://www.badische-zeitung.de/villingen-schwenningen/besser-waren-die-
noten-noch-nie--102716238.html(2018년 1월 18일 검색).

269) Fakultät I-Einsatz-und Führungswissenschaften, Fakultät II - Kriminalwissens-
chaften, Fakultät III-Rechtswissenschaften, Fakultät IV- Sozialwissenschaften

270) http://www.hfpol-bw.de/index.php/studium(2017년 10월 22일 검색)주경찰학교
(Instituts fuer Ausbildung und Training)에서 기본교육 9개월 과정을 마친 후, 경찰대학
교에 입교하여 36개월간의 교육과정을 이수한다. 경위로 임관하면서, 문학사 학위("Bachelor
of Arts (B.A.)- Polizeivollzugsdienst/PoliceService")를 수여한다.

년간 교육과정 수료 후 경위급으로 임용한다. 2011년 이후 최근까지 매년 420 여명을 선발하고 있는바, 인문계 고등학교 졸업자의 비율은 거의 절반에 달하고 있다.271)

교육과정은 총 5단계로 이루어져 있으며,272) 구체적인 내용은 다음과 같다:

▶ 1단계(9개월, 예비교육, Vorausbildung)

이 과정은 주기동경찰국에서 실시된다. 전반부 3개월 동안에는 기본이론 교육이 실시되는바, 사회과학분야(사회학, 심리학, 지휘론, 직업윤리), 법률분야입문(경찰법, 형사소송법, 형법 및 민법, 도로교통법, 공무원법, 헌법 등), 범죄수사 및 경찰장비운용분야(범죄수사학, 경찰전략, 경찰개입, 경찰장비/통신/정보), 경찰작전분야(보호 및 개입조치, 강제수단 및 사격, 응급조치, 경찰작전훈련, 스포츠/수영/구조) 등이다.

후반부 심화교육 6개월 기간 동안에는 세 가지 주요 경찰직무분야에 대해서 교육이 실시되는바, 교통사고접수 및 도로교통감시/통제, 경찰순찰분야, 범죄대책 및 범죄예방 등이다. 특이한 것은 심화교육 기간 중 월-목요일까지는 이론 및 경찰실무관련 정규강좌가 진행되고, 금-일요일(7시간)까지는 실습이 병행된다는 점이다.

▶ 2단계(6개월, 실무실습과정, Grundpraktikum)

이 기간 동안에는 규모가 큰 경찰관서에서 다양한 경찰 직무를 경험할 수 있는바, 지구경찰서, 파출소, 경찰서 내근부서(참모) 업무를 익힌다.

▶ 3단계(12개월, 기본교육과정, Grundstudium)

주경찰대학 캠퍼스에서 진행되는바, 경찰직무와 관련된 법률적 문제들Rechtsfragen 과 경찰작전에 관하여 심도있게 학습한다.

▶ 4단계(6개월, 실무실습과정, Hauptpraktikum)

이 과정에서는 경찰대학생들이 그동안 익힌 이론과 경찰실무지식을 현장에서 초급경찰간부의 입장에서 적용해볼 수 있는 기회를 갖게 된다. 지휘분야, 참모부서, 수사경찰, 경제반, 순찰근무, 지구경찰서 도심지근무, 교통경찰부서 등 다양한 부서를 경험하게 된다. 그리고 이 과정에서는 타행정부처, 법원, 민간기업, 연방경찰관서 및 국경에 인접한 외국경찰관서 (행정)업무도 경험하게 된다.

---

271) https://hfpol.polizei-bw.de/wp-content/uploads/sites/13/2017/07/Jb2015HfPol.pdf (2017년 10월 22일 검색).

272) 일반 직원출신(순경-경사급) 가운데 선발된 내부 승진자(경위후보생)는 9개월간의 예비교육과정(Der Vorbereitungsdienst)이 생략된다.

바덴-뷔르템베르크주 경찰대학교 전경

▶ 5단계(12개월, 전공심화 교육과정, Hauptstudium)

마지막 12개월은 전공심화 교육과정으로서, 경찰대학 교육을 종결하는 과정이 된다. 그동안 기본교육 및 실무실습을 통하여 쌓인 이론 및 경찰실무지식을 토대로 복잡하고 어려운 사안들을 처리하고 해결하게 된다. 국가고시Staatspruefung 및 학위과정을 마치면, 대학졸업(행정학사Verwaltungswirt) 자격이 부여된다.273) 졸업생들은 경위로 임용되어 각급 경찰관서로 배치된다.

경위급으로 임용된 경찰대학 졸업 경찰관들은 수년간 복무 후, 능력과 심사/선발절차를 거쳐, 고급 간부직(경정급höherer Dienst)으로 승진할 수 있다. 경정급 후보자로 선발되면, 2년간 주경찰대학 및 연방경찰대학원에서 석사과정Masterstudiengangs을 이수하게 된다(1년차는 경찰대학, 2년차는 연방대학원 an der Deutschen Hochschule der Polizei in Münster). 그 외에도 사법시험합격자 혹은 다른 행정기관에서 사무관이상 근무 경력을 가진 자를 곧바로 경정급으로 임용할 수 있는바, 이때는 3년간의 시보기간이 부과된다.274)

한편, 독일의 다른 주의 신규입직과정 및 경찰대학교육과정을 소개하면 다음과 같다.

독일 Hessen주 경찰(관할인구 6,265,809명, 2018년 12월말 기준)은275) 1995년부

---

273) 독일 모든 주경찰대학(경찰학부) 교육수료자는 졸업시험(Staatsexam, 국가고시)에 합격하여야 경위급(Kommissar: A9)으로 임용되며, 행정학사학위(Verwaltungswirt)가 수여된다.

274) https://de.wikipedia.org/wiki/Polizei_Baden-W%C3%BCrttemberg#Ausbildung (2025년 1월 3일 검색).

275) Bundeskriminalamt, *Polizeiliche Kriminalstatistik Bundesrepublik Deutschland Jahrbuch 2019*, Band 1, 2020, p.25.

터 독일 연방내[276] 최초로 신규 경찰관을 모두 경위급(3년 과정, 학사학위 수여)으로 채용하는 획기적인 정책을 시행하면서,[277] 순경급 경찰관을 더 이상 신규 채용하지 않기로 했다. "헤센주 경찰은 중급직(경위급) 경찰관으로만 채용하며, 하급직(순경급) 경찰관을 더 이상 채용하지 않는다. 경찰대학생의 교육은 헤센주 [경찰 및 행정공무원대학교] 경찰학부에서 이루어진다."[278]

헤센 주경찰은 주내무/체육부 소속으로 설치되어 있으며, 정보통신기술국, 기동경찰본부, 주범죄수사국, 주경찰학교Polizeiakademie, 7개의 지방경찰청(26개 경찰서)이 설치되어 있다.[279] 한편 주경찰 및 행정공무원대학은 내무부 소속으로 설치되어 있다.[280] 2018년 9월 기준, 13,985명의 경찰관이 재직 중인 바, 향후 16,000여명으로 증가되어야 한다고 한다.[281] 한편, 2007년 말경에는 15,500여명

276) Statistisches Bundesamt, Bildung und Kutur: Studierende an Hochschulen (Wiesbaden: Statistisches Bundesamt, 2013), p. 165. https://www.destatis.de/DE/Publikationen/Thematisch/BildungForschungKultur/Hochschulen/StudierendeHochschulenEndg2110410 137004.pdf?__blob=publicationFile(2017년 10월 19일 검색). 독일 연방/각 주 경찰청 및 연방/각 주 헌법보호청에서 경위급(혹은 7급, gehobener Dienst)으로 임용되기 위하여 2012년 가을학기부터 2013년 봄학기까지 교육중인 전체 경찰대학(경찰학부, 3년 과정), 행정대학(행정학부, 3년 과정)의 독일국적의 학생들은 총 12,783명(남 8,610명, 여 4,173명)이었다. 이를 통해서 전체 경찰대학생들의 규모를 어느 정도 가늠할 수 있다.

277) https://www.polizei.hessen.de/Karriere/Die-Bewerbung/Einstellungsvoraussetzungen/broker.jsp?uTem=bff71055-bb1d-50f1-2860-72700266cb59&uCon=0bf59da2-ed9c-0210-3 bfb-912109241c24&uBasVariantCon=11111111-1111-1111-1111-111111111111(2017년 10월 19일 검색). "순경급 교육과정 종결과 함께 경찰직 지원을 위한 조건(Voraussetzungen für den Polizeiberuf mit mittlerem Bildungsabschluss)... 헤센 주경찰은 중급직에 해당하는 일반경위 및 수사경위급 경찰관만을 채용하며, 3년간에 걸쳐 교육이 실시되며, 최소 인문계 고등학교(Arbitur) 혹은 직업대학 졸업자이어야 한다." Die Polizei des Landes Hessen stellt seit 1995 nur noch in den gehobenen Polizeivollzugsdienst (Polizeikommissarin/ -kommissar bzw. Kriminalkommissarin/-kommi-ssar) ein. Die Ausbildung beinhaltet ein dreijähriges Studium, somit ist Einstellungs- voraussetzung das Abitur bzw. die Fachhochschulreife, eine Meisterprüfung oder ein entsprechender Bildungsabschluss.

278) https://www.polizei.hessen.de/Karriere/Das-Studium/(2017년 10월 18일 검색) "Die hessische Polizei stellt nur noch in den gehobenen Polizeivollzugsdienst ein (Regels-tudiendauer drei Jahre), die Einstellung in den mittleren Dienst erfolgt nicht mehr. Das Studium wird an der Hessischen Hochschule für Polizei und Verwaltung, dort am Fachbereich Polizei, in den Abteilungen Wiesbaden, Mühlheim a. M., Gießen und Kassel angeboten. Eine heimatnahe Ausbildung ist daher grundsätzlich möglich."

279) https://www.polizei.hessen.de/ueber-uns/binarywriterservlet?imgUid=8245085c-927b-99f3-362d-61611142c388&uBasVariant=11111111-1111-1111-1111-111111111111(2020년 11월 4일 검색).

280) https://www.polizei.hessen.de/ueber-uns/(2020년 11월 4일 검색).

281) https://www.fr.de/rhein-main/zahl-polizisten-stagniert-12865652.html(2020년 11

의 경찰관과 2,500여명의 일반직 공무원이 주경찰에서 근무하고 있었다.[282]

헤센주에서는 2019년에 364,833건(독일 전체의 6.7% 차지)의 범죄가 발생했으며, 2018년에는 372,798건이 각각 발생한 바 있다. 전년에 비하여 약간 감소한 동향을 보이고 있다.[283]

헤센주 경찰대학과정은 "헤센주 경찰 및 행정대학교Hessische Hochschule für Polizei und Verwaltung" 경찰학부Fachbereich Polizei에서 진행된다.[284] 학사과정 및 석사과정을 운영하고 있다. 학부는 일반경찰학과 및 수사경찰학과, 일반행정학과 및 공공행정학과로 전공과정이 세분되어 있다. 석사과정은 공공관리 및 경찰관리 전공이 있다.[285]

헤센주 「경찰 및 행정대학교」 내 경찰학부 정원은 2002년부터 2011년 사이에는 67%에서 78%에 정도였다(2010/2011년에는 73%였다). 2007년~2014년 사이에 동 대학교 학생 정원은 1,500~2,200명 규모였다. 통상 70% 정도가 경찰학부생이라고 추정했을 때, 매년 300~450명 정도의 경찰대학생을 선발하고 있는 셈이다. 경찰학부에는 대체로 남학생이 많고(2010/2011년, 72%), 행정학부에는 여학생이 많은 경향을 보이고 있다(2010/2011년, 63%).

뿐만 아니라, 독일 라인란트-팔츠주 경찰(관할인구 4,084,844명, 2018년 12월 말 현재 2019년에 241,529건 범죄발생)에서도[286] 1996년부터 순경급 경찰관을 더 이상 선발하지 않고, 모든 신규 경찰관들을 경위급gehobener Dienst으로 선발하고 있다.[287] 주경찰 인사정책에 의하면, 전 경찰관의 간부화(경위급 이상)를 진행하고 있다.

2016년 12월 현재 경찰관Polizisten은 8,932명이며,[288] 2021년까지 9,160명으로

월 4일 검색).

282) https://de.wikipedia.org/wiki/Hessische_Polizei(2017년 10월 19일 검색).

283) Bundeskriminalamt, *Polizeiliche Kriminalstatistik Bundesrepublik Deutschland Jahrbuch 2019*, Band 1, 2020, p.25.

284) https://www.polizei.hessen.de/Karriere/Das-Studium/(2017년 10월 19일 검색).

285) https://www.hfpv.de/studium(2017년 10월 19일 검색).

286) Bundeskriminalamt, *Polizeiliche Kriminalstatistik Bundesrepublik Deutschland Jahrbuch 2019*, Band 1, 2020, p.25;Landeskriminalamt Rheinland-Pfalz, *Polizeiliche Kriminalstatistik(PKS): Tischvorlage zur Pressekonferenz am 13.03.2017*, p.12. 2016년도에는 274,593건의 범죄가 발생한 바 있다(살인기수 39건, 살인미수 58건). 한편, 2007년도에는 288,398건의 범죄가 발생한 바 있었다. 면적은 19,853km²(우리나라의 20% 정도)이다.

287) http://www.landtag.rlp.de/landtag/drucksachen/186-15.pdf(2017년 10월 19일 검색). 2004년에는 284명(지원 2,297명), 2005년에는 285명(지원 2,917명), 2006년에는 301명(지원 3,536명)을 각각 경찰대학생으로 선발한 바 있다. 평균 경쟁률은 10:1 정도였다.

288) 2006년 7월 말 당시, Rheinland-Pfalz주 경찰청에는 약 9,165명의 경찰관들이 근무하고 있었다.

증원할 예정이라고 한다. 2017년~2021년까지 매년 271명~412명 정도 퇴직할 예정인 바, 2017년부터 2021년까지 매년 500명씩 경찰대학 졸업자를 경위로 신규 채용할 예정이라고 한다. 이처럼 경찰관 증원에 관한 문제는 해당 주정부 내에서 오랫동안 정치적 이슈화Dauerstreitthema der Landespolitik되고 있다고 한다.289) 2015년 1월까지 「주행정대학교 경찰학부Fachbereich Polizei」 체제로 운영되다가, 2015년 2월부터 「주경찰대학교Hochschule der Polizei Rheinland-Pfalz」로 독립하였다. 학부과정과 석사과정(경찰관리전공Polizeimanagement)을 운영하고 있다(2015년 2월 당시 약 1,200여명 재학 중이었다).290)

7-26	독일 헤센주 「경찰 및 행정대학교」 재학생 현황291)		
연도	학사/디플롬 과정	석사과정	총재학생
2007	1,543	92	1,635
2008	1,650	114	1,764
2014	1,885	70	1,955
2013	1,992	70	2,062
2009	2,009	111	2,120
2012	2,096	80	2,176
2010	2,215	102	2,317
2011	2,250	84	2,334
2012	2,096	80	2,176
2013	1,992	70	2,062
2014	1,885	70	1,955

독일의 노르트라인-베스트팔렌, 니더작센, 자를란트 주에서도 최근에는 순경급 경찰관을 더 이상 채용하지 않고, 전원 경위급(경찰대학졸업자) 경찰관으로 채용하고 있다.292) 뿐만 아니라 일부 독일 주경찰의 경우, 수사부서 경찰관들을 전원 경위급 이상 경찰관으로 충원하는 사례도 있다. 예를 들면, 독일 연방범죄

289) https://www.swr.de/swraktuell/rp/beamtenstaerke-in-rheinland-pfalz-zahl-der-polizisten-leicht-gesunken/-/id=1682/did=18841314/nid=1682/qg1vig/index.html(2017년 10월 19일 검색).

290) https://de.wikipedia.org/wiki/Hochschule_der_Polizei_Rheinland-Pfalz(2017년 10월 19일 검색).

291) https://de.wikipedia.org/wiki/Hessische_Hochschule_f%C3%BCr_%C3%B6ffentliches_Management_und_Sicherheit(2025년 1월 3일 검색).

292) http://flaversaver.de/berufsberatung/polizeivollzugsbeamter-mittlerer-dienst/(2017년 10월 19일 검색).

수사청BKA 소속 수사경찰관들은 모두 경위급 이상의 경찰관(연방수사경찰대학 졸업자)으로 충원되고 있다. 독일 경찰의 사례는 시사점이 많다 할 것이다.

Ⅱ 경찰인사행정의 원칙

1. 인사이동의 원칙

경찰관(순경 및 경위급 경찰관불문)으로 임용되면, 반드시 지구대Polizeirevier 순찰과에서 근무토록 되어 있다.[293] 4년 동안 순찰과나 파출소에서 근무한 후 자신의 적성·능력·희망에 따라 다른 전문부서 — 교통(사고조사, 순찰, 내근), 수사, 방범내근(청소년 담당 부서 등), 행정, 파출소, 경비 부서 등 — 에 지원할 수 있다. 경쟁률이 높은 수사부서의 경우는 객관적인 평가자료를 통하여 심사 후 선발한다. 대부분의 경찰관은 순찰부서 근무를 처음 경험하면서 경찰관 생활을 시작한다. 전문 부서로 보직 변경시에는 배치되기 전에 3~6개월간 해당분야 전문교육을 주경찰학교에서 별도로 이수하게 된다. 이렇게 하여 한 부서에 근무하기 시작하면 특별한 상황(징계, 승진, 본인 희망)이 없으면, 정년퇴직(60세)할 때가지 계속 근무할 수 있다.[294]

대체로 외근업무(순찰부서, 파출소, 교통순찰 등)는 50대 이상의 직원들에게는 육체적으로 부담(24시간 근무체제 또는 장비휴대 등)이 되는 경우가 많기 때문에 본서의 내근 부서에 배치시키는 것이 일반적이다. 한편, 독일 바덴-뷔르템베르크주 경찰관들의 평균 연령이 지난 2000년부터(39.3세) 2012년까지 점차 증가하다가, 2013년을 기점으로 향후 점차 연소화될 것으로 전망하고 있다.[295]

---

293) 독일 전 경찰의 순찰부서는 모두 24시간 근무체제이므로 야간, 공휴일에도 근무를 한다. 그래서 다소 육체적으로 힘든 업무라고 할 수 있다. 신규 임용된 경찰관들의 연령은 대부분 20대이며 순찰부서에서 업무의 특징은 다양하고 일반적, 초동조치적인 상황이 많다.

294) 경찰서장은 대체로 인구 20만명 전후의 관할서장과 그 이상의 인구를 관할하는 경찰서장급으로 나뉘는바, 인구 40만 전후의 대도시를 관할하는 경찰서장 직책은 직업경찰공무원으로서 가장 높은 계급이다. 경찰서장은 보통 50세를 전후하여 주내무부장관에 의해 임명되며, 특별한 하자가 없으면 한 곳의 경찰서장으로 10년 정도 근무하다가 60세에 정년퇴직한다고 한다. 경찰서장으로 임명되면 평균 1년 정도 근무하고 다른 곳으로 이동하는 한국과 크게 비교된다.

295) Baden-Wuerttemberg, *Die Polizei Baden-Wuerttemberg: Menschen-Daten-Zahlen*, 2011, p.8.

7-27 바덴-뷔르템베르크주 경찰관 평균연령 추세

7-28 독일 바덴-뷔르템베르크주 경찰(수사 및 정복경찰관) 연령대 분석

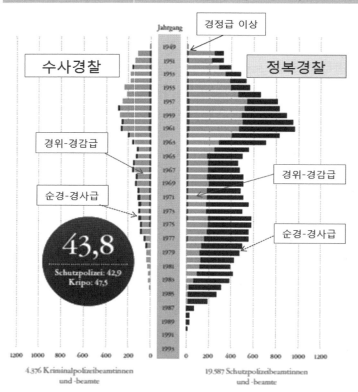

개별 주 내에서는 경찰인사행정(채용, 교육, 근무체제, 승진, 보수, 인사이동, 정원관리)에 관해 대체로 동일한 원칙이 적용된다. 독일에서는 경찰관뿐만 아니라 일반 공무원들에게 있어서 "본인의 의사에 반해 근무지를 바꿀 수 없다"는 것이 중요한 원칙이다. 독일은 "근로자의 천국"이라는 말이 있을 정도로 근로자의 인권과 권리가 철저하게 보장되고 있다.

같은 주경찰 내에서의 인사이동은 가능하다. 연방경찰관서에서 근무하던 경찰관들이 다른 주로 근무지 변경을 원하는 경우, 해당 주경찰에서 승인한 경우에 한해 근무지 이동이 일부 가능한 적이 있었다고 하지만, 이러한 사례는 거의 없다고 한다. 만약 다른 주에서 근무하기를 원하면, 원칙적으로 경찰관신분을 상실하고 해당 주경찰관으로 신규채용을 받아야 한다.

2. 경찰관서장의 임명 등

(1) 연방경찰 차원

연방범죄수사청장, 연방경찰청장 등은 법률가 출신의 임명직 공무원이며, 연방내각에서 임명한다. 연방범죄수사청장$_{B9}$은 연방헌법보호청장B9, 연방정보부장$_{B9}$, 연방검찰총장$_{R9}$ 등과 같은 직급이다.[296] 한편 군정보총책임자$_{MAD}$는 이들보다 2단계 아래 직급이다$_{B7}$.

(2) 주경찰 차원

독일 바덴-뷔르템베르크 주경찰의 경우를 사례로 들면, 주내무부경찰담당국장(주경찰청장 / Landespolizeipräsident), 경찰청차장, 지방경찰청장$_{Polizeipräsident\ 12명}$, 주범죄수사국장, 주기동경찰본부장, 주경찰대학장 등은 임명직(정무직) 공무원이며, 대부분 법률가 출신이다. 4곳의 도지사, 부지사들도 임명직 공무원으로서 보수체계는 B그룹이다.

- 각 방범순찰경찰서장(수사경찰서장, 교통경찰서장)은 주내무부장관이 3~4명 복수후보자 중에서 임명하는바, 경찰서장들은 직업공무원(A그룹)이기 때문에 60세까지 정년이 보장되며, 경찰서장 재직시 주정부의 집권정당이 바

---

296) 독일 공무원의 직급체계 비교시, 보수체계(Besoldungsystem)를 기준으로 하였다. 참고로 연방대법원장(R10)과 육군, 해군/공군대장(B10)은 같은 직급이다. 선출직 공무원(수상, 하원의원 등)을 제외한 일반(임명)직 공무원 중에서 가장 높은 직책의 공무원은 연방회계감사원장(B11, Präsident des Bundesrechnungshofes)이다.

7-29	독일공무원 분류 및 보수사례(2020년 3월부터 적용, Bundesbesoldungsgesetz)[297][298)			
그룹명	A	B	W	R
소속공무원	일반공무원	임명직	교수직	판사/검사
계급	1~16	1~11	1-3	2~10
승급(호봉)	1~8	없음	1-3(Stufe)	평검사만 R2 1~8호봉
보수사례	A13 경정 1호봉 **4,457.62유로** A9 경위 1호봉 2,897.87유로 A7 순경 1호봉 2,538.10유로		조교수/전문대 교수 W1 4,898.68유로	R2 검사 1호봉 **5,416.70유로**[299) R1 직급은 폐지함.

뀌더라도 인사상의 변동은 없다. 보통 처음 경찰서장에 임명될 시의 연령은 50세 전후이며(48~52세), 한 번 특정지역의 경찰서장으로 임명되면 60세 정년까지 한곳에서 근무하다가 퇴직한다. 특별히 주의회(동의절차는 없다)의 의견이나 주민의사를 반영할 여지는 거의 없다. 주내무부 경찰국 인사담당부서, 지방경찰청단위에서의 인사평가 자료가 반영된다.

· 지구대장(경감/경정급)은 지방경찰청장이 임명한다. 독일경찰관들은 한 번 인사, 배치되면 한 부서에서 최소 10년 이상 근무하는 것이 관례이다.[300)

3. 승진 및 보수제도

독일경찰에 있어서, 승진의 의미는 직무성질(난이도 등), 직책의 변화 혹은 권한의 확대보다는 1차적으로 보수 수준의 상승이라는 측면이 강하다. 1계급 승진한 후 받는 인상된 보수는 당해 계급에서 4~5년 정도 더 근무했을 때 인상된 호봉(보수)과 맞먹는다. 상위직급으로 올라갈수록 편차가 더 심해진다. 당해 직급에서의 1, 2단계 정도 승진을 하더라도 신분, 직책상의 변동은 거의 없

297) https://www.gesetze-im-internet.de/bbesg/BJNR011740975.html(2020년 11월 4일 검색).

298) http://www.beamtenbesoldung.org/images/pdf/bund2018.pdf(2018년 1월 18일 검색).

299) R2는 부장검사급(1호봉, R2 5,416.70유로)으로 비교된다. 고참 경정(A14 4,584.18유로) 및 초임 총경급(A15 5,603.31유로) 보수 수준의 중간 정도에 해당한다.

300) 이러한 경향은 스위스경찰에서도 비슷하다. 심지어 Kanton-Baselland 경찰청의 한 경찰관의 경우, 29년간 한 파출소(관내인구 4,000명 되는 산악지역)에서 1인 소장으로 근무하다가 퇴직한 사례도 있었다.

다. 주정부에서 경찰관들의 승진문제와 관련, 가장 우선적으로 고려하는 것은 재정 상태이다. 예를 들면, 간부와 일반직원의 비율이나 「수사경찰 대 일반예방 경찰」의 비율을 어느 정도로 할 것인지의 문제는 주정부의 재정상태와 치안정 책에 따라 다르다.

당해 직급 내(순경급 → 경사급; 경위급 → 경감급; 경정급 → 총경급)에서의 승진은 심사 및 시험에 의한다. 승진 인원은 주정부의 재정 상태에 따라서 결정된다. 그러나 일반경찰관들이 간부로 승진하기 위해서는 경찰대학을 반드시 졸업해야 하며, 경위후보생으로 선발하는 기준은 신규채용시 경찰학교 졸업성적 등이며, 업무수행능력 및 실적과 필기시험을 통해서 선발한다. 경정급 이상 고급간부로 승진하기 위해서는 반드시 연방경찰대학원(DHPol, 2년, 석사학위취득)을 졸업해야 한다. 학력에 따라 승진할 수 있는 체제를 엄격하게 유지하고 있다. 계급불문하 고 연령정년은 60세이고 계급정년은 없다. 일반경찰관(직업공무원)의 승진한계는 A7(순경급)에서 A16(총경급)까지 할 수 있다.

최근 독일경찰의 직급별 분포자료에 의하면, 연방경찰관(36,000여명) 및 주경 찰관(219,000명) 가운데, 순경-경사급은 약 80,000여명, 경위-경감급 170,000여 명, 경정-치안감급 4,500여명 정도인 것으로 알려지고 있다.[301] 한국에 비해서 중간간부 직급의 비율이 현저하게 높다.[302]

독일 공무원조직에서 인사문제의 의미가 우리나라와는 사뭇 다르다. 승진은 보수의 상승이며 이는 기본권의 일부로 간주되고 있다. 공무원의 직급과 보수 의 기준은 연방법인 연방보수법Bundesbesoldungsgesetz으로 정하고 있다. 공무원은 네 가지 종류로 나누어지는바, 일반 공무원(A그룹: A1~16), 임명직(B그룹: B1~11), 교수직(W그룹: W1~3), 판·검사(R그룹: R2~10)이다. 경찰공무원은 A그룹에 속 한다. 군인·교사·행정직·국립병원의사, 심지어는 목사(牧師)까지 동 그룹에 속해 있다. 그런데 임명직 B그룹, 교수직 W그룹은 승급제도가 단순하다. 평검 사는 8호봉까지 가능하다. 일반직A의 경우, 1~8호봉까지 매 2년, 3년, 4년마다

301) Wagner, Lars, "Structures fo the German Police Services(독일경찰제도의 구조 와 수사조직)", in: 경찰대학, 제7회 경찰대학 국제학술세미나 자료집-국민을 위한 경찰개혁, 무엇을 바꾸어야 하나? 2017, p.134.
302) 경찰청, 「2016 경찰백서」(서울: 경찰청, 2016), p.386. 한편, 한국 경찰은 유독 하위직 공무원이 절대 다수를 차지하는 에펠탑(Eiffel Tower) 혹은 첨탑형 구조이다. 즉 순경-경위 까지 비율은 무려 90.9%, 경감-경정급 비율은 8.7%, 총경급 이상은 0.5%에 불과하다. 다시 말하면, 경정이하 경찰관이 99.5%를 차지하는 등 타 기관에 비해 하위직 비율이 매우 높은 실정이다.

1호봉씩 승급한다. 그런데 50세 초반부터는 승급되지 않는다.

보수는 월급, 가족수당(매월 / 배우자, 자녀), 직책수당(매월), 휴가비(매년 7월까지 지급) 등으로 구성되어 있다. 유치원, 초등학교 재학 자녀가 있으면, 수당이 지급되며, 대학까지 무료이고, 소득 수준에 따라 매월 일정액의 주거비까지 보조해준다.

A그룹에 속하는 일반직 공무원은 기능직Angestellte, 중급직, 상급직, 고급직 등으로 세분된다. 경찰관들의 직급 및 보수체계는 일반직 공무원들과 같다. 경찰을 포함한 일반직 공무원의 직급체계는 mittlerer Dienst(중급직 - 순경, 경장, 경사급, A7~9: 우리나라 9, 8급), gehobener Dienst(상급직 - 경위, 고참 경위, 경감급, A9~13: 우리나라 7, 6급), höherer Dienst(고급직 - 경정, 총경급, A13~16: 우리나라 4, 5급)와 같이 3개 그룹으로 나누어진다.

신규임용 순경급Polizeimeister은 A7에 속하며, 순경과정 교육중인 자Anwaerter는 A5에 속한다. 경찰대학을 졸업한 초임 경위급Polizeikommissar은 A9, 초임 경정급(사법시험출신자, Polizeirat)은 A13이다. 일반경찰서장급은 A15, A16이다. 특히 사법시험을 합격한 법률가Juristen들이 일반행정직과 경찰직에 대거 입직하고 있는 바, 이들이 공직에 임용될 시 직급은 경찰의 경정급Polizeirat과 같다.

우리나라의 경찰청장은 검찰총장과 국가정보원장에 비하여 훨씬 낮은 직급으로 평가하고 있지만, 독일의 경우, 경찰관서장과 타부서기관장과 비교해 보면, 경찰책임자의 위상이 높다([도표 7-27]).

2020년도를 기준으로 연방경찰청에 갓 임용된 순경 1호봉Polizeimeister, A7 본봉은 월 2,538.10유로Grundgehalt-Monatsbeträge in Euro이며,[303] 경위 1호봉Polizei-kommissar, A9 2,897.87 유로, 경정 1호봉Polizeirat, A13은 4,457.62유로로, 연방경찰 최고책임자인 연방범죄수사청장B9의 본봉은 월 12,061.37유로이다(1유로는 1,330.28원, 2020년 11월 4일 기준).[304]

---

303) https://www.gesetze-im-internet.de/bbesg/BJNR011740975.html(2020년 11월 4일 검색). 한편, 각주별로 경찰관의 보수는 약간씩 차이가 있다. 예를 들면, 바덴-뷔르템베르크 주경찰의 경우(2018년 기준), 순경급 1호봉(A7)은 2,361.34 유로이다. 베를린경찰의 경우, 순경급 1호봉(A7)은 2,147.68유로이다.

http://www.beamtenbesoldung.org/images/pdf/2018/baden-wuerttemberg.pdf; http://www.beamtenbesoldung.org/images/pdf/2018/berlin.pdf (2018년 1월 18일 검색).

304) 2020년 3월부터 유효한 연방보수기준이다.

7-30	경찰관서장 및 타부서기관장 직급비교(연방공무원보수법 기준)[305]	
연방회계감사원장 B11 **14,808.25유로**	연방대법원장 R10 **14,808,25유로**	
육/해/공군대장 B10 14,197.53유로		
연방범죄수사청장 B9 연방경찰청장 연방헌법보호청장 연방정보원장 연방회계감사원 차장 12,061.37유로		연방검찰총장 R9 **12,061.37유로**
국방보안청장(☆ ☆급) B7		
연방범죄수사청 차장 B6 연방정보부 차장 연방헌법보호청 차장 주경찰청장 국방보안청 차장(☆)	연방대법원판사 R6 151명 이상의 판사 근무하는 구(區)법원장 또는 지방법원장R6	101명 이상의 검사가 근무하는 주고등검찰청장 R6
연방경찰청 관구경찰국장 B5		
인구 40만 전후 대도시 근무 50세 된 경찰서장 A16 6,181.40유로	40명 미만의 판사가 근무하는 구(區)법원 또는 지방법원의 부원장(49세) R2	10명 미만 검사근무, 구(區)검찰청장(49세) 또는 지방검찰청 (소속 검사가 4명)의 부장검사(49세) R2

신규임용교육 기간 중에도 임용예정 계급 월 본봉의 절반에 해당하는 보수를 각각 지급하고 있다.[306] 공무원보수와 관련, 특이한 점은 보수지급의 기준(호봉)이 임용연도가 아닌 개별공무원의 연령이라는 점이다. 예를 들면, 24세, 27세 된 남성 2명이 같은 동기생으로 임용되더라도 기본급이 같지 않고, 27세 된 동기생의 호봉이 더 높다는 뜻이다.

4. 경찰관의 계급명칭과 보직(바덴-뷔르템베르크 주)

일반적으로 경찰직(직업) 공무원으로서의 계급은 순경급에서 인구 40만 전후

---

305) https://www.gesetze-im-internet.de/bbesg/BJNR011740975.html(2020년 11월 11일). 동 법률은 2020년 3월부터 유효하다.

306) 인문계 고등학교를 졸업하고 연방 경찰대학교에 재학 중인 경찰대학생은 월 1,223.38 유로를 수당으로 받고 있으며, 연방 경찰학교의 순경급 신규입직 교육생(A5)은 1,168.99 유로를 수당으로 받는다. 대체로 정규 순경급 및 경위급 월급의 절반 정도에 해당한다.

지역의 대단위 경찰서장급에 이르기까지 13계급이다(주에 따라서는 계급을 10-13
단계 정도로 나누는 경우도 있다). 주에 따라서는 하급직 경찰관들의 경우, 유니폼
에 계급장을 부착하지 않고 근무하는 경우도 있다. 연방경찰과 주경찰의 제복
은 색상과 모자, 형태에 있어서 거의 동일하다. 우리나라의 지방경찰청장급 이
상에 해당하는 경찰관서장Präsident들은 임명직 공무원(B그룹)이다.

일반적인 계급명칭과 직책을 우리나라와 비교해 보면307) [도표 7-30]과 같다.

Ⅲ 경찰복지 및 경찰노동조합

1. 복지후생 및 근무여건

경찰예산은 주정부예산의 일부를 이루고 있다. 각 주의 상황에 따라서 재정
상태가 모두 다르기 때문에 주정부 소속 공무원에 대한 처우가 틀릴 수밖에 없
다. 다소 재정상태가 열악한 주의 경우 연방정부로부터 지원을 받기도 한다. 세
목의 종류나 세율은 대체로 연방 내에서 비슷하다. 대체로 세목과 세율에 대해
서는 각 정당의 정책 중 가장 첨예하게 대립되는 분야이기 때문에 선거의 승패
와 관련이 있는 문제이다. 경찰관의 승진폭(승진소요 연수, 승진대상), 간부경찰관
의 비율을 얼마 정도로 할 것인지의 여부는 전적으로 주정부의 재정상태에 따
라 결정된다. 주정부의 재정 상태는 경찰관들의 사기, 복지문제와 관련이 많다.

이 때문에 승진소요 연수, 간부경찰관의 비율 등은 주마다 약간씩 다르다. 특
히 수사경찰분야에서 자질향상을 위한 수사경찰간부화정책은 주마다 다른 상황
을 잘 반영하고 있다. 경찰관의 급여문제를 해결하기 위해 연방차원의 직접적
인 지원조치는 거의 없다. 주정부 자체에서 예산 집행시 고려할 사항이다.

---

307) 유럽에서는 일반적으로 5각형 별모양을 사용하지 않고 6각형의 별모양을 사용하는
(성경과 관련한 다윗의 별을 상징, 이스라엘 국기에 있는 별모양) 경향이 있다. 독일에서는
경찰관과 교도관들이 거의 같은 계급장에 6각형 별모양을 사용하고 있다. 국내문헌에서는 독
일경찰계급구조를 잘못 해석하여 마치 고급간부경찰관(우리나라의 경정급 이상에 해당하는
간부경찰관)들이 수사업무와 관련, 검사의 지휘를 받는 사법경찰이라고 소개한 예가 있으나,
본 논문을 통하여 시정하고자 한다. 우리나라의 초임경위 및 고참 경위급에 해당하는 독일경
찰계급을 (수사)경감·경정, 경감급에 해당하는 독일경찰계급을 (수사)총경이라고 잘못 소개
한 바 있다(김인호, "독일의 사법경찰제도," 『각국의 사법경찰제도』, 법무자료 제98집, 법무
부, 1988, pp.113~114.).

7-31 독일 경찰 계급명칭과 보직비교

하급직 경찰관(순경~경사급)

Polizeimeister(순경)

Polizeiobermeister(경장)

Polizeihauptmeister(경사)

초·중급 간부경찰관(경위~경감급)

Polizeikommissar-Anwärter
(경위후보생)

Polizeikommissar
(초임경위, 파출소 부소장급)
A9

Polizeioberkommissar
(임용된 지 3~4년된 경위급,
파출소장급)

Polizeihauptkommissar
(임용된 지 10년 전후
경위급: 파출소장급,
순찰팀장)

Polizeihauptkommissar(A12)
15년 전후 경감

Erster
Polizeihauptkommissar
(경감급: 경찰경력 20년
전후중급간부급)

고급 간부경찰관(경정~치안정감급)

Polizeirat[308]
(초임경정, 지구대장)
A13

Polizeioberrat
(고참 경정, 과장급)

Polizeidirektor
(초임 총경: 인구 20만명
전후경찰서장급)

Leitender Polizeidirektor
(고참 총경: 인구 30~40만명
전후 대도시경찰서장)

Polizeivizepräsident
(지방경찰청 차장
기동경찰부본부장,
경찰대학 부학장)

Polizeipräsident als Leiter
eines regionalen
Polizeipräsidiums
(지방경찰청장,
기동경찰본부장)

Inspekteur der Polizei
(주경찰청 차장)
정복경찰관으로서 최고위직

Landespolizeipräsident
주경찰청장

독일에서의 급여 관리의 중요한 특색은 근무경력에 따라 차등지급하는 것이 아니라 당해 공무원의 연령에 따라 다르다. 경찰관의 법정 주근로시간은 보통 38.5시간(주5일제 근무)이다. 시간외 수당지급을 위한 재원조달의 어려움 때문에, 공무원들에게 시간외 근무수당을 지급하는 대신에 보상휴가를 자주 실시한다. 경찰관들의 휴가기간은 근무연수가 아닌 연령에 따라 정해지는바, 29세 미만은 연간 26일, 39세 미만은 29일, 40세 이상은 연 30일간이다. 실제로 토요일이 휴무이기 때문에 40세 이상 경찰관의 경우 연간 6주가 되는 셈이다.

2. 독일경찰노동조합

경찰관의 근로조건 및 복지후생 문제를 집단적으로 해결하기 위한 경찰노동조합Die Deutsche Polizeigewerkschaft: DPolG이 1951년 8월 결성되어 있다. 독일공무원연합Deutschen Beamtenbund의 부분노조Die Deutsche Polizeigewerkschaft im DBB: DPolG이다. 구성원은 경찰관, 질서행정청의 직원 및 경찰관서 일반직 등이다. 본부는 베를린에 위치하고 있다. 2018년부터 약 100,000여명의 회원들이 가입되어 있다.[309]

연방 및 주정부를 상대로 처우개선, 근무제도개선 등 다양한 요구를 절충시키고 있다. 각 주경찰간의 근무제도나 처우문제가 대체로 비슷한 이유는 이러한 노동조합 활동을 통하여 각 주간의 편차가 해소된 결과로 이해할 수 있다. 독일경찰의 인사, 보수, 근무조건이 확립된 이면에는 70여년 된 경찰노동조합의 역할이 컸다고 할 수 있다. 경찰노동조합의 구성원은 경찰관(전/현직경찰관, 교육생 및 경비/수사경찰 등)과 경찰관서에 근무하는 기능직 및 일용직까지 포함한다. 노동조합의 모토는 "동료들이 동료들을 위하여 투쟁한다: 정당정치에서 중립적, 독립적이며 직업지향적"이라고 한다.[310]

동 경찰노동조합DPolG의 뿌리라고 할 수 있는 경찰관조합Polizeiverein은 1871년 독일제국시절에 탄생하여, 바이마르공화국 출범 이전인 1917년에 큰 저항을 한 바 있다. 1919년 5월 베를린에서 "독일경찰관 제국조합Reichsverband Deutscher Polizeibeamter"이

---

308) 사법시험을 합격한 자가 경찰직 공무원으로 임용되면, 부여되는 계급이다. 이러한 법률가 출신이 공무원으로 임용되면, 판검사와 비슷한 보수수준이다. 독일에는 행정고시, 외무고시 등의 제도가 없으며, 사법시험제도를 통하여 고위직 공무원을 충원한다.

309) https://de.wikipedia.org/wiki/Deutsche_Polizeigewerkschaft(2025년 1월 3일 검색).

310) Unser Motto: Kollegen kämpfen für Kollegenparteipolitisch neutral, unabhängig, berufsbezogen.

라는 명칭으로 기초를 다졌다. 1928년 "독일경찰관 제국노동단체Reichsarbeitsgemeinschaft Deutscher Polizeibeamter"로, 1931년에는 "독일경찰관 제국노동조합Reichsgewerkschaft Deutscher Polizeibeamter"으로 개칭하였다. 1933년 Nazi하에서는 해체되기도 하였다.

1951년 8월 "독일경찰공무원연합Bund Deutscher Polizeibeamter: BDP"으로 다시 출범하였으며, 1966년 독일공무원연합 내 "경찰노동조합Polizeigewerkschaft im DeutschenBeamtenbund: PDB"이라는 명칭으로 바뀌었다. 1987년 새로운 노동조합 명칭(독일경찰노동조합: "DPolG")과 조직으로 개편하였다. 2001년 10월 16일을 기해 경찰노동조합결성 50주년 기념행사를 가진 바 있다.

한편, 또 다른 경찰(관련부서) 노동조합Gewerkschaft der Polizei: GdP으로서, 경찰관을 비롯한 관세청집행공무원, 행정공무원 그리고 소방공무원 등이 가입한 경찰관련 노동조합Die Gewerkschaft der Polizei: GdP도 있다.[311] 동 노동조합은 1950년 9월 14일 함부르크Hamburg에서 설립되어 오늘에 이르고 있으며, 1978년 독일노동조합연합 Deutschen Gewerkschaftsbundes(8개 분야)의 부분 노동조합이 되었다. 2022년 12월 현재 회원 수는 203.941명이다.[312]

2001년 11월 27일 군인과 경찰관 2만5천명이 처우개선(근무여건 악화 및 사회보장 혜택축소에 반대)을 위하여 베를린에서 시위를 벌였다. 경찰은 유로화 지폐 및 동전 분배작업이 시작되면서 현금수송 차량 경비수요가 크게 늘어났고 '9·11 미국테러' 사태로 보안조치가 강화되면서 오히려 경찰인력은 감축되는 바람에 경찰과 국경수비대 요원들이 격무에 시달리고 있었다. 업무량은 증가한 상황에서 연금지급액이 삭감되자 경찰들이 반발한 것이다.[313] 선진 외국 경찰

---

311) 경찰관서에 근무하는 공무원들이 조합원이다(Die GdP steht allen Polizeibeschäftigten - 경찰관Polizisten, 행정직 공무원Verwaltungsbeamten und Tarifbeschäftigten) und Vollzugs-beamten des Zolls 관세청 zur Mitgliedschaft offen sowie in manchen Landes-bezirken auch Feuerwehrangehörigen 소방부서 근무자).

312) https://de.wikipedia.org/wiki/Deutsche_Polizeigewerkschaft(2025년 1월 3일 검색).

313) 연합뉴스 2001년 11월 27일자 [독일 군경 2만 5천명 처우개선 시위] 독일 베를린에서 11월 26일 군인과 경찰 2만 5천명이 근무여건 악화와 사회보장 혜택 축소에 반대하는 시위를 벌였다. 독일경찰관련노조(GdP)와 군인노조 주최로 열린 이날 시위에서 군인과 경찰들은 지난 9월 미국 테러 사태 이후 테러에 대비한 보안 강화조치로 인해 경비업무 부담이 크게 늘어났지만 군경에 대한 정부의 지원은 오히려 축소됐다고 주장했다. 콘라트 프라이베르크 경찰노조위원장은 "연방정부와 주정부가 보안강화와 함께 경비절감을 동시에 추진하고 있어 경찰의 사기를 떨어뜨리고 있다"고 지적했다. … 쉴리 내무부장관은 특히 24시간 출동대기하고 있는 경찰기동대의 처우를 개선하기 위해 예산을 증액할 것이라고 전했다. 또한 쉴리 장관은 대테러 대응력을 강화하기 위해 … 보안 관련 부서인 연방범죄수사청(BKA), 헌법보호청, 연방국경수비대(BGS: 현 연방경찰청-Bundespolizei) 등의 인력을 보강할 계획이라고 밝혔다.

의 경우(일본 제외), 4-5교대제 근무를 비롯하여, 「경찰노동조합결성」이 보편화되어 있으며, 단체교섭권, 단결권까지 인정되고 있다. 경찰관에게 올바른 처우가 이루어질 때, 소위 "양질의 치안서비스"를 거론할 수 있을 것 같다.

제 5 절   독일통일과 동·서독 경찰의 통합

2차 세계대전 후 동서독으로 양분되었던 독일이 분단 40여 년 만인 1990년 10월 3일 하나의 독일로 통합되기에 이르렀다. 동서독 통일이 이루어진 지 어언 30여년이 지났다. 이제 독일 시민들과 공무원들 사이에서는 통일문제가 이른바 "trockene Limonade: 말라빠진 레몬조각"이라고 회자(膾炙)되고 있다. 통일 이후 급격히 증가된 실업, 환경, 범죄문제가 시민들에게는 더 많은 관심을 끌고 있다. 본항에서는 독일통합 과정시의 연방경찰통합과 신연방주 경찰의 재건과정에 관한 내용을 중심으로 소개한다.

■ 통합 전 동독경찰제도의 개관

1949년 10월 7일 성립된 동독은 모스크바의 산물이었다. 처음부터 사회주의통일당(SED, 동독공산당)을 기반으로 공산주의 독재를 자행했다. 통제경제, 비밀경찰Stasi, SED의 전횡, 엄격한 검열로 국민과 통치기관은 점차 이질화되어 갔다.[314] 경찰조직은 1945년 소련군정청에 의해 설립된 이래, 경찰고유의 업무 외에 사회주의 혁명수행과 공산당 권력지배 체제를 확립하고 이를 유지하는 충실한 도구였다. 치안기관은 마르크스-레닌주의에 입각한 국가관에 따라 강력한 중앙집권화 경찰체제로서 사회주의 사회의 구축과 보호에 기여하였다. 내무부 소속에 경찰본부를 설치하였으며, 지방경찰에 대한 강력한 명령권과 지휘·감독권을 행사하였다.[315] 경찰권 수행기관은 동독 인민경찰Volkspolizei이었다. 인민경찰은 보안경찰(Schutzpolizei, 일반예방경찰), 교통경찰, 수사경찰, 여권 및 주민등

---

314) 주한 독일연방국대사관, 『오늘의 독일』, 1998, p.36.
315) 법무부, 『통일독일의 구동독체제 불법청산개관』(서울: 법무부, 1995), p.29.

록Paß- und Meldewesen, 수송경찰, 형사소추, 소방대, 기동대 등을 포함하고 있었다. 비밀경찰활동을 통하여 주민을 통제하고 개별경찰관의 자율성을 무시한 중앙집권화된 경찰조직이었다.

구동독의 경우 내무부가 사실상 경찰조직이었는바,316) 내무부장관이 경찰총수를 겸직한 1인에 의하여 중앙집권적으로 이끌어졌다.317) 보통의 인민경찰Volkspolizei 외에 수송경찰Transportpolizei과 인민경찰기동대(kasernierte Bereitsschaftspolizei: 병영생활을 하는 군대식 조직)가 있었다. 200,000여명의 병력을 가진 강력한 기동경찰의 주된 임무는 영토방어였다.318) 군사적 장비와 조직을 가진 인민경찰기동대와 병영에서 근무하던 수송경찰은 1970년부터 군의 일부를 구성하였으며, 주로 병역의무가 있는 징집해당자에 의해서 충원되었다. 소방, 구치소업무가 경찰기능에 포함되었다. 국경경비업무는 군에서 담당하면서 국경통관업무는 경찰에서 담당하였다. 인민경찰은 다양한 직무를 수행하였다.319) 인민경찰은 당(黨)의 노선에 충실하였지만, 시민들에게는 적대적이었다.320)

동독의 주된 억압장치로 가장 특징적인 것이 국가안전부Stasi였다.321)

동 부서는 국내의 정보수집기관이었을 뿐만 아니라 무장된 조직으로서 당의 방패이자 창검이었다. 국가안전부Ministerium des Staatssicherheit: 이하 Stasi는 내무부의 인민소유권보호국 내에 설치된 국가보안경찰을 대신하여 1950년 2월 8일 법률로 설치되었다. 자국민 감시를 목적으로 하여 1950년대 소련 KGB의 주관하에 결성되었다. Stasi는 1953년 6월 폭동이 있은 후 잠시 내무부에 편입되었으나, 1955년 11월 24일에 이르러 부Ministerium로 승격,322) 국가안전부MfS라는 별도의 부

---

316) 상게서, p.34.

317) Rühmland, Ullich, Die Volkspolizei, in: Die Polizei 1982, p.310.

318) 법무부, 전게서, p.35.

319) i) 치안(보안)경찰(Schutzpolizei)은 서독의 일반예방(치안)경찰과 유사한 기능을 수행하였으며, 수상경찰(Wasserschutzpolizei)이 포함되었다. ii) 수사경찰(Kriminalpolizei)은 서독의 수사경찰과 동일한 기능을 수행했다. iii) 교통경찰(Verkehrspolizei)은 교통위반단속과 사고의 처리를 담당했다. iv) 여권 및 주민등록경찰(Paß - und Meldewesen)은 통관업무 및 주민통제업무를 수행하였다. v) 수송경찰(Transportpolizei)은 철도 및 고속도로상의 경찰업무를 수행했다. vi) 기동경찰(Bereitsschaftspolizei)은 주요시설 경비 및 시위진압, 재해경비 업무를 수행하였다.

320) 상게서, p.35.

321) 주독 한국대사관(통일원소장)자료에 의하면, 「국가안전부: STASI, Staatssicherheitspolizei」로 소개하는가 하면, 법무부의 자료에는 「국가공안부」로, 경찰청 자료에 의하면, 「국가보위부」로 혹은 「국가보위비밀경찰」 등으로 칭하기도 한다. 자료의 출처 시기를 기준으로 주독한국대사관에서 처음 소개한 것인 「국가안전부」로 통일하는 것이 바람직할 것 같다.

7-32	통일 전 동·서독 경찰제도 비교	
구 분	독일연방공화국(서독, BRD)	독일민주공화국(동독, DDR)
조 직	연방주의, 경찰권은 원칙적으로 주 관할하에 속함	중앙집권화된 경찰제도
기 능	범죄예방과 진압, 방어적 민주주의의 입장에서 반민주적 세력에 대한 감시	사회주의 체제의 공고화, 체제반대자에 대한 탄압
인 원	◉ 연방경찰 25,946명 (BGS: 20,000, BKA:6,000명 등) ◉ 주경찰 175,946명 (Schutzpo: 120,000, Kripo: 24,000, 기동대: 24,000, 기타 8,000명 등) 총 201,892명이 인구 6,150만명 담당	치안, 수사경찰 73,000명 수송경찰 8,000명 기타 시설보호경찰 15,000명 등 총 96,000명이 인구 1,750만명 담당
경찰기구와 정보기구간의 관계	기관분리의 원칙견지(나치하의 경찰독재의 경험으로부터 배움)	탈나치화 명목하에 나치하의 게쉬타포(Gestapo)와 같이 정보와 경찰집행을 한 기관에 부여함
교 육	전문적인 직업교육 강조	당에 대한 충성도 등을 근거로 경찰 선발, 전문직업교육 경시

※BRD: Bundesrepublik Deutschland, DDR: Deutsche Demokratische Republik.

처로서 행정부 내의 독립된 중앙기관이 되었다. 소련의 경찰 및 공안기관을 본 받아 만들어진 Stasi는 통일 전까지 독일사회주의통일당의 권력유지를 위한 가장 중요한 도구였다. 검찰 및 법원과 함께 사회주의적 국가질서 유지를 그 임무로 하였다.[323]

독일사회주의통일당의 직접지령에 따라 완벽한 통제기구를 가지고 있으면서, 경찰조직은 아니었지만, 다른 대부분 공산국가와 마찬가지로 사회주의 체제 유지 및 공산당 일당 독재정권을 수호하기 위한 주민감시 조직인 비밀경찰인 셈이었다. 통일 후 동부서에서 관리한 인사들의 비밀문건이 공개되면서, 그 문건을 펼친 길이가 무려 200㎞에 달했다고 한다. 통일 이후 이를 소위 「Gauck 청(廳)」에서[324] 관리하고 있다. 체제붕괴 전 "공식요원 약 105,000여명, 비공식

---

322) 법무부, 전게서, p.30.

323) 상게서, p.30.

324) 동 부서의 책임자인 Joachim Gauck이라는 목사(루터교)의 이름을 따서 붙인 것이다. 그는 동독에서 반(反)공산주의 시민운동가로서 활동했으며, 비당파적 정치인(nonpartisan politician)으로서, 지난 2012-2017년까지 독일연방공화국 대통령을 지냈다. 그는 메르켈 앙겔라 연방총리로부터 "진정한 민주주의 스승이며, 자유, 민주주의 그리고 정의를 위한 끊임없는 지지자"라고 평가를 받았다.

요원[325]) 109,000명"이라고 1990년초 원탁회의에서 보고된 바 있으나, 실제로 약 175,000명에 달했다고 한다.[326]) 체제반대자에 대해서는 서신검열, 구금, 국적박탈, 전화도청 혹은 심리적 테러에 놓이기도 했다. 비판적인 시민들에게는 Stasi가 공포의 대상이었다. Stasi는 또한 사법에도 상당한 정도 관여하였다. 형사재판에서는 수사기관으로 참여하였고, 독자적인 유치장을 가지고 있었다. 정치적 사건뿐만 아니라 국유기업에서의 대규모 사고는 모두 다루었으며, 특별 배치된 주요협력자 및 간부를 통해 경찰기구의 주요부분, 여권제도, 여행 및 우편, 원격통신, 세관업무까지 통제하였다.

국경경비는 서독과는 달리 군이 담당하였다. 국경경비대는 1946년부터 「국경경찰」Grenzpolizei로 처음에는 내무부, 다음에는 국가안전부, 마지막에는 다시 내무부에 소속하였다가 1961년부터 「인민군국경경비대」Grenzgruppen der NVA로 인민군에 편입됨으로써 국방부의 지휘를 받게 되었다. 1970년대 초에 국경경비대는 다시 인민군에서 분리되었지만, 계속 국방부의 지휘를 받았으며,[327]) 그때부터 「독일민주공화국 국경경비대」Grenztruppen der DDR로 불리웠다. 48,000여명의 병력을 가진 국경경비대의 임무는 구동독의 반파시스트방벽을 보호하는 것으로서 가장 중요한 임무는 지뢰, 자동소총 및 자동발사장치를 이용해서 구동독 시민들이 탈출하는 것을 저지하는 데 있었다.[328]) 국경의 안전은 독일사회주의통일당 정권에 있어서 기본조건이었으므로 국경경비대의 책임하에 동·서독 국경에서의 탈주자에 대한 총격살인이 자행되었다.[329])

Ⅱ 동·서독 경찰통합

구동독지역의 신설 5개주가 연방에 가입함에 따라 새로운 행정체계가 구축되기 시작했다. 이와 병행하여 경찰통합도 추진되었다. 연방경찰차원에서는 주범죄수사국Landeskriminalamt의 설치, 국경수비대의 통합·흡수작업이 진행되었다. 한

---

325) 비공식조직원으로는 교사, 법관, 검사, 경찰, 학생, 노동자 등 각계각층의 200,000명으로 추정하기도 한다.
326) 김영탁, 『독일통일과 동독재건과정』(서울: 한울아카데미, 1997), p.215.
327) 법무부, 전게서, p.36.
328) 상게서, p.36.
329) 상게서, p.37.

편, 동독의 중앙집권적 국가경찰체제가 신설된 주정부 중심(자치 혹은 분권화)의 경찰체제로 개편하기에 이르렀다. 베를린을 제외한 신설 5개 주경찰은 구동독 출신 인민경찰의 재임용·심사 위주의 경찰통합이 진행되었으며, 베를린의 경우는 서베를린경찰에 동베를린경찰이 흡수·통합되는 과정을 거치게 되었다. 따라서 주단위 경찰통합 방식은 베를린 방식과 나머지 신설 5개주 방식으로 대별된다.[330]

1. 통합 전 양독경찰의 접촉 및 교류

80년대 후반 집단이주(난민)사태가 시작되자 경비업무 등에 경찰이 참여하기에 이르렀다. 1989년 11월 9일 베를린장벽의 붕괴 이전까지 사회 각 분야에서는 장기적으로 꾸준히 교류를 추진해온 것에 비하여 경찰간의 교류는 전무한 실정이었다. 베를린장벽 개방으로 동독 주민의 왕래에 따른 질서유지, 교통문제 등의 협의를 위해 베를린 경찰청장과 동독 국경경비대장 간에 첫 접촉 이후 양 경찰간에 업무협조를 위한 직통전화 및 무선 통신망이 개설(동독 국경경비대와 베를린 경찰청 상황실 간)되었다.

통독과도기인 1989년 11월에서 1990년 9월말까지 장벽개방으로 양독주민의 자유왕래 실현에 따른 치안문제가 발생하기 시작했다. 이에 각급 경찰당국간에 부분적, 개별적 접촉이 시작되었다. 실제로 서베를린과 동베를린 경찰 간에는 다른 연방 주들에 비하여 그 속도가 제일 빨랐다. 국경개방에 편승한 범죄에 대해서 양독경찰이 공동 대처키로 하였다. 상호간 범죄자 신원파악에 협조하면서 동독거주 외국인 신병보호 문제에 공동관심사를 가졌다. 1990년 4월 1일 베를린과 브란덴부르크 국경을 넘어 개최된 베를린 수상경기팀의 경비를 공동으로 하기로 합의, 동서독 경찰간에 최초의 합동근무가 실시되었다.

통일조약 제13조와 기본법 제23조에 의거, 동독지역의 5개주가 독일연방에 편입되는 형식으로 통일, 즉 통일과 동시에 서독의 기본법 체계가 동독지역의 5개 주에도 적용되었다. 따라서 각주에 관할권이 있는 경찰권Polizeigewalt은 독일통일의 날인 1990년 10월 3일 자정을 기하여 동독 중앙정부의 해체와 동시에 동

---

330) 베를린의 경우는 서베를린 중심의 경찰통합이었지만, 4개 신설 주경찰의 경우, 자매 결연한 서독 주경찰의 지원하에 통합이 추진되었으며, 현재까지 근무하는 경찰관의 대다수가 구 동독경찰(인민경찰) 출신이다.

베를린과 신연방 5개 주정부에 귀속되었다.

2. 연방경찰제도의 구축 및 통합

(1) 신연방주에서 연방국경수비대BGS 조직의 구축

동독의 국경경비업무는 군사적 편제로 운용된 국경경비대에 의하여 수행되었으며, 국방부 소속이었다. 이에 반해 서독의 경우는 국경수비대가 내무부 소속이었으며, 연방경찰조직으로 운영되었다. 동서독 통일직전 1990년 4월 드 메지에르정부는 국경경비대를 서독식 국경수비대로 개편하기로 결정하고, 8,600명 규모(실제인원 7,000명)의 국경수비대를 창설하였다. 동 국경수비대 창설시 기존의 국가안전부(국가공안부) 소속의 여권통제부대 요원이 흡수되었다. 서독에서는 국경수비대BGS의 전문가 등을 동독 국경경비대에 파견, 새로운 국경수비대 구축을 지원하였다. 동독 국경경비대는 통일조약 발효일인 1990년 10월 3일 이후 연방국경수비대BGS 동부지역대(BGS-Ost, 베를린)로 편입되었다. 연방국경수비대 동부지역대는 초기부터 국경수비업무 외에 통일조약 관련 규정에 따라 철도경찰[331] 및 항공교통 안전업무를 담당하였다. 연방국경수비대는 서베를린 공항의 국경통과 통제에 관한 업무를 관장하였다. 국경수비대 동부지역대로 잠정 인수·재편된 동독 국경경비대 소속원 7,000여명은[332] 신연방주 지역경찰을 지원하고, 체코·폴란드 국경경비업무를 수행하였다.

1992년 1월 23일자 「업무이양법」에 근거해 연방국경수비대(과거 서독지역 포함)가 철도경찰 및 항공치안 업무를 인수하였다.[333] 1992년 4월 1일부터 연방국경수비대가 5개지역대(동·서·남·북·중)로 조직이 재편되었다. 1991년에서 1994년까지 매년 2억 6천만 마르크가 동부지역대의 구축을 위해 투입되었다고 한다.

통일 당시 동독국경수비대 인력 7,000명은 통일조약에 따라 연방국경수비대에 편입되었으며,[334] 동부지역대는 인수받은 인력의 재심사를 비롯하여[335] 소속

---

331) 서독의 철도경찰은 통일전 별도의 기구였으나, 통일후 연방국경수비대(BGS: 현 연방경찰청-Bundespolizei)로 통합되었다.

332) 인수인원은 총 7,156명(내무부 3,129, 국경경비대 2,859, 여권통제대 944, 세관 194, 기타 27)이었다.

333) Bundesgrenzschutz, *50 Jahre BGS: 1951~2001*, 2001, p.35.

334) *Ibid*., p.35.

335) 동독 국경경비대 소속원들에 대한 재임용·심사과정에서 일반 공무원심사 기준인

원에 대한 재교육 및 과거행적 조사 후 부적격자를 배제하였으며, 신연방주 출신자 중에서 신규직원을 채용하였다. 지휘부의 5%는 서독 연방국경수비대에서 파견된 경찰관들로 배치하였다. 인사위원회가 구성되고 해고여부에 대한 추천을 할 수 있는 권한이 부여되었다.

7-33 　**통합 전 동서독경찰 교류·협력 약사**

'90. 2. 5　동독내무장관훈령에 의거, 서독연방수사국과 유사한 임무와 구조를 가진 범죄
　　　　　　수사국을 동베를린에 설치
'90. 3.18　동독 자유총선에서 개혁세력인 "독일동맹" 압승
'90. 5. 5　양독 내무장관 회의시 양경찰간에 경찰법, 경찰조직의 통합, 경찰관의 상호교
　　　　　　환, 공동교육실시 등의 합의
'90. 5.28　동독정부, 국경경비대를 서독국경수비대를 모델로 한 국경수비대로 전환
'90. 6.29　서독내무장관 회의, 신연방주에 민주경찰제도수립을 자매결연방식으로 지원하
　　　　　　기로 결의
'90. 7. 1　양독 내무장관, 양독간 국경전면개방 및 국경이용범죄에 대한 공동대처 등의
　　　　　　경찰협정체결
'90. 7.22　동독의회, 동독의 행정구역을 해체하고 신연방 5개주를 부활하는 주설치법
　　　　　　(Ländereinführungsgesetz)을 제정
'90. 8.31　양독간 통일조약 체결

※기본법 제23조에 의해 동독지역의 5개 주가 독일연방에 편입되는 형식으로 통일

'90. 9.13　동독인민의회, 「경찰의권한과임무에관한법」 제정
'90.10. 3　독일통일

---

(2) 신연방주의 「주범죄수사국」Landeskriminalamt: LKA의 창설

1) 과도기간 중의 조치　　　　1990년에 들어서면서 독일 통일은 역사적 필연으로 인식되기 시작했다. 따라서 장차 통일에 대비하여 동독에서는 중앙집권적 경찰을 연방구조로 — 분권화된 경찰로 — 전환할 것을 구상하게 되었다.[336] 따라서 동독에서는 1990년 2월 5일 동독 내무부장관의 훈령(01/04/90)에 의거해 경찰본부를 동독 중앙범죄수사국(혹은 청)Zentrales Kriminalamt der DDR: ZKA으로 개편하여 동베를린에 설치하였다. 동부서는 경찰본부를 장차 연방체제에 편입될 것을 고

Stasi관련성, 인간성 혹은 법치국가원칙 위배, 세계인권선언 등의 원칙 위배 및 인권침해 여부가 고려되었다; 이관희, 『독일통일과 독일경찰조직의 정비』(용인: 치안연구소, 1996), p.61.
336) 상게서, p.37.

려하여 기반을 마련한 것이다. 중앙범죄수사국하에 지방차원(Bezirks- und Kreis-
kriminalämter, 도 및 군단위 수사관서)의 수사부서들이 구성되었으며, 상당한 권
한들이 이양되었다. 이 시기에 접어들면서 동독의 「중앙범죄수사국: ZKA」과
서독의 「연방수사국: BKA」은 구조 및 임무면에서 많이 유사하게 되었다. 1990
년 7월 27일 동독지역에 주제도를 도입하는 법률 「주설치법」이 통과되었다. 따
라서 중앙범죄수사국도 후일 구성될 주범죄수사국LKA들과 협력하여 전 동독지
역 내의 경찰업무를 맡게 되었다. 또한 1990년 9월 13일 「경찰의 과제와 권한
에 관한 법률: PAG」이337) 제정되면서, 동법에 중앙범죄수사국의 임무와 위상
에 관해 규정되었다. 이 중앙범죄수사국은 1990년 10월 3일 통일조약발효와 더
불어 그 기능이 상실되었다.338) 통일조약 부속문서에 의해 「연방범죄수사청법」
이 동독지역에서 유효하게 되었다.339) 그런데, 통일직후부터 주별로 개별적인
주범죄수사국을 설치하는 것은 불가능하였기 때문에,340) 1990년 10월 3일부터
동독 시절의 「중앙범죄수사국」을 인수하여 신연방 5개주가 공동으로 사용하는
공동범죄수사국Gemeinsames Landeskriminalamt: GLKA이 설치, 운용되었다.341) 통일 전 중앙
범죄수사국이 연방수사국법 및 통일조약에 따라 신연방주지역의 범죄수사업무
를 수행하는 공동범죄수사국GLKA으로 전환된 것이었다. 공동범죄수사국장은 브
란덴부르크 범죄수사국장이 겸임하였다.342) 주요 임무는 연방수사국과 각종 범

337) Gesetz über die Aufgaben und Befugnisse der Polizei vom 13. September 1990
(GBl. I Nr. 6 1 S.1489).
338) 이관희, 전게서, p.38.
339) 「연방범죄수사청법」에 따르면, 각 연방주는 연방과 주간의 수사경찰상의 협력을 확보
하기 위한 주단위의 중앙관청, 즉 「주범죄수사국: LKA」을 운영할 의무를 진다. 또한 「연방
수사국법」 제3조 제2항은 공동수사국을 설립할 수 있는 법적 근거를 제시하고 있다.
340) 1989년 동독의 평화로운 혁명에서부터 재통일에 이르기까지 생겨난 주요문제는 중앙
범죄수사국(ZKA)의 업무와 권한이 연방범죄수사청(BKA)과 주경찰의 과제와는 분명히 차이
가 있었다. 엄격히 중앙집권적으로 통제되어 온 범죄해결방식이 신연방주에서 스스로의 독립
된 체계를 가지고 효율적인 범죄예방과 범죄수사를 하는 데는 걸림돌이 되었다는 것은 자명
한 이치이다. 재통일 시점에서 신연방주가 제대로 된 경찰집행기관을 구축한다는 것은 어려
웠다. 예를 들면, 구동독지역에서는 지역마다 정보체계가 달랐고, 범죄와 관련된 자료와 지문
자료는 중앙에서 관리되었으며 심지어 경찰 내부적으로 자료의 송수신이 거의 불가능했다.
그리고 특수한 분야 전문가도 극소수였으며, 이마저 중앙에만 있었다. 따라서 통일과 더불어
중앙범죄수사국의 기능이 제대로 즉각적으로 발휘되기란 어려운 실정이었다; 이관희, 전게서,
1996, p.41.
341) 상게서, p.40.
342) 조직은 지휘부 및 6개 분야(중앙행정업무, 정보 통신, 범죄수법, 수사·조사, 형사기
동대, 국가안전업무)에 총인원 607명으로 구성되었다.

죄정보 교환, 신연방주에서의 범죄수사 및 예방업무, 수사력 지원, 경찰 전산망 운영, 범죄통계작성과 신연방주 범죄수사국 설립을 지원하는 것이었다.

2) 신연방 주범죄수사국LKA의 구축   신연방주는 1991년 말까지 독자적인 주범죄수사국 설립을 계획하였다. 연방수사국 및 자매결연 서독주의 지원하에 1991년 12월초 신연방주는 각각 개별적인 주범죄수사국을 구축하였다. 따라서 동독지역의 경찰수사업무를 담당하기로 되어 있던 공동범죄수사국은 1991년 12월 31일자로 해체되었다. 그러나 수사경찰상 중요한 사건 및 질서행정관련 사건과 관련해서 공동범죄수사국은 1992년 1월 31일까지 기본조직으로서 지위를 사실상 유지하였다.[343] 소속원들(639명)은 본인의 지원에 따라 전원 주경찰청이나 사기업에 취업이 알선되었다. 기술 장비는 5개 주의 합의에 따라 분배되었다. 지문감식체계와 범죄 관련 통계는 베를린 포함 6개 지역으로 분배와 동시 중앙주민등록소, 연방수사국으로 송부되었다. 특히, 이 시기에는 전산기록에서 구동독당시 전과자에 대한 재분류작업이 서독의 법률체계에 따라 이루어졌다. 1992년도 1월 1일부터 신연방주는 각주의 상황에 따라 부분적으로 고유한 범죄수사국을 설치·운영하게 되었다. 신연방주 범죄수사국LKA대표들은 제120차 범죄수사국회의AG-Kripo에서부터 투표권을 보유하게 되었다.

3. 신연방 주경찰조직의 재건

(1) 신연방 주의 새로운 경찰법 제정

기본법과 통일조약Einigungsvertrag, 제13조에 의거, 원칙적으로 동독지역의 중앙집권화된 경찰권은 신연방주에 귀속되었다. 「주설치법Ländereinführungsgesetz」에 의거 5개의 신연방주가 설치되었다.[344] 1990년 10월 14일 신연방 주의회 선거 이후, 주정부 구성과 더불어 경찰업무는 주내무부에 소속되었다. 한편, 통일조약 부속문서에 의한 과도기적 경찰입법인 「경찰업무법Das Polizeiaufgabengesetz der DDR: DDR-PAG」은[345] 새로운 각 주경찰법이 신연방주 지역에서 제정될 때까지 그 효력을 유지

---

343) 이관희, 전게서, p.58.

344) 동독 인민의회에서는 동독 행정구역이던 15개 지구(Bezirk)를 해체하고 이전의 5개 주의 부활을 규정한 「주설치법」을 제정하였다(1990.7.22). 당초 규정은 동년 10월 14일부터 효력을 발생하도록 되어 있었으나 통일조약에 따라 동월 3일부터 효력이 발생하였다.

345) 동독의회는 1990년 9월 13일자로 「경찰의 임무와 권한에 관한 법」을 제정하였는바, 이는 서독의 「통일경찰법모범초안」을 모델로 한 것이다. 그리고 동법률의 제정으로 그때까지 유효하던 「인민경찰법」('86.6.11 개정)은 효력을 상실하였다. 동법은 베를린에서는 '90.10.2까

하도록 하였다. 이에 신연방주에서는 주의회 선거 및 주헌법 등의 제정이후, 자매주 경찰법과 "독일연방 및 각 주의 모범통일경찰법초안"을 모델로 고유한 경찰법 및 경찰조직법 등을 제정하기 시작했다. 예를 들면, 신연방의 작센 주 Freistaat-Sachsen는 서독의 바이에른 주 및 바덴-뷔르템베르크 주와 자매결연을 맺었는바, 경찰법의 경우는 바이에른 주와 바덴-뷔르템베르크 주경찰법을 상당부분 참고하였다. 소방대, 여권Paß, 주민등록Anmeldung, 수송경찰 등의 업무는 경찰로부터 분리됨으로써, 관련경찰관들은 타행정기관으로 편입되었다. 구동독 경찰사무의 상당부분이 일반행정 업무화 하였다. 예를 들면, 브란덴부르크 주의 경찰조직법은 경찰의 일반적인 소관사무로 위험의 방지, 범죄의 수사와 소추를 열거하고, 특별한 임무로서 교통, 집회, 무기, 탄약 그리고 폭발물에 관하여 법령에 의해 위임된 업무로 제한되었다.

(2) 신연방주 경찰조직 재건을 위한 지원

1989년 12월 15일 연방범죄수사청BKA에서 동독지역의 경찰지원분야를 조사하고, 후일 내무부에 보고한 바 있었다. 1990년 6월 6일부터 동월 8일 사이에 동독 국경경비대를 서독식 연방국경수비대 형태로 전환하기 위한 대표단 간에 협의한 바가 있다. 1990년 6월 29일 서독 내무부 장관회의에서 신연방주 민주경찰제도 수립의 지원을 위해 서독주와 신연방주 사이에 자매결연 방식으로 지원하기로 합의하였다.[346] 예를 들면, 경찰공무원의 파견, 전보, 물적 지원, 교육상의 지원 등이 이루어졌다. 서독의 자매주에서는 신연방주별로 50~90명의 경찰관을 91년도 초부터 3개월에서 1년 이상 파견·전보, 각급 경찰관서 지휘부 및 핵심 부서에 배치, 민주경찰제도의 수립을 지원하였다. 파견경찰관은 기본봉급 외에 별거수당, 여행경비 등을 연방정부로부터 받고 인사상 경력평정 가산점을 부여받았다. 그런데 각종 경제적·인사상의 혜택에도 불구하고 지원자가 적어 차출형식으로 선발·파견한 경우도 있었다.

한편, 동베를린은 서베를린에서 (흡수)통합하기로 하였다. 통화동맹 및 사회통합조약 발효일인 1990년 7월 1일 양독 내무장관에 의해 경찰협력협정이 체결되기에 이르렀다. 따라서 양독간 국경의 전면개방, 국경이용범죄의 양독경찰

지, 신연방주에서는 새로운 경찰법이 제정될 때까지 유효하였다.

346) 자매결연 현황: 브란덴부르크 ↔ 노르트라인-베스트팔렌, 자를란트; 작센-안할트 ↔ 니더작센; 멕클렌부르크-포어폼메른 ↔ 슐레스비히-홀쉬타인, 브레멘, 함부르크; 작센 ↔ 바이에른, 바덴-뷔르템베르크; 튀링엔 ↔ 헤센.

공동대처 등에 합의했다. 1990년 9월 13일 민주적으로 선출된 동독의 인민의회
에서 「경찰의 임무와 권한에 관한 법」이 제정되었다.

한편, 일부 파견·전보된 서독지역 출신 공무원들의 고압적인 자세로 인하
여 빈축을 사기도 했다.[347] 동독지역파견 서독경찰관 중 비록 일부이기는 하지
만 사전교육이 되어 있지 않고 비자발적인 차출형태로 선발하여 관련분야 경험
이 전무한 경우 또는 3개월 정도의 여행성 근무형태가 발견되어 동독 경찰관들
의 불만을 사는 경우가 있었다고 한다.

(3) 베를린경찰청Polizeipräsident-Berlin의 통합사례

1) 경찰통합 전의 상황   1989년 11월 9일 장벽붕괴 후 11월 10일부터
베를린 경찰청과 동독국경수비대간에 접촉이 이루어졌다. 1990년 2월 경찰청상
황실Lagezentrum과 국경수비대 상황실 간에 전화연락망이 구축되었다. 「통일」이라
는 경찰상황의 예견으로 인해 10월 3일이 아닌 10월 1일 13:00에 동베를린 지
역 경찰관을 인수하였다. 이는 다른 신연방 주들과는 전혀 다른 상황이었다. 왜
냐하면, 베를린 주의 경우는 전적으로 서베를린경찰에 의한 흡수방식이었기 때
문이다. 1990년 10월 1일 당시, 동베를린지역을 흡수함으로써 관할구역은 80%,
인구상으로는 60%의 치안수요가 증가하게 되었다. 1990년 7월 실무자그룹이
구성되었으며, 반은 동베를린 경찰관, 반은 서베를린경찰관으로 구성되었다.

10월 1일 인수 즉시, 동베를린지역 경찰관서장을 서베를린경찰관으로 교체
하였다. 그러나 별도의 경찰관서를 설치하지는 않고, 기존의 서베를린 경찰서
의[348] 관할구역Direktion 1, Direktion 5을 동쪽으로 확대하는 식으로 동베를린지역의 치
안을 맡았다. 통합 당시 동베를린 경찰력은 경찰국 근무 2,500여명, 경찰서근무
6,800여명 등 총 11,797명이었지만, 실제 인수된 경찰력은 철도경찰로 인수된
700명의 수송경찰을 제외한 9,600명이었다.[349]

---

347) 서독인들은 동독주민들을 무능력하고, 게으르다고 비웃는가 하면, 동독인들은 서독주
민들을 인간미가 없다, 사무적이다, 혹은 건방지다는 등의 부정적 평가를 하기도 하였다.
348) 독일에서는 경찰서를 보통 Polizeidirektion(작은 규모나 지구대-혹은 지구경찰서-의
경우 Polizeiinspektion 혹은 Polizeiabschnitt, Polizeirevier)이라고 칭한다. 대규모경찰서인
경우 관할인구가 40만 명 전후이다. 경찰서장의 계급은 금색별 4개(Leitender -Poilizeidirektor,
고참총경)이다. 인구 20만 전후의 경찰서장은 금색별 3개(Polizeidirektor, 신임총경급)이다.
금색별 1개는 지구대장급(Polizeirat, 경정급)이다.
349) 경정급 1명, 경위·경감급 638명, 경사 이하 4,625명, 일반직원 1,182명, 기능직 838
명 등이었다.

통일 전 동베를린 경찰은 전체주의적 경찰로서 명령을 단지 수행할 뿐 그 배경에 대해서는 따지지 않는 경찰이었으며, 자율적인 업무수행능력이 결여되어 있었고, 간부의 경우는 상당한 전문교육을 받았으나, 일반직원의 경우는 9개월 간의 단기교육을 받았다. 교육내용 중 마르크스-레닌주의에 비중이 주어졌다.[350]

2) 경찰통합의 추진　　베를린 경찰 통합상의 기본지침은 다음과 같다:
- 경찰관서의 통합은 베를린 경찰청에서 통합지위
- 경찰청의 지휘부는 현상태를 그대로 유지
- 동베를린 지역 경찰서의 관할권은 새로운 서베를린 경찰서의 관할에 배속
- 동베를린 11개의 경찰서의 기술장비 등 시설은 현상태를 그대로 유지
- 양베를린 경찰간의 경합업무는 점차로 현실화
- 기존 동베를린 경찰의 관할권은 즉시 소멸시키는 것이었다.

7-34　동·서베를린 경찰 현황(1990. 10. 1 현재)			
서베를린(West, 17,701명)		**동베를린(Öst, 11,797명)**	
Schutzpolizei	11,117명	VP-Präsidium(동독경찰본부)	2,514명
Kriminalpolizei	1,756명	VP-Inspektion	6,796명
Gewerbeaussendienst	136명	Wachkdo-Missionschutz	1,225명
Wachpolizei	1,934명	Wasserschutzinspektion	98명
Polizeiverwaltung	2,758명	Transportpolizei	704명
		VP Bereitschaft(10.17~10.19)	459명

1990년 6월초부터 10월까지 베를린 내무성에 경찰통합을 위한 준비기획단 Projektgruppe을 설치·운영하였다. 기획단 내 7개 분야의 실무기획단을 동·서베를린 고위 경찰관 및 실무 경찰관(분야에 따라 4~10명)으로 구성하였다.[351] 경찰통합에 관한 계획을 단기·중기·장기로 구분 160여 개의 리스트를 작성, 항목별로 준비하였다. 동베를린에 인접한 서베를린 3개 경찰서의 관할구역을 동베

350) 이에 반해 서베를린 경찰은 신임경찰의 경우에도 3년간에 걸친 신임교육을 주경찰학교(Landespolizeischule: LPS)에서 받았으며, 자율적인 업무수행이 이루어졌다.
351) 인사 및 교육 분야(동서베를린 경찰관교류, 동베를린 경찰관 교육 프로그램개발 등), 법규분야(경찰조직법 등 각종 법규정비), 조직제도분야(각종 경찰조직 정비), 치안경찰분야(경찰서, 수상경찰, 교통경찰 등), 수사경찰분야(동서베를린의 범죄예방 및 수사경찰), 직할대분야(기동대, 기마대, 항공대 등), 장비분야(각종 경찰장비 지원)이었다.

를린 지역까지 확장하여 통합하였다.

동베를린 경찰 지휘관을 교체하고[352] 1990년 10월 1일자를 기하여 경찰관을 상호교환 배치하였다. 경찰업무의 신속한 적응을 위하여 각급 경찰관서에 양(兩)베를린 경찰관을 혼합 배치하였는바, 서베를린경찰관 2,323명을 동베를린 지역으로, 동베를린에서 흡수한 일부 경찰관 2,700명을 서베를린으로 교환·배치하였다.[353] 동독주민으로부터 경찰에 대한 이미지 개선 및 새로운 신뢰확보를 위해 동베를린 지역에 총 586대의 순찰차를 투입, 양 베를린 경찰관을 2인 1조로 편성, 순찰근무에 배치하였다. 동베를린 전 지역에 서독식 지역담당 근무소Kontaktbereichsdienst: KoB모델 425개소를 설치하여, 213명의 경험이 풍부한 서베를린 경찰관을 배치, 1인당 2개소씩 담당하도록 하였다.[354]

신연방 5개주의 경우, 서독경찰과의 자매결연방식에 의한 지원·협력이 주효했다고 할 수 있다. 한편 베를린경찰 통합은 주로 서베를린 경찰청에 의한 흡수방식이었다는 점이 특이하다. 공식적인 통합 이전에 경찰실무자간의 협의, 합동근무방식, 경찰관상호 교환배치, 서베를린 경찰청관할 구역의 확대, 재임용된 구동독 출신 경찰관을 위한 현장교육을 실시함으로써 치안공백을 최소화하기 위한 노력 등은 좋은 시사점이 될 것이다.

제 6 절 결 론

독일은 연방제하의 분권화된 경찰체제를 유지하고 있다. 특히 2차 대전 후 분단된 지 약 40여년 만에 분리되었던 동서독이 통합되면서, 경찰제도 역시 통합과정을 경험하였다. 대륙법계 경찰전통의 영향을 받은 우리의 입장에서는 독일경찰의 변천과정과 경험이 많은 시사점을 주고 있다. 경찰이라는 단어가 등

---

352) 민주법치국가 경찰업무의 신속한 이식과 지휘권의 확립을 위하여 동베를린 지역의 경찰서, 파출소, 기동대, 교통순찰대, 수사경찰대 등 각급 경찰관서장과 주요 직책은 서베를린 경찰관으로 교체·배치하였다.

353) Moldenhauer, Harmut, *Die Vereinigung der Berliner Polizei*, 2001, p.20. 서베를린 경찰관 2,323명(고급간부 21, 초급간부 443, 직원 1,859명), 동베를린 경찰관 2,700명(대부분 파출소와 교통 근무대에 배치하고 주범죄수사국 320, 경찰서 수사과에도 220명 배치).

354) 서베를린에서 KoB 근무자가 되려면 최소한 연령이 40세 이상된 자로 근무경력 10년 이상으로 계급은 초급간부(Polizeikommissar, 경위) 이상이 되어야 했다.

장한 이래 중세, 절대주의, 법치주의국가 시대를 거치면서, 경찰개념은 양호한 질서상태, 위험방지, 복지사무에 이르기까지 본질에 관하여 다양하게 논의되어 왔다. 특히 Kreuzberg 판결(Urteil) 이후 경찰작용의 본질은 위험방지로 한정되기에 이르렀다. 그러나 이렇게 축적된 법치주의적 경찰개념도 20세기 독재정권의 출현을 계기로 한 차례 좌절된 바 있었다. 실질적 의미 및 형식적 의미의 경찰개념으로 설명되고 있는 가운데, 사전 예방적 기능과 사후진압적 기능 간의 구별도 이루어지고 있다. 이러한 관점에서 범죄수사와 위험방지 간의 본질적 구별은 그 의미가 있다 할 것이다.

독일통합 후 국경개방과 더불어 유럽연합이 단일통화Euro를 중심으로 하나의 시장을 형성해감으로써, 독일경찰은 더 많은 치안수요에 직면하고 있다. 특히 실업문제, 범죄문제, 환경문제는 독일 시민들의 일반적 관심사가 되었다. 최근 시리아 난민들을 대거 수용함으로써 외국인범죄와 관련, 새로운 양상에 직면하고 있다. 83,450,000명이 거주하는 독일 전역에서 6백만여건의 범죄가 발생하고 있는바, 30만여명의 연방 및 주경찰관들이 이러한 치안수요를 감당하고 있다.

독일 기본법상 경찰사무는 각주의 관할 사항이다. 연방경찰은 특별한 경우에 한하여 주경찰을 지원·통제하고 있다. 분권화된 체제하에서 주경찰간의 상호 응원협력의 필요성은 더욱 증대되고 있다.

연방경찰조직으로는 연방범죄수사청, 연방헌법보호청, 연방경찰청(구 국경수비대), 독일(연방및16개주연합)경찰대학원 등이 있다. 주단위 경찰조직은 일반적으로 예방경찰, 수사경찰, 기동경찰 그리고 수상경찰조직으로 이루어져 있으며, 내무부(주경찰청) → 지방경찰청/경찰서 → 지구대 → 파출소 순의 피라미드식 구조로 편성되어 있다. 최근 바덴-뷔르템베르크, 바이에른 및 노르트라인-베스트팔렌주 경찰에서 실시한 조직 개편 사례는 시사점이 있다. 연방과 주경찰로 분권화된 독일경찰 사례는 향후 한국의 자치경찰제 실시에 좋은 모델이 될 수 있다.

독일경찰의 순찰근무방식은 대체로 5교대제 방식으로서, 주당 38.5시간 근무하는 것을 원칙으로 삼고 있다. 물론 지구경찰서 순찰과 소속 경찰관들은 이보다도 덜 근무하는 경향이 있다. 파출소경찰관들은 월~금요일까지 주간근무형태이다.

경찰관의 입직경로는 대체로 순경, 경위, 경정급으로 나누어진다. 순경급 기본교육은 평균 30개월, 경위급 기본교육은 경찰대학을 중심으로 36~45개월간, 경정급 기본교육은 독일(연방및16개주연합)경찰대학원DHPol에서 2년 석사과정을 수료토록 하고 있다. 독일경찰이 여타의 선진국과 달리 교육에 많은 투자를 하고 있음은 널리 알려져 있으며, 수년전 세계경제포럼The World Economic Forum에서 독일의 각급 공공기관에 대한 시민 신뢰도를 조사한 바에 의하면, 경찰이 타공공기관에 비하여 가장 높은 평가를 받은 바 있다. 이러한 신뢰의 원천은 바로 심도있고 체계적인 전문화 교육과정을 통하여 갖추어진 경찰관들의 직무전문성이 기여한 것으로 평가한다.

최근 헤센, 라인란트-팔츠, 노르트라인-베스트팔렌, 니더작센 및 자를란트 주경찰에서는 더 이상 순경급 경찰관을 더 이상 채용하지 않고, 모든 신임경찰관은 경위급Polizeikommissar 경찰관으로 선발, 임용하고 있다. 이는 대단히 획기적인 조치로 판단되며, 경찰관의 자질향상(36개월 교육기간, 학사학위수여) 및 처우문제(보수수준 향상, A7→A9)에 개선 차원에서 시사점이 높다할 것이다. 뿐만 아니라 바덴-뷔르템베르크 주경찰에서는 매년 평균 420여명의 경찰대학생을 선발(인문계 고등학교, 전문대학졸업자 및 순경-경장급 내부승진자 혼성)를 하고 있다. 신규입직 교육생들에게 정규경찰관 보수의 절반에 해당하는 수당을 지급하고 있다. 또한 하위직 경찰관(순경-경사급)의 비율을 줄이고, 중간간부급(경위-경감급) 비율을 대거 확대함으로써 경찰관들의 사기와 처우문제를 개선시키고 있다. 이는 최근 국내에서 거론되고 있는 경찰인사문제와 관련, 좋은 시사점이 될 것이다.

직업경찰관의 직급은 순경~경사급(중급직), 경위~경감급(상급직), 경정~총경급(고급직) 순으로 3단계로 이루어져 있으며, 보수기준은 연방보수법에 근거하고 있다. 지방경찰청장급 이상은 소위 임명직 공무원이다(B그룹). 경찰관 계급과 관련, 수사경찰의 경우에 간부경찰관의 비율이 높은 것이 특징이다. 근무여건과 복지문제는 기본권의 일환으로 간주되며, 경찰노동조합을 중심으로 집단적, 단체교섭을 통하여 해결하고 있다.

동·서독 통합 후 신연방주 경찰조직의 개건 및 구동독경찰의 민주화과정 그리고 자매결연방식의 상호협력·지원모델은 향후 우리나라에도 좋은 선례가 될 것 같다. 베를린경찰청의 흡수통합방식과 신연방 5개주 경찰의 구동독경찰 조직의 인수 및 재임용 심사과정을 주목할 필요가 있다.

참고문헌

1. 국내문헌(저서)

경찰청, 『2016 경찰백서』. 서울: 경찰청, 2016.

김영탁, 『독일통일과 동독재건과정』, 서울: 한울아카데미, 1997.

김인호, "독일의 사법경찰제도,"『각국의 사법경찰제도』, 법무자료 제98집, 법무부, 1988.

박문옥, 『新考 行政學』, 서울: 박영사, 1969.

법무부, 『통일독일의 구동독체제 불법청산개관』, 서울: 법무부, 1995.

서기영, "日本警察小考: 氏族時代의 警察에서 明治時代의 警察까지의 그 史料構築을 中
心으로,"『법정논총』, Vol. 5, 동국대학교 법정연구소, 1981, pp. 121-142.

서기영, "한국경찰의 역사적 조명(上),"『광장』, 10월호, 1988, pp. 314-337.

신동운, 『독일의 수사구조 및 사법경찰제도』, 치안연구소, 1995, p. 149.

신현기, "독일경찰대학원의 교육과 연구기능-독일연방공화국의 경찰행정에 관한 교육·재
교육·연구중심지",『치안행정논집』, 제9권 제1호, 2012, pp. 137-159.

손동권, "수사절차에서의 경찰과 검찰의 관계"『경대논문집』제13집, 1993.

이관희, 『독일통일과 독일경찰조직의 정비』, 용인: 치안연구소, 1996.

이민호, 『새독일사』, 서울: 까치글방, 2003.

이민호/신승하, 『세계문화사』, 서울: 대명출판사, 1985.

이상규, 『신행정법론(하)』, 서울: 법문사, 1987.

임준태 외, "독일경찰교육제도에 관한 연구,"『한국경찰학회보』제1호, 1999, pp. 107-149.

주한 독일연방국대사관, 『오늘의 독일』, 1998.

홍정선, 『행정법원론(下)』, 서울: 박영사, 1996.

宮田三郞, 『警察法』, 東京: 信山社, 2002.

동아일보, 2001. 12. 31.

연합뉴스, 2001. 11. 27.

2. 독일문헌(저서)

Achenbach, Hans(Hrsg.), *Kommentar zur Strafproze ß ordnung*, Bd.2 Teilband 1,
1992.

Birkenstock/Hauff/Neidhardt, "Der Masterstudiengang 〉Master of Police Administration-

458 비교경찰제도론

oliceManagement, und die Entwicklung der PFA zur Deutschen Hochschule der Polizei", in: *Die Polizei*, Mai, 2005, pp.130−134.

Brodag, Wolf−Dietrich, *Strafverfahrensrecht für Schulung und Praxis*, 9. Aufl., 1998.

Bundesgrenzschutz, *50 Jahre BGS: 1951~2001*, 2001.

Bundeskriminalamt, *Polizeiliche Kriminalstatistik Bundesrepublik Deutschland 2013*, 2014.

Bundeskriminalamt, *Polizeiliche Kriminalstatistik Bundesrepublik Deutschland Jahrbuch 2019*(PKS Jahrbuch 2019), Band 1, 2020.

Bundeskiriminalamt, *Polizeiliche Kriminalstatistik Bundesrepublik Deutschland Jahrbuch 2019*(PKS Jahrbuch 2019), Band 3, 2020.

Bundesministerium des Innern, *Polizeiliche Kriminalistatistik 2010*. 2011.

Bundesministerium des Innern, *Polizeiliche Kriminalstatistik 2013*, 2014.

Bundesministerium des Innern, *Verfassungsschutzbericht 2013*, 2014.

Bundesministerium des Innern, Bericht zur Polizeilichen Kirminalstatistik 2016, 2017.

Baden−Wuerttemberg Innenministerium, Polizeistrukturreform Baden−Wuerttemberg, 2014.

DER SPIEGEL Nr. 46/1996: GfK−Umfrage, 1996, pp.35−36. "Welches sind die dringlichsten Probleme, die in Deutschland zu lösen sind?"; Frotscher/Pieroth, *Verfassungsgeschichete*, 1997.

Gössel, Karl Heinz, "Überlegungen über die Stellung der Staatsanwaltschft im rechtstaatlichen Strafverfahren und über ihr Verhältnis zur Polizei" GA, 1980.

Götz, Volkmar, *Allgemeines Polizei− und Ordnungsrecht*, 12. Aufl., 1995.

Gusy, Christoph, Polizeirecht, 3. Aufl., 1996.

Heinz, Wolfgang, "Kriminalprävention−Anmerkungen zu einer über fälligen Kurskorrek-tur der Kriminalpolitik", In: *Entwicklung der Kriminal prävention in Deutschland: Allgemeine Trends und bereichsspezifische Perspektiven*: Dokumentation des 3. Deutschen Präventionstages in Bonn vom 5. bis 7. Mai 1997, hrsg. v. Kerner, Hans−Jürgen/Jehle, Jörg−Martin/Marks, Erich, Münchengladbach, 1998.

Hellebrand, Johannes, *Die Staatsanwaltschaft*, 1999.

Huber, Barbara, "Criminal Procedure in Germany", in: *Comparative Criminal Procedure*, ed. by Hatchard, John u.a., 1996.

Kaiser, Günther, *Kriminologie: Ein Lehrbuch*, 3. Aufl., 1996.

Kleinkneckt/Meyer−Go ß ner, *Strafproze ß ordnung*, 43. Aufl., 1997.

Knemeyer, Franz-Ludwig, *Poliezei- und Ordnungsrecht*, 6. Aufl., 1995.

Knemeyer, Franz-Ludwig, Kritische Überlegungen zum Verhältnis Staatsanwaltschaft-Polizei/Polizei-Staatsanwaltschaft, *NJW* 1992.

_____, "Staatsanwaltschaft und Polizei", in: Schlüchet/Laubenthal(Hrsg.) *Recht und Kriminalität. Festschrift für Friedrich-Wilhelm Krause zum 70. Geburtstag*, 1990.

Kramer, Bernhard, *Grundbegriffe des Strafverfahrensrechts, Ermittlung und Verfahren*, 3. Aufl., 1997.

Krey, Volker, *Strafverfahrensrecht*, Band 1, 1988.

Kühne, Hans-Heiner, *Strafprozeβlehre*, 4. Aufl., 1993.

Kühne, Hans-Heiner/Miyazawa, Koichi, *Neue Strafrechtsentwicklungen im deutschen-japanischen Vergleich*, 1995.

Landeskriminalamt Rheinland-Pfalz, Polizeiliche Kriminalstatistik(PKS): Tischvorlage zur Pressekonferenz am 13.03.2017.

Mathes, Werner, "Organisierte Kriminalität: Wir stehen vor einem Generalangriff," in: *Stern* Nr 48, 1996.

Model/Creifelds/Lichtenberger/Zierl (Hrsg.), *Staatsbürger-Taschen*-buch, 29. Aufl., 1997.

Moldenhauer, Harmut, *Die Vereinigung der Berliner Polizei*, 2001.

Möller/Wilhelm, *Allgemeines Polizei- und Ordnungsrecht*, 4. Aufl. 1995.

Roxin, Claus, *Strafverfahrensrecht*, 24. Aufl., 1995.

Rueping, Hinrich, *Das Strafverfahren*, 3. Aufl., 1997.

Rühmland, Ullich, "Die Volkspolizei", in: *Die Polizei* 1982.

Rupprecht, Reinhard(Hrsg.), *Polizei Lexikon*, 2. Auflage, 1995.

Schmidt-Aβmann(Hrsg.), *Besonderes Verwaltungsrecht*, 10. Aufl. 1995.

Scholler/Schloer, *Grundzüge des Polizei- und Ordnungsrechts in der Bundesrepublik Deutschland*, 4. Aufl., 1993.

Semerak, Arved F., *Die Polizei*, 1988.

Statistisches Bundesamt, Bildung und Kutur: Studierende an Hochschulen. Wiesbaden: Statistisches Bundesamt, 2013.

Wagner, Lars, "Structures fo the German Police Services(독일경찰제도의 구조와 수사조직)", in: 경찰대학, 제7회 경찰대학 국제학술세미나 자료집-국민을 위한 경찰개혁, 무엇을 바꾸어야 하나? 2017, pp. 125-184.

Weiland, Bernd, *Einführung in die Praxis des Strafverfahrens*, 2. Aufl., 1996.

Wilson, O.W. *et al.*, *Police Administration*(5th ed.), Boston *et al.*: McGraw-Hill

Co., 1997.

Würtenberger/Heckmann/Riggert, *Polizeirecht in Baden-Württemberg*, 2. Aufl., 1994.

3. 인터넷자료

https://recht.nrw.de/lmi/owa/br_bes_text?anw_nr=2&gld_nr=3&ugl_nr=311&bes_id=3
448&aufgehoben=N& menu=1&sg=#det176591(2020년 11월 10일 검색).

https://de.statista.com/statistik/daten/studie/1117261/umfrage/bevoelkerung-in-den-
dach-laendern/(2025년 1월3일 검색).

https://www.destatis.de/DE/Themen/Staat/Oeffentlicher-Dienst/Tabellen/beschaeftig
ungsbereiche.html(2025년 1월 3일 검색).

https://www.destatis.de/DE/Themen/Staat/Oeffentlicher-Dienst/Tabellen/beschaeftig
ten-polizei.html?nn=212936(2025년 1월 3일 검색).

https://www.bundesjustizamt.de/SharedDocs/Downloads/DE/Justizstatistiken/Richter
statistik_2022.pdf?__blob=publicationFile&v=4(2025년 1월 3일 검색).

https://www.destatis.de/DE/Themen/Staat/Oeffentlicher-Dienst/Publikationen/Downl
oads-Oeffentlicher-Dienst/personal-oeffentlicher-dienst-2140600197004.pdf?__
blob=publication File(2020년 11월 2일 검색).

https://www.bka.de/DE/AktuelleInformationen/StatistikenLagebilder/PolizeilicheKrimi
nalstatistik/PKS2023/Polizeiliche_Kriminalstatistik_2023/Polizeiliche_Kriminalstati
stik_2023_node.html(2025년 1월 3일 검색).

https://testhelden.com/polizei-in-zahlen/(2025년 1월 3일 검색).

https://www.bmi.bund.de/SharedDocs/downloads/DE/publikationen/themen/sicherheit
/pks-2019.pdf?__blob= publicationFile&v=10(2020년 11월 2일 검색).

http://www.bmi.bund.de/cln_012/nn_663020/Internet/Content/Nachrichten/Pressemit
teilungen/2006/11/Pro gramm_zur_Staerkung_der_Inneren_Sicherheit.html)

https://www.tagesspiegel.de/politik/kriminalstatistik-nichtdeutsche-bei-straftaten-u
eberdurchschnittlich-ver treten/24854104.html(2020년 11월 2일 검색).

https://en.wikipedia.org/wiki/Syrians_in_Germany(2018년 1월 18일 검색).

https://de.statista.com/statistik/daten/studie/2461/umfrage/nichtdeutsche-tatverdae
chtige-nach-nationalitaet/(2025년 1월 3일 검색).

https://www.tagesspiegel.de/ politik/kriminalstatistik-nichtdeutsche-bei-straftaten-
ueberdurchschnittlich-vertreten/24854104.html(2020년 11월 2일 검색).

https://en.wikipedia.org/wiki/Federal_Criminal_Police_Office_(Germany)(2025년 1월 3

일 검색).

https://en.wikipedia.org/wiki/Federal_Criminal_Police_Office_(Germany)(2020년 3월 4일 검색).

https://www.bka.de/DE/DasBKA/FaktenZahlen/faktenzahlen_node.html(2025년 1월 3일 검색).

http://www.bka.de/nn_246254/DE/Berufsperspektive/Studium/GehobenerKriminaldienst/NachDemStudium/nach Dem Studium__node.html?__nnn=true(2014년 12월 4일 검색).

https://www.bka.de/DE/DasBKA/OrganisationAufbau/Organigramm/organigramm_node.html#doc178688bodyText1(2025년 1월 3일 검색).

https://www.stellenreport.de/ausbildung/bundeskriminalamt/(2018년 1월 18일 검색)

https://www.verfassungsschutz.de/de/das-bfv/aufgaben/was-genau-macht-der-verfassungsschutz(2018년 1월 18일 검색).

https://de.wikipedia.org/wiki/Pr%C3%A4sident_des_Bundesamtes_f%C3%BCr_Verfassungsschutz(2025년 1월 3일 검색).

https://www.verfassungsschutz.de/DE/verfassungsschutz/bundesamt-fuer-verfassungsschutz/organisation/organisation_node.html(2025년 1월 3일 검색).

https://de.wikipedia.org/wiki/Bundesamt_f%C3%BCr_Verfassungsschutz#Pr%C3%A4sidenten_und_Vizepr%C3%A4sidenten(2025년 1월 3일 검색).

http://www.bundespolizei.de/cln_030/nn_484486/DE/Home/09_Historie/Historie_node.html_nnn=true(2006년 6월 20일 검색).

https://www.bmi.bund.de/DE/themen/sicherheit/nationale-und-internationale-zusammenarbeit/ibp/berei tschaftspolizei-node.html; https://sicherheit.wegweiser.de/de/node/2833(2020년 11월 11일 검색).

https://de.wikipedia.org/wiki/Bundespolizei_(Deutschland)(2020년 3월 5일 검색).

https://www.bundespolizei.de/Web/DE/03Unsere-Aufgaben/05Grenzpolizei-auf-See/Grenzpolizei-auf-See_node.html(2020년 3월 5일 검색).

https://www.bundespolizei.de/Web/DE/05Die-Bundespolizei/03Organisation/02Direktionen/11/d11_node.html(2018년 1월 18일 검색).

http://www.bundespolizei.de/DE/06Die-Bundespolizei/Organisation/BPOLP/BPOLP_node.html(2011년 10월 31일 검색).

https://de.wikipedia.org/wiki/Bundespolizei_(Deutschland)#Personal(2025년 1월 3일 검색).

https://de.wikipedia.org/wiki/Dieter_Romann(2020년 11월 10일 검색).

https://www.bundespolizei.de/Web/DE/05Die-Bundespolizei/03Organisation/03Akademie/ Akademie.html(2020년 11월 10일 검색).

http://www.pfa.nrw.de/orga/orga_index.htm(2006년 11월 16일 검색)

https://www.dhpol.de/de/hochschule/index.php(2018년 1월 18일 검색).

https://www.dhpol.de/die_hochschule/aktuelles/news-2020/news02_03_2020.php#N Tk4ODM2NDM2(2020년 11월 10일 검색).

https://www.dhpol.de/en/index.php(2018년 1월 18일 검색).

https://www.dhpol.de/de/hochschule/Departments/departments.php(2018년 1월 18일 검색).

http://www.pfa.nrw.de/orga/orga_index.htm(2006년 11월 16일 검색).

https://www.dhpol.de/de/medien/downloads/hochschule/20010/PromO_22_03_ 2010.pdf;

http://www.pfa.nrw.de/Studiennet/Inhalte/neufassung/Studienplan.pdf(2006년 11월 16 일 검색).

https://de.wikipedia.org/wiki/Deutsche_Hochschule_der_Polizei(2018년 1월 18일 검색).

http://www.pfa.nrw.de/Studiennet/Inhalte/neufassung/Studienplan.pdf(2006년 11월 16 일 검색).

https://de.wikipedia.org/wiki/Deutsche_Hochschule_der_Polizei(2020년 11월 11일 검색).

https://de.wikipedia.org/wiki/Deutsche_Hochschule_der_Polizei(2025년 1월 3일 검색).

https://www.polizei-bw.de/ueber-uns/(2020년 11월 11일 검색).

https://de.wikipedia.org/wiki/Polizei_Baden-W%C3%BCrttemberg(2025년 1월 3일 검색).

https://de.wikipedia.org/wiki/Stefanie_Hinz(2025년 1월 3일 검색).

http://www.polizei-bw.de/polizeireform/Documents/Chronologie/10_Verabschiedung% 20Polizei reform.pdf(2014년 12월 4일 검색).

https://de.wikipedia.org/wiki/Polizeipr%C3%A4sidium_Konstanz(2020년 3월 5일 검색).

https://www.baden-wuerttemberg.de/de/service/presse/pressemitteilung/pid/neue-p olizeipraesidien-in-pforzheim-und-ravensburg/(2020년 3월 5일 검색).

https://www.baden-wuerttemberg.de/de/service/presse/pressemitteilung/pid/polizeip raes idium-ravens-burg-in-dienst-gestellt/(2020년 3월 5일 검색).

https://ppravensburg.polizei-bw.de/ueber-uns/(2020년 3월 4일 검색).

https://de.wikipedia.org/wiki/Polizei_Baden-W%C3%BCrttemberg(2020년 3월 6일 검색).

https://de.wikipedia.org/wiki/Polizeipr%C3%A4sidium_Freiburg(2020년 3월 5일 검색).

https://en.wikipedia.org/wiki/Landeskriminalamt(2020년 3월 4일 검색).

https://lka.polizei-bw.de/wp-content/uploads/sites/14/2017/08/Wir_ueber_uns_englis ch.p df(2020년 3월 5일 검색).

https://lka.polizei-bw.de/ueber-uns/(2020년 3월 5일 검색).

https://de.wikipedia.org/wiki/Polizei_Baden-W%C3%BCrttemberg(2020년 3월 5일 검색).

https://lka.polizei-bw.de/wp-content/uploads/sites/14/2017/08/Wir_ueber_uns_englis
ch.p df(2020년 3월 5일 검색).

http://www.polizei.bayern.de/wir/organisation/index.html/6093(2014년 12월 5일 검색).

https://www.polizei.bayern.de/mam/wir-uber-uns/organigramm_bay_polizei.pdf(202
5년 1월 3일 검색).

https://www.stepmap.de/karte/polizisten-in-deutschland-nach-bundeslaendern-
2016-1658622(2018년 1월 18일 검색).

https://www.innenministerium.bayern.de/med/aktuell/archiv/2019/190219ministerrat/
(2020년 11월 4일 검색).

https://www.polizei.bayern.de/mam/wir-uber-uns/organigramm_bay_polizei.pdf(202
5년 1월 3일 검색).

https://de.wikipedia.org/wiki/Hochschule_f%C3%BCr_Polizei_und_%C3%B6ffentliche_
Verwaltung_Nord rhein- Westfalen(2020년 11월 4일 검색).

https://polizei.nrw/artikel/organisation-der-polizei-nrw(2025년 1월 3일 검색)

https://www.land.nrw/pressemitteilung/polizeiliche-kriminalstatistik-2023-leichter-a
nstieg-der-fallzahlen-beste(2025년 1월 3일 검색)

https://polizei.nrw/medien/grafik-aufbau-der-polizei-nrw(2025년 1월 3일 검색).

https://www.stern.de/news/bundesverfassungsgericht-entscheidet-ueber-polizeiprae
sidenten-als-politische-beamte-34715186.html(2025년 1월 3일 검색).

https://de.wikipedia.org/wiki/Polizei_Baden-W%C3%BCrttemberg#Ausbildung(2025년
1월 3일 검색).

http://www.hfpol-bw.de/index.php/studium(2017년 10월 22일 검색)

https://hfpol.polizei-bw.de/wp-content/uploads/sites/13/2017/07/Jb2015HfPol.pdf
(2017년 10월 22일 검색).

http://www.badische-zeitung.de/villingen-schwenningen/besser-waren-die-noten-n
och-nie—102716238. html(2018년 1월 18일 검색).

https://de.wikipedia.org/wiki/Polizei_Baden-W%C3%BCrttemberg#Ausbildung(2025년
1월 3일 검색).

https://www.destatis.de/DE/Publikationen/Thematisch/BildungForschungKultur/Hochs
chulen/Studierende HochschulenEndg2110410137004.pdf?__blob=publicationFile(2017
년 10월 19일 검색).

https://www.polizei.hessen.de/Karriere/Die-Bewerbung/Einstellungsvoraussetzungen/
broker.jsp?uTem=bff71055-bb1d-50f1-2860-72700266cb59&uCon=0bf59da2-ed9
c-0210-3bfb-912109241c24&uBasVariantCon=11111111-1111-1111-1111-111111111111(20
17년 10월 19일 검색).

https://www.polizei.hessen.de/Karriere/Das-Studium/(2017년 10월 18일 검색)

https://www.polizei.hessen.de/ueber-uns/binarywriterservlet?imgUid=8245085c-927
  b-99f3-362d-61611142c388&uBasVariant=11111111-1111-1111-1111-111111111111(2020년
  11월 4일 검색).

https://www.polizei.hessen.de/ueber-uns/(2020년 11월 4일 검색).

https://www.fr.de/rhein-main/zahl-polizisten-stagniert-12865652.html(2020년 11월 4일
  검색).

https://de.wikipedia.org/wiki/Hessische_Polizei(2017년 10월 19일 검색).

https://www.polizei.hessen.de/Karriere/Das-Studium/(2017년 10월 19일 검색).

https://www.hfpv.de/studium(2017년 10월 19일 검색).

http://www.landtag.rlp.de/landtag/drucksachen/186-15.pdf(2017년 10월 19일 검색).

https://www.swr.de/swraktuell/rp/beamtenstaerke-in-rheinland-pfalz-zahl-der-
  polizisten-leicht-gesunken/-/id=1682/did=18841314/nid=1682/qg1vig/index.html(20
  17년 10월 19일 검색).

https://de.wikipedia.org/wiki/Hochschule_der_Polizei_Rheinland-Pfalz(2017년 10월 19
  일 검색).

https://de.wikipedia.org/wiki/Hessische_Hochschule_f%C3%BCr_%C3%B6ffentliches_
  Management_und_Sicherheit(2025년 1월 3일 검색).

https://www.gesetze-im-internet.de/bbesg/BJNR011740975.html(2020년 11월 4일 검색).

http://www.beamtenbesoldung.org/images/pdf/bund2018.pdf(2018년 1월 18일 검색).

http://www.beamtenbesoldung.org/images/pdf/2018/baden-wuerttemberg.pdf(2018년
  1월 18일 검색).

http://www.beamtenbesoldung.org/images/pdf/2018/berlin.pdf(2018년 1월 18일 검색).

https://www.gesetze-im-internet.de/bbesg/BJNR011740975.html(2020년 11월 11일).

https://de.wikipedia.org/wiki/Deutsche_Polizeigewerkschaft(2025년 1월 3일 검색).

제 1 절 프랑스 및 경찰 개관

　프랑스는 유럽 국가 중 가장 면적이 넓은 나라로 EU 회원국 전체 면적의 1/5을 차지하고 있으며 한반도의 8배에 해당하는 크기지만 인구는 6천만명으로 인구 밀도는 107명/㎢에 불과하다. 역사적으로 대혁명 등 많은 정치적인 변화를 겪으면서 강력한 대통령 중심제의 공화국이지만 1982년 지방분권법 이후에는 많은 권한을 지방으로 분산하여 현재는 14개의 지역Region, 95개의 도Department, 그리고 34,967개의 꼬뮌Commune으로 일반행정구역을 구분하고 있다.

　프랑스 경찰은 서방국가 중에서는 유일하게 강력한 중앙집권적인 경찰제도를 유지하고 있다. 치안을 총괄하는 내무부장관의 지휘하에 국가조직인 국립경찰police nationale과 군인경찰gendarmerie nationale에 의해서 치안의 유지와 범죄 예방이 수행되고 있다. 직권주의의 원조인 프랑스의 형사소송절차와 국가경찰이 결합하면서 외견상 지나치게 권위적이고 중앙집권적인 조직으로 비칠 수도 있으나 내부적인 견제제도를 통하여 통제된 권력으로서의 경찰을 유지하고 있다. 특히 1982년의 지방분권법과 지역경찰(혹은 근접경찰)제도police de proximité를 시행하면서 중앙집권적인 경찰조직에 지역화라는 물결이 스며들기 시작하고 있다. 그리고 국가경찰과 별도로, 프랑스 자치단체의 가장 기초단위인 꼬뮌commune에서는 선출직 자치단체장 직속으로 자치경찰police municipale을 두어 치안업무를 보조케 하고 있다. 따라서 프랑스 자치경찰은 '기초단위 보조적 자치경찰'로 평가할 수 있다.

제 2 절   프랑스 경찰의 역사

Police의 어원은 주로 국가의 통치를 가리키는 말로 인도유럽 어의 Polis, 그리고 정부의 통치를 뜻하는 그리스 어 Politeia, 이어서 라틴 어 Politia로 변하게 된다. 프랑스에서는 13세기에는 Pollice, 14세기에는 Policie로 쓰이다가, 17세기에 처음으로 Police가 등장한다. 17세기의 Police는 국가통치를 위한 치안질서를 뜻하는 광범위한 뜻으로 쓰였다. 근대에 들어서 Police는 치안질서를 유지하는 조직을 뜻하는 의미로 쓰이게 된다.[1]

1. 중세에서 프랑스 혁명까지

중세에서 17세기 중반까지 사법권은 분화되지 않고 모두 봉건영주의 전권에 속하는 사항이었다. 단지 영주의 법과 그의 가신에 의하여 사법권이 행하여졌다. 12~13세기는 왕권이 약하여, 봉건영주 간의 권력다툼이 심하여 경찰권은 주로 군인을 감시하는 Maréchaussée에 의하여 행사되었다. 파리에서는 1254년 기마경찰대Chevalier du guet가 야경순찰을 하였으며, 1306년에는 파리에 순검경찰서commissaires exmaniateurs가 설치되었고, 1526년에는 범죄관Lieutenant criminelle de robe이 파리의 범죄에 대응하였다. 하지만 1667년 이전에는 경찰의 기능이 분산되어 하나의 정부관리에 의하여 집행되지 못하였다.

---

1) Georges Carrot, "Histoire de la police franaise," Tallandier, 1992, p.15.

2. 경찰대신_{Lieutenant générale de police: 1667-1789}

1667년 3월 루이 14세의 대신 콜베르_{Colbert}는 "경찰은 공공과 개인의 평안을 확보하고, 무질서로부터 도시를 보호하기 위하여 창설된다"라는 칙령을 루이14세에 건의한다. 파리와 같은 대도시에 전염병에 의한 위생불안에 대응하는 가운데 봉건영주에 집중된 사법제도의 비효율성이 나타나자, 왕권강화를 위하여 봉건영주에 있던 경찰권을 왕에게 귀속시키기 위하여 1667년 칙령으로 사법부를 분리하고, 경찰대신_{Lieutenant générale de police}을 파리에 창설하고, 1699년 대도시에까지 확대하게 된다. 경찰대신의 임무는 주로 도시의 시장을 감독하는 기능에서 시작하여, 점차 범죄수사, 화재와 홍수의 관리까지 업무의 범위가 확대되었다. 이제까지 영주에 속하였던 경찰업무가, 직접 왕의 지시와 통제에 따르는 경찰대신에게 귀속되면서 프랑스는 절대왕권의 기반을 구축하게 된다.

3. 프랑스 혁명(1789~1799)

1789년 프랑스 혁명이 일어나고 수립된 혁명정부는 왕권강화를 위하여 설치된 경찰대신을 폐지하고, "1790년 6월 27일 법령"에 의하여 경찰대신의 역할을 각 지방자치단체장에게 속하게 하여 지방경찰체제를 수립한다. 하지만 혁명정부에 반발하는 세력에 대항하기 위하여 "1796년 1월 2일 법령"에 의하여 경찰장관_{ministère de la police générale}을 임명하였다.

4. 제정경찰(1799~1815)

나폴레옹은 제정을 수립하면서 황제의 권한을 강화하기 위하여 경찰조직을 정비하면서 국가경찰체제를 구상하고, "1800년 2월 17일 법령"에 의하여 파리에는 파리경찰청장이 행정, 사법, 정보 경찰의 모든 권한을 갖고 만일의 반정부 사태에 대비할 수 있는 강력한 경찰체제를 만들었다. 지방에는 인구 5,000명 이상의 자치단체에 경찰서를 설치하였고, 인구가 10,000명을 넘어가면 경찰서를 추가 설치하고 중앙에서 임명하는 경찰서장이 지역의 모든 치안을 담당하는 중앙집권적인 강력한 국가경찰체제를 구축하였다. 인구 5,000명 이하의 자치단체는 군 경찰이 관할하도록 하였다. 최대의 효율성과 최소의 폭력성을 만드는 국가경찰체제로서 당시로서는 획기적인 범죄율의 감소를 이룰 수 있었다.

5. 왕정복귀(1815)

중앙집권적인 강력한 국가경찰체제는 왕정으로 복귀하면서 혁명시절과 유사하게 경찰권을 지방정부에 이양하였다. 경찰대신은 내무대신의 한 부서로 전락하였으나, 파리는 제정시대의 파리경찰청을 유지하면서 왕의 신임에 의해서 파리경찰청장이 임명되었고, 경찰관은 주로 유산계급에서 충원되었다.

6. 세계최초의 제복경찰(1829)

경제사정이 악화되면서, 범죄가 급증하자, 파리순검Sergents de Paris이 "1829년 3월 29일 법령"에 의하여 세계 최초로 제복을 입은 경찰관이 파리에 등장하게 된다.

7. 자치경찰제도의 몰락(1848~1940)

파리경찰청의 사례에서와 같이 중앙에서 임명되는 국가경찰제도가 성공하자, 계속되는 혁명과 쿠데타를 방지하기 위하여 "1855년 5월 5일 법령에 의하여 인구 40,000명 이상의 도시에 지방경찰청을 설립한다.

"1884년 4월 6일 법령"에 의하여 경찰권은 지방자치단체장과 중앙정부가 공유하게 된다. 인구 5,000명 이하 자치단체는 자치단체장이, 5,000-40,000명은 중앙에서 임명하는 경찰서장이 자치단체장의 지휘아래 놓이며, 인구 40,000명 이상의 경우에는 내무부 장관이 임명하는 경찰서장이 권한을 행사하는 구조가 만들어졌다.

한편 1882년에는 처음으로 사진, 지문으로 신원확인을 전담하는 과학수사 경찰이 창설되었다. 1883년 7월 30일에는 파리에 세계 최초의 경찰학교가 세워졌다.

지방자치단체와 중앙정부가 공유하는 경찰체제는 자치단체의 무능력을 이유로 점점 중앙정부가 경찰권을 흡수하면서 중앙집권적인 국가경찰체제로 변화하게 된다. 1937년에는 국가경찰의 특수한 기능인 정보국이 설치된다. "1941년 4

월 23일 법령"에 의하여 내무부에 치안본부를 설치하고 국가경찰이 파리를 제외한 인구 10,000명 이상의 자치단체의 경찰권을 맡게 된다.

8. 국가경찰(1966)

내무부의 치안본부와 파리경찰청을 통합하여 "1966년 7월 9일 법령"에 의하여 경찰청이 창설된다. 1966년에 처음으로 여성이 경찰관으로 임명된다.

9. 지역경찰(근접경찰)제 운영 및 폐지(1998)

근접경찰제police de proximité로 불리는 프랑스식 지역경찰제는 1998년 죠스팽 정부에서 시행되고 2003년 사르코지 정부에서 폐지된 국가경찰의 새로운 활동방식이다. 전통적으로 국립경찰의 치안활동은 경찰서 단위에서 범죄에 대한 신속한 진압·대응을 위주로 한 질서경찰 중심으로 운영되었던 반면, 근접경찰 개념은 경찰서 산하에 파출소와 같이 토지관할을 세분화한 조직을 창설하고 이들에게 지역주민 친화적 범죄예방 임무를 부여한 것으로 요약된다. 근접경찰제 도입은 증대되는 '치안불안감'을 해소하기 위한 당시 좌파정권(政權)의 의지에 따른 것으로, 영미식 지역사회경찰 모델을 도입하여 국립경찰의 이미지를 주민 친화적으로 바꾸기 위한 제도개혁이었다. 한편, 새롭게 도입된 프랑스식 근접경찰제는 영미식 지역사회경찰 모델과는 달리 중앙정부의 의지를 바탕으로 국립경찰 내에 설치·운영된 것이 특징이다. 지방정부가 아닌 중앙정부, 자치경찰이 아닌 국가경찰에 의해 운영된 근접경찰제는 지역과 주민 친화적 경찰로 발전하기에는 한계에 부딪히게 되고, 정권교체와 함께 신설된 지 5년 만에 폐지되었다.

10. 자치경찰제의 새로운 발전(2004)

국립경찰 내 근접경찰제도가 얼마 지나지 않아 여러 정치적 이견이나 경찰조직 내부반대 등의 문제로 실시 5년 만에 종료되자, 도시 폭력이나 질서위반 행위에 대비하지 못하는 치안부재 상황에 대비하기 위해, 각 지방단체에서는 자치경찰 조직과 인력을 전격적으로 확대해 나가기 시작했다. 그리고 자치경찰은 주민의 요청에 따라 필요한 지역을 중심으로 가시적인 순찰을 펼침에 따라

긍정적인 평가를 받게 되었다. 지자체 입장에서는 자치경찰을 설립하거나 인원과 장비를 보강하기 위해 필요한 재정 마련 등 어려움이 있어지만 그럼에도 불구하고 자치경찰의 확대는 멈추지 않았다. 자치경찰을 운영하는 꼬뮌수는 1984년 1,748곳에서 2014년 3,852곳으로 대폭 증가했다. 자치경찰 정원 또한 1984년 5,601명이었던 것이, 2016년에는 21,454명까지 증가했다. 자치경찰 정원은 주민인구, 치안상태, 재정자립도 등 지자체의 사정에 따라 다양한데, 예를 들어, 치안상태가 불안정하기로 유명한 인구 170만명 규모의 마르세유 같은 경우, 1974년 27명의 요원으로 창설되었으나 2015년엔 407명까지 정원이 증가하였다. 자치경찰이 국가경찰의 부수적 임무를 수행하는 데 국한해야 하는 것은 아니며, 오히려 지역 공공안전의 자치화를 준비하는 과정이라는 점 또한 강조되고 있다. 즉, 국가의 치안책임은 당연하고 양도될 수 없는 것임에 분명하나, 보다 효율적인 치안의 확보를 위해 사회를 구성하는 여러 기관들의 참여를 부정할 이유가 없는 것이며 특히, 자치경찰은 국가경찰과 분명히 구분되는 지위와 조직을 갖추고 지역과 주민의 요구와 수요를 반영하는 근접경찰 임무를 수행함으로써, 국가경찰과 함께 치안을 '공동 생산'하는 역할을 인정받게 된 것이다.

제 3 절   프랑스 국립경찰의 조직

프랑스 국립경찰police nationale은 다른 선진국 경찰 중에서 한국 경찰과 가장 흡사한 조직 및 활동을 하고 있다고 할 수 있다. 역사적으로 루이 14세, 나폴레옹 황제, 드골 대통령으로 이어지는 강력한 중앙집권적인 정치체제를 유지한 덕택으로 현재까지도 수상, 내무부장관, 경찰청장의 위계로 이어지는 국가경찰 체제의 전형적인 모습을 보이고 있다. 영국, 미국은 전형적인 지방자치경찰의 조직체계를 가지고 있고, 독일, 일본은 지방경찰제와 국가경찰제가 혼합된 형태의 조직 체계를 보이고 있다. 따라서 강력한 중앙 집권적인 국가경찰제를 보이는 한국경찰제도와의 비교를 위하여 다른 국가의 경찰조직보다는 프랑스 경찰조직이 좋은 연구사례가 될 것이다. 국가경찰체제를 유지하는 프랑스 경찰조직을 연구함으로써 한국경찰 조직의 발전방향 등을 가늠해 볼 수 있다.

1. 국립경찰의 임무

인구 2만 명 이상 도시지역의 치안을 맡아 전 국토 면적의 5%, 총 인구의 50%를 담당한다. 국립경찰은 프랑스 치안의 최전선에서 범죄행위의 70%, 경찰 유치garde à vue의 80%를 수행하고, 범죄 취약지역의 99%에서 활동하며, 1년 365일 24시간 체제를 유지하고 있다. 국립경찰의 주요 3대 임무는 공공의 안전과 평화유지, 수사경찰권 행사, 치안정보 수집이다. 즉 국립경찰은 법집행을 감시하고, 국민의 신체와 재산을 보호하며, 범죄를 예방한다. 그리고 형사법 위반행위를 확인하고 증거를 수집하며, 범인 및 공범자를 수색, 검거 및 송치한다. 또한 공공질서 및 시설, 국가의 근본적 이익과 주권을 침해할 수 있는 모든 위협을 탐색하고 예방한다. 이와 같은 임무를 완수하기 위하여, 공공안전 보장, 이민 유입의 통제 및 불법 노동의 척결, 조직범죄·대형범죄 및 마약의 척결, 테러 및 외부 위협으로부터 국가 보호, 공공질서 유지를 5대 기본 목표로 삼는다.[2]

2. 국립경찰총국[3]의 구조

프랑스의 경찰권은 국무회의에서 선출되는 민간인 신분인 경찰청장에게 있으며, 내무부 장관의 직접적인 지휘를 받아야 한다. 중앙경찰조직은 경찰청장의 직속기관과 경찰청의 소속기관으로 구분할 수 있는데, 경찰청의 국장은 대부분 경찰관의 계급을 갖고 있지 않고 내무부의 고위관료가 임명되고 있다.

지방경찰은 경찰청의 각 기능에 따라 별도의 지방기관을 설치하고 있다. 대표적으로 지방의 경찰서는 일반적으로 공공안전국 소속의 지방조직이며, 지방경찰청이 설치되어 있지 않다. 이외 국경경찰국, 중앙수사국 등이 별도의 자체 지방조직을 갖추고 있는 대표적인 예이다.

---

2) DUPIC (E.), Droit de la Sécurité intérieure, 2014, pp.29~32.
3) La direction générale de la police nationale, 1969. 9. 29. 법령에 의하여 창설.

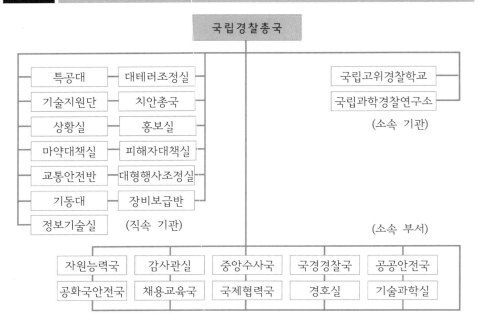

8-1 프랑스 국립경찰총국 조직도(2020.5 현재)

국립경찰총국

특공대 / 대테러조정실
기술지원단 / 치안총국
상황실 / 홍보실
마약대책실 / 피해자대책실
교통안전반 / 대형행사조정실
기동대 / 장비보급반
정보기술실 (직속 기관)

국립고위경찰학교
국립과학경찰연구소
(소속 기관)

(소속 부서)

자원능력국 / 감사관실 / 중앙수사국 / 국경경찰국 / 공공안전국
공화국안전국 / 채용교육국 / 국제협력국 / 경호실 / 기술과학실

(1) 경찰청장 직속 조직

1) 마약대책실　　　1995년 창설되어 마약범죄대책을 조정하며, 정부 내 마약억제 정책을 세관, 군경찰 등 다른 부서와 협력·조정하는 업무를 수행하고 있다.

2) 대테러 조정실　　　1984년에 창설되어 테러에 관련된 경찰청 내의 부서 및 타기관의 협력 및 업무를 조종하고 각 정부기관에서 보내온 테러관련정보를 분석하여 경찰청장에게 주단위로 테러동향을 보고하고 있다. 대테러에 관련하여 국제적인 협력도 할 수 있으며, 유럽연합과도 긴밀히 협력하고 있다.

3) 특공대　　　1983년 창설된 테러, 조직범죄 또는 중대한 사태 발생시를 대비하여 창설된 프랑스 전 국토 및 해외영토까지 파견되는 특수 대테러부대 RAID로서, 부대의 출동 및 이동은 전적으로 경찰청장의 지휘에 따른다.

4) 조직범죄 대책실　　　1992년 창설되어 마피아 등의 범죄조직 관련 경찰부서의 조정 및 타기관의 조직범죄 관련 부서와의 연락 및 조정 업무를 담당

하고 있다.

5) **기동대**   1976년 창설되어 파리 근교에 산재한 내무부 관련 건물의 경비, 주요인사의 보호, 요인 경호 등을 440여명의 경찰관들이 담당하고 있는데, CCTV, 레이더, 경보장치, 금속탐지기 등 최첨단 장비를 보유하고 있다.

6) **피해자보호실**   2005년 내무부 장관에 의하여 설치되어 범죄 피해자의 보호와 피해자 보호에 관련된 각종 단체를 지원하는 업무를 수행한다.

(2) 채용교육국

2010년에 경무국과 교육국을 통합하여 운영지원국을 창설하였다.[4] 채용교육국은 경찰청의 일반행정, 인력 개발, 복지 후생, 예산 및 재정, 경찰 장비의 관리를 책임지고 있다.

채용교육국에는 인력행정과, 교육개발과, 복지과, 재정과 및 장비과 등 5개의 과를 두고 있다.

경찰관의 교육을 위하여 신임경정 교육을 위한 경찰대학, 경위·경감을 위한 경찰직무학교, 14개의 신임순경 및 직무교육을 위한 경찰학교를 운영하고 있다. 그 외에 특수목적교육센터(사격, 체력, 경찰견)를 운영하고 있다.

소외 계층 청년들의 경찰관 채용을 지원하기 위하여 경찰채용시험을 준비할 수 있는 시민 경찰학교를 운영하고 있다.[5]

(3) 수사경찰국

프랑스의 중앙수사국Direction centrale de police judiciaire은 전문적인 경찰기능의 효시라고 간주되고 있으며, 시작은 1907년 조르쥐 클레망소에 의해 창설된 12개의 기동수사대에서 기원을 찾는다. 경찰청의 수사국은 조직범죄, 도난 예술품, 매춘, 경제범죄, 테러 등 범죄의 질, 피해정도에서 중요하다고 인정되는 범죄를 수사한다. 전국적인 수사권을 갖는 수사국은 사법경찰관의 구역을 규정한 형사소송법 D4조와 상충하는데, 특히 범죄의 광역화로 인한 지방경찰, 세관, 군인경찰 등과 수사권의 갈등이 존재하고 있다. 국제공조수사를 위하여 인터폴 국가중앙사무국Bureau centrale nationale: BCN을 수사국에 두고 외국경찰기관과 협력하고 있다.

경찰청수사국은 행정기관 및 수사기관의 역할을 동시에 하고 있으며, 전국

---

4) 법령 n° 2010-973(2010.8.27).

5) Alain Bauer, André-Michel Ventre, "Les Polices en France", QSJ PUF.2010. p.24.

에 파리수사국, 광역수사국 등 9개의 광역지방 수사국을 두고, 7,800명이 수사 업무를 관장하고 있다. 그 외에도 중앙수사국의 관할 하에 지방수사국의 19개의 지방수사국이 있고, 지방 수사를 지원하는 29개의 광역수사대를 운영하고 있다.

중앙수사국의 조직은 수사국장의 지휘하에 약 1,000명(650명의 경찰관 포함)이 근무하고 있다.

1) **조직범죄 및 경제범죄과**
국내외의 모든 범죄를 총괄하는 부서로
- 수사지원계
- 재정범죄계
- 조직범죄 정보분석계
- 마약범죄중앙수사계
- 문화재범죄실
- 반인류범죄실
- 정보통신범죄실
- 위조화폐범죄실
- 대형재정범죄실
- 대인범죄실
- 조직범죄실
- 경제범죄수사대

2) **대테러과**
대테러 업무 수행을 위하여
- 국제테러계
- 분리주의테러계
- 재정범죄수사대
- 지원계

3) **과학수사과**   사법경찰관의 수사를 기술적으로 지원하고 있으며, 감식 업무는 2004년에 내무부 직속의 국립과학수사소에 이관되었다.
- 수사지원계
- 디지털정보계(각종 디지털 증거자료 분석)
- 범죄정보계: 범죄관련정보, 수배정보, 도난차량정보 관리

- 신원정보계(지문 및 DNA관리)
- 연구 및 교육과(감식 연구 및 교육)
   4) **수사지원과**   수사정책, 수사 지원, 기술 지원 및 예산을 담당
   5) **국제공조과**
   6) **게임 및 경마수사과**

중앙수사국의 지방조직[6]은 프랑스를 20개 관할 지역으로 구분하고, 약 6,800 여명의[7] 경찰관이 수사업무에 전종하고 있다. 지방의 수사경찰은 법원의 관할 구역과 일치하지 않는다. 파리 및 3개 도에 수도권 수사를 담당하는 파리광역 수사국에서 2,359여명의 직원이 수사를 하고 있고, 그 외 19개 지역으로 전국 을 분할하여 4,395(경찰관 2,300명)여명의 인력이 배치되어 있다. 지방의 수사국 은 통상 2~8개의 도를 관할하는데, 각 지역의 실정에 맞게 조직이 구성되어, 주로 범죄정보, 자료, 신원확인, 지문자료를 관리하는 범죄정보·자료과, 일반범 죄과, 경제범죄과로 구성되어 있다. 이 외에 주요 대도시에는 폭력과가 설치되 어 있다.

(4) 공공안전국

공공안전국La Direction centrale de la sécurité publique: DCSP의 주임무는 국민의 안전과 재 산을 지키고, 공공의 질서를 유지하는 것이다. 따라서 경찰청에서 가장 많은 수 의 경찰관이 배치되고, 소속 경찰관은 행정 및 사법경찰관의 권한이 동시에 부여 된다. 따라서 우리의 생활안전국과 달리 범죄의 수사기능을 보유하고 있다.
   1) 경찰청 공공안전국에는 다음과 같은 기구를 두고 있다.
   ① 인력 및 장비지원과: 장비, 교육, 통신, 인사 등
   ② 지역방범과: 방범, 교통, 도시범죄
   ③ 정보실: 일반정보의 수집(정보국의 일부기능 이첩)
   ④ 외사 및 감사과: 국제협력과 지역경찰의 감사
경찰청 공공안전국은 집행부서가 아닌 지원, 조정부서로 개인의 안전 및 치 안에 관한 정보를 수집하나, 이를 분석하는 권한은 없다.
공공안전국의 관할 구역은 인구 2만 이상의 도시지역[8]을 책임지고 있으며,

---

   6) 프랑스 경찰청 사이트 검색(2012.1.30) www.interieur.gouv.fr.
   7) 프랑스 경찰청 사이트 검색(2012.1.30) www.interieur.gouv.fr.

1,592개의 기초자치단체를 포함하여 351개의 구역으로 분할하여 2천6백만명의 치안을 맡고 있다.

2) 지방조직

공공안전국의 지방조직은 행정구역을 기초로 하여 351개의 관할구역을 분할하여 경찰서를 설치, 경찰의 기본지방조직이라고 할 수 있다.

공공안전국은 기초 관할 구역을 도를 중심으로 편성하였기 때문에 각 도 $_{Dpartement}$의 공공안전지방청을 중심으로[9] 운영된다. 도의 공공안전국장은 도 내의 치안과 안전을 위하여 생안경찰을 지휘하며, 도지사$_{Prefet}$의 안전에 관한 자문직책을 수행한다.

도의 공공안전국에는
- 중앙상황지령실
- 업무지원실
- 지역치안지원과
- 수사지원과
- 경찰견

도 경찰 아래의 경찰서에는 통상적으로 4개의 과가 설치되어 있다.
- 지역범죄과: 범죄 신고를 받고 최초로 출동. 일반적인 범죄예방과 수사를 한다.
- 도시범죄과: 대도시 범죄의 수사
- 경비교통과: 질서유지와 교통단속

(5) 정보실

2008년에 국토감시실과 통합을 통하여 새로이 창설되었던 경찰청 정보국$_{La Direction centrale de renseignemen generaux}$이 2014년 국내정보국$_{Direction centrale de renseignemen interieur}$으로 확대 개편되면서 경찰청이 아닌 내무부장관 직속 기관으로 이전되었다. 이에 따라 경찰청 내에는 공공안전국 산하에 일반정보부국$_{Sous-direction de l'information générale}$이 신설되었다가 2014년에 정보실$_{Service central du renseignement territorial}$로 개편되어

---

8) 치안을 향상을 위한 법(1995.1.21).

9) 프랑스의 지방경찰조직은 한국과 같이 경찰서에 경찰의 전 기능이 집중되어 있는 것이 아니고, 공공안전국의 지방조직에 다른 경찰 기능이 추가된 것으로 이해하면 된다. 경찰서도 공공안전국의 지방조직이다.

운영 중에 있다. 국립경찰 생활안전국 소속으로 국내정보실은 정부 또는 도지사에게 제공할 용도로 기관, 경제 및 사회 분야와 특히 폭력현상과 같은 공공질서와 관련될 수 있는 모든 분야에서 정보의 수집, 집중, 분석 임무를 수행한다. 2014년 기준 정보실에는 국립경찰과 군경찰요원을 포함하여 1,975명의 정보경찰이 근무 중이다. 정보실 조직구성은 종교 및 반체제 운동과, 사회 경제정보과, 도시위협 및 일탈과, 문서과, 해외영토과, 공동체와 사회문제과, 중앙수색감시과 등이 있다. 6개 지역에 지역분소와 78개 지방에 지방분소 및 84개의 정보실을 두고 있다.

(6) 국경경찰국

2003년에 대대적인 조직 개편과 2007년부터 내무부와 이민부의 복수관할 하에 놓이면서 프랑스의 철도 안전업무가 추가되었다.

공항, 항만, 국경의 안전 및 출입국 업무를 담당하고 있다.

① 철도안전실: 프랑스 내의 철도 안전에 관한 임무를 수행하며, 인접국가와의 공조를 통하여 국제 철도의 치안유지 업무도 맡고 있다.

② 국제협력과: 국경의 출입국 통제 및 국가간 운송의 안전확보를 위한 국제협력 업무를 담당한다.

③ 불법이민과: 불법이민에 관련한 조직 범죄, 불법체류, 여권 등의 여행증명서 관리를 담당하고 있다.

④ 총무과: 인사, 장비, 정보화, 자료관리

국경경찰국Direction centrale de la police aux frontiers은 프랑스를 7개의 광역사무국, 2개의 파리공항사무국, 45개의 지역 사무소, 10개의 항공대를 운용하고 있다.

(7) 감사실

감사실Inspection générale de la police nationale은 1969년 창설되고, 1973년 파리경시청의 업무를 흡수하여, 조직경찰업무에 대한 행정감사와 비리수사를 담당하며, 경찰기능의 향상을 위한 연구도 하고 있다. 주로 경찰의 행위가 법령에 적합한가를 감시하는 행정경찰과 비리를 수사하는 사법경찰의 양기능을 수행하고 있다. 파리, 리용, 마르세유에 지방분실을 두고 있다.

① 업무 감사과

② 직무향상 연구과

③ 비위 수사과: 연간 1,200여건의 행정·사법수사를 취급하며 1999년 3월 18일의 자치경찰법에 의거, 지방자치경찰관에 대한 감사업무까지 부여되었다.

(8) 경비경찰국(기동단)

2차 대전 후 1947-1948년과 1952-1962년의 대규모 소요사태를 진압하기 위하여 창설되었다. 1968년 이후 대규모 집회가 줄어들자, 도로, 항만, 해양, 산악지대 등의 안전업무 및 요인경호 업무도 맡고 있다. 이에 시가지 순찰, 공항이나 항구의 안전감시, 국경도로의 순찰이나, 외교사절이나 해외의 공관경비 등 다양한 업무를 수행하고 있다. 한편 피서철에는 청소년범죄 예방을 위한 청소년센터에서 봉사업무를 맡기도 한다.

경비경찰국Direction centrale des compagnies républicaines de sécurité 본부에는 작전반, 인사반, 구조반(산악), 교육반, 정보통신반, 예산 및 장비반 등이 있다.

산하 기동단Compagnies républicaines de sécurité은 이동성과 항시 출동대기태세를 갖추고 파리에 기동단 본부, 9개의 광역본부에 총 60개 부대, 그리고 경호국에 1개 부대를 배치하고 있다. 14,000여명의 경찰관과 1,000여명의 행정인력, 그리고 300여명의 보조경찰관이 근무하고 있다. 현재는 기동단 업무의 52%가 주로 우범지역의 순찰, 사법경찰관의 출동지원 등에 동원되고 있다.

(9) 국제협력국

군인 경찰의 외사업무와 경찰청의 외사협력국이 통합하여 2010년 9월 1일 새롭게 창설되었다. 날로 증가하는 국제테러, 불법국제마약거래, 사이버 범죄에 대응하기 위하여 과거 경찰청과 군 경찰의 외사업무를 통합하여 250명의 직원과, 96개의 대사관 주재관을 통하여 경찰상 국제협력업무를 총괄하고 있다.

주요임무는
- 프랑스의 안전을 위한 국제협력강화
- 외국에서 프랑스의 안전을 위한 외교부, 군경찰, 경찰청의 정책 조정
- 국제기구나 유럽기구와의 협력을 위한 군경찰과의 공조
- 해외에서의 위기관리, 위험예방을 위한 공무원과 군인 활동 지원
- 국제협약과 협상을 위한 경찰청장과 군경찰청장 지원
- 외교관의 안전을 위하여 군 경찰과의 정책 공조

이러한 임무를 달성하기 위하여 3개의 과를 두고 있다.

① 쌍방국제기술협력과
② 다자간국제협력과
③ 행정재정지원과

(10) 경호실

1935년에 창설되어 최초에는 '공식방문과'Voyage officiel라고 불리다가, 1994년 경호실Service de la protection로 개칭하였다. 프랑스나 외국의 주요인사를 테러의 위험으로부터 보호하기 위해 근접경호를 책임지고 있다. 프랑스의 인사로는 대통령, 수상, 내무부장관, 국방부 장관, 외무부장관의 경호를 맡고 있으며, 외국인사는 외국의 국가원수, 정부수반과 동반가족의 경호를 맡는다. 그 외에는 유럽의회 의장의 경호업무도 수행한다. 2007년 5월 16일부터 경찰특공대RAID와 함께 대통령 경호를 전담하고 있다. 750명의 직원과 기동단 1개 부대를 운용하고 있다. 조직은 아래와 같다.
① 대통령 경호대
② 프랑스요인경호과(프랑스 정부각료)
③ 외국요인경호과(프랑스를 방문하는 외국정부요인)
④ 안전경호과(테러위협 인사)

3. 파리지방경찰청

파리지방경찰청Préfecture de police de Paris은 프랑스의 수도인 파리를 관할하는 이유로 특별한 지위를 갖는다. 파리지방경찰청장은 행정기관으로서 다른 지역의 시·도지사가 갖는 권한의 일부를 맡고 있고, 경찰청으로부터도 독자적 권한을 갖는다. 파리지방경찰청장은 관선 지사가 담당하는 국립경찰이며, 국립경찰총국장이 아닌 내무부 장관의 직접 지휘를 받는다. 파리지방경찰청의 관할 면적은 766.4㎢(파리 105.40㎢), 관할 인구는 약 640만명(파리 약 220만 명)이며, 직원의 수는 4만 3,800명으로 이 중 경찰관은 2만 7,500명이다. 파리지방경찰청 조직체계는 다음과 같다.[10]

---

10) 외교부, 프랑스 개황, 2018, p.127.

8-2	파리지방경찰청 조직체계	
중앙 조직	경찰관련부서	파리 및 수도권생활안전국(DSPAP), 기술 및 물자보급국 (DOSTL), 수사경찰국(DRPJ), 공공질서 및 도로국(DOPC), 정보국(DR), 행정사무국(SGA)
	행정부서	일반경찰국(DPG), 대중보호 및 교통국(DTPP)
	소방관련부서	파리소방대(BSPP)
	기타부서	과학수사중앙연구소, 파리안보방위구역사무국 등
지방 조직	지역생활안전국 (DTSP)	파리(75지역) 및 3개 도(92, 93, 94지역)에 설치, 파리지방 경찰청의 '파리 및 수도권생활안전국(DSPAP)'의 지휘를 받 아 관할 구역 내 경찰서를 감독하며 일반 치안 담당
	경찰서 (Commissariat)	총 84개(파리 20개, 92지역 25개, 93지역 22개, 94지역 17개) 설치 및 운영

제 4 절 프랑스 국립경찰의 인력

1. 인   력

프랑스의 국립경찰인력은 공무원법상 특별한 지위를 갖는 경찰관과 일반적인 공무원의 지위를 갖는 일반행정직으로 구분된다. 이러한 구분에 따라서 모든 노동권이 인정되는 일반직과 달리, 경찰관은 "1948년 9월 28일 법"에 의하여 단체조직권은 인정되나, 단체행동권은 인정되지 않는다. 그리고 경찰관은 일반직과는 보수체계도 다르고, 퇴직연령도 다르다. 경찰업무에 종사하는 인력은 경찰관 약 150,000명(행정직 약 11,000명과 기술인력 약 14,000명 제외)[11]이다.

남자와 여자 경찰관의 성비율은 8.5 : 1.5이고 직급이 높을수록 여성의 성비가 높은 경향을 보여서 지휘직군은 8.1 : 1.9의 비율에 이른다.

---

11) 프랑스 경찰청 사이트 검색(2012.2.2) www.interieur.gouv.fr.

2. 계급구조 및 인력배분

계급구조는 특수한 경찰관의 지위에 맞게 3개의 직군으로 구분하고 같은 직군 내에서는 복수직급제가 실시되고 있다.
① 경정 이상의 지휘 직군(경정 이상의 직군 포함)
② 경위, 경감의 지도 직군
③ 경사 이하의 집행 직군

8-3	프랑스 직군별 경찰인력 현황[12]				(단위:명)
	고위공무원	지휘직군	지도직군	집행직군	계
2006	116	1,760	13,606	103,796	119,278
2009	134	1,638	11,351	10,878	119,001

(1) 경정 이상의 지휘직군(경무관 이상의 직군 포함)

경정 이상의 계급으로 전체의 1%를 차지하고 있다. 경정급은 50%를 35세 이하, 석사 이상의 학력자 중에서 채용시험으로 경찰경력이 없는 자를 선발하고, 20%는 내부시험으로 경찰 경력 4년 이상인 자 중에서 선발하며, 20%(이중 10%는 차하위 계급인 경감만을 대상)는 지도직군에서 심사로 선발한다. 교육은 1년간의 이론교육과 1년간의 실습 후에 대통령령으로 경정에 임용된다. 지휘직군의 경찰관은 체포를 결정할 수 있으며, 즉결심판의 경우 판사의 지위를 가진다. 경정, 총경의 두 계급으로 나뉘고, 연차에 의해 승진한다. 경무관 이상과 경찰청의 국장은 전적으로 내무부장관의 재량에 의해서 승진이 결정되는 우리의 정무직 공무원과 유사하다. 경찰청의 국장의 임명은 국무회의에서 결정된다. 그러나 새로운 법률에 의하여 상위 직군은 감소될 예정인데, 2012년에는 약 2,200 (1996)명에서 약 1,600명으로 감축되었다.

---

12) Alain Bauer, André-Michel Ventre, "Les Polices en France", QSJ, PUF 2010, p.53.

8-4 경정 이상의 인원[13]				(단위: 명)
	경정	총경 이상	고위공무원	계
2006년	1,174	286	116	1,876
2009년	1,025	613	134	1,772

(2) 경위, 경감의 지도 직군

경위, 경감급으로 전체 계급의 7.5%를 차지한다. 경위의 임용은 50%를 35
세 이하, 학사 이상의 학력자 중에서 외부채용시험으로, 20%를 경찰경력 4년
이상의 자 중에서 내부승진시험을 통해 임용한다. 25%는 내부심사를 통하여
승진임용하고, 5%는 50세 이상의 경사 2년 이상 경력자 중에서 심사로 승진임
용한다. 18개월의 이론 교육과 실습을 통해 내무부장관에 의하여 경위로 임용
된다. 계급구조는 경위, 경감보, 경감, 경정 대우의 세 단계로 이루어지고, 사법
경찰관으로서 수사를 지휘한다.

8-5 경위, 경감의 인원[14]					(단위: 명)
	경위	경감보	경감	경정대우	계
2006년	5,114	4,717	2,719	1,056	13,606
2009년	3,108	4,891	2,291	1,061	11,351

(3) 경사 이하의 집행 직군

순경, 경장, 경사에 해당하며, 전체 계급 중에서 73%를 차지하고 있다. 순경
의 모집은 고졸 이상으로 시험을 거쳐 선발하며, 11개의 경찰학교에서 1년의
교육과 실습을 거쳐 순경으로 임용된다. 외부시험임용은 고등학교 졸업자 중에
서 17세 이상 35세 이하의 자에게, 내부시험 임용은 보조경찰관은 37세 이하면
지원할 수 있으며, 군경찰관에게도 같은 자격이 주어진다. 최초의 보직에서 최
소 5년 이상 재직해야 한다. 일반적인 경찰업무를 수행하며, 자격시험을 통하여
사법경찰리가 될 수 있다. 보조경찰이나 의무경찰을 지도한다.

---

13) Alain Bauer, André-Michel Ventre, "Les polices en France," QSJ, PUF 2010,
p.56.
14) Alain Bauer, André-Michel Ventre, "Les polices en France," QSJ, PUF 2010,
p.57.

8-6	경사 이하의 인원15)				(단위: 명)
	순경	경장	경사보	경사	계
2006년	74,210	8,246	17,519	3,821	103,796
2009년	67,992	15,260	17,527	5,099	105,878

(4) 보조경찰관

1997년 10월 16일 청년고용증진을 위한 법률 제10조에 의하여 치안업무에 종사하는 경찰보조인력이다. 프랑스 사회의 심각한 문제인 청년실업도 줄이고, 불안한 치안도 확립하려는 두 가지 목표를 달성하기 위해 활용되고 있다. 누구나 18세 이상 30세 이하의 프랑스 국적을 가지면 지원할 수 있다. 학력은 요구하지 않고, 12주간의 경찰학교 교육과 2주간의 실습 후에 주로 경찰서의 안내, 경찰관의 순찰동행 등 경찰의 치안보조 업무에 종사한다. 10,722명으로 전체 경찰관의 6.3%를 차지하고 있다.16) 계약기간은 3년으로 갱신이 가능하다. 보조경찰관의 72%가 계약기간 안에 내부임용시험을 통하여 경찰관으로 임용된다. 보수는 2010.1.1 기준으로 1,158 유로이다.17)

3. 근무시간

프랑스 경찰관은 주 단위 또는 근무교대 주기로 근무시간이 정해진다. 보통 경찰관은 일주일에 40시간 30분을 근무해야 한다. 초과근무시간에 대하여는 법정휴가일 외에 10일까지의 초과근무시간에 맞는 휴가로 대체된다. 행정직의 경우는 통상 주당 39시간의 근무시간제를 적용한다. 따라서 주당 근무시간을 적용받는 경찰관은 연간 1,700시간 정도를 일하게 된다.

경찰서에서 24시간 근무교대하는 경찰관은 주말, 휴일에 관계없이 근무주기에 의하여 근무시간이 정해진다. 야간, 휴일에 근무를 하는 관계로 일년에 1,300~1,450시간을 근무하게 된다. 근무주기는 근무일과 휴식일의 비율로 정해지는데 1996년부터는 4일 근무 2일 휴식인 2/4제가 정착되어 운용된다.

---

15) Alain Bauer, André-Michel Ventre, "Les polices en France," QSJ, PUF 2010, p.58.
16) 프랑스 경찰청 사이트 검색(2012.2.2)www.interieur.gouv.fr.
17) 프랑스 경찰청 사이트 검색(2012.2.2)www.interieur.gouv.fr.

그러나 새로이 적용되는 주 35시간 근무제는 경찰관의 인력운용에 많은 문제를 낳고 있다. 주 35시간이 적용되면서 초과근무시간이 6,800만 시간에 이르러 예산, 인력충원에 어려움을 겪고 있는 것이다.

2008년 법 개정에 의하여 경찰관의 퇴직 연령이 55세 이후에 보수의 증액 없이 65세까지 근무할 수 있게 되었다.

4. 복무기율

복무기율은 경찰관의 특수한 법적 지위와 관련이 있다. 경찰관의 과실, 고의에 의한 사고, 불법행위에 관계된 징계권은 내무부장관의 권한이다. 징계는 1단계는 견책, 계고, 2단계는 승진명부에서의 제외, 최대 14일의 직위해제, 전출, 3단계는 강등, 3개월부터 최고 2년의 직위해제이며, 4단계는 해임, 파면이다. 징계절차는 1단계의 징계를 제외하고는 반드시 징계위원회의 심의를 거쳐야 하며, 해당 경찰관은 자신의 권리방어를 위하여 변호인을 선임할 수 있다.

실제로 프랑스 경찰은 경찰관의 복무기율을 엄하게 징계하고 있다.

5. 노동조합

프랑스 경찰관의 2/3 이상이 노조에 가입되어 있을 정도로 경찰관의 노조가입률은 다른 공무원에 비해 월등히 높고, 활발히 활동하고 있다. 이러한 높은 노조가입률은 경찰내부의 상하간의 의사소통이 잘 안 되고 있으며, 경찰관의 불만을 들어줄 만한 경찰내부의 제도적 장치가 미흡한 탓이라고 생각된다.

8-7	프랑스 경찰 징계현황[18]							(단위: 명)
	1단계 징계				2, 3, 4단계 징계(징계위원회 심의)			
	2005년	2006년	2007년	2008	2005년	2006년	2007년	2008년
경정 이상	4	5	5	5	4	4	7	3
경위, 경감	95	94	103	89	46	45	48	47
경사 이하	2,218	2,489	2,487	2,662	505	515	570	522
행정직	46	53	70	71	18	23	28	24
계	2,363	2,641	2,665	2,827	623	587	653	596

프랑스는 이미 1948년 공무원의 노동3권을 인정하였고, 다만 경찰관과 교정직 공무원의 경우에 단체조직권, 단체교섭권은 인정되나 업무의 속성상 단체행동권만 제약을 하였다. 그러나 단체행동권의 제약을 받는 공무원은 수당으로 보전되어 다른 공무원과의 형평성을 고려하고 있다. 특히 2001년 10월의 봉급인상과 장비개선을 요구조건으로 벌인 한 달 동안의 시위가 다수 국민의 지지를 얻었으며, 정부로부터도 요구한 봉급인상과 우선적인 장비개선지원을 약속받은 사례는 경찰공무원노조의 순기능적 사례라고 볼 수 있다.

프랑스에서도 노조가 지나치게 과격한 주장을 하는 면도 있으나, 도시주변의 치안위기, 경찰과 군인경찰 간의 배치문제 등 치안정책의 근본적인 문제를 제기하는 순기능을 하는 것으로 평가받고 있다.

6. 예 산

인건비가 프랑스 경찰예산 중에 88%를 차지하여 인건비 예산이라고 할 수 있다. 내무부의 예산 중에 인건비가 차지하는 비율이 68%를 감안하면 쉽게 비교가 된다.

2001년 프랑스 정부예산 31,989십억 유로 중 1.87%인 1,711.39십억 유로를 차지하고 있다.

8-8 예산비교[19]	2007	2008	2009 (단위: 10억 유로)
GDP	1,894	1,950	1,921
정부예산	299	291	277
경찰예산	8.126	8.425	8.584
정부예산 중 경찰예산비율	15.78%	14.92%	14.41%
GDP 중 경찰예산비율	0.429%	0.423%	0.447%

18) Alain Bauer, André-Michel Ventre, "Les polices en France," QSJ, PUF 2010, p.69.
19) Alain Bauer, André-Michel Ventre, "Les polices en France," QSJ, PUF 2010, p.73.

7. 장 비

프랑스 경찰은 30,648대의 각종 차량을 보유하고 있다. 무기는 135,000여정의 권총을 보유하고 있다.

제 5 절   프랑스의 수사구조

프랑스의 수사구조는 경찰이 수사를 하고, 검사와 판사가 이를 지휘하는 체계를 갖는다. 중요범죄의 대부분을 예심판사가 사법경찰관을 지휘하여 직접 수사에 관여한다. 판사가 직접 기소 전에 수사에 관여하는 것은 프랑스만의 독특한 사법제도로서 수사단계에서의 판사에 의한 중립성 보장 및 인권보장을 위한 제도이다.[20] 2001년 총 2,973,207건의 범죄가 발생하여 그중 22.27%인 662,149건을 해결하였다. 595,174명을 수사하여, 그중 38,781명을 입건하였다. 이는 프랑스 전체 입건자의 71.21%를 차지한다.

1. 사법경찰관 및 특별사법경찰관

경찰은 체계상 사법경찰과 행정경찰로 분류되어 있으며 수사를 담당하는 기관인 사법경찰의 기능과 역할이 사법경찰관, 사법경찰리, 사법경찰보조원, 사법경찰업무를 수행하는 공무원으로 세분되어 경찰의 수사활동이 유기적으로 운영되고 있다. 더욱이 수사는 프랑스 형사소송법의 독특한 제도인 예심제도[21]에

---

20) 수사에 관여한 판사는 당연히 공판에는 관여하지 못한다.

21) 예심은 구속이나 압수수색, 통신감청 등 강제처분권 행사를 통해 범죄 확인, 피의자 특정, 증거수집 등을 하는 '수사기능(Pouvoird'instruction)'과 수사결과를 바탕으로 사건을 재판에 회부할지를 결정하는 등의 '재판기능(Pouvoir de juridiction)'으로 이루어진다. 예심은 중죄에 대하여는 의무적이므로 반드시 예심절차를 거쳐야 한다. 경죄의 경우에는 특별한 규정이 있는 경우를 제외하고는 임의적이다. 위경죄에 대하여도 예심수사가 가능하나 실무적으로 이는 극히 드문 일이다.(법 제79조) 2014년 프랑스 검찰에 사건이 접수된 2,049,427명의 피의자 중 660,276명이 기소되었는데, 그중 28,242명에 대해 예심청구 되었다. 예심청구 비율은 전체사건을 기준으로는 1.38%정도이고 기소된 사건을 기준으로 하면 4.42%에 이른

의하여 관리된다. 순경 등 사법경찰리가 조서작성 등 수사를 모두 담당하고 있는 우리의 경찰수사 실무와는 달리 프랑스는 사법경찰관과 사법경찰리 및 보조사법경찰리의 권한이 엄격하게 구분되어 있고 권한없는 자의 수사행위는 위법하다(프랑스 형소법 제18조, R15-18조-R15-33조 등). 조서작성 및 보호유치는 사법경찰관의 권한이고 사법경찰리는 이를 할 수 없으며(프랑스 형소법 제19조, 제63조), 사법경찰리는 사법경찰관이 중죄 등 범죄를 인지하고 조서를 작성할 경우 이를 보좌하고 수사보고서 작성권한만 있을 뿐이다(프랑스 형소법 제20조 제3항). 또한 보조사법경찰리도 중죄 등 범죄를 발견한 경우 이를 보고하는 등의 권한만 행사할 수 있다(프랑스 형소법 제21조 제2항).

프랑스 형소법에서는 사법경찰관이 될 수 있는 자격을 아래 해당하는 자에게만 부여하고 있다.

① 시장과 시장 보좌관: 실제로 이들은 경찰서나 군인경찰이 존재하지 않는 곳에서만 사법경찰관의 권한을 행사할 수 있다(프랑스 형소법 제16조 제1항 1호).

② 군인경찰의 장교와 하사관: 군인경찰관은 적어도 군인경찰에서 3년간 근무하고, 국방부와 법무부의 직원으로 구성된 위원회의 동의를 받은 후 국방부, 법무부의 부처간 명령에 의해 지명된다. 군경찰은 소도시와 시골에서 검사의 가장 중요한 보조자가 되고 있다(프랑스 형소법 제16조 제1항 2호).

③ 경정급 이상, 경감, 경위: 내무부와 법무부 위원으로 구성된 위원회의 동의를 받아 부처간 명령에 의해 사법경찰관으로 지명된다(프랑스 형소법 제16조 제1항 3호).

④ 1998년 11월 18일 법률에 의하여 순경에서 경사급 중 최소한 3년 이상 근무자: 내무부와 법무부 위원으로 구성된 위원회의 동의를 받아 부처간 명령에 의해 지명된다. 이 경우에는 자체적인 시험과 내부교육을 통해 사법경찰관으로 활동하도록 한다.

1) 사법경찰관의 자격　　　사법경찰관 자격은 경위·경감급으로서 수사부서에 정식발령 후 현부서에 2년간 근무와 필기시험(examen téchnique, 법률지식 테스트)을 통과하여야 하고, 시험에 통과한 자에 대한 사법경찰관 자격의 인정 attribution은 자격인정위원회(위원회 구성은 고검장, 사법관, 경찰청 간부 등으로 구성된

다. 예심판사가 처리하는 사건비중은 점차적으로 감소되고 있는 추세이다. 유주성, "프랑스 예심판사제도 폐지에 관한 논의", 외법논집　41권 4호, 한국외국어대학교 법학연구소, 2017, 223-245면

다)의 동의, 경찰청장의 제청에 의한 법무부·내무부공동령으로 선언된다. 군경찰과 국립경찰의 사법경찰관의 자격있는 자는 그러한 사법경찰 업무를 수행하는 직책에 배치되는 경우에만 사법경찰권한을 행사할 수 있게 되었다.

2) **사법경찰리**　　　사법경찰리는 사법경찰관 자격이 없는 군인경찰 사병, 사법경찰관의 자격을 갖지 못한 정식 경위·경감급, 경위보, 최소 2년 이상 근무한 경사, 경장, 순경 등이다. 사법경찰리는 사법경찰업무를 수행하는 직책에 배치받은 경우에만 그 자격을 보유할 수 있다. 또한 예비조사를 진행하고 현행범을 조서작성을 통해 확인할 권한이 있고, 사법경찰관의 지휘 아래 현행범 조사에 필요한 모든 진술을 청취하고 불심검문을 행할 수 있다. 프랑스 형소법 제21조는 사법경찰 보조리를 규정하고 있는데 사법경찰관과 사법경찰리 이외의 자를 말한다. 즉 군인경찰 중 의무복무인 자와 자치경찰관이 이에 해당한다.

3) **특별사법경찰관**　　　경찰조직에 속하지 않는 행정공무원도 해당 분야의 행정과 관련되는 범죄에 관하여 사실상 사법경찰권을 보유하며 이러한 이유로 특별사법경찰관리로서 사법경찰조직의 구성원으로 분류된다. 프랑스 형소법 제22조 농업부의 수도, 산림공무원, 산림감시원, 세무공무원, 근로감독관, 체신공무원, 철도공무원, 공정거래 및 소비자 보호국공무원, 증권거래위원회 공무원, 시청각 통제공무원, 고고학 발굴공무원, 산림국 공무원, 수상낚시통제 공무원, 세관공무원 등은 법률이 정한 제한된 조건하에서 권한을 행사한다. 세관공무원이 사법조사(즉 수사)를 하기 위해서는 사법경찰관의 경우와 같이 검사에 의한 개별적인 자격부여가 필요하며 검사나 기소부의 통제를 받는다.

2. 사법경찰과 사법관(판사, 검사 포함)과의 관계

(1) 사법경찰관과 검사와의 관계

프랑스의 경우 우리와는 다른 독특한 사법제도와 수사구조를 가지고 있다. 프랑스의 사법제도는 이심제(二審制)로 운영되고 검찰이 법원의 하부조직으로 편성되어 있으며, 소추와 수사 및 재판이 독립적으로 진행된다는 특징을 가지고 있다. 즉, 소추는 검사가 하고, 수사는 예심판사가 맡게 되며 재판은 물론 재판판사가 담당한다.

1) 프랑스에서는 사법경찰관으로 하여금 검사의 기소여부를 결정하는 기초자료인 범죄정보를 제공할 의무를 형소법에서 규정하고 있다. 그러나 검사의

기본기능은 범죄수사에 있지 아니하고 기소행위에 있으며, 범죄수사는 예심판사가 주재하고, 위임수사에 의해 사법경찰관이 수사를 담당한다. 기본적으로 기소는 검사,[22) 수사는 예심판사, 재판은 재판판사가 행하는 것은 1808년 범죄수사법 이후의 프랑스 수사구조라고 할 수 있다. 따라서 사법경찰관과 검사는 현행범인 수사를 제외하고는 강제수사권이 없는 것이 원칙이며 오직 기소를 위한 임의수사 위주의 예비조사권한만이 인정된다.[23) 이 단계에서 강제수사를 하려면 검사는 기소를 통해 예심판사의 수사행위에 의존하여야만 한다.

2) 예외적으로 현행범인 경우 사법경찰관은 예심판사의 권한과 동일한 수사권을 보유하여 영장 없이 8일 동안 체포, 압수, 수색 등 광범위한 권한을 보유하며 우리나라의 경우와 달리 현행범의 개념을 넓게 해석하여 초기단계의 경찰수사를 용이하게 하고 있으며 검사도 동일한 권한을 갖는다. 그러나 검사는 수사를 지원할 수 있는 수사인력과 지원행정조직이 없기 때문에 경찰에서 송치한 사건은 증거가 충분한 경우에는 기소를 하고, 불충분한 경우에는 경찰에 보완수사 지휘를 하게 된다.

3) 따라서 검사와 사법경찰관의 관계는 국내규정과 거의 흡사하며 특이한 것은 사법경찰관의 자격부여와 사법경찰관에 대한 근무평정을 검사장이 하도록 되어 있다는 것이다. 그러나 자격부여에 대하여는 검사 혼자 결정하는 것이 아니고 내무부와 법무부의 동수로 구성되는 위원회의 결정을 받아서 하게 된다.

검사는 우리나라와는 달리 수사의 주재자로서의 수사기관이 아니라 기소기관이라는 점(물론 수사는 할 수 있으나 예심판사가 수사를 주도한다), 과학수사를 위한 물적 시설이 전무하다는 점(프랑스는 명칭이 경찰청 소속의 경찰과학수사연구소임) 등이 우리와 차이가 있다.

4) 법제상으로는 검사의 사법경찰에 대한 강력한 지휘권이 인정되어 있으나, 프랑스의 검사는 자체수사인력이 없어 전적으로 사법경찰의 수사에 의존해서 수사를 진행하여야 하므로 상호 협력관계를 이루고 있는 것이 현실이다.

(2) 사법경찰과 예심판사와의 관계

예심판사와 사법경찰관의 관계는 위임수사(촉탁수사)를 통하여 이루어지며 예심판사는 사법경찰관에게 위임수사에 관한 사항에 대하여 지휘를 할 수 있으

---

22) 사법경찰은 이 단계에서 검사의 기소행위를 위한 정보제공자에 불과하다.
23) 예외적으로 일반체포(garde à vue)가 짧은 시간 동안 인정된다.

며, 사법경찰관은 복종의무가 있다. 프랑스에서는 전통적으로 수사는 판사의 업무라고 여겨졌다. 이러한 전통으로 판사는 직접수사와 기소, 재판의 양자를 관할하였는데, 지나친 판사권한의 비대화로 인한 병폐를 시정하기 위하여 대혁명 이후 기소와 수사와 재판기능을 분리토록 하였고, 그 업무를 각각 검사, 사법경찰과 예심판사, 재판판사 등이 맡게 되었던 것이다.

(3) 최근 동향

18세기와 19세기 초 사법관과 사법경찰과의 관계는 수직적이며 권위주의적으로 규정이 되어 있었으나, 현재는 소수의 사법관으로는 증가하는 범죄에 대처할 수 없기 때문에 경찰행위를 수사의 보조적 지위에서 독자적인 지위를 갖는 것으로 인정하게 되었다. 사법관들은 경찰의 적극적인 협조 없이는 효과적인 업무처리가 어렵다는 것을 깨닫고 경찰과의 관계에 있어 법률정보 제공자의 역할을 강조하여 상호간의 수평적인 협조관계로 변하였다. 경찰노조가 있어 외부기관의 부당한 간섭이나 침해시 즉각적인 반론을 가하거나 대응을 하여 사법관에 의한 월권적인 지휘가 이루어지기는 힘든 실정이다.

3. 수사의 개시 및 진행, 수사종결

(1) 사법경찰이 행하는 수사활동의 개요

1) **현행범 수사**　　현행범인 수사의 경우 사법경찰은 모든 자료를 즉시 수집하고 범죄사실을 규명하여야 할 확장된 권한을 행사할 수 있다. 이를 위하여 체포된 현행범인에 대해서는 검사에게 이 사실을 통보한 후 피의자를 구인할 수 있고, 현장출동 이후의 처분으로서 필요시 피의자 및 현장에 있는 자와 범죄수사에 유용한 정보를 제공할 수 있는 모든 자를 24시간 동안 임시구금시킬 수 있으며(프랑스 형사소송법 제63조), 압수·수색·현장변경의 금지 등을 독자적 판단하에 할 수 있다. 그러나 사법경찰관은 현행범인이 발생한 경우 검사에게 즉시 통보하여야 하며 검사는 자신의 판단에 따라 범죄장소에 입회할 수 있으며 구속절차를 감독할 수 있다(동법 제68조 제1항, 제2항). 범죄현장에서 검사는 사법경찰관의 수사권을 행사할 수 있다(동법 동조 제3항). 현행범인 수사시 검사는 사법경찰관이 행사할 수 없는 특권 즉, 잠적한 범인을 체포하기 위하여 구인영장Le mandat d'amener을 발부할 수 있으며(동법 제70조) 사법경찰관의 출두명령

을 거부한 피의자를 소환하기 위하여 개입하고, 금고형으로 처벌되는 범죄의 현행범인인 피의자에 대하여 검사는 즉시 소환절차를 개시할 수 있다. 또한 검사뿐만 아니라 예심판사도 범죄현장에 입회하여 수사를 지휘할 수 있는 권한을 가지고 있으며 예심판사는 사법경찰관과 검사에게 수사상 필요한 명령을 내릴 수 있다.

2) 예비적 수사   예비적 수사란 예심이 개시되기 전에 범죄사실을 규명하기 위하여 증거를 수집하고 범인을 체포하는 활동을 말하며 피의자의 인권보장과 수사의 효율성이라는 두 가지 이유로 사법경찰은 검사의 지휘·감독을 받는다. 검사는 범죄수사 소추를 위한 사법경찰의 활동을 지휘하며(동법 제41조), 검사 자신의 직무를 위하여 사법경찰에 부여된 권한과 특권을 직접 행사하거나 경찰력을 동원할 수 있다.

프랑스 형소법 제17조는 사법경찰관에게 고소와 고발을 접수할 권한을 부여하였다. 고소장은 형식에 구애받지 않고 사법경찰관이나 검사에게 제출될 수 있다(동법 제17조, 제40조). 또한 고소장은 고소인이 사소(私訴)당사자[24]를 구성하면서 constitution de partie civile 예심판사에게 제출될 수 있으며 이 때 기소가 개시된다 mise en mouvement. 사법경찰관은 접수한 모든 고소장과 고발장을 검사에게 송부한다(동법 제19조).

사법경찰은 모든 범죄를 인지한 경우 지체 없이 검사에게 보고해야 하며,[25] 수사 종결시 송치의무가 있다(동법 제19조). 또한 고등검찰청검사장은 사법행정상 유익하다고 판단되는 일체의 정보를 사법경찰에게 수집, 보고토록 할 수 있다(동법 제38조). 사법경찰관은 인지한 범죄사건을 관할 검사장에게 보고하고, 중죄현행범인 사건은 현장으로 출동하기 전에 검사장에게 그 사실을 보고한다. 이후 예심이 개시된 때에는 사법경찰관은 예심판사의 위임사항을 수행하고 그 명령에 복종한다고 규정한다(동법 제14조 제2항). 예심판사는 사법경찰에게 수사

---

24) 프랑스 형소법상 고소인은 검사와 독립하여 예심판사(예심법원)나 재판법원에 기소(私訴)를 제기할 수 있는 소추권을 갖고 있다. 검사는 공소권을 가지며 고소인(피해자)은 사소권을 갖는 것이다. 예심판사에 대해 사소를 제기할 수 있는 것은 중죄의 경우이며, 재판법원에 사소를 제기할 수 있는 것은 경죄, 경범죄의 경우이다. 재판법원은 이 경우 직접 피고인을 법원에 출두시킬 수 있다(citation directe). 이러한 사소의 남용을 방지하기 위하여 일정한 보증금을 예치하거나, 피고인 무죄시 고소인이 처벌되거나 민사상 배상책임을 지우는 등 남용방지 제도가 마련되어 있다.
25) 우리의 경우 모든 범죄를 인지한 즉시 검찰에 보고해야 하는 규정은 없으며, 단지 특정범죄의 경우 범죄발생시에 수사사무보고를 검찰에 하도록 하고 있다.

에 관하여 필요한 조치를 요구할 수 있다.

　3) **사법경찰의 수사**　　프랑스 사법경찰의 수사활동은 프랑스 형사소송법 제14조의 규정에 의하면 두 가지 경우로 나누어 볼 수 있다. 첫째로, 예심이 개시되어 사법경찰이 예심판사의 위임사항을 수행하고 그 청구에 복종하여야 할 경우가 있다. 둘째로, 예심이 개시되지 아니하여 사법경찰이 범죄의 진상을 규명하기 위하여 증거를 수집하고 범인을 추적하는 경우이다. 이러한 사법경찰의 본격적인 수사는 현행범인에 대한 수사와 예비적 수사로 구분할 수 있다. 현행범인의 수사인 경우에는 사법경찰은 예심판사 또는 검사의 지휘에 따르게 되고 예비수사의 경우 검사의 지휘에 따라야 한다.

　(2) 죄의 경중에 따른 수사
　프랑스에서의 수사활동 전개는 중죄, 경죄, 경범죄에 따라 그 진행 양상이 다르다. 이를 각죄의 유형별로 구분하여 설명하면 아래와 같다.
　1) **중　죄**　　살인 등 강력범죄나 중한 범죄(10년 이상 징역형)는 사건 발생시 주로 경찰의 인지나 신고, 고소, 고발에 의해 경찰에 접수되며 이 경우 경찰은 현행범인 경우 현행범체포, 비현행범인 경우는 일반체포garde à vue로서 원칙적으로 24시간 체포할 수 있는 제도를 통해 신병을 확보한다. 그 후 검사의 지휘를 받아 기간연장을 받거나 또는 즉시 송치하면 검사는 사안이 중죄에 해당하는 경우 즉시 예심판사에게 기소하는데, 이는 우리나라의 일반기소행위와 달리 완벽한 입증을 필요로 하지 않는다. 여기서의 기소개념은 예심수사 개시 요구이며 기소라는 말이 붙은 것은 예심법원, 즉 법원판사에게 요구하는 행위이기 때문에 붙은 것이다.
　예심판사는 사안을 검토하여 사법경찰관에게 수사기일을 지정하여 위임수사commission rogatoire를 지휘한다. 이 때 예심판사는 재판기능과 수사기능을 동시에 가지는 등 강력한 권한을 가지고 있다. 즉 피의자를 판결 전에 최소 4개월에서 4년까지 구속할 수 있는 막강한 권한을 스스로 행사하는 등 문제점이 있어 최근에 구속권한은 예심판사의 청구에 의해 자유·구속여부를 판단하는 판사의 결정에 의하도록 함으로써 영미제도의 영장제도와 유사한 형태를 받아들이고 있다.
　어떻든 예심판사의 권한은 강대하나 예심판사는 물적·인적 자원이 서기를 제외하고는 없는데, 그 서기도 예심판사 업무의 적법성을 감시하고 보조하는 역할에 그친다. 이렇게 예심판사에게 막강한 권한을 부여하는 대신에 물적·인적 자원을 부여하지 않고, 경찰에게는 막대한 물적·인적자원을 부여하면서 또한 권한을 많이 부여하지 않은 것은 힘의 균형을 위함이었다. 따라서 예심판사 업무의 거의 대부분은 경찰에 의하여 행사되며 예심판사는 위임을 통해 사법경찰관에게 예심판사의 권한을 부여하여 주는 역할을 한다. 위임수사를 진행하는 사법경찰관은 구속, 사법통제, 피의자신문 이외의 모든 예심판사의 권한을 행사하게 되며, 사건조사를 마친 사법경찰관은 서류를 예심판사에게 송치하면 예심판사는 혐의유무를 판단하여 에심수사를 종결한다. 종결 시 예심판사는 당사자에게 이 사실을 통보하며 검사에게도 최종 의견을 얻기 위해 통보한다. 검사는 1개월 기간 동안 이 결정을 할 수 있으며 검사의 최종기소가 없는 경우에 예심판사는 검사의 의견에 관계 없이 재판법원에 송치를 하거나 이송하거나 혐의없음으로 종결하는 처분을 한다. 중죄법원에서 기소수행은 검사가 행한다.

  2) **경 죄**   경죄(10년 미만 징역·금고, 벌금 2만프랑 초과)의 사건처리는 우리나라의 경우와 동일하게 조사한 사건 일체를 검찰에 송치하고 검찰은 이를 재판법원에 기소한다. 다만 경죄 중 사안이 복잡하거나 경제·금융사건의 경우에는 예심판사에게 수사를 의뢰하는 기소를 행하게 된다. 이 경우 예심판사는 다시 경찰에 위임하여 수사를 진행하게 된다.

  3) **경범죄**   경범죄(2만프랑 이하 벌금, 내국화폐로 환율 1 : 200시 400만원)의 경우 1급에서 5급까지 나뉘며 5급은 1만프랑 이하, 4급은 5천프랑 이하의 범죄를 말하며 3급은 3천프랑, 2급은 1천프랑, 1급은 250프랑 이하로서, 1급 경범죄는 우리나라의 통고처분과 유사하며, 나머지는 경찰법원에서 재판이 이루어진다. 보통 2급에서 4급까지는 검사의 위임에 의해 경감·경정급이 기소를 담당하는데, 다시 말해 우리나라의 즉결심판과 같이 경찰이 검사를 대신하여 기소하는 제도가 프랑스에도 존재하는 것이다.

  5급사건은 검사가 담당한다.

8-9	**통상체포 기간비교**[26)		
	최초기간	**연 장**	
일반범죄	공통 24시간	24시간 : 검사의 서면허가	
마약범죄		24시간 검사	48시간 석방구금판사의 결정
테러범죄		위와 동일	48시간 위와 동일한 방법

---

  26) 박창호, "프랑스수사제도," 치안정책연구 제16호, 치안정책연구소, 2002, p.273.

(3) 피의자 체포

사법경찰관은 현행범 조사기간 동안 통상체포와 현행범체포의 두 가지 형태로 대인적 강제처분을 행사할 수가 있다.

1) **통상체포** 사법경찰관은 조사의 필요성이 있는 경우 범죄를 행하였거나 행하려고 하였다는 것을 추정케 하는 증거가 존재하는 모든 자에 대하여 24시간 동안 체포할 수 있다(동법 77조). 통상체포 초기부터 검사에게 통보를 하여야 하며, 검사는 통상체포의 통제와 체포장소에 대한 방문을 한다(동법 제41조 3항). 통상체포의 결정은 사법경찰관에 의해서만 가능하며 사법경찰리와 보조리에게는 인정되지 않는다. 검사의 자격부여가 없는 경위·경감급에 대하여도 이는 인정되지 않는다. 체포기간은 법적으로 24시간이 연장될 수 있으며 체포된 피의자가 범행에 가담하였거나 가담하려고 하였다는 것을 인정케 할 증거가 없는 경우에는 진술청취에 필요한 시간 동안만 체포할 수 있다(동법 제63조 제2항).

통상체포기간의 연장은 검사의 서면허가에 의해서 가능하나 검사가 피의자를 검사면전에 인치할 것을 요구하지 않는 한 인치할 필요는 없다(동법 제63조 제3항). 그러나 13세 이상 16세 이하의 소년범에 대한 체포기간은 연장될 수 없으며, 16세 초과의 소년범에 대한 연장은 검사 또는 예심판사 면전에 인치된 후에만 가능하다.

2) **현행범체포** 경찰관이 현행범죄의 현장에 있을 경우 경찰관은 직접 체포한다. 범인이 사인에 의해 체포되어 사법경찰관에게 넘겨지는 것도 가능하다. 프랑스 실정법은 "현행범 중 중범, 경범(금고 이상)인 경우에만 현행범인을 체포하는 것이 가능하다"고 규정하고 있다. 현행범의 경우 체포된 피의자는 사법경찰관에 의해 검사에게 인치되어야 한다. 검사가 피의자 송치를 요구하는 경우 검사는 신속절차에 따라 기소를 할 수 있다. 현행범죄의 경우에 현장에 출동한 사법경찰관은 현장에 검사가 없다면 즉시 검사에게 통보하여야 한다. 검사는 필요하다고 판단하면 직접 사건현장에 출동할 수 있으며 긴밀한 방식으로 수사지휘를 한다. 통상 현장에 검사의 출현은 사법경찰관의 조사권을 해제시키며, 그 때 검사는 사법경찰관의 권한을 부여받는다. 검사는 사법경찰관에게 조사를 계속하도록 지시할 수 있으며, 보통 다른 사법경찰관이 이 사건을 담당하지 않는 한 처음 사법경찰관이 계속해서 사건을 처리한다.

3) **참고인 조사** 현행범 조사시 참고인의 진술은 경찰조사의 매우 중

요한 부분을 이룬다. 모든 사람에 대한 진술청취권은 사법경찰관에게만 인정된
다(동법 제62조). 사법경찰관은 피의자를 포함하여 범죄관련 정보를 제공할 모든
사람에 대한 출석요구와 진술청취를 할 수 있다. 출석요구를 받는 자는 출석의
무가 있다. 따라서 이러한 점에 있어서 조사는 강제적인 성격을 띠고 있다. 만
일 해당자가 출석에 불응하는 경우, 검사에게 통보하면 검사는 강제로 출석케
할 수 있다(동법 제62조 제2항).

　　예심판사의 수사진행과정과는 달리 참고인은 사법경찰관에게 선서를 하지
않는다. 왜냐하면 이러한 조건하에 진술한 자 중에는 피의자가 있을 수 있기
때문이다. 참고인을 보호하기 위해 1995년 1월 21일 법률은 범죄관여의 어떠한
증거도 없는 자는 검사의 허가를 받아 자기의 주거를 경찰서나 군인경찰서의
주소로 신고할 수 있도록 했다.

4. 기타사항

　　형소법 제19조 및 제21 · 22 · 28 · 29조에 근거하여 사법경찰관과 사법경찰
리, 특별사법경찰관리는 조서작성에 의하여 범죄를 확인할 권한을 가지고 있다.
조서는 그 이름에도 불구하고 조서작성 권한 있는 자에 의한 범죄확인 서면보
고에 지나지 않는다. 그러나 사법경찰보조리 작성의 보고서(조서)는 경범죄에
있어서 반대의 증거가 없는 한 증명력이 인정된다. 조서는 법률에 의한 일정한
형식이 요구되며, 종종 이러한 형식을 지키지 않는 경우 무효가 된다. 조서는
즉시 작성되어야 하며, 검사와 예심판사에게 지체없이 송치되어야 한다(동법 제
19조, 제21 · 22조). 조서는 프랑스 어로 작성되어야 하며 토지관할과 사물관할여
부를 확인하기 위해 작성자의 계급과 성명을 기재하고 서명하여야 한다. 법률
에 의해 정해진 형식에 의해 작성된 사법경찰관이 작성한 조서는 단순한 보고
(정보)가치밖에 없으므로 법원은 반대의 심증이 있는 경우 이를 배척하여야만
한다. 그러나 특별한 증명력이 부여되는 경우가 있는데 하나는 반대의 증거가
있을 때까지이고 다른 하나는 그 조서가 위조되기 전까지이다.

제 6 절 군 경 찰

선진국 가운데 경찰력의 일부를 군인이 담당하는 체제를 갖는 나라는 많지 않다. 프랑스, 벨기에, 룩셈부르크, 이탈리아, 스페인이 준군사조직의 형태를 갖는 경찰제도를 시행하고 있으나, 대부분 민간경찰화시켰다.[27]

군조직과 계급을 보유하고 있으나 실질적으로는 신분만 군인의 형태를 가질 뿐 경찰과 같은 역할을 하고 있다. "2009년 8월 3일 법"에 의하여 군 경찰은 내무부의 통제를 받고, 예산도 내무부에 통합되었다.

1. 군경찰의 인력

군경찰La Gendarmerie Nationale의 하사관은 18세 이상, 36세 이하의 자는 군경찰에 지원할 수 있다. 현역군인은 사직 후에 지원이 가능하고, 장교는 내부 및 외부 공개경쟁을 통하여 선발된다. 그 외에 청년실업구제 정책의 일환으로 보조군인경찰을 12개월 단위로, 최대 60개월까지 채용하여 13주의 교육 후에 임용한다.

2. 군경찰 조직

군경찰청장은 전통적으로 민간인이 임명된다. 통상 국방부장관의 지휘를 받지만, 비군사업무에 관하여는 관선지사의 지휘에 의하여 치안관련 업무를 수행하고, 사법업무에 관하여는 예심판사, 검사의 지휘에 의하여 수사를 한다. 프랑스 전역을 5개의 지역으로 구분하여 관할한다.

(1) 도 군인경찰대
군경찰의 대부분인 63,215여명이 도 군경찰대에서 근무한다. 주로 소도시나 시골의 치안과 수사업무를 맡고 있다.

---

27) 스페인, 벨기에는 최근 군인경찰을 민간화시켰다.

8-10	군경찰의 인력현황[28]		(단위: 명)
	1990년	2001년	2009
장 교	2,549	3,806	7,195
하사관	77,920	76,849	78,278
의용군인경찰[29]		11,025	13,933
보조군인경찰	10,342	3,502	2,712
계	88,262	96,182	99,406

(2) 기동군경찰대

16,018여명의 군인경찰이 소속되어 주로 특수한 업무의 활동을 담당하고 있다. 대테러부대, 산악구조부대, 동굴구조대, 공화국수비대,[30] 공수군경찰대, 대통령경호단 등의 특수부서가 속해 있다.

3. 장비 및 예상

군경찰은 26,000여대의 차량과, 55개의 헬리콥터, 30대의 함정, 그리고 350,000여정의 무기를 보유하고 있다. 산악수색과 구조, 수사를 위하여 534마리의 군견을 운용하고 있다.

4. 사법경찰활동[31]

2009년 군경찰에 의하여 1,014,5436건의 범죄를 처리하였는데 이는 전년대비하여 2.1% 감소하였으며, 프랑스 전체 범죄의 28.8%를 차지한다. 그중 595,923이 절도, 124,752건이 재정경제범죄, 125,972건이 대인범죄, 기타 167,789건으로 구성되었다. 검거율은 40.6%로 2002년의 32.1%에 비하여 뚜렷한 증가세를 보이고 있다. 군경찰은 1903년 법에 의하여 군과 민간에 대한 수사권을

---

28) Alain Bauer, André-Michel Ventre, "Les polices en France," QSJ, PUF 2010, p.7.
29) 프랑스의 해외영토 주민 중에서 지원자를 선발, 교육시켜 다시 해외영토 근무에서 근무할 군인경찰이다.
30) 일종의 의장대로 국가행사의 의전에 기마의장대 역할을 한다.
31) 프랑스 경찰청 사이트 검색(2012.2.2)www.interieur.gouv.fr.

갖고, 지역적으로는 프랑스 국토의 95%, 인구는 50%를 관할하고 있지만, 실질적으로는 전국을 대상으로 하는 수사가 가능함으로써 높은 검거율을 올릴 수 있는 것이다. 군인경찰 내에는 27,000여 사법경찰관이 수사권을 갖고 수사를 하고 있다.

제 7 절 자치경찰

1. 조   직

국립경찰과는 별도로, 자치경찰은 헌법 및 지방자치단체법, 국내안전법 등을 바탕으로 하여 꼬뮌 단위에 설치되어 있다. 꼬뮌에서는 법률이 정하는 바에 따라 지방의회에 의해 자유롭게 행정이 이루어지며 필요한 조례를 제정할 수 있다(공화국 헌법 제72조). 주민에 의해 직접 선출되는 기초자치단체장은 자치행정을 집행하며 특히, 자치경찰의 수장으로서 치안을 책임지고 있다. 각 꼬뮌에서는 치안수요 및 재정상황에 맞춰 자치경찰인력을 채용할 수 있는데 현재 그 수

8-11	주요 꼬뮌 자치경찰 수(2016년 기준)[32]		
도 시	도시인구 수	자치경찰관 수	1만 명당 자치경찰관 비율(명)
마르세유(Marseille)	862,211	450	5.22
리옹(Lyon)	515,695	335	6.50
툴루즈(Toulouse)	475,438	330	6.94
니스(Nice)	342,637	550	16.05
낭트(Nantes)	306,694	115	3.75
몽펠리에(Montpellier)	281,613	183	6.65
스트라스부르(Strasbourg)	279,284	157	5.62
보르도(Bordeaux)	252,040	122	4.84
릴(Lille)	232,440	120	5.16
렌느(Rennes)	216,268	75	3.47

32) L'Institut Paris Region, Les polices municipales des plus grandes villes de

는 전국적으로 21,000명 정도에 이른다. 자치경찰관은 지방자치단체별로 채용시험을 통해 선발된 후 시보임명과 교육을 거쳐 임용된다. 실무진인 자치경찰관은 C급 직군에 해당하는 지방공무원에 해당하고, 이외 B급 직급의 과·부장과 A급 직급의 자치경찰장이 있다. 국가경찰과의 혼동을 피하기 위해 구분되는 제복을 착용하고 있으며, 자치경찰 복장을 전국적으로 통일한 것도 특징이다.

2. 사 무

자치경찰은 국가경찰과 함께 공공의 안전과 안녕을 유지하는 치안사무를 책임진다. 다만 국가경찰은 프랑스 영토 전체에 대해 관할권을 행사하는 반면, 자치경찰은 자치단체의 관할과 권한 범위 내에서 치안사무를 수행한다. 지방단체법전 법률 제2212-2조 제1항에서 '자치경찰은 공공의 질서와 안녕, 공중의 안전과 위생의 보장을 목적으로 한다'고 규정하고 제2항에서는 공공의 질서, 안녕, 안전 및 보건을 보장하는 행정경찰 사무와 권한을 규정하고 있다. 자치단체장은 꼬뮌 내 경찰책임자로서 행정경찰과 관련된 조례를 발령할 수 있고, 자치경찰은 관련 조례위반행위를 단속하고 조서를 작성한다. 그리고 국내안전법에 따라 공공안전을 위하여 '스포츠·여가·문화행사의 안전을 위하여 자치시장이 파견한 자치경찰은 소지품을 눈으로 검사할 수 있으나, 소유자의 동의가 있는 경우는 직접 검색할 수 있고', '300명 이상이 운집한 스포츠·여가·문화행사의 출입을 위하여 사법경찰관의 통제 아래 상대방의 명시적인 동의가 있으면 촉수의 방법으로 신체와 소지품의 검색을 할 수 있다.' 그리고 도로교통법에 따라, 자치경찰은 음주운전자의 알코올 검사, 운전면허증유치, 자동차의 운행차단과 견인차량보관, 자동차등록 및 운전면허 조회 등을 할 수 있다. 한편, '범죄를 확인하고, 증거를 수집하고, 피의자 신병을 확보하는' 사법경찰 사무는 원칙적으로 형사소송법에서 열거한 사법경찰관리가 수행한다. 자치단체장과 부시장은 프랑스 형사소송법에서 규정한 '당연직' 사법경찰관이므로, 적어도 이론적으로는 예비수사 및 현행범수사를 개시·진행하고, 검문검색, 고소·고발접수, 경찰유치 등 모든 사법경찰권을 행사할 수 있다. 반면, 자치경찰관은 보조사법경찰리로 지명되고, 이들은 사법경찰관과 사법경찰리의 수사업무를 보조한다. 보조사법경찰리로서 자치경찰관은 일반범죄 발견시 보고서를 작성하여 이를 사법경찰기관 즉 꼬뮌장, 국가경찰 및 검찰에 통보하고 각종 경범죄, 도로교통법 위반 범죄 등 발견 시에는 증거력 있는 조서를 작성한다. 또한 이들은 사법경찰관의 요청이 있을 경우에 한해 형법상의 일반범죄를 발견하고 범인특정을 위한 정보를 수집할 수 있으며, 조서작성 시 용의자에 대한 관찰사항을 수집할 수 있다. 다만, 어떠한 경우에도 보조사법경찰리에게는 사법경찰권한 집행이 제한되어 있으므로 가택수색, 압수, 체포, 용의자 신문 등을 할 수 없다.

3. 통   제

자치단체장은 도지사의 행정적 통제를 받으면서 고유업무인 자치경찰의 사무, 그리고 해당지역과 관련된 국가의 업무에 관한 사무(기관위임사무)를 수행한다. 다만 자치단체장의 경찰권이 위임사무가 아닌 자치시장의 고유사무임에도 불구하고, 자치경찰의 조직, 임무 등에 행정부가 관여할 수 있는지가 문제된다. 논란 끝에 자치경찰의 설립은 자치단체장의 고유권한으로 자유롭게 설치할 수 있도록 하되, 5인 미만의 자치경찰의 구성은 협의 없이 자치단체의 결정으로 설치하고, 5인 이상의 경우에는 국가를 대표하여 도의 치안을 책임지는 도지사와 협약을 체결하도록 하였다. 도지사는 지방검사장에게 의견조회 후, 국사원령으로 규정되는 조정협약을 체결하여야 한다. 나아가 자치경찰은 무기휴대와 관련하여서도 도지사의 통제를 받고, 보조사법경찰관리로 사법경찰 활동에 참여할 경우 검찰의 통제를 받기도 한다.

제 8 절 결   론

프랑스 경찰청의 조직은 역사적, 조직적으로 다음과 같은 특색을 갖는다.

1. 강력한 국가경찰체제

한국 경찰청의 기능을 거의 전부 가지고 있으며, 그 외에 한국의 출입국관리국, 국가정보원, 대통령경호실, 일부 소방국(파리지방경찰청)의 업무를 맡고 있어, 프랑스의 경찰청은 다른 선진국에 비하여 경찰에 과다할 정도의 권한이 집중되어 있다. 프랑스의 역사상 많은 혁명, 쿠데타 등의 정치변혁으로 인하여 굳건한 국가체제를 유지해야 하는 필요에 의하여 중앙집권적인 강력한 국가경찰체제가 요구되었다고 생각된다.

2. 행정경찰과 사법경찰의 구분

경찰관 임용 3년 이상 근무자 중에서 별도의 선발과 교육과정을 거쳐 임명되는 사법경찰은 행정경찰과 구분되며, 지방수사조직도 일반지방청 조직과 다른 별도의 관할 구역을 갖는 등 행정경찰과 사법경찰을 확연히 구분하고 있다. 이는 행정경찰의 계급에 의한 수사 간섭을 방지하고, 경찰 수사의 독립성을 확보하려는 조직 체계라고 할 수 있다. 특히 검사는 자신이 지휘할 수 있는 인력이 없어 수사를 지휘하고, 직접 수사는 사법경찰이 담당하는 구조에서는 독립적인 경찰 수사를 위하여 필요한 구조이다.

3. 효율적인 인력관리

수사경찰국의 경찰관은 경위 이상, 공공안전국은 경위 이하의 경찰관이 다수를 차지하고 있으며, 경무국의 경우 경찰관은 소수이고 일반직공무원이 다수를 점하고 있다. 이는 기능별로 효율적인 인력관리를 통하여 업무성과를 극대화하려는 것으로 대부분의 선진국 경찰의 인력관리 정책이라고 할 수 있다. 특히 치안유지와 범죄수사와 관련이 없는 분야의 일반직 공무원의 배치는 경찰의 전문화를 위한 세계적인 경향이라고 할 수 있다. 그리고 공공기능의 효과성을 제고하기 위하여 상위직 수는 감소, 직접 대민접촉을 하는 하위직을 증원하여 업무부담을 감소하여 대국민 서비스를 양질화하려는 계획을 실행 중에 있다. 인구 노령화에 대비하여 55세 퇴직연령 이후에도 보수의 증액없이 65세까지 근무할 수 있도록 하였으며, 소외계층의 경찰관 진입을 위하여 경찰청의 후원하에 채용시험 준비를 할 수 있는 경찰후보생 제도를 두고 있다.

4. 경찰청장 및 경찰청 주요부서의 민간인 임용을 통한 내부통제

경찰청장 및 경찰청 주요국장에 민간인 일반직 공무원을 배치하여 강력한 국가경찰체제를 유지하면서도 경찰관이 아닌 정무직 공무원인 내무부 장관 그리고 일반직 공무원에 의한 경찰기능의 내부통제가 이루어지고 있다. 특히 계급구조로 인하여 자칫 경직되기 쉬운 경찰문화를 유연하게 하는 데 공헌하고 있다고 할 수 있겠다. 국무위원인 내무부장관의 직접적인 통솔 하에 놓여, 내무부 장관의 지도와 지원을 받을 수 있는 장점도 가지고 있다.

5. 직군별 승진체계로 승진에 낭비요인 제거

계급을 지휘직군, 지도직군, 집행직군의 세 직군으로 나누고, 직군별로 채용 및 임용을 하고 직군 내에서는 복수직급제도를 운용하고, 업무의 난이도가 전문화되고 심화되는 상위직군으로의 승진 시에만 승진대상자의 자격을 검증하는 시험 및 심사제도를 운용한다. 이러한 직군제도는 모든 계급의 승진 때마다 별도의 시험이나 심사를 요구하여 지나치게 승진에 조직원의 역량이 소모되는 현상을 방지하고 있다.

6. 기초단위 보조적 자치경찰의 발전

역사적으로 자치경찰은 프랑스 혁명기 때 본격적으로 등장하기 시작했으나, 이후 역사적 과정에서 점차 힘을 잃었다가 최근 새로운 근접경찰로서 발전의 양상이 거세게 일어나고 있다. 그 이면에서는 '국가를 위한 질서경찰' 중심의 국가경찰제가 지역적 특성과 주민의 안전욕구를 충족시키는 데 실패하고, 범죄와 시민들의 치안불안감 증가에 따라 '시민을 위한 안전경찰'에 대한 요구가 커졌기 때문이다. 1990년을 전후해서 국립경찰 내 우리의 지구대, 파출소와 비슷한 근접경찰제를 창설하여 지역경찰 활동을 강화하고자 하였고 성과도 일부 있었으나, 경찰권에 대한 정부의 통제 열망, 협력치안 등 경찰 변화에 대한 경찰조직 내의 강한 거부감 등이 맞물려 이 실험은 불과 5년도 되지 않아 중단되었다. 지역경찰 활동에 있어서 국가경찰제의 한계가 드러나기 시작하면서 각 기초자치단체에서는 주민들의 안전에 대한 요구와 지역 실정에 맞는 범죄예방 활동을 위해 자치경찰 조직, 인력 등을 자체적으로 증가시켜 나갔다. 그리고 국가 차원에서도 치안에 대한 국가경찰 독점체제를 고수하기보다는 지방분권개념과 공동치안 개념을 수용하여, 법률제정을 통해 자치경찰의 사무와 권한을 점차 넓게 인정해 나가고 있다. 특히, 비형사적 수단을 이용한 범죄 예방단계에서는 각 자치단체장과 자치경찰이 주체로 등장하게 되었다고 해도 과언이 아니다. 다만, 형사범죄를 처리하는 수사와 관련하여서는 자치경찰에 대해 보조사법경찰리로 그 지위와 권한을 한정함으로써 수사의 주체가 아닌 보조기관으로서 여전히 자리매김하고 있다.

참고문헌

Alain Bauer, Andr—Michel Ventre, "Les Polices en France", QSJ, PUF 2002.

ChristianMouhanna, "Polices judiciaires et magistrats" La documentation Franaise, 2001.

David H. Bayley, "Patterns of Policing", Rutgers University Press. 1985

La Direction Generale de la Police Nationale, "La police nationale(2006)."

Claude Journs, "La Police" PUF 1993.

Francis Pakes, "Comparative Justice" Willan Publishing, 2004

George Carrot, "Histoire de la police franaise" Tallandier, 1992.

L' Institut Paris Region, Les polices municipales des plus grandes villes de France, 2019.

Jaque Aubert et Raphal Petit, "La police en france" Berger—Levrault 1981.

Marcel Le Clere, "La Police" QSJ, PUF 1972.

Olivier Renaudie, "La police et les alternances politiques depuis 1981" Panthon – Assas, 1999.

Pouvoirs, "La Police" Seuil, N102, 2002.

Trevor Jones and Tim Newburn, "Plural Policing" Routledge. 2006.

프랑스 대사관 경찰주재관 Cathrine Bonnet 인터뷰.

김택수 외, "프랑스 정보경찰의 개혁과 갈등조정 역할에 관한 연구", 경찰법연구 제12권 제1호, 한국경찰법학회, 2014

박창호, "프랑스 수사제도," 치안정책연구 제16호, 치안정책연구소, 2002.

유주성, "프랑스 예심판사제도 폐지에 관한 논의," 외법논집 41권 4호, 한국외국어대학교 법학연구소, 2017, 223-245

유주성, "프랑스, 미국, 일본의 자치경찰제와 비교법적 검토", 동아법학(80), 동아대학교 법학연구소, 2018.

유주성, "프랑스 근접경찰; 자치경찰과 일상안전경찰", 경찰법연구 제18권 제1호, 한국경찰법학회, 2020.

제 *9* 장
스페인의 경찰제도

제 1 절 국가의 개관

I 일반현황

스페인 왕국Kingdom of Spain은 스페인어로 에스파냐 왕국Reino de Espana으로 불린다. 스페인의 수도는 마드리드이다. 스페인 영토의 면적은 한반도의 약 2.3배로 약 505,370㎢를 아우르고 있다. 인구는 2025년 초 기준으로 약 4,747만여명에 달한다.[1] 언어는 스페인 어, 카탈루냐 어(카탈루냐 주의 주도, 바로셀로나), 바스크 어, 갈리시아 어 등을 활용하고 있다. 종교는 로마 가톨릭 인구가 75% 이상이다. 스페인의 의무교육은 9년으로 되어 있다. 정치형태는 입헌군주제이고 정부형태는 내각책임제를 수용하고 있으며 수반은 총리이다. 총리에 의해 장관들이 지명된다.

1. 스페인 의회

의회는 양원제를 취하고 있다. 상하원은 직접 및 간접투표로 선출된다. 재적 616명 중 616명(14대)인데 266명(원로원), 350명 (대의원) 등 4년 임기로 구성된다.[2]

2. 사 법 부

사법부 총평의회가 최고책임기관으로 대법관 임명제청 및 법관임명 등의 권한을 행사한다.

---

1) https://search.daum.net/search?w=tot&q=%EC%8A%A4%ED%8E%98%EC. 스페인은 라틴족, 원주민인 이베리아인, 로마인, 게르만인, 아랍인 등으로 구성되어 있다.

2) https://namu.wiki/w/%EC%8A%A4%ED%8E%98%EC%9D%B8%20%EC.

3. 법원조직

대법원, 국가고등법원, 지역고등법원, 주(州) 고등법원, 지방법원으로 구성되고 3심제도를 운영하고 있으며 군사재판은 분리되어 운영된다.

Ⅱ 지방자치제도

1. 일반현황

스페인은 지역중심의 자치제를 지니는 지역형 국가이다. 특히 스페인은 이탈리아와 영국처럼 준연방국가로 운영된다. 말하자면 단일국가로서 중앙집권국가도 아니고 연방제 구조를 갖고 있지도 않지만 자치분권을 통한 지역중심의 연방제형태(준연방제 국가)에 가까운 지방자치를 실시하는 국가로 알려져 있다.[3] 17개의 자치주로 법률제정까지 가능한 자치분권을 누린다. 이처럼 서로 자치권을 누리며 독일, 벨기에, 스위스처럼 유럽에서 지방자치가 잘 이루어지고 있는 대표국가 중 하나이다.

2. 지방자치 계층구조

쿠데타로 집권한 프랑코 장군의 독재는 1936년부터 1975년까지 이어졌다. 무려 39년 간이다. 그가 사망한 이후 1978년 12월 국민투표로 현행 헌법이 마련되고 1997년 처음으로 자유선거가 이루어지면서 지역주의를 표방한 정당들이 표면화 되었다. 스페인 왕정도 복원되었다. 지방자치정부들은 기관통합형 혹은 내각책임제 형태를 갖추고 있다. 단원제의 지방자치의회는 주민의 보통선거로 선출된다. 그리고 지방의회에서 선출된 지방자치 지사가 집행부를 구성해 운영한다.[4]

---

3) 안영훈·치안정책연구소, 『유럽형 자치경찰제도 모델분석』, 치안정책연구보고서, 2005. 12, p.74.
4) 치안정책연구소. (2020). 외국 자치경찰제도 연구, p.209.

스페인은 52개의 도와 17개의 자치주 행정영역을 가진 단일국가이다. 그러나 헌법은 지역자치권을 인정하고 3계층제로 이루어져 있다. 즉 스페인 중앙정부 아래에 17개 자치주 및 2개 자치시, 그 아래에 52개의 도, 그리고 8,082개의 기초자치정부가 위치하고 있다.[5]

제 2 절 스페인의 경찰제도

I 일반 개요

1. 경찰제도의 역사적 변천과정

바르셀로나가 수도인 카탈루냐 지방은 1690년 처음으로 전문직 경찰인력을 창설했다. 이것이 바로 오늘날의 카탈루냐 주경찰인 모소스 에스콰드이다. 1719년 군인복장의 경찰복을 착용하였으며, 1721년 12월 왕의 칙령으로 공식적인 인정을 받았고 이후 나폴레옹의 유럽 및 스페인 침공으로 자치경찰의 존재가 사라지고, 점차 국가가 중심이 되는 국가군인경찰Guardia Civil 및 시민경찰Milicia nacional이 활성화되었다.[6]

2. 시민경찰

시민경찰은 1808년부터 먼저 안달루치아 지방과 마드리드 지방의 도심지를 중심으로 범죄자 처벌과 일반시민 안전확보를 목적으로 창설되었으나 그 후 국가군인경찰 시스템으로 대체되었다. 이 국가군인경찰은 프랑스의 군경찰(1791)을 모델로 하여 1844년 창설되었다. 도심지역에서 범죄를 퇴치하고 예방하기 위하여 도시별 지방경찰이 만들어져 범죄업무와 관련해서는 민간경찰la Vigilancia이, 공공질서와 관련해서는 군대조직을 모방한 국가군인경찰la Seguridad 시스템이

5) 신현기, 『자치경찰론』(부평: 진영사, 2017), pp.121-147.
6) 행정자치부 자치경찰실무추진단, 『유럽의 자치경찰제도』(서울: 자치경찰추진단, 2006), p.13.

1844년에 본격 대체 및 활동하였다.[7] 스페인 군인경찰은 1844년 3월 28일 왕 칙령에 의해 프랑스 군인경찰 모델을 참고로 창설되었다. 특히 1829년 해안과 국경감시 목적으로 설치되어 운영되던 해안국경군Carabineros de Costas y Frontieras도 군 인경찰에 통합되어 오늘에 이르고 있다.

3. 프랑코 독재 시대(1940~1977)의 경찰통합

독재자 프랑코 총통[8]은 1940년 3월 17일 법률을 제정하여 자치경찰을 포함 한 국가경찰을 모두 통합하는 개혁을 단행했다. 이들을 모두 군조직으로 통합 해버린 것이다. 모든 경찰력을 군인의 직위로 유지시킨 것이다.[9] 이후 1978년 헌법 수정 이후 경찰재조직법에 따라 국가경찰은 국가간부경찰Cuerpo Superior de Policia, 국가무장경찰Policia Armada, 국가군인경찰Guardia Civil로 재편하고 자치경찰을 부 활하였다. 이어서 1986년 3월 14일 새롭게 제정된 경찰조직법에 근거하여 국가 경찰, 군인경찰, 자치경찰로 개편되어 오늘에 이르고 있다.

⨅ 스페인 경찰의 종류

스페인은 1986년 헌법 제104조에 근거해 이른바 국가안전경찰조직법을 마 련했다. 그 목적은 국가경찰, 자치경찰, 기초정부경찰을 위해 법적인 운영지침 을 제정하기 위한 것이었다.[10]

스페인의 경찰조직은 국가경찰과 지방경찰로 이원화되어 있다. 국가경찰은 일반국가경찰과 군인경찰로 나누어지고 지방별로 지자체경찰(자치경찰)을 활용하 고 있다. 자치경찰에는 광역자치경찰과 기초자치경찰로 나누어져 운영되고 있다.

스페인의 경찰조직을 한마디로 표현하면 ① 중앙정부에 속한 경찰, ② 주정 부에 속한 경찰, ③ 지방자치단체에 속한 경찰 등이다.

---

7) 행정자치부 자치경찰실무추진단, 상게서, p.13.
8) 스페인 제2공화국에 반대하여 프란시스코 프랑코가 이끄는 군부 세력이 1936년 내전 을 일으키고 결국 승리하여 독재 정치를 유지했다. 스페인 왕은 이태리로 망명했다가 프랑코 사망 후 돌아와 왕정이 복구되었다.
9) 안영훈·치안정책연구소, 전게서, p.81.
10) 안영훈·치안정책연구소, 전게서, p.84.

그러나 스페인의 경우 카탈루냐 주, 바스크 주 그
리고 나바라 주에서는 유일하게 주경찰체제로 독립하
여 운영되는 독특한 제도가 존재한다.[11]

또한 스페인에서는 1987년 12월 4일 왕령에 따라
경찰의 계급과 직위에 따라 복제나 장비를 정하는 내
부규정이 생겼으며 내무부장관의 지휘를 받는 완전한
경찰조직을 가지게 되었다.

출처: 신현기(마드리드, 2004. 5. 15)
스페인 국가경찰의 심벌

Ⅲ 스페인 경찰차관

1. 지   위

스페인의 경찰차관은 내무부장관으로 부터 직접 위임을 받아 국가경찰을 지
휘 및 감독하고 있다. 차관은 차관급에 상당하는 정무직 공무원으로 민간인 중
에서 임명된다. 그는 국가안전위원회의 상임위원이다. 특히 그가 가지고 있는
특징은 보수나 실제 지위에 있어서 장관과 차관의 중간 위치에서 내무차관에
비해 독립성이 강하다는 점이다.[12]

2. 임   무

스페인에서 경찰차관의 임무는 국립경찰과 민병대를 지휘한다. 즉 전 경찰
조직을 지휘하고 조정하는 임무를 수행한다. 이 밖에도 소속기관의 예산의 수
립과 법규적용의 타당성을 감사하는 임무를 수행하고 있기도 하다.[13]

3. 직속기관

스페인의 경찰차관은 직속기관으로 법무국, 조정기획국, 경무국, 정보국을 두

---

11) 신현기, 『자치경찰의 이해』(서울: 웅보출판사, 2006), p.244.
12) 임창호, 『경찰학개론』(서울: 화학사, 2007), p.262.
13) 임창호, 상게서, p.262.

고 있다.

Ⅳ 스페인 경찰청장과 형사국

1. 경찰청장

스페인 경찰청장은 내무부장관의 지휘를 받으며 경찰차관에 직접 종속되어 국립경찰을 책임지고 있다. 그는 소속 중앙조직과 외부조직을 맡아 지휘하고 있다. 현재 민간인이 경찰청장을 맡고 있다. 경찰차관이 국가안보문제에 집중하는 반면에 경찰청장의 경우는 치안문제에 직접 영향력을 집중하고 있다.[14]

2. 형 사 국

스페인의 내무부가 전문교육을 시킨 국가경찰을 대상으로 형사국을 구성하는데 이들은 범죄수사만을 전담하는 전문사법경찰조직이다.[15] 이는 사법당국이 아니다.

제 3 절   스페인의 국가경찰

I 국가일반경찰

1. 일 반 현황

스페인의 국가경찰은 전 국토에서 임무를 수행하고 있다. 국가일반경찰은 내무부장관에 속하는 민간 성격의 무장기관이다. 그리고 국가군인경찰은 스페

---

14) 임창호, 전게서, p.262.
15) 임창호, 상게서, p.263.

인 경찰조직법이 부여한 임무수행시에는 내무부 장관에 속하며 본법 또는 정부
가 위임한 군사적 성격의 임무수행시에는 국방부장관에 속한다. 그리고 전쟁
계엄시에는 절대적으로 국방부장관에 속한다.[16)]

스페인 국가경찰의 시민안전에 대한 일반행정과 최고 지휘권은 내무부장관
에 속하며 국제협약과 조약에 따른 타국과의 공조 및 협력도 같다. 스페인 내
무부 장관의 직접 권한하에서 안전담당차관이 이 법상의 지휘권을 행사하며 군
인경찰과 경찰의 일반지휘권도 가지며 이러한 지휘권을 통해 전체 국가경찰의
활동을 조정한다. 그리고 각 도에서는 도지사가 범죄수사 및 범죄자의 발견과
확보에서 법관, 법원, 검찰에 대한 사법경찰조직의 기능적 소속을 침해하지 않
는 범위 내에서 직접 지휘권을 갖는다.[17)]

그리고 스페인에서는 인구 20,000명이 넘는 지역은 반드시 국가경찰이 있어
야 한다는 의무규정이 있다.[18)] 인구 20,000명을 기준으로 그 이상의 도시는 내
무부 산하 국립경찰 본부의 국가일반경찰이 맡고 인구 20,000명 이하 시골지역
은 내무부 산하 보안청의 국가군인경찰이 담당하고 있다.[19)] 국방부 산하 군인
경찰의 인사업무는 국방부가 담당하지만 평상시에 그 운영은 내무부에서 담당
한다. 물론 비상시에는 국방부가 맡는다.

2. 국가경찰의 기능

스페인의 국가경찰은 시민의 권리와 자유보호 및 안전보장을 위해 다음의
기능을 갖는다.

첫째, 개개의 권한 범위 내에서 위임받은 명령을 수행함으로써 법률을 수호

둘째, 위험상태에 있는 개인의 구조와 보호 및 재산을 보존

셋째, 필요한 공공 건물 및 시설물의 경계와 보호

넷째, 요인 경호

다섯째, 질서와 시민의 안전유지

여섯째, 범죄발생의 예방

---

16) 스페인 경찰조직법, 제9조 참조.

17) 스페인 경찰조직법, 제9조 참조; 행정자치부 자치경찰실무추진단, 상게서, p.13.

18) 신현기, 『비교경찰제도의 이해』(서울: 웅보출판사, 2006), p.246.

19) 스페인 국가일반경찰은 각 도의 수도, 인구 20,000명 이상의 도심지와 기초자치단체에
대한 치안과 교통을 관리한다.

일곱째, 용의자 발견과 검거를 위한 범죄수사 및 범죄도구와 증거 등의 확보, 또한 이들을 법정에 제출하고 전문소견서와 감정서를 작성

여덟째 질서와 공공안전을 위한 자료의 확보와 수집, 분석 및 범죄 예방대책의 연구, 그리고 수립과 시행

아홉째, 시민보호법규가 정한 범위 내에서 중대한 위험이나 천재지변 발생시 시민보호기관과의 협조 등이다.

무엇보다 위의 임무들을 보면 도Provincia의 중심도시 및 정부에서 정한 자치지역과 도심지역은 국가일반경찰의 임무에 속하고 국가군인경찰은 그 이외의 지역과 영해에서 임무를 수행하고 있다.[20]

3. 고유업무의 대상

스페인 국가일반경찰의 임무는 다음과 같다.[21]

첫째, 신분증과 여권의 발급

둘째, 내·외국인의 출·입국 관리

셋째, 거류 외국인, 범인 인도, 추방, 이민자에 대한 조사

넷째, 사행행위 감독

다섯째, 약물과 관련된 범죄 조사

여섯째, 내무부장관의 지휘하에서 국제경찰 공조

일곱째, 사설 경비단체의 구성원, 장구, 활동상황의 통제

여덟째, 기타 법령이 정한 사항 등이다.[22]

---

20) 스페인 경찰조직법, 제11조 참조; 행정자치부 자치경찰실무추진단, 상게서, p.100.

21) 경찰시험 기출문제: 2007년 3월 18일 경찰청 시행 남녀경찰 1차 및 101경비단 1차 필기시험 문제에 마침내 스페인 관련 문제가 출제되기 시작했다. 그 기출문제를 소개하면 다음과 같다. 즉 "스페인 국립경찰의 특별업무가 아닌 것은? ① 신분증과 여권발급, ② 사행행위의 단속과 감시, ③ 밀수방지 및 수사, ④ 용역경비단체와 그 경비에 대한 감시, 통제, 감독"이라고 출제되었는바, 정답은 3번이었다.

22) 스페인 경찰조직법, 제12조 참조; 행정자치부 자치경찰실무추진단, 전게서, p.102.

Ⅱ 국가경찰의 인력

1. 인력 현황

스페인의 경우 국가공무원으로서의 국가일반경찰 소속 인력은 약 53,736명이다. 이는 국가일반경찰직(45,362명), 기술직(359명), 일반직 공무원(2,465명), 노무직 및 기타(3,776명) 등으로 구성되는데 물론 내무부 소속이다.[23] 활동영역은 도의 중심도시 및 정부에서 정한 지역과 도심지역이다. 무엇보다 국가일반경찰의 활동역역은 인구 2~3만명 이상의 도심지역의 치안과 교통 등을 담당하고 있다.[24]

2. 국가경찰의 계급

스페인에서 국가일반경찰의 소속인력은 전체 53,736명에 달한다. 아래의 도표에서 보는 바와 같이 국가일반경찰직이 45,362명, 기술직 359명, 일반직 공무원 2,465명, 노무직 및 기타가 3,776명으로 이루어졌다. 이들의 활동영역은 도(道)의 중심도시 및 정부에서 정해준 지역과 도심지역이 된다.[25]

9-1	경찰인력 현황(2004년)		
구 분	인 력	지 휘 권	비 고
국가경찰 — 국가일반경찰	45,362명	내무부장관	
국가경찰 — 국가군인경찰	72,500명	내무부장관(평시)	
자치경찰 — 주경찰	13,700명	자치단체장	바스크, 카탈루냐, 나바라
자치경찰 — 기초자치경찰	50,000여명	자치단체장	

출처: 행정자치부 자치경찰실무추진단, 『유럽의 자치경찰제도』(서울: 자치경찰추진단, 2006), p.14에서 재인용.

---

23) 행정자치부 자치경찰실무추진단, 전게서, p.15.
24) 안영훈・치안정책연구소, 상게서, p.85.
25) 행정자치부 자치경찰실무추진단, 전게서, p.14.

스페인 국가일반경찰의 계급은 고위층(총경, 경정), 중견층(경감, 경위), 초급 관리층(경사), 초급층(경장, 순경) 등 4개층으로 운영된다.

9-2	스페인 국가일반경찰 계급체계 및 인력 수(2004년)	
계 급	계 급	인 원
escala superior(고위관리자)	Comisario Principal	66명
	Comisario	375명
escala ejecutiva(중견관리자)	Inspector Jefe	2,445명
	Inspector	3,295명
escala subinspeccion(초급관리자)	Subinspector	3,892명
escala Basica(초급경찰)	Oficial de Policia	4,153명
	Policia	31,136명
총 계		45,362명

출처: 행정자치부 자치경찰실무추진단, 『유럽의 자치경찰제도』(서울: 자치경찰추진단, 2006), p.14에서 재인용; 안영훈, 『유럽형 자치경찰제도 모델분석』, 치안정책연구소, 연구보고서 2005-12, 2005, p.89에서 재인용.

스페인 국가경찰의 지위와 권한을 보면 내무부 장관의 지휘를 받는 국가일 반경찰은 약 53,736명 정도였다. 스페인의 경우도 전장에서 살펴본 프랑스의 경우처럼 인구 20,000만명을 기준으로 그 이상은 국가일반경찰이 치안을 유지 하고 있다. 국가일반경찰의 권한과 임무는 다음의 사항인데 주민등록증이나 여 권 관리, 출입국 관리의 통제, 외국인 망명자 관리와 국외추방 및 국내송환, 이 민관리, 마약 범죄 관리, 국제경찰 간 협력 등이 바로 그것이다. 그리고 각 지방 의 수도에서는 예방경찰기능과 수사경찰기능을 함께 수행하고 있음도 특이하다.

III 주요 권한과 조직

1. 주요 권한

주요 권한을 보면 다음과 같다.
○ 범죄예방 및 수사(군인경찰과 공통)
○ 요인보호 및 공공건물·시설물 보호(군인경찰과 공통)

○ 신분증, 여권 발급
○ 출입국관리 및 통제
○ 거류 외국인 등 이민자 조사 및 국외추방
○ 사행행위 감독, 사설경비단체 관리
○ 마약관련범죄 퇴치 등이다.[26]

2. 조   직

스페인은 현재 왕정체제하에 수상제를 채택하고 있다. 스페인의 수도는 마드리드이며 내무부 경찰국이 바로 이곳에 위치하고 있다. 다음의 그림은 스페인 내무부 경찰국의 시설인데 뒷면에 국가상징인 왕관과 왕의 사진을 찾아 볼 수 있다.

9-3　스페인 내무부 경찰국의 시설

출처: 신현기, 『자치경찰론(제5판)』(서울: 진영사, 2017), p.140.

---

26) 스페인 경찰조직법 제11조~12조를 참조.

9-4   스페인 국가경찰 체계

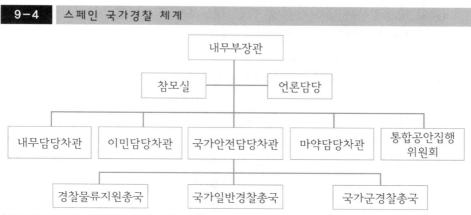

출처: 행정자치부 자치경찰실무추진단, 상게서, p.16.

9-5   스페인 국가일반경찰 행정조직(총국) 및 전국조직체계

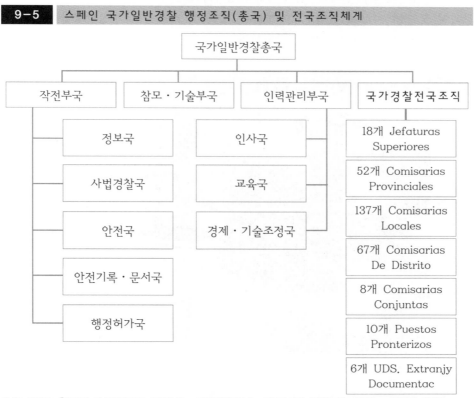

출처: 안영훈, 『유럽형 자치경찰제도 모델분석』, 치안정책연구소, 연구보고서 2005-12, 2005, p.89에서 재인용.

스페인 중앙정부는 2004년 4월 17일 내무부의 국가안전 및 경찰업무 수행 조직을 개편하여 국가일반경찰총국_{Direccin General De La Policia}이 국가의 일반경찰 업무를 총괄(시행령 제1449/2000호)하고 있다.

스페인의 지방조직체계는 "상급경찰청(18개주 수도에 위치)_{Jefatura Superior De Polica}, 도경찰청(주의 수도가 위치한 도를 제외한 52개 지역의 도청 소재지에 위치하여 도지사의 관리하에 경찰국장이 직접적인 지휘권을 행사)_{Comisaria Provincial}, 군지역경찰서(농어촌 중심으로 137개 배치)_{Comisaia locales}, 대도시 경찰서(대도시를 중심으로 67개 경찰서가 배치되어 있으며 도 경찰국의 지시를 받아 국가경찰의 최일선 하부기관인 지구경찰서의 업무를 지휘·감독)_{Comisaria De Distrito}, 중소도시 경찰서(도지사와 도경찰국장의 지휘·감독을 받아 경찰서장이 직접적 지휘권을 행사)_{Comisaria Zonal}, 대도시지역경찰서(13개 대도시를 구역으로 구분하여 치안활동을 수행하는 국가일반경찰의 최일선 하부경찰기관), 출입국관리지구대(내외국인의 출입국 통제와 공항의 안전업무)_{Puesto Fronterizo}"로 구성되어 오늘에 이르고 있다.[27] 이해를 돕기 위해 스페인 국가일반경찰 행정조직(총국) 및 전국조직체계를 통해 살펴보자.

9-6 스페인 국가경찰의 직무장면

출처: 신현기(마드리드, 국가경찰의 직무장면, 2004. 5. 14).

---

27) 행정자치부 자치경찰실무추진단, 상게서, p.16에서 재인용.

Ⅳ 국가경찰의 등급과 승급제도

1. 일반현황

스페인 국가일반경찰의 지휘조직의 구조와 권한은 내무부 조직규칙에 따르고 있다. 그들의 규율체제는 국가 대민행정공무원들에 대한 현행 입법을 보충권리로서 갖으면서 현행법과 규칙에 따른다.

9-7	스페인 국가경찰의 등급과 계급
등 급	계급 내용
2개 계급의 최고 등급	내부승진에 의해 집행등급에서 하위계급의 최고등급으로, 하위계급에서 최고계급으로 함
2개 계급의 집행 등급	기초 감독등급에서 하위계급으로의 승진은 정해진 비율에 따라 내부승진과 자유시험으로, 상위계급으로는 내부승진으로 함
1개 계급의 기초감독 등급	기본등급에서 내부승진으로 함
2개 계급의 기본 등급	하위계급은 자유시험으로, 상위계급은 내부승진으로 함
국가경찰에는 경찰임무의 원조를 위해서 공무원이나 전문가를 둠	즉 A와 B 두 개 부류의 자격을 갖는 전문직과 기술직을 둠

출처: 스페인 경찰조직법, 제17조 참조.

2. 제복과 정년

대원들은 근무부서, 근무형태에 따라 제복 또는 사복을 착용하고 있다. 그리고 정년은 만 65세로 하고 있어 한국에 비해 매우 긴 편이다.[28] 또한 경찰관의 제2의 생활에 대한 허가연령 및 사유는 그의 신체적 적응성을 감안하여 법에 의해 결정하며 이에 대한 보수와 상응하는 의무가 결정된다.[29]

---

28) 2006년 7월 1일 발족한 우리나라 최초의 제주자치경찰을 보면 자치경감까지는 58세이고 자치경정 이상은 60세까지 정년을 정하고 있다.

29) 스페인 경찰조직법, 제16조 참조; 행정자치부 자치경찰실무추진단, 상게서, p.103.

제 4 절   스페인의 국가군인경찰

I 군인경찰의 현황과 권한

1. 일반현황

　스페인 국가군인경찰De Guardia Civil은 군인 신분의 공권력으로서 부여된 임무를 수행한다. 국가안전에 관한 총체적 권한을 갖고 있는 국가군인경찰은 업무상 평상시는 내무부장관과 비상시는 국방부장관의 지휘를 받게 된다.

　스페인 군인경찰은 군사적 특성에 맞추어 업무에 따른 계급조직으로 구성되며 군사명령에 따르고 있다. 내무부장관은 군인경찰의 시민안전 및 기타 본법이 정한 관련 업무와 보수, 근무지, 병영수용 등의 기타 사항을 조정한다. 국가군인경찰은 인구 20,000명 이하의 시골지역에서 일반치안, 도시 간 교통정리 업

9-8　스페인의 군인경찰과 차량

출처: 전현준, 전게보고서, p.35.

출처: 신현기, 『자치경찰론(제4판)』(부평: 진영사, 2017), p.125.

9-9 스페인 경찰조직의 체계도

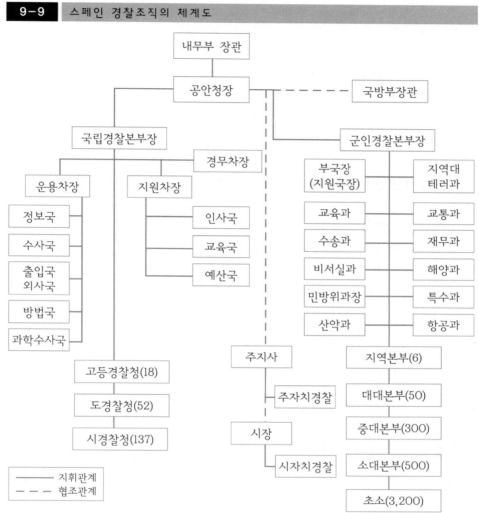

출처: 신현기, 『자치경찰론(제4판)』(부평: 진영사, 2010), p.122; 경찰청 경찰혁신위원회, 「선진국 자치경찰 운영사례연구를 위한 현지시찰 자료집」, 2004. 5. 15~24, p.91.

무를 담당한다.[30] 물론 해상지역도 담당하고 있다. 스페인 전역의 90%의 영토와 총인 40%에 대한 치안책임을 담당하고 있다.

---

30) 안영훈, 『유럽형 자치경찰제도 모델분석』, 치안정책연구소, 연구보고서 2005-12, 2005, p.89.

그리고 내무부장관·국방부장관은 공동으로 선발, 교육, 무장, 관할 등을 결정하고 군인경찰대장의 임명을 제청하며 군인경찰에서 군사업무 수행을 위한 지원규칙을 조정한다. 또한 국방부장관은 승진과 근무체계 그리고 군사적 성격의 파견을 조정한다. 국방부장관은 군인경찰의 해임시 내무부장관에게 사전통보해야 한다. 군인경찰의 경우 그 특수성으로 인해 정당·노조가입 및 집단청원이 금지된다. 단, 개인적으로 특별히 법에서 정한 범위 내에서의 청원권 행사는 가능하다.[31]

2. 국가군인경찰의 주요 권한(경찰조직법 제11조~12조)

스페인 군인경찰의 권한은 다음과 같다.
○ 범죄예방 및 수사(국가일반경찰과 공통)
○ 요인보호 및 공공건물·시설물 보호(국가일반경찰과 공통)
○ 무기, 폭약 관련 법준수
○ 세관업무, 밀수방지 및 수사
○ 교통통제, 도시간 공용도로 대중교통 관리
○ 육로, 해안가, 국경, 항구, 공항, 주요 공공시설 등 보호
○ 자연자원, 환경 및 수자원보호
○ 도시간 범죄자수송 등

Ⅱ 군인경찰의 조직과 임무 및 예산

1. 조   직

군인경찰업무를 총괄하는 중앙부처의 군인경찰총국Direccin General De La Guardia Cvil 은 3개 부국(작전국, 인력관리국, 물자지원국)으로 구성되어 있다. 지역별 조직은 17개주(州) 군인경찰대zonas, 도에는 54개 자치정부연합지역대commandancias에 배치되어 있다. 또한 사법경찰권을 중심으로 한 223개 군지역companias 경찰서와 2,068개 경찰서puestos로 구성되어 있다.[32]

---

31) 스페인 경찰조직법, 제15조 참조; 행정자치부 자치경찰실무추진단, 전게서, p.103.

2. 군인경찰의 임무

스페인 군인경찰의 임무는 다음과 같다.
첫째, 무기와 폭발물에 대한 업무
둘째, 세관업무와 밀수방지 및 추적
셋째, 도시간 공공도로의 교통 및 운송통제
넷째, 육상 통신망, 해안, 국경, 항구, 공항 및 기타 중요지역의 경비
다섯째, 동물, 어류, 목재 등 자연자원 및 환경 감시
여섯째, 구금자 도시간 호송
일곱째, 기타 법령이 정한 사항 등이다.
한편 스페인 군인경찰의 인사관리를 보면 다음과 같다.
19세부터 30세 사이의 스페인 국적자는 공개시험을 통해 국가군인경찰이
될 수 있다. 전체 100% 중에서 이들은 약 50%가 국가군인경찰이 되며 나머지
50%는 이미 3년 이상 군복무를 한 자 중에서 임용되는 방식을 취하고 있다.[33]

3. 예   산

스페인 국가경찰의 예산은 2007년 기준 67억 유로로 한화로 대략 9조 1천
억 정도였다. 이는 스페인 국가예산 3,492억 유로 중 경찰관 인건비가 42억 2
천만 유로를 차지한 것이다. 이는 전체 예산 중 1.93% 정도다. 이는 꾸준히 상
승해 2019년 기준 국가일반경찰의 예산이 27억 3,569만 유로(한화 3조 7천억 원)
로 증가했다.[34]

---

32) 신현기, 『자치경찰론』(서울: 웅보출판사, 2007), p.245에서 재인용.
33) 신현기, 『자치경찰론(5판)』(부평: 진영사, 2017), p.127.
34) 치안정책연구소. (2020). 외국 자치경찰제도 연구, p.217.

제 5 절   스페인의 경찰의 노조

Ⅰ 국립경찰공무원의 노동조합

1. 일반현황

스페인 치안조직법 제18조에 따르면 국립경찰공무원은 순수한 자체 노동조합만 참여할 수 있고 다른 조합과 동맹이나 연합할 수 없도록 되어 있다. 하지만 유사성격의 국제적 조직에 가입하는 것은 문제가 없다.[35]

2. 노동조합에 관한 권리

국가일반경찰공무원의 노동조합에 관한 권리는 헌법상의 기본권과 공공자유의 한계 내에서 가능하다. 특히 국가경찰 대원의 신용과 명성, 시민의 안전, 직업적 비밀의 보장 등의 명예와 국민과의 친밀감,[36] 위상에 대한 한계를 갖는다.

3. 노동조합의 설립증서

경찰노동조합의 설립을 위해서는 설립증서와 함께 정관을 경찰청 특별대장에 등록해야 한다. 무엇보다 정관에는 조합의 명칭, 동조합의 특수한 목적, 주소지, 대표기관, 관리기관, 집행기관과 이 기관들의 운영규칙들, 조합원의 조건 취득 및 상실을 위한 요건과 조치와 정관의 변경, 조합의 해체를 위한 요건과 조치, 조직의 재정체제(자원의 성격, 출처, 목적명시) 및 조합원들에게 재정상황을 알릴 수 있는 방법들이다.

합법적으로 결성된 조합은 주무 관청에 제안, 서류발송, 청원의 권리를 갖으

---

35) 신현기, 전게서, p.105에서 재인용.
36) 스페인 경찰조직법, 제20조 참조; 행정자치부 자치경찰실무추진단, 전게서, p.105.

며 행정부의 해당기관에 대표자를 파견할 권리를 갖는다. 정관에 따라 조합의 관리기구를 구성하는 공무원들은 조합의 대표성을 갖는다.[37]

4. 노동조합의 대표성

경찰협의회 선출선거에서 의석을 얻거나 2개 등급에서 각 10% 이상의 표를 얻은 조합이 협의회의 대표조합이 되며 절차를 통해 공무원들의 근무조건 결정에 조정자로 참여하고 상기 목적을 위해 설치된 연구단체 또는 위원회에 참여하게 된다. 그리고 합의 대표자들은 다음의 권리를 갖는다.

첫째, 소속장에게 사전보고 후 노조활동에 참가

둘째, 대표자들의 노조활동을 위한 규칙적인 월간 시간 산정

셋째, 노조활동을 위한 무보수의 휴가 향유

넷째, 다음 근무예정지를 지정받을 권리와 함께 특별 근무조건의 이동권 및 대표자 수행 경력의 산정 요구권

한편 대표자의 수는 경찰심의회 선거에서 각 노조가 획득한 대표자의 수와 일치한다. 경찰심의회 선거에서 선출된 대표자가 없거나 한 등급에서 10% 이상의 표를 얻지 못한 노조에 대해서도 본조에서 인정한 노조대표자로서의 권리를 인정한다.[38]

5. 노동조합의 사무실 유지권리

스페인에서는 250명 이상의 공무원을 가진 산하기관의 경우 조합이 노조 사무실을 가질 권리가 있다. 그리고 공무원들의 접근이 쉬운 곳에 게시판을 설치할 권리를 갖는다. 소속장의 사전허가하에서 근무에 동요를 주지 않고 근무시간 외에 동 사무실에서 노조회합을 개최할 수 있다. 소속장은 근무에 영향을 준다고 생각할 때 이외에는 이를 금지하지 않는다. 특히 허가는 최소한 72시간 전에 회합의 일시, 장소, 순서와 함께 득해야 한다.[39]

노조는 개개의 권한범위 내에서 정관상의 조직의 합의에 대해 책임을 진다.

---

37) 스페인 경찰조직법, 제21조 참조.
38) 스페인 경찰조직법, 제22조 참조; 행정자치부 자치경찰실무추진단, 전게서, p.106.
39) 스페인 경찰조직법, 제23조 참조.

그리고 각 조합원의 행동이 대표적 기능의 일상적 수행이거나 노조의 책임하에
서 행동한 것이 증명될 때는 노조에서 그 행동에 대해 책임을 진다.[40]

■ 스페인 경찰의 징계체제

1. 스페인 일반경찰공무원의 징계

과실은 경, 중, 과중으로 나누어진다. 경과실은 1개월, 중과실은 2년, 과중과
실은 6년의 시효를 갖는다. 그 시효는 징계절차가 개시하는 때에 중지한다.
과중과실은 다음과 같다.
첫째, 임무수행 중 헌법에 충실한 의무의 불이행
둘째, 모든 형태의 기망범죄 구성행위
셋째, 권한남용과 그의 보호하에 있는 사람에 대한 비인간적 대우행위, 품위
손상, 차별 및 박해 행위
넷째, 적법한 명령 또는 권위에 대한 개인적 및 집단적 불복종
다섯째, 중대한 상황에서 의무적인 긴급 원조의 불이행
여섯째, 직무의 포기
일곱째, 직무상 취득한 비밀의 누설
여덟째, 직무와 병존할 수 없는 사적 및 공적 활동
아홉째, 파업에의 참여
열째, 1년 내에 3회 이상의 중과실로 징계를 받은 경우

2. 중과실과 경과실

중과실과 경과실은 고의성, 일반행정과 경찰업무에서 발생할 수 있는 동요,
시민과 하급자에게 발생한 피해 정도, 규칙과 계급체제의 파괴 정도, 재범, 일
반적인 시민의 안전에 대한 중요성의 기준에 따라 결정된다.

---

40) 스페인 경찰조직법, 제24조 참조; 행정자치부 자치경찰실무추진단, 전게서, p.106.

3. 과실에 따른 징계

과중과실에 대해 해임 혹은 3~6년간의 정직에 처한다. 그리고 중과실에 대
해 3년 미만의 정직, 타지역 전보, 5년 이하의 승진 제한, 5~20일 간의 감봉
및 동기간의 정직이 따른다. 그리고 경과실에 대해서는 1~4일 간의 감봉 및
동기간의 정직 및 경고 등이 따른다.

과중과실에 대한 징계는 6년, 중과실은 2년, 경과실은 1개월의 시효를 갖는
다. 시효는 징계 결정이 난 다음날부터 또는 시작되었다면 그 집행이 불가한
날부터 시작한다.[41]

제 6 절 스페인의 사법경찰조직

Ⅰ 사법경찰의 임무와 해임

1. 사법경찰의 임무

사법경찰의 임무는 국가경찰에 의해 수행된다. 임무 완수를 위해 자치경찰
은 국가경찰의 협조자 역할을 한다.[42] 사법경찰대는 내무부장관이 관할과 범죄
의 특수화 등을 감안하여 국가경찰 중에서 조직하며 영구적이고 전문적 성격을
갖는다. 사법경찰대는 대법원장의 요청으로 내무부장관에 의해 관할 법원에 지
정(파견)되며 검찰총장의 요청으로 각 검찰에 지정(파견)된다. 임무수행시 사법
경찰대원은 조직적으로는 내무부장관에, 기능적으로는 수사와 관련된 법원 및
검찰에 소속한다.

---

41) 스페인 경찰조직법, 제28조 참조; 행정자치부 자치경찰실무추진단, 전게서, p.109.
42) 스페인 경찰조직법, 제29조 참조.

2. 사법경찰대원의 해임

사법경찰대원은 담당법관 또는 검찰의 결정 또는 허가 없이는 그에게 요청된 수사활동에서 또한 그 수사를 근간으로 한 사법절차에서 이동되거나 해임될 수 없다.

Ⅱ 경찰의 수사제도

스페인 경찰은 형사소송법상 예심제도가 있어서 예심판사나 검사의 지휘하에 경찰이 수사권을 행사하고 있다. 특히 스페인 경찰은 피의자 체포시 48시간 내 예심판사에게 보고의무를 가지고 있다. 그리고 스페인 사법부 조직법 제446조를 보면 형사기능에 대해서는 사법경찰은 법관, 법원 또는 검찰의 지휘하에서 활동하고 있다.[43]

제 7 절   스페인의 자치경찰

Ⅰ 주정부의 자치경찰

1. 현   황

스페인은 17개 주로 이루어져 있다. 이 중에서 7개 주의 법규에 주경찰의 창설을 규정하고 있다. 2007년 기준 카탈루냐, 바스크, 나바라 등 3개 주가 주경찰을 설치하여 운영 했다. 나머지 4개 주는 국가경찰이 주경찰기능을 대신하고 있다. 즉 '주경찰이 창설되지 않은 주정부 내에 치안관련부서를 설치하여 기초자치단체 경찰에 대한 선발, 교육, 재정지원, 정보공유, 장비기준설정 등의 지

---

43) 경찰청 경찰혁신기획단 자치경찰추진팀, 『선진외국의 경찰제도』(서울: 경찰청, 2004), p.294.

9-10	스페인 카탈루냐 주경찰의 모습

출처: 신현기, 카탈루냐 주경찰국 방문 사진(2004. 5. 13)

원역할을 수행'하고 있다.[44]

한편 스페인 기초자치경찰의 설치·운영을 보면 다음과 같다. 스페인의 기초자치정부는 각 자치주의 법률과 지방자치법률 및 시의 조례와 규약 등에 따라 자치경찰제도를 창설할 수 있다. 특히 1986년 지방자치 관련법에 따른 국회 시행령에 근거해 주민이 5,000명 이상인 기초자치정부는 자치경찰제도를 도입할 수 있도록 했다. 물론 자신들의 관할지역 내에서만 권한이 미친다. 기초자치경찰의 인력은 대략 50,000여명에 달했다.[45]

2. 스페인 자치경찰 조직체계

주경찰을 활용하는 카탈루냐,[46] 바스크, 나바라 주정부는 주지사가 주경찰의 임면권을 지닌다. 이 중에서 카탈루냐와 바스크 주는 국가경찰에서 주경찰로

---

44) 행정자치부 자치경찰실무추진단, 전게서, p.19에서 재인용.
45) 신현기, 『자치경찰론(5판)』(부평: 진영사, 2017), p.130.
46) 1690년 스페인 카탈루냐 지방은 스페인에서 최초로 전문직 경찰인력이 창설되었는데 이것이 오늘날 모소스 에스콰드라 자치경찰로 알려져 있다. 이들은 1719년 군인복장을 한 경찰복을 착용했으나 1721년 12월 왕의 칙령에 의해 자치경찰로 공식 인정되었다. 결국 1868년 별도 제복과 무기도 소지했으나 프랑스 나폴래옹의 침공에 의해 폐지되었다.

대체한 사례이며 나바라는 다른 주와 같이 국가경찰과 이원적인 운영형태의 주 경찰을 정착시킨 케이스다.[47] 카탈루냐 주의 경우는 2008년까지 완전히 주경찰 로 대체되었다.[48]

한편 스페인의 국가경찰과 자치경찰의 체계도는 다음과 같다. 1986년 스페인 의 경찰조직법은 경찰조직을 중앙정부 소속의 국가경찰, 지방광역자치단체 소 속의 주자치경찰 그리고 지방기초자치단체에 속한 기초자치경찰 등 세 가지로 구분하여 오늘에 이르고 있다. 그리고 1978년 경찰재조직법에 의해 창설된 국 가상급경찰이 8년 만에 새로 창설된 국가일반경찰로 통합되어 인구 20,000명 이상이 시정부에 전환 배치되었다. 이에 따라 지방자치단체의 직접적인 지휘를 받는 자치경찰이 운영되게 된 것이다.[49]

9-11 스페인 국가경찰과 자치경찰의 체계도

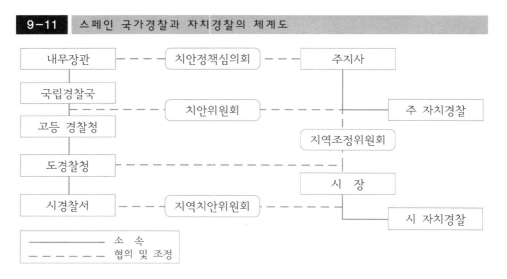

출처: 신현기, 『자치경찰론(제4판)』(부평: 진영사, 2010), p.129; 경찰청 경찰혁신위원회, 「선진국 자치경찰 운영사례연 구를 위한 현지시찰 자료집」, 2004. 5. 15~24, p.96.

---

47) 행정자치부 자치경찰실무추진단, 전게서, p.20.
48) 이에 대한 자세한 내용은 신현기, 전게서, pp.255~265를 참조할 것.
49) 안영훈. (2005). 유럽형 자치경찰제도 모델분석, p.82; 치안정책연구소. (2020). 외국 자 치경찰제도 연구, p.217.

■ 주정부 자치경찰의 권한

1. 고유업무

고유업무는 다음과 같다.
첫째, 광역자치단체의 기관들에 의해 발해진 법규와 명령의 이행 감시
둘째, 광역자치단체의 기관 및 건물 등의 경비와 보호
셋째, 기초자치경찰의 규율에 적합한 규정의 제정
넷째, 선발, 교육, 승진보수, 제복에 대한 규정 제정
다섯째, 기초자치경찰간 공조 및 효율성 강화
여섯째, 교육기관 설립과 기초자치경찰의 전문화 교육 지원[50]

2. 국가경찰과 공조업무

국가의 법률과 규칙 수호 및 공공봉사 업무의 수행, 사법경찰업무에의 참여,
공공장소 및 군중운집시 질서유지 등이다.

3. 지방자치경찰의 조직과 인력 및 예산

스페인 카탈루냐 주, 바스크 주, 나바라 주 경찰의 조직과 인력 및 예산 등
을 살펴보면 다음과 같다. 위의 주들은 원래 별도의 왕국이었으나 스페인 왕국
에 의해 강제 통합되었다. 이 때문에 그들은 오랫동안 독립을 주장해 온 특징
을 가지고 있다. 카탈루냐 주의 주도는 바로셀로나이며 인구는 650만여명을 아
우른다. 카탈루냐 주는 내무부와 사법부를 통해 지사가 경찰권을 행사하는데
주자치경찰 중심의 대표적인 주이다. 1994년 중앙정부로부터 승인된 지방자치
경찰법에 따라 카탈루냐 주자치경찰의 조직이 틀을 갖추었다. 위의 3개 주들은
언어와 문화가 각각 다르며 독특성을 보여주고 있으며 각각 주자치경찰 중심으
로 운영된다는 점이 독특하다. 이곳 카탈루냐 주경찰은 국가일반경찰, 국가군인

---

50) 행정자치부 자치경찰실무추진단, 전게서, p.20.

9-12	스페인 각 경찰의 관할과 사무		
구분	지방자치경찰	국가경찰	
		국가일반경찰	군인경찰
관할	도시지역	도시지역	인구 2만명 이하 지역 및 해양
사무	- 법률 수호 및 요인경호 - 위험상태에 있는 개인의 구조 - 필요한 공공건물 및 시설물의 경계와 보호 - 시민의 안전 및 질서유지 - 용의자 발전과 검거를 위한 범죄수사 및 범죄도구와 증거 등의 확보 - 공공안전과 질서유지를 위한 자료확보, 수집 분석 - 범죄예방대책 수립, 시행 - 중대한 위험이나 천재지변 발생시 시민보호기관과의 협조	- 신분증과 여권의 발급 - 내외국인의 출입국 관리 - 거류 외국인, 범인인도 이민자에 대한 조사 - 사행행위 감독 - 약물과 관련된 범죄조사 - 사행행위 감독 - 약물과 관련된 범죄조사 - 국제경찰 공조 - 사설 경비단체의 구성원, 장구, 활동상황의 통제	- 범죄예방 및 수사 - 요인보호 - 공공건물, 시설물 보호 - 무기, 폭약 관련 법준수 - 세관업무, 밀수 방지 및 수사 - 도시 간 공용도로 대중교통 관리 - 육로, 해안가, 국경, 항구, 공항, 주요 공공시설 보호 - 자연자원, 환경 및 수자원보호 - 도시 간 범죄자 수송 등

출처: 치안정책연구소. (2020). 외국 자치경찰제도 연구, p.223 참조.

경찰, 기초자치단체경찰 등과 지역 치안을 담당하고 있다. 한편 카탈루냐 주의 경찰은 2020년 기준 17,891명이며 2019년 기준 경찰예산은 10억9978만 유로(한화 1조 5천억원)이 달했다.[51]

바스크 주지방자치경찰은 스페인 지방자치경찰 중 가장 독립적인 지방자치 정부로 알려져 있다. 즉 카탈루냐 주처럼 독립욕구가 매우 강한 대표적인 주이다. 1979년 바스크 지방자치경찰은 바스크 지방자치경찰법률에 따라 창설되었다. 주정부는 1982년 바스크 경찰학교도 창설하였다. 2020년 기준 6,891명의 경찰이 근무 중이며 2019년 경찰예산은 5억 9,665만 유로(한화 8,200억원)를 보여주었다.[52]

나바라 주지방자치경찰은 1987년 나바라 지방자치법에 따라 지방자치경찰이

---

51) 치안정책연구소. (2020). 외국 자치경찰제도 연구, p.220.
52) 치안정책연구소. (2020). 외국 자치경찰제도 연구, p.221.

창설되었다. 2020년 나바라 지방자치정부 경찰은 1,078명 정도였으며 예산은 6,168만 유로(한화 845억 원) 정도였다. 경찰인력면에서 나바라 지방자치경찰 계급을 보면 7개 계급으로 구성되었는데 치안감, 경무관, 총경, 경위, 경사, 경장, 순경 등이 바로 그것이다.[53]

이처럼 스페인 카탈루냐 주, 바스크 주, 나바라 주는 각각 2만여명의 경찰을 보유하고 있는데, 이곳에서 국가일반경찰은 국가의 독점적 사무를, 그리고 국가군인경찰은 소도시지역에서 직무한다. 또한 지방자치경찰은 도시에서 테러, 주민등록, 외국인 관리 등을 제외하고 나머지 모든 경찰업무를 수행하고 있는 실정이다. 위에서도 언급했듯이 카탈루냐 주와 바스크 주의 지방자치경찰은 국가일반경찰 권한을 제외하고 나머지 모든 경찰업무를 모두 수행하고 있는데 예를 들어 공공질서 유지, 일반사법경찰업무, 시민안전, 교통질서유지 등이다. 그러나 테러방지업무는 국가일반경찰과 지방자치경찰이 공동으로 경찰권을 행사하고 있다.[54]

Ⅲ 기초 자치경찰의 인사

1. 기초자치경찰의 인력

스페인의 기초자치경찰의 전체 인력은 50,000여명이다. 이들은 1,700여개 단위조직으로 이루어져 있다. 10명 이상의 시자치정부는 자치경찰 조직을 구성하여 통상 400명 이상의 자치경찰 인력을 유지하고 있다.

2. 기초자치경찰의 계급

자치경찰의 계급은 4계급인데 장교, 경찰 감사관, 순경, 경사, 경감, 경정 등으로 구분된다. 이 밖에도 공익요원과 야경단도 설치되어 자치경찰의 보조역할을 해주고 있다.

---

53) 치안정책연구소. (2020). 외국 자치경찰제도 연구, p.221.
54) 강기홍. (2008). 자치경찰제 확대 및 강화방안, p.33; 안영훈. (2005). 유럽형 자치경찰제도 모델분석, p.82; 치안정책연구소. (2020). 외국 자치경찰제도 연구, p.223.

9-13	스페인 기초자치정부의 평균 자치경찰 수	
주 민 수	자치경찰 조직	평균 활동인력
5천~1만명	92%	9
1만~2만명	97%	19
2만명~10만명	98.5%	54
10만명이상	100%	425

출처: 안영훈, 『유럽형 자치경찰제도 모델분석』, 치안정책연구소, 연구보고서 2005-12, 2005, p.104에서 재인용; 박
경래, 『주요국의 자치경찰제도와 한국의 자치경찰법안 연구』(서울: 한국형사정책연구원, 2005), p.214.

3. 기초자치경찰의 임용

스페인의 자치경찰관 채용은 최고 30세 미만으로 제한된다. 순경은 일반채
용으로 이루어지고 간부인 경위, 경감, 경정은 특별채용으로 이루어진다. 특히
간부계급으로 승진 대상인원은 특별채용으로 이루어지는데 최대 25%까지이다.
나머지는 내부승진을 통해 임용되는 방식을 취하고 있다. 기타 계급으로 승진
은 전원 내부승진에 의한다.

9-14	스페인 에르네즈 시의 자치경찰 모습

출처: 신현기(마드리드, 2004. 4. 13)

4. 자치경찰의 교육 및 훈련

교육훈련은 관할 자치주의 지방경찰학교 및 시립 경찰학교에서 훈련과 보수
교육을 실시하고 있다.

5. 무기소지

스페인에서 대부분의 자치경찰은 무기를 소지하고 있다. 흔히 9㎜ 구경의
피스톨 권총을 소지하고 있다.

6. 자치경찰의 인사관리

(1) 기초자치경찰의 인사체계
약 1,700여개 단위조직으로 구성된 스페인의 기초자치경찰은 약 5만여명에
달한다. 전국의 기초자치정부 중 약 20% 정도가 자치경찰조직을 창설해 운영
중인데, 이는 전체 인구의 90% 이상에 대한 경찰서비스를 제공하는 것에 해당
한다. 기초자치경찰의 계급은 4개인데 순경, 경사, 경감, 경정급 등이다.

(2) 기초자치경찰의 임용과 훈련
기초정부의 시장은 자치경찰장을 주로 시 집행부의 최고 관리자층에서 임명
하고 있다. 자치경찰에 지원하고자 하는 자는 30세 이하여야 하고 순경은 일반
채용이다. 경사, 경감, 경정급 25% 정도는 특별채용을 통해 이루어진다. 나머지
는 내부승진 방식으로 이루어진다. 기초자치경찰의 교육훈련은 관할 자치주의
지방경찰학교나 시립경찰학교 등을 통해서 교육훈련과 직무교육 및 보수교육
등이 이루어진다.

(3) 기초자치경찰의 제복과 무기 소지
동일표준에 따른 복장규정에 의해 기초자치경찰은 청색 제복과 흰색 제복을
착용한다. 대부분의 기초자치경찰은 9㎜ 구경의 피스톨 권총을 소지하고 근무

한다. 하지만 무기에 관한 모든 권한은 국가권한에 속하고 시행령에 무기 소지 관련 내용이 규정되어 있다.[55]

---

55) 신현기, 『자치경찰론(5판)』(부평: 진영사, 2017), p.135; 치안정책연구소(안영훈), 유럽형 자치경찰제도 모델분석, 2005-2, 2005, p.106.

참고문헌

강기홍, 자치경찰제 확대 및 강화방안, 2008.
경찰혁신기획단, 『선진외국의 경찰제도』, 서울: 경찰청, 2004.
경찰청, 「경찰백서」, 서울: 경찰청 2020.
박경래, 『주요국의 자치경찰제도와 한국의 자치경찰법안 연구』, 서울: 한국형사정책연구원, 2005.
박준휘, 한국형 자치경찰제 시행 및 정착에 관한 연구(III), 2021.
스페인 경찰조직법, 제1조~제44조 참조.
신현기·박억종·안성률·남재성·이상열·임준태·조성택·최미옥·한형서, 『경찰학사전』, 파주: 법문사, 2012.
신현기, 『경찰학개론』, 파주: 21세기사, 2010.
신현기, 『경찰학』, 파주: 법문사, 2022.
신현기, 『자치경찰론』, 서울: 웅보출판사, 2004.
신현기, 『자치경찰론』, 파주: 법문사, 2023.
신현기, 『자치경찰론(제6판)』, 부평: 진영사, 2021.
신현기·최진욱, 『비교경찰제도론(개정판)』, 서울: 우공출판사, 2024.
신현기, 『경찰조직관리론』, 서울: 법문사, 2018.
신현기, 『경찰인사관리론』, 서울: 법문사, 2018.
신현기, "스페인 경찰제도의 구조와 특징에 관한 연구," 한세대 교수논총, 2004, 제20호
신현기, "제주특별자치도 자치경찰공무원의 선발절차에 관한 연구," 한국유럽행정학회, 「한국유럽행정학회보」, 2006, 제3권, 제2호.
안영훈, 『유럽형 자치경찰제도 모델분석』, 치안정책연구소, 치안정책연구보고서, 2005-12.
안영훈, 『자치경찰 표준운영모델 개발에 관한 연구』, 행정자치부 자치경찰제실무추진단, 연구보고서, 2007-2.
정진환, 『비교경찰제도』, 용인: 책사랑, 2001.
치안정책연구소(김형훈 외), 외국 자치경찰제도 연구, 2020.
행정자치부 자치경찰실무추진단, 『유럽의 자치경찰제도』, 서울: 자치경찰추진단, 2006.
https://namu.wiki/w/%EC%8A%A4%ED%8E%98%EC%9D%B8%20%EC.

찾아보기

집필진 약력

임준태(林俊泰, Joon Tae Lim)
국립경찰대학교 법학과
미국 Penn State Law(LLM/법학 석사)
독일 Freiburg 대학교(Dr. jur./법학 박사,
　범죄학/경찰학)
연세대학교 대학원(법학 박사, 형사법)
현재 동국대학교 경찰사법대학 교수

강소영(姜昭瑩, So Young Kang)
동국대학교 경찰행정학과 형사학석사
동국대학교 경찰행정학과 경찰학박사
현재 건국대학교 경찰학과 교수

김학경(金學敬, Hak Kyong Kim)
국립경찰대학교 법학과
영국 Leicester대학교 경찰학(위기관리) 석사
영국 Portsmouth대학교 경찰학(위기관리) 박사
현재 성신여자대학교 융합보안공학과 교수

김형만(金炯晩, Hyung Man Kim)
숭실대학교 법과대학 법학과
일본 명치대학 대학원(법학 석사)
일본 명치대학 대학원(법학 박사)
현재 광주대학교 경찰행정학과 명예교수

신현기(申鉉基, Hyun Ki Shin)
국민대학교 법정대학 행정학과
국민대학교 행정대학원(행정학 석사)
독일 뮌헨대학교(Dr. phil./정책학 박사)
현재 한세대학교 경찰행정학과 교수

양문승(梁汶承, Mun Seung Yang)
고려대학교 법과대학 법학과
동국대학교 대학원(행정학 석사)
동국대학교 대학원 경찰행정학과(Ph.D./법학 박사)
현재 원광대학교 경찰행정학과 명예교수

유주성(劉柱成, Jusung Yoo)
국립경찰대학교 법학과
프랑스 파리10대학(법학 석사)
프랑스 파리10대학(법학 박사)
현재 국립창원대학교 법학과 교수

이진권(李振權, Jin Kwon Lee)
국립경찰대학교 행정학과
중국 武漢대학 法學院(법학 석사)
전북대학교 대학원(법학 박사, 형사법)
현재 한남대학교 경찰행정학과 교수

전돈수(全敦秀, Don Soo Chon)
수원대학교 법정대학 법학과
미국 시카고주립대학교(형사사법학 석사)
미국 플로리다주립대학교(Ph.D./범죄학 박사)
현재 미국 어번대학교 형사사법학과 교수

비교경찰제도론 [제7판]

2003년 3월 10일   초판 발행
2007년 8월 10일   제2판 발행
2012년 2월 29일   제3판 발행
2015년 2월 25일   제4판 발행
2018년 2월 25일   제5판 발행
2021년 2월 1일   제6판 발행
2025년 4월 5일   제7판 1쇄 발행

공저자 임 준 태 외 8 인

발행인 배   효   선

발행처 도서출판 法 文 社

주 소 (10881) 경기도 파주시 회동길 37-29
등 록 1957년 12월 12일/제2-76호(윤)
전 화 (031)955-6500~6   FAX (031)955-6525
E-mail (영업) bms@bobmunsa.co.kr
        (편집) edit66@bobmunsa.co.kr
홈페이지 http://www.bobmunsa.co.kr

조 판 광   진   사

정가 36,000원   ISBN 978-89-18-91598-2